सोशलिस्ट : मुलायम सिंह यादव

(नेताजी की राजनीतिक जीवन-यात्रा)

(नेताजी की राजनीतिक जीवन-यात्रा)

सोशलिस्ट: मुलायम सिंह यादव

फ्रैंक हुज़ूर

अनुवाद : नीरज कुमार

हिन्द युग्म

ISBN : 978-93-92820-52-6

प्रकाशक:
हिन्द युग्म
सी-31, सेक्टर-20, नोएडा (उ.प्र.)-201301
फ़ोन- +91-120-4374046

मुद्रक : श्री मैत्रे प्रिंटेक प्रा. लि., नोएडा
कला-निर्देशन : विजेन्द्र एस विज

पहला संस्करण : फ़रवरी 2023
दूसरा संस्करण : जून 2023
मूल्य : ₹699

Socialist : Mulayam Singh Yadav - Netaji Ki Rajnitik Jeevan Yatra
by *Frank Huzur*

Published By
Hind Yugm
C-31, Sector-20, Noida (UP)-201301
Phone : +91-120-4374046
Email : sampadak@hindyugm.com
Website : www.hindyugm.com

First Edition: Feb 2023
Second Edition: Jun 2023
Price: ₹699

दुनिया के हर उस शख़्स को समर्पित, जो किसी वीरान-बंजर इलाक़े और ज़िंदगियों को आबाद करने का ख़्वाब देखता है। दुनिया के सारे किसानों को, जिनकी मेहनत से बंजर ज़मीन पर फ़सलें लहलहाती हैं।

क्रम

गाथा एक धरतीपुत्र की

जिम सदरलैंड

फ्रैंक हुज़ूर की ओर मेरा ध्यान सीएनएन में मेरे सहयोगियों ने दिलाया।

भारत में मेरी रुचि बचपन में ही जागृत हो गई थी। मेरे पिता अमेरिकी वायुसेना में अफ़सर थे और सी-130 विमान के पायलट थे। 1962 में उन्होंने हिमालय की पहाड़ियों पर कई महीनों तक विमान उड़ाए। अपने ब्रिटिश सहयोगियों की नक़ल करते हुए उन्होंने 'इंजा' में अपने रोमांचक अनुभव मुझे बताए थे। चीन संकट के दौरान लेह के आस-पास उनके कारनामों से मैं नक़्शे में इस इलाक़े को ढूँढ़ने और यहाँ की भाषा, संस्कृति और इतिहास जानने के लिए प्रेरित हुआ।

किताबों और एनसाइक्लोपीडिया के पन्ने पलटने के दौरान मैंने उत्तर प्रदेश जैसे कुछ राज्यों के बारे में पढ़ा जो जम्मू-कश्मीर के दक्षिण में स्थित थे जहाँ मेरे पिता ने सिंधु नदी के ऊपर से चक्कर लगाते हुए कुशलतापूर्वक अपने विशाल विमान उतारे थे। मुझे उत्तर प्रदेश की घनी आबादी, ग़रीबी और वहाँ की हिंसा की जानकारी थी।

जब तक हुज़ूर ने इस नई आत्मकथा के बारे में मुझसे संपर्क नहीं किया, मैंने वहाँ, ख़ास तौर पर सैफ़ई के बारे में कोई जानकारी नहीं हासिल की। अपराधों में कमी, रोज़गार के बढ़े अवसर, ग़रीबी में कमी ? ऐसा कैसे हो सकता था ?

कुछ पृष्ठभूमि : मेरे दादा और नाना दोनों अमेरिका में कामगार थे। मेरे दादा मैकेनिक थे, क्रेन और ऐसी ही भारी मशीनें चलाते थे। मेरे नाना वेल्डर थे। वे 1930 और 40 के दशक के फ़्लोरिडा में मज़दूरों को संगठित करने वालों में शामिल थे, जो अमेरिका का मज़दूर विरोधी इलाक़ा माना जाता था। मैंने उन

खदानों में भी काम किया जहाँ उन्होंने उस वक़्त मज़दूरों को संगठित करने का काम किया, तब मैं स्कूल में पढ़ता था। गर्मियों और स्कूल की बाक़ी छुट्टियों के दौरान मैं इन्हीं जगहों पर होता था और 'पापा' की जवानी के दिनों के अनुभवों का लाभ उठाता था। वहाँ शायद ऐसी ग़रीबी नहीं थी जैसी उत्तर प्रदेश में थी लेकिन भूखा बच्चा भूखा ही होता है और मेरे नाना जैसे लोगों की कोशिशों के बिना अमेरिका में भी लोगों को उनकी मेहनत का पूरा दाम नहीं मिलता था।

नतीजतन, मेरे दिल में कामगारों और ऐसे मज़दूरों के प्रति अटूट श्रद्धा पैदा हो गई जो दो जून की रोटी के लिए रोज़ संघर्ष करते थे। धीरे-धीरे कई वजहों से ये रुचि वैश्विक स्तर पर हो गई। एक तो यह कि मेरे पिता की नौकरी की वजह से मैं दुनिया के कई देशों में रहा। विकासशील देश तो नहीं लेकिन फ्रांस और जर्मनी में भी रहा, जहाँ लोग मेरे देश के लोगों की तरह नहीं सोचते हैं। दूसरी, मैंने सीएनयेन में दो बार बतौर इंटरनेशनल एडिटर काम किया। इस भूमिका में मेरे अनुभवों ने दुनिया के बारे में मेरी आँखें खोल दीं।

गूगल पर मुलायम सिंह यादव की राजनीतिक ताक़त, गठबंधन बनाने का उनका कौशल, अपने मक़सद के लिए ताक़तवर लोगों को साथ लेना और बदलाव को अमलीजामा पहनाने की उनकी कोशिशों पर ढेर सारी जानकारी मिल जाएगी। उनके पैतृक गाँव सैफ़ई के चौतरफ़ा विकास की सबसे बड़ी वजह उनका राजनीतिक कौशल माना जाता है। इस राजनीतिक कौशल के पीछे ये सोच भी है कि गाँवों को आत्मनिर्भर होना चाहिए। शायद यही वजह है कि सैफ़ई में स्टेडियम, एयरस्ट्रिप, मल्टीस्पेशिएलिटी अस्पताल तो है ही, महिलाओं की शिक्षा के लिए अपने दोस्त और बॉलीवुड के मार्लन ब्रैंडो यानी अमिताभ बच्चन के नाम पर एक इंटर-कॉलेज भी है। यही नहीं, अपने राजनीतिक गुरु लोहिया की लीक पर चलते हुए उन्होंने अपने शासनकाल को कल्याणकारी राज्य के तौर पर याद किए जाने के लिए महिलाओं और युवाओं को बेरोज़गारी भत्ता और कन्या विद्याधन देना शुरू किया। पूँजीवादी की राह पर दौड़ना शुरू कर चुके उस वक़्त के भारत में ये अनसुना विचार ही था जो सत्ता में वापसी के बाद फिर शुरू कर दिया गया है। ये सफलताएँ क्या हैं? आइए, अपराध के आँकड़ों पर नज़र डाल लेते हैं।

2006 में पूरे राज्य (उत्तर प्रदेश) में भारतीय दंड संहिता (आईपीसी) के उल्लंघन के 1,18,195 मामले दर्ज हुए। इनमें से सैफ़ई में केवल 15 मामले दर्ज हुए। इनमें भी बलात्कार, डकैती, लूट या अपहरण का कोई मामला नहीं था। ऐसा

क्यों? इसकी बहुत-सी वजहें हैं लेकिन आर्थिक विकास की राह में क़ानून के पालन के लिए बढ़े संयोग ने चार चाँद लगाए। क़ानून व्यवस्था पर नज़र रखने के लिए अधिकारियों और वाहनों की बढ़ी तादाद संतुष्ट और कम निराश लोगों की आबादी में अपराध की दर को हमेशा कम ही करती है।

ये सारी जानकारी आप इंटरनेट पर हासिल कर सकते हैं फिर भी वे व्यक्तिगत ख़ूबियाँ क्या हैं जिससे यह व्यक्ति इतना सफल और इतना ताक़तवर है? ऐसी सफलता हासिल करने वाले लोगों के भीतर की ख़ूबियों को जानना हमारे लिए अत्यधिक ज़रूरी है।

समाज में सबसे ज़रूरतमंद लोगों का जीवन-स्तर सुधारने पर ध्यान केंद्रित करना। अमेरिका में हम पिछले 30 साल से यही बहस कर रहे हैं कि ऊपर लिखित नज़रिये को अपनाया जाए या फिर इस उम्मीद के साथ उच्च वर्ग के बारे में सोचा जाए कि उनको होने वाला फ़ायदा समाज के निचले तबके तक भी पहुँचेगा। समस्या की एक वजह ये है कि दूसरी नीति के समर्थकों ने 'उदारवादी' या 'प्रगतिशील' जैसे शब्दों को नकारात्मक शब्दों में बदल दिया है। सोचिए भला 'प्रगतिशील' होना बुरी बात है! 'समाजवादी' जैसे शब्दों की तो बात ही और है जिसे लंबे समय से अमेरिकी राजनीति में अभिशाप माना जाता है। हालाँकि मैं इसके लिए दक्षिणपंथियों-जादुई अर्थव्यवस्था के समर्थकों के बजाय वामपंथियों को ज़िम्मेदार मानता हूँ। सिर्फ़ प्रगति के विचार या धारणा को हम नकारात्मक कैसे मान सकते हैं? क्या हमें इसके लिए दक्षिणपंथियों को पलटकर जवाब नहीं देना चाहिए कि– "आप कहते हैं कि प्रगतिशील होना नकारात्मक है तो आप क्या प्रतिगामी हैं?"

हाल-फ़िलहाल में अतिवादियों और अप्रभावशाली लोगों को अगुवाई करने का मौक़ा दिए जाने के लिए मैं वामपंथियों को भी दोषी मानता हूँ। अमेरिका में 1960 के दशक में अतिवादियों और वरिष्ठ अनुभवी राजनेताओं ने ग़रीबी उन्मूलन के लिए कंधे-से-कंधा मिलाकार काम किया। राष्ट्रपति लिंडन बेन्स जॉन्सन युद्ध के लिए तत्पर गुट के प्रति काफ़ी उदार थे लेकिन वह ये भी जानते थे कि सिविल राइट्स एक्ट और ऐसे ही तमाम क़ानूनों को मंज़ूरी दिलाने के लिए किस तरह के गठबंधन तैयार किए जाएँ और बाँह मरोड़ी जाए। ये सही है कि ये वामपंथी विचार माने जाते हैं और इनका झुकाव समाजवाद की तरफ़ है।

हालाँकि वरमॉन्ट जैसे दूर-दराज़ के इलाक़े में आज शायद सेनेटर बर्नी

सैंडर्स के रूप में अकेली आवाज़ है, जिनकी विवेकपूर्ण नीति की मीडिया में तो चर्चा होती है लेकिन उनका राजनीतिक कौशल और ताक़त न के बराबर है। इनके अलावा वामपंथियों की जो आवाज़ें उठ रही हैं वो अकुपाई वॉलस्ट्रीट जैसी अतिवादी हैं और जिनके पीछे कोई राजनीतिक ताक़त नहीं है। अकुपाई जैसे आंदोलन की ओर नागरिकों का और उसकी बदौलत नेताओं का ध्यान जा रहा है तो वजह यही है कि देश में बदलाव की इच्छा ज़ोर पकड़ रही है, लेकिन राजनीतिक आंदोलन में बदले बिना ये नक़्क़ारख़ाने में तूती की आवाज़ सरीखी ही रह जाएगी, या इस मामले में निचले न्यूयॉर्क तक ही सीमित रह जाएगी।

मेरे हिसाब से यही सही वक़्त है जब द सोशलिस्ट (एक समाजवादी) जैसी किताब लिखी जा रही है। कैसे देश के पिछड़े इलाक़े में भाषा पढ़ाने वाला एक मास्टर ऐसी ताक़त बन जाता है और जो कामगारों की बेहतरी, उनकी हालत सुधारने और उनकी सुरक्षा के लिए क़दम उठाकर दुनिया के सामने अपने राज्य को एक उदाहरण के तौर पर पेश करता है। हम उनके उदाहरण से सबक़ ले सकते हैं और दुनिया के तमाम देशों में पिछड़े समाज की बेहतरी के लिए इस्तेमाल कर सकते हैं।

इस शख़्सियत की राजनीतिक हैसियत की तरफ़ फ़्रैंक हुज़ूर की निगाह गई, जो इस बात का भरोसा दिलाती है कि मेहनत से सीखे गए मुलायम सिंह यादव के गुरों और प्राकृतिक कौशल का दूसरे भी कैसे लाभ उठा सकते हैं।

अटलांटा में रहते हुए मैं मार्टिन लूथर किंग जूनियर को कैसे भूल सकता हूँ! उन्होंने भी अपने विचार एक और महान भारतीय से ग्रहण किए। डॉ. किंग की अगुवाई में अमेरिकी मानवाधिकार आंदोलन मोहनदास करमचंद गाँधी से ही प्रेरित था। ये कोई छिपी बात नहीं है। किंग के आंदोलनों ने अमेरिकी राष्ट्रपतियों को मजबूर कर दिया कि वे मानवाधिकारों का पालन न करने वाले राज्यों के ख़िलाफ़ कार्रवाई करें। यहाँ अटलांटा में किंग पुस्तकालय में गाँधी की और उन पर लिखी वो किताबें मौजूद हैं जो डॉ. किंग ने पढ़ीं या जिनका उनके आंदोलनों और रणनीतियों पर प्रभाव पड़ा।

अमेरिका में हमारे जैसे कुछ वामपंथियों को हुज़ूर की इस किताब का बेसब्री से इंतज़ार है, शायद एक सबक़ के तौर पर कि लोगों के हित में शक्तिहीन कैसे राजनीति को प्रभावित कर सकते हैं। हमें यह धारणा बदलनी होगी कि जिन लोगों की नकेल पकड़कर ख़ुद के हितों के ख़िलाफ़ वोट डालने के लिए मजबूर

किया जाता है, उन ग़रीबों का ख़याल अमीर रखेंगे। 'अकुपाई वॉलस्ट्रीट' जैसे आंदोलनों में हालत सुधरने की दर्शाई गई इच्छा के लिए राजनीतिक प्रक्रिया के साथ-साथ हमें दो वक़्त की रोटी के लिए संघर्ष करने वालों को ख़ुद के पैरों पर खड़े होने के लिए राजनीतिक उपायों का सहारा भी देना होगा।

गठजोड़ बिठाने और रणनीतिक कौशल के लिए मुलायम सिंह यादव की तुलना अमेरिकी जनरल ड्वाइट डेविड आइज़न हॉवर और जर्मन फ़ील्ड मार्शल रोमेल से की जाती है। मेरे दिमाग़ में इस वक़्त फ्रांसिस फ़ोर्ड कपोला की ऑस्कर विजेता फ़िल्म 'पैटन' का एक दृश्य आ रहा है। फ़िल्म में एलग्वेटर की लड़ाई में जनरल पैटन एक पहाड़ी से युद्ध का नज़ारा देख रहे होते हैं। वह दूरबीन से अमेरिकी तोपों के हमले से परेशान जर्मन टैंकों और पैदल सेना को देख रहे हैं। पैटन की भूमिका निभाने वाले जॉर्ज-सी स्कॉट मुस्कुराते हुए कहते हैं, "ओह! शानदार शैतान रोमेल, मैंने तुम्हारी चाल समझ ली।"

ये गाथा है एक धरतीपुत्र की। लेकिन इसमें झलक मिलती है उनके राजनीतिक वारिस और बेटे अखिलेश यादव उर्फ़ टीपू की भी। पेशे से एन्वॉयरनमेंटल इंजीनियर अखिलेश ने 2012 के वसंत में आबादी के लिहाज़ से देश के सबसे बड़े सूबे में अपने बूते ऐसी आँधी चलाई जिससे दक्षिण एशिया में टिमटिमाते समाजवाद की लौ फिर तेज़ हो गई। केवल 38 साल की उम्र में वह मुख्यमंत्री बनकर लोगों की उम्मीदों पर खरे उतरने की राह पर चल रहे हैं।

उम्मीद करता हूँ कि आज़ाद भारत के समाजवादी झंडाबरदार और गंगापट्टी के सबसे प्रिय नेता की राजनीतिक यात्रा पर ये किताब– 'द सोशलिस्ट : मुलायम सिंह यादव' दुनिया भर में पढ़ी जाएगी ताकि पेट भरने के लिए रोज़ाना संघर्ष करने वालों का भविष्य बेहतर और समृद्ध हो।

जिम सदरलैंड

एक्ज़ीक्यूटिव प्रोड्यूसर

जिम सदरलैंड मीडिया

20232 शैडोवुड पार्कवे एसई, अटलांटा, जीए– 30339

jim@jimsutherland.info

पद्म विभूषण
धरतीपुत्र मुलायम सिंह यादव
अमर रहें! अमर रहें!

22 नवंबर 1939–10 अक्टूबर 2022

नटशेल में नेताजी

- 9 बार उत्तर प्रदेश विधानसभा के लिए निर्वाचित विधायक
- 1 बार विधान परिषद् के लिए मनोनीत
- 7 बार भारतीय संसद, लोकसभा के लिए निर्वाचित– मैनपुरी, संभल, कन्नौज और आज़मगढ़ का प्रतिनिधित्व
- 3 बार उत्तर प्रदेश जैसे विशाल राज्य के मुख्यमंत्री रहे–
मुख्यमंत्री के रूप में पहला कार्यकाल– 1989 से 1991 तक (15वें सीएम बने)
मुख्यमंत्री के रूप में दूसरा कार्यकाल– 1993 से 1995 तक
मुख्यमंत्री के रूप में तीसरा कार्यकाल– 2003 से 2007 तक
- भारत के रक्षा मंत्री, 1996-1998 तक

मिलने से भी अज़ीज़ है मिलने की आरज़ू

जब 'इमरान वर्सेज़ इमरान : दि अनटोल्ड स्टोरी' लिखने के बाद दिल की बस्ती में तूफ़ान उठा, तो ऐसे में अक्सर सवाल यही होता कि आगे क्या लिखा जाए? लंदन और लाहौर की गलियों में आवारागर्दी करते-करते एक से बढ़कर एक शख़्सियतों के दिलचस्प अफ़साने लिखने के मौक़े सामने थे। उस वक़्त जो ब्रिटेन के वज़ीर-ए-आज़म थे, डेविड कैमरून, उनसे भी राब्ता किया। डेविड मिलिबैंड से भी बात की। निक क्लेग से भी संपर्क हुआ। ये सब उस वक़्त जवान खिलाड़ी थे और ब्रिटेन की सियासत को नई दिशा देने में मशग़ूल थे। मगर दिल था कि बार-बार हिलोरें मारता था कि कहानी अपनी ज़मीन की कहनी होगी, जहाँ एक से एक मदमस्त और तारीख़ी किरदारों का बीते तीन दशकों में शीर्ष पर पहुँचना एक नई कहानी बयान करता है। बक्सर में पैदा होने से लेकर और बलिया से लेकर दिल्ली की गलियों का मन-मस्तिष्क में ख़ाका जमा करके बिहार और उत्तर प्रदेश की सियासत अक्सर सवाल करती, मुझे उन लम्हों में ले जाती जहाँ मैकियावेली के प्रिंस से लेकर चाणक्य के अर्थशास्त्र की राजनीतिक पाठशाला खेत और खलिहानों में लगाई जाती है।

यूँ ही एक दिन इमरान ख़ान से (तब वह राजनीति में संघर्षरत थे जो आगे चलकर साल 2018 में पाकिस्तान के प्रधानमंत्री बने) हिंदुस्तान के हिंदी हार्टलैंड में करवट लेती सियासत की चर्चा हो रही थी। लाहौर के ज़मान पार्क की उनकी दोमंज़िला कोठी में शाम का वो वक़्त, सन 2009 की वो ठंडी होती शाम; इमरान कहते हैं कि आपके यहाँ मुलायम सिंह यादव ने जो हौसला बाबरी मस्जिद की हिफ़ाज़त में दिखलाया, संविधान की हिफ़ाज़त के लिए संवैधानिक दायरे में रहकर जो कार्रवाई की, वह क़ाबिल-ए-तारीफ़ है। इस तरह उन्होंने अपने को सही मायने में हिंदुस्तान का रफ़ीक़-उल-मुल्क पेश किया। मैं उस आदमी का

क़ायल हूँ- उतना ही जितना विश्वनाथ प्रताप सिंह का, जिन्होंने भारत के पिछड़े वर्गों के लोगों के लिए सत्ता से तौबा कर ली।

यही वो लम्हा था जब मुलायम की ज़िंदगी की दास्तान कहने की ज़िद मेरे ज़ेहन में पत्थर की लकीर बनी। वो इमरान ख़ान ही थे, पाकिस्तान की सियासत के दलदल में, जो वीपी सिंह, मुलायम सिंह यादव, लालू प्रसाद और मायावती के मायने जानते थे। मगर गलियों में जब भी आप निकलेंगे- लाहौर, कराची और इस्लामाबाद में- आप हैरान होंगे कि पाकिस्तानी अवाम मुलायम, लालू और अटल बिहारी वाजपेयी को ज़्यादा शौक़ से याद करती है। जो लोग बाज़ारों में मेहदी हसन की सीडी की ख़रीदारी करते हैं, उनके लिए मुलायम भारत के अकेले बड़े सियासतदाँ हैं और शाहरुख़ ख़ान और सलमान ख़ान सबसे बड़े स्टार हैं।

बहरहाल, लाहौर की गर्मी और सर्दी ने, जिसमें इमरान ख़ान की ज़िंदगी का नशीला डोज़ भरपूर था, मुझे लखनऊ की गलियों में ला पटका और मैं चल पड़ा विक्रमादित्य मार्ग पर 'विक्रमादित्य' की खोज में। याद आया कि इमरान मुलायम की सियासत से ख़ुद को रूबरू कर रहे थे मगर अखिलेश यादव के मुक़ाबले वो राहुल गाँधी की तारीफ़ ज़्यादा करते थे। ये सन 2008-09 की बात है। वक़्त ने करवट ली और फिर अखिलेश ने उत्तर प्रदेश की सियासत को इस तरह सींचा कि 20 करोड़ अवाम के दिल-दिमाग़ में अपनी ऐसी करिश्माई छवि स्थापित कर दी कि उनकी हरक्युलिस जैसी छवि के आगे ख़ुद उनके वालिद मुलायम भी खो गए और राहुल गाँधी की सियासत के सारे प्रयोगों पर एक सवालिया निशान लग गया।

'दि सोशलिस्ट' मुलायम सिंह साहेब की दिलचस्प जीवनगाथा बिना उनके मुमकिन नहीं हो सकती थी। बेहद व्यस्त सियासी ज़िंदगी से उन्होंने वक़्त के टुकड़े पिछले दस (2010 से 2020) सालों में निकाले, इसके लिए मैं उनका तहे-दिल से शुक्रिया अदा करता हूँ! उनकी अदा, भाव-भंगिमा और आज़ाद-ख़याली ने आज़ाद हिंदुस्तान के हर एक मौजू पर रौशनी डाली। सैफ़ई के खेत खलिहानों से लेकर बर्लिन के होलोकॉस्ट म्यूज़ियम तक उन्होंने बेबाक अंदाज़ में बातचीत की। मगर ये सफ़र हिंदुस्तानी सियासत के नये अलमबरदार और उत्तर प्रदेश के युवा वज़ीरे-आला अखिलेश के असरंदाज़ी के बिना मंज़िल तक शायद नहीं पहुँच पाती। आज अखिलेश भारत में समाजवाद के ध्वजवाहक हैं। मगर वो अदबनवाज़ भी हैं। लोहिया और नेहरू के बाद की राजनीति में भारत में बिरले ही सियासतदान हुए हैं जो साहित्य के क़द्रदानों में शुमार किए जा सकें और जो

साहित्यकारों के गुणाग्रही हों। अखिलेश उर्फ़ टीपू साहित्य और कला के रसिया हैं। अखिलेश और उनकी शरीके-हयात (जीवनसंगिनी) और मैनपुरी से सांसद डिंपल जी का मैं दिल से आभारी हूँ!

मगर इस सफ़र का आगाज़ ताजमहल के शहर के बाशिंदे पिंकू उर्फ़ राजीव यादव की अज़ीम दिलचस्पी के बग़ैर असंभव ही था। पिंकू टीपू के बचपन के साथी तो हैं ही, उनके 'ब्लड कजिन' भी हैं। आज़ाद-मिज़ाज और हमदर्द पिंकू ने इस पूरे सफ़र के हर एक मोड़ पर साथ दिया। इस अज़ीज़तरीन दोस्त का मैं तहे-दिल से शुक्रिया अदा करता हूँ!

2010 जनवरी के आख़िरी हफ़्ते में जनेश्वर मिश्र के इंतक़ाल ने मायूस कर दिया। उस दिन सैफ़ई में महोत्सव अपने शबाब पर था तभी उस ख़बर ने दिल तोड़ दिया। कुछ ही दिनों के अंदर छोटे लोहिया के साथ संवाद की गुंजाइश थी। मुलायम सिंह की सियासी ज़िंदगी के इस अहम किरदार का यूँ चले जाना मेरी इस किताब में कहीं-न-कहीं खलती है। अखिलेश की मायूसी भी सन्नाटे की माफ़िक़ थी।

प्रोफ़ेसर रामगोपाल और शिवपाल सिंह यादव का भी मैं तहे-दिल से शुक्रगुज़ार हूँ! उदय प्रताप सिंह का भी अहम किरदार रहा है। उनका भी तहे-दिल से शुक्रिया! साथ ही सैफ़ई में मुलायम सिंह परिवार और दोस्तों का भी बेहद शुक्रिया जिन्होंने दिल खोलकर अपने अफ़साने बयान किए। धर्मेंद्र यादव, पूर्व सांसद बदायूँ और उनके वालिद अभयराम सिंह यादव, रतन सिंह यादव, प्रधान दर्शन सिंह का भी मैं आभारी हूँ! दीपू, अनुराग यादव, अक्षय यादव और ख़ासकर सोनू यादव का बेहद शुक्रिया! सोनू उर्फ़ आशीष ने मुलायम सिंह की तस्वीरों को एक ख़ास लाइब्रेरी में संजोकर रखा है। महज़ एक लेंसमैन की तरह ही नहीं, सोनू ने एक से एक सियासी घटनाओं का ज़िक्र कर इस बायोग्राफ़ी में काफ़ी मदद की। सोनू के साथ-साथ मैं प्रकाश, मधुकर, अशोक निगम, रूपलाल, रामवीर और लोहिया ट्रस्ट के तजुर्बेकार लाइब्रेरियन रहे मरहूम सुल्तान ख़ान और उनके बेटे रिज़वान ख़ान का शुक्रिया अदा करता हूँ! उम्र के तक़ाज़े को दरकिनार करते हुए सुल्तान आज भी साइकिल की सवारी करते हुए लोहिया ट्रस्ट हाज़िर होते हैं और समाजवाद के इतिहास को पैनी नज़र से सजाते हैं।

क़द्दावर समाजवादी नेता और समाजवादी पार्टी के प्रमुख संस्थापक-सदस्य मोहम्मद आज़म ख़ान, स्वर्गीय मोहन सिंह, स्वर्गीय बृज भूषण तिवारी, मरहूम वक़ार शाह, प्रमुख प्रवक्ता राजेंद्र चौधरी, स्वर्गीय बेनी प्रसाद वर्मा, स्वर्गीय अमर

सिंह, अतुल अनजान, मरहूम रशीद मसूद और मधुकर जेटली का भी मैं तहे-दिल से आभारी हूँ! उनके अफ़सानों के बिना मुलायम की कहानी अधूरी ही होगी। राजेंद्र चौधरी की सादगी और सौम्यता एक नया आयाम देती है सोशलिस्ट के पन्नों में।

राजनारायन और नेताजी के क़रीबी, वरिष्ठ समाजवादी और समाजवादी पार्टी के संस्थापकों में से एक डॉ चंद्रप्रकाश राय (सीपी राय) का मैं बहुत आभारी हूँ!

ज़ाकिर हुसैन दिल्ली कॉलेज के असिस्टेंट प्रोफ़ेसर, सामाजिक न्याय के युवा पहरुआ एवं सोशल मीडिया एन्फ्लूएंसर डॉ लक्ष्मण यादव का भी आभार!

अहमद बुख़ारी और अबू आसिम आज़मी का भी तहे-दिल से शुक्रिया! नीरज शेखर, सादिक़ प्रधानमंत्री चंद्रशेखर के बेटे और बलिया से सांसद का भी मैं आभारी हूँ! अल्लामा जावेद आबिदी का भी शुक्रिया!

अवध के नवाबों के वंशज मीर जाफ़र अब्दुल्ला और वरिष्ठ सहाफ़ी हिसामुल सिद्दीक़ी और अरविंद मोहन का भी शुक्रगुज़ार हूँ!

उत्तर प्रदेश के पूर्व मुख्यमंत्री और सपा के राष्ट्रीय अध्यक्ष अखिलेश यादव के युवा कारकुनों ने भरपूर साथ दिया। मैं शुक्रिया अदा करता हूँ उन सभी ऊर्जावान शख़्सियतों का जिसमें गजेंदर सिंह, संजय लाठर, नफ़ीस अहमद, सुनील सिंह सजन, अभिषेक यादव, नावेद सिद्दीक़ी अहम हैं। अभिषेक यादव उत्तर प्रदेश के ग़ाज़ीपुर ज़िले के निवासी हैं और इलाहाबाद विवि में युवा नेताओं के बीच एक चर्चित चेहरा हैं। नेताजी के पदचिह्नों पर चलते हुए सामाजिक न्याय की लड़ाई लड़ते हुए संविधान बचाने के लिए पदयात्रा पर निकले हुए हैं। इसके पहले ग़ाज़ीपुर से दिल्ली तक अभिषेक 'सामाजिक न्याय साइकिल यात्रा' भी कर चुके हैं। युवा कार्यकर्ताओं के बीच अभिषेक एक 'नायक' के रूप में जाने जाते हैं।

लखनऊ के निशांत जायसवाल का मैं ख़ास शुक्रिया अदा करता हूँ। इस युवा सरमायेदार और 'समाजवादी पार्टी लॉयलिस्ट' ने पूरे सफ़र में मुलायम सिंह और अखिलेश यादव की सियासत के सफ़र को समझने में अहम किरदार निभाया है।

उन्नाव के रहने वाले शिव प्रकाश यादव का भी शुक्रिया अदा करना चाहूँगा। शिव प्रकाश की लोहिया साहित्य और समाजवादी सियासत पर ज़बर्दस्त पकड़ है। शिव प्रकाश के ससुर सुरेंद्र सिंह यादव रिश्ते में सोशलिस्ट के भांजे हैं। शिव प्रकाश यादव ने लिखा है– लोहिया ने एक बार गाँधीजी के बारे में कहा था- 'ईश्वर को मैं मानता नहीं। लेकिन मैंने गाँधी-रूप में ईश्वर को देखा। ईश्वर कुछ होगा तो गाँधी जैसा ही होगा।'

फिर नेताजी के बारे में शिव प्रकाश लिखते हैं– 'हालाँकि मैंने गाँधी को नहीं देखा और लोहिया को भी नहीं देखा, लेकिन नेताजी के निकट रहकर मुझे सदैव यही एहसास होता रहा कि ईश्वर यदि होता होगा तो वो नेताजी की ही तरह होगा। ईश्वर नेताजी के रूप में धरा पर आए और अपना काम कर चले गए।'

बनारस में मौजूद जवाहर जायसवाल का भी मैं शुक्रिया अदा करता हूँ!

लखनऊ में काकोरी कोठी के वारिस सैफ़ एहतेराम अल्वी का ख़ास शुक्रिया! सैफ़ मुंशी सईद इम्तियाज़ अली के ग्रेट ग्रैंड सन है। इम्तियाज़ अली 1888 में भोपाल स्टेट के प्राइम मिनिस्टर थे। तब के ब्रिटिश वायसरॉय लॉर्ड लैंस्दोव ने उन्हें हिंदुस्तान का सबसे अज़ीम वकील और फ़िलेन्थ्रोफ़िस्ट कहा था। उस दौर में इम्तियाज़ अली ने 80 लाख रुपये सिर्फ़ वकालत से कमाए। उनके शरीफ़ज़ादे एहतेशाम अली ने नदवातुल उलूम और अलीगढ़ मुस्लिम यूनिवर्सिटी में खुलकर चैरिटी की। सैफ़ ने दिन और रात लखनऊ में साथ दिया। साथ ही साहित्य और कला के रसिया के साथ-साथ सियासत पर गहरी नज़र रखने वाले कॉन्ग्रेस प्रवक्ता सुरेंद्र राजपूत का भी तहे-दिल से शुक्रिया! के. विक्रम राव, राम दत्त त्रिपाठी, फ़रज़ंद अहमद, दिलीप अवस्थी, सुनीता एरन, नदीम ख़ान, नादिर वहाब, फ़ैसल फ़रीद, पंकज जायसवाल, सुनील अमर, पद्मकांत शर्मा, भूपेन सिंह, निखिल आनंद, प्रदीप कपूर, दाऊजी गुप्ता, त्रिलोक सिंह मेहता, डॉ रमेश दीक्षित, दिनेश कुमार आनंद, अक्षय लाल सोनी, वसीम बाबर, मुहम्मद क़ादिर उर्फ़ आज़ाद, जयप्रकाश, इब्राहिम अल्वी, राजेंद्र द्विवेदी, रामकृष्ण द्विवेदी, मध्य प्रदेश के पूर्व राज्यपाल रामनरेश यादव, कमाल फ़ारूक़ी, हसन कमाल, रवि दास मेहरोत्रा, अरविंद सिंह गोप और राजीव रंजन चुन्नू का भी मैं बेहद आभारी हूँ!

साथ ही मैं नीरज यादव का भी तहे-दिल से शुक्रगुज़ार हूँ!

मुंबई और कोलकाता के बेहतरीन फ़ोटोग्राफ़र स्वर्गीय सौमित्र घोष जिन्होंने क्रांतिरथ के नायक अखिलेश के हर पल को अपने कैमरे में क़ैद किया, उनका भी मैं आभारी हूँ! पार्थ सान्याल और शांतनु विश्वास का भी मैं आभारी हूँ!

मैंने कल्याण सिंह और रीता बहुगुणा जोशी से राब्ता क़ायम करने की कोशिश की मगर दोनों ने बात करने से इनकार कर दिया। मैं उनका भी शुक्रिया अदा करना चाहता हूँ। लालजी टंडन का भी बहुत शुक्रिया, उन्होंने मुलायम सिंह की ज़िंदगी पर दिलचस्प रौशनी डाली है।

शंकर सोहेल, जावेद अली, शीबा असलम फ़हमी, आशुतोष कुमार, ज़ैद

आलम, असीम वकार के साथ मैं राजनारायण सक्सेना का भी आभारी हूँ!

कन्नौज और बिधुना में ग़ौरव सिंह, रोहित सिंह चिंटू और धरमपाल सिंह का ख़ास शुक्रिया! इन्होंने लोहिया के दौर के बुज़ुर्ग समाजवादी कारकुन लायक़ सिंह सेंगर और लज्जा राम शर्मा से ख़ास मुलाक़ात कराने में दरियादिली दिखाई। बिधुना में बाथम परिवार के साथ रामपाल प्रधान और क्रांतिकारी कार्यकर्ता नूर जहाँ बेगम का भी मैं आभारी हूँ!

इटावा, जसवंत नगर, मैनपुरी, आगरा, चंबल के बीहड़ों से होते हुए फ़िरोज़ाबाद, और उत्तर प्रदेश के कोने-कोने में मैं जिस भी शख़्सियत आम और ख़ास से मिला उन सभी का मैं तहे-दिल से आभार प्रकट करता हूँ। रेहड़ी लगाने वाले से लेकर, अख़बार बेचने वाले तक और बड़े कारोबार करने वाले... सभी के दिल में कुछ-न-कुछ अफ़साने ज़रूर हैं।

लंदन में मैं अपने एडिटर और नॉवेलिस्ट दोस्त जनीन पुल्फ़ोर्ड, निक, बेन और लुईस का आभारी हूँ! साथ ही मैं इबरार, ज़ुबैर अहमद, निलोफ़र सिद्दीक़ी, करेन कोनोली, हेलेन, असित बिसेन, मोहम्मद अब्बासी और जेम्स फ़ोल्गेट का भी शुक्रगुज़ार हूँ!

दिल्ली में हिंदुस्तानी साहित्य और सामाजिक-राजनीति विमर्श के 'वोल्टायर' राजेंद्र यादव का मैं ख़ास शुक्रिया अदा करता हूँ! साथ ही ओम थानवी का भी मैं शुक्रगुज़ार हूँ! अभय कुमार दुबे ने अपनी ख़ास टिपण्णी से इस किताब को नवाज़ा है। उनका तहे-दिल से शुक्रिया! परिमल माया सुधाकर का भी शुक्रिया! दिलीप मंडल का भी तहे-दिल से शुक्रिया! चेन्नई में पाब्लो नेरुदा स्कूल ऑफ़ स्पैनिश और लातिन अमेरिकन स्टडीज़ के डायरेक्टर ग्नालन सुब्रह्मणियम का भी आभारी हूँ! दि सोशलिस्ट इनके प्रयासों से स्पैनिश पाठकों को उपलब्ध हो पाएगी।

जिम सदरलैंड अटलांटा में हैं। सीएनएन से कभी जुड़े जिम ने फ़ोरवर्ड लिखने का जोखिम उठाया है। मैं उनका बेहद आभारी हूँ! अफ़सोसनाक है कि इस किताब की प्रस्तावना लिखने के बाद साल 2014 में इंतक़ाल हो गया। देसमोइंसइओवा में टोम्मी स्मित्ज़ का भी मैं बेहद आभारी हूँ! वहीं अटलांटा, जॉर्जिया में आरी कास्पर का भी तहे-दिल से शुक्रिया अदा करता हूँ! लाहौर में, अल्लामा इक़बाल के ग्रेट ग्रैंड सन मुहम्मद नदीम इक़बाल, आएशा ख़ान, ज़ुल्फ़िक़ार अली भुट्टो के साथी सरदार साजिद परवेज़ का भी मैं तहे-दिल से शुक्रिया अदा करता हूँ!

मैं अनुवादक नीरज कुमार का बहुत-बहुत शुक्रिया अदा करता हूँ!

मदन मोहन बहुगुणा उत्तर प्रदेश की राजनीति को पाँच दशकों तक बहुत ही गहराई से परखते रहे हैं। डेली हिंदुस्तान के न्यूज़ एडिटर के तौर पर उन्होंने मुलायम सिंह की सियासत को भी परखा है। हेमवंती नंदन बहुगुणा से उनके पारिवारिक रिश्ते रहे हैं। एक बार हेमवंती नंदन ने मदन मोहन बहुगुणा से कहा था, "अगर मेरे साथ मुलायम सिंह यादव जैसा एक नेता होता तो मैं प्रदेश और देश की राजनीति को हिला के रख देता।"

एक बार मदन मोहन ने मुलायम सिंह को लेकर एक आलोचनात्मक ख़बर लिखी थी। अगली सुबह विधानसभा कॉरिडोर में मुलायम की नज़र जैसे ही मदन मोहन पर पड़ी, उन्होंने उनका हाथ पकड़ लिया और अख़बार में छपी ख़बर के लिए धन्यवाद दे दिया। बहुगुणा अवाक रह गए मुलायम की दरियादिली देखकर। मुलायम सिंह ने कहा, "हम समाजवादियों के बारे में ख़बर कम ही लिखी जाती है। ख़बर पॉज़िटिव हो या नेगेटिव, लिखी जाती रहनी चाहिए। नेता के लिए चर्चा और परचा ऑक्सीजन की तरह है।"

मैं मदन मोहन बहुगुणा का दिल से आभारी हूँ! साथ ही मैं युवा ऑर्किटेक्ट यूसुफ़ नौशाद और गुलाफ़्शाँ का भी आभारी हूँ! लखनऊ के 5-विक्रमादित्य मार्ग स्थित जिस सरकारी बैंगलो में 27 वर्षों तक मुलायम रह रहे थे, उसे साल 2018 में उन्हें ख़ाली करना पड़ा। उसके बाद सुशांत गोल्फ़ सिटी, अंसल में मुलायम शिफ़्ट हो गए। वहीं पर मुलायम के पड़ोसी थे युवा ऑर्किटेक्ट यूसुफ़ नौशाद और गुलाफ़्शाँ जिनके ख़ानदान के लोग मुग़ल दरबार में रॉयल ऑर्किटेक्ट हुआ करते थे। माना जाता है कि यूसुफ़ नौशाद के पूर्वज (उस्ताद अहमद लाहौरी/मुहम्मद ईशा) आगरा में बने ताजमहल के मुख्य ऑर्किटेक्ट थे।

मैं जिस धरती पर चलता हूँ उस पर नेताजी के क़दमों की छाप है। जब-तब लगता है अभी-अभी यहीं कहीं से गुज़रे हैं मुलायम। वो मेरे साथ-साथ चलते हैं। क़रीब दस बसंत, समर, पतझड़ और शरद ऋतू के आगमन और प्रस्थान के बीच मैं जूझता रहा। तब जाकर एक विशाल देश जैसे सूबा, उत्तर प्रदेश, के गाँव, क़स्बा, ब्लॉक, तहसील, ज़िला और शहर के झंझावातों में नेताजी मुलायम सिंह यादव की साठ वर्षों की लंबी राजनीतिक पारी को समझने के संघर्ष को अनुभव कर सका हूँ। सैकड़ों साथियों ने गाँवों की ऊबड़-खाबड़ पगडंडियों से लेकर लखनऊ जैसे शहर की मखमली सड़कों पर समाजवाद की पाठशाला में मेरा साथ दिया। लगभग प्रदेश के कण-कण में मुलायम की मर्मभरी गाथाओं का झरना बहता है। ऐसा हर

पल मैंने एक दशक से भी ज़्यादा के सफ़र में महसूस किया है।

झांसी शहर की नामचीन शख़्सियत और नेताजी के अज़ीज़ और समाजवादी पार्टी के वजूद में आने के बाद प्रथम ज़िला अध्यक्ष प्रभात कुमार सक्सेना और उनके सुपुत्र और राजनीतिक वारिस राहुल सक्सेना का मैं तहे-दिल से शुक्रिया अदा करता हूँ! उनके आत्मीय संस्मरण ने बुंदेलखंड में समाजवादी पार्टी के इतिहास और आंदोलन को परखने में काफ़ी मदद की।

फ़र्रूख़ाबाद के मूलनिवासी और तेज़-तर्रार युवा समाजवादी रोहित गंगवार का भी मैं शुक्रगुज़ार हूँ! यंग गंगवार ने मुलायम सिंह यादव की राजनीतिक जीवनी को मुकम्मल बनाने में दिल की गहराइयों से सहयोग दिया। रोहित के जौनपुर करकट के साथी और प्रतिष्ठित जवाहरलाल नेहरू यूनिवर्सिटी के पीएचडी स्टूडेंट दिलीप कुमार का भी धन्यवाद!

महात्मा बुद्ध के फ़ाइनल रेस्टिंग प्लेस कुशीनगर के राहुल कुमार का भी मैं बहुत आभारी हूँ! राहुल ने समाजवादी आंदोलन और मुलायम सिंह की भीमकाय उपलब्धि को समझने में ज़बरदस्त योगदान दिया।

सोशलिस्ट मूवमेंट के सुबाई ध्वजवाहकों में अंबिका चौधरी का बेहद उम्दा किरदार रहा है। पूर्वांचल की सरज़मीं पर बाग़ी बलिया ने पूर्व प्रधानमंत्री चंद्रशेखर से लेकर एक से एक धुरंधर दिए हैं। मुलायम और चंद्रशेखर दोनों के लिए अंबिका चौधरी मुख्य समाजवादी सिपाही रहे। उनके संस्मरण के लिए आभारी हूँ!

स्वामी प्रसाद मौर्या का भी मैं आभार व्यक्त करता हूँ! स्वामी एक रेशनलिस्ट सोशलिस्ट आवाज़ रहे हैं। समकालीन भारतीय राजनीति में स्वामी वो मोती हैं जिनकी वाणी में बोधिसत्व की गूँज है। उन्होंने चालीस वर्ष की अपनी सियासत में मुलायम सिंह यादव के सान्निध्य में जो कुछ भी हासिल किया उसे मेरे साथ बेझिझक साझा किया। साथ ही मनोज मानव मौर्या और युवा मरीन इंजीनियर अखिल मौर्या का भी मैं दिल की गहराइयों से शुक्रिया अदा करता हूँ!

सिद्धार्थ नगर ज़िला के लब्ध-प्रतिष्ठित हस्ताक्षर और उत्तर प्रदेश विधानसभा के पूर्व सभापति माता प्रसाद पांडेय का राजनीतिक सफ़र लगभग मुलायम सिंह के सामानांतर गतिशील रहा है। उन्होंने नेताजी की ज़िंदगी से जुड़े कुछ ख़ास समाजवादी घटनाओं का ज़िक्र कर मुझे गौरवान्वित किया। माताजी का ख़ास शुक्रिया!

सिद्धार्थ नगर के सोहरतगढ़ से ताल्लुक रखने वाले और ज़िले में समाजवादी पार्टी के संस्थापक सदस्य मौलाना अब्दुल मोईद भी ख़ास पहचान के हक़दार

रहे। अप्रैल 2021 के दूसरे हफ़्ते में कोविड के दूसरे जानलेवा लहर ने मौलाना साहेब को मरहूम कर दिया। उनके बेटे और युवा सोशलिस्ट वर्कर अब्दुल वहीद का भी इस किताब को लिखने के दौरान भरपूर समर्थन मिला है। वालिद मोईद और उनके होनहार चिराग़ वहीद का शुक्रिया!

डुमरियागंज के पुराने संघर्षशील समाजवादी और लेखक-विचारक बदरे आलम का भी मैं आभारी हूँ! उनके शानदार संस्मरण मुलायम सिंह यादव के सफ़र को मुंबई से सिद्धार्थ नगर से सटे नेपाल बॉर्डर की मिट्टी में ख़ुशबू बयाँ करते हैं। साथ ही बलरामपुर के सुरेंद्र चौधरी का भी आभार व्यक्त करता हूँ! सुरेंद्र चौधरी मुलायम सिंह यादव के पहली बार मुख्यमंत्री बनने के समय से ही किसानों के प्रति हमदर्द रवैये के साक्षी रहे हैं।

रेहान खान का भी तहे-दिल से शुक्रिया! और ग्रेटर नोएडा के युवा सोशलिस्ट लाखन का भी शुक्रिया! जौनपुर के चर्चित डिस्ट्रिक्ट जज भाई अनिल यादव, भारतीय पुलिस सर्विस, प्रांतीय पुलिस सेवा (पीपीएस) के सुधाकर यादव, रायबरेली के कृष्णा कुमार, दिल्ली में सेवा दे रहे प्रशासनिक अधिकारी अवंति वर्मा का भी तहे-दिल से आभारी हूँ!

समाजवादी लोहिया वाहिनी के प्रदेश अध्यक्ष राम करन निर्मल और महासचिव अमरेंद्र आर्य का भी आभारी हूँ! आंबेडकरवादी, लोहियावदी, मानवतावादी और कई पुस्तकों के लेखक विद्याभूषण रावत का भी मैं आभार व्यक्त करता हूँ!

जौनपुर ज़िले के मोगरा बादशाहपुर से युवा साथी आशुतोष का भी आभार! हिंदू कॉलेज, नार्थ कैंपस, दिल्ली यूनिवर्सिटी से पुराने साथी जोगिंदर सिंह राणा और देवेंदर सिंह राणा का भी तहे-दिल से शुक्रिया! सोनीपत, हरियाणा से पुराने समाजवादी रविंद्र धनकड़ का भी शुक्रिया! धनकड़ हरियाणा के रेवाड़ी में उस ऐतिहासिक रैली के साक्षी हैं जिसमें नेताजी ने घनघोर बारिश के वाबजूद शिरकत किया और जो जनसमूह वर्षा में भी टिका रहा। ये उन दिनों की बात है जब मुलायम सिंह यादव देवगौड़ा सरकार में देश के रक्षा मंत्री थे।

देश के सबसे चर्चित और उत्तम यूनिवर्सिटी जवाहरलाल नेहरू से मैं युवा स्कॉलर और राष्ट्रीय जनता दल के स्टेट सेक्रेटरी और लालू प्रसाद की राजनीतिक जीवनी 'दी किंगमेकर' के लेखक जयंत जिज्ञासु का भी मैं शुक्रगुज़ार हूँ!

साथ ही युवा पीएचडी स्कॉलर मुलायम सिंह यादव का भी। दिलचस्प बात ये है कि जेएनयू के छात्र मुलायम का जन्म ठीक 5 दिसंबर 1989 को हुआ

था, जिस दिन इलाहबाद से सटे कौशांबी में नेताजी मुलायम सिंह ने पहली बार मुख्यमंत्री पद की शपथ ली थी। नेताजी के नाम पर ही शिशु का नामकरण हुआ।

बांदा के युवा समाजवादी मानस सिंह पटेल का भी मैं आभारी हूँ! बलिया से वरिष्ठ राजनेता राम इक़बाल सिंह का भी शुक्रिया! बिहार के मधेपुरा से लोहिया विचार और साहित्य में महारथ रखने वाले इंजीनियर संतोष यादव का भी आभार!

जौनपुर की धरती से लोहिया और आंबेडकर, सावित्री बाई फुले, ज्योतिबा और फूलन के विचारों को जनता के बीच ले जाने वाली धुरंधर महिला समाजवादी पूनम मौर्या का भी मैं आभारी हूँ! कैनबेरा, ऑस्ट्रेलिया में बस गए भाई विवेक ग्लिडेनलिंग का भी तहे-दिल से शुक्रिया!

नब्बे के दशक में दिल्ली से बनारस तक अपने जीवन की पहली हवाई यात्रा मुलायम सिंह यादव के साथ करने वाले आसनसोल के एडवोकेट नंद बिहारी यादव, सासाराम की डॉ नीलम, चुनार (मिर्ज़ापुर) के कल्याण यादव, कोलकाता के चार्टर्ड एकाउंटेंट सुभाष यादव, नई दिल्ली के एडवोकेट पवन यादव, कानपुर से जावेद इक़बाल ख़ान, और रत्नेश शेफ़र्ड का भी बहुत आभार!

देवरिया की धरती से प्रकांड समाजवादी विद्वान् और पब्लिक इंटेलेक्चुअल चंद्र भूषण का भी मैं आभारी हूँ! चंद्र भूषण के हवाले मुलायम सिंह के राजनीतिक सफ़र को समझना शानदार अनुभव रहा है। उनके साथी वीरेंद्र का भी शुक्रिया! साथ ही देवरिया के ही सीनियर समाजवादी समर्थक राम प्रवेश यादव का भी आभारी हूँ!

हरदोई से पदमराग उर्फ़ पम्मू, लखनऊ से मोहम्मद यामीन ख़ान, फ़हद शाह, नदीम ख़ान का भी मैं आभारी हूँ! बीबीसी न्यूज़ के प्रदीप कुमार, सीनियर जर्नलिस्ट ज़ैद अहमद फ़ारूक़ी, रायपुर से युवा साथी मोहम्मद अयाज़, हैदराबाद से प्रोफ़ेसर सिम्हाद्रि और एडवोकेट महेंद्र सिंह मंडल का भी मैं आभारी हूँ!

गोरखपुर के गुंजन यादव, एबीपी न्यूज़ के प्रवीण कुमार, कर्नल डीएस यादव (रिटायर्ड), बिश्वान (सीतापुर) के पूर्व एमएलए रामपाल यादव, माधव कृष्ण, आनंद यादव, उत्तर प्रदेश सरकार में पूर्व कैबिनेट मिनिस्टर एवं प्रख्यात समाजवादी नेता रामगोविंद चौधरी, डायवर्सिटी मैन एचएल दुसाध का धन्यवाद!

वरिष्ठ पत्रकार, लेखक एवं डिजिटल मीडिया के बादशाह दिलीप मंडल (जिन्हें मैं भारत का चोम्स्की कहता हूँ) का भी तहे-दिल से शुक्रगुज़ार हूँ! इंडिया टुडे पत्रिका के एडिटर रहते हुए दिलीप मंडल साहेब ने मुलायम सिंह का एक ज़बरदस्त इंटरव्यू लिया था। उनकी अनुमति से वो इंटरव्यू किताब का हिस्सा है।

आज़मगढ़ के युवा सोशलिस्ट इंजीनियर अमित कुमार, पानीपत, दिल्ली और ग्रेटर नोएडा से जिन्होंने तालीम ली, इलेक्ट्रिकल इंजीनियरिंग किया, उनका भी मैं दिल की गहराइयों से आभारी हूँ! डिजिटल कम्युनिकेशन में स्पेशलिस्ट अमित ने ट्रांसक्रिप्ट को सूटेबल मीनिंग देने में बहुत सहयोग किया।

इंजीनियर मनीष, युवा सोशलिस्ट एक्टिविस्ट सागर पसमांदा का भी मैं आभारी हूँ! देवरिया के युवा पोएट वरुण वैष्णव ने मुलायम सिंह के सफ़र को मर्मस्पर्शी कविता में पिरोया है। वरुण का बहुत शुक्रिया!

मैं राकेश राइडर का भी आभारी हूँ! जेंडर जस्टिस के लिए देश भर में साइकिलिंग करने वाले तरियानी छपरा बिहार के राकेश कुमार सिंह का मिशन समाजवादी मूल्यों से सराबोर रहा है।

मशहूर शायर मुनव्वर राना और उनकी बेटी सुमैया राना का भी दिल से शुक्रिया!

और सबसे ज़्यादा हिंदी के युवा पब्लिशिंग सेंसेशन भाई शैलेश भारतवासी का और हिंद युग्म के संपादक वसीम अकरम का दिल की गहराइयों से आभार!

मैं मुक्ता सिंह (फ़र्मिना) का शुक्रिया अदा करता हूँ! मैं लिटिल ब्वॉय मार्कोस का भी दिल से आभारी हूँ! मुंबई के इस आबरुदार अदाकारा और जीवनसाथी ने पूरे सफ़र में अपने नायाब संयम को बरक़रार रखा और पल-पल का ख़याल दूरियों के बावजूद ज़िंदा रखा। यही नहीं, हौसले को बुलंद रखने में मेरी स्वीटहॉर्ट कैट 'मिकी माउज़र उर्फ़ रंगीला' और अन्य बिल्लियों में 'लेडी गागा', 'लिटिल ग्लोरी', 'मोटूलाल उर्फ़ जेलेंस्की', 'लैरी' और 'क्लॉडिया' का भी अहम रोल है।

आभार मैं अपने ब्रदर और सिस्टर, चीकू (मनीष कुमार), नेहा और स्नेहा को भी देता हूँ, साथ ही अपने फ़ादर बबन सिंह को भी। कुमार मलय सिंह का भी दिल से आभार! हिंदू कॉलेज के पुराने साथियों में वक़ार हैदर, शिवदानी शीलवंत, अग्निवेश ठाकुर, जिया वज़ीरी और उत्तर प्रदेश के भदोही में कारपेट का जलवा बिखेरने में माहिर उनके भाई, अनीस और फ़िरोज़ वज़ीरी का ख़ास शुक्रिया!

आख़िर में, जो नाम छूट गए हैं उनसे माफ़ी के साथ उनका भी बहुत शुक्रिया! वो सभी नाम भी मेरे लिए बहुत महत्त्वपूर्ण हैं।

– फ्रैंक हुज़ूर

अध्याय 1

शरद का सूर्य

बात 1939 की है। वह साल जिसकी शुरुआत हुई ह्यूलेट पैकर्ड कंपनी के जन्म से और अंत हुआ ज़ॉर्जिया के अटलांटा में लियोज़ग्रैंड थियेटर में 'गॉन विद द विंड' जैसी उत्कृष्ट फ़िल्म के प्रीमियर के साथ। अकेले ही अटलांटिक महासागर पार करने वाली पहली महिला विमान चालक अमीलिया एरहार्ट के रहस्मय तरीक़े से लापता हो जाने के बाद इसी साल जनवरी में मृत मान लिया गया। जॉन स्टीनबेक के मशहूर उपन्यास 'दि ग्रेप्स ऑफ़ रैथ' के प्रकाशन के कुछ ही वक़्त बाद 1 मई को बॉबकेन ने कॉमिक के ज़रिये सबके दिल को भा जाने वाला बैटमैन जैसा कार्टून चरित्र गढ़ा। दुनिया के कैनवस पर तरह-तरह के 'चित्रकार' अपने सोच की कूचियों से मनमाफ़िक़ रंग भरने की कोशिश में जुटे थे। समाजवाद के रंग से दुनिया को रंगने की ख़्वाहिश से शुरुआत कर यहूदी ख़ून का प्यासा बन जाने वाला एडॉल्फ़ हिटलर मुसोलिनी के साथ एक ओर तो 'पैक्ट ऑफ़ स्टील' पर दस्तख़त कर रहा था तो दूसरी ओर नाज़ी बाज़ के पंख तले अपनी सेनाओं को पोलैंड पर हमला करने का आदेश देने के लिए कसमसा रहा था। जर्मनी 'फ़ॉलवेस' के लिए तैयार था जो पोलैंड पर हमले के अभियान का कोडवर्ड था। हिटलर का चालाक दोस्त जोसेफ़ स्टालिन पोलैंड के संकट का फ़ायदा उठा रहा था। दिल्ली में महात्मा गाँधी 23 जुलाई को नाजी चांसलर एडॉल्फ़ हिटलर को पत्र में 'मेरे मित्र' लिखकर संबोधित कर रहे थे। उधर पेरिस में हत्यारे यूजीन वीडमैन को सार्वजनिक रूप से गिलोटीन किया गया जो सार्वजनिक गिलोटीन का आख़िरी मौक़ा रहा। ब्रिटिश प्रधानमंत्री नेविल चैंबरलेन लंदन में इस रणनीति में लगे थे कि कैसे हिटलर की बढ़ती महत्त्वाकांक्षा को रोका जाए जबकि लंदनवासी एलेस्टर क्राउले की 'एट (8) लेक्चर्स ऑन योगा' पढ़कर चकित थे। अटलांटिक महासागर के पूर्व का आसमान कुछ इस तरह

का दिख रहा था तो अटलांटिक के पश्चिम में लॉस एंजिलिस में एमजीएम की क्लासिक संगीत फ़िल्म 'दि विज़ार्ड ऑफ़ ओज़' में डोरोथी का चरित्र निभाने वाली जूडी गारलैंड के दमदार अभिनय से अमेरिकी अभिभूत थे। लेकिन इसी दौरान जर्मन यहूदी अल्बर्ट आइंस्टाइन अमेरिकी राष्ट्रपति फ्रैंकलिन डी. रूज़वेल्ट से मुलाक़ात कर 'दि मैनहटन प्रोजेक्ट' के बीज बो रहे थे। स्वघोषित समाजवादी आइंस्टाइन ज़ोर डाल रहे थे कि रूज़वेल्ट एटम बम तैयार करें। शत्रुता की बयार बह रही थी और 1939 का जाड़ा युद्ध के घने कोहरे में लिपटा हुआ था।

1939 में नेताजी ने 42 वसंत पूरे कर लिए। ब्रिटिश शासन के दौरान भारतीय अवाम के सबसे इज़्ज़तदार नेता की छवि के पीछे उनकी कड़ी मेहनत थी। लाहौर की कोट लखपत जेल में भगत सिंह की 63 दिन लंबी भूख हड़ताल को किंवदंती बने लगभग एक दशक बीत चुका था। स्कॉट की बजाय सॉंडर्स मारा गया और समाजवादी क्रांतिकारी भगत सिंह और राजगुरु को फाँसी का इंतज़ार था। सेंट्रल असेंबली में भगत सिंह तब तक बम फेंक चुके थे। धमाके के वक़्त मोहम्मद अली जिन्ना असेंबली में मौजूद थे लेकिन असेंबली से पूरी तरह से सुरक्षित दूरी पर, जिसके नेहरू और जिन्ना हिस्से थे। भगत सिंह की भूख हड़ताल के बारे में उनकी राय कुछ यूँ थी, 'भूख हड़ताल करने वाले के पास आत्मा होती है। वो उसी से प्रेरित होता है और अपने उद्देश्य को न्याय दिलाने के लिए दृढ़संकल्पित होता है। आप उसपर जितना भी अफ़सोस करें या कहें कि वह भटका हुआ है लेकिन इसकी वजह ये व्यवस्था, शासन की ये प्रणाली है जिससे लोग ख़फ़ा हैं।'

भगत सिंह की सोच पर आयरिश क्रांतिकारी टेरेंस मैक्स्विनी की लेखनी का गहरा असर था। लॉर्ड इरविन द्वारा बनाए गए ट्राइब्यूनल ने इस क्रांतिकारी को फाँसी की सज़ा सुनाई लेकिन भगत सिंह इससे बेपरवाह थे। उन्होंने अपने पिता को ब्रिटिश सरकार से रहम की अपील करने से रोक दिया। उन्होंने मैक्स्विनी का उल्लेख किया– 'मुझे भरोसा है कि मेरी रिहाई की बजाय मेरी मृत्यु ब्रिटिश साम्राज्य का नाश करने में मददगार होगी।' गूढ़ नास्तिकतावाद का बोलबाला था। फाँसी से पहले भगत सिंह की आख़िरी ख़्वाहिश लेनिन की आत्मकथा पढ़ने की थी। भगत सिंह को फाँसी पर चढ़ाने का ऑपरेशन ट्रोजनहॉर्स आज भी एक रहस्य है।

उत्तर भारत के खेतों में सरसों की फसल अब पछुआ के चलते 'सरफ़रोशी की तमन्ना' की धुन पर लहलहाने लगी थी। महज़ 24 साल की उम्र में फाँसी पर झूल जाने वाले भगत सिंह को कुछ ने फ्रांस के चेंबर ऑफ़ डिपुटीज़ में बम

फेंकने वाले ऑगस्ट वैलाँ की तर्ज़ पर अराजकतावादी क़रार दिया जबकि कुछ का मानना था कि वह समाजवादी थे।

उधर, मध्य उत्तर प्रदेश के एक छोटे से गाँव सैफ़ई में एक किसान रेडियो पर सुभाष चंद्र बोस के राजनीतिक सफ़र का अनुसरण कर रहा था। सुघर सिंह यादव लंबे-तगड़े थे। उनका बदन पहलवानों जैसा था- चौड़े कंधे, लंबा क़द। गाय भैंस चराते वक़्त जब वह अपनी चमकदार पतली लाठी घुमाते थे तो उनकी पगड़ी से लटकता सूती कपड़े का छल्ला-सा उनके सिर की शोभा बढ़ाता था। उनकी मूँछें चौड़ी न होकर पतली थीं। मूँछ को लेकर उनका रुख़ वैसा ही था जैसा सुभाष चंद्र बोस के प्रति नेहरू और गाँधी का। तलवारें खिंचने लगी थीं।

वह अपनी झोपड़ी से कुछ ही दूरी पर धान के खेतों से गुज़र रहे थे। गाय-भैंसों का झुंड उनके आगे एक लाइन में ऐसे चल रहा था मानो सेना के किसी कर्नल ने अपनी बटालियन को निर्देश दिया हो। सुघर सिंह अपने मवेशियों के 'कर्नल' (मुखिया) ही थे। दोपहरी का सूरज इस 'कर्नल' के सिर पर पूरी तेज़ी से ताप बरसा रहा था। उन्होंने ग़ुस्से में सिर उठाकर सूरज की ओर देखा और फिर जब नज़र घुमाई तो गाँव के मुखिया महेंद्र सिंह पर टिक गई। प्रचंड गर्मी में तेज़ी से चलकर आ रहे महेंद्र सिंह हाँफ रहे थे। पसीने से भीगी धोती से बाहर निकले उनके पाँव मानो उबड़खाबड़ पगडंडी में चिकनी सपाट राह तलाश रहे हों। सुघर सिंह को देखकर उन्होंने ऐसे पुकारा जैसे वह अपने पहलवान 'कर्नल' दोस्त से कुछ अहम बात करना चाहते हों।

जब उन्होंने ख़बर बताने के लिए मुँह खोला तो आवाज़ में अजीब-सी बेचैनी थी। 'नेताजी को कॉन्ग्रेस से निकाल दिया गया। बापू भी नेताजी को नेहरू के ग़ुस्से से नहीं बचा सके। अब वो अपनी पार्टी बना रहे हैं।' सुघर भौंचक्के रह गए। वह अनपढ़ ग्वाले ज़रूर थे फिर भी दिल से बहादुर और नेताजी सुभाष चंद्र बोस के समर्थक थे। ख़बर सुनते ही उनका चेहरा मुरझा गया। बायें हाथ से उन्होंने पगड़ी का छल्ला निकाला और बग़ल में खड़ी अपनी पसंदीदा गाय के सींघों में फँसाकर बोले, "मुझे रोना आ रहा है महेंद्र। देश ने अपने सबसे बहादुर सिपाही को बाहर कर दिया है। हम सालों तक ग़ुलाम बने रहेंगे और नेताजी के बिना पता नहीं आज़ादी कब नसीब होगी।"

एक कहावत है कि सौग़ात के तौर पर कैंची जैसी कोई नुकीली चीज़ नहीं भेंट करनी चाहिए क्योंकि ये दोस्ती को काट डालती है। गाँव के एक कॉन्ग्रेसी ने जब

सुघर को नेताजी की कैंची के बारे में क़िस्सा सुनाया तभी उन्हें किसी अनिष्ट की आशंका ने घेर लिया। उन्होंने तभी भविष्यवाणी कर दी कि कॉन्ग्रेस में सुभाष चंद्र बोस के गिने-चुने दिन ही बचे हैं। ये भी कहा जाता है अगर किसी से कैंची गिरती है और वह ज़मीन में गड़ जाती है तो ये संकेत है कि वह इंसान जल्द ही घर छोड़ने वाला है और कैंची के गिरे रहने तक माँगी गई मुराद भी पूरी हो जाती है। कहा जाता है कि नेहरू और गाँधी की राजनीति से नाराज़ बोस के हाथ से दाढ़ी बनाते वक़्त एक दिन कैंची गिर गई जब वह कैंची से ठोड़ी के बाल काटने की कोशिश कर रहे थे और उन्होंने ख़ुद ही पार्टी से किनारा करने की ख़्वाहिश ज़ाहिर की। उनके मुताबिक़ ब्रिटिश राज से आज़ादी के मुद्दे पर संघर्ष के लिए पार्टी अंदर से खोखली हो चुकी। अगर कैंची ज़मीन पर गिर जाए तो इंतज़ार करना चाहिए कि कोई दूसरा उसे उठाए। हालाँकि बोस ऐसे अंधविश्वासों पर भरोसा नहीं करते थे और वह इंडियन नेशनल आर्मी या आज़ाद हिंद फ़ौज की म्यान से निकली तलवारों के ज़रिये क्रांति का सपना देख रहे थे। सही है कि तलवारें खिंच रही थीं और सैफ़ई में दिल के सच्चे सुघर और महेंद्र जैसे लोग इसे उठाने को तैयार थे।

सुघर मांसाहारी नहीं थे। सैफ़ई के ज़्यादातर लोगों की तरह वह भी शाकाहारी थे और शराब छूते तक नहीं थे। हालाँकि नेताजी के साथ हुए बुरे बर्ताव की इस ख़बर से ग़ुस्से से दाँत पीसने लगे। वह ग़ुस्से से उबल रहे थे और गाय भैंसों के झुंड को अपनी चमकदार लाठी से तेज़ी से हाँकने लगे। गन्ने, ज्वार और बाजरे के खेतों से होते हुए वह जल्दी ही अपने घर पहुँच गए। उनकी पत्नी मूर्ति देवी इंतज़ार ही कर रही थीं। हरे रंग की मैली सूती साड़ी और साधारण-सा ब्लाउज़ पहने मूर्ति देवी संतुष्ट घरवाली दिख रही थीं। साड़ी यानी बिना सिला हुआ कपड़ा जिसकी लंबाई चार से नौ मीटर तक होती है। मूर्ति देवी ने हरी साड़ी का एक सिरा अपनी कमर में खोंस रखा था जबकि दूसरा सिरा कंधे पर झूल रहा था और पेट का हिस्सा खुला था जैसा कि गाँव की महिलाएँ करती हैं। ये कोई बहुत ख़ास या क़सीदाकरी किया हुआ पहनावा नहीं था क्योंकि सुघर सिंह की माली हालत ऐसी साड़ी ख़रीदने की नहीं थी। सिर ढँकना ज़रूरी था और ये काम उनकी साड़ी का पल्लू कर रहा था।

सुघर सिंह एक साधारण किसान थे। वो सिल्क की महँगी साड़ियाँ नहीं ख़रीद सकते थे। कहा जाता है कि सिल्क की साड़ियाँ इतनी महीन होती थीं कि एक अँगूठी से आर-पार निकल जाती थीं। पहलवान अपनी पत्नी के लिए सिर्फ़ मोटे सूत की साड़ियाँ ही दे सकते थे। हथकरघे पर बुनी इन साड़ियों पर लकड़ी के गुटकों

से डिज़ाइन छापे जाते थे और रंगने के लिए प्राकृतिक रंगों का इस्तेमाल होता था।

1939 का सैफ़ई एक छोटा-सा गाँव था जहाँ क़रीब दौ सौ किसान परिवार रहते थे। सैफ़ई में कोई दर्ज़ी नहीं था।

सुघर ख़बर से विचलित थे लेकिन मूर्ति को दुनिया की ख़बरों से कोई सरोकार नहीं था। वह झोपड़ी से बाहर आईं और पीतल के लोटे में अपने पति के लिए पानी लाने चली गईं। मूर्ति गाँधी के मशहूर नमक सत्याग्रह की सरोजिनी नायडू न हो कर गाँव की एक आम स्त्री थीं जो अपनी छोटी-सी दुनिया में ख़ुश थीं। इस समय वह गर्भवती थीं और सुघर के दूसरे बच्चे की माँ बनने वाली थीं।

सुघर और मूर्ति का पहला बेटा रतन, गाँव की मिट्टी में खेल-कूदकर बड़ा हो रहा था। अपने पिता की तरह वह भी गाँव के तालाब, पोखर और खेतों में घूमता था और गाय-भैंस की सवारी के मज़े लूट रहा था।

सुघर दूध, घी और शहद के शौक़ीन थे। पीतल के बर्तन में जितनी देर तक दूध उबलता, मूर्ति देवी एक पाँव पर खड़ी रहतीं। वह दूध के उबलकर आग पर गिर जाने को अपशकुन मानती थीं। वह कहती थीं कि अगर दूध उफनकर आग पर गिर जाए तो मुट्ठी भर नमक को आग में उस जगह फेंकना चाहिए जहाँ दूध गिरा था। वह अपने पति से कहती थीं कि दूध देने वाली गाय के थन को अपशकुन से बचाने के लिए ऐसा करना ज़रूरी है। ऐसा न करने पर उसकी जान को ख़तरा होता है। सुघर अक्सर ही अपने दोस्तों के बीच ऐसे अंधविश्वासों पर हँसते थे। दूध का उबलकर आग पर गिरना केवल उत्तरी भारत के किसानों के घरों में ही अपशकुन नहीं माना जाता बल्कि उत्तर पूर्व स्कॉटलैंड में भी इसे अपशकुन माना जाता था। आग में नमक छिड़ककर अपशकुन को रोकना एक आम प्रथा थी।

सुघर सिंह यादव कोई बहुत बड़े किसान या मवेशियों के मालिक नहीं थे। लेकिन वह बटाईदार भी न होकर एक ठीक-ठाक किसान थे। उनके पास क़रीब 4-5 बीघा खेत थे और गेहूँ, धान, गन्ना, ज्वार, बाजरा, मटर और सरसों की खेती करते थे। सुघर खादी का कुर्ता, धोती और बादामी रंग की सदरी (नेहरू द्वारा पहनी जाने वाली जैकेट), पैरों में चमरौधे, जिन्हें चमक कहा जाता था, पहनने के शौक़ीन थे। हाथ में चिकनी चमकदार लाठी लेकर जब वह टहलते थे तो ख़ुद को किसी शहंशाह से कम नहीं समझते थे। हाँ, वह चश्मे से बहुत चिढ़ते थे।

गर्मी और धूल धक्कड़ के बीच 3 मई को नेताजी सुभाष चंद्र बोस ने अपनी महत्त्वाकांक्षी ऑल इंडिया फ़ॉरवर्ड ब्लॉक पार्टी की स्थापना की। वामपंथी राष्ट्रवाद

की बढ़ती लोकप्रियता से नेहरू और गाँधी विचलित थे और कॉन्ग्रेसकॉन्ग्रेस इसके ख़िलाफ़ आवाज़ उठाने लगी थी। नेहरू और गाँधी के इशारों पर चलने वाली कॉन्ग्रेस बोस के विचारों से सहमत नहीं थी। बोस कोशिश कर रहे थे कि कॉन्ग्रेस में वामपंथी झुकाव वाले लोगों को एक झंडे तले लाया जाए। नेहरू को इससे ख़तरा महसूस हुआ। वह ये सोच भी नहीं सकते थे कि उनकी पार्टी में बोस जैसा भद्र और कुशाग्र बुद्धि रणनीतिकार उनको पछाड़ सकता है। सबके लिए नुक़सानदेह इस लड़ाई में नेहरू ने गाँधी को भी फुसलाया और उकसाया।

उस वक़्त बोस भारतीय राष्ट्रीय कॉन्ग्रेस के अध्यक्ष थे। 29 अप्रैल को बोस को इस्तीफ़ा देने के लिए मजबूर कर दिया गया। ये उस व्यक्ति के अहम को चोट पहुँचाने जैसा था जो एक ऐसे भारत का निर्माण करना चाहता था जो बेड़ियों से मुक्त होकर आज़ाद सोच रखे। हड़बड़ी में उन्होंने पार्टी छोड़ दी और चार दिन बाद कलकत्ता में एक विशाल जनसभा में उन्होंने नये राजनीतिक दल ऑल इंडिया फ़ॉरवर्ड ब्लॉक बनाने का ऐलान कर दिया हालाँकि पार्टी की औपचारिक नींव अगले साल यानी 1940 में 20 से 22 जून के दौरान नागपुर में रखी गई। बोस ने अपनी नई पार्टी बनाने की तैयारी के दौरान उत्तर प्रदेश के उन्नाव का भी दौरा किया। उन्होंने लखनऊ-कानपुर रोड पर यादवों की आबादी वाले गाँव मकूर में वामपंथी विचारधारा से जुड़े विशंभर दयालू त्रिपाठी और कई क्रांतिकारियों और समाजवादियों से मुलाक़ात की। यहीं उन्होंने ऐलान किया कि दूसरे विश्व युद्ध को कोई नहीं रोक सकता। वीडी त्रिपाठी ने उत्तर प्रदेश असेंबली के सामने एक लाख किसानों को इकट्ठा कर ज़मींदारी प्रथा ख़त्म करने का प्रदर्शन किया था। ये कहना ग़लत न होगा कि फ़ॉरवर्ड ब्लॉक के बीज उत्तर प्रदेश के उन्नाव में ही पड़े।

बोस ने सभी भारतीयों से ब्रिटिश राज के ख़िलाफ़ विद्रोह का आह्वान किया। वह गोरों को भगाने के लिए भारतीयों को दिमाग़ी तौर पर युद्ध करने के लिए प्रेरित कर रहे थे जबकि मीडिया ने इसे ऐसे प्रचारित किया मानो बोस भारतीयों को ब्रिटिश साम्राज्य के ख़िलाफ़ सैनिक विद्रोह के लिए भड़का रहे हों। 11 दिन बाद 2 जुलाई 1940 को बोस को गिरफ़्तार कर प्रेसिडेंसी जेल में डाल दिया गया। ये वैसे ही था जैसे बर्मा (अब म्यांमार) में लोकतंत्र समर्थक नेता आँग सान सूची को नज़रबंद किया गया था।

अपना काम जारी रखने के लिए बोस के पास नज़रबंदी से फ़रार होने के अलावा और कोई रास्ता नहीं था। जनवरी 1941 में वह फ़रार भी हो गए। एक

अति गुप्त मिशन के तहत फ़रारी के बाद वह ख़ैबर दर्रे की पहाड़ियों और घाटियों को लाँघकर सोवियत संघ पहुँचे। बोस ने स्टालिन से क्रांति के लिए मदद माँगी लेकिन स्टालिन कुछ और ही सोच रहे थे। वो चर्चिल के दोस्त थे और एडॉल्फ़ हिटलर के ख़िलाफ़ युद्ध में ब्रिटिश साम्राज्य के साथ कंधे से कंधा मिलाकर खड़े थे। बहरहाल, बर्लिन ने बोस का बाहें फैलाकर स्वागत किया। उन्हें फ्री इंडिया सेंटर स्थापित करने की मंज़ूरी मिली जिसने विदेशों में रहने वाले हज़ारों भारतीयों को आकर्षित किया। जहाँ एक ओर बोस मदद की तलाश में जुटे थे वहीं अगस्त 1942 में ब्रिटिश सरकार ने फ़ॉरवर्ड ब्लॉक के ख़िलाफ़ कार्रवाई शुरू कर दी। इसी महीने भारत छोड़ो आंदोलन शुरू हुआ और हर तरफ़ गाँधी छा गए। हाँ, स्थानीय स्तर पर पार्टी कार्यकर्ता बिना किसी उम्मीद और भय के अपने उद्देश्य में जुटे रहे। ब्रिटिश सरकार के ज़ुल्मों का विरोध करने के लिए गाँवों में बड़े बुज़ुर्गों ने आज़ाद दस्तों की स्थापना की। ये लोग बोस के क्रांतिकारी भाषणों के अंश लोगों में बाँटकर लोगों को तैयार कर रहे थे।

सितंबर 1939 तक उत्तर भारत के बड़े हिस्से में शरद ऋतु दस्तक देने लगी थी। गाँव के बग़ीचों में पेड़ से गिरे पत्तों के अंबार लगने शुरू हो गए थे। सैफ़ई के देहाती जंगलों में सुघर बागवानी में हाथ आज़मा रहे थे।

सैफ़ई के कोहरे में मुस्कान तैर रही थी जबकि यूरोप में शरद ऋतु के दौरान आँसुओं की धाराएँ बह रही थीं। एडॉल्फ़ हिटलर ने पोलैंड और स्लोवाकिया को सेना के बूटों तले रौंदने के लिए पहली सितंबर की तारीख़ चुनी। वारसॉ और प्राहा (प्राग) में अँधेरा छा गया। विनाशकारी युद्ध शुरू हो चुका था और इसकी गूँज सैफ़ई के अँधेरों में भी सुनाई पड़ी।

उस वक़्त गाँवों में मुकम्मल जानकारी हासिल करने का एक ही ज़रिया था रेडियो, जिसे वायरलेस टेलीग्राफ़ी भी कहते थे। फ्रांसीसी भौतिक शास्त्री एडवर्ड ब्रैनली ने 1897 में पहली बार प्रसारण को रिकॉर्ड किया। 'रेडियो' शब्द किसी चीज़ को फैलाने की क्रिया से बना है जैसे लैटिन में 'रेडियस' का मतलब है किसी पहिए की तीलियाँ या प्रकाश की किरण। माना जाता है कि 1912 में अमेरिकी नौसेना ने रेडियो और संचार के बाक़ी माध्यमों में फ़र्क़ किया। हालाँकि 'रेडियो' शब्द का पहली बार इस्तेमाल ली डीफ़ॉरेस्ट ने 1907 में एक लेख में किया था। पहला व्यावसायिक प्रसारण अमेरिका में 1920 के दशक में शुरू हुआ। मज़ेदार तथ्य ये है कि 'ब्रॉडकास्टिंग' शब्द खेती से जुड़ा हुआ है जिसका

मतलब होता है बीज बिखेरना। 1920 के दशक शुरुआती सालों से प्रकाशित हो रही बीबीसी की पत्रिका भी 'रेडियो टाइम्स' कहलाती है।

जानकारी देने में रेडियो सबसे आगे था। रेडियो क्रांति की आवाज़ सुघर के कानों तक पहुँच चुकी थी और ये सब संभव हुआ मुखिया महेंद्र सिंह की बदौलत जो हर शाम चौपाल में अपने गाँव वालों को युद्ध के दौरान प्यार और घृणा के क़िस्से बयान करते थे। जर्मन संसद राइखटैग में झूठे अग्निकांड के बाद एडॉल्फ़ हिटलर ने कम्युनिस्ट कैडर को कुचल दिया था और अब दुनिया को रौंदने के लिए तैयार था। जर्मन आज़ादी अब उसकी रखैल थी।

ये सच है कि राइखटैग की आग और पोलैंड की लूट का भारतीयों के दिलो-दिमाग़ पर कोई असर नहीं था लेकिन बयार में तूफ़ान की झलक थी। नवंबर में सैफ़ई में हवा सर्द होने लगी थी और सुबह-सुबह घास पर ओस की बूँदें कँपकँपी का एहसास दिलाने लगी थीं। 21 नवंबर की शांत रात को मूर्ति देवी को प्रसव-पीड़ा शुरू हुई। गाँव का कोई भी यादव उस रात नहीं सो सका। ख़बर तेज़ी से फैल गई थी। रात की बयार तंबाकू भरे मुँह से निकलने वाली बेचैन साँसों को ठंडा करने की कोशिश कर रही थी। बेंत की कुर्सी पर अधलेटे महेंद्र हाथ फैलाकर आग ताप रहे थे। सिर पर परंपरागत पगड़ी पहने गाँव के तमाम बड़े बुज़ुर्गों के झुर्रीदार चेहरों पर उम्मीद की मुस्कान थी। तभी सफ़ेद रंग की चादर ओढ़े सुघर बाहर आए और आग ताप रहे लोगों से बोले, 'मैं अब दो लड़कों का बाप हूँ। बेटे के रोने की आवाज़ मूर्ति के आँसू पोंछने का काम कर रही है।'

मूर्ति एक दयालु और समझदार युवा माँ थीं। बच्चे का जन्म उस रात का ग़ौरव था। ब्रिटेन के डेवेनशर शहर में कहावत है- सोमवार को जन्मा बच्चा गोरा होता है, मंगलवार को जन्मा बच्चा ईश्वरी प्रभाव से युक्त होता, बुधवार को जन्मा बच्चा परेशानियों से घिरा रहता है, बृहस्पतिवार को जन्मा बच्चा काफ़ी तरक़्क़ी करता है, शुक्रवार को जन्मा बच्चा प्यार करने वाला और दयालु होता है, शनिवार को जन्मे बच्चे को रोज़ी-रोटी के लिए कड़ी मेहनत करनी पड़ती है। क्रिसमस को पैदा हुआ बच्चा गोरा, बुद्धिमान, प्यारा और ख़ुशहाल होता है। ये बच्चा क्रिसमस के दिन नहीं पैदा हुआ बल्कि बुधवार को जन्मा और भगवान की नियामत था।

शुरुआती जाड़े की अँधेरी रात को बेटा हुआ था। उसकी ग़ैरमौजूदगी में ही सुघर सिंह ने आग तापते हुए बेटे का नामकरण भी कर दिया–मुलायम। यादव घरानों की पारिवारिक परंपराओं के अनुरूप लड़के की जाति उसके नाम से

जोड़ी गई–मुलायम सिंह यादव।

बेटा पैदा होने की ख़ुशी में सुघर सैफ़ई में अपने दोस्तों और किसानों को बता रहे थे कि जन्म के वक़्त मुलायम के पैर पहले बाहर आए। ये एक दुर्लभ घटना थी और माना जाता है कि ऐसा बच्चा आम लोगों के दुखों को दूर करने की दैवी शक्ति से भरपूर होता है।

21 नवंबर की रात मुलायम चंद्रवंशी क्षत्रिय वंश के प्राचीन राजा यदु के सबसे नवीन और छोटे उत्तराधिकारी बने। वह उस युग में जन्मे जब पूर्व और पश्चिम में उनके वंश का राज नहीं था। पाँच सबसे प्राचीन वैदिक क्षत्रिय क़बीलों में से एक, यादवों का राज 1300 ईसा पूर्व तक पूर्व में पाटलिपुत्र से पश्चिम में कांधार तक और उत्तर में काठमांडू से लेकर दक्षिण में कोट्टायम तक फैला था। अपने वक़्त में ये जाति सबसे शक्तिशाली और प्रधान थी। ब्राह्मणों की हैसियत सिर्फ़ पूजा पाठ तक सीमित थी। व्यापारी वर्ग यादवों के सम्मान में अपने व्यापार का श्रीगणेश करता था। यादवों की योद्धाओं जैसी क़द-काठी के लिए कॉकेशियन जीन ज़िम्मेदार हैं जिसका धीरे-धीरे मुख्य भारत की नस्लों में समावेश हो गया। यादवों का जीन ढाँचा ब्राह्मण, कायस्थ और राजपूत जैसा ही है।

चिनाब नदी के युद्ध में चाहे रणनीति हो या मुक़ाबला, क़दम-दर-क़दम सिकंदर की बराबरी करने वाले महान सम्राट पुरु भी यादव ही थे। कृष्ण जैसे पौराणिक चरित्रों के अलावा प्राचीन और मध्यकालीन भारत के तमाम शासक यदुवंशी थे।

सुघर अपने परिवार के बुज़ुर्गों से मिली जानकारी की वजह से अपने पुरखों से वाक़िफ़ थे। अपनी हथेलियों में नन्हे मुलायम को समेटे सुघर उनके रोने की आवाज़ सुनकर गर्व से मुस्कुरा देते थे। मुलायम का जन्म सैफ़ई में उनके पिता के साधारण से कच्चे घर में हुआ था। घर की छप्पर की छत पर जाने के लिए सीढ़ियाँ नहीं थीं। ख़ैर, सुघर और मूर्ति देवी ने घर के पूर्वी हिस्से में मिट्टी के सबसे ऊँचे ढेर पर खड़े होकर काले कंबल में लिपटे बेटे को हाथों में उठा लिया। कहा जाता है कि ऐसा करने से बच्चा काफ़ी प्रगति करता है। माता-पिता के दिमाग़ में द्वंद्व चल रहा था। दुबली पतली लेकिन दृढ़ माँ ने अनिष्ट की आशंका से अपने बच्चे को नये कपड़े नहीं पहनाए। मुलायम ने जो पहला कपड़ा पहना वह पुराना चिथड़ा ही था और वह भी उनके पैरों पर पहनाया गया, सिर पर नहीं।

उनके गुनगुनाने की आवाज़ उसके बच्चे की माँ को समझ नहीं आती थी लेकिन इस गुनगुनाहट में पुरु की सेना के हाथियों और घोड़ों के आगे बढ़ते

क़दमों की टाप जैसी आवाज़ ज़रूर महसूस होती थी। दुनिया फ़तह करने वाला सिकंदर जब सिंधु, व्यास और चिनाब का इलाक़ा छह फुट के क़द्दावर शासक पुरु के हाथों सौंपकर गया तो उसकी उम्र महज़ 30 साल थी। पुरु की राजधानी पाकिस्तान के लाहौर के आस-पास थी। 326 ईसा पूर्व में चिनाब के युद्ध में पोरस पराजित हो गया था लेकिन उसकी वीरता और हिम्मत देख मकदूनिया के ग्रीक सम्राट और आरगीड वंश के सबसे यशस्वी सदस्य महान सिकंदर ने उसे विजेता के तौर पर सम्मानित किया। राजा पुरु का साम्राज्य प्राचीन भारत के विशालतम साम्राज्यों में से एक था।

सिकंदर ने महान दार्शनिक अरस्तू से शिक्षा हासिल की थी। सम्राट पुरु ने भी तक्षशिला विश्वविद्याल में यूनानी शिक्षकों से तालीम हासिल की थी। श्याम वर्णीय ब्राह्मण चाणक्य यहाँ अपनी शिक्षा पूरी कर पढ़ाने का काम कर रहा था। सुघर अपने वंश और नस्ल की महानता और ख्याति के बारे में अपने मित्र और गाँव के मुखिया महेंद्र सिंह से जानकारी हासिल कर रहे थे। शाम को चौपाल में अलाव पर होने वाली बैठकों में उनका दिल बेबीलोन के सपनों और बर्लिन के दुस्वप्नों से भर जाता था। सुघर सिंह को जल्दी ही एहसास हो गया कि वर्ण आधारित हिंदू सामाजिक व्यवस्था में उनके बेटे को कुछ ख़ास हासिल नहीं होगा। उन्होंने क़सम खाई कि वह अपने बेटे को रणनीतिक कौशल में वही महारत हासिल कराएँगे जिसकी बदौलत सिकंदर और पोरस किंवदंती बन गए थे।

मुलायम की माँ के लिए नन्हे मुलायम की सलामती ही सब कुछ थी। अपने बच्चे की परवरिश में वह किसी कुशल दाई की तरह माहिर थीं। साथ ही वह काफ़ी सूक्ष्मदर्शी भी थीं। वह मानती थीं कि अगर वह बेटे का दाहिना हाथ साफ़ नहीं रखेंगी तो वह आगे चलकर अमीर बनेगा। उत्तर भारत में एक साल की उम्र से पहले बच्चे की दाहिनी हथेली नहीं धोने की प्रथा है। माना जाता है कि ऐसा करने से बच्चे का भविष्य धुल जाता है। बच्चे को नहलाते वक़्त सावधानी बरती जाती है कि उसकी दाहिनी हथेली पर पानी न पड़े। मुलायम के भविष्य में उनकी दुलारी माँ का बड़ा हाथ रहा।

अध्याय 2

नन्हा समाजवादी

'अगर उड़ नहीं सकते तो दौड़ो। दौड़ नहीं सकते तो चलो। चल नहीं सकते तो रेंगो। लेकिन रुको नहीं।' सुघर ने अपने बेटे को यही शुरुआती पाठ पढ़ाया क्योंकि सैफ़ई के बाग़-बग़ीचों और खलिहानों में मोर और हिरणों से कहीं ज़्यादा साँप-बिच्छू मौजूद थे। सुघर हिम्मती किसान थे और वह साँप को सिर और पूँछ से पकड़कर बोतल में डाल देते थे और फिर ढक्कन बंद कर ज़मीन में गाड़ देते थे। हज़ारों गाँव वालों की तरह ही मुलायम के माता-पिता भी दैवी चमत्कारों और झाड़-फूँक में भरोसा करते थे। एक प्रथा थी कि घर के बाहर शहतीर पर साँप की केंचुल टाँगने से आग नहीं लगेगी। केंचुल साँप की पुरानी खाल होती है जो वह ख़ुद उतार देता है। वह पुनर्जन्म की कहानियों और तमाम अंधविश्वासों में भरोसा करते थे। सुघर और मूर्ति अपने बेटों को बताते थे कि साँप का सपना देखना बुरा होता है। साँप दुश्मन होते हैं। मुलायम को बताया जाता था कि अगर वह सपने में साँप से ज़िंदा बच जाते हैं तो वह अपने सारे दुश्मनों को चित कर देंगे। सपने में अगर साँप-बिच्छुओं की भरमार हो तो इसका मतलब है कि आप ऐसे लोगों से सतर्क हो जाइए जो सच्चे दोस्त नहीं हैं। बचपन में सुनी इन कहानियों पर मुलायम आज भी आश्चर्य करते हैं।

ज़मीनी ख़तरों से होने वाली इस तरह की मुठभेड़ों ने नन्हे मुलायम को शेर जैसा बना दिया। धीरे-धीरे उन्हें साँप देखने में मज़ा आने लगा और वह भी साँप को आराम से सिर और पूँछ से पकड़ने लगे। यही नहीं मज़े के लिए दो साँपों के बीच लड़ाई करवाकर वह बुज़ुर्गों और जवानों को भी चौंका देते थे। यह किसी उत्पाती या मूर्ख बच्चे का खेल नहीं था। गाँव के स्याह जंगलों में ज़िंदगी जीने का यह तरीक़ा ठीक वैसा ही था जैसे यूरोपीय देशों में अपशकुन और मंत्रों से बच्चों का मुक़ाबला करना।

सैफ़ई के बाग़-बग़ीचों में मुलायम चलना सीख रहे थे। मध्य उत्तर प्रदेश के ये बाग़-बग़ीचे दिल्ली और बंबई जैसे शहरों के लोगों के लिए कोई आकर्षण नहीं थे। बीहड़ों से भरा ये इलाक़ा डाकुओं लिए मशहूर था जो अनाज और जानवरों की चोरी करते थे और लोगों को लूटते थे। इटावा-मैनपुरी और आस-पास के क़स्बों में कहावत मशहूर थी, 'ज़िंदा रहने के लिए अपराध करना ही पड़ता है।' इटावा से होकर गुज़रने वाली चंबल और यमुना के तट मुलायम सिंह के खेल के मैदान थे। दोनों नदियों का संगम यहीं होता है।

मुलायम सिंह के दादा का नाम मेवा सिंह यादव था। मेवा सिंह के पिता का नाम खड़गजीत सिंह यादव था। आम बोलचाल में सैफ़ई मुलायम सिंह के पिता का ननिहाल था। और यही उनका इतौली से सैफ़ई के लिए प्रवास था। बरसों पहले जब उनके दादा सैफ़ई में बसे तो वहाँ उनके साथ विदेशियों जैसा व्यवहार किया गया। स्थानीय और इतौली के लोगों के बीच कुश्ती और लाठीबाज़ी आम थी। मुलायम ने लाठी चलाने की कला स्थानीय लोगों के हमलों का मुक़ाबला करने के लिए अपने पिता समेत परिवार के और सदस्यों से सीखी।

मुलायम के पिता के तीन और भाई थे– छेदीलाल, बच्चूलाल और बादशाह। सुघर सिंह मेवा सिंह यादव के तीसरे बेटे थे। सुघर और मूर्ति देवी के पाँच बेटे और एक बेटी थी– रतन, मुलायम, अभयराम, राजपाल, शिवपाल और कमला। सुघर के भाई बच्चूलाल के चार बेटे थे, उनमें से एक हैं रामगोपाल यादव।

1857 में अँग्रेज़ों के ख़िलाफ़ विद्रोह में यादवों के गढ़ माने जाने वाले इटावा और सैफ़ई के बीहड़ और गाँव क्रांतिकारियों के लिए पनाहगाह बन गए थे। मुलायम सिंह के परदादा कमर कसकर ज़िला कलेक्टर के दफ़्तर के सामने धरने पर बैठ गए थे। उस वक़्त एलेन ऑक्टिवियन ह्यूम इटावा के ज़िला कलेक्टर थे। कुछ सालों बाद उन्होंने नौकरी से इस्तीफ़ा देकर दिसंबर 1885 में भारतीय राष्ट्रीय कॉन्ग्रेस की स्थापना की। ये वो वक़्त था जब मुलायम के परदादा ब्रिटिश साम्राज्य को नमक पर टैक्स देते थे। सालाना 2 रुपये की दर से लगने वाला ये टैक्स किसानों की कम-से-कम दो महीने की कमाई पर डाका डालता था।

नन्हे मुलायम के पिता को नौटंकी नापसंद थी। हिंदी पट्टी में मनोरंजन के लिए नौटंकी का चलन था लेकिन इटावावासी इसे ज़्यादा पसंद नहीं करते थे। हर यादव परिवार के लिए शिक्षा हासिल करना ज़रूरी था। 21वीं सदी में इटावा की 80 फ़ीसदी आबादी पढ़ी-लिखी है जो राज्य के किसी भी दूसरे ज़िले के

मुक़ाबले ज़्यादा है। अपने नन्हे नेपोलियन मुलायम की शिक्षा में सुघर सिंह की अहम भूमिका रही। सुघर अपने अनपढ़ होने की ख़ामियों से वाक़िफ़ थे। उन्होंने तय कर लिया कि चाहे जो हो वह अपने बेटे को तालीम दिलवाएँगे।

शब्दों के ज्ञान से अलग इस शिशु के पावों में जैसे स्प्रिंग लगे हुए थे। किसी बेहतरीन एथलीट की तरह जब मुलायम गाँव की कच्ची और उबड़-खाबड़ ज़मीन पर फर्राटा लगाते थे तो पिता सुघर की हँसी शेरों की दहाड़ की तरह होती थी। पैरों की तेज़ी और हाथों में चपलता को देख पिता ने बेटे के खिलाड़ी हुनर को भाँप लिया। गाँव और इसके आस-पास कुश्ती की आज़माइश के लिए तमाम अखाड़े थे। इस नन्हे शिशु को भी अखाड़ों में लोटना रास आने लगा। वह इस बात से बेपरवाह होते कि वह सिर से पाँव तक पूरी तरह मिट्टी में सने हुए हैं। मुलायम इसमें गोरिल्ला के ख़िलाफ़ कुश्ती का मज़ा लेने लगे। वो ख़ुद थक जाने पर नहीं बल्कि विरोधी के थक जाने पर ही अखाड़ा छोड़ते थे। सैफ़ई में मिट्टी के अखाड़ों में कुश्ती लड़ाई या झगड़े की वजह नहीं थी बल्कि यह चरखा और धोबी पछाड़ जैसे दाँवों का मुक़ाबला थी और इसमें झगड़े की कोई जगह नहीं होती थी।

ईस्ट इंडिया कंपनी भारत में केवल व्यापार करने के लिए आई थी। मुग़ल सम्राट जहाँगीर के टॉमस रो की अगुवाई वाले ब्रिटिश दल को कारोबार की मंज़ूरी देने के बाद से देश में यूरोप निवासियों की आवाजाही तेज़ी से बढ़ने लगी। 1757 में प्लासी की लड़ाई फ़तह करने के बाद कंपनी को टैक्स वसूलने का हक़ मिल गया और यहीं से उसने उपनिवेशवाद के बीज बोने शुरू कर दिए। पराजय की कहानियाँ सुनकर सुघर दुखी होते थे लेकिन 1857 में क्रांतिकारियों की पराजय का इतिहास जानकर उनका दिल भर आता था। उनका मानना था कि सैनिक विद्रोह की असफलता के लिए बड़ी हद तक अंधविश्वास और धार्मिक कर्मकांड ज़िम्मेदार थे। बंदूक़ के कारतूस में गाय और सुअर की चर्बी के इस्तेमाल की बेबुनियाद कहानी फैलाकर अँग्रेज़ों ने हिंदू और मुसलमान, दोनों की आँखों पर पट्टी बाँध दी। लड़ाई में इस्तेमाल से पहले कारतूस को मुँह से काटना होता था लेकिन मुसलमान सुअर को अपवित्र मानते हैं जबकि हिंदुओं में गाय पवित्र मानी जाती है। ऐसे में हार तो तय थी। ईस्ट इंडिया कंपनी ने देश की सत्ता हथिया ली और उपनिवेशवाद का पहला दौर पूरा हो गया।

हिंदी पट्टी के किसानों में यादवों की तादाद सबसे ज़्यादा है। 1.21 अरब हिंदुस्तानियों में क़रीब 30 करोड़ यादव हैं। यानी संयुक्त राज्य अमेरिका और

इंडोनेशिया की आबादी से भी ज़्यादा। आज हिंदी भाषी उत्तर प्रदेश और बिहार की राजनीति में उनका दबदबा है और वो सत्ता के सबसे बड़े दावेदार हैं। देश के क़रीब एक अरब घरों में से एक चौथाई इन दोनों राज्यों में ही हैं। कुर्मी और कुशवाहों के साथ मिलकर यादवों ने अपनी राजनीतिक पहचान बनाने के लिए अभिजात्य हिंदुओं से मोर्चा खोल रखा है। आज़ादी के बाद से समाज और भारतीय राजनीति में ब्राह्मणों की अगुवाई वाले सत्तासीन ताक़तवर अभिजात्यों और पिछड़ों की लड़ाई काफ़ी अहम रही है और पिछड़ों, अति पिछड़ों और दलितों की अगुवाई यादवों ने ही की है।

1890 से 1920 के दौरान यादवों ने समाज का पहनाया हुआ चरवाहे का चोला उतार फेंका और वो समाज में क्षत्रियों की बराबरी पर आ गए। यहीं से वो किसान राजनीति पर असर डालने लगे। मध्य उत्तर प्रदेश के गाँवों में वर्ण व्यवस्था काफ़ी गहरे तक पैठ बना चुकी थी। इटावा की पहचान राज्य के किसी और हिस्से की तरह ही खेतिहर इलाक़े के तौर पर होती थी। अभिजात्य ज़मींदारों-ब्राह्मणों और बहुसंख्य दबे-कुचले लोगों की इसी हिंसक और अदृश्य लड़ाई के माहौल में नन्हे मुलायम पल बढ़ रहे थे। ब्राह्मणों-अभिजात्यों और शूद्रों (समाज से बाहर निकाले हुए दलित या अछूत) के बीच की खाई अटलांटिक से भी ज़्यादा चौड़ी थी।

बीसवीं सदी के शुरुआती दशकों में यादवों और पिछड़े वर्ग की शक्ति पर आधारित एक नई राजनीतिक संस्कृति का जन्म हुआ और लोकतांत्रिक और जनसांख्यिकीय हक़ीक़त के चलते लोगों का इस पर ध्यान भी गया।

समाज का कार्यशील सदस्य बनने के लिए मानव शिशु में जो गुण होने चाहिए उसके लिए सामाजिकरण सबसे अहम ज़रिया है और सीखने की प्रक्रिया का ये सबसे अहम दौर होता है। नन्हे मुलायम ब्रिटिश हुकूमत के आख़िरी दशक में यही हाव भाव, प्रथाएँ और संस्कृति सीख रहे थे। ग्रामीण जीवन में समाजवाद की हवा की झलक थी लेकिन ब्रिटिश साम्राज्य में इसकी तनिक भी छाया नहीं थी। 20वीं सदी के मध्य में अमेरिका में सामाजिकरण या समाजवाद का बोलबाला था लेकिन इसके उलट सैफ़ई में आधुनिकतावाद के उदय में समाजवाद की विचारधारा की कोई ख़ास भूमिका नहीं रही।

लॉर्ड मैकॉले की शुरू की गई अँग्रेज़ी की तालीम शहरों के अभिजात्य एवं अमीर बच्चों के नसीब में ही थी। नन्हे मुलायम की हैसियत ऐसी नहीं थी कि वह

प्राइमरी स्तर पर अँग्रेज़ी पढ़ सकें। सुघर चाहते थे कि उनका बेटा हिंदी में प्राचीन शिक्षा प्रणाली और संस्कृति को सीखे और जाने पहचाने न कि अँग्रेज़ी में। लॉर्ड मैकॉले के 2 फ़रवरी 1835 को हाउस ऑफ़ कॉमन्स में दिए गए मशहूर भाषण के बारे में जब गाँव के मुखिया बताते थे तो सुघर सिंह आग बबूला हो जाते थे। हर शब्द उन्हें गर्व और कष्ट की मिलीजुली अनुभूति से परेशान करता था।

"मैंने पूर्व से पश्चिम और उत्तर से दक्षिण तक भारत का सफ़र किया और मुझे वहाँ कोई भिखारी नहीं मिला, कोई चोर नहीं दिखा। मैंने इस देश में इतनी संपन्नता देखी, नैतिक मूल्यों का इतना सम्मान होता है और लोग इतने बुद्धिमान हैं कि जब तक हम इस देश की रीढ़ यानी उसकी आध्यात्मिक और सांस्कृतिक विरासत पर हमला न करें, हम कभी भी इस देश को अपने अधीन नहीं कर पाएँगे। इसीलिए मेरा प्रस्ताव है कि हम उसकी प्राचीन शिक्षा व्यवस्था और संस्कृति को बदल दें और जब भारतीय ये सोचने लगेंगे कि हर विदेशी चीज़ और अँग्रेज़ी उनकी भाषा से बेहतर है तो वे आत्मसम्मान, अपनी संस्कृति खो बैठेंगे और हमारे ग़ुलाम होंगे और हम अपने मक़सद में कामयाब हो जाएँगे।"

सुघर सिंह के रहन-सहन में किसी छोटे-मोटे ज़मींदार किसान की-सी झलक मिलती थी लेकिन उन्हें एहसास था कि कैसे मैकॉले के सोच ने आत्मसम्मान और स्थानीय संस्कृति का नाश कर दिया। वह अक्सर पड़ोस के अभिजात्य गाँव में विदेशी भाषा की शिक्षा को लेकर शुरू हो चुकी भेड़ चाल पर अफ़सोस जताते थे। ये कोई चौंकाने वाली बात नहीं थी कि ब्रिटिश सरकार ने अँग्रेज़ी पढ़े लिखे हिंदू और मुस्लिम भारतीयों को नौकरशाही में शामिल होने के मौक़े देना शुरू कर दिया। लेकिन नन्हे मुलायम को वो तालीम नहीं मिलनी थी जिससे वो अपना आत्मसम्मान गँवा दें, अपनी संस्कृति भूल जाएँ। वह कंपनी बहादुर के दरबार में ग़ुलाम भूरे साहेब नहीं बनेंगे।

कॉन्ग्रेस पार्टी से नेताजी सुभाष चंद्र बोस के बाहर आ जाने के बाद मुलायम के पिता ख़ास तौर पर काफ़ी निराश थे और ब्रिटिश राज से जल्द आज़ादी की उम्मीद खो बैठे थे। उन्होंने अपने बेटे में यह भाव भरा कि उसने अपना आचार व्यवहार, अपनी संस्कृति, नैतिकता के मूल्य, कार्यकुशलता और ज्ञान हिंदुस्तानी में हासिल की। अँग्रेज़ी तालीम हासिल न कर पाने का उन्हें कोई अफ़सोस नहीं है और इससे वो कमज़ोर नहीं पड़ जाते।

नन्हे मुलायम के पिता को अनपढ़ होने का कोई अफ़सोस नहीं था अलबत्ता

अज्ञानता ज़रूर उन्हें परेशान करती थी। उन्हें अफ़सोस था कि उन्होंने बड़े बेटे रतन को नहीं पढ़ाया-लिखाया और वह इसे दोहराना नहीं चाहते थे। शुरुआती पढ़ाई लिखाई के लिए मुखिया महेद्र सिंह के आँगन में चलने वाला रात्रि स्कूल उनकी अम्मीदों को पंख लगा रहा था। महेंद्र सिंह ने गाँव के नन्हे मुन्नों के लिए ये रात्रि स्कूल शुरू किया था क्योंकि गाँव में कोई प्राइमरी स्कूल नहीं था। महेंद्र सिंह की नज़रों के नीचे ही नन्हे मुलायम सिंह ने गिनती-पहाड़े और हिंदुस्तानी में वाक्य बनाना सीखा। ये बात 1947 की है, लेकिन देश तब तक आज़ाद नहीं हुआ था।

रात्रि स्कूल में इस नन्हे पहलवान के क़दम पड़ने के कुछ ही महीने बाद सैफ़ई में पहला प्राइमरी स्कूल खुला। स्कूल की इमारत के नाम पर महज़ ईंट के खंभों पर छप्पर पड़े थे लेकिन था ये प्राइमरी स्कूल। ठाकुर सुजान सिंह स्वेच्छा से झोपड़ीनुमा इस स्कूल के पहले हेड मास्टर बने। सैफ़ई में लोग उन्हें आदर और प्यार से सुजान ठाकुर कहते थे।

सुजान ठाकुर की क्लास में जब नन्हे मुलायम पहले पहल पहुँचे तो सवाल-जवाब का दौर चल रहा था। सुजान ठाकुर बच्चों की जानकारी की परीक्षा ले रहे थे कि घर के कामकाज में माता-पिता की क्या भूमिका होती है, छुट्टियाँ कौन-कौन-सी होती हैं, त्योहार कौन से हैं और देश में दिल्ली, बंबई, कलकत्ता जैसे शहर किस दिशा में स्थित हैं। शहरों की भौगोलिक स्थिति बताने के मामले में मुलायम अव्वल रहते थे। इस छोटी-सी उम्र में भी उन्हें पता था कि कलकत्ता पूर्व में है और बंबई पश्चिम में। हालाँकि हिंदू देवी देवताओं, इस्लाम और ईसाई धर्म से जुड़े त्योहारों के जवाब देने में वो अटकते थे। जोड़-घटाना, घड़ी देखकर वक़्त बताना और कैलेंडर देखकर तारीख़ बताने में मुलायम की तेज़ी से शिक्षक भी चकित थे। जब सुजान ठाकुर ने नन्हे मुलायम से 1 से 20 तक गिनती सुनाने को कहा तो वह 100 तक गिनती सुना गए। इस छात्र की बुद्धिमत्ता के शिक्षक भी क़ायल थे। और इसी को देखते हुए सुजान सिंह से मुलायम को सीधे ही तीसरी कक्षा में दाख़िला दे दिया।

एक दिन की बात है कि कुछ अभिजात्य बच्चे एक दलित छात्र का मज़ाक़ बना रहे थे। उस दलित बच्चे ने झोपड़ी के बग़ल में रखे लाल रंग के घड़े से पानी पीने की हिमाक़त की थी। मामला सिर्फ़ हँसी उड़ाने तक नहीं रुका बल्कि इन बच्चों ने उस दलित को बेइज़्ज़त कर ख़ूब मारा पीटा भी। छोटे दिखने वाले मुलायम सिंह ख़ुद की आँखों पर भरोसा नहीं कर पा रहे थे। और आव देखा न

ताव, बिना कुछ समझे झगड़े में कूद गए। वह दलित बच्चे की बेवजह पिटाई बर्दाश्त नहीं कर सके। ग़रीब और असहाय दलित बच्चे के साथ हो रहे अन्याय से मुलायम काफ़ी ख़फ़ा थे। वह दलित बच्चा बुरी तरह डरा हुआ था। उन्होंने अगड़े बच्चों को अच्छा सबक़ सिखाया और अपने बाहुबल की बदौलत उन बच्चों को मैदान छोड़ने पर मजबूर कर दिया। नन्हे मुलायम कोई दबंग नहीं थे। वह दलित बच्चा ज़ार-ज़ार रो रहा था और इस बच्चे की हालत देख मुलायम अंदर-ही-अंदर उबल रहे थे। अपराध करने वाले अगड़ी जाति के बच्चों की उन्होंने पिटाई करनी शुरू कर दी और गर्दन पकड़कर उन्हें ज़मीन पर पटक दिया। वो तो सुजान ठाकुर बीचबचाव करने कूद गए वरना उन बच्चों की मुलायम के हाथों ख़ैर नहीं थी।

इस बहादुरी के बाद साथियों ने उन्हें 'दादा भैया' नाम से बुलाना शुरू कर दिया। और 'दादा भैया' बुलाने वाले बच्चों में सबसे आगे वही दलित बच्चा था। हालाँकि दादा भैया झगड़े के बजाय कुश्ती को अहमियत देते थे।

कुछ वक़्त बाद मुलायम का पाँच दोस्तों का एक गुट बन गया जो सैफ़ई में और उसके आस-पास मटरगश्ती करता था। इस गुट में सभी धर्मों और जातियों के बच्चे थे। इस गुट में एक ब्राह्मण था तो एक दलित और एक मुसलमान भी था। पहलवान बनने की ख़्वाहिश रखने वाले इस गुट का नाम ही 'पाँच का गिरोह' पड़ गया।

थोड़ी ही दूरी पर गाँव के पोखर के पास अखाड़ा था। सुघर के दिल में कुश्ती के लिए प्रेम था और वह दादा भैया को कुश्ती के चरखा, मुराक, बैठक और धोबीपाट दाँवों में माहिर बना रहे थे। दादा भैया के मनपसंद दाँव मुराक और बैठक थे। 9 साल की उम्र तक उन्होंने कुश्ती के दाँवपेंच में महारत हासिल कर ली। सुघर सिंह का क़रीब 100 फ़ुट लंबे और 50 फ़ुट चौड़ा घर मूल रूप से ईंट-मिट्टी और छप्पर का था जिसमें छह कमरे थे।

अपने स्कूल के कुछ चुनिंदा बच्चों की माफ़िक़ दादा पाजामा और पूरी बाँह की उजली क़मीज़ पहनकर स्कूल जाते थे। स्कूल में किसी हस्ती के दौरों के वक़्त वह झक्क सफ़ेद क़मीज़ पहनते थे। कुश्ती के साथ-साथ मुलायम सिंह पाली खेलने के भी शौक़ीन थे। इसमें बच्चे एक पुल बनाते हैं और फिर उसके चारों ओर तेज़-तेज़ चक्कर लगाते हैं। ये कबड्डी जैसा ही अच्छा खेल है।

15 अगस्त 1947 की आधी रात को मिली आज़ादी के बाद दादा भैया और उनके भाइयों की ख़ुशी देशभक्ति के गीत गाने और पतंग तक सीमित रही।

आज़ादी का बोध एक अजीब-सी ख़ुशी लेकर आ रहा था। मुलायम सिंह सिर पर नुकीली खद्दर की टोपी पहन घर-घर चक्कर लगाकर बच्चों को इकट्ठा कर रहे थे। इन बच्चों ने एक मंच बनाया, फिर तिरंगा फहराया और देशभक्ति के गाने गाए। हवा में देशभक्ति का संगीत तैर रहा था। बच्चे और बूढ़े मातृभूमि के बँटवारे के बाद हुए क़त्ले-आम से बेख़बर थे। मुलायम सिंह से उम्र में क़रीब ढाई साल छोटे भाई अभय राम सिंह यादव भी उत्सव मना रहे बच्चों के साथ धमा-चौकड़ी मचा रहे थे।

अभय से जब मेरी मुलाक़ात हुई उस वक़्त सैफ़ई महोत्सव अपने परवान पर था लेकिन वह अपने मवेशियों और खेती को लेकर चिंतित थे। गोरा रंग, छोटा क़द, गठीला लेकिन मोटापे की ओर बढ़ते बदन वाले अभय की पगड़ी हमेशा साफ़ और क़रीने से बँधी होती है। अभय फ़रमाते हैं, "मुझे पहलवानी का शौक़ नहीं था। मुझे और रतन को पढ़ाई में भी मज़ा नहीं आता था। मैंने सुजान सिंह ठाकुर के स्कूल से नाम कटवा लिया और रतन के साथ खेतों में पिता का हाथ बँटाने लगा। लेकिन मुलायम दुबले-पतले और छरहरे बदन के थे। उनका वज़न भी कम था लेकिन वह किसी भी पहलवान को चित कर सकते थे। गाँव में या पड़ोस के गाँव में बारात आने पर वह बहुत ख़ुश होते थे।"

मैनपुरी-इटावा सड़क पर स्थित चौबेपुर गाँव के रामरूप यादव नन्हे मुलायम के सहपाठी थे। उनकी उम्र 70 के पार है लेकिन लगते नहीं हैं। खेती करने वाले छोटे क़द के ये किसान दुबले-पतले हैं और कलफ़ किया हुआ झक सफ़ेद खादी का कुर्ता पाजामा पहनते हैं। उन्हें आज भी सैफ़ई से कुछ ही दूर मौजूद गिंजा गाँव के अखाड़े में हुआ पहला मुक़ाबला याद है। ये वाक़या जुलाई 1950 का है। मुलायम की उम्र 11 साल भी नहीं थी। वह केवल लंगोट पहने हुए थे। पेट के ऊपर के हिस्से पर कोई कपड़ा नहीं था।

"हमेशा की तरह मुलायम उस बार भी बिना किसी दिक़्क़त के कुश्ती जीत गए। अखाड़े के चारों तरफ़ क़रीब 500 लोगों की भीड़ जमा थी। लंगोट पहने उनका प्रतिद्वंद्वी कहीं बेहतर क़द-काठी का था और ताक़तवर भी था। उसकी क़द-काठी के सामने वह बौने नज़र रहे थे। लेकिन जब उन्होंने अपने विरोधी को पटखनी दी तो सभी लोगों ने उन्हें बाँहों में उठा लिया। मैंने भी अपनी बाँहें उनके गले में डाल दी। मुलायम कड़ी मेहनत करते थे और उनका फ़ोकस बिलकुल साफ़ था। अगर उनका कोई दाँव ग़लत भी हो जाता तो वह ध्यान लगाकर ग़लती

सुधार लेते थे। उनकी सफलताओं ने तमाम युवाओं को पहलवान बनने के लिए प्रेरित किया।"

मुलायम अब राष्ट्रीय और अंतर्राष्ट्रीय स्तर पर जीत के सपने देखने लगे और सैफ़ई में जीत के मंच से सीधे ओलंपिक खेल गाँव के बारे में सोचने लगे। वह अपनी उम्र के पहलवानों में सबसे ज़्यादा मशहूर थे और उन्होंने अपनी एकाग्रता और अनुशासन से कुश्ती का चेहरा बदल दिया।

दुनिया का सबसे बड़ा खेल मेला ओलंपिक है। सैफ़ई जैसे अनजान गाँव में पलते-बढ़ते नन्हे मुलायम ने अपने गाँव के मिट्टी के अखाड़ों में यश के लिए ओलंपिक में भी खेलने की सोची। बचपन में वह काफ़ी विनम्र थे। उनकी सबसे बड़ी हसरत इतिहास में नाम दर्ज करवाने की थी। फ्री स्टाइल कुश्ती में वह माहिर थे। वह दुबले-पतले और छरहरे बदन के थे। धोबी पछाड़ की वजह से ये खेल कभी बदमाशों का खेल कहलाता था लेकिन मध्य उत्तर प्रदेश के तमाम इलाक़ों में मुलायम के झंडा गाड़ने के बाद इस खेल को इज़्ज़त से देखा जाने लगा।

हेवड़ा के स्कूल में रामरूप पाँचवीं क्लास में दादा भैया के साथ पढ़ने लगे। "क्लास में वह हमेशा पहली क़तार में बैठते थे। लेकिन इस बात को लेकर वह अड़ियल नहीं थे और पहली क़तार में जगह न मिलने पर पीछे बैठने में भी उन्हें कोई दिक़्क़त नहीं थी। मुलायम सिंह हिंदी साहित्य पसंद करते थे और कविताओं के शौक़ीन थे। साथ ही सुभाष चंद्र बोस समेत तमाम मशहूर हस्तियों की आत्मकथाएँ और जीवनियाँ पढ़ना पसंद करते थे। लेकिन उनका पसंदीदा विषय भूगोल था। वो लोहिया जी के लेख और किताबें पढ़ना भी नहीं भूलते थे। स्कूल की छत छप्पर की थी जबकि दीवारें ईंट-मिट्टी से चुनी हुई थीं। स्कूल में क़रीब 50 बच्चे पढ़ते थे और सुबह 10 बजे से शाम 4 बजे तक हम एक ही शिक्षक के सामने बाहर मिट्टी के फ़र्श पर बैठते थे। केवल बारिश होने पर हम छप्पर के नीचे जाते थे।"

रामरूप बताते हैं कि जब वह सातवीं क्लास में थे तो स्कूल का छप्पर गिर गया। इसके बाद स्कूल दो किलोमीटर पूर्व में लछवोही गाँव में स्थानांतरित हो गया। एक साल बाद हेवड़ा में स्कूल की इमारत फिर तैयार हो गई। लेकिन छात्रों की तादाद पहले के मुक़ाबले आधी रह गई। सभी लड़कों को रात में स्कूल में ही रुकना होता था। आठवीं में उन्हें क्लास से बाहर कर दिया गया था। इसकी वजह थी समय पर स्कूल न आना। उन्होंने लंबे और गौर वर्ण हेडमास्टर रामशंकर पांडे

के सामने विरोध दर्ज कराया और दम ठोंककर कहा कि आठवीं के इम्तिहान में वह पूरी क्लास में अव्वल रहेंगे।

रामरूप उनकी हिम्मत का एक और क़िस्सा बयान करते हैं। "स्कूल में जलावन इकट्ठा करना लड़कों का ही काम होता था और एक शाम वह चूल्हे के लिए तिल के पेड़ की लकड़ी काट रहे थे ताकि बच्चों के लिए खाना बन सके। वह पेड़ की फुनगी पर थे जबकि नीचे 6-7 बच्चे उनकी हौसला अफ़ज़ाई कर रहे थे। इसी बीच एक पुलिस इंस्पेक्टर वहाँ पहुँच गया। उसे देख सभी बच्चे भाग खड़े हुए लेकिन मुलायम सिंह वर्दी से घबराए बिना अपनी जगह खड़े रहे। उन्होंने इंस्पेक्टर को लकड़ी काटने की वजह बताई और इंस्पेक्टर को वहाँ से जाने को मजबूर कर दिया।"

अध्याय 3

शहनाई की गूँज

ब्रिटिश काल में हिंदू परंपरा, इतिहास और दर्शन में बाल विवाह उसी तरह एक कुरीति थी जैसे प्राचीन काल में दुनिया के बाक़ी हिस्सों में। ये एक अंतर्जातीय परंपरा थी। यहूदियों में इस परंपरा को केटन्ना (नन्हा बच्चा) कहते हैं जिसमें 3 से 12 साल उम्र की लड़कियों की बराबर या बड़ी उम्र के लड़के के साथ शादी कर दी जाती थी। केटन्ना पूरी तरह से पिता का अधिकार था और वह बेटी की मर्ज़ी के बग़ैर भी उसकी शादी तय कर सकते थे।

सैफ़ई और इटावा में भी माँ बाप न केवल कुँआरी लड़कियों बल्कि लड़कों की भी शादियाँ 18 और 21 साल की तय उम्र से पहले कर देते थे। ब्रिटिश और यूरोपीय कुलीन वर्ग में बाल विवाह सामाजिक, आर्थिक और राजनीतिक हैसियत हासिल करने का एक ज़रिया था। उधर हिंदुस्तान के भी कुछ हिस्सों में ये शादियाँ दो राजघरानों को जोड़ती थीं और अटूट होती थीं। लेकिन मध्य उत्तर प्रदेश के इस ग़रीब और पिछड़े इलाक़े में ऐसा कुछ भी नहीं था। यहाँ तो लड़कियाँ जवान होते ही माँ बाप पर बोझ मानी जाती थीं। हालाँकि जुडाएज़्म (यहूदीवाद) के प्रमुख विधि संग्रह टैलमंड (तालमूद) में किसी पिता को अपनी बेटी की शादी करने का हक़ तब तक नहीं दिया गया है जब तक वह लड़की इसके लिए हामी न भरे। लेकिन हिंदू समाज में परिवारों की मर्ज़ी से विवाह एक अनिवार्य पवित्रता है जिस पर संयुक्त परिवारों में घर के बड़े बुज़ुर्गों का वरद हस्त होता है। परिवार की मर्ज़ी के ख़िलाफ़ विवाह न केवल समाज में अवैध माना जाता था बल्कि अक्सर जानलेवा साबित होता था।

दादा भैया के जन्म से क़रीब एक दशक पहले 1929 में ब्रिटिश सरकार ने भारत में बाल विवाह निरोधक क़ानून बनाया था। उस वक़्त लॉर्ड विलिंगडन भारत के वायसरॉय थे। जब भारतीय किसान मंदी की मार झेल रहे थे उस वक़्त

वह ब्रिटिश अर्थव्यवस्था को फिर से पैरों पर खड़ा करने की जुगत लगा रहे थे। मैनचेस्टर और लंकाशर की कपड़ा मिलों के लिए भारतीय किसान अनाज के बजाय कपास जैसी नक़दी फ़सलें उगा रहे थे। ज़मीन के बढ़ते किराए और टैक्स चुकाने के लिए किसान सोना और चाँदी बेच रहे थे। उस वक़्त लॉर्ड विलिंगडन ने कहा था, "इतिहास में पहली बार ऐसा हो रहा है कि भारतीय अपना सोना बेच रहे हैं। पिछले दो तीन महीनों में हम ढाई करोड़ स्टर्लिंग लंदन भेज चुके हैं और मुझे उम्मीद है कि आगे भी ऐसा होता रहेगा।" 24 अक्टूबर 1929 को अमेरिकी शेयर बाज़ार ने ग़ोता लगाया और दुनियाभर में आर्थिक संकट का दौर शुरू हो गया।

उस वक़्त दक्षिण एशिया में सबसे ज़्यादा बाल विवाह होने की वजह से बाल विवाह निरोधक क़ानून ज़रूरी हो गया था। लेकिन क़ानून के बावजूद अगली सहस्त्राब्दी में भी हालात बेहतर नहीं हुए। 2009 में दुनिया भर के बच्चों पर यूनिसेफ़ की एक रिपोर्ट के मुताबिक़ देश के गाँवों में 56 फ़ीसदी लड़कियों का विवाह 18 साल की उम्र से पहले ही हो जाता है जबकि शहरी इलाक़ों में ये आँकड़ा क़रीब 47 फ़ीसदी है।

ये बात 1954 की है जब दादा भैया की उम्र महज़ 15 साल थी। उनकी शादी के लिए लड़की की खोज शुरू हो गई। हालाँकि क़ानूनन शादी के लिए उनकी उम्र अब भी नहीं हुई थी। बच्ची लाल यादव सुघर सिंह के बड़े भाई थे यानी दादा भैया के ताऊ। उनका मानना था कि मुलायम सिंह की उम्र शादी के लायक़ हो गई है। गावों में परिवार के बड़े बुज़ुर्ग ही शादियाँ तय करते हैं और उनका बस चले तो पैदा होने से पहले ही बच्चे की शादी तय कर दें। वह आस-पास के गाँवों में रिश्ता तलाशने लगे। बहरहाल पास के गाँव रायपुरा में उनको रिश्ता मिल गया। दुल्हन का गाँव सैफ़ई से 18 किलोमीटर पूर्व में था। फूलों और पतंगी काग़ज़ की बनी झंडियों से सजी क़रीब एक दर्जन बैलगाड़ियों पर बारात निकली। रिश्तेदार, नातेदार और दोस्तों समेत क़रीब 100 लोगों ने उनकी बारात में शिरकत की। उन दिनों दुल्हन के गाँव में 72 घंटे यानी तीन दिन रुकने का रिवाज़ था।

दुल्हन का नाम समंतश्री/मालती देवी था और दूल्हे मियाँ बिना अँगूठी के तैयार थे। शादी के बारे में एक दिलचस्प मान्यता है और इसे शायद पूरी दुनिया में माना जाता है। घर की देहरी लाँघते वक़्त इस बात का ख़ास ख़याल रखा जाता है कि दूल्हा ही दुल्हन से पहले क़दम रखे वरना वह ज़िंदगी भर हर फ़ैसले में आगे रहेगी। समरसेट के क़स्बे मर्टोक में भी मान्यता है कि घर में प्रवेश करते

वक़्त नवविवाहित जोड़े में से जो भी दरवाज़े पर अपना बायाँ पैर पहले रखता है ज़िंदगी भर अपने साथी पर हावी रहता है। इंग्लैंड के ही यॉर्कशायर में लोगों का मानना है कि अगर अँगूठी पहनाते वक़्त दुल्हन मदद करती है तो फिर घर में उसी की चलती है।

दादा भैया दूल्हे की परंपरागत वेशभूषा यानी कढ़ाई किए हुए पीले कुर्ते और सफ़ेद पाजामे में थे। गले में नोटों की माला शोभा बढ़ा रही थी। हिंदू परिवारों में प्रचलित परंपरा के अनुरूप ही उन्हें चार कहारों के कंधे पर एक पालकी में बिठाकर दुल्हन के घर तक लाया गया।

आज की तरह उस समय भी दहेज का चलन था। कुछ अमीर घरानों में दहेज के आधार पर ही शादी की तड़क-भड़क तय होती है। सैफ़ई के लोगों में सोने-चाँदी या नक़दी का कोई ख़ास आकर्षण नहीं था जो शादी जैसे पवित्र रिश्ते को मुसीबतों की वजह बना दे। फिर भी विवाह की परंपरा और सामाजिक हैसियत के चलते दुल्हे मुलायम सिंह को एक भैंस भेंट की गई। हालाँकि न तो दूल्हे और ना ही उनके परिवार में किसी ने किसी उपहार या नक़द रुपये की माँग की, जैसा इन दिनों होता है और लड़की वालों से मोटा पैसा या मनचाहा सामान न मिलने पर बहू को सताया जाता है, यहाँ तक कि जला भी दिया जाता है।

हक़ीक़त ये है कि दूल्हे के लिए ये शादी अचरज भरी पहेली थी। उनकी शादी करने की कोई इच्छा नहीं थी बल्कि उन्हें इसमें ढकेल दिया गया था। सैमुएल जॉनसन ने लिखा है– 'बिना शादीशुदा लड़कों के पास विवेक होता है, शादीशुदा आदमियों के पास पत्नियाँ।' फिर भी, मुलायम ने परिवार के बड़े लोगों के फ़ैसले का कोई विरोध नहीं किया और विनम्रतापूर्वक उसे स्वीकार किया। उनका व्यवहार धीर-गंभीर और विनम्र बना रहा क्योंकि उन्हें न तो धरती फटने की आशंका थी और ना ही सितारे बुलंद होने की उम्मीद। हाँ भोर होते होते उन्हें ये एहसास हो गया कि वो अब एक मर्द हैं और मालती देवी उनकी पत्नी हैं। और उनकी उम्र थी सिर्फ़ 15 साल।

उस ज़माने में साइकिल महँगा उपहार माना जाता था। बारातियों को चाय नहीं पिलाई जाती थी। न ही उन्हें नाश्ता परोसने की परंपरा थी। माना जाता था कि बाराती दोपहर और रात के खाने का सामान साथ लेकर आएँगे और ख़ुद ही पकाएँगे।

नाच पार्टी के साथ-साथ जनता बैंड अपनी धुनों पर बारातियों का मनोरंजन कर रहा था। शादी के दौरान एक मज़ेदार वाक़या भी हुआ। समारोह के दूसरे दिन

तीन बारातियों को बिच्छुओं ने काट लिया। इनमें से एक वृद्ध बाराती के नितंब पर बिच्छू ने डंक मारा था और वह दर्द के मारे अपनी धोती खोलकर तड़प रहे थे। इलाज के लिए नीम हकीम बुलाए गए। जिन तीन लोगों को बिच्छुओं ने डंक मारा उनमें नत्थू, साधन सिंह और बाबा रामसरन दास शामिल थे।

उत्तर प्रदेश और बिहार के भीतरी इलाक़ों में बाल विवाह करने वाले ज़्यादातर बच्चों की सबसे पहले पढ़ाई छूटती है। हालाँकि मुलायम सिंह विवाह के दूसरे आकर्षणों में नहीं फँसे और उनकी पढ़ाई में कोई बाधा नहीं आई। पत्नी और मनपसंद विषयों के प्रति उनका प्यार बराबर बना रहा। पढ़ाई और कुश्ती ने उनको राजनीतिक गतिविधियों में भी हिस्सा लेने का मौक़ा दिया। शादी के चलते वह एक ओर अपने तरीक़े से समाजवाद का पाठ पढ़ रहे थे, साथ ही एक पूँजीवादी की तरह ये भी सोच रहे थे कि घर परिवार के लिए कैसे कमाई की जाए। धीरे-धीरे अपनी पत्नी के प्यार और सहयोग की बदौलत वह ख़ुद अपनी राह बनाने में जुट गए।

किशोर मुलायम के पहले दोस्त दर्शन सिंह सैफ़ई में उनके पड़ोसी ही थे। ये जान-पहचान कब दाँतकाटी दोस्ती में बदल गई दोनों को ही इसका अंदाज़ा नहीं लगा। दर्शन एक किसान थे और अपने खेत पर मेहनत करते थे लेकिन पहलवानी में रुचि उनको अखाड़ों के नज़दीक लाने लगी जहाँ दादा भैया अपनी पहचान बना रहे थे। गाँव देहात में लगने वाले मेलों में मनोरंजन के लिए कुश्ती का आयोजन ज़रूरी होता है और गाँव के लड़कों के लिए शारीरिक पराक्रम दिखाने का अच्छा अवसर भी। गाँवों में होने वाले खेल आयोजनों या त्योहारों या छुट्टियों में दो दो हाथ हो जाना मनबहलाव का अच्छा साधन है। वह बताते हैं, "मुलायम छरहरे बदन के थे बिलकुल पतली छड़ी की माफ़िक, लेकिन मुक़ाबले में वह अपने दाँव लगाने में काफ़ी फुर्तीले थे। वह काला, जंग, धोबीपाट, ढाक, मुल्तानी रामबाण, बैठक, चरखा, हर तरह का दाँव लगाने में उस्ताद थे। ख़ास तौर पर उनके चरखा दाँव का प्रतिद्वंद्वी के पास कोई तोड़ नहीं होता था। कुश्ती के प्रति बचपन से ही उनका लगाव था। वह केवल इसमें जीतना ही नहीं बल्कि जीत के उस क्रम को बरक़रार भी रखना चाहते थे।"

सैफ़ई में कुश्ती के उस्ताद कनौजी लाल ने मुलायम सिंह को अपनी शरण में ले लिया। गठीले बदन और चौड़ी मूँछों के मालिक पहलवान कनौजी लाल ऐसी जगह की तलाश में थे जहाँ आराम से पहलवानी कर सकें। शांत इलाक़ा होने

की वजह से सैफ़ई उनके लिए सबसे मुफ़ीद जगह थी। एक दिन तड़के जब वह पोखर के किनारे तेज़ क़दमों से टहल रहे थे तो उनकी नज़र एक लड़के पर पड़ी जो कसरत कर रहा था। वह उस लड़के के पास जाकर खड़े हो गए। ये कोई और नहीं मुलायम ही थे जो अपने छोटे-छोटे हाथ पाँव तेज़ तेज़ हवा में उछाल और घुमा रहे थे। कनौजी लाल ने गाँव के बुज़ुर्गों से ये भी कहा कि मुलायम न सिर्फ़ एक बेहतर पहलवान हैं बल्कि उनमें मुक्केबाज़ बनने की भी क्षमता है और अपने घूँसों से वह विरोधी को चित कर सकते हैं। मुलायम सिंह हमेशा ही अपने विवेक से कुश्ती लड़ते रहे। उनको ग्रीक-ओ-रोमन और फ्री स्टाइल भाता था और ये दोनों ही ओलंपिक के खेल हैं। अगर मुलायम सिंह राजनीति के अखाड़े में नहीं कूदते तो शर्तिया ओलंपिक में भारत का नाम रौशन कर रहे होते।

दर्शन सिंह ने मुझे बताया, "कनौजी लाल खड़ी और ज़मीन पर लड़ी जाने वाली कुश्ती के उस्ताद थे। मुलायम सिंह ने उन्हीं की पैनी निगाह में दाँव लगाना सीखा। सरसों के तेल में भीगे केश और कसी लंगोट पहनकर विरोधी को पटखनी देने वाले मुलायम अक्सर लगने वाली चोटों से कभी विचलित नहीं हुए। प्रतिद्वंद्वी के शरीर में फुर्ती से अपना पाँव फँसाकर चित कर देना उनके लिए बहुत ही आसान था। मुक़ाबले में कोई ढाल नहीं होती थी लेकिन वो घोड़े की तरह वार करते थे। उनके मुक्कों और पटखनी में गदा और मुद्गर जैसी ताक़त होती थी।"

कनौजी लाल की तरह ही एक और पहलवान थे मुंशी लाल, जो अपना पैतृक गाँव बेलाभावपुर छोड़ सैफ़ई में ही बस गए थे। ये दोनों ही पौराणिक कथाओं में पहलवानी के क़िस्से सुनाकर गाँव वालों का मनोरंजन करते थे। मुलायम सिंह सरीखे तमाम युवा पहलवानों को महाभारत के युद्ध में भीम और जरासंध की कुश्ती का क़िस्सा ख़ूब रास आता था।

एक बार मैनपुरी में लाइटवेट कुश्ती मुक़ाबले आस-पास के इलाक़ों से कई पहलवान इकट्ठा हुए। इस समय मुलायम सिंह मैट्रिक में थे और जैन इंटर कॉलेज में पढ़ रहे थे। मुक़ाबले में उन्होंने सबको पछाड़ दिया। क़रीब एक साल बाद भगवान कृष्ण की जन्मभूमि मथुरा में हुए एक और कुश्ती मुक़ाबले में आगरा मंडल के तमाम पहलवान जमा हुए लेकिन यहाँ भी सैफ़ई के इस युवा पहलवान ने सबको मात दे दी और चैंपियन बने। मेले-त्योहारों में होने वाली फ्री स्टाइल कुश्ती में वही ख़िताब जीतते रहे।

इसके बाद से पूरे इलाक़े में कुश्ती में उनका कोई सानी नहीं रहा। इटावा में

के.के. डिग्री कॉलेज में पढ़ाई के दौरान भी उन्होंने कई मुक़ाबले जीते। अपने विरोधी को पटखनी देने और अपनी जीत के क्षणों में भी वो कभी डींग नहीं हाँकते थे।

यूनानी और रोमन साहित्य और वीर गाथाओं में कुश्ती को सबसे अव्वल खेल माना गया है। प्राचीन यूनान में कुश्ती सबसे लोकप्रिय थी लेकिन ये काफ़ी बर्बर थी। जब रोमवासियों ने इसे अपनाया तो इसकी बर्बरता को ख़त्म कर दिया। ये ओलंपिक का अहम खेल बनी रही। यूनानी पौराणिक कथाओं के मुताबिक़ ज़्यूस (या ज़ीअस) अपने पिता क्रोनस से कुश्ती का मुक़ाबला जीतने के बाद ही दुनिया का सम्राट बना था। दूसरी ओर रोमन वीरगाथाओं में हेराक्लीज़ या हर्क्युलिस और थेस्यूज़ (या थेसिअस) पुरुषों और जानवरों से कुश्ती लड़ने में माहिर थे। अरबी साहित्य में भी पैगंबर मोहम्मद साहेब को भी कुश्ती में हुनरमंद बताया गया है और उन्होंने भी एक मुक़ाबले में एक अविश्वासी को पछाड़ा था।

शादी को कुछ ही वक़्त हुआ था और मुलायम राजनीति के मैदान में उतरने के लिए तैयार थे। राजनीति उनको पुकार रही थी। बुज़ुर्गों की संगत में वह विनाश की नदी चंबल की बाढ़ से फसलों को होने वाले नुक़सान के बारे में समझ रहे थे। बड़ों की बात वह बहुत ध्यान से सुनते थे। बहसों में हिस्सेदारी से वह समाजवाद के गुर सीख रहे थे और इसी ने उन्हें भविष्य के संघर्ष के लिए तैयार किया। इस समाजवादी की किताब में लालिमा ज़रूर थी लेकिन वह साम्यवाद जितना सुर्ख़ नहीं था।

1954 के वसंत में नहरों से पानी की दर में बढ़ोतरी कर दी गई। सैफ़ई समेत पूरे इलाक़े के गाँवों में रहने वाले सड़कों पर उतर आए। लोकप्रिय समाजवादी नेता राम मनोहर लोहिया के आह्वान पर बड़ी तादाद में लोग गिरफ़्तारी देने के लिए तैयार थे। मुलायम सिंह यादव भी गिरफ़्तार हुए। पेशी के दौरान मजिस्ट्रेट ने उन्हें बताया कि वह अवयस्क हैं और उन्हें गाँव भेज दिया गया। इससे वह काफ़ी निराश थे।

इटावा के ज़िला मजिस्ट्रेट के दफ़्तर के सामने धरना प्रदर्शन करने वालों में वह सबसे कम उम्र के थे। जब प्रदर्शन में मौजूदगी के बारे में उनसे सवाल किए गए तो उन्होंने दृढ़ता से कहा, "मैं भी एक किसान हूँ और प्रदर्शन में हिस्सा क्यों नहीं ले सकता? और अपने चाचा चाचियों की तरह गिरफ़्तार क्यों नहीं हो सकता?"

इसके बाद मुलायम सिंह को पुलिस सुरक्षा में गाँव भेजा गया। दर्शन सिंह क़रीब एक महीने बाद बाक़ी गाँव वालों के साथ रिहा हुए। इस दौरान उन्होंने 15 दिन इटावा और 15 दिन मैनपुरी जेल में बिताए। विरोध प्रदर्शन रंग लाया और किसानों को एक रुपये में तीन पैसे की छूट मिलने लगी।

दर्शन सिंह गाँव का एक और रोचक क़िस्सा बताते हैं। "कुछ गाँव वासी एक पशु मेले में शिरकत कर लौट रहे थे लेकिन बीच में ही इन लोगों को डाकुओं ने लूट लिया। इस डकैती के बारे में जब दादा भैया को पता चला तो वह हरकत में आ गए और साथ के सभी बच्चों को एक जगह इकट्ठा होने को कहा। वह डाकुओं पर ऐसे झपटे मानो कोई बाज़ अपने शिकार पर झपट रहा हो। पता ये चला कि ये लुटेरे भी सैफ़ई के ही रहने वाले थे। हक़ीक़त जानकर उनके अंदर का पहलवान और क्रोधित हो गया क्योंकि इससे गाँव का नाम बदनाम होता था। जिन लोगों को लूटा गया था वो सभी बटव्वा गाँव के रहने वाले थे। जॉन एफ़ केनेडी ने कहा था, "आरामदायक ज़िंदगी की तमन्ना मत करो बल्कि दृढ़निश्चयी व्यक्ति बनो।" गाँव में ज़िंदगी के संघर्ष के दौरान अपने बाल सुलभ उल्लास में मुलायम ऐसा ही चारित्रिक बल हासिल करने की कोशिश कर रहे थे।

अध्याय 4

सियासत भी रोमांस भी

सियासत की दुनिया भी रोमांस से सराबोर है। लव और रोमांस के बिना शायद ही कोई अफ़साना मुकम्मल हो सकता है; शायद ही कोई ज़िंदगी का सफ़र पूरा हो सकता है। फिर वो सफ़र या ज़िंदगी राजनीति की गलियों में ही विचरण क्यों न करती हो। भारत जैसे परंपरावादी समाज में हालाँकि रोमांस का पर्दा अक्सर शादी के बाद ही उठता है। यहाँ शादी एक लाइफ़टाइम कॉन्ट्रैक्ट है। इस कॉन्ट्रैक्ट को निभाने के लिए भी बार-बार एक ही हमसफ़र के प्यार में गिरफ़्तार होना पड़ता है। यहाँ की सामाजिक परंपरा में एक से ज़्यादा पत्नी को मान्यता नहीं दी जाती। दूसरी प्रेमिका को पत्नी का दर्जा तभी हासिल होता है जब पहली पत्नी से तलाक हो जाए या फिर पहली पत्नी का किसी कारण से निधन हो जाए।

एक मज़बूत चरित्र के सियासतदान के लिए सामाजिक सीमाओं का पालन करना तब और ज़रूरी हो जाता है। क्योंकि एक राजनेता के लिए प्राइवेट भी पोलिटिकल बन जाता है। मुलायम सिंह यादव की ज़िंदगी में मैरिज कॉन्ट्रैक्ट किशोरावस्था में ही आ चला था। मालती देवी उनकी धर्मपत्नी थीं। और अखिलेश उर्फ़ टीपू को जन्म देकर वो अपने पति मुलायम को उनका राजनीतिक वारिस भी स्थापित कर चुकी थीं– 1973 में ही। मगर अस्सी के दशक आते मालती देवी की तबियत कुछ नासाज़ रहने लगी थी। यही वो दौर भी था जब मुलायम उत्तर प्रदेश की सियासत में धीरे-धीरे सीढ़ियाँ चढ़ रहे थे। प्रदेश के कोने-कोने में दस्तक दे रहे थे। समाजवादी आंदोलन को नई दिशा दे रहे थे। गाँवों और क़स्बों में उनके जलवे बढ़ते जा रहे थे। समाज के हर तबके को ये एहसास होने लगा था कि वह 'मुलायम युग' में प्रवेश कर रहे हैं। मुलायम समाजवादी सियासत में 'वन्स इन जनरेशन टैलेंट' थे। वह रोमांटिक थे और आइडियलिस्ट भी।

रोमांटिक आदर्शवाद उस आंदोलन को संदर्भित करता है जो रोमांटिकतावाद

से संबंधित अवधारणाओं, जैसे भावनाओं और व्यक्तिवाद पर उच्च मूल्य रखता है। एक उदाहरण के रूप में, एक नाटककार एक नाटक का निर्माण कर सकता है जहाँ नायिका, जिसे अक्सर परिपूर्ण होने के लिए आदर्श बनाया जाता है, एक व्यवस्थित और प्रेमहीन विवाह के लिए अभिशप्त होती है।

प्यार में यथार्थवाद भी होता है। यथार्थवादी स्वतंत्र और केंद्रित है। एक यथार्थवादी और व्यावहारिक लेंस के साथ प्यार को स्वीकार करते हुए रोमांस में स्थिरता और विश्वसनीयता को महत्त्व देते हैं। वे अपने स्वयं के करियर, दोस्तों और अपने स्वयं के जीवन जीने की जगह और अपने निर्णय लेने की सराहना करते हैं, भले ही वे एक रिश्ते में हों।

एक निराशाजनक रोमांटिक वह है जो प्यार में विश्वास करना जारी रखता है, इससे कोई फ़र्क़ नहीं पड़ता कि उन्होंने अतीत में कितने संघर्षों का अनुभव किया है। वे नकारात्मक के बजाय रिश्तों में सकारात्मक देखना पसंद करते हैं, पूरे दिल से विश्वास करते हैं कि प्यार सभी पर विजय प्राप्त करता है।

कभी, एक मज़बूत प्यार ख़ाली प्यार में बिगड़ जाता है, जिसमें प्रतिबद्धता बनी रहती है, लेकिन अंतरंगता और जुनून मर चुका होता है। जिन संस्कृतियों में अरेंज मैरिज आम हैं, रिश्ते अक्सर ख़ाली प्यार के रूप में शुरू होते हैं।

प्रश्न है–जीवन भर में कितनी बार प्यार करते हैं?

उत्तर है–तीन बार।

एक सिद्धांत है कि हमारे पूरे जीवनकाल में, हम अपने जीवन के तीन अलग-अलग चरणों में तीन बार प्यार में पड़ेंगे। प्रत्येक प्रेम दूसरे से पूरी तरह से अनूठा महसूस करता है और हमें कुछ अलग सिखाता है जो उस व्यक्ति को आकार देता है जो हम बनते हैं।

चाहे आप 35 या 75 वर्ष के हों, प्यार में पागल (या धीरे से और यहाँ तक कि पवित्र रूप से) गिरने में कभी देर नहीं होती। अभिनेत्री एलेन बर्स्टिन और कई अन्य महिलाओं से पूछें जिन्होंने खुद को रोमांस की गर्मी में पाया जब उन्होंने कम से कम इसकी उम्मीद की थी।

मुलायम सिंह की ज़िंदगी में साधना गुप्ता का आगमन अस्सी के दशक के शुरू में हुआ। साधना औरैया की तहसील बिधूना क्षेत्र की रहने वाली थीं। औरैया जनपद बनने से पहले बिधूना इटावा क्षेत्र में आता था। मुलायम उन दिनों लोकदल के स्टार लीडर बन चुके थे। साधना नर्स के रूप में ट्रेनिंग ले रही थीं, मगर उन्हें

स्थानीय राजनीति में हिस्सा लेना अच्छा लगता था। कहते हैं कि तब वो एक शादीशुदा सभ्य और विनम्र स्वाभाव वाली नेत्री थीं। उनकी शादी फ़र्रूख़ाबाद के एक स्वजातीय सज्जन चंद्रप्रकाश गुप्ता से 4 जुलाई 1986 को हुई थी। अगले वर्ष जुलाई 7 को गुप्ता दम्पती को पुत्र रत्न की प्राप्ति हुई। बालक का नाम प्रतीक रखा गया। अगले कुछ सालों में साधना ने पति चंद्रप्रकाश गुप्ता से तलाक लेने का फ़ैसला कर लिया।

मुलायम की माँ मूर्ति देवी की तबियत उन दिनों ख़राब रहने लगी थी। उसी समय साधना उनकी ज़िंदगी में आई थीं। नेताजी से 20 साल छोटी थीं साधना, लेकिन उस दौरान इस पर किसी ने खुलकर बात नहीं की थी।

मुलायम यादव और साधना गुप्ता का रिश्ता अस्सी के दशक से था और 2003 में दोनों ने एक साधारण समारोह में विवाह किया। यह विवाह मुलायम की पहली पत्नी मालती देवी के निधन के बाद हुआ। साधना 1999 में मुलायम के बेटे अखिलेश की शादी के रिसेप्शन में पहली बार मुलायम परिवार के साथ दिखीं, पर तब भी कम लोग ही उनके बारे में जानते थे। सबको उनकी जानकारी तब हुई, जब मुलायम ने सुप्रीम कोर्ट में आय से अधिक संपत्ति के एक मामले में साधना और उनके बेटे प्रतीक की शपथपत्र में जानकारी दी।

ऐसा कहा जाता है कि साधना को मुलायम अपने के लिए 'लकी' मानते थे, क्योंकि उनके संपर्क में आने के बाद ही वह पहली बार सीएम बने थे। साधना सक्रिय राजनीति में आना चाहती थीं, पर मुलायम ने उन्हें मना कर दिया।

मुलायम की माँ मूर्ति देवी अक्सर बीमार रहती थीं और साधना उनकी देखभाल करती थीं। इसी दौरान मूर्ति देवी मेडिकल कॉलेज में भर्ती थीं और एक नर्स उन्हें ग़लत इंजेक्शन लगाने जा रही थी। वहाँ मौजूद साधना ने नर्स को रोककर डाँट लगाई थी। यह बात जब मुलायम को पता चली तो वह साधना को क़ाफ़ी मानने लगे। कहा जाता है कि सीएम बनने पर मुलायम ने ही उन्हें बाँट-माप विभाग में अधिकारी के तौर पर तैनात करवाया था।

साधना गुप्ता से मुलायम का ख़ास लगाव था और उनके जाने के बाद से वह टूट गए थे। गुरुग्राम के जिस मेदांता हॉस्पिटल में मुलायम का निधन हुआ, उसी अस्पताल में दूसरी पत्नी साधना गुप्ता ने भी 9 जुलाई 2022 को आख़िरी साँस ली थी। उनके शव को स्पेशल चार्टर से लखनऊ लाया गया और यहीं पर अंतिम संस्कार हुआ। लखनऊ आवास पर साधना गुप्ता का शव अंतिम दर्शन के लिए

रखा गया, जहाँ मुलायम भी मौजूद रहे और श्रद्धासुमन अर्पित किया। फिर 10 जुलाई को साधना गुप्ता का अंतिम संस्कार किया गया।

मुलायम की माँ मूर्ति देवी लखनऊ के एक नर्सिंग होम में भर्ती थीं। बाद में वह सैफ़ई के एक मेडिकल कॉलेज में एडमिट की गईं। दोनों ही जगहों पर साधना ने मूर्ति देवी का काफ़ी ध्यान रखा। अखिलेश यादव की जीवनी लिखने वाली सुनीता ऐरॉन ने अपनी एक किताब में बताया है कि एक दिन कोई नर्स मूर्ति देवी को ग़लत इंजेक्शन लगाने जा रही थी। साधना वहाँ मौजूद थीं। नर्सिंग की ट्रेनिंग होने के कारण उन्हें पता चल गया कि नर्स मुलायम सिंह की माँ को ग़लत इंजेक्शन देने जा रही है। उन्होंने उसको तत्काल रोक दिया। कहते हैं कि साधना की वजह से ही मूर्ति देवी की जान बच गई और तभी से मुलायम साधना पर फ़िदा हो गए।

साल 1994 में इस बात का खुलासा हुआ कि मुलायम सिंह की एक और पत्नी और बेटा (प्रतीक यादव) भी हैं। इस दौरान प्रतीक के स्कूल फ़ॉर्म में स्थायी पता के तौर पर मुलायम का एड्रेस लिखा था। इतना ही नहीं, गार्जियन के तौर पर भी माँ साधना के साथ पिता का नाम एमएस यादव लिखा था। हालाँकि, मुलायम ने सार्वजनिक तौर पर साधना को अपनी पत्नी के रूप में साल 2007 में स्वीकार किया। तब तक उनकी पहली पत्नी मालती का देहांत हो गया था।

प्रतीक यादव बड़े हुए तो उनकी रुचि राजनीति से अलग बिजनेस और बॉडी बिल्डिंग में गहरी हुई। प्रतीक यादव को 'पहलवान प्रतीक' के नाम से भी जाना जाता है। साल 2011 में 3-4 दिसंबर को प्रतीक यादव की शादी एक बड़े पत्रकार और टाइम्स ऑफ़ इंडिया के पूर्व संपादक अरविंद बिष्ट की बेटी अपर्णा बिष्ट से हुई। मुलायम ने प्रतीक और अपर्णा की शादी सैफ़ई में बहुत धूमधाम से की और देश के नामचीन हस्तियों को न्यौता दिया, जिसमें अमिताभ बच्चन और अनिल अंबानी मुख्य मेहमान थे। अपर्णा बिष्ट की राजनीतिक महत्त्वाकांक्षा थी इसलिए उन्होंने राजनीतिक परिवार में शादी की। नेताजी ने अपर्णा को आशीर्वाद तो दिया लेकिन समाजवादी पैट्रियॉट के साए में होते हुए भी अपर्णा ने भाजपा का दामन थाम लिया, जो समाजवादी परिवार के साथ ही पूरे उत्तर प्रदेश के लिए अचंभित करने वाली घटना साबित हुई।

अध्याय 5

करत-करत अभ्यास ते...

21 फ़रवरी 1952, पूर्वी पाकिस्तान (अब बांग्लादेश) के ढाका में पुलिस ने छात्रों के एक जुलूस पर गोलियाँ बरसाईं। इसमें चार लोगों की मौत हो गई। विरोध में पूरे देश में आंदोलन-प्रदर्शन शुरू हो गए और आख़िरकार बांग्ला को पाकिस्तान की एक राष्ट्रीय भाषा के तौर पर मान्यता मिल गई। बाद में यूनेस्को ने 21 फ़रवरी को अंतर्राष्ट्रीय मातृभाषा दिवस घोषित कर दिया। भारतीय उपमहाद्वीप में भाषाई आंदोलन ज़ोर पकड़ने लगा था। उत्तर भारतीय नौकरी के लिए हिंदुस्तानी को अपनी पहली भाषा बनाने पर ज़ोर दे रहे थे तो दक्षिण भारतीय मद्रास (अब चेन्नई) के मैरीना बीच पर तमिल राष्ट्रवाद का नारा बुलंद कर रहे थे।

पाँच दिन बाद 26 फ़रवरी को ब्रिटेन के प्रधानमंत्री विंस्टन चर्चिल ने धमाका किया कि ब्रिटेन के पास एटम बम है। इसी साल अमेरिका में पोलियो के 58,000 मामले सामने आए। इसमें 3,145 की मौत हो गई जबकि 21,269 लोग अपंग हो गए।

12 साल के जिमी बॉयड के 'सॉ मम्मी किसिंग सेंटा क्लॉज़' गाने ने धूम मचा दी और इसके क़रीब 30 लाख रिकॉर्ड हाथों हाथ बिक गए।

जेस मैकमोहन और टूट्समॉन्ट ने पेशेवर कुश्ती को बढ़ावा देने के लिए कैपिटल रेसलिंग कॉरपोरेशन की शुरुआत की जो आगे चलकर मौजूदा डब्ल्यूडब्ल्यूई में तब्दील हो गई। वर्ल्ड रेसलिंग कॉरपोरेशन एक निजी मनोरंजन कंपनी थी लेकिन शेयर मार्केट में इसके शेयर ट्रेड होते थे। कंपनी ख़ास तौर पर पेशेवर कुश्ती से जुड़ी है और फ़िल्म, संगीत, प्रॉडक्ट लाइसेंसिंग और सीधे बिक्री के ज़रिये कमाई करती है। फ़िलहाल पेशेवर कुश्ती के प्रमोशन का ये सबसे बड़ा ज़रिया है। अमेरिका में क़रीब 1.30 करोड़ लोग इसे टीवी पर देखते हैं और इसके कार्यक्रम 30 भाषाओं में दुनिया भर के 145 देशों में दिखाए जाते हैं। कंपनी दो

ब्रैंड नाम से काम करती है- रॉ और स्मैकडाउन। बाक़ी पेशेवर कुश्ती कार्यक्रमों की तरह डब्ल्यूडब्ल्यूई के प्रोग्राम में असली खेल मुक़ाबले नहीं दिखाए जाते। इसके कार्यक्रमों में एक कहानी पर आधारित ऐसी कुश्तियाँ होती हैं जिनके दाँव पेच और नतीजे पहले से ही तय होते हैं और इन्हें असली मुक़ाबलों के तौर पर दिखाया जाता है।

अमेरिकी टीवी पर पहली अफ्रीकी-अमेरिकी प्राइम टाइम महिला मौसम एंकर शेरॉन डाहलोनेगा रैफ़र्ड बुश का जन्म इसी साल 29 फ़रवरी को हुआ। वेस्टइंडीज़ के धमाकेदार बल्लेबाज़ विवियन रिचर्ड्स भी इसी साल 7 मार्च को जन्मे। व्लादिमीर पुतिन का जन्म इसी साल 7 अक्टूबर को हुआ जबकि पाकिस्तान के नामी गिरामी क्रिकेटर इमरान ख़ान 5 अक्टूबर को जन्मे।

1952 में ही फ्रांस्वाँ चार्ल्स मॉरियाक को अपने उपन्यासों में मानव जीवन की सच्चाइयों को गहरी आध्यात्मिक अंतर्दृष्टि और कलात्मक तीव्रता के साथ उकेरने के लिए साहित्य का नोबेल पुरस्कार मिला। उन्हें लीजन दे ऑनर का ग्रैंडक्रॉस 1958 में मिला। उन्होंने अपने जीवन से जुड़ी यादों की श्रृंखला प्रकाशित की और चार्ल्स डि गॉल की जीवनकथा लिखी। 1950 से 1956 के दौरान मॉरियाक के लिखे लेख 12 खंडों में छपे। उन्होंने एलीवी ज़ेल को नरसंहार के दौरान एक यहूदी के तौर पर अनुभव लिखने के लिए प्रोत्साहित किया और उनकी किताब नाइट की प्रस्तावना लिखी। वह लेखक क्लॉडमॉरियाक के पिता थे और फ्रेंच फ़िल्म निर्देशक ज्यांलकगोडार्ड से शादी रचाने वाली फ्रेंच अदाकारा और लेखिका एनवायाज़ेम्स्की के दादा थे।

इससे पहले महीने के पहले हफ़्ते में ही बकिंघम पैलेस ग़मी के समुंदर में डूब गया जब यूनाइटेड किंगडम, कनाडा, दक्षिण अफ्रीका, ऑस्ट्रेलिया, न्यूज़ीलैंड और सीलोन के राजा जॉर्ज 6 का 56 साल की उम्र में निधन हो गया। डचेस ऑफ़ एडिनबरा राजकुमारी एलिज़ाबेथ, जो उस वक़्त केन्या में थीं, की गद्दी पर ताजपोशी हुई। उन्हें साथ ही साथ ओटावा के रिडो हॉल में कनाडा की महारानी भी बनाया गया। ये बात 7 फ़रवरी 1952 की है। एलिज़ाबेथ-2 को लंदन के सेंट जेम्स पैलेस में यूनाइटेड किंगडम और कॉमनवेल्थ के पाँच और देशों की महारानी बनाने का ऐलान किया गया।

22 मार्च को वेम्हर फ़ॉनब्रॉन का 'मैन विल काँकर स्पेस सून' श्रृंखला का पहला लेख प्रकाशित हुआ। जिसमें मंगल और चाँद पर मानव की उड़ान की

भविष्यवाणी-सी की गई थी।

7 अप्रैल को अमेरिकन रिसर्च ब्यूरो ने जानकारी दी कि 'आई लव लूसी' का 'दि मैरिज लाइसेंस' एपिसोड एक करोड़ से भी ज़्यादा घरों में देखा जाने वाला पहला सीरियल था। उस वक़्त भारत तो क्या पूरे भारतीय उपमहाद्वीप में कोई जानता तक नहीं था कि टेलीविज़न क्या होता है, सैफ़ई तो बहुत दूर की बात है।

अगले ही दिन यानी 8 अप्रैल को यंग्सटाउन शीट एड ट्यूब कंपनी बनाम सायर मुक़दमे में अमेरिकी सुप्रीम कोर्ट ने निजी कारोबार क़ब्ज़ाने के अमेरिकी राष्ट्रपति के हक़ के पर कतर दिए। ये ऐतिहासिक फ़ैसला राष्ट्रपति हैरी एस ट्रूमैन की सभी स्टील कंपनियों का राष्ट्रीयकरण करने की कोशिशों के चलते आया। स्टील कंपनियाँ हड़ताल की तैयारी में थीं। 1952 में ये हड़ताल यूनाइटेड स्टील वर्कर्स ऑफ़ अमेरिका ने यूएस स्टील और 9 अन्य स्टील उत्पादकों के ख़िलाफ़ शुरू की थी। हड़ताल 9 अप्रैल से शुरू होनी थी लेकिन मज़दूरों के सड़क पर उतरने से कुछ ही घंटे पहले राष्ट्रपति हैरी एस ट्रूमैन ने स्टील कंपनियों का राष्ट्रीयकरण कर दिया। ऐसे में कंपनियों ने कोर्ट की पनाह ले ली। 2 जून 1952 को यंग्सटाउन शीट एड ट्यूब कंपनी बनाम सायर केस में सुप्रीम कोर्ट ने फ़ैसला दिया कि राष्ट्रपति को स्टील कंपनियों का सरकारीकरण करने का हक़ नहीं है। स्टील मज़दूर तनख़्वाह बढ़ाए जाने की माँग को लेकर हड़ताल पर बैठ गए। ये हड़ताल 53 दिन तक चली और 24 जुलाई 1952 को क़रीब-क़रीब उन्हीं माँगों पर समझौता हुआ जो चार महीने पहले यूनियन ने रखी थीं।

मई दिवस के अगले दिन रंगभेद की कँटीदार बाड़ को भेदते हुए लंदन और जोहानेसबर्ग के बीच पहली यात्री हवाई सेवा शुरू हुई। लेकिन उससे भी अहम ये रहा कि 13 अप्रैल 1952 को पंडित जवाहरलाल नेहरू ने आज़ाद भारत की पहली चुनी हुई सरकार बनाई। इसी साल 15 जून को 'दि डायरी ऑफ़ यंगगर्ल-एन फ्रैंक' प्रकाशित हुई। 26 जुलाई की शाम ठीक 8:25 पर अर्जेंटाइना की तथाकथित आध्यात्मिक गुरु इवापेरों का 33 साल की उम्र में निधन हो गया और दूसरी ओर मिस्र में सुल्तान फ़ारूख़ के ख़िलाफ़ बग़ावत में जनरल मोहम्मद नग़ीब, जमाल अब्दलनासिर के गुट द फ्री ऑफ़िसर्स की अगुवाई कर रहे थे।

27 अगस्त को लक्ज़मबर्ग में पश्चिम जर्मनी और इस्राइल के बीच हर्जाने को लेकर बातचीत ख़त्म हो गई और जर्मनी 3 अरब डॉयचेमार्क जेरुसलम को देने को राज़ी हो गया। एक हफ़्ते बाद 6 सितंबर को कनाडा में टेलीविज़न की

स्क्रीन झिलमिलाने लगी।

अमेरिका ने पहली बार 1 नवंबर को हाइड्रोजन बम फोड़ा। मध्य प्रशांत (पैसिफ़िक) महासागर के मार्शल आईलैंड की एनीवे टॉकएटॉल में फोड़े गए इस बम का गुप्त नाम 'माइक' था। इसका वज़न क़रीब 10.4 मेगाटन था और पूरे ऑपरेशन का गुप्त नाम 'ऑपरेशन आईवी' रखा गया था।

25 नवंबर को अगाथा क्रिस्टी के मशहूर नाटक 'दि माउस ट्रैप' का लंदन के अंबैसडर थियेटर में आग़ाज़ हुआ। 2007 तक यह नाटक बग़ल में ही मौजूद सेंट मार्टिन्स थियेटर में लगातार खेला जाता रहा और यह अब तक का सबसे लंबा लगातार खेला जाने वाला नाटक हो गया है।

इटावा में एक सज्जन थे दर्शन सिंह यादव उर्फ़ बाबूजी। हेवड़ा मिडिल स्कूल में वह मुलायम सिंह से दो क्लास नीचे थे। चंबल के बीहड़ों की कँटीली बाड़ पार करना नामुमकिन है और यादवों की आपसी होड़ भी ठीक वैसी ही है। मुलायम को अगर इनसे वफ़ादारी की अपेक्षा थी तो ये अपने सीनियर की मुख़ालफ़त के लिए मानो मजबूर थे। राजनीति लंगोटिया यारों को भी नहीं बख़्शती। इटावा और आस-पास के लोग दर्शन सिंह को 'बाबूजी' पुकारने लगे थे। जनवरी 2010 की धुँध भरी एक शाम को दर्शन सिंह से मेरी मुलाक़ात हुई। इटावा में उनके साधारण से घर में। बातचीत के दौरान दर्शन सिंह बताने लगे, "मुलायम ने 1952 में स्कूल में क़दम रखा। उनको छठी क्लास में दाख़िला मिला था। उस वक़्त हेवड़ा मिडिल स्कूल जन सहयोगी माध्यमिक विद्यालय कहलाता था। स्कूल के पास ही ईंट का भट्ठा था। कुछ और बच्चों के साथ मुझे और मुलायम को भट्ठे से ईंट लाने का हुक्म दिया गया ताकि स्कूल की कच्ची दीवार और छप्पर को हटाकर पक्की दीवार और छत बन सके। स्कूल सिर्फ़ छठी से आठवीं के बच्चों के लिए था। सैफ़ई का ही एक और बच्चा हाकिम सिंह यादव भी इसी स्कूल में पढ़ता था।"

1969 के उप चुनाव में मुलायम हार गए थे। दर्शन सिंह ने उनके ख़िलाफ़ प्रचार किया था। इटावा-मैनपुरी के बीच दर्शन सिंह की बस चलती थी। एक कॉन्ग्रेसी फ़ैयाज़ अली ने बस के ड्राइवर-कंडक्टर के ख़िलाफ़ एफ़आईआर दर्ज करा दी थी। मुलायम बस से जैन इंटर कॉलेज जा रहे थे। दर्शन सिंह वहाँ से अपनी बुलेट मोटरसाइकिल पर निकले। मुलायम ने जब उन्हें देखा और मामले का पता चला तो वह बस से उतरकर दर्शन सिंह के साथ थाने तक गए। थाना था फ़र्रुख़ाबाद के रास्ते में पड़ने वाला बसरेहड़ जहाँ की आबादी क़रीब पाँच हज़ार थी।

1956 में मुलायम सिंह ने करहल में जैन इंटर कॉलेज (जेआईसी) में दाख़िला ले लिया और वहीं पर इंटरमीडिएट की पढ़ाई पूरी की। करहल मैनपुरी ज़िले का एक पिछड़ा क़स्बा था। ये सैफ़ई के क़रीब ही था लेकिन पक्की सड़क न होने से आने-जाने में परेशानी होती थी। मुलायम को धूल भरे, उबड़-खाबड़ रास्तों पर पैदल जाना पड़ता था और बरसात में पूरा रास्ता कीचड़ से भर जाता था।

जेआईसी में रामरूप यादव भी मुलायम के साथ थे। उन्हें आज भी याद है कि दाख़िले के लिए फ़ीस का इंतज़ाम करना मुलायम के लिए परेशानी का सबब बन गई थी। वह बताते हैं, "मुलायम के पास फ़ीस के पैसे नहीं थे। मैंने कॉलेज के मुखिया उग्रसेन जैन से मुलाक़ात कर मुलायम को उनकी बुद्धिमत्ता और माली हालत के आधार पर दाख़िला देने की सिफ़ारिश की। उग्रसेन जैन इंटरमीडिएट की फ़ीस माफ़ करने को राज़ी हो गए। फ़ीस माफ़ी की ये ख़बर हमारे और सैफ़ई के लोगों के लिए बड़ी राहत थी।"

जेआईसी में लड़के लड़कियाँ साथ-साथ पढ़ते थे। करहल, राजपुर और आस-पास के इलाक़े से तमाम लड़कियाँ पढ़ने आती थीं। हालाँकि मुलायम की लड़कियों में कभी भी रुचि नहीं रही। क्लास में लकड़ी की बेंच होती थी और छात्र-छात्राओं की संख्या 50 के क़रीब। कॉलेज में भी वह अपनी कुश्ती के लिए मशहूर थे। यहीं पर उन्हें ताक़तवर लोकप्रिय पहलवान सिराजुद्दीन से भिड़ने का मौक़ा भी मिला। बेख़ौफ़ मुलायम ने सिराजुद्दीन को आसानी से पटखनी दे दी और छात्रों, मैनेजमेंट और अपने टीचरों से शाबाशी हासिल की।

सिराजुद्दीन अखाड़े में घुसे तो शेर की तरह थे लेकिन जब बाहर निकले तो हालत मेमने जैसी थी। वहाँ मौजूद लोगों ने मुलायम पर तोहफ़ों की बरसात-सी कर दी साथ ही उन्हें नक़द इनाम भी मिला।

जेआईसी में दाख़िला किशोर मुलायम के लिए किसी बड़ी छलांग जैसा था। परिवार में अभी तक कोई भी दसवीं तक नहीं पहुँचा था, कॉलेज में दाख़िला तो दूर की कौड़ी था। एक वजह ग़रीबी तो थी ही, साथ ही कोई समझाने या सही राह दिखाने वाला भी नहीं था। यहीं पर उनकी मुलाक़ात हुई टीचर उदय प्रताप सिंह से- मांसल बदन, छोटा क़द और घनी मूँछ। मुलायम के दाख़िला लेने के साल भर बाद उदय सिंह ने अँग्रेज़ी के टीचर के तौर पर ज्वॉइन किया। बस इसके बाद से शिक्षक और शिष्य के बीच लेखों और विचारों का आदान-प्रदान शुरू हो गया। शिक्षक तो ज़िंदगी और पढ़ाई का ज्ञान बाँट रहा था और शिष्य बाइबिल की

कहावत कि इंसान के ज़िंदा रहने के लिए केवल पेट भरना ज़रूरी नहीं है बल्कि उसे श्रद्धा, स्नेह और सहानुभूति की भी ज़रूरत होती है।

उदय प्रताप हिंदी में कविताएँ भी लिखते थे। अँग्रेज़ी के टीचर होने के बावजूद वह अपने छात्रों को मातृभाषा के लिए प्रेम और इज़्ज़त की बात भी सिखाते थे। उदय प्रताप पर अँग्रेज़ी के इस्तेमाल और ब्रिटिश काल की निशानियों के ख़िलाफ़ राम मनोहर लोहिया के जन आंदोलन का गहरा असर था। उन्हें मुलायम में हिंदी कविता, दर्शनशास्त्र और इतिहास का बेहतरीन छात्र नज़र आ ही रहा था। साथ ही एक ऐसा नौजवान भी जिसमें राजनीतिक नेतृत्व की क्षमता भी थी। उदय के मुताबिक़, "मुलायम में अगुवाई करने की महारत कई बार दिखी। छात्रों से जुड़े मुद्दों को लेकर वह काफ़ी संजीदा रहते थे। जब साथ में पढ़ने वालों को इस बात का अंदाज़ा हो गया कि मुलायम ज़ुबान के पक्के हैं तो उनकी मशहूरियत में और इज़ाफ़ा हो गया। उन्हें 'मिस्टर नो-कंप्रोमाइज़' यानी 'न झुकने वाला' कहा जाने लगा। किसी भी आंदोलन में अनुशासन बनाए रखना उनकी पहली शर्त थी। 1959 में इम्तिहान में देरी के ख़िलाफ़ छात्रों ने आंदोलन किया। आंदोलन की कमान मुलायम के हाथों में सौंपी गई। वह प्रिंसिपल छोटेलाल द्विवेदी की ओर से बरती गई ढिलाई पर सवाल खड़े करने से नहीं डिगे। छात्रों की फ़ीस का हिसाब ठीक नहीं किया जा रहा था और फ़ीस जमा होने के बाद भी इम्तिहान नहीं हो रहे थे। आख़िर में मैंने दोनों के बीच सुलह करवाई।"

जापान में मार्शल आर्ट्स का एक सिद्धांत है- 'सात बार गिरो, आठवीं बार फिर उठो।' अँग्रेज़ी में जब मुलायम पिछड़ने लगे तो इसी सिद्धांत का सहारा लिया। बातचीत के दौरान उदय सिंह बताते हैं, "मैंने उनकी अँग्रेज़ी की कॉपी जाँची और उसमें ढेरों ग़लतियाँ मिलीं। मैंने उन्हें बहुत डाँटा और फिर सलाह दी कि वह कुश्ती और नेतागीरी में से कुछ वक़्त निकालकर अँग्रेज़ी व्याकरण पर ज़ोर दें। अँग्रेज़ी की कॉपी में ग़लतियाँ देख उनका चेहरा मुरझा गया था और सिर झुका हुआ था। उन्होंने मुझसे सुधरने का वादा किया और उनकी आवाज़ में पश्चाताप का भाव था।"

मुलायम सिंह ने अपने अँग्रेज़ी के टीचर उदय प्रताप को भरोसा दिलाया, "आगे से ऐसी ग़लती नहीं होगी।"

उदय प्रताप ने पूछा, "कैसे करोगे?"

डाँट खाने के एक हफ़्ते बाद वही छात्र सब कुछ यहाँ तक कि कॉमा-

फ़ुलस्टॉप याद कर के अपने टीचर के पास पहुँचा। वाक़ई बड़ा बदलाव आ चुका था। मुलायम सिंह का अँग्रेज़ी व्याकरण ठीक था हालाँकि बाद में उन्होंने अँग्रेज़ी को तवज्जो नहीं दी। वजह भाषा से नाराज़गी होना नहीं बल्कि लोगों से उन्हीं की ज़ुबान में बातचीत से होने वाली सहूलियत थी। ग़लती मान लेना आधा सुधरने के बराबर है। वह अपने टीचर के विनम्र और आज्ञाकारी छात्र थे।

मुलायम सिंह ने अपनी चाहत को कभी भी न तो छिपाया और न ही उससे मुँह मोड़ा। वह इंसान-इंसान में फ़र्क़ और जाति प्रथा के ख़िलाफ़ थे। अपने एक दलित दोस्त के साथ बैठकर खाना खाने के लिए जब उन्हें घर और बाहर डाँटा जाता तो भी वह उससे पीछे नहीं हटते थे। मुलायम सिंह को कई बार अपने अछूत दलित दोस्त से दूर रहने की हिदायत दी गई लेकिन वह अड़े रहे और उन्होंने इस मामले में गाँव के बड़े बुज़ुर्ग तो दूर अपने पिता की भी नहीं सुनी। दलित के साथ उनकी दोस्ती बदस्तूर वैसे ही बरक़रार रही जैसे वह जेआईसी में साथ पढ़ने वाले ब्राह्मण सरयूदीन त्रिपाठी के दोस्त बने रहे। क़रीब डेढ़ दशक बाद 1977 में जब वह उत्तर प्रदेश में सहकारिता मंत्री बने तो विधानसभा में सुरक्षा इंतज़ामात में तैनात सरयूदीन को एक झलक में पहचान गए और आगे बढ़कर उन्हें अपने गले से लगा लिया।

मुलायम और सरयूदीन की सैफ़ई के खेलने के दिनों से दोस्ती थी। मुलायम लाइटवेट वर्ग के उस्ताद पहलवान थे तो सरयूदीन पोल वॉल्ट के चैंपियन। दोनों ने ही इन मुक़ाबलों में अपने ज़िले की नुमाइंदगी की और इसने दोनों की दोस्ती को और मज़बूत बना दिया। ये दोस्ती हिंदू समाज की रूढ़िवादी जाति प्रथा से अछूती रही।

1989 में एक बार आधी रात को उदय प्रताप के पास उनके छात्र का फ़ोन आया। फ़ोन सुनकर वह भौंचक्के रह गए। जेआईसी के दिनों में मार्गदर्शन करने के एवज़ में मुलायम सिंह उन्हें मैनपुरी से लोकसभा का चुनाव लड़ने का टिकट दे रहे थे। अँग्रेज़ी शिक्षक और हिंदी कवि उदय प्रताप नवीं और दसवीं लोकसभा के सदस्य रहे और फिर 2002 से 2008 तक राज्यसभा के सदस्य रहे। फिर भी कविता से उनका रिश्ता बना रहा और 'देखता कौन है' और 'शब्द से संसद तक' जैसे कई कविता संग्रह प्रकाशित हुए। गुफ़्तगू के दौरान उदय प्रताप ने बताया, "मुलायम सिंह हिंदी कविता और उर्दू शायरी के दीवाने हैं। लोगों की परेशानियों, रोमांस, सामाजिक सद्भाव पर लिखी गई कविताएँ उनके दिल को छू लेती हैं।

मौक़ा मिलने पर वह कवि सम्मेलनों में शिरकत करने से नहीं चूकते थे और एक बार पहुँच जाने के बाद सम्मेलन ख़त्म होने पर ही बाहर आते थे।"

मुलायम सिंह कहते हैं, "कवि की मीठी ज़ुबान में बाल से हाथी को खींचने जैसी ताक़त है।" 1812 में मॉस्को में हार के बाद नेपोलियन ने पोलैंड के राजदूत डेप्राट से कहा था, "महान काम और बेवक़ूफ़ी के बीच सिर्फ़ एक क़दम का फ़ासला होता है।" केवल एक कवि ही यह आभास करा सकता है कि महान काम से एक क़दम ज़्यादा उसे हास्यास्पद बना देता है और हास्यास्पद से एक क़दम आगे बढ़ने पर वही महान हो जाता है।

ये वाक़या नब्बे के दशक का है जब भारत के पूर्व प्रधानमंत्री और भारतीय जनता पार्टी के उदारवादी नेता अटल बिहारी वाजपेयी कुछ विदेशी मेहमानों के सामने पढ़ा जाने वाला भाषण तैयार कर रह थे। मुलायम सिंह भी इस बैठक का हिस्सा थे। वाजपेयी के कुछ बोलने से पहले ही मुलायम सिंह ने चेतावनी दे दी कि अगर वाजपेयी ने हिंदी नहीं बोली तो वह बैठक में शामिल नहीं होंगे।

नवाब वाजिद अली शाह के वंशज मीर जाफ़र अब्दुल्ला के मुताबिक़, "अटल बिहारी वाजपेयी नेता विपक्ष की हैसियत से संयुक्त राष्ट्र में भाषण देकर लौटे थे। यूएन की बैठक में पाकिस्तान की प्रधानमंत्री बेगम बेनज़ीर भुट्टो ने अपने भाषण में कहा कि कश्मीर के बिना पाकिस्तान अधूरा है तो वाजपेयी ने जवाब दिया कि पाकिस्तान के बिना भारत अधूरा है। लखनऊ में एक शाम एक महफ़िल में मुलायम और वाजपेयी दोनों ही मौजूद थे। मुलायम ने वाजपेयी के सामने इस भाषण का तज़्किरा किया और कहा कि अटल जी आपने तो नहले पर दहला दे मारा। तो वाजपेयी अपने चिर परिचित शायराना अंदाज़ में दाहिना हाथ उठाकर बोले नेताजी मैंने नहले पर दहला नहीं, बेगम पर बादशाह मारा। ये वाक़या 90 के दशक का है।"

उदय प्रताप बताते हैं, "लोहिया समेत कोई भी समाजवादी अँग्रेज़ी भाषा के ख़िलाफ़ नहीं था। लोहिया की तरह ही मुलायम सिंह भी रोज़गार के लिए अँग्रेज़ी के इस्तेमाल के ख़िलाफ़ हैं। देश की बमुश्किल 10 फ़ीसदी आबादी ही अँग्रेज़ी समझती है। संविधान की प्रस्तावना में सभी के लिए सामाजिक, आर्थिक और राजनीतिक न्याय की बात कही गई है। केवल 10 फ़ीसदी आबादी ही अँग्रेज़ी बोल और लिख सकती है। केवल पाँच फ़ीसदी अच्छी अँग्रेज़ी बोल सकते हैं। ऐसे में अगर अँग्रेज़ी बोलने की वजह से सिर्फ़ 10 फ़ीसदी को ही रोज़गार मिले

और 90 फ़ीसदी आबादी बेरोज़गार रहे तो ये कोई गर्व की बात नहीं है। यह सभी भारतीय भाषाओं के साथ अन्याय है।"

"देश में 1618 भाषाएँ बोली जाती हैं। मुलायम सभी भाषाओं का मेल चाहते हैं। लेकिन इसमें अँग्रेज़ी सबसे बड़ा रोड़ा है। ऐसा होने पर ही भारत भावनात्मक तौर पर एक हो सकेगा। हम अँग्रेज़ी को ख़त्म नहीं करना चाहते लेकिन रोज़गार, न्याय और इज़्ज़त में इसका हाथ बंद हो। पैसा और सत्ता इंसान के अंदर छिपे शैतान को सामने ला देते हैं और देश में अँग्रेज़ी इन दोनों से ही जुड़ी हुई है। तालीम मातृभाषा में दी जानी चाहिए क्योंकि इसे सीखने में ज़्यादा दबाव नहीं पड़ता। अँग्रेज़ी और अँग्रेज़ियत ख़त्म होनी चाहिए।"

लोहिया ने 1950 के दशक की शुरुआत में ही अँग्रेज़ी के ख़िलाफ़ आंदोलन शुरू कर दिया था। जानकारों के मुताबिक़ मातृभाषा में किसी भी विषय को समझना ज़्यादा आसान होता है। समाजवादी पार्टी मानती है कि अँग्रेज़ी से आम आदमी की होड़ करने की क्षमता पर बुरा असर पड़ता है। भारत में ये सत्ता की भाषा बन गई है। जबकि यूरोप और अमेरिका में ऐसा नहीं है। फ्रेंच, स्पैनिश, जर्मन, जापानी या चीनी क्यों न सीखी जाए। अँग्रेज़ी का बढ़ता असर एक दुखद कहानी है।

राज्यसभा में सदस्यों के हिंदी के भाषणों का तो अँग्रेज़ी में अनुवाद होता था लेकिन अँग्रेज़ी के भाषणों का हिंदी में अनुवाद नहीं होता था। मुलायम अँग्रेज़ी में लिखी चिट्ठी का जवाब नहीं देते। उन्होंने ही डॉ ए. पी. जे. अब्दुल कलाम को हिंदी सीखने के लिए प्रेरित किया। यूनाइटेड नेशंस में तिनके बराबर देशों की भाषाओं को मान्यता मिली हुई है लेकिन हिंदी नदारद है। ये शर्म की बात है।

साल 1989– उत्तर प्रदेश के विधानसभा चुनावों में जनता दल को भाजपा के साथ बहुमत मिल चुका था। राज्य में मुख्यमंत्री पद के दो दावेदार थे। एक को राजनीति विरासत में मिली थी तो दूसरे ने अपना स्थान अपने दम पर बनाया था।

जनता दल का केंद्रीय नेतृत्व बिखरा हुआ था। दो धड़े साफ़ नज़र आ रहे थे। वीपी सिंह की अगुआई वाला एक धड़ा था, तो दूसरा चंद्रशेखर का। तब देवीलाल वीपी सिंह के साथ थे। भले ही प्रधानमंत्री वीपी सिंह थे, लेकिन दबदबा देवीलाल के धड़े का ही था।

उत्तर प्रदेश में विधायकों की राय जानने के लिए जनता दल ने तीन सदस्यीय पर्यवेक्षक दल भेजा था। वो थे– मधु दंडवते, चिमनभाई पटेल और मुफ़्ती

मोहम्मद सईद। वीपी सिंह चाहते थे कि अमेरिका से लौटे अजित सिंह मुख्यमंत्री बनें, जबकि कभी उनके पिता के सहयोगी रहे मुलायम सिंह के साथ विधायकों का बहुमत था।

कम लोग जानते हैं कि जिस दिन विधायक दल की बैठक होनी थी, उसके ठीक एक दिन पहले दिल्ली के ताज पैलेस होटल में देवीलाल के चहेते शरद यादव ने अजित सिंह से मुलाक़ात की थी। उस पाँचसितारा गोपनीय बैठक में शरद यादव ने अजित सिंह को समझाया था कि वो मुख्यमंत्री का दावा छोड़ दें। शरद यादव के नज़दीकियों का दावा है कि शरद यादव ने अजित सिंह को तब पीएम मैटेरियल बताया था।

दुनिया जानती है कि विधायक दल की बैठक में अजित सिंह को मुलायम ने हराया था। हालाँकि यह अर्ध सत्य है। हक़ीक़त यह है कि अजित सिंह ने शरद यादव से बात के बाद समर्पण करने का मन बना लिया था।

दरअसल, मुलायम सिंह यादव का शरद यादव पर बड़ा एहसान था। संजय गाँधी के निधन के बाद अमेठी से हुए उपचुनाव में शरद यादव ने राजीव गाँधी के ख़िलाफ़ ताल ठोकी थी।

माना जाता है कि तब शरद यादव जबलपुर में अपना आधार खो रहे थे। अस्सी का चुनाव वो हार गए थे। यह मुलायम ही थे कि उन्हें अमेठी से टिकट दिलवाने में कामयाब रहे थे। बाद में 1984 में हुए आम चुनावों में मुलायम ने ही उन्हें बदायूँ से चुनाव मैदान में उतारा था। हालाँकि इंदिरा लहर में तब वो पचास हज़ार से ज़्यादा वोटों से चुनाव हार गए थे। तब मुलायम ने ही 1986 में शरद यादव को उत्तर प्रदेश से राज्यसभा का चुनाव लड़ाकर संसद भिजवाया था। तब दो लोग राज्यसभा पहुँचे थे– एक अजित सिंह और दूसरे शरद यादव। इसके बाद 1989 के चुनावों में मुलायम की ही बदौलत शरद यादव को बदायूँ से टिकट मिला और वो लोकसभा पहुँचने में कामयाब रहे थे। शरद यादव ने इसका ही एहसान 1989 के विधानसभा चुनावों में मुलायम का साथ देकर चुकाया था।

12 जनवरी 2023 की रात शरद यादव का 75 साल की उम्र में देहांत हो गया। सामाजिक न्याय के बड़े योद्धा शरद को राजनीति की धूप-छाँव झेलनी पड़ी लेकिन मंडल-मसीहा के रूप में उन्हें हमेशा याद रखा जाएगा।

बीबीसी के वरिष्ठ पत्रकार प्रदीप कुमार ने शरद यादव के निधन पर श्रद्धांजलि देते हुए लिखा है– "जय प्रकाश नारायण ने छात्र आंदोलन के बाद जिस पहले

उम्मीदवार को हलधर किसान के चुनाव चिन्ह पर चुनाव लड़वाया वो शरद यादव थे। 27 साल के शरद यादव तब जबलपुर यूनिवर्सिटी छात्रसंघ के अध्यक्ष थे और छात्र आंदोलन के चलते जेल में थे। जेल से ही उन्होंने जबलपुर का चुनाव जीत लिया। सन 1977 में जनता पार्टी की आँधी की पहली झलक शरद यादव के चुनाव से ही लोगों को मिली थी। लेकिन शरद यादव किस मिट्टी के बने थे, इसकी झलक एक साल बाद देखने को मिली।"

वरिष्ठ राजनीतिक पत्रकार जयशंकर गुप्ता उन्हें याद करते हैं, "समाजवादी राजनीति में शरद यादव बड़ी संभावना के तौर पर उभरे थे। सन 1976 में इंदिरा गाँधी ने आपातकाल के समय लोकसभा का कार्यकाल पाँच साल के बदले छह साल कर दिया था। इसके विरोध में दो ही सांसदों ने इस्तीफ़ा दिया था, एक थे मधु लिमये और दूसरे थे शरद यादव।"

भारतीय राजनीति में क़रीब पचास साल तक सक्रिय रहे लालू, शरद और मुलायम की 'यादव तिकड़ी' ने समाजवादी राजनीति की एक ऐसी लकीर खींच दी, जिसे मिटा पाना सांप्रदायिक और पूँजी-परस्त राजनीति के लिए कभी भी आसान नहीं होगा।

अध्याय 6

सियासत और जंगबाज़ी

सन् 1960 आते-आते मुलायम सिंह यादव इंटरमीडिएट परीक्षा पास करने की दहलीज़ पर खड़े थे। ये साल अफ्रीका के नाम था क्योंकि केन्या और कैमरून समेत तमाम अफ्रीकी देश नये साल के पहले ही दिन आज़ादी की बयार में साँस ले रहे थे। उधर अमेरिका के वॉशिंगटन में करिश्माई सीनेटर जॉन एफ़. केनेडी डेमोक्रेटिक पार्टी की ओर से राष्ट्रपति पद की उम्मीदवारी का पर्चा भर रहे थे। चाड में अफ्रीकी नेशनल पार्टी का 30 जनवरी को गठन हुआ तो दूसरी ओर दक्षिण अफ्रीका को गणराज्य बनाने के लिए गोरे वोटिंग कर रहे थे। उधर देश के बाक़ी नागरिकों की तरह 20 साल के मुलायम सिंह सैफ़ई में महात्मा गाँधी के 12वें शहादत दिवस पर श्रद्धांजलि दे रहे थे। अल्बेयर कामू के पाठकों के लिए 4 जनवरी का दिन दुखद रहा। नोबेल पुरस्कार से सम्मानित इस फ्रांसीसी लेखक का इसी दिन निधन हुआ।

इम्तिहान से कुछ महीने पहले की बात है। मुलायम सिंह एक बार खेतों में बैठकर गन्ने चूस रहे थे। उनके दोस्त रामरूप गन्ने उखाड़ने में उनका हाथ बँटा रहे थे। इससे पहले कि दोनों खेत से चुपचाप निकल पाते, खेत के मालिक ने पकड़ लिया और स्कूल के प्रिंसिपल छोटेलाल द्विवेदी से शिकायत कर दी। मुलायम और रामरूप की प्रिंसिपल के सामने पेशी हुई। ग़ुस्साए प्रिंसिपल ने मुलायम की बेंत से ख़ूब पिटाई की। मुलायम सिंह ये पिटाई नहीं भूले हैं हालाँकि उन्होंने माना कि वह गन्ने चूसने चोरी से ही खेत में घुसे थे।

गाँव से कहीं आस-पास आने-जाने के लिए साधन तो था नहीं, इसलिए मुलायम एक साइकिल ख़रीदने के लिए उतावले थे। क़िस्मत से उन्हें सैफ़ई से दो किलोमीटर दूर उझियानी गाँव में इसका मौक़ा भी मिल गया। गाँव के बुज़ुर्ग ताश के खेल में दाँव लगा रहे थे। मुलायम को भी रामरूप के साथ खेल में शामिल

कर लिया गया। आलू के कारोबारी गिंजा के लाला राम प्रकाश गुप्ता ने विजेता के लिए 'रॉबिनहुड साइकिल' दाँव पर रखी। उत्तर भारत के गाँवों और क़स्बों में तब रॉबिनहुड सबसे मशहूर ब्रांड था। मुलायम पर मुक़ाबला जीतने की धुन सवार हो गई और कमाल यह कि वह बुज़ुर्गों से जीत भी गए। किशोर मुलायम के लिए रॉबिनहुड साइकिल जीतना सपना पूरा होने से कम नहीं था और भविष्य के सामाजिक-राजनीतिक जीवन में इसका पूरा इस्तेमाल भी किया।

मुलायम से क़रीब 13 साल छोटे हैं शिवपाल सिंह यादव। साँवले, थोड़ा भारी शरीर और पतली मूछों के नीचे 'मासूम' मुस्कान के मालिक शिवपाल मुलायम की छत्रछाया में ही बढ़े। मुलायम जब जेआईसी में थे या फिर आस-पास के गाँवों के अखाड़ों में दाँव लगा रहे होते थे तो उनके लिए दूध-दही और चावल-रोटी ले जाना शिवपाल के ज़िम्मे था। वह बताते हैं, "मेरे भाई सैफ़ई के हर घर के लिए भैया थे। करहल या इटावा से लौटते वक़्त उनके पास लोगों की ज़रूरत के हिसाब से रोज़मर्रा के इस्तेमाल का सामान भरा होता था। साइकिल के कैरियर पर कई झोले लदे होते थे। बरसात में जब कीचड़ में साइकिल चलाना मुश्किल हो जाता था तो कई बार उन्हें कीचड़ में सनी धोती में साइकिल को सिर पर उठाए देखा। साइकिल उनकी सबसे दुलारी थी।"

इम्तिहान से क़रीब एक हफ़्ता पहले मुलायम को पता चला कि इम्तिहान के लिए उन्हें फ़िरोज़ाबाद ज़िले के सिरसागंज में जाना पड़ेगा। रामरूप को आज भी याद है, "पूरा इम्तिहान चार हफ़्ते में ख़त्म होना था। मुलायम समेत क़रीब 25 और छात्रों ने नगरपालिका भवन में डेरा डाला। हर विषय के परचे को लेकर मुलायम बहुत ही सावधान थे और देर रात तक पढ़ाई करते थे। लेकिन अँग्रेज़ी के इम्तिहान के दिन वह देर से सोकर उठे। इससे वह काफ़ी परेशान दिखाई दे रहे थे। एक सुबह वह नहाने के लिए कुएँ से पानी निकाल रहे थे कि उनका पैर फिसल गया और वह कुएँ में गिरने वाले ही थे। उनकी क़िस्मत अच्छी थी कि उस वक़्त मैं और कुछ और दोस्त वहीं नीम की दातुन कर रहे थे। हम सबने लपककर उनको पकड़ लिया। इम्तिहान में नक़ल पर रोक थी। उन दिनों परीक्षक भी काफ़ी सख़्त होते थे। मुलायम ख़ुद भी इम्तिहान में किसी तरह की नक़ल के ख़िलाफ़ थे। उन्होंने इंटरमीडिएट सेकंड क्लास में पास किया।"

उन्हीं दिनों क्यूबा के फ़ोटोग्राफ़र अल्बर्टो कोरडा अर्जेंटाइना के मार्क्सवादी क्रांतिकारी चे ग्वेरा की तस्वीरें खींचने में जुटे हुए थे। ये बात 5 मार्च 1960 की

है। चे ग्वेरा उस वक़्त 31 साल के थे। उनकी एक तस्वीर ने करिश्माई नेता ग्वारा को 20वीं सदी का सबसे मशहूर प्रतीक बना दिया। इस तस्वीर में चे अपनी काली गोल चपटी टोपी पहने हैं। इस हिम्मती गुरिल्ला लड़ाके की ये तस्वीर दुनिया भर में मशहूर हो गई। कोर्डा ने ग्वारा की ये तस्वीर ला कूब्रे धमाके में मारे गए लोगों की याद में आयोजित एक कार्यक्रम में खींची थी। कई सालों बाद कोर्डा ने कहा, "दर्द और ग़ुस्से में चे का चेहरा पूरी तरह से सख़्त दिख रहा था।" कोर्डा फ़िदेल कास्त्रो के निजी फ़ोटोग्राफ़र भी थे। यह कहा जाता है कि वह कास्त्रों के दोस्त से बढ़कर थे। उनकी खींची गई हर तस्वीर क्यूबाई क्रांति की पहचान बन गई।

उस वक़्त कोर्डा क्यूबा के एक अख़बार 'रिवॉल्यूशन' के लिए काम करते थे और 5 मार्च 1960 को चे ग्वेरा की फ़ोटो जब छपी तो पूरी दुनिया में बग़ावत का प्रतीक बन गई। कोर्डा को इस तस्वीर के लिए कभी कोई रॉयल्टी नहीं मिली क्योंकि कास्त्रो ने प्रोटेक्शन ऑफ़ लिटरेरी एंड आर्टिस्टिक वर्क्स के बर्न कन्वेंशन को मंज़ूर नहीं किया था। लेकिन वर्ष 2000 में उन्होंने इस तस्वीर का एक विज्ञापन में इस्तेमाल करने पर स्मिरनॉफ़ कंपनी पर मुक़दमा ठोंक दिया। कोर्डा का कहना था, "मुझे कोई एतराज़ नहीं होगा अगर चे ग्वेरा की इस तस्वीर का इस्तेमाल उनकी याद में और सामाजिक न्याय के लिए किया जाए। लेकिन शराब बेचने के लिए या किसी भी ऐसे काम के लिए मैं चे ग्वेरा की फ़ोटो के इस्तेमाल की इजाज़त नहीं दे सकता जिससे उनका नाम ख़राब हो।" अदालत के बाहर हुए समझौते में मिले 50 हज़ार डॉलर उन्होंने क्यूबाई स्वास्थ्य सेवा को दान कर दिए। उनका कहना था, "अगर चे आज ज़िंदा होते तो वह भी यही करते।"

इटावा में के.के. डिग्री कॉलेज उनको बैचलर की डिग्री देने की तैयारी में था। के.के. डिग्री कॉलेज की स्थापना मुलायम सिंह यादव के दाख़िला लेने से सिर्फ़ एक साल पहले 1959 में लाला हज़ारी ने की थी। लाला हज़ारी बहुत ही नेक इंसान थे और उन्होंने मुलायम की पढ़ाई के सपने को पूरा करने में हर तरह से मदद की। के.के. डिग्री कॉलेज में लंबे क़द और भारी कंधे वाले प्रोफ़ेसर बी. बी. लाल उनको अँग्रेज़ी पढ़ाते थे। उनके मुताबिक़, "मुलायम चट्टान की तरह मज़बूत, फूल की तरह नाज़ुक थे और किसी को दुख में देखकर उनका दिल पिघल जाता था। वह अरुचिकर फ़ैसले लेने और उन पर अमल में काफ़ी पक्के थे।"

"संस्कृत में कहा जाता है- 'न भूतो न भविष्यति' यानी न पहले ऐसी कोई चीज़ थी और न आगे कभी होगी। 1961-62 में मुलायम सिंह बीए सेकंड ईयर

फ़ाइनल के छात्र थे। अँग्रेज़ी उनका एक सब्जेक्ट था। हालाँकि राजनीतिक जीवन में उन्होंने अँग्रेज़ी को ख़त्म करने के लिए आंदोलन किया और उन्हें अँग्रेज़ी विरोधी का तमग़ा दिया गया। लेकिन वह अँग्रेज़ी नहीं बल्कि अँग्रेज़ियत और अँग्रेज़ी सोच के ख़िलाफ़ थे। उन्होंने अपने बेटे अखिलेश का दाख़िला धौलपुर मिलिटरी स्कूल में करवाया जहाँ पढ़ाई अँग्रेज़ी में होती थी। जब मैंने अपनी बेटी की शादी का कार्ड हिंदी में छपवाया तो मुलायम सिंह ने पूछ लिया, अँग्रेज़ी में भी क्यों नहीं छपवाया इसे?"

उन्हें 'वज्रादपि कठोराणि कुसुमादपि कोमलानि च' यानी पत्थर की तरह कठोर और फूल की तरह कोमल कहा जा सकता है।

"पैसे की तंगी मुलायम के सामने हर मोड़ पर दिक़्क़त पेश करती रही। लाला हज़ारी लाल ने मुलायम सिंह की हर तरह से मदद की और संरक्षण दिया। मुलायम की उनकी संगठनात्मक शक्ति ग़ज़ब की थी। उन दिनों कॉलेज में छात्र संघ सांस्कृतिक और सामाजिक संघ के तौर पर जाने जाते थे। मुलायम सिंह छात्र संघ के नेता चुने गए थे। उन्होंने बलराम सिंह यादव को हराया था। कॉलेज की छात्राएँ उनकी चुप्पी और शर्मीलेपन की क़ायल थीं और उन्होंने मुलायम को वोट दिया। बलराम सिंह को हराना कोई आसान नहीं था। वह एक रईस ख़ानदान से आते थे और कॉन्ग्रेस से जुड़े हुए थे। वह अपने ज़माने में प्लेबॉय से कम नहीं थे। वह पैसे की नुमाइश करने से भी नहीं हिचकते। वह अक्सर ऐसे कपड़े पहनकर आते थे कि शिक्षकों को भी रश्क हो जाता।"

"बाद में बलराम सिंह लॉ की पढ़ाई करने लखनऊ चले गए जबकि मुलायम सिंह ने शिकोहाबाद में बीटी कोर्स में दाख़िला लिया। बलराम सिंह उत्तर प्रदेश में एमएलए का चुनाव जीते और कॉन्ग्रेस की सरकार में मंत्री भी बने। वह काफ़ी तेज़ी से आगे बढ़े और केंद्र में भी मंत्री बने। लेकिन चाल-चलन और सोच से समाजवादी मुलायम सिंह को कोई हड़बड़ी नहीं थी। 1961 में कॉलेज में किसी लड़की के साथ बदसलूकी का मामला उछला। शैलेंद्री श्रीवास्तव नाम की लड़की से बदसलूकी हुई थी। लड़की को छेड़ने वाले छात्र रणनीति के तहत भूख हड़ताल पर बैठ गए ताकि सज़ा से बच सकें। कॉलेज के डायरेक्टर हज़ारी लाल इन छात्रों को सज़ा देना चाहते थे और ये छात्र चाहते थे कि छात्र संघ के अध्यक्ष मुलायम सिंह उनका साथ दें। लेकिन मुलायम ने छात्रों की मदद करने से इनकार कर दिया। साथ ही इन छात्रों पर दबाव बनाकर भूख हड़ताल भी ख़त्म कराई।"

"कॉलेज में ग़रीब छात्रों के लिए स्टूडेंट वेलफ़ेयर फ़ंड भी था। मुलायम ने हमेशा ही सही और ग़रीब छात्रों की मदद के लिए सिफ़ारिश की। जहाँ तक भाषा के झगड़े का मामला है तो वह संस्कार भाषा, व्यवहार भाषा और व्यापार भाषा में फ़र्क़ बेहतर तरीक़े से समझते थे। संस्कार भाषा मतलब मातृभाषा जो हम अपने माता-पिता से सीखते हैं। व्यापार भाषा मतलब वो भाषा जिसका इस्तेमाल हम अपने कामकाज और रोज़गार के लिए करते हैं। व्यवहार भाषा यानी हमारी राष्ट्र भाषा जो हिंदी है।"

"मुलायम सिंह हनुमान के भक्त थे। इटावा में प्रवास के दौरान वह पिलुवा गाँव के मंदिर में रोज़ पूजा करते थे। एक पहलवान होने के नाते वह हनुमान की जादुई ताक़त में भरोसा करते थे। वह रोज़ाना सुबह नहाने के बाद चुपचाप पूजा करते थे। वह धार्मिक तो थे लेकिन जाति भेदभाव से ऊपर थे।"

तीन फ़रवरी 1960 को केपटाउन में दक्षिण अफ़्रीका की पार्लियामेंट में ब्रिटेन के कंज़रवेटिव प्रधानमंत्री हैरल्ड मैकमिलन ने अपना ऐतिहासिक भाषण दिया। इस भाषण को 'बदलाव की बयार' कहा गया। उस शाम मुलायम सिंह इसे सुनने के लिए रेडियो से चिपके हुए थे। वह अफ़्रीका में उपनिवेशवाद ख़त्म करने की लहर शुरू होने से काफ़ी जोश में थे। भाषण से पहले मैकमिलन ने कई ब्रिटिश उपनिवेशों का दौरा कर आम-राय का माहौल बनाया। इससे पहले लेबर पार्टी की सरकार में प्रधानमंत्री क्लीमेंट एटली ने 1945 में तमाम ब्रिटिश उपनिवेशों को आज़ादी देने की शुरुआत की थी लेकिन 1951 में कंज़रवेटिव पार्टी की सरकार ने इसे रोक दिया। भारत के समाजवादियों के लिए रंगभेद एक घिनौना मुद्दा था। रंगभेद को लेकर ब्रिटिश नीति में बदलाव का लोहिया जैसे उनके गुरुओं ने कैसा स्वागत किया था, इसे याद कर मुलायम की आँखें आज भी चमक उठती हैं।

यह भाषण काफ़ी मशहूर हुआ और इस भाषण के एक हिस्से से ही इसका नाम निकला। मैकमिलन ने कहा, "इस महाद्वीप में बदलाव की बयार चलने लगी है। हम चाहे पसंद करें या नापसंद, राष्ट्रीय चेतना का विकास अब एक राजनीतिक हक़ीक़त है।"

इटावा के एक वकील, राजनारायण दीक्षित बताते हैं, "के.के. डिग्री कॉलेज के पास भवानी की बगिया में अखिल भारतीय कुश्ती चैंपियनशिप में मुलायम ने गामा पहलवान से भी कुश्ती लड़ी जो उस वक़्त हिंद केसरी थे। उन्होंने गामा को कई दाँव सिखाए। इटावा की जामा मस्जिद के इलाक़े में मिट्टी के अखाड़े

काफ़ी लोकप्रिय थे। दुनिया भर के कई मशहूर पहलवान इस मुक़ाबले के लिए पहुँचे। इनमें मशहूर सामा पहलवान, चाँदगी राम और कई मंगोल और चीनी पहलवान शामिल थे।"

वह निजी और सार्वजिनक सफ़ाई के हिमायती थे। उन्हें पेड़-पौधे लगाना काफ़ी पसंद था। अन्नपूर्णा जनरल राइस मिल में उन्होंने अपने हाथ से बरगद और पीपल के पेड़ लगाए।

इटावा की आबादी क़रीब पाँच लाख है। इसमें क़रीब 30 फ़ीसदी मुसलमान हैं। ये शहर यादवों के लिए 'मक्का' या 'वेटिकन' की तरह है। सांप्रदायिक सद्भाव यहाँ की ख़ासियत है और सिर्फ़ 1952 को छोड़कर आज तक कभी सांप्रदायिक दंगा नहीं हुआ।

डॉ. लक्ष्मीकांत वर्मा के.के. डिग्री कॉलेज के चेयरमैन हैं और फ़िलहाल कॉलेज में छात्रों को आर्ट ऑफ़ लिविंग का ज्ञान दे रहे हैं। बेतकल्लुफ़ गुफ़्तगू के दौरान वह बताते हैं, "मुलायम सिंह 1959 में कॉलेज के पहले बैच के छात्र थे। आज इस कॉलेज में 12 हज़ार छात्र पढ़ते हैं और यह साढ़े छह एकड़ में फैला है। मुलायम जब कॉलेज के छात्र थे तो इटावा के कलेक्टर हुआ करते थे श्री सुब्रह्मण्यम। उन्होंने मुलायम के राजनीतिक कौशल को भाँप लिया था और उन्हें शाबाशी भी दी थी। उन्होंने ऐलान किया था कि आगे चलकर मुलायम सिंह बहुत बड़े नेता बनेंगे।"

मुलायम ब्राउन गंज इलाक़े में एक सराय में रहते थे। ये नाम ज़िले के एक ब्रिटिश कलेक्टर के नाम पर था। 1959 में इस छोटे से मोहल्ले में क़रीब सवा सौ छोटी मोटी दुकानें और कुछ पक्के मकान थे। सड़क भी पत्थर की थी। ब्राउन गंज में रहते वक़्त मुलायम ने अपना स्वेटर और क़मीज़ ग़रीबों में बाँट दी।

बलराम सिंह यादव को मुलायम सिंह पसंद नहीं करते थे। उस वक़्त कुसुमलता नाम की एक लड़की मुलायम सिंह से काफ़ी प्रभावित थी। वह पास के ही गाँव सुंदर नगर में रहती थी। बीए में 80 छात्रों में 40 लड़कियाँ थीं। इन सभी ने चुनाव में बलराम सिंह के बजाय मुलायम सिंह को वोट दिया। छात्र संघ के अध्यक्ष के तौर पर उन्होंने उत्तर प्रदेश सरकार के कई मंत्रियों को कॉलेज के सालाना जलसे में न्योता दिया।

अध्याय 7

फीकी पड़ती चमक और युवा सितारा

मध्य उत्तर प्रदेश का ये इलाक़ा यादवों का गढ़ है। इस इलाक़े के यादव न केवल अमीर किसान हैं बल्कि अपने बेटे-बेटियों की पढ़ाई को लेकर भी जागरूक हैं। कुछ सबसे पढ़े लिखे और विद्वान यादव इसी इलाक़े से आते हैं। यमुना नदी के दोनों किनारों पर स्थित इस इलाक़े में यादवों के अरमानों और हसरतों को पंख लगाने के लिए खेती और कारख़ानों के बीच एक मेल है। ये है शिकोहाबाद, उत्तर प्रदेश के फ़िरोज़ाबाद ज़िले का हिस्सा। मुलायम सिंह की शुरुआती ज़िंदगी की जद्दोजहद और फिर राजनीतिक पारी अब यहाँ किंवदंती बन चुकी है। वह यहाँ आए तो थे पढ़ाना सीखने लेकिन सीखा लोगों के दिलो-दिमाग़ पर राज करना।

फ़िरोज़ाबाद का काँच का सामान दुनिया भर में मशहूर है। आज़ादी से पहले यह बल्ब और ट्यूबलाइट बनाने का एशिया का सबसे बड़ा गढ़ था। बल्ब और ट्यूबलाइट बनाने वाली कंपनी का मूल नाम हिंद लैंप्स लिमिटेड था। आज़ादी से दो साल पहले कंपनी की नींव पड़ी। कंपनी के मालिक के.सी. गुप्ता थे। फिर इसका नाम बदल कर के.सी. लैंप्स हो गया। फिर इस पर बजाज इलेक्ट्रिकल्स का क़ब्ज़ा हो गया और फ़िलहाल यह फ़िलिप्स का हिस्सा है। शहर के नाम को लेकर एक अलग कहानी है। मुग़ल बादशाह शाहजहाँ और मुमताज़ महल के सबसे बड़े बेटे और वारिस सुल्तान मोहम्मद दारा (फ़ारसी नाम डेरियस से निकला जिसका अर्थ है तेजस्वी) शिकोह के नाम पर इसे शिकोहाबाद कहा गया। राजकुमार मुहिउद्दीन यानी औरंगज़ेब यूँ तो दारा शिकोह से छोटा था लेकिन गद्दी की ख़ूनी लड़ाई में भारी पड़ा और उसने क़रीब पाँच दशक तक हिंदुस्तान पर राज किया।

शाहजहाँ ने 10 सितंबर 1642 को औपचारिक तौर पर दारा को वारिस बनाने का ऐलान कर दिया। उसे शहज़ादा-ए-बुलंद इक़बाल के तमग़े के साथ 20,000

पैदल और 20,000 घुड़सवारों का सेनापति बना दिया। 1645 में उसे इलाहाबाद की सूबेदारी (गवर्नर) सौंपी गई। 18 अप्रैल 1648 को उसे 30,000 पैदल और 30,000 घुड़सवारों की कमान सौंपी गई। तीन जुलाई को उसे गुजरात प्रांत का सूबेदार बना दिया गया। 1657 के आख़िर में दारा को बिहार का सूबेदार बनाया गया और 60,000 पैदल और 40,000 घुड़सवार सैनिकों की कमान दी गई।

लंबी बीमारी से उबरने के बाद शाहजहाँ भी उत्तराधिकार की जंग में शामिल हो गया। 14 फ़रवरी 1658 को बहादुरपुर की लड़ाई में सबसे बड़े बेटे सुलेमान शिकोह की शाही सेना ने शाह शुजा को हरा दिया लेकिन दूसरी ओर औरंगज़ेब और मुराद की सेना ने दारा शिकोह को आगरा से 13 किलोमीटर दूर सामूगढ़ में शिकस्त दे दी। औरंगज़ेब ने आगरे के क़िले पर क़ब्ज़ा कर लिया और 8 जून 1658 को शाहजहाँ को गद्दी से हटाकर ख़ुद तख़्तनशीं हो गया। दारा के लिए ये शिकस्त काफ़ी भारी पड़ी। उसने पहले मुल्तान और फिर सिंध के थट्टा में पनाह ली। फिर लौटकर अपनी जन्मस्थली अजमेर आया। उसने मारवाड़ के राजा जसवंत सिंह से हाथ मिलाकर औरंगज़ेब के ख़िलाफ़ हमले भी बोले लेकिन राजपूत सामंतों ने दारा को धोखा दिया। जान बचाकर वह फिर सिंध कूच कर गया और अफ़ग़ान सरदार मलिक जिवान से मदद माँगी। मलिक जिवान ने भी उसे धोखा दिया और 10 जून 1659 को मलिक ने दारा को औरंगज़ेब की फ़ौज के हवाले कर दिया। दिल्ली लाए जाने पर औरंगज़ेब ने ज़ंजीरों से जकड़े दारा को एक हाथी पर बिठाकर शाहजहाँनाबाद (पुरानी दिल्ली) की सड़कों पर घुमाया। उसे जनता के लिए ख़तरा और इस्लाम के साथ विश्वासघात करने वाला क़रार दिया गया। 30 अगस्त 1659 को दारा का सिर उसके बेटे की मौजूदगी में बेरहमी से क़लम कर दिया गया।

दारा न केवल एक कला प्रेमी और हुनरमंद कैलिग्राफ़र (शब्दों को ख़ूबसूरती से लिखने की कला) था बल्कि वह एक ज्ञानी भी था। उसने हिंदू धर्मग्रंथों, वेदों और सिख धर्मग्रंथों पर महारत हासिल की थी। इसीलिए उसे धर्म विरोधी क़रार दिया गया और उसके ख़िलाफ़ नफ़रत की आग सातवें आसमान पर पहुँच गई। माना जाता है कि सूफ़ी और वेदों की शिक्षा के आध्यात्मिक और बहुलतावादी रिश्तों पर लिखी गई उसकी किताब मजमा-उल-बहरीन (दो समुंदरों का संगम) सबसे मशहूर है। मुस्लिम विद्वानों के फ़ायदे के लिए 1657 में उसने 50 उपनिषदों का संस्कृत से फ़ारसी में तर्जुमा किया। इन अनुवादों को सर्र-ए-अकबरी कहा

जाता है। इसकी प्रस्तावना में उसने ये लिखने की हिमाक़त की कि क़ुरान में जिस चीज़ को किताब-उल-मक़नूम (गुप्त किताब) कहा गया है वह दरअसल उपनिषद ही हैं।

वह मुग़ल काल के दौरान कठमुल्लों के ख़िलाफ़ आवाज़ बुलंद करने वाला तरक़्क़ीपसंद मुसलमान और बेहतरीन इंसान था। वह लेखकों, नाटककारों और कवियों की आगे आने वाली पीढ़ियों के लिए प्रेरणा स्रोत बना रहा। पाकिस्तानी उपन्यासकार मोहसिन हामिद ने अपने उपन्यास मॉथ स्मोक में अपने नायक का नाम दारा के नाम पर ही रखा है और उसकी फाँसी का अफ़साना 21वीं सदी के पाकिस्तानी समाज के हालात में लिखा है। ये उपन्यास इन शब्दों के साथ ख़त्म होता है, "हमारे शायर, ना जाने किस उम्मीद के साथ उस दौर को याद करते हैं जब औरंगज़ेब का साम्राज्य बिखर रहा था और पशेमान दारा शिकोह मरते वक़्त ख़ुदा को याद कर रहा था।"

1962 में के.के. डिग्री कॉलेज से बीए पास करने के बाद मुलायम सिंह का अगला ठिकाना बना शिकोहाबाद, जहाँ उन्होंने बैचलर ऑफ़ टीचिंग (बीटी) में दाख़िला लिया। टीचर बनने की उनकी चाहत की वजह- उनके परिवार में खेती के अलावा रोटी कमाने का कोई और ज़रिया नहीं था।

अगले एक साल वह आदर्श कृष्ण डिग्री कॉलेज के छोटे से हॉस्टल के कमरा नंबर 4 में रहे। उस वक़्त महेंद्र पाल यादव प्रिंसिपल थे। कॉलेज की स्थापना 1916 में चौधरी श्याम सिंह ने की थी। आगरा डिवीज़न में ये अकेला कॉलेज था जहाँ डिफ़ेंस और युद्ध कौशल में एमए की डिग्री दी जाती थी। शुरुआती दिनों में इसका नाम अहीर इंटर कॉलेज था जो बाद में आदर्श कृष्ण हो गया।

वक़्त गुज़रने के साथ-साथ शिकोहाबाद शिक्षा के केंद्र के तौर पर मशहूर होने लगा। ज़िंदगी की अनिश्चितताओं के बीच राजनीतिक जीवन में तेज़ी से छलांग लगाने के बाद कॉलेज में एक ब्लॉक का नामकरण मुलायम के नाम पर किया गया। यहीं पर मुलायम सिंह ने मशहूर पहलवान नायपॉल सिंह यादव को धूल चटाकर अखाड़े में अपनी बादशाहत को और मज़बूत किया।

1962 में भारत-चीन युद्ध के दौरान पंडित जवाहरलाल नेहरू की विदेश नीति पर बहस के दौरान वह नाराज़ और विचलित दिखते थे। सीमा पर जाने वाले सेना के जवानों को विदा करने वह स्टेशन भी गए। ट्रेन छूटने पर हाथ हिलाकर विदा देते मुलायम की आँखों से धार बह रही थी। उनके पास आँसू पोछने के लिए

रुमाल नहीं था लेकिन वह आँसू पोछने के लिए उत्सुक भी नहीं थे।

मुलायम को योद्धा पसंद हैं, युद्ध नहीं। शांति की सारी कोशिशों के नाकाम हो जाने के बाद ही युद्ध की बारी आती है। वह अमेरिका के 34वें राष्ट्रपति ड्वाइट आइज़नहॉवर के इस वाक्य से वाक़फ़ियत रखते हैं कि हर बनने वाली बंदूक़, लड़ाई के लिए बना हर जहाज़, मार करने वाला हर रॉकेट, हर भूखे और कपड़ों से महरूम ठंड से काँपते लोगों का हक़ मारता है। दूसरे विश्व युद्ध में आइज़नहॉवर यूरोप में मित्र देशों की सेना के कमांडर थे और 1944-45 की शरद और शीत ऋतु में जर्मनी के समर्पण और हिटलर की ख़ुदकुशी से पहले उन्होंने ही पश्चिमी मोर्चे से फ्रांस और जर्मनी पर सफल हमले की योजना बनाई थी।

1962 में भारत अभी जवानी की दहलीज़ पर ही था कि चीन के साथ युद्ध शुरू हो गया। मुलायम कहते हैं, "आज़ाद हुए अभी सिर्फ़ 15 साल ही हुए थे। अशिक्षा, भूख, और बेरोज़गारी हमारे सबसे बड़े दुश्मन थे लेकिन प्रधानमंत्री नेहरू ने कुछ ग़लत फ़ैसले लिए। मैं ए.जी. नूरानी की किताब में लिखी इस बात से सहमत हूँ, 'नेहरू ने 1 जुलाई 1954 को भारत-चीन सीमा विवाद पर बातचीत के सारे दरवाज़े बंद कर दिए। बातचीत से नेहरू का इनकार और फिर 1960 में दिल्ली दौरे पर आए चीनी प्रधानमंत्री चाऊएन लाई की उपेक्षा ने 1962 की लड़ाई के बीज बोए हालाँकि उस वक़्त चाऊएन लाई सीमा विवाद सुलझाने के मूड में दिख रहे थे।"

ए.जी. नूरानी वरिष्ठ लेखक हैं और अपनी क़ानूनी और संवैधानिक जानकारी के लिए मशहूर हैं। उनकी किताब 'इंडिया-चाइना बाउंड्री प्रॉब्लम- 1846-1947: हिस्ट्री एंड डिप्लोमैसी' में तमाम ऐसे तथ्य हैं जो अभी तक सामने ही नहीं आए थे। नूरानी लिखते हैं, "भारत ने एकतरफ़ा तरीक़े से आधिकारिक नक़्शे में बदलाव कर दिया। 1948 और 1950 के नक़्शों में पश्चिमी (कश्मीर) और मध्य (उत्तर प्रदेश) क्षेत्र में लिखा गया 'बाउंड्री अनडिफ़ाइंड' यानी 'सीमा तय नहीं' वाक्य 1954 के नये नक़्शे से मिटा दिया और उसकी जगह एक लाइन खींच दी गई। एक जुलाई 1954 को दिया गया नेहरू का आदेश वास्तव में सीमा पर लाइन खींचने के 24 मार्च 1953 को लिए गए फ़ैसले का नतीजा था। पुराने नक़्शों को जला दिया गया। एक पूर्व विदेश सचिव ने इस लेखक को बताया कि जूनियर अफ़सर के तौर पर वह भी इस मूर्खतापूर्ण कारगुज़ारी का हिस्सा था।"

"अप्रैल 1960 में दिल्ली के दौरे पर आए चाऊएन लाइ इस समाधान को

मानने को तैयार थे लेकिन उनकी उपेक्षा की गई। इसके बाद चीन ने अपने तरीक़े से काम करना शुरू कर दिया और सेना की मदद से क़ब्ज़ाए इलाक़ों को मान्यता दे दी।"

"क़रीब सौ साल पुरानी समस्या को 1954 में एक सोचे समझे फ़ैसले से नकार दिया गया और 1959 में इसने सीमा विवाद का रूप ले लिया। 1960 में इसके सुलझने की उम्मीद थी लेकिन तब इसे आँखें तरेर कर निपटाने की कोशिश की गई। 1961 में फ़ॉरवर्ड पॉलिसी के ज़रिये पश्चिम में यथास्थिति बरक़रार रखने की भारत की कोशिश भी नाकाम रही। फिर 1962 में चीन ने इस मामले को युद्ध के ज़रिये सुलटाने का क़दम उठा लिया।"

"ऐसे में ये नतीजा निकालना मुश्किल नहीं है कि सीमा विवाद में तब्दील हो चुकी समस्या को लेकर भारतीय नीति और ऐतिहासिक तथ्यों में कोई मेल नहीं रहा। मामला और गड़बड़ा गया जब कूटनीति का लचीलापन ख़त्म कर 'एक हाथ दे-दूसरे हाथ ले' वाली नीति से किनारा कर लिया गया। इससे पहले के अध्याय में बताए गए सभी सुझाव 1842 की संधि के ख़िलाफ़ थे- 'सीमा तय नहीं', कराकोरम सीमा और सबसे बड़ी ग़लती रही हर तरह से अमान्य एकतरफ़ा तौर पर सीमा बदल देना।"

भारत तो मैकमोहन लाइन पर ज़ोर दे रहा था और चीन लद्दाख के अक्साई चीन में झिनझियांग से तिब्बत तक सड़क बना रहा था। भारत मैकमोहन लाइन को वैध सीमा मानता है। हक़ीक़त ये है कि मैकमोहन लाइन ब्रिटिशकालीन भारत सरकार और तिब्बत के बीच शिमला समझौते का नतीजा थी। ये समझौता 1914 में हुआ था। 2003 में निर्वासित तिब्बती नेता दलाई लामा ने इस पर सवाल खड़े किए थे। उनका कहना था कि विवादित इलाक़ा तिब्बत का हिस्सा था लेकिन पाँच साल बाद उन्होंने अपना रुख़ बदल दिया और मैकमोहन लाइन को वैध बताते हुए भारत के दावे का समर्थन किया।

सर हेनरी मैकमोहन ब्रिटिश इंडिया सरकार में विदेश सचिव थे। भूटान से पश्चिम में 550 मील (890 किमी) और पूर्व में 160 मील (250 किमी) दूर असम तक की सीमा के झगड़े में उन्होंने मुख्य वार्ताकार की भूमिका निभाई थी इसीलिए इसका नाम मैकमोहन लाइन पड़ा।

समझा जाता है कि 1907 के एंग्लो-रशियन समझौते से मेल न खाने की वजह से शुरू में भारत सरकार ने मैकमोहन लाइन समेत शिमला समझौते को ख़ारिज

कर दिया था। एंग्लो-रशियन समझौता 1921 में रद्द हो गया। और 1935 तक सब मैकमोहन लाइन को भूल गए। फिर एक ब्रिटिश आईसीएस अफ़सर ओलाफ़ कैरो ने सरकार को शिमला समझौता प्रकाशित करने और सरकारी नक़्शों में मैकमोहन लाइन दिखाने के लिए राज़ी कर लिया।

पीकिंग (अब बीजिंग) शिमला समझौते को नहीं मानता। उसके मुताबिक़ तिब्बत में संप्रभु सरकार नहीं थी और उसे ऐसे क़रार करने का हक़ नहीं था। चीनी नक़्शों में इस लाइन के दक्षिण में 65,000 वर्ग किलोमीटर (25,000 वर्ग मील) का इलाक़ा तिब्बत स्वायत्त क्षेत्र के तौर पर दिखाया जाता है। चीनी इसे दक्षिण तिब्बत कहते हैं। चीनी फ़ौजों ने 1962 की लड़ाई में इस इलाक़े पर कुछ वक़्त के लिए क़ब्ज़ा भी कर लिया था। चाऊएन लाइ के 1959 के एक कूटनीतिक नोट के मुताबिक़ चीन वास्तविक नियंत्रण रेखा (एलएसी) को मानता है जिसमें भारत की पूर्वी सीमा पर मैकमोहन लाइन का कुछ हिस्सा भी शामिल है। ख़ास बात ये है कि अरुणाचल प्रदेश में चीन मैकमोहन लाइन को स्वीकार नहीं करता लेकिन म्यांमार के साथ इसको सीमा के तौर पर मानता है।

युद्ध में भारतीय फ़ौज की शिकस्त के बाद चीनी हमले के ख़िलाफ़ मुलायम का ग़ुस्सा और बढ़ गया। अपने दिग्दर्शक लोहिया की तरह मुलायम भी पीकिंग (अब बीजिंग) और नेहरू के ख़िलाफ़ हमलावर तेवर अपनाए हुए थे। नेहरू पर बचकाने बहकावे में आने और नौजवान देश की हिम्मत और उम्मीदों पर खरा न उतरने के आरोप लग रहे थे। इसके बाद आंतरिक और विदेश नीति में कड़ा रुख़ उनकी भविष्य की राजनीति का पैमाना बन गया। उन्होंने तिब्बतियों के देश छोड़ने का स्वागत किया और उनके हितों के घोर समर्थक बन गए। तिब्बतियों के ख़ुद फ़ैसला करने के हक़ का उनके समाजवादी साथी बृज भूषण तिवारी ने जम कर समर्थन किया।

बृजभूषण तिवारी से मेरी मुलाक़ात दिल्ली में समाजवादी पार्टी के कोपरनिकस मार्ग पर मौजूद दफ़्तर में हुई। बात 30 जनवरी 2010 की है। एक हफ़्ते पहले ही छोटे लोहिया के नाम से मशहूर जनेश्वर मिश्र का इलाहाबाद में ब्रेन हैमरेज से निधन हुआ था।

बृज भूषण अपनी ही तरह के बोहेमियाई थे। वह उत्तर प्रदेश के पिछड़े ज़िले बस्ती के रहने वाले थे। छोटा क़द, गोल चेहरा, शरीर पर हर वक़्त खादी का सफ़ेद कुर्ता और पाजामा और न्यायसंगत। 1967 के क्रांतिकारी चुनाव में

लोहिया फ़र्रूख़ाबाद से उम्मीदवार थे। बृजभूषण तिवारी एक साधारण कार्यकर्ता थे और लोहिया के साथ थे। उन्होंने राजनीति शास्त्र में एमए और फिर इलाहाबाद विश्वविद्यालय से लॉ किया था और पढ़ाई पूरी करने के बाद नये नये कार्यकर्ता बने थे। वह 1964-65 में इलाहाबाद यूनिवर्सिटी छात्र संघ के अध्यक्ष भी चुने गए। वह कहते हैं, "भारतीय राजनीति में 1962 का साल काफ़ी अहम है। चीन के हाथों युद्ध में हार ने नेहरू कॉन्ग्रेस के क़िले की दरकती दीवारों को उजागर कर दिया था। लोहिया लगातार हमले कर नेहरू की विदेश नीति को 'हवा हवाई' क़रार दे रहे थे।"

इस अपमानजनक हार से नेहरू कभी उबर नहीं पाए। 27 मई 1964 को निधन से पहले वह काफ़ी चिड़चिड़े हो गए थे और जनता की नब्ज़ पर कमज़ोर होती उनकी पकड़ से कॉन्ग्रेस का भविष्य भी डाँवाडोल था। आज़ादी की लड़ाई में हिस्सा लेने वाली पार्टी और अपराजेय समझे जाने वाले नेहरू की साख मिट्टी में मिल रही थी। मुलायम को याद है कि युद्ध के दौरान टाइम पत्रिका ने नेहरू की तीखी आलोचना वाला लेख छापा था।

टाइम के लेख का शीर्षक था 'ओल्ड ट्विंकल' यानी पुरानी टिमटिमाहट– इस बात की चर्चा हो रही है कि नेहरू युद्ध काल के नेता नहीं हैं। 73 साल की उम्र में वह अक्सर शारीरिक और दिमाग़ी तौर पर चुके हुए नज़र आते हैं। उनके बाल सफ़ेद हो चुके हैं और झड़ रहे हैं, उनकी चमड़ी भूरी हो रही है और नज़र खोई खोई-सी रहती है। हमले के बाद से उन्होंने ख़ुद को भी नहीं बख़्शा है। उनकी बहन विजयलक्ष्मी पंडित कहती हैं कि 'नेहरू पूरी तरह से फ़िट हैं और उनकी आँखों में पुरानी चमक बरक़रार है।' लेकिन दिन ढलते-ढलते वह थकने लगते हैं। उनके एक पुराने साथी कहते हैं, "इस बात से बहुत फ़र्क़ पड़ता है कि आप उनसे सुबह मुलाक़ात करते हैं या शाम को।"

कोई भी गंभीरतापूर्वक इस बात को नहीं कह रहा है कि ज़िंदा रहने तक उनको हटाया जाएगा। अपने देश के लिए वह सिर्फ़ राजनेता ही नहीं बल्कि देवता हैं। रोज़ाना सुबह उनके दिल्ली वाले घर के लॉन में सैकड़ों लोगों का हुजूम जमा होता है। कुछ अपनी अर्ज़ियाँ रखते हैं तो कुछ एहसान चाहते हैं लेकिन हाल के दिनों में हज़ारों लोगों ने उन्हें देश की सुरक्षा के लिए पैसा या सोना सौंपा है। ज़्यादातर लोग देश के नेता के दर्शन करने आते हैं। इस भीड़ को नेहरू के शब्दों से नहीं बल्कि उनकी मौजूदगी से ही भरोसा और सुकून मिल जाता है।

सहायक के तौर पर काम कर रही उनकी 45 वर्षीय बेटी, इंदिरा गाँधी, जिनके लिए कहा जाता है कि नेहरू चाहते हैं कि उनके बाद वही प्रधानमंत्री बनें, एक तरह से सही ही कहती हैं, "भारत में एकता सिर्फ़ कॉन्ग्रेस पार्टी ही स्थापित कर सकती है और पार्टी में एकता तभी होगी जब वह मेरे पिता के पीछे खड़ी हो।"

चाहे जो हो नेहरू की हैसियत में कुछ कमी तो होगी ही। मनमाना राज करने के उनके दिन अब लद गए हैं। सत्ता में बैठी कॉन्ग्रेस पार्टी के नेता अब माँग कर रहे हैं कि नेहरू के विचारों के साथ-साथ पार्टी की भावनाओं को भी तवज्जो दी जाए। देश की 43 करोड़ से ज़्यादा की आबादी अब उनका बच्चा बनकर रहने के बजाय उनको चुनने वाली निर्वाचक बन जाए।

इसका ये मतलब नहीं है कि नेहरू अब अगुवाई नहीं करेंगे बल्कि अब अगुवाई करने के लिए उन्हें पश्चिमी देशों के नेताओं का अंदाज़ अपनाना होगा। कॉन्ग्रेस पार्टी के रूढ़िवादी नेताओं, ख़ास तौर पर वित्त मंत्री मोरारजी देसाई की हैसियत बढ़ी है और उन्हें उम्मीद है कि अगर भारत को तेज़ी से ताक़तवर बनना है तो समाजवाद और सार्वजनिक क्षेत्र के उद्योगों पर नेहरू की निर्भरता कुछ कम होगी। उनका तर्क है कि इसके लिए निजी क्षेत्र की ताक़त और ऊर्जा की ज़रूरत होगी।

हालाँकि ये हो सकता है कि इससे भातीय सेना को वे हथियार न मिलें जिनकी उसे ज़रूरत है लेकिन ये धीरे-धीरे भारत को एक राजनीतिक ताक़त में बदल सकती है। हालाँकि अभी इस बात के लिए बहुत लोग तैयार नहीं हैं लेकिन तमाम सैनिक अधिकारी चाहते हैं कि पाकिस्तान के साथ कश्मीर मुद्दे को सुलझाने का यही वक़्त है ताकि उपमहाद्वीप के दो अहम देश हाथ मिलाकर संयुक्त रूप से चीन के ख़िलाफ़ खड़े हो सकें।

ये जाड़ा केवल बेचैनी भरा ही नहीं था। उत्तर प्रदेश के पहले मुख्यमंत्री और नेहरू सरकार में गृहमंत्री पंडित गोविंद बल्लभ पंत का 7 मार्च 1961 को निधन हो गया। उनके निधन के बाद हमेशा मुस्कुराने वाले छोटे क़द के लेकिन विस्फोटक लाल बहादुर शास्त्री नये गृह मंत्री बने। वरिष्ठ पत्रकार और निस्संदेह दक्षिण एशियाई पत्रकारिता के 'रॉबर्ट फिस्क' कुलदीप नैयर ने अपनी आत्मकथा 'बियांड दि लाइन्स' में लिखा है, "पंत दूरदर्शी और परिपक्व थे जबकि शास्त्री शालीन और सरल थे।" कुलदीप नैयर ने कॉन्ग्रेस के इन दोनों नेताओं के साथ लंबे वक़्त तक काम किया। उस वक़्त वी. के. कृष्णा मेनन रक्षामंत्री थे जबकि

जनरल पी. एन. थापर सेनाध्यक्ष। नेहरू को जब बताया गया कि 1961 की गर्मियों तक चीन की सेना ने 12 हज़ार वर्ग मील ज़मीन पर क़ब्ज़ा कर लिया है तो नेहरू ने चीनियों को खदेड़ने के लिए कृष्णा मेनन को तैयारी करने को कहा। कृष्णा मेनन ने जनरल थापर को चीनियों को भगाने का आदेश दिया तो जनरल थापर ने अपने जवाब से उनको भौंचक्का कर दिया, "हमारे पास न तो पूरी संख्या में जवान हैं और ना ही हमारे पास हथियार हैं। चीन के 6 सिपाहियों के मुक़ाबले हमारे पास सिर्फ़ एक जवान है।"

अपनी ऑटोबायोग्राफ़ी 'बियांड दि लाइन्स' में नैयर ने लिखा है, "1960 में सेनाध्यक्ष बनने से पहले थापर ने सरकार को एक चिट्ठी में लिखा था कि सेना के हथियार खस्ताहाल हैं और ज़रूरत पड़ने पर पूरे भी नहीं पड़ेंगे। ऐसे में पाकिस्तान या चीन भारत को आसानी से शिकस्त दे सकते हैं। ये चिट्ठी नेहरू के उस बयान के बिलकुल उलट थी जो मैंने प्रेस गैलरी से सुना था, 'मैं सदन को भरोसा दिलाता हूँ कि आज़ादी के बाद से हमारी रक्षा व्यवस्था इतनी बेहतर कभी नहीं रही।"

मुलायम सिंह कुलदीप नैयर की आत्मकथा से पूरी तरह इत्तेफ़ाक़ रखते हैं। "नैयर सच बोल रहे हैं। नेहरू और कृष्णा मेनन दोनों ही ग़लतफ़हमी में थे कि चीन की तरफ़ से कोई हमला नहीं होगा और अगर होगा भी तो मामूली। इस वजह से थापर मंझधार में अटक गए थे। ये दोनों ख़याली पुलाव पका रहे थे। मैं कुलदीप नैयर के इस तर्क से सहमत हूँ कि तबके सेनाध्यक्ष जनरल पी. एन. थापर मानते थे कि चीन से युद्ध का फ़ैसला राजनीतिक वजहों से लिया गया। नेहरू को डर था कि अगर युद्ध नहीं किया तो उनकी सरकार गिर जाएगी।"

कुलदीप नैयर लिखते हैं, "थापर ने नेहरू से कई बार कहा कि हिंदुस्तानी फ़ौज को जो अभियान चलाने के लिए कहा जा रहा है उसके लिए न तो वह तैयार है, ना ही प्रशिक्षित और उसके पास पूरे हथियार भी नहीं हैं। (मेनन ने रक्षामंत्री बनने से पहले मुझसे कहा था कि सेना किसी काम की नहीं है और हथियार भी बेकार हैं।) नेहरू के मुताबिक़ मेनन ने उन्हें बताया था कि भारत ख़ुद ही बड़ी तादाद में ज़रूरत के हथियार तैयार कर रहा है। थापर के मुताबिक़ हक़ीक़त ये थी कि युद्ध के लिए ज़रूरी हथियारों की भारत में असेंबली भी नहीं होती थी, बनाना तो दूर की बात है। उन्होंने उस चिट्ठी का भी ज़िक्र किया जिसमें सेना के खस्ताहाल होने की बात थी। नेहरू के मुताबिक़ उन्होंने ऐसी कोई चिट्ठी देखी ही नहीं।"

अपनी आत्मकथा में नैयर याद करते हैं, "थापर ने 29 जुलाई 1970 को बताया: बीते वक़्त पर नज़र डालता हूँ तो सोचता हूँ कि मुझे इस्तीफ़ा दे देना चाहिए था। शायद मैं देश को शर्मनाक हार से बचा लेता।"

"मेनन ने साफ़ आदेश दे रखा था कि पाकिस्तान सीमा से एक भी जवान नहीं हटाया जाएगा। आज़ादी के बाद से ही भारत को किसी-न-किसी दिन पाकिस्तान से युद्ध की आशंका थी। रक्षा मंत्रालय ने वक़्त ज़रूरत ऐसी स्थिति से निपटने के लिए विस्तृत योजनाएँ तैयार कर रखी थीं। चीन के साथ सीमा को खुला छोड़ दिया गया था क्योंकि उधर से हमले की कोई उम्मीद नहीं थी। यहाँ तक कि चीनी हमले से कुछ ही महीने पहले अगस्त 1962 में मेनन भारत के ख़िलाफ़ पाकिस्तानी तैयारियों पर चर्चा कर रहे थे। उन दिनों पाकिस्तान में भारत के उच्चायुक्त राजेश्वर दयाल दिल्ली आए हुए थे। दयाल ने मुझे बताया कि एक दिन सुबह-सुबह उन्हें रक्षा मंत्रालय में बैठक के लिए बुलाया गया। जब वह मंत्रालय पहुँचे तो उन्हें एक कमरे में ले जाया गया जहाँ मेनन बैठक के लिए थापर समेत आर्मी कमांडरों के साथ बैठे थे। अभी दयाल बैठे ही थे कि मेनन ने उनसे भारत से लगी सीमा पर पाकिस्तान की तैयारियों के बारे में पूरी जानकारी देने को कहा। दयाल के कुछ बोलने से पहले ही थापर ने धीरे से पंजाबी में बोला कि वह इस जाल में न फँसें क्योंकि पाकिस्तान से संभावित ख़तरे की बात किसी बड़ी योजना का हिस्सा है। पंजाबी की वजह से मेनन समझ नहीं सके। दयाल ने बताया कि वह किसी भी तरह की तैयारी से वाक़िफ़ नहीं हैं और दिल्ली आते वक़्त भी उन्हें सीमा पर ऐसी किसी तरह की तैयारी नहीं दिखी। मेनन इससे ख़फ़ा हो गए और उन्होंने दयाल को रिपोर्ट भेजने को कहा कि भारत पर पाकिस्तानी हमले की योजना की उन्हें कोई जानकारी नहीं है।"

लड़ाई शुरू होने पर ईरान के शाह ने नेहरू को उस चिट्ठी की कॉपी भेजी जिसमें उन्होंने अयूब ख़ान को लिखा था कि 'लाल आतंक' को रोकने के लिए उन्हें अपनी सेना भारतीय फ़ौज के साथ कंधे से कंधा मिलाकर लड़ने के लिए भेजनी चाहिए। (मैंने यह कॉपी देखी है।)

मुझे याद है कि जब लाहौर के लॉ कॉलेज में मैंने जिन्ना से पूछा कि अगर कोई तीसरा देश भारत पर हमला करता है तो आपका क्या रुख़ होगा? जिन्ना का जवाब था कि उनके जवान भारतीय सेना के साथ मिलकर मुक़ाबला करेंगे। जो देश चाहते थे कि पाकिस्तान भारत की मदद करे, अयूब ने उन तमाम देशों

से कहा कि पाकिस्तान ने भारत की कमज़ोरी का फ़ायदा नहीं उठाया और यह एक तरह से मदद ही थी।

युद्ध ख़त्म हो जाने के बाद शास्त्री ने शाह की चिट्ठी का ज़िक्र करते हुए कहा कि अगर पाकिस्तानी जवानों ने भारतीयों के साथ ख़ून बहाया होता तब अगर वो कश्मीर भी माँगते तो ना कहना मुश्किल होता।

लेकिन ऐसा लिखते वक़्त कुलदीप नैयर अयूब ख़ान के पंडित नेहरू के साथ रक्षा क़रार के प्रस्ताव को आसानी से भूल जाते हैं। हक़ीक़त ये है कि दोनों ही देशों के जानकारों ने इस प्रस्ताव से हमेशा ही किनारा किया जबकि इस पर बहस होनी चाहिए।

शर्मनाक हार के बाद कई सवाल उठने लगे। नेहरू के बाद क्या? नेहरू के बाद कौन देश और कॉन्ग्रेस का नेतृत्व करेगा? भारतीय राजनीति में लाख टके का ये सवाल नुक्कड़ की चाय की दुकानों से लेकर गाँव पंचायत, शहरों के कॉफ़ी हाउसों में सुनाई दे रहा था। माहौल में एक रोमांचक दुविधा दिख रही थी।

ऐसे गर्म माहौल पर मुलायम अपनी पैनी नज़रें गड़ाए बैठे थे। जैन इंटर कॉलेज में रोज़ की पढ़ाई से थोड़ी फ़ुरसत मिलने पर वह इटावा के गाँवों का दौरा कर रहे थे। इसके लिए कभी वह ख़ुशी-ख़ुशी अपनी रॉबिनहुड साइकिल की सवारी करते तो कभी जावा मोटरसाइकिल पर बैठकर जाते थे। उनकी पहली प्राथमिकता गाँव के एक-एक आदमी से मुलाक़ात करना था। लोगों से जुड़ने के इस अभियान को अमेरिकी और ब्रिटिश नेता 'कैश-प्रोजेक्ट' कहते हैं।

रिचर्ड निक्सन कहते थे कि सोचने वाला इंसान अगर कार्रवाई नहीं करता तो बेअसर होता है और बिना सोचे कार्रवाई करने वाला इंसान ख़तरनाक होता है। मुलायम कहते हैं, "नेहरू अब चुपचाप अपनी राजनीतिक विरासत किसी को सौंपने की तैयारी कर रहे थे और इसके लिए उन्होंने भरोसा किया मद्रास के नेता के कुमारसामी कामराज पर। कामराज मद्रास के क्रांतिकारी और करिश्माई चरित्र वाले नेता थे। उनको लेकर तमाम चुटकुले मशहूर हैं। सत्ता और कुर्सी को वह कंधे पर रखे तौलिए की तरह मानते थे। वह 1954 से 1963 तक नौ साल तमिलनाडु (तब मद्रास) के मुख्यमंत्री रहे। इस दौरान उन्होंने हर गाँव में एक प्राइमरी स्कूल, हर पंचायत में एक हाई स्कूल बनवाया। उन्होंने 11वीं तक के बच्चों के लिए मुफ़्त और अनिवार्य शिक्षा शुरू की। लेकिन उनका सबसे क्रांतिकारी क़दम था स्कूल में ग़रीब बच्चों के लिए मिड डे मील योजना शुरू

करना। उस वक़्त दुनिया में यह अपनी तरह का पहला क़दम था।"

साठ के दशक में नेहरू ने उन्हें भारतीय राजनीति के किंगमेकर की भूमिका सौंप दी। 2 अक्टूबर 1963 को मुख्यमंत्री के पद से इस्तीफ़ा देने के बाद उन्होंने सभी वरिष्ठ कॉन्ग्रेसी नेताओं के इस्तीफ़े का प्रस्ताव पेश किया। वह आज़ादी की लड़ाई में हिस्सा लेने वाली पार्टी के नैतिक ह्रास पर बहस के लिए तैयार थे। उनके मुताबिक़ इस्तीफ़ा देकर जड़ों की ओर लौटने से ही पार्टी का उद्धार हो सकता था। नेहरू को ये काफ़ी पसंद आया और उन्होंने इसे 'कामराज प्लान' के तौर पर प्रचारित किया।

कामराज भारी देह वाले थे लेकिन उनके राजनीतिक कौशल का कोई सानी नहीं था। कामराज घुन्ने क़िस्म के थे और उन्हें राजनीति में उपदेशात्मक आचरण से नफ़रत थी।

मुलायम सिंह बताते हैं, "ईमानदारी और सहजता उनके बर्ताव की ख़ासियत थी। पीठ पर पंडित नेहरू का वरदहस्त होने की वजह से उन्होंने लुटियन की दिल्ली में तीन मूर्ति भवन से नॉर्थ और साउथ ब्लॉक के बीच चहलक़दमी करते-करते दो-दो प्रधानमंत्रियों की ताजपोशी की कहानी लिखी। पहले लाल बहादुर शास्त्री और फिर इंदिरा गाँधी। नेहरू ने 9 अक्टूबर 1963 को उन्हें कॉन्ग्रेस का अध्यक्ष बनवाया। 'कामराज प्लान' के पहले शिकार बने लाल बहादुर शास्त्री जिन्होंने मंत्री पद से इस्तीफ़ा दिया। उसके बाद मोरारजी देसाई, बीजू पटनायक और एस.के. पाटिल ने इस्तीफ़े सौंपे। अपने व्यावहारिक क़दमों और सहज बोध से कामराज अपनी योजनाओं को अंजाम दे रहे थे और फल नेहरू खा रहे थे।"

गाँधीवादी लाल बहादुर शास्त्री थे तो कायस्थ लेकिन जाति प्रथा के विरोध के चलते उन्होंने जातिसूचक 'श्रीवास्तव' शब्द हटा दिया था। उन्होंने सर्वेंट्स ऑफ़ इंडिया सोसाइटी की आजीवन सदस्यता हासिल की और फिर गाँधी के कहने पर बिहार के मुज़फ़्फ़रपुर में हरिजनों के उत्थान के लिए काम करने लगे। बाद में वह सोसाइटी के अध्यक्ष भी बने।

मुलायम याद करते हैं, "सत्ता की राजनीति में उनका करियर उत्तर प्रदेश में गोविंद बल्लभ पंत सरकार में परिवहन मंत्री के तौर पर शुरू हुआ। उन्होंने ही बसों में महिला कंडक्टरों की तैनाती का प्रस्ताव रखा था। 27 मई 1964 को नेहरू के निधन के बाद पार्टी का नेता चुनने की ज़िम्मेदारी कामराज के कंधों पर आ पड़ी। कामराज ने इंदिरा गाँधी का नाम आगे बढ़ाया लेकिन इंदिरा ने इसे नामंज़ूर

कर शास्त्री को नेहरू का उत्तराधिकारी बनाने का प्रस्ताव रखा। शास्त्री नेहरूवादी समाजवाद के पक्के समर्थक थे।"

नेहरूवादी समाजवाद लाइसेंस या परमिट राज का गुलुकंद था। देश के हर आर्थिक फ़ैसले पर उस वक़्त के सोवियत संघ की परछाई थी। जटिल नौकरशाही और क़रीब 80 सरकारी एजेंसियाँ पर्दे के पीछे से अर्थव्यवस्था की लगाम थामे थीं। पूँजीवाद सरकार के नियंत्रण में था और कॉन्ग्रेस सरकार तय करती थी कि किसी चीज़ का कितना उत्पादन होगा। प्रगतिवादी कारोबारियों और उद्योगपतियों के लिए लाल फीताशाही एक भद्दा मज़ाक़ था।

लाइसेंस या परमिट राज शब्द ब्रिटिश राज से निकला था। चक्रवर्ती राजगोपालाचारी ने यह शब्द गढ़ा था। वह इसके तीखे आलोचक थे और राजनीतिक भ्रष्टाचार और आर्थिक ढिलाई के लिए इसे ही ज़िम्मेदार मानते थे। इन नीतियों के विरोध के लिए उन्होंने स्वतंत्र पार्टी बनाई। अपने अख़बार स्वराज्य में उन्होंने लिखा: मैं चाहता हूँ कि परमिट/लाइसेंस राज का भ्रष्टाचार ख़त्म हो। मैं चाहता हूँ कि क़ानून और नीतियों को अमल के लिए जो अफ़सर तैनात हो वे सत्ताधारी पार्टी के नेताओं के दबावों से मुक्त हों और धीरे-धीरे बेख़ौफ़ ईमानदारी के उस स्तर पर पहुँचें जहाँ वह पहले थे। मैं सभी के लिए समान अवसर चाहता हूँ ना कि परमिट/ लाइसेंस राज की मदद से किसी एक का ही अधिकार।

ग़ुस्से, क्षोभ और चिंता के समुंदर में वह वक़्त भी आया जब भारतीय संसद अपनी आत्मा तलाशती दिखी। आज़ादी के 15 साल बाद लोहिया संसद के गलियारे में चहलक़दमी कर रहे थे। संसद में उनकी मौजूदगी से पहले ये इमारत नेहरू के क़िले जैसी थी जिसमें कमज़ोर और भूख से बेहाल लोगों के बारे में होने वाली बहसें संसद के बाहर मौजूद आँसू भरे चेहरों से मेल नहीं खाती थीं। लोहिया ने संसद को एक 'मज़ाक़ और कर्तव्य की बेपरवाह खानापूर्ति करने वाली जगह क़रार दिया था जहाँ सत्तापक्ष और बाक़ी सदस्य जानवरों की तरह जुगाली करते हैं।' उन्होंने कहा था, "संसद एक अत्यधिक ख़तरनाक हथियार है, एक टैंक या एक लड़ाकू जहाज़ से 14 गुना ज़्यादा ताक़तवर।"

जिस समय दिल्ली में 6 जून 1963 को समाजवादी सोच के अलग-अलग धड़े संयुक्त मोर्चा बना रहे थे उस समय लोहिया अमेरिका में देश के पहले प्रधानमंत्री नेहरू की पूँजीवादी समर्थक नीतियों की कमियाँ गिनाकर उनके आभामंडल की चमक फीकी कर रहे थे। भारतीय राजनीति में कामराज काल के नाम से मशहूर

नेहरू की चलाचली की बेला और शास्त्री के कार्यकाल में प्रजा सोशलिस्ट पार्टी और सोशलिस्ट पार्टी का विलय हो गया। नई पार्टी का नाम संयुक्त सोशलिस्ट पार्टी (एसएसपी) रखा गया। 4 जुलाई को जालंधर में एक रैली में लोहिया ने अपने ख़ास अंदाज़ में हमले शुरू कर दिए। वह गरजे, "एसएसपी का मक़सद सिर्फ़ कॉन्ग्रेसी नेताओं को हराना या सत्ता से कॉन्ग्रेस को बेदख़ल करना नहीं बल्कि कॉन्ग्रेस को नेस्तनाबूद कर देना है। ऐसा किए बिना समाजवाद या क्रांतिकारी बदलाव संभव नहीं है। कॉन्ग्रेस को हराने के लिए ज़रूरी है कि सभी विपक्षी दल हाथ मिला लें और कॉन्ग्रेस के ख़िलाफ़ सिर्फ़ एक ही उम्मीदवार खड़ा करें।"

मुलायम आज भी देश भर के किसानों और ग़रीबों की दुर्दशा भूले नहीं हैं–बढ़ती महँगाई से ग़रीब पिस रहा था और जमाख़ोर मोटे हो रहे थे। ज़रूरी चीज़ों की क़िल्लत और भूख से मौत की ख़बरें हर रोज़ मुँह का स्वाद कसैला कर रही थीं। लोहिया ने गेहूँ आठ आना प्रति सेर बेचने की बात कही। किसान को हर रोज़ सिर्फ़ तीन आने मिलते थे जबकि नेहरू अपने प्रिय कुत्ते पर तीन रुपये ख़र्च करते थे। लोकसभा में पीएसपी और सोशलिस्ट पार्टी के सदस्यों में एका न होने से लोहिया का मोहभंग हो गया था। लेकिन उनकी और हम लोगों की सबसे बड़ी चिंता केरल में पीएसपी और कम्युनिस्ट पार्टी और पूना नगर निगम चुनाव में हिंदू महासभा से समझैता थी। इसी खींचतान के बीच फूलपुर सीट पर चुनावी हार एक बड़ा झटका था। युवा जनेश्वर मिश्र चुनाव में खड़े थे। वह उस वक़्त जेल में थे। मुक़ाबले को रोचक बनाने के लिए विजयलक्ष्मी पंडित ने उन्हें रिहा करवाया। कुछ नेताओं ने हार के लिए लोहिया पर आरोप जड़े। तब मधु लिमये लोहिया के साथ खड़े हो गए।

लोहिया की जीवनगाथा, डॉ. राम मनोहर लोहियाः हिज़ लाइफ़ एंड फ़िलॉसफ़ी में इंदुमती केलकर ने लिखा है, "लोहिया विरोधी निंदा अभियान अपने चरम पर पहुँच गया था। अमेरिकी साप्ताहिक पत्रिका टाइम ने 'नेहरूज़ रिटर्न टु पॉलिटिक्स' शीर्षक से लेख छापा। इसमें लोहिया के ख़िलाफ़ तमाम बेबुनियाद आरोप लगाए गए। तमाम वाक्यों को उनके मत्थे जड़ दिया गया जो उन्होंने कभी बोले ही नहीं। कहा गया कि 'विजयलक्ष्मी पंडित के बहकावे में मत आइए, वह ख़ालिस ज़हर हैं' या फिर 'विजयलक्ष्मी पंडित ने प्लास्टिक सर्जरी कराई है' जैसी बातें उन्होंने कही है। लोहिया ने इस बारे में नोटिस भेजकर सफ़ाई माँगी और

मानहानि का मुक़दमा ठोक दिया। हर्जाने के तौर पर उन्होंने सिर्फ़ दस पैसे माँगे।"

केलकर ने आगे भी लिखा है, "लोकसभा में लोहिया की मौजूदगी एक अनोखा विरोधाभास थी। 17 अगस्त 1963 को उन्होंने कहा था– 'संसद मालिक है जबकि प्रधानमंत्री इसका नौकर है। नौकर को अपने मालिक से विनम्रता से पेश आना चाहिए।' उस वक़्त तक किसी ने भी नेहरू के ख़िलाफ़ इस तरह बोलने की हिमाक़त नहीं की थी और अपवाद के तौर पर कुछ विपक्षी नेताओं को छोड़ बाक़ी सब उनकी चापलूसी करते थे। प्रधानमंत्री नेहरू अपनी तारीफ़ सुनने और सदन के भीतर पार्टी के सदस्यों के साथ-साथ विपक्षी दलों के समर्थन के आदी थे। संसदीय प्रक्रिया के नाम पर विरोध का नाटक रचा जाता था। यह विरोध आपस में कपटपूर्ण रज़ामंदी का मुक़ाबला था। समाजवादी सदस्यों ने भी इसमें हिस्सा लेकर अपनी खिल्ली उड़वाई।"

मुलायम मुझे बताते हैं, "चीन के हाथों हार को लेकर लोहिया ने नेहरू पर सबसे तीखे हमले किए। देश की साख पर धब्बे के लिए उन्होंने नेहरू सरकार को ज़िम्मेदार ठहराया। फ़र्रूख़ाबाद के लोगों ने नेहरू के ख़िलाफ़ अपना ग़ुस्सा ज़ाहिर करने के लिए लोहिया को जिताया था। हमने लोहिया को संसद में इसीलिए भेजा कि वह नेहरू को आईना दिखा सकें।"

लोहिया के सदन की शपथ लेने के चार दिन बाद 21 अगस्त 1963 को आने वाले दिनों में संसद की तस्वीर की झलक मिल गई। लोहिया ने अपने नाटकीय अंदाज़ में जोशीले भाषण से सत्ता पक्ष में खलबली मचा दी। उन्होंने खर्राटे भर रही सरकार पर हमले के लिए प्रश्न काल, अनुपूरक प्रश्न, स्थगन प्रस्ताव, ढाई घंटे की बहस, विशेषाधिकार हनन का जमकर इस्तेमाल किया। उनसे पहले विपक्ष ने सरकार पर हमले के लिए इन अस्त्रों का इस्तेमाल ही नहीं किया था। उनके भाषण की शुरुआत पचरंगी विपक्ष की ओर से एक लाइन के अविश्वास प्रस्ताव से हुई। आचार्य जेबी कृपलानी ने एक लाइन का अविश्वास प्रस्ताव रखा:- लोकसभा को मंत्रिपरिषद में भरोसा नहीं है। चश्मा, थोड़े बाहर निकले दाँत और घुंघराले बालों वाला यह सांसद संसदीय भाषा की चाशनी में लिपटे शब्दों से सरकार पर हमले कर रहा था। उनका हर शब्द आत्मविश्वास, गुस्ताख़ी, विद्रोह और दर्द से भरी गोली की तरह था।

भाषाई अख़बारों के पन्ने लोहिया के भाषणों से भरे देखकर मुलायम रोमांच से भर जाते थे– "वह केवल नेहरू सरकार की आलोचना ही नहीं कर रहे थे।

वह गड़बड़ियों को सुधारने के सकारात्मक और बेहतर उपाय भी सुझा रहे थे। उनका हर भाषण आम आदमी की नुमाइंदगी के लिए हमारे पाठ जैसा था। दलित, शोषित, बेरोज़गार और भुखमरी के कगार पर खड़े लोगों की ऐसी दास्तान बयान की कि नेहरू का चेहरा पीला पड़ गया, उनके मंत्री आपा खोने लगे और शर्म से उनके चेहरे झुक गए। उनके भाषण का सबसे धमाकेदार हिस्सा वो था जब उन्होंने कहा कि देश की 60 फ़ीसदी आबादी 25 रुपये महीने पर गुज़र-बसर कर रही है। क़रीब 27 करोड़ लोग महज़ तीन आना प्रतिदिन की आय पर ज़िंदा है। एक खेतिहर मज़दूर एक दिन में केवल 12 आने कमाता है जबकि एक शिक्षक सिर्फ़ दो रुपये। लोहिया ने नेहरू के शाही रहन-सहन का हवाला देते हुए कहा कि उनका रोज़ का ख़र्च 25 हज़ार रुपये है। देश की बर्बादी के लिए उन्होंने क़रीब 50 लाख अमीरों को ज़िम्मेदार ठहराया। 1916 में महात्मा गाँधी ने भी वॉयसराय के शाही रहन-सहन को लेकर इसी तरह की आवाज़ उठाई थी।"

अध्याय 8

समाजवाद की राह

एक आदर्श और संपूर्ण जीवन के लिए कितने लोगों को मारना ज़रूरी है?

"किसी को नहीं।" समाजवादी का जवाब था। "मैं अपने हित के लिए किसी की भी जान लेने को सही नहीं ठहरा सकता।"

"जितनों को मारना ज़रूरी हो।" कम्युनिस्ट (साम्यवादी) का जवाब था, "ये बड़ी आबादी के लिए हितकारी होगा।"

और एक पूँजीवादी का जवाब था, "सभी को क्योंकि ज़िंदगी तब तक संपूर्ण नहीं होगी जब तक सब कुछ मेरे क़ब्ज़े में न हो।"

समाजवाद शब्द गढ़ने (व्युत्पत्ति) के लिए कई नाम सामने आते हैं। फ्रांस में पियरे लेरोज़, मैरी रोशलुई रेबॉड को इस शब्द को गढ़ने के लिए ज़िम्मेदार माना जाता है। उधर इंग्लैंड में सहकारिता आंदोलन के जनक माने जाने वाले रॉबर्ट ओवेन को इस शब्द को जन्म देने के लिए ज़िम्मेदार माना जाता है। 19वीं शती के शुरुआती सालों में पश्चिमी यूरोप के सामाजिक आलोचकों को पहला आधुनिक समाजवादी माना जाता है। रॉबर्ट ओवेन, चार्ल्स फॉरिये, पियरे जोसेफ़ प्रूधों, लुईब्लां और सेंट साइमन जैसे विचारक औद्योगिक क्रांति के बाद बढ़ती असमानता और ग़रीबी के कटु आलोचक थे।

फ्रांसीसी क्रांतिकारी फ्रांस्वा नोएल बेबॉफ को पहला समाजवादी माना जाता है क्योंकि उन्होंने ही सबसे पहले निजी संपत्ति का विचार ख़त्म कर समानता स्थापित करने की बात कही थी। औद्योगिक क्रांति ने किसानी के औज़ारों की जगह मशीनों को तरजीह दी। दुनिया भर में फ़ैक्ट्रियाँ खड़ी होने लगीं और रेल लाइनें बिछने लगीं और इनके मालिकों की जेबें भरने लगीं। एक ओर मालिक अमीर हो रहे थे तो दूसरी ओर मशीनों की वजह से रोज़गार घट रहे थे और मज़दूरों की हालत बद से बदतर होती जा रही थी। लोगों का मानना था कि आय

की ये असंगति और बढ़ेगी, अमीर और अमीर होता जाएगा, ग़रीब और ग़रीब। इस डर से मज़दूर वर्ग में नाराज़गी बढ़ने लगी। काम करने की ख़राब परिस्थितियों और ग़ुलामी के चलते समाज में समानता के विचार को बल मिलने लगा और मज़दूर वर्ग में समाजवादी विचारधारा लोकप्रिय होने लगी। यूरोप और अमेरिका में ब्रुक फ़ार्म और न्यूहार्मनी जैसे कम्यून बनने लगे।

टॉमस मूर ने 'यूटोपिया' शब्द 1515 में इसी नाम की अपनी किताब में गढ़ा लेकिन ऐसे समाज की बात सदियों पहले 360 ई. पू. में प्लेटो ने अपनी किताब 'रिपब्लिक' में भी की थी। 1627 में फ्रांसिस बेकन ने 'न्यू अटलांटिस' में वैज्ञानिक आधार पर अनुसंधान संस्थान जैसे समाज की अवधारणा की थी जिसके निवासी विज्ञान का अध्ययन कर सुव्यवस्थित और सुसंगत समाज की स्थापना के लिए अपने ज्ञान का इस्तेमाल करें।

कार्ल मार्क्स और फ्रेडरिक एंगल्स ने 1848 की यूरोप की क्रांतियों से ठीक पहले कम्युनिस्ट मेनिफ़ेस्टो की रचना की और इसे वैज्ञानिक समाजवाद का नाम दिया। फ्रेडरिक एंगल्स के मुताबिक़ 1847 तक यूरोप में समाजवादी सोच का सम्मान होने लगा था जबकि कम्युनिज़्म के साथ ऐसा नहीं था। इंग्लैंड में रॉबर्ट ओवेन और फ्रांस में चार्ल्स फॉरिये के समर्थक समाजवादी माने जाते थे जबकि मज़दूर वर्ग के आंदोलनों के ज़रिये समाज में ज़रूरी बदलाव को अनिवार्य मानने वाले कम्युनिस्ट कहलाते थे।

छोटे-छोटे कम्यूनों की मदद से समाजवादी विचारधारा फैल तो रही थी लेकिन ये तब तक एक विचाराधारा ही बनी रही जब तक कि सोवियत संघ के तानाशाह व्लादिमीर इलियिच लेनिन ने इसे परखना नहीं शुरू कर दिया। वो ख़ुद कम्युनिस्ट थे यानी समाजवाद की उस विचारधारा के समर्थक जो आदर्श समाज की स्थापना के लिए उच्च वर्ग और सरकार को हिंसक क्रांति की मदद से उखाड़ फेंकने की बात करती थी। लेकिन 1917 में सत्ता हथियाने के बाद लेनिन ने सोवियत संघ में कई समाजवादी विचारों के अमली जामा पहनाना शुरू कर दिया। इनमें उद्योगों का राष्ट्रीयकरण और सामूहिक खेती शामिल थी। लेनिन की योजनाएँ लाभकारी नहीं थीं और अंततः वह मिश्रित अर्थव्यवस्था की राह पर चल पड़े।

प्रथम विश्व युद्ध के बाद यूरोप में लोकतांत्रिक समाजवाद की बाढ़-सी आ गई। जर्मनी, स्वीडन, नीदरलैंड, बेल्जियम और ग्रेट ब्रिटेन की सरकारों में समाजवादी पार्टियाँ काफ़ी सक्रिय हो गईं। अफ्रीका, लैटिन अमेरिका और एशिया

में भी अवाम में इस विचारधारा को जगह मिलने लगी।

आधी रात को मिली आज़ादी के बाद से भारत में राजनीति का रास्ता बहकावे, लालच और प्रलोभन से लेकर दमनकारी ताक़तों के बीच का ही रहा है। आज़ादी और बेहतर ज़िंदगी के बड़े-बड़े वादों और ख़्वाबों का ये दोहरापन वैसा ही था जैसा पत्नी और रखैल से रिश्ता बनाए रखने में होता है। अपनी राजनीति में नेहरू सौ साल पुरानी स्कॉच की तरह थे लेकिन हैरो स्कूल के छात्र रहे नेहरू यौन संबंधों के मामले में पूरी तरह से मिल्स एडं बून के उपन्यासों के चरित्र की तरह थे।

दूसरी ओर मुलायम सिंह यादव खाँटी राजनीति में फ़ेमस ग्राउज़ (मशहूर स्कॉच) की तरह रहे जो ख़ास तरह की लकड़ी के ड्रमों में मशहूर स्कॉच-व्हिस्कियों को मिलाकर बनती है। उसी तरह मुलायम ने भी राजनीति के पाठ सैफ़ई के खेतों और बग़ीचों में ज़मीनी स्तर पर पढ़े।

क्या भारत की राजनीति में ऊपर आने के लिए समाजवाद एक आसान सीढ़ी था? नेहरूवादी समाजवाद ने बाक़ी बड़े समाजवादियों को हाशिये पर कर दिया था और इनकी वापसी आसान नहीं थी। स्वच्छंद नेहरू के राज में सिर्फ़ लोहिया और किसानों के गुटों से ही विरोध के सुर सुनाई देते थे। लेकिन 'समाजवाद' शब्द संविधान की प्रस्तावना का हिस्सा न तो नेहरू के काल में बना और न ही लोहिया के जीवन काल में। एक ही विचारधारा को दो अलग नज़रिये से देखने वाले इन दोनों नेताओं के निधन के क़रीब एक दशक बाद 42वें संविधान संशोधन के ज़रिये 'समाजवाद' शब्द को संविधान की प्रस्तावना में जगह मिली। लेकिन ये वो वक़्त था जिसे भारतीय लोकतंत्र के इतिहास में काला धब्बा माना जाता है यानी इमरजेंसी। इस समय तक देश के कॉलेजों में सामाजिक और आर्थिक समानता को बढ़ावा देने वाली समाजवादी विचारधारा की पढ़ाई होने लगी थी और मुलायम सिंह यादव समाजवादी के तौर पर अपनी पहचान बना चुके थे।

सैफ़ई के इस सोशलिस्ट ने सामाजिक समानता जैसे समाजवाद के पाठ अपने गाँव की मिट्टी में ही सीखे। इसमें जाति, रंग, नस्ल, लिंग, धर्म या भाषा के आधार पर कोई भेदभाव नहीं था। सामाजिक समानता में सब बराबर हैं और सबके लिए एक समान अवसर होते हैं। मुलायम के लिए ये बात ज़्यादा ही मायने रखती थी क्योंकि सैफ़ई में वह अपने माता-पिता और बड़े लोगों के विरोध के बावजूद दलित दोस्त के साथ खाना खाते थे। इसके लिए उन्हें लोगों की नाराज़गी भी झेलनी पड़ती थी। उनके पिता ऐसी हरकतों के लिए उन्हें डाँट भी लगाते थे।

दलित के साथ बैठकर खाने का उन्हें कोई अफ़सोस नहीं है बल्कि छोटी उम्र के ये क़िस्से याद कर आज भी उनका सीना गर्व से चौड़ा हो जाता है।

उन्होंने मुट्ठी हवा में तानकर ऐलान किया था, "मैं धर्म और रंग के आधार पर दलित और ब्राह्मण में, धर्म के आधार पर हिंदू और मुसलमान में, नस्ल और भाषा के आधार पर तमिल और बिहारी में, लिंग के आधार पर महिला और पुरुष या लड़के लड़की में कोई भेद नहीं करूँगा।" सामाजिक परंपराओं से बँधकर चलने वाले बुज़ुर्गों के सोच को चुनौती देने की हिम्मत की वजह उनका ख़ुद में भरोसा होना था। कल का ये बालक अब बड़ा हो गया था।

मुलायम के भीतर बसे समाजवादी ने समाज की कलई के दरकने को भाँप लिया था। वह हवा का रुख़ भाँपने में माहिर थे। उनके लिए आर्थिक और सामाजिक समानता, दोनों ही अहम थीं। सामाजिक समानता के लिए आर्थिक समानता ज़रूरी है इसलिए वह हमेशा ही इस बात के पक्षधर रहे कि सरकार को कोशिश करनी चाहिए कि संसाधनों का बराबरी से बँटवारा हो ताकि एक ग्रामीण या शहरी मज़दूर सम्मान की ज़िंदगी जी सके।

मुलायम सिंह का हमेशा से ही ज़ोर रहा है समाजवाद के लिए, "हमें समाजवादी अर्थव्यवस्था स्थापित करने की कोशिश करनी चाहिए। समाजवाद एक आर्थिक और राजनीतिक विचारधारा है। ये उत्पादन के साधनों और संसाधानों के सहकारी प्रबंधन और सार्वजनिक हक़ पर आधारित है। समाजवादी आर्थिक प्रणाली में उत्पादक संघों के ज़रिये योजनागत निवेश, अतिरिक्त उत्पाद के उचित वितरण और साधनों का बेहतर इस्तेमाल कर ज़रूरत की चीज़ों का उत्पादन किया जाता है न कि मुनाफ़ा कमाने वाली चीज़ों का।"

मुलायम जनता और अपने कार्यकर्ताओं को ये भी बताते हैं कि प्राचीन काल में रोमन साम्राज्य का आर्थिक ढाँचा समाजवादी था। वो गाँव वालों और सांसदों से सवाल करते हैं कि ऐसा भारत में क्यों नहीं हो सकता? उनके मुताबिक़ रोमन साम्राज्य में उत्पादन स्वतंत्र था लेकिन ये सम्राट की योजनाओं के अनुरूप होता था। अहम उद्योगों जैसे खेती, राजगीरी, धातु उद्योग, लकड़ी उद्योग, चर्म उद्योग और क़साई के लिए लाइसेंस मिलते थे और इनके उत्पादों पर सरकार का स्वामित्व होता था और नागरिकों में इन चीज़ों का बँटवारा सरकार ही करती थी।

रोमन साम्राज्य के पतन के बाद विकसित बाज़ार आधारित अर्थव्यवस्था ने सामंतवाद को जन्म दिया। हालाँकि अमेरिका में इसका काफ़ी सफलतापूर्वक

इस्तेमाल हुआ लेकिन अब अमेरिकी भी दर्द महसूस कर रहे हैं और 'अकुपाई वॉलस्ट्रीट' जैसी मुहिम ज़ोर पकड़ रही है। अमेरिकियों के दिलों में समाजवाद का नारा बुलंद हो रहा है और उनको भरोसा है कि समाजवाद से उनका भला ही होगा।

बाज़ार पर आधारित अमेरिका की अर्थव्यवस्था की ख़ामियों पर लेखक क्रिस हेजेस ने 'मैं समाजवादी क्यों हूँ?' (व्हॉय आई एम अ सोशलिस्ट) शीर्षक से एक पर्चा बाँटा। इसमें उन्होंने अमेरिकी समाज के बारे में लिखा जो हमेशा से ही लाल झंडे के सत्ता में आने से ख़ौफ़ खाता रहा है।

'जो कॉरपोरेट ताक़तें लूट मचा रही हैं और जिनकी वजह से मंदी छा गई है उन पर ये दो राजनीतिक दल नकेल नहीं कसेंगे। डेमोक्रेटिक और रिपब्लिकन पार्टियाँ सुविधाभोगी और अमीरों के क्लब जैसी, पैसे और कॉरपोरेट हितों पर नाचने वाली, शस्त्र उद्योग की बंधक बन गई हैं जो ख़ुद को अँधेरे और धोखे में रख रही हैं और इन्हें सच और झूठ का फ़र्क़ नहीं पता। इस घालमेल से बाहर निकलना तभी संभव है जब हम लोकतांत्रिक समाजवाद को बिना किसी शर्त के स्वीकार कर लें ताकि सरकार बड़े पैमाने पर राहत पहुँचाने के उपाय अपनाए, गैस और बिजली कंपनियों का राष्ट्रीयकरण हो, सरकारी स्वास्थ्य योजनाएँ शुरू हों, हेजफ़ंड ग़ैरक़ानूनी क़रार दिए जाएँ, सैन्य ख़र्च में भारी कटौती हो अन्यथा हम इसी तरह पिसते रहेंगे।'

'हमारी ज़िंदगी के हर पहलू में कॉरपोरेट की सेंध लग चुकी है। हम कॉरपोरेट भोजन करते हैं, कॉरपोर्ट कपड़े पहनते हैं, कॉरपोरेट कारें चलाते हैं, ईंधन भी कॉरपोरेट है। स्वार्थी सेना, सार्वजनिक उपयोग की चीज़ों का निजीकरण और मुनाफ़े के मक़सद वाली स्वास्थ्य सेवा, ये सब कॉरपोरेट राज की विरासत है। ये कॉरपोरेट कंपनियाँ अमेरिका या अमेरिकी मज़दूर के प्रति वफ़ादार नहीं हैं। ये किसी राष्ट्र राज्य से बँधी नहीं हैं। ये तो नरपिशाच हैं।'

ये नई सदी में संकटग्रस्त अमेरिका की तस्वीर है। क्रिस की इस नाराज़गी की झलक अटलांटिक के सैकड़ों किलोमीटर पूर्व में भारतीय समाज में भी दिखती है। मुलायम सिंह का सवाल है कि नई दिल्ली में कॉन्ग्रेसी सरकार द्वारा औपचारिक तौर पर गुटनिरपेक्षता की नीति अपनाने के बाद समाजवादी नीतियों का क्या हुआ?

मुलायम सिंह अंधाधुंध व्यावसायीकरण और उदारीकरण के घोर विरोधी रहे हैं। इन 'तथाकथित' सुधारों से होने वाले नुक़सान के बारे में मुलायम सिंह दिल्ली के नेताओं को काफ़ी पहले ही चेता चुके थे। लाल क़िले के सामने

एक ऐतिहासिक रैली में उन्होंने ऐलान किया था, "भाइयों और बहनों, गन्ने के खेतों और आम के बग़ीचों में कॉन्ग्रेस सरकार कैक्टस बो रही है। एक वक़्त ऐसा आएगा जब किसानों के देश में किसान ही ख़ुदकुशी करने लगेंगे। बड़ी कंपनियाँ ग़रीबों का ख़ून चूसेंगी और क़र्ज़ और उधार में डूबी मौत की सौग़ात देंगी। खुले बाज़ार की नीति से छोटे कारोबारी कंगाल हो जाएँगे। विदेशी सामान और कंपनियों के लिए 'इंडिया' तैयार है लेकिन 'भारत' नहीं। 'भारत' दिल और आत्मा है 'इंडिया' रूपी शरीर की।"

नब्बे के दशक में वैश्वीकरण, निजीकरण और उदारीकरण के आने के बाद से भारत में कृषि संकट के चलते लाखों किसानों ने आत्महत्या की। नरेंद्र मोदी के नेतृत्व वाली केंद्र सरकार द्वारा लाए गए किसान विरोधी कानून के चलते दिल्ली में साल 2020-21 में सबसे बड़ा किसान आंदोलन हुआ और इसमें भी हज़ारों किसानों की मौत हुई। इन सबसे मुलायम का दिल रुआँसू हो गया था।

31 अक्टूबर 1984 को इंदिरा गाँधी की हत्या के बाद से समाजवादी नीतियों के प्रति कॉन्ग्रेस पार्टी का झुकाव कम होने लगा। 21 मई 1991 को तमिलनाडु के पेरंबुदूर में मानव बम के हाथों इंदिरा गाँधी के प्रधानमंत्री-पुत्र राजीव गाँधी की हत्या के बाद ये हवा-हवाई हो गया। इस हादसे के बाद देश की कमान कॉन्ग्रेस के एक दक्षिण भारतीय नेता के हाथ में आ गई जो भाषाई प्रतिभा के धनी थे। वह स्पैनिश में भी उतने ही निपुण थे जितने संस्कृत में। लेकिन भारतीय राजनीतिक इतिहास में पीवी नरसिम्हा राव बाबरी मस्जिद के ढहाए जाने के वक़्त मूक दर्शक बने रहने के लिए ही याद किए जाएँगे। जन्म से ब्राह्मण राव भारतीय राजनीति के शातिर रहस्यमयी व्यक्ति थे। उनके होंठों पर मुस्कान नहीं तैरती थी लेकिन अल्पमत कॉन्ग्रेस सरकार बड़ी कुशलता से पाँच साल चलाई। उनकी नीतियों और विदेशी कंपनियों को मंज़ूरी दिए जाने की वजह से उन्हें आधुनिक भारत का जहाँगीर भी कहा जाता है। नरसिम्हा राव के वित्त मंत्री थे मनमोहन सिंह। इन्होंने आर्थिक उदारवाद की जो बयार चलाई उससे गुड़गाँव, बैंगलोर, हैदराबाद, दिल्ली और बंबई का चेहरा बदल गया। हर ओर 'मनमोहक शास्त्र' की चर्चा थी। अगले दो दशकों तक इसकी चकाचौंध से देश का हर युवा खिंचता चला गया लेकिन फिर अस्सी फ़ीसदी लोगों को महसूस होने लगा कि देश में अमीरों और ग़रीबों के बीच की खाई चौड़ी होती जा रही है।

मुलायम सिंह ने व्यक्तिगत योग्यता या श्रम के आधार पर मुआवज़ा दिए जाने

वाली वयवस्था की वकालत की। उनके मुताबिक़ पूँजीवादी व्यवस्था में सत्ता और पूँजी समाज के छोटे से तबक़े के पास केंद्रित रहती है और यही गुट पूँजी को नियंत्रित करता है और शोषण के ज़रिये संपत्ति जमा करता है। अपनी विशाल जनसभाओं में उन्होंने हमेशा कहा कि पूँजी और सत्ता ही समाज को बाँटते हैं और हर एक को अपनी प्रतिभा के अधिकतम इस्तेमाल के बराबर अवसर नहीं मिलते। ये तकनीक और संसाधनों का समाज के हित में पूरा इस्तेमाल नहीं करते। समाजवादी समाज जबरन मज़दूरी और वेतन के आधार पर नहीं बल्कि सत्ता में बराबरी की भागीदारी पर आधारित होता है।

मुलायम का तर्क है कि समाजवादी होना या न होना किसी अर्थव्यवस्था की सफलता की गारंटी नहीं है बल्कि सफलता इस पर निर्भर करती है कि जिन लोगों के हाथ में ताक़त है, चाहे वो सत्ता में हों या निजी कंपनियों के मालिक, क्या फ़ैसले लेते हैं।

ऐसे नेताओं और नीतियाँ बनाने वालों की कमी नहीं है जिन्होंने मार्क्स या एंगल्स को छुआ तक नहीं है। मुझे शक है कि ज़्यादातर कम्युनिस्ट दोस्तों ने कम्युनिट मेनिफ़ेस्टों के अलावा भी कुछ पढ़ा है। ये वो लोग हैं जो समाजवादी विचारधारा को असफल बताते हैं। मेरा उनसे सवाल है कि उन्हें कैसे मालूम? "सोवियत संघ और चीन भले ही डरावनी तस्वीरें पेश करते हों, गुलाग और थ्यान आन मेन चौक हक़ीक़त है लेकिन समाजवाद कोरी नारेबाज़ी है और कम्युनिज़्म (साम्यवाद), पूँजीवाद और कॉन्ग्रेसवाद जैसी बाक़ी विचारधाराएँ ज़मीनी हक़ीक़त हैं तो मैं आँख बंद कर उस पर भरोसा नहीं करूँगा। कॉन्ग्रेसी राजनीति का चेहरा तो देखिए.... इस बात से कौन इनकार करेगा कि देश की सबसे पुरानी पार्टी भी अधिनायकवादी इच्छाओं से अछूती नहीं रही है। हमारी राजनीति पर इसने कई धब्बे लगाए हैं।"

जब फ़ासीवादी ताक़तों की भ्रष्ट राजनीति का मुक़ाबला करने के लिए समाजवादियों ने हल्लाबोल शुरू किया तो इन्हें 'अराजक समाजवादी' जैसा नकारात्मक तमग़ा दिया गया। ऐसा क्यों? ऐसे तमाम मौक़े आए जब कॉन्ग्रेस और बीजेपी जैसी दो बड़ी पार्टियों ने किसी को बेइज़्ज़त करने के लिए उसे मीडिया में या सार्वजनिक तौर पर समाजवादी क़रार दिया। हमारे देश में समाजवाद कभी आज़माया ही नहीं गया। मैंने इसे उत्तर प्रदेश में अमली जामा पहनाया और कुछ हद तक सफल भी रहा लेकिन षड्यंत्रकारियों ने समाजवादियों को सत्ता से

बेदख़ल कर दिया। समाजवाद बुरा नहीं बल्कि पवित्र व्यवस्था है। हमारे गाँवों में काफ़ी हद तक समाजवादी व्यवस्था है। ऐसे में ये चकाचौंध भरे औद्योगिक शहरों में क्यों नहीं सफल हो सकता?

1914 में प्रथम विश्व युद्ध शुरू होने के साथ ही यूरोपीय समाजवादी विचारधारा में संकट पैदा होने लगे। जर्मनी, फ्रांस, बेल्जियम और ब्रिटेन की समाजवादी पार्टियों ने अपने देश की सरकारों की युद्ध की मंशा का समर्थन किया। हालाँकि ब्रिटेन में रैम्से मैक्डोनाल्ड और जर्मनी में कार्ल लीबनेख्त शुरू से ही युद्ध के ख़िलाफ़ थे। स्विट्ज़रलैंड में निर्वासन झेल रहे लेनिन ने युद्ध रोकने और समाजवाद को पाने के लिए सभी युद्ध करने वाले देशों में क्रांति का आह्वान किया। युद्ध का विरोध कर रहे कुछ मार्क्सवादियों के साथ लेनिन, लियोन ट्रॉट्स्की, कार्ल लीबनेख्त और रोज़ा लक्ज़मबर्ग ने सितंबर 1915 में ज़िमरवाल्ड कॉन्फ्रेंस का आयोजन किया। इस कॉन्फ्रेंस के साथ ही क्रांतिकारी समाजवादियों और सोशल डेमोक्रेट्स के अविश्वासपूर्ण गठबंधन के दरकने की शुरुआत हो गई और 1917 तक कई समाजवादी पार्टियाँ दो-फाड़ हो गईं। इनमें सबसे अहम जर्मनी की सोशल डेमोक्रेट पार्टी थी।

1917 में क्रांति के बाद रूस ने प्रथम विश्व युद्ध से किनारा कर लिया। रूसी क्रांति की ये पहली माँग थी और सोवियत सरकार ने तुरंत शांति की बात शुरू कर दी। लेकिन इसके बाद जर्मनी और उसके साथी देशों ने उस नये सोवियत संघ पर हमला बोल दिया जिसमें रोमानोव के कार्यकाल वाले कर्जों को दरकिनार कर बैंकों और बड़े उद्योगों का राष्ट्रीयकरण कर दिया गया था। रूस दुनिया का पहला ऐसा देश बना जहाँ सत्ता पर समाजवादियों ने क़ब्ज़ा किया और समाजवादी लेनिन और ट्रॉट्स्की की नीतियों, रणनीतियों और विचारों का समर्थन करने लगे।

भारत में समाजवादी आंदोलन ने लेनिन और उनके कॉमरेडों की सफलता के बाद ज़मीन पकड़नी शुरू की। रूसी क्रांति ने विचारधारा और उसके अमल के प्रति जागरूकता पैदा की। माना जाता है कि 1871 में कलकत्ता में एक गुट ने कार्ल मार्क्स से संपर्क किया। ये लोग फ़र्स्ट इंटरनेशनल का भारतीय अध्याय शुरू करना चाहते थे। लेकिन ये मुहिम रंग नहीं ला सकी। मार्च 1912 में प्रकाशित मॉडर्न रिव्यू पहला ऐसा भारतीय प्रकाशन था जिसमें मार्क्स और एंगल्स के नाम छपे। जर्मनी में रहने वाले क्रांतिकारी समाजवादी लाला हरदयाल ने मार्क्स की संक्षिप्त जीवनी लिखी जिसका शीर्षक था- कार्ल मार्क्स- आधुनिक

साधु। कुछ वर्षों बाद 1914 में आर रामकृष्ण पिल्लई ने कार्ल मार्क्स की जीवनी प्रकाशित की। ब्रिटिश काल में मीडिया में मार्क्सवाद का बोलबाला हो गया ख़ासकर रूसी क्रांति के दौरान। ख़ुद फ़ैसले करने की बोल्शेविक नीति नई दिल्ली के औपनिवेशिक माहौल को नई रौशनी दिखा रही थी। मॉस्को में लेनिन की सफलता को लेकर बिपिन चंद्र पाल और बाल गंगाधर तिलक काफ़ी मुखर थे। अब्दुल सत्तार खैरी और अब्दुल जब्बार खैरी ने मॉस्को की यात्रा की और लेनिन से मुलाक़ात भी की। रूसी क्रांति ने उत्तरी अमेरिका में गदर पार्टी के सदस्यों जैसे प्रवासी भारतीय क्रांतिकारियों पर भी छाप छोड़ी।

ख़िलाफ़त आंदोलन ने भारत में शुरुआती साम्यवाद (कम्युनिज़्म) के बीज बोए। ख़लीफ़ा की हिफ़ाज़त के लिए बड़ी तादाद में मुसलमानों ने भारत छोड़ा। इनमें से कई सोवियत इलाक़ों में पहुँचने पर कम्युनिस्ट बन गए। सोवियत इलाक़ों की यात्रा करने के लिए कई हिंदू भी मुस्लिम मुहाजिरों के साथ हो लिए।

भारतीयों में बोल्शेविकों के प्रति बढ़ती सहानुभूति से ब्रिटिश शासक चिंतित थे। मुस्लिम उलेमाओं ने ख़ुदाविहीन साम्यवाद को ख़ारिज करने के लिए फ़तवे जारी कर दिए। देश के अवाम पर पड़ने वाले साम्यवादी प्रभाव पर नज़र रखने के लिए गृह मंत्रालय के अधीन एक विशेष शाखा बनाई गई और विदेशों से भारत में आने वाला मार्क्सवादी साहित्य भी जाँच के दौर से गुज़रने लगा। शायद यही वजह है कि देश में मार्क्सवाद विरोधी साहित्य भी ख़ूब तेज़ी से पला बढ़ा। दूसरी ओर प्रथम विश्व युद्ध के दौरान देश का तेज़ी से औद्योगीकरण भी हो रहा था। इसने औद्योगिक मज़दूर वर्ग को जन्म दिया। युद्ध अपने चरम पर था और ज़रूरी वस्तुओं के दाम भी आसमान छू रहे थे। इन्हीं परिस्थितियों में मज़दूर आंदोलनों की नींव पड़ी। देश के शहरी इलाक़ों में मज़दूर संघ बनने लगे और हड़तालों का आयोजन होने लगा। 1920 में अखिल भारतीय मज़दूर कॉन्ग्रेस की स्थापना हुई।

बंबई में एसए डांगे नाम के एक भारतीय रूसी क्रांति से बहुत प्रभावित थे। 1921 में गाँधी बनाम लेनिन शीर्षक से लेख लिखकर उन्होंने लोगों को चौंका दिया। इसमें दोनों नेताओं के काम करने के तरीक़ों की तुलना थी और लेनिन के तौर तरीक़ों के सही ठहराया गया था। उन्होंने स्थानीय मिल मालिक रणछोड़ दास भावनलोटवाला के साथ मिलकर मार्क्सवादी साहित्य रखने वाली लाइब्रेरी भी बनाई। एक साल बाद डांगे और लोटवाला ने सोशलिस्ट नाम का अँग्रेज़ी साप्ताहिक शुरू किया। ये शायद पहली भारतीय मार्क्सवादी पत्रिका थी।

1920 में कम्युनिस्ट इंटरनेशनल की दूसरी कॉन्ग्रेस में औपनिवेशिक देशों में मज़दूरों, किसानों और राष्ट्रवादी बुर्जुआ वर्ग का संयुक्त मोर्चा बनाने की वकालत की गई। लेनिन ने 21 बिंदुओं वाला ड्राफ़्ट तैयार किया था जिसके 11वें बिंदु में कहा गया था कि साम्यवादी पार्टियाँ सभी उपनिवेशों में आज़ादी के बुर्जुआ लोकतांत्रिक आंदोलनों की मदद करेंगी। हालाँकि कुछ प्रतिनिधियों ने बुर्जुआ को जोड़े जाने का विरोध किया। ये लोग केवल साम्यवादी आंदोलनों की मदद करने के समर्थक थे। इस कॉन्ग्रेस में मेक्सिको की कम्युनिस्ट पार्टी के सदस्य के तौर पर हिस्सा ले रहे भारतीय क्रांतिकारी एमएन रॉय ने भी इस नीति की आलोचना की। कॉन्ग्रेस ख़त्म होते-होते बुर्जुआ लोकतंत्र शब्द हटा लिया गया।

दूसरी कॉन्ग्रेस के कुछ ही समय बाद ताशकंद में 17 अक्टूबर 1920 को भारतीय कम्युनिस्ट पार्टी की स्थापना हुई। एमएन रॉय, उनकी पत्नी एवलिना रॉय, अबनी मुखर्जी, अबनी की पत्नी रोज़ा फिटिंगो, मोहम्मद अली, मेहम्मद शफ़ीक सिद्दीक़ी और एम पी बीटी आचार्य इसके संस्थापक सदस्य रहे। बंगाल में मुज़फ़्फ़र अहमद, बंबई में एसए डांगे, मद्रास में एस शेट्टियार, संयुक्त प्रांत में शौक़त उस्मानी और पंजाब में ग़ुलाम हुसैन की अगुवाई में छोटे-छोटे कम्युनिस्ट गुट सिर उठाने लगे। लेकिन शौक़त उस्मानी के अलावा किसी और ने कम्युनिस्ट पार्टी की सदस्यता नहीं ग्रहण की।

सिंगारवेलु शेट्टियार ने एक मई 1923 को मद्रास में लेबर किसान पार्टी ऑफ़ हिंदुस्तान (एलकेपीएच) बनाने का ऐलान किया। एक मई को देश भर में मज़दूर दिवस मनाने का श्रेय इसी पार्टी को है। इसी मौक़े पर पहली बार लाल झंडा भी फहराया गया। 25 दिसंबर 1925 को कानपुर में कम्युनिस्ट कॉन्फ्रेंस का आयोजन किया गया। सत्यभक्त के आह्वान पर इसमें क़रीब 500 लोग जुटे जो कम्युनिस्ट इंटरनेशनल की अधीनता से अलग राष्ट्रीय साम्यवाद पर ज़ोर दे रहे थे। लेकिन उनकी आवाज़ नक़्क़ारख़ाने में तूती की आवाज़ साबित हुई और उन्होंने विरोध स्वरूप कॉन्फ्रेंस का बहिष्कार किया। इसी कॉन्फ्रेंस में एलकेपीएच जैसे कई छोटे गुटों का कम्युनिस्ट पार्टी ऑफ़ इंडिया में विलय हुआ।

आज़ादी के बाद के दशकों में केरल, पश्चिम बंगाल और त्रिपुरा भारतीय कम्युनिस्टों के गढ़ बने। ईएमएस नंबूदिरीपाद, एके गोपालन, सुंदरैय्या, नृपेन चक्रवर्ती, बीटी रणदिवे, हरकिशन सिंह सुरजीत, ज्योति बसु, एबी बर्धन और अतुल कुमार अंजान कम्युनिस्ट आंदोलन की पहचान बने। मुलायम सिंह के

मुताबिक़ सादा जीवन उच्च विचार को पूरी तरह अपने में समावेश कर कम्युनिस्ट एक नज़ीर पेश करते हैं।

1931 में कॉन्ग्रेस के कराची अधिवेशन में विकास के लिए समाजवादी ढाँचे की वकालत की गई। इसे पार्टी के लक्ष्य के तौर पर प्रदर्शित किया गया। 24 साल बाद 1955 में अवध में हुए पार्टी के अधिवेशन में पारित प्रस्ताव में इसे दोहराया गया। 1956 में नेहरू की कैबिनेट ने विकास के लिए समाजवादी प्रणाली को अपनाने का प्रस्ताव संसद में रखा जिसमें भूमि सुधारों और उद्योगों के नियंत्रित करने का बात कही गई थी। लेकिन संविधान की प्रस्तावना में 'समाजवाद' 42वें संविधान संशोधन के ज़रिये 1976 में इमरजेंसी के दौरान जोड़ा गया।

मुलायम इस टालमटोल और विडंबना की खिल्ली उड़ाते हैं कि 'समाजवाद' को संविधान में जगह इमरजेंसी में मिली– 'इंदिरा गाँधी को एहसास हो गया था कि सत्ता उनके हाथ से फिसल रही है इसीलिए वो 42वाँ संविधान संशोधन लाईं लेकिन उनकी मंशा आर्थिक या सामाजिक समानता स्थापित करना नहीं थी।'

इस संदर्भ में सामाजिक समानता का अर्थ है जाति, रंग, नस्ल, लिंग या धर्म और भाषा के आधार पर भेदभाव न हो। इसमें सभी बराबर हैं और सबको बराबर मौक़े मिलें चाहे कोई ब्राह्मण हो या दलित। आर्थिक समानता के माने है कि सरकार इस बात की कोशिश करेगी कि धन का समान बँटवारा हो और हर नागरिक सम्मानजनक जीवन व्यतीत कर सके।

साम्यवादियों ने भारत के स्वाधीनता आंदोलन में सक्रिया भूमिका निभाई और भारतीय राजनीतिक कैनवस पर भी उनकी अहम भूमिका रही है लेकिन वो तमाम पार्टियों की भीड़ में बिखरे हुए हैं।

मुलायम सिंह ने मुझसे कहा, "सुभाष चंद्र बोस बड़े समाजवादी थी। समाजवादी तो नेहरू भी थे लेकिन कॉन्ग्रेस में उनके उत्तराधिकारी समाजवादी नहीं हैं। ये लोग पूँजीवादी लोकतंत्र के पुजारी हैं।"

अगर 19वीं सदी के आख़िरी दशकों और 20वीं सदी की शुरुआती सालों की दुनिया पर नज़र डालें तो अमेरिकी समाज में संपत्ति का असमान वितरण बढ़ता जा रहा था। सामाजिक परिस्थितियों के गिरते स्तर पूँजीवादियों की जड़ें खोदने में लगे थे। पूँजीवाद से मोहभंग के चलते 1874 में कुछ समाजवादियों ने वर्किंग मेन्स पार्टी की स्थापना की जिसे बाद में सोशलिस्ट लेबर पार्टी का नाम दिया गया। इस गुट ने सामाजिक कुरीतियों, मज़दूरों से जुड़े मुद्दों और समानता की

आवाज़ उठाई। 1901 में सोशलिस्ट लेबर पार्टी का सोशल डेमोक्रेटिक पार्टी में विलय हो गया और इसे सोशलिस्ट पार्टी ऑफ़ अमेरिका का नाम दिया गया। 1912 तक पार्टी के एक लाख से ज़्यादा से सदस्य बन चुके थे। लेकिन 1917 में एस्पियोनेज एक्ट पास होने के बाद से पार्टी के विस्तार पर रोक-सी लग गई। रूसी सरकार को सत्ता से बेदख़ल करने वाली और लाखों की जान लेने वाली ख़ूनी रूसी क्रांति के डर से ही ये क़ानून लाया गया था। इस क़ानून के तहत देशभक्ति को बढ़ावा दिया जाता था और प्रथम विश्व युद्ध में शामिल होने की मुख़ालफ़त करना ग़ैर-क़ानूनी था।

हालाँकि समाजवाद के समर्थक विवादास्पद साम्यवादी व्यवस्था से जुड़ने के ख़िलाफ़ थे और 50 के दशक में सोशलिस्ट पार्टी की सदस्यता में भारी गिरावट आई। 1950 से 1954 के मैक्कार्थी युग के दौरान समाजवाद और साम्यवाद से जुड़ने पर विराम-सा लगा रहा क्योंकि सीनेटर जोसेफ़ मैक्कार्थी संदिग्ध साम्यवादियों को निशाना बना रहे थे। मैक्कार्थी के निशाने पर आने के डर से लोगों ने सामने आना और पार्टी से अपना जुड़ाव ख़त्म कर दिया। लेकिन साम्यवादियों पर ऐसे हमलों के बावजूद अमेरिका में समाजवादियों का वजूद बना रहा और उस वक़्त के विचारकों ने उनका समर्थन भी किया।

उदाहरण के तौर पर मशहूर वैज्ञानिक और अमेरिकी एटम बम के जनक अल्बर्ट आइंस्टाइन ने 1949 में 'समाजवाद क्यों?' शीर्षक वाले लेख में बेरोज़गारी और प्रतिस्पर्धात्मक अर्थव्यवस्था की बुराइयाँ ख़त्म करने के लिए समाजवादी अर्थव्यवस्था अपनाने पर बल दिया। उन्होंने समाजावदी लक्ष्य हासिल करने के लिए शिक्षा प्रणाली पर ज़ोर दिया। साथ ही हर नागरिक के भरण पोषण के लिए योजनागत अर्थव्यवस्था की बात कही।

1945 में दुनिया की तीन बड़ी ताक़तों– अमेरिकी राष्ट्रपति फ्रैंकलिन डिलानो रूज़वेल्ट, सोवियत संघ की कम्युनिस्ट पार्टी के महासचिव जोसेफ़ स्टालिन और ब्रिटिश प्रधानमंत्री विंस्टन चर्चिल ने याल्टा कॉन्फ्रेंस में स्थायी शांति के लिए चर्चा की। अमेरिका और सोवियत संघ के मुक़ाबले ब्रिटेन की ताक़त कम चुकी थी और दुनिया एक तरह से परस्पर विरोधी आर्थिक और राजनीतिक प्रणाली वाले दो ध्रुवों में बँट गई। दूसरे विश्व युद्ध से ठीक पहले स्टालिन और हिटलर ने एक-दूसरे पर हमला न करने की संधि की। विश्व युद्ध शुरू होने के दो साल के भीतर ही यूरोप के बड़े हिस्से पर हिटलर का क़ब्ज़ा हो गया और 1942

तक मध्य यूरोप में लोकतंत्र और समाजवादी लोकतंत्र फ़ासीवाद के बूटों तले रौंदा जा रहा था। केवल ब्रिटेन, स्वीडन, स्विट्ज़रलैंड, कनाडा, ऑस्ट्रेलिया और न्यूज़ीलैंड में ही समाजवादी विचारधारा समर्थक पार्टियाँ आज़ादी से काम कर पा रही थीं। लेकिन 1941 में विश्व युद्ध में सोवियत संघ के शामिल होने के बाद से फ़ासीवाद के अंत की शुरुआत हो गई। इसके बाद वामपंथी विचारधारा को एक बार फिर बल मिला।

उधर युद्ध के बाद लोकतांत्रिक समाजवाद की सबसे बड़ी जीत ब्रिटेन में हुई जब क्लीमेंट एटली की अगुवाई में ब्रिटिश लेबर पार्टी जून 1945 में सत्ता में आई। फ्रांस, इटली, चेकोस्लोवाकिया, बेल्ज़ियम, नॉर्वे समेत कई यूरोपीय देशों में भी युद्ध के बाद बनी सरकारों में समाजवादी पार्टियों की भागीदारी बढ़ गई। हालाँकि पूर्वी यूरोप के देशों में स्टालिन के कम्युनिस्ट शासन थोपे जाने से समाजवादी पार्टियाँ ख़त्म ही हो गईं।

इंग्लैंड में समाजवाद और सहकारिता आंदोलन के जनक रॉबर्ट ओवेन भी मुलायम सिंह की ही तरह मानव पूँजी में निवेश के समर्थक थे और उनका मानना था कि दुनिया में सिर्फ़ समाजवाद ही ग़रीबी मिटा सकता है। 1771 में जन्मे ओवेन अपने माता-पिता की सात संतानों में से छठे थे। उनके पिता लुहार थे जबकि माँ एक संपन्न किसान परिवार से थीं। वह केवल दस साल के थे तभी उनकी पढ़ाई छूट गई। कुछ वक़्त कपड़े की दुकान पर काम करने बाद 1787 में वह लंदन में बस गए। उन्होंने मैनचेस्टर में एक मिल में नौकरी शुरू की और 21 साल की उम्र में वह एक मिल के मैनेजर बन गए। उन्हें मैनचेस्टर साहित्यिक और दार्शनिक सोसाइटी का सदस्य चुना गया। वह मैनचेस्टर स्वास्थ्य बोर्ड के कमेटी सदस्य भी बने जिसका गठन मिल मज़दूरों की सेहत और काम करने की परिस्थितियों में सुधार के उपाय सुझाना था।

ओवेन का मानना था कि परेशानी और दुख की सबसे बड़ी वजह मानव श्रम और मशीनों के बीच मुक़ाबला है। उनके मुताबिक़ इससे छुटकारा तभी मिल सकता है जब मानव श्रम को मशीनों के मुक़ाबले प्राथमिकता दी जाए। उनका सुझाव था कि 1200-1200 लोगों के अलग-अलग समूह बनाए जाएँ और इनके रहने के लिए 1000 से 1500 एकड़ (4-6 वर्ग किलोमीटर) जगह हो। ये सभी एक बड़ी-सी इमारत में रहेंगे जहाँ सार्वजनिक रसोई होगी। सभी परिवारों को निजी मकान दिए जाएँगे और तीन साल की उम्र के बच्चों का पालन पोषण समाज करेगा और माता-

पिता भोजन के वक़्त या बाक़ी उचित वक़्त पर अपने बच्चों से मिल सकेंगे।

ग़रीबी उन्मूलन के लिए उत्तर प्रदेश समेत पूरे भारत में मुलायम सिंह यही योजना अपनाना चाहते थे लेकिन जब भी वह सत्ता में आए उनके पास पूरे पाँच साल तक अपनी समाजवादी सरकार चलाने का बहुमत नहीं रहा। उन्होंने मुझसे कहा, "मैं तीन बार सत्ता में आया लेकिन हर बार बेबस था। हर बार अल्पमत सरकार थी। मुझसे या मेरी नीतियों से उम्मीद रखने वाले ग़रीबों या सुविधाओं से वंचित लोगों से मेरी मुलाक़ात होती तो मुझे घुटन महसूस होती थी। ये काफ़ी पीड़ादायक होता था।"

मुलायम सिंह के मुताबिक़, "जर्मनी के आधिपत्य का ज़्यादातर विरोध समाजवादियों और साम्यवादियों ने किया और युद्ध ख़त्म होने तक वाम विचारधारा वाली पार्टियाँ काफ़ी मज़बूत हो चुकी थीं।"

उत्तरी अमेरिका में पहली समाजवादी सरकार 1944 में कनाडा के सासकेशवान प्रांत में सत्ता में आई। 1905 में प्रांत के गठन के बाद से ही सत्ता पर क़ाबिज़ लिबरल पार्टी को टॉमी डगलस की कोऑपरेटिव कॉमनवेल्थ फ़ेडरेशन ने उखाड़ फेंका। डगलस और उनकी सीसीएफ़ ने लगातार पाँच बार चुनाव जीता। अपने शासनकाल में डगलस ने सासकेशवान पॉवर कॉरपोरेशन की स्थापना की जिससे गाँवों और फ़ार्मों को बिजली दी जाती थी, कनाडा की पहली सार्वजनिक वाहन इंश्योरेंस एजेंसी की स्थापना की, सरकारी और निजी भागीदारी वाले क्राउन कॉरपोरेशंस बनाए। इनमें से कई आज भी काम कर रहे हैं। कनाडा में सार्वजनिक स्वास्थ्य सेवा शुरू की जिसे 1965 में राष्ट्रीय स्तर पर भी लागू किया गया।

साथ ही उन्होंने सासकेशवान मौलिक अधिकार बिल तैयार किया जो कनाडा में नागरिकों के हक़ों के लिए अपनी तरह का पहला बिल था। इसी आधार पर आगे चलकर कनाडा में चार्टर ऑफ़ राइट्स एंड फ्रीडम और बिल ऑफ़ राइट्स पारित किए गए।

'नन्हे नेपोलियन' यानी मुलायम सिंह ने भी 1989 में सत्ता में आने पर ऐसे ही कल्याणकारी कार्यक्रमों को लागू किया। टॉमी डगलस के कार्यक्रमों को मुलायम ने उत्तर प्रदेश में और बेहतर तरीक़े से लागू किया। ये कहना ग़लत नहीं होगा कि मुलायम सिंह यादव 'भारत के टॉमी डगलस' हैं। लेकिन कॉरपोरेट मीडिया के बड़े हिस्से में इस बड़ी पहल को नज़रअंदाज़ कर तुच्छ मुद्दों को प्रमुखता से छापा गया और उन्हें जातिवादी और क्षेत्रीय ताक़त तक सीमित कर दिया गया।

उधर साम्यवाद की पकड़ कमज़ोर हो रही थी। दूसरा विश्व युद्ध ख़त्म होने के बाद कुछ समय तक स्टालिन पूर्वी यूरोप में सोवियत प्रभुत्व के लिए काम करते रहे। बल्गारिया, पोलैंड, हंगरी, रोमानिया और चेकोस्लोवाकिया में 1948 तक सत्ता कम्युनिस्टों के हाथ में थी और 1949 में पूर्वी जर्मनी में भी वॉल्टर अल ब्रिख्त की अगुवाई में कम्युनिस्ट सरकार बन गई। लेकिन दरारें भी 1948 से ही पड़ने लगीं जब मार्शल टीटो यूगोस्लाविया के राष्ट्रपति बने।

1953 में स्टालिन का निधन हो गया और 60 का दशक आते-आते पूर्वी यूरोप के कई देश सोवियत प्रभुत्व से आजिज़ आ गए थे। लोगों के ग़ुस्से को भाँपकर इन देशों में कम्युनिस्ट सरकारों ने सुधार कार्यक्रमों की शुरुआत की। इनमें चेकोस्लोवाकिया सबसे आगे रहा। 1968 में अलेक्ज़ेंडर डुबचेक ने प्रेस सेंसरशिप ख़त्म कर दी और उत्पादन प्रक्रिया के फ़ैसलों का विकेंद्रीकरण शुरू कर दिया। सोवियत संघ को ये नागवार गुज़रा और 1968 में सोवियत फ़ौज चेकोस्लोवाकिया में घुस गई। अगले वर्ष पिछलग्गू गुस्ताव हुसाक को प्रथम सचिव नियुक्त कर दिया गया और उन्होंने कम्युनिस्ट पार्टी में सफ़ाई अभियान शुरू कर दिया साथ ही नया संविधान भी लागू हो गया।

70 के दशक में वैश्विक तनाम में कुछ कमी आई। अमेरिका और सोवियत संघ के बीच शस्त्र होड़ धीमी पड़ी। दोनों में 1972 में साल्ट (स्ट्रेटेजिक आर्म्स लिमिटेशन ट्रिटी) पर दस्तख़त किए। सोवियत नेता ब्रेझनेव ने गुट निरपेक्ष देशों से मित्रता कर कूटनीतिक सफलता हासिल की। इसमें 1971 में भारत से मैत्री संधि और 1973 के योम किप्पूर युद्ध के बाद अरब देशों से दोस्ती ख़ास है। ब्रेझनेव के बाद सत्ता यूरी आंद्रोपोव के हाथ में आई। आंद्रोपोव दो साल ही सत्ता में रह सके लेकिन कम्युनिस्ट पार्टी के महासचिव के तौर पर उनकी योजनाओं ने संकेत दिया कि उनके पास सुधारवादी योजनाएँ थीं। हालाँकि आंद्रोपोव के बाद सत्ता में आए कोंस्टैंटिनचेरनें को ने इन सभी योजनाओं को ठंडे बस्ते में डाल दिया लेकिन अपने दो साल के छोटे से कार्यकाल में आंद्रोपोव सुधारवादी उत्तराधिकारियों की एक फ़ौज खड़ी करने में कामयाब रहे और मिखाइल गोर्बाचेफ़ इन्हीं में से एक थे।

मुलायम सिंह ने मुझसे बातचीत में बताया– लोहिया ने ही सबसे पहले कहा था कि मार्क्सवाद और पूँजीवाद, दोनों ही बड़ी मशीनों के समर्थक हैं। उनका मानना था कि तीसरी दुनिया के देशों के लिए बड़े उद्योग कोई रास्ता नहीं निकालते। (उन्होंने 1951 में ही अमेरिकियों को चेतावनी दे दी थी कि एक दिन

बड़ी कंपनियाँ उनकी ज़िंदगी में पूरी तरह से दख़ल दे देंगी।) वह मार्क्सवाद को एशिया के ख़िलाफ़ यूरोप का अंतिम हथियार मानते थे। आम तौर पर असंगति के सिद्धांत की बात करते हुए लोहिया ने इस सोच को दरकिनार कर दिया कि तीसरी दुनिया के देशों का भला सिर्फ़ पूँजीवाद या मार्क्सवाद से ही हो सकता है। नेहरू के विचार भी इससे मिलते-जुलते थे। उन्होंने आंद्रेमालरोज़ से कहा था कि वो न्यायप्रिय संसाधनों से न्यायप्रिय समाज बनाना चाहते हैं।

लोहिया ने उचित तकनीक के इस्तेमाल पर ज़ोर दिया था जो कोल्हू के बैल वाले हालात ख़त्म करेगी और आम आदमी सात समंदर पर बैठी ताक़तों की दया पर नहीं जीएगा। उन्होंने 1951 में ही नीरस दिमाग़ वाले युग का अंदाज़ा लगा लिया था जिसमें निठल्ले ही बैठे रहना पड़ेगा क्योंकि समस्याओं का समाधान तो मशीनें सुझाएँगी। उनके मुताबिक़, पूँजीवाद भूमध्य रेखा से 40 डिग्री उत्तर के ऊपर रहने वालों का सिद्धांत था। उनका मानना था कि पूँजीवाद व्यक्तिगत, मुक्त व्यापार, जन उत्पादन और शक्ति संतुलन पर टिकी शांति का सिद्धांत था। पूँजीवाद ने एशिया और बाक़ी जगहों पर मौत की चादर बिछा दी है। ये आबादी बढ़ने और और आर्थिक प्रणालियों के सड़ने की वजह है।

उन्होंने पाया कि गोरों की दुनिया में आबादी और उत्पादन साथ-साथ बढ़े लेकिन तीसरी दुनिया में तेज़ी से आबादी बढ़ने की वजह से संस्कृति और कौशल का नाश हुआ। उन्होंने एशिया के पूँजीवादी देशों से जुड़ने को ख़ारिज कर दिया क्योंकि ये ग़रीबी और युद्ध को हवा देता है। उनका ये भी कहना था कि पूँजीवाद एक दिन राष्ट्रीय स्वतंत्रता को भी लील जाएगा।

साम्यवाद को लेकर भी उनकी सोच काफ़ी सख़्त थी। आज़ाद एशियाई देशों की पहली पीढ़ी के नेताओं में मार्क्सवाद और सोवियत ढाँचे के प्रति काफ़ी झुकाव था। लेकिन लोहिया इस रुख़ से कभी प्रभावित नहीं हुए। वो मानते थे कि साम्यवादी प्रणाली में अंतर्निहित संकट हैं। साम्यवाद में उत्पादन के लिए केंद्रीयकृत पार्टी और फिर केंद्रीयकृत सत्ता होना अनिवार्य है लेकिन एक तानाशाह पार्टी और राष्ट्र का विचार अनैतिक है और ये यूटोपिया की नैतिकता को बरक़रार नहीं रख सकता। लोहिया के मुताबिक़, साम्यवाद को उत्पादन की तकनीक पूँजीवाद से विरासत में मिली है। ये केवल पूँजीवादी उत्पादन रिश्तों को नष्ट करती है। वह दोनों को एक ही सभ्यता का हिस्सा मानते थे क्योंकि दोनों ही जीवन स्तर सुधारने के लिए अर्थव्यवस्था में निरंतर वैज्ञानिक इस्तेमाल की बात

करते हैं। अमेरिका या सोवियत संघ में रहने वाला एक व्यक्ति के सामने उत्पादन बढ़ाने का एक समान लक्ष्य ही रहता है। उनका कहना था कि अपने को बदलने के लिए आधुनिक सभ्यता इन दो परस्पर विरोधी गुटों में बँट गई है।

मौजूदा सदी में समाजवादी व्यवस्था की पुरज़ोर वकालत करते हुए ब्रिटिश सोशलिस्ट पार्टी की डिप्टी जनरल सेक्रेटरी (उप महासचिव) हाना सेल ने एक लेख में लिखा कि 2008 में पूँजीवादी अर्थव्यवस्थाएँ जिस संकट में फँसीं उससे ब्रिटेन समेत दुनिया के तमाम देशों के नागरिकों की दिक़्क़तें बढ़ गईं। अंतर्राष्ट्रीय मज़दूर संगठन के मुताबिक़ इस संकट ने क़रीब 20 करोड़ लोगों को ग़रीबी की रेखा के नीचे धकेल दिया।

ब्रिटेन में लाखों लोग बेरोज़गार हो गए हैं। मंदी के दौर के बाद से ब्रिटेन के आधे से ज़्यादा मज़दूरों को या तो पूरा काम या पूरा वेतन नहीं मिल रहा। अब किसी को शक नहीं है कि पूँजीवाद संकट में है। बीते दशकों के इस दावे की धज्जियाँ उड़ गई हैं कि मुक्त बाज़ार आधारित पूँजीवाद में ही शांति, लोकतंत्र और संपन्नता संभव है। इनका ये भी कहना था कि समाजवाद दफ़न हो चुका है। आधिकारिक तौर पर तो ये एक तरह से सही था क्योंकि ब्रिटेन की तीनों बड़े राजनीतिक दल नव उदारवादी और अनियंत्रित पूँजीवाद की वकालत करते हैं। इसके बावजूद आबादी का एक बड़ा हिस्सा इन दलों के बायें या वाम में खड़ा है। 2001 में 72 फ़ीसदी लोगों ने रेलवे के राष्ट्रीयकरण का समर्थन किया जबकि किसी भी राजनीतिक दल ने इसकी बात नहीं की थी।

लेकिन मंदी से पहले भी पूँजीवादी व्यवस्था के इस दावे पर शक है कि इससे शांति को बढ़ावा मिला, लोकतंत्र मज़बूत हुआ या लोग ज़्यादा संपन्न हुए। इसके उलट, इराक़ और अफ़ग़ानिस्तान में युद्ध हुए और लोकतांत्रिक अधिकार बेरहमी और बेशर्मी से कुचले गए। संपन्नता के नाम पर चुनिंदा लोगों की जेबें भरीं और बड़ी आबादी के लिए ज़िंदगी की जद्दोजहद बढ़ गई। हाँ, 2009 में समाजवादी विचारों को समर्थन बढ़ने की उम्मीदों को बल मिला। पहली बार बड़ी संख्या में मिल मज़दूरों ने अपना वेतन और काम करने के बेहतर हालात बरक़रार रखने के लिए सफल संघर्ष किया।

ये एक रोचक तथ्य है कि मुलायम सिंह ने अपने बेटे और राजनीतिक उत्तराधिकारी अखिलेश यादव को उच्च शिक्षा के लिए ऑस्ट्रेलिया भेजा जहाँ क़रीब एक सौ साल पहले पहली समाजवादी सरकार सत्ता में आई थी। एक दिसंबर

1899 के ऑस्ट्रेलियाई लेबर पार्टी के एंडरसन डाउसन क्वींसलैंड के प्रधानमंत्री बने। ये दुनिया की पहली संसदीय समाजवादी सरकार थी। ये अलग बात है कि ये सरकार एक हफ़्ते ही टिकी और संसद की पहली ही बैठक में हार गई।

समाजवाद पर मुलायम सिंह ने कहा था– आख़िरी पंक्ति में खड़े आख़िरी निरीह-लाचार के प्रति सद्भावना, उसकी बहुत गहरी समझ और उसके प्रति आदर, सत्कार, संस्कार ही समाजवाद है। समाजवाद के लिए बहुत ज़्यादा गहरा रखना होता है स्वभाव, संस्कार और संबंध। बाक़ी आताताई जानवर तो किसी भी क्षण बना जा सकता है। हम तो वैसे भी मार्शल कौम से हैं। फिर कितना ही वक़्त लगता है मार्शल से जानवर होने में? लेकिन हम अहीर भी हैं जिन्होंने गीता स्थापित की, गोवर्धन पर्वत को पूज्यनीय किया, गाय पाली और पूज्यनीय किया, बाँसुरी बजाई और संगीत को सरस्वती से ऊपर किया, ब्रह्मांड का पहला गणराज्य स्थापित किया 'द्वारिका' और उसके राजा भी न हुए, हुए तो सिर्फ़ प्रजापालक... यही तो समाजवाद है।

अध्याय 9

हीट एंड डस्ट

'सौ लड़ाइयों को सौ बार जीतना हुनर की बुलंदी नहीं होती। हुनर की बुलंदी तो यह है कि दुश्मन को बिना लड़े ही धूल चटा दी जाए।' सैनिक और सामरिक जीत के लिए सुन झू ने अपनी अहम किताब दि आर्ट ऑफ़ वॉर में ऐसा लिखा है। वह प्राचीन चीन में सेनापति, रणनीतिकार और दार्शनिक थे और सुन्ज़ी के नाम से मशहूर थे। सुन झू ने ये भी कहा कि बिना लड़ाई लड़े ही दुश्मन को पस्त कर देना युद्ध की सबसे बड़ी कला है। तीन वसंत भी नहीं बीते कि गुजरात और कश्मीर की सीमा पर युद्ध के बादल मंडराने लगे। 8 अप्रैल 1965 को कच्छ के रण के बंजर इलाक़े में पाकिस्तानी सैनिकों की मौजूदगी दिखने लगी। दो महीने तक चली छिटपुट मुठभेड़ों के बाद मामला शांत हुआ जब ब्रिटेन के प्रधानमंत्री हेराल्ड विल्सन ने लाल बहादुर शास्त्री और अयूब ख़ान को बातचीत की मेज़ पर बिठाया। पाकिस्तान कच्छ के रण के 3500 वर्ग मील इलाक़े पर दावा कर रहा था लेकिन समझौते के तहत उसे सिर्फ़ 350 वर्ग मील इलाक़ा ही दिया गया।

ज़मीन सौंपने वाला यह क़रार मुलायम, उनके पथ प्रदर्शक लोहिया और बाक़ी समाजवादी कॉमरेडों के गले नहीं उतरा। मुलायम कहते हैं, "कच्छ के रण में ज़मीन हथियाने में सफल होने पर ही पाकिस्तान को कश्मीर में नियंत्रण रेखा के इधर ऑपरेशन जिब्राल्टर (पाकिस्तानी सैनिकों की घुसपैठ) शुरू करने का हौसला मिला। हमारे जवानों ने आनन-फानन में पाकिस्तानी क़ब्ज़े वाले कश्मीर में हाजी पीर दर्रे को हथिया लिया लेकिन पाक सेना भी तेज़ी से ऊरी, तिथवाल और पुंछ की ओर बढ़ रही थी। उसने रसद और संचार के लिहाज़ से अहम जम्मू के अखनूर क़स्बे को जीतने के लिए ऑपरेशन ग्रैंडस्लैम शुरू कर पूरी ताक़त से हमला कर दिया। हम इसके लिए तैयार नहीं थे और काफ़ी नुक़सान उठाना पड़ा। लेकिन शास्त्री ने पंजाब में मोर्चा खोलकर एक नई चाल चली और इस्लामाबाद

को मजबूर कर दिया कि वह लाहौर की सलामती पर ध्यान दे। भारतीय वायुसेना के हॉकर हंटर और पाकिस्तानी एयर फ़ोर्स के स्टार फ़ाइटर विमानों में पहली बार जमकर भिड़ंत हुई। इसकी वजह से पहले ऑपरेशन जिब्राल्टर फ़ेल हुआ और फिर ऑपरेशन ग्रैंडस्लैम भी नाकाम हो गया। हम जब अपने पड़ोसी भाइयों पर सोवियत और ब्रिटिश लड़ाकू विमानों से हमला कर रहे थे तो पाकिस्तानी हम पर हमले के लिए अमेरिकी विमानों का इस्तेमाल कर रहे थे। हम लड़ाई जीत गए। पाकिस्तानी सेना की हार बड़ा झटका थी लेकिन पाकिस्तानी अवाम के लिए यह काफ़ी हद तक बड़ी जीत थी। इसका एहसास होते ही ज़ुल्फिकार अली भुट्टो ने अयूब ख़ान का दामन छोड़ दिया और नई पाकिस्तान पीपुल्स पार्टी बना ली।"

शास्त्री लाहौर के शालीमार बाग़ में चहलक़दमी करने के उत्सुक थे। उन्होंने लड़ाकू टैंकों पर चढ़कर 'जय जवान, जय किसान' का नारा दिया और लाहौर तक जाने की ख़्वाहिश जताई। 'हम लाहौर तक कूच करेंगे।' लेकिन 23 सितंबर को युद्ध विराम हो गया। उज़बेकिस्तान की राजधानी में शास्त्री और अयूब को बातचीत की मेज़ पर लाने में सोवियत प्रधानमंत्री अलेक्सेई कोसीगिन की अहम भूमिका रही। तब लोहिया ने शास्त्री पर हमला बोला: क्या हुआ शास्त्री साहेब, टहलते टहलते पैर में मोच आ गई क्या? क्यों रुक गए?

दोनों ही नेताओं ने 10 जनवरी 1966 को ताशकंद में समझौते पर दस्तख़त किए। अगले ही दिन भारतीय प्रधानमंत्री संदिग्ध हालत में मृत पाए गए।

लोहिया नहीं चाहते थे कि भारतीय सेना पाकिस्तान पर क़ब्ज़ा करे। लेकिन वह चाहते थे कि शास्त्री के नेतृत्व वाली कॉन्ग्रेस सरकार पाकिस्तानी जनता की बेहतरी के लिए वहाँ की सेना को सबक़ ज़रूर सिखाए। वह जानते थे कि पाकिस्तानी अवाम सेना की हुकूमत में ज़्यादा परेशान है।

अमेरिका भी नहीं चाहता था कि पश्चिमी सीमा पर भारत कोई निर्णायक जीत हासिल करे। सोशलिस्ट पार्टी पाकिस्तान के साथ 'नो वार पैक्ट' और सार्क इलाक़े में जम्हूरियत बहाली चाहती थी लेकिन शास्त्री और अयूब न तो 'नो वार पैक्ट' पर हाथ मिला सके और ना ही कश्मीर में भविष्य के गुरिल्ला युद्ध को रोक सके।

स्टैनले वोल्पर्ट ने इस लड़ाई के बारे में लिखा है, "कोई भी निर्णायक जीत हासिल कर पाता इससे पहले ही गोला बारूद की सप्लाई पर अमेरिकी रोक ने दोनों ही देशों को युद्ध विराम के लिए मजबूर कर दिया। तीन हफ़्ते में ही भारत और पाकिस्तान के बीच दूसरा युद्ध ऐसे ख़त्म हो गया मानो ड्रॉ हो गया हो। युद्ध विराम के

वक़्त भारत इस स्थिति में था कि पाकिस्तानी पंजाब की राजधानी लाहौर पर क़ब्ज़ा किए बिना ही भारी नुक़सान पहुँचा सकता था। यही नहीं, कश्मीर में सामरिक लिहाज़ से अहम ऊरी-पुंछ इलाक़े पर क़ब्ज़े ने अयूब की खीझ को और बढ़ा दिया।"

शास्त्री की अचानक मौत ने भारतीय राजनीति के सबसे रोमांचक नाटक पर से पर्दा उठा दिया। इंदिरा गाँधी की ताजपोशी पर कॉन्ग्रेस जय जयकार कर रही थी लेकिन समाजवादी काडर इसे 'वंशवादी लोकतंत्र' की नींव मज़बूत करने वाला क़दम बता रहा था।

बृज भूषण तिवारी कहते हैं, "हम आज़ादी की लड़ाई की विरासत को नेहरू द्वारा हड़पे जाने के ख़िलाफ़ थे। उन्होंने किसी राजनीतिक गुट को पनपने का मौक़ा ही नहीं दिया। नेहरू कॉन्ग्रेस बाक़ी राजनीतिक गुटों को ख़त्म करने पर तुली हुई थी। ऐसे में हम कॉन्ग्रेस पार्टी के भीतर नेहरू की सरपरस्ती और नेतृत्व से छुटकारा पाना चाहते थे।"

युद्ध के इन बादलों के बीच मुलायम का सारा ध्यान अपनी पढ़ाई पर था। ट्रेनिंग का एक साल पूरा होने पर उन्होंने जैन इंटर कॉलेज में जूनियर छात्रों के टीचर के तौर पर ज्वॉइन कर लिया। उस समय नियम था कि नया टीचर जूनियर छात्रों को वही विषय पढ़ाएगा जो प्रिंसिपल चाहे। कई साल बाद 1970 में राजनीति शास्त्र में एम. ए. करने के बाद वह लेक्चरर बने और राजनीति शास्त्र पढ़ाने लगे। उन्हें छात्रों को पढ़ाने में मज़ा आता था। मुलायम ने 1985 तक नौकरी नहीं छोड़ी। यह तो उदय प्रताप सिंह थे जिन्होंने मुलायम के भीतर के युवा शिक्षक को पहचाना। उदय प्रताप 1974 तक जैन इंटर कॉलेज के प्रिंसिपल बन गए थे और जेआईसी में मुलायम को शिक्षक के तौर पर चुनने वाली सेलेक्शन कमेटी के अहम सदस्य थे। उन्होंने जनता के हित में राजनीति करने के लिए मुलायम की हौसला अफ़ज़ाई की ताकि वह ज़्यादा-से-ज़्यादा वक़्त दे सकें।

मुलायम से क़रीब दस साल छोटे हैं राजनारायण सक्सेना। उनसे मेरी मुलाक़ात हुई करहल के काज़ी मोहल्ले के सर्राफ़ा बाज़ार में। गेहुँए रंग के चेहरे पर आँखों के नीचे काले घेरे को छिपाने के लिए चश्मा पहने। काफ़ी दिलचस्प हैं ये बुज़ुर्ग। उनकी हँसी ठहाकेदार लेकिन गुस्सा इतना तेज़ मानो किसी शराबी को उसके जाम से महरूम कर दिया गया हो। वह भी करहल में जैन इंटर कॉलेज में मुलायम के साथ ही पढ़ाते थे। राजनारायण ने गुफ़्तगू में बताया, "जैन इंटर कॉलेज में नौकरी के लिए मैंने ही 'नेताजी' पर दबाव डाला। मैंने पास ही में इटावा-मैनपुरी रोड पर

आज़ाद इंटर कॉलेज में नौकरी कर ली। कॉलेज में पढ़ाते वक़्त मुलायम धोती-कुर्ता पहनते थे। वह काफ़ी मेहनती थे और बाक़ी शिक्षकों और छात्रों के लिए काफ़ी इज़्ज़त थी। प्रिंसिपल छोटेलाल द्विवेदी उत्तर प्रदेश कॉन्ग्रेस कमेटी के सदस्य थे। मैं, मुलायम और रामरूप ख़ाली वक़्त साथ बिताते थे और तब मुलायम सिर्फ़ राजनीति पर ही चर्चा करते थे।" उधर नत्थू सिंह मुलायम की कुश्ती और उनके व्यक्तित्व के मुरीद हो गए तो मैंने उनकी जीत के लिए घर घर जाकर प्रचार करना शुरू कर दिया। उन दिनों पोस्टर और परचे का इस्तेमाल नहीं होता था। विधायक बनने के बाद मुलायम सिंह ने किसानों की दिक़्क़तों पर आवाज़ उठाई और सिंचाई के लिए नहरों से मुफ़्त पानी देने की माँग की। वह किसानों के क़र्ज़ माफ़ करने के हक़ में थे। साथ ही अपने प्रिय अँग्रेज़ी हटाओ आंदोलन के बीच हिंदी को बढ़ावा देने की बात कर रहे थे। नत्थू सिंह यादव मुलायम के संरक्षक बनकर उभरे। नत्थू भी अर्जुन सिंह भदौरिया को पसंद नहीं करते थे। वह पिछड़ों के एक ताक़तवर नेता थे और जसवंत नगर सीट की ख़ूब सेवा की थी।

मुलायम, उनके साथी और गाँव वाले उस वक़्त बहुत ख़फ़ा थे जब नई दिल्ली और लखनऊ की सरकार ने 1962 और फिर भारत पाकिस्तान युद्ध के वक़्त लोगों से मदद की अपील की। 1962 और 1965 की लड़ाई में बहुत फ़र्क़ था। ये वक़्त सहकारिता आंदोलन का था। दर्शन सिंह व्यापार कर रहे थे। हेवड़ा में दो संगठन थे- कृषि बीज समाज और साधन सहकारी समिति। सभी किसानों को सहकारी भंडार से बीज मुहैया कराने के लिए मुलायम सिंह ने किसानों के आंदोलन की अगुवाई की। ब्याज समेत बीज का पैसा फ़सल की कटाई के बाद दिया जाना था।

साधन सहकारी समिति में किसानों को फसल के लिए क़र्ज़ का इंतज़ाम था। उसे फ़सल की कटाई के बाद ब्याज समेत वापस करना था। सोसाइटी का मैनेजमेंट किसानों के हाथों में था। ये सहकारी आंदोलन मुलायम के राजनीतिक सफ़र के पहिए बन गए। इससे पहले किसानों की ऐसी समितियाँ आमतौर पर कॉन्ग्रेसियों की जेब में होती थीं। लेकिन धीरे-धीरे मुलायम ने इन सभी में जीत हासिल की।

दर्शन सिंह को इस बात का एहसास हो चला था कि नेहरू के निधन के बाद कैसे हवा का रुख़ बदल रहा है। उन्होंने बातचीत में मुझे बताया, "पंडित नेहरू ने व्यापारियों, बड़े उद्योगपतियों और सत्ता के दलालों को काफ़ी रियायतें दी थीं और इसकी वजह से गाँवों में किसानों में अलोकप्रिय हो गए और किसान भी चिंतित थे। नेहरू को आमतौर पर परंपरागत भारतीय मूल्यों और प्रथाओं की क़ीमत पर

पश्चिमी सभ्यता का अलमबरदार माना जाता था। हम लोहिया के विचारों और आदर्शों को मानते थे। केवल एक कॉन्ग्रेसी नेता ऐसे थे जिनकी गाँवों में इज़्ज़त थी और वह थे सरदार पटेल। कॉन्ग्रेस कभी भी किसानों या गाँवों की समर्थक नहीं रही। देश के 80 फ़ीसदी गाँव गुज़र-बसर के लिए खेती पर ही निर्भर थे। नेहरू खेती में भी कोऑपरेटिव प्रणाली लागू करना चाहते थे जहाँ 20-30 किसान मिलकर खेती करें। चौधरी चरण सिंह ने इसका खुलकर विरोध किया। उन्होंने इसे चीनी प्रथा की नक़ल बताया। बाद में उन्होंने कॉन्ग्रेस की खेती की इस प्रणाली के ख़िलाफ़ बग़ावत कर दी।"

जसवंत नगर से विधायक नत्थू सिंह मुलायम सिंह की कुश्ती की सूझबूझ के क़ायल थे। उन्होंने मुलायम सिंह को असली लड़ाई के लिए माँजना शुरू कर दिया। 1965 में जसवंत नगर सीट के लिए उन्होंने कहना शुरू कर दिया कि वह ख़ुद चुनाव नहीं लड़ेंगे बल्कि एक बेहद क़ाबिल व्यक्ति को चुनाव में उतारेंगे। इस ऐलान ने इटावा इलाक़े में क़यासों और कौतुहल का माहौल पैदा कर दिया। नत्थू सिंह अपने क्षेत्र में जहाँ भी जाते मुलायम को साथ ज़रूर ले जाते थे। लोगों की ज़ुबान पर बस यही सवाल होता था कि दुबला-पतला, छोटे क़द का एक व्यक्ति कैसे चुनाव जीत सकता है जबकि वह कोई धन्ना सेठ भी नहीं है। ये वो दिन थे जब बड़े किसान या ज़मींदार और व्यापार में लगे अमीर घरों के लोगों के ही चुनाव जीतने की ज़्यादा संभावना होती थी।

चुनाव-प्रचार भी कोई तड़क-भड़क वाला नहीं। बस एक साइकिल, एक जीप और एक खस्ताहाल ट्रैक्टर। दीवारों पर नारे लिखना और परचे बाँटना सबसे अहम था। पोस्टरों का नामो-निशान तक नहीं। हाँ, गाँव-गाँव चलकर लोगों से मिलकर वोट माँगना मुलायम के प्रचार का प्रमुख हथियार था।

अभियान शुरू करने के लिए साइकिल सबसे ख़ास वाहन थी। नारे थे– *'भूखी जनता चुप नहीं रहेगी, धन और धरती बाँट के रहेगी', 'माँग रहा है हिंदुस्तान, ये रोटी कपड़ा और मकान', 'दवा पढ़ाई मुफ़्त हो, समान शिक्षा हो', 'रोटी कपड़ा सस्ती हो, पढ़ाई-दवाई भी मुफ़्ती हो'।*

सिर पर लाल टोपियों का नज़ारा देखते ही बनता था। रात में चुनाव-प्रचार के लिए लालटेन, बैलगाड़ियों का कारवाँ और फाग गाती महिलाओं का हुजूम प्रचार में जोश भर देता था। अभियान के लिए साइकिल, बुलेट और बैलगाड़ी अहम वाहन थे। 1967 के चुनाव में प्रचार के लिए मुलायम सिंह को ट्रैक्टर नहीं मिल

सका। एक और नारा था– 'जो मेहनत की रोटी खाए, किसान हमारा भाई है।' मुलायम सिंह के सामने खड़े थे वकील लाखन सिंह। वह हेमवती नंदन बहुगुणा के चेले थे। चुनाव में मुलायम को 22,500 वोट मिले और वह क़रीब साढ़े बारह हज़ार वोटों से जीते। हालाँकि 1969 में वह विश्वंभर सिंह यादव से साढ़े चार हज़ार वोटों से हार गए।

जसंवत नगर से क़रीब आठ किलोमीटर पश्चिम में धनवा स्कूल में मुलायम सिंह क़रीब 11 साल तक मैनेजर रहे। 1967 के चुनाव अभियान की शुरुआत यहीं एक भाषण से हुई थी। लाउडस्पीकर और दरी बिछे पंडाल में क़रीब एक हज़ार लोगों की भीड़ उनका भाषण सुनने पहुँची। चुनाव जीतने पर वह 1967 में सबसे कम उम्र के विधायक थे।

चुनाव अभियान के दौरान विश्राम सिंह नाम के एक सज्जन हमेशा ही मुलायम के साथ रहते थे। बकेबर घटना के बाद जेल में बंद मुलायम सिंह से मुलाक़ात के लिए विश्राम सिंह क़रीब दो दर्जन बार पहुँचे। बाद में विश्राम सिंह धनवा के डॉ. राम मनोहर लोहिया इंटर कॉलेज के प्रिंसिपल के तौर पर रिटायर हुए।

बकेबर में इंस्पेक्टर रघुराज ने एक दलित महिला के साथ बदसलूकी की और थाने में उसके बेटे के सामने ही उसे कपड़े उतारने के लिए मजबूर किया। इंस्पेक्टर ने बेटे को माँ के साथ बलात्कार करने को कहा। मुलायम ने अर्जुन सिंह भदौरिया के साथ इसके ख़िलाफ़ विशाल आंदोलन छेड़ा। वह थाने की दीवार पर चढ़ गए और पुलिस की गोली से बाल-बाल बचे, जबकि चार प्रदर्शनकारियों की मौत हो गई। उन्हें गिरफ़्तार कर लिया गया और वह क़रीब तीन हफ़्ते जेल में रहे।

जसवंत नगर में मेरी मुलाक़ात इनके एक अनूठे समर्थक से हुई। ये हैं अशोक वर्मा जो पेशे से सुनार हैं। अशोक वर्मा क़िस्सा बताते हैं, "मैंने मुलायम सिंह के साथ फ़ोटो न खिंचवाने की क़सम खाई है। मैं उन्हें माला भी नहीं पहनाता और न ही उनके पैर छूता हूँ। फिर भी वह मुझे मानते हैं। जसवंत नगर के पूर्व में आठ किलोमीटर दूर एक गाँव है बेटालाल की थार। चुनाव-प्रचार के दौरान मुलायम एक बार बेटालाल के घर पहुँच गए। वह झाड़ू लगाने वाले उस दलित के घर रात भर रुके। उसने मुलायम के सामने सेब और केले की थाली रखी साथ ही सुअर का मांस काटने वाला अपना चाक़ू भी वहीं रख दिया। मुलायम के साथ मौजूद लोगों को ये पसंद नहीं आया और फल खाने से इनकार कर दिया। मुलायम अपने साथियों पर बिगड़ पड़े और समाजवादी विचारधारा को मानते हुए छुआछूत न

बरतने की नसीहत दे डाली। कइयों के सिर शर्म से झुक गए। उन्होंने दलित की मेहमाननवाज़ी का आनंद लिया।"

अशोक वर्मा सुडौल सुनार हैं। सामान्य क़द, बैगी पतलून और चौड़े कॉलर वाली लंबी शर्ट। वह अजनबी को देखकर भी मुस्कुरा देते हैं। वह बताते हैं, "1974 में मुलायम ने प्रचार के दौरान हमसे वोट की अपील की। जसवंत नगर में हम पहले ग़ैर यादव परिवार थे हमारे पास जावा मोटरसाइकिल होती थी और मुलायम सिंह उस पर पीछे बैठते थे। 1967 के चुनाव में बरगद का पेड़ चुनाव चिह्न था। 1969 और 1974 में भी पार्टी का चुनाव चिह्न यही रहा। मुलायम बच्चों से भी बात करते थे और बुज़ुर्गों से उनकी बेटियों की शादी की चर्चा करते थे। चुनाव सभाओं में वह अपना शॉल फैलाकर 'एक वोट-एक नोट' माँगते थे।"

चुनाव जीतकर उन्होंने जानकारों और जनता दोनों को चौंका दिया। लेकिन वह सार्वजनिक सभाओं और विधानसभा सत्र के लिए समय के पाबंद बने रहे। उन्होंने साइकिल से लंबी यात्राएँ की और कड़े और ठोस फ़ैसले लेने की छवि बनाई। धीरे-धीरे वह हर तबक़े में लोकप्रिय होते गए।

उन दिनों कोऑपरेटिव बैंकों और सोसाइटियों में चुनाव पर रोक थी। मुलायम ने इन्हें लोकतंत्र की रीढ़ क़रार दिया। एन. डी. तिवारी 1967 में सहकारिता मंत्री थे। सदन में मुलायम इन सोसाइटियों में चुनाव कराने के लिए जमकर गरजे।

मोहन सिंह 1967 में एक आम कार्यकर्ता थे। वह बताते हैं, "मुझे वह बेहद सक्रिय लगते थे लेकिन कभी पहलवान नहीं लगे। 1967 में मुलायम के पहले चुनाव के दौरान पार्टी एक अजीब विवाद में फँस गई। राजनारायण और उग्रसेन एक-दूसरे की जान के प्यासे हो रहे थे। उग्रसेन सदन में पार्टी के नेता थे। जब चौधरी चरण सिंह ने पहली ग़ैर-कॉन्ग्रेसी सरकार बनाई तो उग्रसेन को कैबिनेट में जगह नहीं मिली। मंत्री पद न मिलना झगड़े की मुख्य वजह थी। मुलायम सिंह उग्रसेन के पक्ष में खड़े थे। उन्होंने राजनारायण के ख़िलाफ़ नारेबाज़ी भी की। बाद में उग्रसेन जी ने ही मुझसे मुलायम सिंह से मिलने को कहा। लखनऊ रेलवे स्टेशन पर मुलायम की अगुवाई करना और फिर उन्हें दारुलशफ़ा के 108-ए पर लाना मेरी ही ज़िम्मेदारी थी। मुलायम इसी पते पर रहे। उग्रसेन देवरिया के बड़हज से विधायक थे।"

अध्याय 10

बड़े भाई साहेब

उत्तर प्रदेश की राजनीति की नब्ज़ पर पकड़ रखने वाले शिवपाल सिंह यादव को मुलायम सिंह के 'शॉक एब्ज़ॉर्बर' के तौर पर देखा जाता रहा है। शिवपाल मुलायम के सगे भाई हैं, यह पता चलते ही समाजवादी कार्यकर्ता तुरंत ही जुड़ाव महसूस करने लगते हैं। जैन इंटर कॉलेज में दाख़िला लेने के बाद से ही वह मुलायम के नक़्शे-क़दम पर चल रहे हैं। वह बताते हैं, "मैं पैदल ही जेआईसी जाता था लेकिन जब 'नेताजी' के पास साइकिल हो गई तो कैरियर पर बैठकर कॉलेज जाना पक्का हो गया। मैंने उन्हीं से साइकिल चलाना सीखा। खाने का डिब्बा ख़ासकर मट्ठा ले जाना मेरी ज़िम्मेदारी थी। साथ ही करहल में चमन नाम के धोबी से उनके धोती-कुर्ते धुलवाना भी मेरा काम था। करहल में ही हबीब ख़ान नाम का दर्ज़ी 'नेताजी' के कपड़े सिलता था। साइकिल पंचर होने पर मैं ही ठीक कराता था और उस साइकिल कारीगर का नाम भी हबीब ही था।"

शिवपाल सिंह भी कुश्ती के अखाड़ों में शागिर्द थे। अपने बड़े भाई से गुर सीखने के बाद उन्होंने 48 किलोग्राम और 52 किलोग्राम वर्ग में अपने विरोधियों को चित किया। ये अलग बात है कि वह कुश्ती में मुलायम सिंह जैसा नाम नहीं कमा सके। 1967 में वह सिर्फ़ नवीं क्लास में पढ़ते थे जब मुलायम सिंह ने अपना पहला चुनाव लड़ा था। वह कहते हैं, "मेरी उम्र महज़ 12 साल थी और चुनाव को देखने परखने वाले शायद सबसे युवा राजनीतिक पर्यवेक्षक था। मैंने 1974 के विधानसभा चुनाव में सक्रिय तौर पर प्रचार किया। मेरे साथ आस-पास के गाँवों के 40-50 नौजवानों साइकिल सवारों की टोली थी। इस चुनाव में मुझे सैफ़ई से 20 किलोमीटर पूर्व में मौजूद चकवा का चुनाव प्रभारी बनाया गया।"

राजनारायण सक्सेना बताते हैं, "मुलायम सिंह दही और मट्ठे के शौक़ीन थे। सैफ़ई से उनके लिए दूध, दही, मट्ठा लाने का ज़िम्मा शिवपाल का था। वह दूध

पीने में भी माहिर थे। 1969 में वह नैनीताल घूमने गए। वहाँ हमारा समय काफ़ी अच्छा बीता। हमने झील के किनारे सैर की और हम राजभवन भी घूमने गए। हम जब लौट रहे थे तो मुलायम सिंह को तेज़ बुख़ार हो गया। बदायूँ में हमें एक डॉक्टर ने बदन पर ठंडी पट्टी रखने की सलाह दी। उनके बदन पर सिर्फ़ जांघिया था। जब बुख़ार 101 डिग्री पहुँच गया तो रात 11 बजे हम उन्हें लेकर मैनपुरी पहुँचे। फिर हम करहल होते हुए सैफ़ई लौटे। नैनीताल में तीन दिन में हम चाइना पीक गए जहाँ से चीनी इलाक़ा दिखता है। राजभवन में उन्होंने कैरम पर पहली बार अपना हाथ आज़माया। जब वह स्ट्राइकर को हाथ में लेकर उलट पलट रहे थे कि उनके हाथ से छूट कर दूर जा गिरा। ऐसा दो बार हुआ। तब वहाँ मौजूद संतरी ने उन्हें स्ट्राइकर फिर न गिराने की चेतावनी दी क्योंकि इससे बाक़ी लोगों को दिक़्क़त हो रही थी। मुलायम हैरान रह गए और उन्होंने फिर कभी कैरम न खेलने की गाँठ बाँध ली।"

यह वही वक़्त था जब मुलायम आम समाजवादी कार्यकर्ता के चोगे को उतारकर सूबे की राजनीति में अपने जुझारूपन और लड़ाकूपन की पहचान बना रहे थे। लखनऊ यूनिवर्सिटी में राजनीति शास्त्र के प्रोफ़ेसर डॉ रमेश दीक्षित के मुताबिक़, "सार्वजनिक जीवन में क़दम रखने वालों के लिए एक साथ कई सारी चीज़ें होती हैं। और किसी की पहचान तब बनती है जब वह सत्ता में आ जाता है। मुलायम सिंह ने तमाम ऐसे तर्कों यहाँ तक कि भारत में नेतागीरी की परंपरागत अवधारणा को भी झुठला दिया। एक औसत भारतीय के लिए नायक का मतलब किसी हीरो जैसा दिखना, लंबे हाथ, बहादुर, बड़े दिल वाला होना होता है। हर समाज में इसके अलग पैमाने होते हैं। मैक्स वेबर पहला दार्शनिक था जिसने 'करिश्माई नेतृत्व' की बात की थी। पैगंबर मोहम्मद और ईसा मसीह एक साधारण परिवार से आए थे लेकिन दुनिया के हर कोने में उनके संदेश पहुँचे। राम और कृष्ण ने भी यही किया। जो कुछ अलग होते हैं वही नेता बन सकते हैं। इंदिरा गाँधी 1966 में प्रधानमंत्री बनीं लेकिन एक साल बाद 1967 में ही अपना आधार खो बैठीं। दो साल बाद कॉन्ग्रेस पार्टी में भी बँटवारा हो गया। इंदिरा कॉन्ग्रेस में चापलूसों की फ़ौज के सिवाय कुछ नहीं बचा था। वह सिर्फ़ नेहरू की बेटी थीं लेकिन 1971 में पाकिस्तान के दो टुकड़े करने के बाद वह एक करिश्माई नेता में तब्दील हो गईं। करिश्माई नेता बनने की राह में कई चुनौतियाँ हैं। एक इंसान के पास साधनों की कमी हो सकती है लेकिन उसकी नीयत साफ़ हो सकती है

जैसे हिंदू-मुस्लिम लड़के मिलकर कोई धार्मिक आयोजन करते हैं। आज़ादी के बाद ज़्यादातर भारतीय नेता एक अलग वर्ग से आते थे- कुलीनवर्गीय, विदेशों में पढ़े या ज़मींदार। गाँधी उन्हीं में से थे लेकिन अपनी क़ुर्बानियों की बदौलत वह महात्मा बन गए। वह लोगों के नेता बन गए। जिन्ना अपना सिगार और ऐश-ओ-आराम नहीं छोड़ सके। नेहरू ने भी बलिदान किए और अपनी पैतृक संपति आनंद भवन दान में दे दी। मुलायय ऐसे ही नेताओं की छाया में बड़े हुए। लोहिया भी एक ज़ोरदार वक्ता और करिश्माई नेता थे। मुलायम न तो ऐसी किसी शख़्सियत के मालिक थे और ना ही बहुत साधन संपन्न। शुरुआती दौर में उनके विरोधी बलराम सिंह यादव एक अमीर परिवार से आते थे। नेतागीरी के परंपरागत पैमानों पर मुलायम सबसे निचली पायदान पर थे। भाषण देने के मामले में भी जिन्ना, अटल बिहारी वाजपेयी, लोहिया और नेहरू के सामने वह कहीं नहीं टिकते। मुलायम ठीक-ठाक, साधारण भाषण दे सकते थे और बोली में सैफ़ई का पुट होने की वजह से ये देश के दूसरे हिस्सों के लोगों को हँसाता ज़्यादा था। लेकिन उनके पास किसी बात को ठान लेने की ग़ज़ब की क्षमता है। लेकिन कड़ी मेहनत, दृढ़ निश्चय, जुझारुपन और प्रतिबद्धता के वह प्रतीक हैं। उन्हें अपनी कमज़ोरियों का एहसास है। इसीलिए उन्होंने लोकतांत्रिक राजनीति का नया ककहरा लिखकर विरोधियों के बीच भी इज़्ज़त हासिल की है। लोकतांत्रिक विरोध के सभी हथियारों जैसे धरना, प्रदर्शन, रैली, सड़क आंदोलन को उन्होंने नये मायने दिए हैं। लोग उनके बोलने के अनूठे अंदाज़ के क़ायल हो गए हैं।"

राम मनोहर लोहिया का 12 अक्टूबर 1967 को असमय निधन हो जाने से मुलायम सिंह अपने दिग्दर्शक के बिना अकेले रह गए। यह दुखद समाचार सुनने पर उन्होंने अपने भीतर एक ख़ालीपन महसूस किया। वह ख़ुद को अनाथ समझने लगे। मुलायम सिंह ने बातचीत के दौरान बताया, "लोहिया के निधन का समाचार मेरे अपने माता-पिता या भाई-बहनों के निधन की ख़बर से ज़्यादा दुखी करने वाला था। मैं कई दिनों तक सो नहीं सका। अक्सर रात को मेरी नींद टूट जाती थी और मेरे दिमाग़ में लोहिया के शब्द घूमने लगते थे : हमें ख़ुद नहरें, बाँध और सड़क बनानी चाहिए। हिंदी को उसका खोया हुआ राष्ट्रीय सम्मान वापस दिलाना चाहिए। हमें अपनी परंपराओं और प्रथाओं का आदर करना चाहिए और उन पर गर्व करना चाहिए।"

लोहिया के निधन के बाद मुलायम सिंह उस वक़्त संघर्ष कर रहे किसान नेता

चौधरी चरण सिंह की नज़रों में आ गए। चरण सिंह ने 1967 में कॉन्ग्रेस छोड़कर अपनी पार्टी बनाई। इसी साल वह राजनारायण और राम मनोहर लोहिया की मदद और समर्थन से उत्तर प्रदेश के मुख्यमंत्री भी बने। 1970 में उन्होंने फिर प्रदेश के मुख्यमंत्री की गद्दी सँभाली। मुलायम सिंह चरण सिंह की आँखों के तारे बन गए। मुलायम सिंह के जुझारूपन से जाट परिवार में पैदा हुए किसानों के हमदर्द नेता चरण सिंह इतने प्रभावित थे कि उन्होंने मुलायम को 'नन्हा नेपोलियन' नाम दे दिया। इसके बाद से चरण सिंह की नज़रों में मुलायम का क़द बाक़ी युवा नेताओं के मुक़ाबले बढ़ गया।

चरण सिंह दुबले-पतले, लंबे क़द के थे। छह फ़ुट से ज़्यादा लंबे चरण सिंह का माथा चौड़ा था और लंबे डग भरते थे। गोरे और पहाड़ जैसे व्यक्तित्व के मालिक चरण सिंह हर वक़्त मुस्कुराते रहते थे और ग़रीब किसानों के लिए उनके दिल में अपार दया थी। वक़्त के साथ-साथ वह उत्तर भारत में किसानों के सबसे बड़े नेता बन गए। ख़ास बात ये थी कि वह सिगरेट और शराब से सख़्त नफ़रत करते थे। इंमरजेंसी के बाद के दौर में मुलायम सिंह के ख़ास समाजवादी नेता राजेंद्र चौधरी बताते हैं, "चौधरी सिगरेट शराब पीने वाले पार्टी के कार्यकर्ता से नफ़रत करते थे। सिगरेट और शराब पीने वाले कई नेताओं को सिर्फ़ इसीलिए चुनाव का टिकट नहीं मिल सका। चौधरी उसूलों के पक्के थे। आज़ादी के बाद के दौर में सच्चे गाँधीवादी थे।"

वह 1952 में उत्तर प्रदेश के राजस्व मंत्री बने। वह ज़मींदारी उन्मूलन और भूमि सुधार क़ानून लागू करने के लिए प्रतिबद्ध थे। राजनीति के जानकारों का मानना था कि इस क़ानून के सफल तौर पर अमल किए जाने पर ही भारतीय लोकतंत्र की सफलता निर्भर करती है। दूसरी ओर पड़ोसी पाकिस्तान में ऐसा कोई क़ानून नहीं है और वहाँ सत्ता कुछ ताक़तवर ज़मींदारों के हाथ में है जो अपनी ज़मीन पर अपना क़ानून चलाते हैं और अपने लिए संपत्ति जमा कर रहे हैं।

नेहरू के सोवियत झुकाव वाले आर्थिक सुधारों के विरोधी थे चरण सिंह। चरण सिंह का मानना था कि सहकारी फ़ार्म भारत में सफल नहीं होंगे। एक किसान का बेटा होने के नाते वह जानते थे कि किसान किसानी करता रहे इसके लिए ज़मीन का मालिकाना हक़ ज़रूरी है।

चरण सिंह के पुरखे, बल्लभगढ़ (आज के हरियाणा में) के राजा नाहर सिंह 1857 के गदर के एक अहम नेता थे। महाराजा नाहर सिंह को दिल्ली के चाँदनी

चौक में फाँसी दी गई थी। हार के बाद चरण सिंह के दादा समेत महाराजा के रिश्तेदार और समर्थक अँग्रेज़ों के क़हर से बचने के लिए पूर्व में उत्तर प्रदेश के बुलंदशहर में बस गए।

चरण सिंह का जन्म 23 दिसंबर 1902 को उत्तर प्रदेश के ग़ाज़ियाबाद ज़िले के हापुड़ क़स्बे के नूरपुर गाँव में हुआ था। वह पढ़ने में तेज़ थे और उन्होंने 1925 में आगरा यूनिवर्सिटी से एमए और फिर 1926 में लॉ की डिग्री हासिल की। 1928 में उन्होंने ग़ाज़ियाबाद में वकालत शुरू की।

फ़रवरी 1937 में वह 34 साल की उम्र में छपरौली (बागपत) से यूनाइटेड प्रॉविंस (मौजूदा उत्तर प्रदेश) असेंबली के लिए चुने गए। उन्होंने 1938 में एग्रीकल्चरल मार्केट प्रोड्यूस बिल असेंबली में रखा। इस बारे में 31 मार्च 1938 के हिंदुस्तान टाइम्स में ख़बर भी छपी। इस बिल में व्यापारियों के लालच से किसानों के हित की रक्षा की बात कही गई थी। देश के कई राज्यों ने इस बिल को अपनाया और 1940 में सबसे पहले पंजाब ने इसको लागू किया।

चरण सिंह ने ब्रिटिश सरकार के ख़िलाफ़ गाँधी की अहिंसावादी आज़ादी की लड़ाई में भी हिस्सा लिया और कई बार जेल भी गए। 1930 में वह नमक क़ानून तोड़ने के आरोप में छह महीने तक जेल में रहे। निजी तौर पर सत्याग्रह करने के आरोप में उन्हें 1940 में एक साल की क़ैद हुई। अगस्त 1942 में उन्हें फिर डीआईआर के लिए गिरफ़्तार किया गया और वह नवंबर 1943 में रिहा हुए।

1975 में उन्हें फिर जेल भेजा गया। लेकिन इस बार ये काम किया प्रधानमंत्री इंदिरा गाँधी ने। इंदिरा ने देश में इमरजेंसी का ऐलान कर अपने सभी राजनीतिक विरोधियों को जेल में ठूँस दिया। लेकिन चुनाव में जनता ने इंदिरा गाँधी को सत्ता से बेदख़ल कर दिया और विरोधी पार्टी सत्ता पर क़ाबिज़ हो गई। मोरारजी देसाई की अगुवाई वाली इस सरकार में चरण सिंह उप प्रधानमंत्री और गृहमंत्री बने।

चरण सिंह देश के पाँचवे प्रधानमंत्री थे। उन्हें 28 जुलाई 1979 को मोरारजी देसाई सरकार के गिरने के बाद शपथ दिलाई गई। सिर्फ़ 64 सांसदों के समर्थन से प्रधानमंत्री बने चौधरी चरण सिंह 14 जनवरी 1980 तक प्रधानमंत्री रहे। वह अकेले ऐसे प्रधानमंत्री रहे जिन्होंने लोकसभा में विश्वासमत का सामना नहीं किया। जिस दिन सरकार को विश्वास मत हासिल करना था उसी दिन इंदिरा गाँधी ने समर्थन वापस ले लिया। 15 अगस्त 1979 को लाल क़िले से उनका भाषण एक तरह से भविष्यवाणी साबित हुआ। इस भाषण में उन्होंने पाकिस्तान की

एटमी ताक़त बनने की चाहत को भारत के लिए बड़ा ख़तरा बताया था। उन्होंने ये भी कहा कि अगर भारत को ग्लोबल इकोनॉमी में बड़ी भूमिका निभानी है तो श्रमिक क़ानून बदलने होंगे।

चरण सिंह ने ही इस्राइल के साथ कूटनीतिक रिश्ते दोबारा क़ायम करने की पहल की। हालाँकि 1980 में सत्ता में ज़ोरदार वापसी के बाद इंदिरा गाँधी ने इस समझौते को ख़ारिज कर दिया।

कॉन्ग्रेस से अलग होने के बाद चरण सिंह ने अपनी पार्टी बनाई- भारतीय क्रांति दल (बीकेडी)। बाद में यही भारतीय लोकदल (बीएलडी) में तब्दील हो गई। जनता पार्टी गठबंधन में बीएलडी अहम घटक थी। उनकी प्रधानमंत्री बनने की चाहत को 1977 में झटका लगा जब जयप्रकाश नारायण ने मोरारजी देसाई का नाम आगे कर दिया। वह उप प्रधानमंत्री के पद से संतुष्ट हुए। 1977 के चुनाव के दौरान कोई एक पार्टी नहीं थी बल्कि कई पार्टियों ने मिलकर गठबंधन बनाया था। ऐसे में दिक़्क़त चुनाव चिह्न की थी। फिर चौधरी चरण सिंह से अपील की गई और वह अपनी पार्टी का चुनाव चिह्न 'हलधर किसान' बाँटने को तैयार हो गए। चुनाव चिह्न के बदले चौधरी चरण सिंह को भरोसा दिया गया था कि चुनाव में गठबंधन की जीत होने पर वही प्रधानमंत्री होंगे लेकिन चुनाव में जीत के बाद पार्टी के सभी नेता इस वादे को भूल गए। चौधरी चरण सिंह ने इस बात को गाँठ बाँध लिया और मौक़ा मिलते ही उन्होंने बग़ावत कर दी। वक़्त आने पर वह प्रधानमंत्री भी बने। इंदिरा गाँधी से सदन के भीतर कॉन्ग्रेस के समर्थन का भरोसा मिलने पर वह लोकदल के साथ जनता पार्टी सरकार से बाहर हो गए।

उत्तर प्रदेश और बिहार के राजनीतिक इतिहास और मौजूदा राजनीति पर पकड़ रखने वाले और बिहार-भाजपा के मुखर प्रवक्ता निखिल आनंद बताते हैं, "बिहार में पिछड़ों के सबसे तेज़-तर्रार और क्रांतिकारी नेता जगदेव प्रसाद (कुशवाहा) थे जिनकी हत्या की साज़िश पुलिस-प्रशासन की मिलीभगत से सामंती मिज़ाज अभिजात्य नेताओं ने रची थी। जगदेव प्रसाद की हत्या के बाद बिहार के कुशवाहा समुदाय तो क्या पूरे ओबीसी में इतना क्रांतिकारी व क़द्दावर नेता आज तक नहीं हुआ। लेकिन अफ़सोस यह कि उनके बेटे नागमणि ने चाल-चरित्र-चेहरे से अपने पिता की पूरी विरासत को मटियामेट करने में कोई कसर नहीं छोड़ी और राजनीतिक स्वार्थ के लिए अपने पिता के विरोधियों से भी हाथ मिलाकर इस समाज से बड़े नेतृत्व के उभरने की संभावनाओं को ध्वस्त कर दिया।"

एक भी दिन लोकसभा का सामना न करने वाले प्रधानमंत्री चरण सिंह का कार्यकाल बमुश्किल सात महीने का रहा। लोकसभा का सत्र शुरू होने से एक दिन पहले ही कॉन्ग्रेस ने भारतीय लोकदल की सरकार से समर्थन वापस ले लिया। चौधरी चरण सिंह ने इस्तीफ़ा दे दिया और छह महीने बाद आम चुनाव हो गए। चरण सिंह को राष्ट्रपति नीलम संजीव रेड्डी ने प्रधानमंत्री पद की शपथ दिलाई थी। मराठा नेता यशवंत राव चव्हाण प्रधानमंत्री चरण सिंह के डिप्टी प्राइम मिनिस्टर थे।

चरण सिंह 24 मार्च 1977 से 28 जुलाई 1979 तक जगजीवन राम के साथ उप प्रधानमंत्री रहे। चरण सिंह 24 जनवरी से 28 जुलाई 1979 तक देश के वित्त मंत्री भी रहे और 24 मार्च 1977 से एक जुलाई 1978 तक देश के गृहमंत्री भी रहे।

चरण सिंह शादी समारोहों में विधायकों की मौजूदगी को नापसंद करते थे। लेकिन मुलायम राजनीति में इस तरह के आत्मसंयम के ख़िलाफ़ थे और उन्होंने शादियों में शिरकत करने की परंपरा शुरू की। रामनरेश यादव 1977 में उत्तर प्रदेश राज्य के पहले पिछड़े मुख्यमंत्री बने। मुलायम अपने दिल्ली दौरों में 8 विशंभर दास मार्ग पर राजनारायण और अशोक रोड पर जनेश्वर मिश्र के घर पर आते जाते रहते थे। क़रीब छह महीने के बार राम नरेश यादव की सरकार अंदरूनी झगड़ों की वजह से गिर गई और बाबू बनारसी दास नये मुख्यमंत्री बने।

राम नरेश यादव की सरकार में मुलायम सिंह सहकारिता मंत्री थे। सहकारिता आंदोलन को लोकतांत्रिक बनाने में उनकी बड़ी भूमिका रही। कुश्ती के अखाड़े से राजनीतिक अखाड़े में क़दम रखने वाले मुलायम सिंह ने किसानों को एकजुट किया। किसान और देहाती उनके साथ खड़े थे। चौधरी चरण सिंह इससे काफ़ी प्रभावित हुए। उनके अलावा दो और नेता थे- आज़मगढ़ के राम बचन यादव और फ़ैज़ाबाद के जयराम वर्मा। वर्मा कुर्मी थे। दोनों ही चरण सिंह के ख़ास थे और इन दोनों ने यादवों और कुर्मियों को चरण सिंह के पक्ष में एकजुट करने में बड़ी भूमिका निभाई। लेकिन दोनों ही उम्रदराज़ थे और अक्सर जोश और उत्साह की कमी दिखती थी।

जी, भाई साहेब

जब भी डॉ चंद्र प्रकाश राय (सीपी राय) मुलायम सिंह से गुफ़्तगू कर रहे होते, तब वे अक्सर उनकी बातों से सहमति, जी भाई साहेब कहकर ही जताते थे। क़रीब चालीस सालों के लंबा सफ़र तय करके पिछले कुछ वर्षों में उनके और

समाजवादी पार्टी के बीच कुछ दरार ज़रूर आ गई थी, मगर सीपी राय ने नेताजी से संवाद का पल दहने नहीं दिया। सत्तर की उम्र के दहलीज़ पर खड़े आज़मगढ़ में जन्मे और ताज नगरी आगरा में पले बढ़े इस वरिष्ठ समाजवादी को अपने बड़े भाई साहेब सरीखे नेताजी से बिछड़ने का गहरा सदमा लग। दस अक्टूबर 2022 की ख़बर ने उन्हें एक नन्हे बच्चे की तरह रोने को विवश कर दिया।

सीपी राय सन 2017 के बाद से समाजवादी पार्टी से थोड़े खिन्न चल रहे हैं। राय बताते हैं– मुझे राजनीति छोड़े हुए ढाई-तीन साल हो गया, लेकिन मेरा मुलायम सिंह जी का साथ नहीं छूटा। मुलायम जी ऐसे नेता थे जिनसे मिलने के बाद हमें ऐसा लगता था कि हमारे साथ अगर कोई मुसीबत, चाहे वह राजनीतिक हो या व्यक्तिगत, आएगी तो हर जगह वह हमारे साथ खड़े रहेंगे। नेताजी के निधन के बाद वह विश्वास और ताकत हमसे छिन गई है। मैं उनके घर में पैदा नहीं हुआ लेकिन मैंने उन्हें हमेशा अपने बड़े भाई का दर्जा दिया।

हाल-फिलहाल तक मैं जब भी लखनऊ जाता था, तो मैं और मेरा बेटा नेताजी से ज़रूर मिलते थे। मैं दिल्ली गया तो मेरी बेटी और दामाद सब उनसे मिलने गए। मैं लगातार उनके संपर्क में था और राजनीति में शायद उन्हीं की वजह से मैंने कोई और फ़ैसला नहीं लिया। मेरा स्वभाव ही ऐसा है। मैं राज नारायण सिंह जी के साथ था, तो मेरा-उनका साथ गंगा के तट पर ही छूटा। आज नेताजी के देहांत का दिन मेरे लिए बहुत ही दुखद दिन है। मैं उनसे लड़ भी लेता था, झगड़ा भी कर लेता था। लेकिन शाब्दिक तौर पर न मैंने कभी उनका अपमान किया और न ही उन्होंने मेरा। सामाजिक सम्मान देने में उनके जैसा कोई नेता नहीं, इसमें उनका उनसे कोई मुक़ाबला नहीं कर सकता था। मैं हमेशा उनके साथ रहा। वह एक ऐसे राजनेता थे जो अपने विरोधियों के भी सम्मान का ख़याल रखते थे। मुलायम सिंह के जैसा मैंने दूसरा कोई नेता नहीं देखा।

बात सन 1989 की है। मैं मुलायम सिंह के चुनाव का कार्यभार देख रहा था। उसी चुनाव के बाद वह पहली बार मुख्यमंत्री बने थे। उस वक्त की परिस्थितियाँ अच्छी नहीं थीं। उस वक़्त नेताजी नेता विरोधी दल हुआ करते थे। सिंचाई विभाग के डाक बंगले में उनका एक कमरा बुक रहता था। उसी वक़्त ज़िला पंचायत अध्यक्ष हो गए थे रामगोपाल, तो मैं उन्हीं के कमरे पर रहकर सारा कार्यभार देखता था। हालाँकि सन 1991 में मैं पूरे प्रदेश का चुनाव देख रहा था। उस वक़्त सजपा यानि समाजवादी जनता पार्टी नाम हुआ करता था दल का।

सुब्रह्मण्यम स्वामी उस वक़्त युवा तुर्क और प्रधानमंत्री चंद्रशेखर की सरकार के मंत्री थे। उनसे मुझे कुछ सामान लेकर आना था। सामान लेकर मैं दिल्ली से सीधे लखनऊ के लिए निकल रहा था। शिवपालजी के यहाँ रुक गया खाना खाने के लिए। वहीं मुलायम सिंह भी आ गए। नेताजी ने मुझसे पूछा, "आप पूरे प्रदेश का कार्यभार देख रहे हैं। कितनी सीट हम लोग जीत रहे हैं? जनता के बीच हमारी क्या हैसियत है? क्या परिस्थिति है?"

मैंने उनसे कहा, "नेताजी, समाजवादी जनता पार्टी 40 सीटों के पार जाती नहीं दिख रही है।"

नेताजी ने कहा, "सभी राजनीतिक विशेषज्ञ तो बता रहे हैं कि डेढ़ सौ सीटें आ रही हैं।"

मैंने कहा, "भगवान करें डेढ़ सौ नहीं ढाई सौ सीटें आएँ।"

चुनाव ख़त्म हुआ और हम लोगों की 29 सीटें आईं। बड़ा बुरा दौर था 1991 का वह। एक अंधकारमय दौर था उत्तर प्रदेश में समाजवादियों के लिए जिसे हम सभी भूलना चाहेंगे। ऐसे दौर को मुझे नहीं लगता कि पूरी दुनिया में किसी नेता ने झेला होगा। मुलायम सिंह के बारे में छवि बीजेपी, विहिप और आरएसएस के लोगों ने 'मुल्ला मुलायम' और 'हिंदूद्रोही' कहकर प्रदेश के चप्पे-चप्पे में फैला दिया था। शहर और क़स्बों की सड़कों पर जितने भी कुत्ते और गधे टहलते थे उनके ऊपर हमारे जाँबाज़ नेता का नाम चस्पा कर दिया गया था बीजेपी के सांप्रदायिक सोच के बदमाशों द्वारा।

इटावा में एक छोटा-सा हम समाजवादियों का सम्मलेन था जीआईजी के मैदान में। उसके बाद वकीलों ने बुला रखा था कचहरी में। उस सम्मेलन के बाद हम लोग मुलायम सिंह के साथ एक ही गाड़ी में बैठ कर कचहरी के लिए जा रहे थे। बाज़ार के बीच से गुज़रते हुए हम लोगों ने अकल्पनीय मंज़र देखा। रास्ते में जितनी दुकानें थीं, वहाँ के सारे दुकानदारों को उसी वक़्त थूक निकल गया। सब के सब अपनी दुकान के आगे आकर बैठ गए। और जैसे-जैसे हमारी गाड़ी आगे निकल रही थी वह सब आकर हमारी गाड़ी के आगे थूक दे रहे थे। यह सब उस जगह पर हो रहा था जो जगह मुलायम जी का घर माना जाता है।

यह भयंकर दृश्य और व्यापारियों के अंदर बीजेपी के प्रोपेगंडा के प्रभाव को देखकर नेताजी बहुत उदास हो गए और उन्होंने कहा, "देख लो, सीपी राय, लोगों को मुझसे कितनी घृणा हो गई है।"

मैंने कहा, "नहीं, भाई साहेब। आप उदास मत होइए। यही लोग एक दिन माला लेकर खड़े होंगे जिस दिन उन्हें सच और आपके संविधान के प्रति वफ़ादारी का एहसास हो जाएगा। क्योंकि आपने ग़लत कुछ नहीं नहीं किया, आपने अपने राजधर्म का निर्वाह किया, अपने क़ानून का पालन किया है। ज़िम्मेदारी थी आपकी। आपकी जगह कोई और मुख्यमंत्री होता तो भी वही करता– उपद्रव फैला रहे कारसेवकों पर कार्रवाई करता। इसलिए कोई बात नहीं। जनता धीरे-धीरे समझ जाएगी। हम लोगों को अपने रास्ते पर बने रहना है।"

तो ऐसा दौर भी राजनीति में मैंने नेताजी के साथ देखा था। एक लंबा दौर क़रीब 36 साल। राज नारायणजी के निधन के बाद नेताजी से हम लोगों का सुख-दुख का साथ था। एक बात मैं और बता देता हूँ। मुझे दो बार पार्टी से उन्होंने निष्कासित किया। एक बार 'हल्ला बोल' पर, जब अख़बारों पर 1993 में हल्ला बोल आंदोलन हुआ। तब मैंने कहा कि यह ग़लत हो रहा है। लोकतंत्र में यह सही नहीं है। पार्टी का नाश हो जाएगा। अमर उजाला के मालिकों पर हमला हुआ तो मैं वहाँ पहुँच गया। मुलायम सिंह ने रात को मुझे फ़ोन करके पूछा कि आप वहाँ गए थे। हाँ कहते हुए मैंने एक अधिकारी का नाम लेकर कहा, "आप अधिकारियों के ज़रिए मीडिया मत संचालित करिए। मैं मीडिया का काम देखता हूँ। मीडिया वालों के साथ मेरे संबंध हैं। अगर कोई नाराज़गी हुई है तो मुझसे बताइए। मैं देख सकता हूँ, बात कर सकता हूँ। अधिकारियों के द्वारा करेंगे तो रिश्ते बिगड़ जाएँगे, हमेशा के लिए ख़राब हो जाएँगे।"

फिर तो बात बिगड़ गई और नेताजी ने रात को मुझे पार्टी से निष्कासित कर दिया। मुझे कोई तकलीफ़ नहीं हुई। लेकिन बाद में ऐसे हालात भी बने कि फिर वही मुझे घर से लेकर भी गए समाजवादी पार्टी में।

अमर सिंह जी अब दुनिया में नहीं हैं। उनके ख़िलाफ़ मैं कुछ नहीं कहना चाहता लेकिन दूसरी बार मुझे, बेनी प्रसाद वर्मा और राज बब्बर को अमर सिंह ने पार्टी से निष्कासित करवा दिया।

जब मेरी पत्नी का निधन हुआ, तब मुलायम सिंह रोहतक में थे। उन्होंने मुझे फ़ोन किया और कहा कि राजनीति अपनी जगह है और परिवार अपनी जगह। मैंने कहा, जी भाई साहेब। मैं उन्हें भाई साहेब ही कहता था।

मुलायम ने कहा, "मैं यहाँ से निकल चुका हूँ और बहुत तेज़ी से आ रहा हूँ। आपकी पत्नी मुझे राखी बाँधती थी। मेरी बहन थी। मेरे आने से पहले उनका

अंतिम संस्कार मत करना। हम लोग उनका इंतजार करने लगे। मुलायम सिंह आए और उन्होंने मेरी पत्नी की अर्थी को कंधा भी दिया।"

वीपी सिंह की कयादत वाली नेशनल फ्रंट की सरकार के गिरने के बाद चंद्रशेखर जी कॉन्ग्रेस के समर्थन से नई सरकार का नेतृत्व कर रहे थे। प्रधानमंत्री चंद्रशेखर की सरकार दो सिपाहियों की तथाकथित जासूसी के ऊपर गिरा दी गई।

जब चंद्रशेखर की सरकार गिर रही थी तब राजीव गाँधी जी ने मुलायम सिंह से कहा, "आप उत्तर प्रदेश में सरकार चलाओ, चंदशेखर जी का साथ छोड़ दो।" कोई और राजनेता होता तो सरकार बचाने की लालच में बात मान लेता। लेकिन वहाँ हम लोगों की बात होती रही, विचार करते रहे। फिर फ़ैसला हुआ कि चलो जनेश्वर मिश्रा उर्फ़ छोटे लोहिया जी के यहाँ चलते हैं। रात को दो बज चुके थे, वह सो चुके थे। गेट कूद करके उन्हें जाकर जगाया गया।

उसी वक़्त मुलायम सिंह आए और सरकारी राय देकर रवाना हो गए। उधर ओएसडी सक्सेना जी को रात को ही जगाकर कह दिया गया कि आप लेटर तैयार रखें, सुबह मैं इस्तीफ़ा दूँगा।

अगली सुबह राज्यपाल के जगते ही मुलायम सिंह ने जाकर इस्तीफ़ा दे दिया। उनका साफ़ कहना था कि हम चंद्रशेखर जी के साथ हैं। राजीव गाँधी की कॉन्ग्रेस के साथ नहीं। मुलायम सिंह एक ऐसे नेता थे, जो अपने विरोधी को अपना प्रतिद्वंद्वी तो मानते थे, लेकिन अपना दुश्मन नहीं मानते थे।

राजीव गाँधी जैसा व्यक्ति उन्हें कह रहा है कि आप चंद्रशेखर को छोड़ दो, सरकार चलाओ। लेकिन नेताजी ने कहा कि ऐसा कैसे हो सकता है। जिसके साथ हूँ उसके साथ रहूँगा।

अयोध्या का मामला भी आया। उन्होंने कहा कि एक नहीं दस सरकारें चली जाएँ, पर देश नहीं टूटना चाहिए, देश का दिल नहीं टूटना चाहिए, देश का संविधान और क़ानून नहीं टूटना चाहिए।

इसका खामियाजा भी उन्हें भुगतना पड़ा। लेकिन ज़्यादा दिन हम लोग सत्ता से बाहर नहीं रहे। 1991 में सरकार गिरी, 93 में हम फिर आ गए और 93 में हमारे वापस आने का सबसे बड़ा कारण यह रहा कि हम लोग ख़ाली नहीं बैठे, हम लोग पूरी तरह सड़क पर उतर गए। 22 तारीख़ को सरकार गिरी, 30 तारीख़ 31 तारीख़ तक हमने रविंद्रालय में चुनाव लड़े लोगों की मीटिंग बुला ली। अगस्त में मैंने मंडली सम्मेलन बुला लिया। विशाल सम्मेलन हुआ, नेताजी थोड़े

विचलित थे, आख़िरी दिन शाम को कह रहे थे कि प्रोग्राम कैंसिल कर दो, जनता बहुत ख़िलाफ़ है, यह प्रोग्राम फेल हो जाएगा। लेकिन मैंने उन्हें कहा कि आप ट्रेन पकड़िए और आ जाइए। इस विशाल सम्मेलन के बाद हम लोग फिर निकल पड़े और ऐसा निकले कि दो ही साल में फिर हमने सरकार बना ली।

इस संघर्ष वाले जीवन का नाम मुलायम सिंह था। उस जीवन का नाम मुलायम सिंह यादव था जो नितांत ग़रीबी से निकलकर आगरा में उसी कॉलेज में राजनीति शास्त्र से एमए कर रहे थे, जिस कॉलेज में मेरे पिताजी हेड ऑफ़ डिपार्टमेंट थे।

उस ग़रीबी से निकलकर पार्टी को खड़ा करना, दिल का बड़ा होना, सबकी सुनना, सब की राय लेना, और वह एक बात का हमेशा ध्यान रखते थे कि जो लोग उनसे बड़े हैं उनको कभी वह आहत न करें, जनेश्वर जी को उन्होंने कभी अपने घर नहीं बुलाया। हमेशा उनके यहाँ जाते थे 3-3 घंटे की मीटिंग चलती थी। रेवती रमण के घर ख़ुद जाते थे, रमाशंकर कौशिक के घर ख़ुद जाते थे, 'xyz' सिंह के घर ख़ुद जाते थे।

उनकी कोशिश थी कि जो लोग उनसे वरिष्ठ हैं या जो लोग उनके बराबर हैं और जिन्होंने उन्हें अपना नेता मान लिया, वे लोग कभी आहत ना हों। हम जैसे छोटे कार्यकर्ताओं की बहुत सारी बातें जो हमने पर्ची पर लिखकर दी, वही बोल देते थे। उनका दिल बहुत बड़ा था। अहंकार नाम की चीज़ नहीं थी।

यही कारण था कि xyz जैसा पूर्व मुख्यमंत्री उनके साथ आया और एमपी हो गए। मध्य प्रदेश में उनके साथ 7-8 एमएलए हो गए, बिहार में 3 एमएलए हो गए, महाराष्ट्र में 5 एमएलए हो गए, उनके बंगाल में एमएलए हो गए, उनके उत्तराखंड में 3 एमएलए हो गए, कर्नाटक में उनका एमपी हो गया। एक समय ऐसा लगा कि राष्ट्रीय स्तर पर पार्टी अब खड़ी हो जाएगी।

उनके व्यवहार के चलते ही एचडी देवगौड़ा, लालू यादव, नीतीश कुमार, चौटाला आदि लोगों ने उन्हें नेता मान लिया और एक नई पार्टी खड़ी होने वाली थी। हालाँकि नहीं बन पाई। पार्टी का नाम समाजवादी पार्टी मान लिया गया था। पार्टी का झंडा, पार्टी का सिंबल भी मान लिया गया था। नेताजी को अध्यक्ष भी मान लिया गया था। और नेताजी को पार्लियामेंट्री बोर्ड का चेयरमैन भी मान लिया गया था। लेकिन कुछ लोगों की साज़िश के चलते यह नहीं हो पाया।

न्याय में गंगा जल....

21 जुलाई 1998 को जब देश की संसद आज़ादी की स्वर्ण जयंती मनाने की रूपरेखा रचने और मनाने पर विचारशील थी तब भी नेताजी के दिमाग़ में छूआछूत हटाने और देश की महिलाओं को वीमेंस बिल लाकर हक़ दिलाने की बात कौंध रही थी।

दलित समुदाय से आने वाले जज भरथरी प्रसाद इलाहाबाद (अब प्रयागराज) में अपर ज़िला जज के पद पर कार्यरत थे। कोर्टों की अदला-बदली के क्रम में, वो एक अदालत से दूसरे न्यायालय में गए। उनकी जगह आए स्वर्ण न्यायाधीश ने कोर्टरूम तथा चैंबर मय फ़र्नीचर, इस्तेमाल करने से पूर्व, गंगा जल से धुलवा कर पवित्र कराया। ख़बर अख़बारों में प्रकाशित हुई और दोषी को संरक्षण देते हुए न्यायपालिका द्वारा दंड स्वरूप भरथरी प्रसाद को इलाहाबाद से मैनपुरी स्थानांतरित कर दिया गया। इस घटना का खंडन न करने पर भरथरी प्रसाद को निलंबित कर अनिवार्य सेवानिवृत्ति दे दी।

इस जानकारी ने नेताजी को काफ़ी व्यथित कर दिया और बिना अवमानना की परवाह किए उन्होंने इस प्रकरण को सदन के पटल पर रखा ही नहीं अपितु सदन में उसे एक गंभीर बहस में तब्दील कर दिया और दलित जज के लिए चौतरफ़ा न्याय की आवाज़ उठाई तथा उठवाई। हालाँकि दिमाग़ों का शुद्धिकरण आज तक नहीं हो पाया क्योंकि अखिलेश यादव के सत्ता से हटने के बाद मुख्यमंत्री बने आदित्यनाथ ने मुख्यमंत्री आवास में प्रवेश पूर्व आवास को पवित्र कराया। सदियों बाद भी 21वीं सदी में प्रवेश कर चुके देश में ये घटनाएँ नेताजी को पीड़ा पहुँचाती थी और वो मुखर होकर दो-दो हाथ भी करते थे।

भरथरी प्रसाद के पुत्र लेखक पत्रकार एवं सामाजिक चिंतक संजय सिंह ने अपने पिता के बारे में बताते हुए कहा कि उनके पिता वही न्यायिक अधिकारी हैं जिन्होंने पैरोल देकर फूलन देवी के सदन में बैठने का रास्ता साफ़ किया तथा प्रदेश की पहली लोक अदालत 1984 में लगाकर आम जनों को न्याय सुलभ करने की दिशा में पहल की। संजय ने दुख जताया कि 22 वर्षों की बेदाग़ न्यायिक सेवा करने वाले उनके पिता भीषण मानसिक यंत्रणा सहते हुए जातिप्रथा की भेंट चढ़ गए। इसे संजय स्वाभाविक मौत न मानते हुए न्यायपालिका द्वारा की गई हत्या मानते हैं। हालाँकि वो हतोत्साहित बिल्कुल नहीं हैं क्योंकि उनका कहना है कि हम उस पीढ़ी से नहीं हैं जो कुछ न कर पाने की स्थिति में आत्महत्या कर

लें या नर-भक्षी हो जाएँ। आज भी हम न्याय के लिए संघर्षरत हैं। संजय सिंह अपने पिता के जीवन पर फ़िल्म भी बना रहे हैं।

रत्नेश शेफ़र्ड की नज़र में नेताजी

ये मेरा व्यक्तिगत अनुभव है कि नेताजी को जब भी पार्टी कार्यालय में या किसी भी अवसर पर सुनने का मौक़ा मिला, हर बार नेताजी को यही कहते सुना कि– 'पढ़ो, समाजवाद को समझो, हमारे भाषणों को पढ़ो, लोहियाजी की क्रांति को पढ़ो, लोकसभा में दिए गए नेताओं के भाषणों को पढ़ो, क्योंकि जब तक पढ़ोगे नहीं तब तक जनता के बीच जाकर बात नहीं कर पाओगे। लोगों को क्या बताओगे कि हमारी पार्टी के नेता लोकसभा में किन मुद्दों पर बहस किए? बिना पढ़े नेता नहीं बन पाओगे।'

पार्टी के सारे कैडरों के लिए नेताजी की हमेशा यही चिंता रहती थी। वो चाहते थे कि पार्टी का हर छोटा-बड़ा कैडर विचारों से सशक्त रहे। तभी हम समाजवादी समाज की कल्पना को साकार कर सकेंगे।

नेताजी हमेशा अपने कार्यकर्ताओं को उनके आचरण और अनुशासन के बारे में सचेत करते रहते थे। मैनपुरी में 1 सितंबर, 2003 को आयोजित एक जनसभा में नेताजी ने कहा था– 'आपका व्यवहार, आपकी बोली किसी को ख़राब न लगे ऐसा आचरण करना। अगर हमारे कार्यकर्ता की इज़्ज़त है तो हम समझेंगे कि पार्टी की इज़्ज़त है। अगर हमारा कार्यकर्ता, हमारा नेता बदनाम है तो हमारी पार्टी बदनाम है। जो सरकारें ग़लत होती हैं, जिनकी नीतियाँ जनभावना के प्रतिकूल होती हैं, उनके ख़िलाफ़ जनता खड़ी हो जाती है। इसलिए जनता का हर हाल में साथ देना। जनता ही सबसे बड़ी ताक़त है।'

अगर समाजवादी पार्टी के नेता-कार्यकर्ता पार्टी को सत्ता में देखना चाहते हैं तो इस वक्त सबसे ज़रूरी है कि पार्टी का हर कैडर नेताजी के संघर्षों के इतिहास के पन्ने पलटकर देखे और उनके द्वारा समय-समय पर नेताओं-कार्यकर्ताओं को दिए गए सुझावों पर अमल करें।

अध्याय 11

स्याह रातें सियासत की

(आज़ाद भारत का आपातकाल दौर–इमरजेंसी)

'अपनी उम्र की वजह से मैं ब्रिटिश राज में गिरफ़्तार होकर जेल में रातें नहीं बिता सका। लेकिन इमरजेंसी के दौरान 19 महीने की जेल से मुझे ख़ुशी भी हुई और संतुष्टि भी। आख़िरकार मैं इंदिरा गाँधी की तानाशाही हरकतों के ख़िलाफ़ लोकतंत्र की बहाली के संघर्ष के लिए गर्व कर सकता हूँ।'

– मुलायम सिंह यादव

भारतीय समाजवादियों के लिए 1975 का साल स्याह वक़्त की शुरुआत था। 21 महीने के आतंक, मुक़दमेबाज़ी, सदमे और पीड़ा के दौर में कई नेता ख़त्म हो गए और कई का उदय हुआ। उस दौर को याद कर मुलायम सिंह की आँखों में उम्मीद और डर दोनों की परछाई दिखती है। वह बताते हैं, "हमारे सामने सवाल ये नहीं था कि इंदिरा गाँधी को प्रधानमंत्री बने रहना चाहिए या नहीं बल्कि सवाल ये था कि क्या देश में लोकतंत्र ज़िंदा रहेगा या नहीं। लोकतंत्र के तीन मज़बूत खंभे हैं– मज़बूत विपक्ष, आज़ाद न्यायपालिका और स्वतंत्र प्रेस। इंदिरा गाँधी की इमरजेंसी ने इन तीनों को ही बर्बाद कर दिया था। मेरे दिल में लोकतंत्र को बचाने की आग सुलग रही थी। मैंने क़सम खाई थी कि लोकतंत्र की इस अँधियारी रात के बात सुबह का सूरज ज़रूर देखूँगा।"

रोलिंगस्टोन पत्रिका बाइबिल ऑफ़ म्यूज़िक ने सदाबहार हिट गानों की लिस्ट में इस गाने को 49वें पायदान पर रखा है। मई 1977 में रिकॉर्डिंग इंडस्ट्री ऑफ़ अमेरिका ने इसे गोल्ड की श्रेणी में शामिल कर लिया और क़रीब 32 साल बाद 2009 में यह प्लैटिनम श्रेणी में शामिल हो गया। 'होटल कैलिफ़ोर्निया' ईगल्स बैंड के इसी नाम के एलबम का पहला गाना है। ये गाना फ़रवरी 1977 में रिलीज़

हुआ और उस ज़माने के रॉक संगीत में सबसे लोकप्रिय गाना बन गया। इस गाने को डॉनफेल्डर, डॉनहेनली और ग्लेनफ्रे ने लिखा था। So, I called up the captain! Please bring me my wine! He said, 'We haven't had that spirit here since 1969.' गाने की इस लाइन के बारे में डॉनहेनली ने बाद में सफ़ाई दी थी कि उस लाइन का शराब से कोई लेना-देना नहीं था बल्कि यह उस वक़्त के सामाजिक राजनीतिक माहौल पर टिप्पणी थी। हेनली के मुताबिक़, "गाने में उस होटल को एक लक्ज़री रिज़ॉर्ट बताया गया है जहाँ से आप चेक आउट तो कभी भी कर सकते हैं लेकिन आप इसे छोड़ नहीं सकते।" यह गाना एक ऐसे मुसाफ़िर की कहानी है जो पहली नज़र में आकर्षित करने वाले लक्ज़री होटल में जाता तो है लेकिन बाद में ये दुःस्वप्न में बदल जाता है। असल में ये गाना 1970 के दशक के आख़िरी सालों के दौरान संगीत उद्योग में फैले भोग-विलास और आत्मनाश की कहानी कहता है। मैं इसे लॉस एंजिलिस के विलासितापूर्ण जीवन की व्याख्या के तौर पर देखता हूँ। ये गाना अमेरिकी सपने के स्याह हिस्सों की हक़ीक़त और अमेरिका में हो रही ज़्यादतियों के बारे में बताता है।

भारतीयों के लिए 1975 की गर्मियों में ऐसी किसी विलासिता या लक्ज़री की कोई उम्मीद नहीं थी। दबाने और कुचलने के तमाम तरीक़ों के बीच एक था– 'ऑपरेशन मैंड्रेक'। कॉन्ग्रेस विरोधी आंदोलन के कर्ता-धर्ताओं को ख़त्म करने का। इंदिरा गाँधी सरकार के ख़ूफ़िया जासूसों ने जयप्रकाश नारायण को 'ऑपरेशन मैंड्रेक' नाम दिया था। इसके तहत न केवल उन्हें काल कोठरी में बंद करना था बल्कि ख़ूफ़िया तरीक़े से पटना में गंगा के किनारे बाँस घाट पर अंतिम संस्कार की भी योजना थी। ये अलग बात है कि ये सारी योजनाएँ धरी की धरी रह गईं। सितम ढाने वाली सरकारी मशीनरी उस वृद्ध इंसान की हिम्मत को नहीं कुचल पाई। हाँ, उनकी मानसिक और शारीरिक सेहत पर असर ज़रूर पड़ा।

जबरन गिरफ़्तारी, सेंसरशिप, धमकी और जनता को सताने के दौर के बीच विरोध का दौर भी जारी था। शाहजहाँपुर से लेकर शाहजहाँनाबाद तक सड़कों पर सिविल नाफ़रमानी की आग सुलग रही थी।

उन डरावने दिनों की याद कर शिवपाल सिंह आज तीन दशक बाद भी सिहर उठते हैं। वह बताते हैं, "25 जून की शाम को 'नेताजी' एक शादी में गए हुए थे। इटावा पुलिस नेताजी को खोजते हुए चौगुर्जी में मौजूद हमारे घर पर भी आई। मुझे समझ में ही नहीं आया कि इमरजेंसी का क्या मतलब होता है। मैंने फ़ोन से

ही उनसे संपर्क किया और उन्हें गिरफ़्तारी के बारे में जानकारी दी। वह आधी रात के बाद क़रीब दो बजे घर पहुँचे। हमने उन्हें रसोई में छुपा दिया। सुबह चार बजे एक कार्यकर्ता रामसेवक की मोटरसाइकिल का इंतज़ाम हुआ और उस पर बैठ 'नेताजी' अज्ञात जगह के लिए चल दिए।"

लेकिन मुलायम सिंह इमरजेंसी लगाए जाने को लेकर बेपरवाह थे। वह जब तक गिरफ़्तारी से बच सकते थे तब तक बचते रहे लेकिन झुकने को तैयार नहीं थे। अगले दिन वह भालेपुरा गाँव जाने के लिए बेचैन थे क्योंकि उन्हें ज़मीन के एक झगड़े में सुलह करानी थी और दोनों पक्ष एक-दूसरे के ख़ून के प्यासे हो रहे थे। बातचीत के दौरान मामला जब सुलह के नज़दीक था उसी वक़्त पुलिस ने पूरे गाँव को घेर लिया और बच्चे, बूढ़े और महिलाओं के भारी विरोध के बावजूद मुलायम सिंह को गिरफ़्तार कर ले गई।

शिवपाल सिंह इटावा जेल के ख़ूब चक्कर लगाते थे। "मैं पूरे वक़्त दौड़ता ही रहता था। जी पी वाजपेयी डिप्टी जेलर थे। वह मुझे मेरे भाई और बाक़ी समाजवादियों से मुलाक़ात में मदद करते थे। गिरफ़्तारी के दूसरे दिन मैं उनके लिए अमरूद, केला, सेब, और धोती-कुर्ता ले गया। वापसी के वक़्त वह मुझे काग़ज़ के एक टुकड़े पर कार्यकर्ताओं के लिए एक संदेश देते थे। मैं डाकिए की इस भूमिका से काफ़ी ख़ुश था। उन्होंने जेल से कार्यकर्ताओं और जनेश्वर मिश्र, वाजपेयी, आडवाणी और चंद्रशेखर जैसे नेताओं के लिए कई चिट्ठियाँ लिखीं। अख़बारों पर रोक लगने के बाद चिट्ठियों के मार्फ़त ही बातचीत होती थी और एक-दूसरे को संदेश भेजे जाते थे। जेल में रेडियो पर रोक थी।"

ये दौर राजनारायण सक्सेना के लिए काफ़ी उतार-चढ़ाव वाला रहा। उनके मुताबिक़, "मैं उनसे जेल में कई बार मिलने गया और वह जोश में काफ़ी ख़ुश दिखते थे। वह कहते थे कि इमरजेंसी ख़त्म होने से पहले वह बाहर नहीं निकलना चाहेंगे। उधर नसबंदी करने वाली सरकारी अफ़सरों की टीम ने जैन इंटर कॉलेज पर छापा मारा और एसडीएम ने सभी 14 टीचरों को नसबंदी कराने का आदेश दिया। उन 14 टीचरों के साथ मुझे भी राजस्थान में भरतपुर के अस्पताल में भर्ती करा दिया गया और नसबंदी का ऑपरेशन कर दिया गया। ये एक बुरा ख़्वाब था। जिन टीचरों ने नसबंदी नहीं कराई उन्हें पढ़ाने से मना कर दिया गया। अस्पताल में नसबंदी से पहले हम लोगों को टीका भी लगाया गया। हज़ारों लोगों की नसबंदी की गई। गाँवों में डर का माहौल था। किसी भी सरकारी मुलाज़िम के आते ही

लोग गाँव से भाग जाते थे। मैं तो ख़ुश था क्योंकि मैं और बच्चे नहीं चाहता था। लेकिन मुझे दुख इस बात का हुआ कि जब तक मैंने नसबंदी नहीं करा ली, मेरी तनख़्वाह रोक दी गई थी।"

नसबंदी वाली टीम से शिवपाल भी डरे हुए थे। "नसबंदी से बचने के लिए मैं अपने भाइयों और भतीजों के साथ धान के खेतों में छुप जाता था। घर में भी लोग लोग सोते नहीं थे। जबरन नसबंदी का ये हाल था कि सड़कों पर भिखारियों को भी नहीं बख़्शा गया। अफ़सरों को हर दिन नसबंदी का लक्ष्य दिया जाता था और ऐसा नहीं करने पर नौकरी जाने का ख़तरा था। इटावा जेल में मुलायम सिंह ने डिप्टी जेलर से कुश्ती का दंगल कराने को कहा। कमलेश पाठक भी उसी जेल में थे। मुलायम इस दंगल को लेकर काफ़ी उत्साहित थे।"

अदालत ने 12 जून 1975 को इंदिरा गाँधी का चुनाव ख़ारिज कर दिया। इस असाधारण फ़ैसले के बाद छात्र आंदोलन ज़ोर पकड़ने लगा। क़रीब 12 दिन बाद दिल्ली के रामलीला मैदान में विशाल रैली ने देश भर में विरोध प्रदर्शन की बयार ला दी। इस रैली में नन्हे नेपोलियन अपने नेता चौधरी चरण सिंह के साथ शामिल थे। इस रैली से इंदिरा गाँधी को तगड़ा झटका लगा। रैली में हर आदमी उनके इस्तीफ़े की माँग कर रहा था। 24 घंटे के भीतर ही इंदिरा गाँधी ने अपना दाँव चल दिया और देश पर इमरजेंसी थोप दी गई।

इमरजेंसी के दौरान लखनऊ के चारबाग़ में सोशलिस्ट पार्टी के दफ़्तर पर एक माफ़िया सरगना तिवारी ने क़ब्ज़ा कर लिया। मुलायम ने सड़कों पर इसका विरोध भी किया लेकिन नतीजा सिफ़र रहा। ये कॉन्ग्रेस का गढ़ बन गया और उसकी छत्रछाया में बाहुबली ज़्यादतियाँ कर रहे थे। तीन दशक बाद आज वहाँ होटल विश्वनाथ चल रहा है।

मुलायम सिंह समेत तमाम समाजवादी नेता वीर रस और बग़ावती तेवरों वाली कविताओं के दीवाने हो गए। क़रीब एक लाख लोगों की भीड़ के सामने जयप्रकाश नारायण ने रामधारी सिंह दिनकर की एक कविता की लाइन पढ़ी– 'सिंहासन ख़ाली करो कि जनता आती है' और ये लाइन आंदोलन का नारा बन गई। एक और कवि नीरज ने लिखा– 'ओ भारत की जनता जा के कह दो इंदिरा गाँधी से, दिल्ली तक भी बच न सकेगी जयप्रकाश की आँधी से।' इस दौरान समाजवादियों के होंठों पर कुछ और भी नारे थिरक रहे थे। मसलन– 'ये देखो इंदिरा का खेल, खा गई शक्कर पी गई तेल', 'तख़्त बदल दो ताज बदल दो,

बेईमानों का राज बदल दो', 'हर ज़ोर ज़ुल्म की आँधी में संघर्ष हमारा नारा है' आदि। मुलायम जब रैलियों और सड़कों-चौराहों पर ये नारे लगाते थे तो बंद मुट्ठी के साथ उनका दाहिना हाथ हवा में लहराता था और बाद में यही उनके संघर्ष-सफ़र की पहचान भी बन गया।

लेकिन सत्ता के नशे में चूर इंदिरा गाँधी का आत्मविश्वास हिलोरे ले रहा था। वह गरजीं, "अगर बिजली के एक खंभे को उत्तर प्रदेश या देश में कहीं से भी कॉन्ग्रेस का टिकट दे दिया जाए तो वह भी चुनाव जीत जाएगा।" इंदिरा गाँधी के इस अहंकार को तोड़ने के लिए मुलायम सिंह अमेरिकी राष्ट्रपति केनेडी के कहे शब्द याद करते हैं। वह लोगों की भावनाओं को समझने के लिए कवियों के साथ रहते हैं। जॉन एफ़ केनेडी ने कहा था कि सत्ता इंसान में अहंकार भरती है, कविता उसे उसकी सीमाएँ बताती है। जब सत्ता इंसान की सोच को सँकरा कर देती है तो कविता उसे उसके अस्तित्व की समृद्धि और विविधता की याद दिलाती है। जब सत्ता भ्रष्ट करती है, कविता उसे साफ़ करती है।

जेपी और उनके तमाम बुज़ुर्ग और युवा कॉमरेडों को बदलाव का एहसास हो गया था और उन्होंने 'संपूर्ण क्रांति' का नारा दिया।

रामलीला मैदान के मंच पर मुलायम सिंह यादव, चौधरी चरण सिंह, सबके चहेते बन चुके राजनारायण, मोरारजी देसाई, जयप्रकाश नारायण, जॉर्ज फ़र्नांडिस, जिनकी हथकड़ियों में जकड़े हवा में उठे हाथ वाली तस्वीर विरोध का प्रतीक बन चुकी थी, और मधु लिमये, कर्पूरी ठाकुर, जनेश्वर मिश्र और देश के अलग-अलग हिस्सों से जमा हुए समाजवादियों का संगम एक ऐतिहासिक क्षण था।

इमरजेंसी की काली चादर 21 महीने छाई रही- 25 जून 1975 से 21 मार्च 1977 तक। मुलायम ने इस दौरान 19 महीने जेल में काटे। फ़ख़रुद्दीन अली अहमद कठपुतली राष्ट्रपति थे। इंदिरा गाँधी ने उन्हें संविधान के अनुच्छेद 352 के तहत देश में इमरजेंसी की घोषणा करने का आदेश दिया। इमरजेंसी लागू होते ही इंदिरा गाँधी ने तानाशाही ताक़तें हासिल कर लीं और डिक्री या अपने आदेशों के ज़रिये शासन चलाने लगीं। चुनाव और लोगों की आज़ादी जैसे विचार खिड़की से बाहर फेंक दिए गए।

दार्शनिक जॉर्जियो अगम्बेन का तर्क है कि दूसरे विश्व युद्ध के बाद से सभी राष्ट्रों यहाँ तक कि लोकतांत्रिक देशों में भी ये होता आया है। इंदिरा गाँधी ने एक निरंकुश तानाशाह की तरह सत्ता चलाना शुरू कर हर तरफ़ सुनामी ला दी। उनके

बेटे संजय गाँधी ने जबरन नसबंदी जैसे कुछ लोकतंत्र विरोधी क़दमों पर अमल करना शुरू कर दिया, इस बात की परवाह किए बिना कि अंजाम क्या होगा। डिक्री आधारित शासन में सत्ताधीश विधायिका की मंज़ूरी के बिना मनमर्ज़ी के क़ानून बनाता है। पड़ोसी देश पाकिस्तान में मार्शल लॉ लगना आम बात है लेकिन भारत में ऐसा होना एक ज़बर्दस्त हमले जैसा था। वास्तव में इंदिरा गाँधी का ये शासन उनकी मनमर्ज़ी के मुताबिक़ था और ये उनकी और उनके समर्थकों के सनकपन और भ्रष्टाचार की कहानियों में डूबा हुआ था।

'जब तानाशाही हक़ीक़त बन जाए तो क्रांति का हक़ मिल जाता है।'

–विक्टर ह्यूगो

राज्य की पुलिस मुलायम के पीछे ऐसे पड़ी थी मानो वह आतंकवादी हों। इटावा जेल में बंद रहने के दौरान उन्हें लोकतांत्रिक संघर्ष का चोला पहनने वाली निरंकुश सत्ता का अनुभव हुआ। उनके मुताबिक़, "इंदिरा गाँधी ने अपने एक दस्तख़त से इमरजेंसी की आततायी मशीन को जन्म दिया। उन्होंने अपनी ही जनता के ख़िलाफ़ संघर्ष का ऐलान कर दिया। मैं सोच भी नहीं सकता कि उन्होंने अपनी सत्ता को इस बेवक़ूफ़ी भरी हरकत से गँवा दिया। जनता ने उन्हें और उनके पिता को सत्ता इसलिए सौंपी थी कि वे लोगों का भला करें लेकिन चुनाव रद्द होने के बाद वह घबरा गईं। जेम्स गारफ़ील्ड अमेरिका के 20वें राष्ट्रपति थे। पढ़ाई का ख़र्च पूरा करने के लिए वह बढ़ईगीरी भी करते थे। कई अश्वेतों को अहम पदों पर बिठाने के लिए वह मशहूर हैं। उन्होंने कहा था कि अगर आप किसी जगह के हिसाब से विशाल नहीं हैं तो आप वास्तव में बहुत छोटे होते हैं। इंदिरा गाँधी इस वाक्य से सबक़ ले सकती थीं। उन्होंने जो किया वह उनके पिता कभी नहीं कर सकते थे। नेहरू राजनेता थे और हिम्मती थे। इमरजेंसी लगाकर इंदिरा ने अपने कायर होने का सबूत दिया।"

1954 में द पैशनेट स्टेट ऑफ़ माइंड में एरिक हॉफ़र ने लिखा था, 'जब सत्ता और निरंतर भय का मेल हो जाता है तो ये अभेद्य हो जाती है।' एरिक अमेरिका के समाजवादी लेखक थे। पाँच साल की उम्र में वह जर्मन और अँग्रेज़ी दोनों ही पढ़ लेते थे। उनकी ज़िंदगी का कुछ हिस्सा किताबों और वेश्यालयों के बीच गुज़रा। उनकी पहली किताब द ट्रूबिलीवर काफ़ी मशहूर हुई। मुलायम अपने कार्यकर्ताओं से एरिक के लेख पढ़ने और उनसे प्रेरणा लेने की सीख देते हैं कि

कैसे तमाम मुश्किलों का सामना करते हुए भी एरिक सफलता की सीढ़ियाँ चढ़ते गए। अमेरिका के दबे-कुचले वर्ग के प्रति एरिक के प्रेम से मुलायम काफ़ी प्रभावित हैं। वह कहते हैं, 'उन पर अपनी साधारण जड़ों और आस-पास के कामगारों के माहौल का काफ़ी असर था। मैं भी ऐसी ही परिस्थितियों से प्रभावित हूँ। अपने कार्यकर्ताओं और किसानों में मुझे काफ़ी संभावनाएँ दिखती हैं। उनकी ज़िंदगी से जुड़े उनके लेख वैसे ही फैले जैसे किसी पेड़ से उसकी शाखाएँ फैलती हैं।'

हॉफ़र की तरह मुलायम भी मानते हैं कि किसी भी जन-आंदोलन और मनोवैज्ञानिक बेहतरी के लिए आत्मगौरव होना अहम है। आत्मगौरव का न होना ख़तरनाक भी हो सकता है जैसा कि 1975 की गर्मियों में इंदिरा गाँधी के क़दमों ने साबित किया। एडॉल्फ़ हिटलर, मुसोलिनी, जोसेफ़ स्टालिन और फ्रैंको जैसे तानाशाहों की सत्ता के मूल में स्व घृणा और असुरक्षा की भावना ही थी। इंदिरा गाँधी भी अपनी असुरक्षा का ही शिकार हुईं। 1971 में वह देवी के तौर पर देखी गईं लेकिन कुछ ही सालों में वह उस जगह से नीचे खिसक गईं। मुझे उन पर दया आती है। सत्ता के मद में कोई महिला अपना आकर्षण या जादू कैसे खो सकती है? उन्होंने जो किया क्या उसके बाद हम उन्हें लोकतंत्र में भरोसा रखने वाला मान सकते हैं? किस आधार पर वह अपने बेटे और पूरे प्रशासन को लोगों की निजी ज़िंदगी से खिलवाड़ करने की मंज़ूरी दे सकती थीं? फ्रांसीसी संविधान में भी डिक्री के आधार पर शासन चलाने की बात कही गई है और हम सब अमेरिकी राष्ट्रपति के एक्जीक्यूटिव ऑर्डर से सबक़ सीख चुके हैं लेकिन असहाय भारतीयों को 21 महीने तक यातना देने की कोई ज़रूरत नहीं थी।

44 ई. पू. में जूलियस सीज़र की हत्या के बाद रोमन साम्राज्य में सत्ता का हस्तांतरण लेक्सटिटिया डिक्री के आधार पर हुआ। गेयस ऑक्टेवियन, जनरल मार्क एंथनी और धर्मगुरु एमेलियस लेपिडस ने सेकंड ट्रायम वाइरेट में सत्ता हथिया ली। जिस प्रस्ताव ने इन तीनों को ही पाँच साल तक निरंकुश सत्ता का हक़ दिया उसे 38 ई. पू. में तैयार किया गया और जारी रखा गया। आख़िरकार 33 ई. पू. में लेपिडस की हार के बाद ये शासन ख़त्म हुआ और फिर रोमन साम्राज्य के अंतिम युद्ध की शुरुआत के साथ ही गणतांत्रिक सरकार का पतन हो गया।

28 फ़रवरी 1933 को एडॉल्फ़ हिटलर की सलाह पर जर्मन राष्ट्रपति पॉलवॉन हिंडेनबर्ग ने राइखस्टैग फ़ायर डिक्री (आरएफ़डी) जारी की। यह सबसे रोचक डिक्री थी क्योंकि इसे जारी करने के लिए एडॉल्फ़ हिटलर जर्मन राष्ट्रपति

पॉलवॉन हिंडेनबर्ग को मनाने में सफल रहा था। जिस तरह इंदिरा की डिक्री ने नागरिकों के हक़ों का दमन कर दिया था वैसे ही आरएफ़डी ने भी अनिश्चितकाल के लिए नागरिक अधिकारों को ख़त्म कर दिया था। नाज़ियों ने विरोधियों पर हमला बोल दिया और हज़ारों की तादाद में विरोधियों को गिरफ़्तार कर थर्ड राइख की सत्ता के लिए रास्ता तैयार किया। एक ख़ास बात ये रही कि संविधान को सिर्फ़ स्थगित किया गया, उसे ख़त्म नहीं किया गया और ये थर्ड राइख के पतन तक जारी रहा।

1975 की गर्मियों तक कॉन्ग्रेस ने ख़म ठोंककर सत्ता चलाई थी और इस दौरान तथाकथित लोकतांत्रिक डिक्री को रोकने में विपक्ष की भूमिका न के बराबर रही। राजनीति के पटल से नेहरू के जाने के बाद बदलाव तेज़ी से हो रहे थे।

बातचीत के दौरान मुलायम सिंह बताते हैं, "अपनी बेटी को उँगली पकड़कर चलना सिखाने के लिए अब पिता मौजूद नहीं थे। 1967 के आम चुनाव में समाजवादियों, भारतीय जनसंघ और कम्युनिस्टों की बढ़ी हुई ताक़त से आने वाले वक़्त के संकेत मिलने लगे थे। इस आम चुनाव में भारतीय जनसंघ को 35 सीटें मिलीं, जबकि प्रजा सोशलिस्ट पार्टी को 13 और संयुक्त सोशलिस्ट पार्टी को 23 सीटें मिलीं। कॉन्ग्रेस को केवल 28 सीटें मिलीं। 20 साल से एकछत्र राज कर रही कॉन्ग्रेस के लिए ये तगड़ा झटका था।"

"चार साल बाद 1971 में पाकिस्तान से युद्ध और बांग्लादेश के उदय के साये में हुए ऐतिहासिक चुनावों में कॉन्ग्रेस में दो हिस्से हो चुके थे। एक बड़ा तबक़ा इंदिरा गाँधी के साथ खड़ा था। इस हिस्से को भारतीय राष्ट्रीय कॉन्ग्रेस (इंदिरा) का नाम दिया गया जबकि दूसरे धड़े को भारतीय राष्ट्रीय कॉन्ग्रेस (ऑर्गनाइज़ेशन) नाम दिया गया। चुनाव में इंदिरा गाँधी की कॉन्ग्रेस (इंदिरा) ने बेहतर प्रदर्शन किया क्योंकि इस वक़्त तक पाकिस्तान के दो टुकड़े कर देने की वजह से उन्हें दुर्गा कहा जाने लगा था और इसमें अटल बिहारी वाजपेयी भी शामिल थे। कॉन्ग्रेस (इंदिरा) ने 352 सीटों पर क़ब्ज़ा किया जबकि कॉन्ग्रेस (ओ) को सिर्फ़ 16 सीटें ही मिलीं। प्रजा सोशलिस्ट पार्टी को सिर्फ़ 2 और संयुक्त सोशलिस्ट पार्टी को महज़ 3 सीटें ही मिलीं। लोहिया की ग़ैरमौजूदगी में हम घिसट रहे थे। उत्तर प्रदेश विधानसभा में जसवंत नगर से मैं चुनाव ज़रूर जीत गया था लेकिन हिंदी पट्टी समेत पूरे भारत में समाजवादियों के लिए ये एक सदमा था।"

एक ओर जब भारत और पाकिस्तान युद्ध की तैयारी में जुटे हुए थे तब संयुक्त राष्ट्र अमेरिका ने 15 अगस्त 1971 को ब्रेटनवुड्स समझौते से अलग होने का ऐलान कर दिया। इस ऐलान से अमेरिका गोल्ड एक्सचेंज स्टैंडर्ड से बाहर हो गया। इस समझौते तक अमेरिकी डॉलर का मूल्य सोने के दाम से तय होता था और बाक़ी देशों की मुद्राओं का मूल्य अमेरिकी डॉलर के हिसाब से। नये फ़ैसले से अमेरिकी डॉलर नियंत्रण मुक्त हो गया और खुले बाज़ार में बिकने लगा। कुछ दिनों बाद लंदन ने भी पाउंडसटर्लिंग के लिए यही फ़ैसला ले लिया। एक-एक करके सभी औद्योगिक राष्ट्रों ने अपनी मुद्राओं के लिए यही क़दम उठा लिए। यही नहीं, मुद्रा के मूल्य में उतार-चढ़ाव की आशंका के मद्देनज़र इन देशों ने पहले की तुलना में कहीं ज़्यादा नोट (काग़ज़ी मुद्रा) छापकर रख लिए। इसकी वजह से अमेरिकी डॉलर के साथ-साथ बाक़ी मुद्राओं का मूल्य गिर गया। उधर चूँकि तेल की क़ीमत डॉलर में होती थी इसलिए उत्पादकों की आमदनी घट गई। ऐसे में तेल निर्यात करने वाले अरब देशों के संगठन ने तेल की क़ीमत डॉलर की बजाय सोने में तय करने का ऐलान कर दिया।

अमेरिकी फ़ैसले का असर दो साल बाद 1973 में देखने को मिला जब पूरी दुनिया को तेल ने झटका दिया। इसी साल शेयर बाज़ार में भी मंदी और 30 के दशक की मंदी के बाद इसका असर बाक़ी जगह पड़ने लगा। तेल संकट अक्टूबर 1973 में शुरू हुआ जब मिस्र, सीरिया और ट्यूनिशिया समेत अरब तेल निर्यातक देशों के संगठन (OAPEC) ने तेल निर्यात पर रोक लगा दी। ये फ़ैसला योमकिप्पूर युद्ध में इस्राइली सेना को अमेरिका से तेल दिए जाने का नतीजा था। 6 अक्टूबर 1973 को सीरिया और मिस्र ने इस्राइल पर हमला किया। मध्य-पूर्व एशिया में युद्ध की वजह से तेल की क़ीमतें बढ़ने लगीं। जब ये जानकारी सामने आई कि सोवियत संघ सीरिया और मिस्र को हथियारों की सप्लाई कर रहा है तो 12 अक्टूबर 1973 को अमेरिकी राष्ट्रपति रिचर्ड निक्सन ने ऑपरेशन निकेल ग्रास के ज़रिये इस्राइल को हथियारों और तेल की सप्लाई जारी रखने का फ़ैसला किया।

हक़ीक़त ये थी कि पश्चिमी देश कम क़ीमत और तीसरी दुनिया के विकासशील पेट्रोलियम उत्पादक देशों को महँगा सामान बेचना जारी रखते हुए अपनी तेल की ज़रूरत सालाना 5 फ़ीसदी से ज़्यादा नहीं बढ़ा सकते थे। दुनिया के दूसरे सबसे बड़े तेल निर्यातक देश और अमेरिका के पिट्ठू ईरान के शाह ने न्यूयॉर्क टाइम्स

से कहा था, "दुनिया में तेल की क़ीमतें बढ़ेंगी। ...कैसे?... आपने (पश्चिमी देश) हमें दिया जाने वाला गेहूँ 300 गुना महँगा कर दिया है। यही हाल चीनी और सीमेंट का भी है। आप हमसे तेल ख़रीदते हैं और फिर रिफ़ाइन करके हमें ही सौ गुना ज़्यादा दाम पर बेचते हैं। ऐसे में सही यही होगा कि आप तेल के लिए ज़्यादा क़ीमत चुकाएँ। कम-से-कम दस गुना ज़्यादा।"

ये तेल संकट मार्च 1974 तक बरक़रार रहा। तेल निर्यात पर रोक के लिए अमेरिकी कार्रवाई को ज़िम्मेदार माना जा रहा था, साथ ही लंबे समय तक महँगे तेल, अनिश्चित सप्लाई और मंदी के चलते नेटो (नॉर्थ अटलांटिक ट्रिटी ऑर्गनाइज़ेशन) में भी मतभेद पैदा हो गए। इसके अलावा कुछ यूरोपीय देशों और जापान ने ख़ुद को अमेरिका की मध्य-पूर्व की नीति से अलग कर लिया। मध्य पूर्व में शांति बहाली के लिए अमेरिका की सफल कोशिशों को तेल निर्यातक अरब देशों ने निर्यात पर रोक हटाने फ़ैसले से जोड़ दिया था। इससे समस्या और गंभीर हो गई। इससे निपटने के लिए निक्सन प्रशासन ने एक ओर अरब तेल उत्पादकों से रोक ख़त्म करने के लिए और दूसरी ओर मिस्र, सीरिया और इस्त्राइल से साइनाई और गोलनहाइट्स से सेनाएँ वापस बुलाने के लिए साथ-साथ बातचीत शुरू की। 18 जनवरी 1974 को अमेरिकी विदेश मंत्री हेनरी किसिंगर ने इस्त्राइल को साइनाई की पहाड़ियों से सेना हटाने के लिए रज़ामंद कर लिया। तेल निर्यात पर मार्च 1974 में रोक हटाने के लिए अरब देशों के लिए इस्त्राइल और सीरिया के बीच समझौते का वादा काफ़ी था। मई के आख़िर तक इस्त्राइल गोलनहाइट्स का कुछ हिस्सा भी छोड़ने को तैयार हो गया।

पाकिस्तान को दो टुकड़ों में बाँटने के बाद इंदिरा गाँधी की लोकप्रियता तो काफ़ी बढ़ गई लेकिन उनका अपना चुनाव आरोपों और गड़बड़ियों के घेरे में था। विरोधी समाजवादी दल इस बात पर एक-राय थे कि 1971 का चुनाव जीतने के लिए इंदिरा कॉन्ग्रेस ने चुनावी गड़बड़ियाँ की हैं।

इस धोखाधड़ी वाले चुनाव में हिस्सा लेने वाले राजनारायण अब सबके हीरो थे। संसदीय चुनाव में राजनारायण हार गए थे इंदिरा गाँधी से। लेकिन इंदिरा गाँधी की छवि से घबराए बिना उन्होंने इलाहाबाद हाईकोर्ट में इंदिरा गाँधी के ख़िलाफ़ चुनाव में धोखाधड़ी और सरकारी मशीनरी के ग़ैरक़ानूनी इस्तेमाल का मामला दायर कर दिया। चार साल तक ये मामला लटका रहा लेकिन उनकी धुन और धीरज की दाद देनी होगी। अदालत का अप्रत्याशित फ़ैसला इंदिरा गाँधी के

ख़िलाफ़ गया तो यही इमरजेंसी की सबसे बड़ी वजह बना।

जस्टिस जगमोहनलाल सिन्हा के 12 जून 1975 को दिए गए ऐतिहासिक फ़ैसले ने देश में लोकतांत्रिक राजनीति की दिशा बदल दी। फ़ैसले में इंदिरा गाँधी को चुनाव के दौरान सरकारी मशीनरी के बेजा इस्तेमाल का दोषी क़रार दिया गया। उनका चुनाव रद्द कर दिया गया और उनकी लोकसभा की सदस्यता ख़त्म हो गई। यही नहीं, अगले छह साल तक इंदिरा गाँधी के चुनाव लड़ने पर रोक के आदेश ने जले पर नमक छिड़कने का काम किया। हालाँकि पैसे देकर वोटरों को ललचाना और चुनावी धाँधलियों के आरोप ख़ारिज कर दिए गए। लेकिन राज्य पुलिस के हाथों मंच बनाने, सरकारी अधिकारी यशपाल कपूर को चुनाव में पैसे के इंतज़ाम के लिए इस्तेमाल करने और सरकारी बिजली की चोरी करने जैसे आरोपों के लिए उन्हें ही ज़िम्मेदार माना गया।

मुलायम सिंह अपने राजनीतिक आँगन से ये सारा तमाशा देख रहे थे। बातों-बातों में उन्होंने मुझे बताया, "इलाहाबाद हाईकोर्ट ने उन्हें हल्के आरोपों में सज़ा दी जबकि ज़्यादा गंभीर आरोप ख़ारिज कर दिए गए। लंदन के द टाइम्स अख़बार ने इस फ़ैसले के बारे में लिखा कि 'ये ट्रैफ़िक चालान के लिए प्रधानमंत्री को बर्ख़ास्त करने जैसा है। ट्रैफ़िक नियमों का उल्लंघन करने पर चालान कटता है। चालान दो तरह के होते हैं- चलाते हुए उल्लंघन जैसे स्पीड लिमिट तोड़ना या खड़े वाहन का उल्लंघन जैसे ग़लत पार्किंग। अदालत में इंदिरा गाँधी पर साबित हुआ दोष कुछ ऐसा ही था।'

जस्टिस जगमोहनलाल सिन्हा और राजनारायण ने नेहरू की बेटी और भारत की तबकी प्रधानमंत्री इंदिरा गाँधी को मानो 175 मील प्रति घंटे की रफ़्तार से हौंडा फ़ायरब्लेड मोटरसाइकिल दौड़ाने के लिए चालान थमा दिया था। भारतीय लोकतंत्र की सड़क पर ये काफ़ी महँगा ट्रैफ़िक चालान था।

अदालती फ़ैसले के तुरंत बाद ही देश भर में मज़दूर संगठनों, छात्र संघों और सरकारी कर्मचारियों की हड़ताल का सिलसिला शुरू हो गया। जयप्रकाश नारायण ने राजनारायण, मोरारजी देसाई, चौधरी चरण सिंह और मुलायम सिंह के साथ दिल्ली की सड़कों पर धावा बोल दिया। हज़ारों प्रदर्शनकारी संसद और इंदिरा गाँधी के घर को निशाना बनाने लगे।

माना जाता है कि कलकत्ता में राइटर्स बिल्डिंग में बैठने वाले पश्चिम बंगाल के तबके मुख्यमंत्री सिद्धार्थ शंकर राय ने इंदिरा गाँधी को इमरजेंसी लगाने की

सलाह दी थी। इमरजेंसी के आदेश के लिए फ़ख़रुद्दीन अली अहमद को लिखे पत्र का मसौदा उन्होंने ही तैयार किया था। उनकी सोच काफ़ी अजीब और हास्यास्पद थी– इंदिरा गाँधी को जानकारी मिली है कि आंतरिक अशांति से देश की सुरक्षा को ख़तरा है। उन्होंने बताया कि संविधान के दायरे में रहते हुए भी कैसे लोगों की आज़ादी पर पाबंदी लगाई जा सकती है। लोकतंत्र के पहिए को थाम दिया गया। इंदिरा गाँधी ने राष्ट्रपति को सलाह दी कि वह हर छह महीने पर इमरजेंसी ज़ारी रखने के प्रस्ताव को मंज़ूरी देते रहें।

मुलायम सिंह बताते हैं, "इंदिरा गाँधी अपने शासन को सही ठहराने के लिए हर तरह के राष्ट्रीय और अंतर्राष्ट्रीय बहानों का सहारा ले रही थीं। तमाम चापलूस कॉन्ग्रेसियों के साथ इंदिरा गाँधी और उनके बेटे मिलकर संजय गाँधी संसद में देश के क़ानूनों को फिर से लिखने की कोशिश कर रहे थे। संसद में कॉन्ग्रेस के पास दो-तिहाई बहुमत था। अध्यादेशों के ज़रिये सत्ता चलाकर संसद की अनदेखी की जा रही थी। आम जनता की खिल्ली उड़ाते हुए उन्होंने कृषि और औद्योगिक उत्पादन बढ़ाने, सार्वजनिक सेवाओं में सुधार और ग़रीबी और अशिक्षा से लड़ने के लिए 20 सूत्री आर्थिक कार्यक्रम का ऐलान किया, मानो राजनारायण से चुनाव हारने से पहले तक उन्हें देश में ग़रीबी और अशिक्षा की हालत का पता ही नहीं था। अध्यादेशों ने उन्हें संविधान में बिना किसी डर के बदलाव करने की ताक़त दे दी क्यों कि चुनावी धाँधली के मामले में उन्हें बरी कर दिया गया था। उन्होंने तमिलनाडु और गुजरात में ग़ैर-कॉन्ग्रेसी दलों की सरकारों को बर्ख़ास्त कर दिया। 26 सितंबर 1975 को उन्होंने संविधान के 39वें संशोधन का प्रस्ताव रखा जिसके तहत प्रधानमंत्री के चुनाव को अदालत में चुनौती नहीं दी जा सकती थी। 9 जनवरी 1976 को उन्होंने संविधान के अनुच्छेद 19 में दी गई सात आज़ादियों पर रोक लगा दी।

"अपने विरोधियों को सबक़ सिखाने की ज़िद और संवैधानिक अधिकारों को हासिल करने के लिए उन्होंने 42वाँ संविधान संशोधन पेश किया जो अपने आप में छोटा-मोटा संविधान था। कॉन्ग्रेस की सत्ता बनाए रखने का ये सबसे भद्दा क़दम था। 2 नवंबर 1976 को पास हुए संशोधन का मक़सद सिर्फ़ हाईकोर्ट और सुप्रीम कोर्ट के पर कतरना था। बराबरी पर आधारित सामाजिक और राजनीतिक व्यवस्था की ओर लोगों के बढ़ते झुकाव को देख उन्होंने इस संशोधन के ज़रिये संविधान की प्रस्तावना में समाजवादी और धर्मनिरपेक्ष शब्द शामिल करवाए। ये लोगों को ख़ुश करने की कोशिश थी लेकिन हक़ीक़त में ये बाक़ी निरंकुश क़ानूनों

पर पर्दा डालने और संविधान की आत्मा को दबाने की करतूत थी। इसे संविधान क़ानून 1976 कहा गया। इसमें कोई आश्चर्य नहीं कि जनता पार्टी ने 1976 से पहले की स्थिति बहाल करने के लिए 42वें संविधान संशोधन को रद्द कर 43वाँ और 44वाँ संविधान संशोधन पारित किया।"

"भारत में इंदिरा गाँधी के क़दमों का समर्थन करने वाले तमाम लोग ऐसे तर्क देते मिल जाएँगे कि 1971 के भारत पाक युद्ध से बिगड़ी अर्थव्यवस्था को दुरुस्त करने के लिए देश में लोकतंत्र का पटरी से उतरना ज़रूरी था। सरकार का क़र्ज़ा बढ़ रहा था क्योंकि विदेशी मुद्रा भंडार घट रहा था और निर्याततथा उत्पादन पर बुरा असर पड़ा था। लेकिन मैं इस तर्क के पक्ष में नहीं हूँ। कॉन्ग्रेस समर्थक कई अर्थशास्त्रियों का कहना है कि इंदिरा गाँधी के 20 सूत्री आर्थिक कार्यक्रम से खेती की पैदावार में बढ़ोतरी हुई। इन दो सालों में सांप्रदायिक दंगों में काफ़ी गिरावट आई लेकिन ऐसा इमरजेंसी की वजह से नहीं हुआ।"

मदर टेरेसा, जेआरडी टाटा, ख़ुशवंत सिंह ने इमरजेंसी का समर्थन किया और विनोबा भावे ने इसे 'अनुशासन पर्व' कहा, ये आधुनिक काल में लोकतांत्रिक समाजवाद में भरोसे के तर्क को नकारता है। ये नाम आधुनिक भारतीय इतिहास के कुछ मशहूर नाम हैं। हालाँकि जेआरडी टाटा के जीवनी लेखक आरएम लाला ने बियांड द लास्ट ब्लू माउंटेन में लिखा है कि टाटा ने बाद में इस पर अपनी नाख़ुशी जताई और इसे अफ़सोसनाक बताया।

लोगों को बिना किसी आरोप और परिवार को सूचना दिए बिना गिरफ़्तार किया जा रहा था। सत्ता में बैठे लोग राजनीतिक और आम क़ैदियों को खुलेआम सताने लगे। इंडियन एक्सप्रेस अख़बार को छोड़ इंदिरा गाँधी ने बाक़ी सभी सरकारी और निजी मीडिया संस्थानों का इस्तेमाल किया। दूरदर्शन तो सरकार का भोंपू बन गया। संजय गाँधी के परिवार नियोजन कार्यक्रम के तहत जबरन नसबंदी की घटनाओं से मुस्लिम समुदाय में ख़ौफ़ का माहौल था।

दिल्ली के तुर्कमान गेट और जामा मस्जिद इलाक़े में झुग्गी बस्तियाँ उजाड़ने और ग़रीबों के मकान तोड़ने के क़िस्से सरकार की मनमर्ज़ी और निर्दयता की मिसाल हैं। पी राजन कालीकट के रीजनल इंजीनियरिंग कॉलेज का छात्र था। केरल पुलिस ने उसे एक मार्च 1976 को गिरफ़्तार किया और हिरासत में तरह-तरह की यातनाएँ दीं। हिरासत में ही उसकी मौत हो गई। उसकी लाश को भी पुलिस ने अज्ञात जगह पर फेंक दिया। केरल उच्च न्यायालय में हैबियस कॉर्पस

की याचिका दाख़िल होने पर ही ये बात साबित हो सकी कि उसकी मौत पुलिस हिरासत में हुई। मानवाधिकार उल्लंघन के इस मामले पर 1988 में मलयालम में पिरावी नाम की फ़िल्म भी बनी। उस फ़िल्म में एक पिता अपने राजन नाम के बेटे को तलाशता है जिसको नक्सली बताकर पुलिस हिरासत में मार डाला गया था।

अपने उपन्यास 'कटरा बी आर्ज़ू' में राही मासूम रज़ा ने इमरजेंसी के ख़िलाफ़ जमकर अपने विचार व्यक्त किए। हिंदी साहित्य में ये उपन्यास मील का पत्थर है। रोहिंटन मिस्त्री ने अपनी किताब अ फ़ाइन बैलेंस में भी इंदिरा गाँधी के चमचों की जमकर खिंचाई की है।

सलमान रुश्दी के मशहूर उपन्यास मिडनाइट्स चिल्ड्रेन में सलीम सिनाई नाम का शख़्स मुख्य वाचक है। वह दिल्ली के जामा मस्जिद इलाक़े की झुग्गियों में रहता है जिसे रुश्दी ने मैजीशियंस घेट्टो यानी जादूगर का अड्डा कहा है। इलाक़े के सुंदरीकरण के दौरान उसका घर तोड़ दिया जाता है और साथ ही उसे पकड़कर जबरन उसकी नसबंदी कर दी जाती है। सलीम सिनाई के ज़रिये इमरजेंसी की ज़्यादतियों और उस वक़्त आम भारतीयों की दिक़्क़तों, परेशानियों और मजबूरियों को रुश्दी ने अपने उपन्यास में काफ़ी दमदार तरीक़े से उठाया है। उन्होंने सत्ता पर क़ाबिज़ रहने की निरंकुश इंदिरा गाँधी की कोशिशों को ख़ुद को भगवान मानने से तुलना की है। रुश्दी अपने उपन्यास के ज़रिये ये बताने में सफल रहे कि इमरजेंसी आधी रात की संतानों की ताक़त को ख़त्म करने का संकेत थी।

इंदिरा गाँधी ने 1984 में ब्रिटिश अदालत में सलमान रुश्दी के ख़िलाफ़ मुक़दमा ठोंक दिया। उनका दावा था कि उन्यास के 28वें अध्याय के आख़िरी से ठीक पहले वाले पैराग्राफ़ में जो लिखा गया उससे उनकी मानहानि होती है। इस पैराग्राफ़ में लिखा गया था कि संजय गाँधी ने अपनी माँ इंदिरा पर आरोप लगाया था कि उन्होंने (इंदिरा) उनके पिता का तिरस्कार किया जिसकी वजह से उनकी मौत हुई। सलमान रुश्दी बाद में ये वाक्य हटाने को राज़ी हो गए और मामला अदालत के बाहर सुलट गया। इस उपन्यास को 1981 में बुकर सम्मान और 1993 में बुकर ऑफ़ बुकर्स सम्मान मिला। आज़ादी के बाद के साहित्य में इस उपन्यास की अलग जगह है।

इंडिया- अ वूंडेड सिविलाइज़ेशन में वीएस नायपॉल ने भी इमरजेंसी पर हमले किए हैं। एक और उपन्यास द प्लंज में चार ऐसे नौजवानों की दास्तान है जो इस आतंक और ख़ौफ़ के दौर से गुज़रे। 1980 में सत्यजीत रे ने इसके ऊपर कटाक्ष

करती फ़िल्म 'हीरक राजार देशे' बनाई। 1985 में बालू महेंद्र की मलयालम फ़िल्म यात्रा में भी इमरजेंसी के दौरान मानवाधिकार हनन के मामलों को उजागर किया गया। 2005 में सुधीर मिश्रा की फ़िल्म 'हज़ारों ख़्वाहिशें ऐसी' में भी उसी वक़्त की उथलपुथल को दर्शाया गया है हालाँकि इसमें उन्होंने नक्सलवाद का पुट जोड़ दिया है।

1970 के दशक में चिली के मार्क्सवादी राष्ट्रपति सल्वाडोर अलेंडे ने नसबंदी को नाज़ियों से प्रेरित बताया। 1973 में जनरल ऑगस्टो पिनोशे की अगुवाई में हुई बग़ावत में ख़ुदकुशी करने वाले अलेंडे पर मीडिया का गला घोंटने का आरोप था।

एक किताब में ख़ुलासा किया गया है कि उन्होंने स्कूलों में सोशलिस्ट डॉक्ट्रिनेशन का अभियान शुरू किया और जीन आधारित बीमारियों को कम करने के लिए नाज़ी क़ानून से प्रभावित नसबंदी क़ानून क़रीब-क़रीब लागू ही कर दिया था।

इंदिरा गाँधी ने 18 जनवरी 1977 को इमरजेंसी हटाने का ऐलान किया और मुलायम 22 जनवरी को जेल से बाहर निकल आए। उन्होंने नये जोश के साथ समाजवादी कार्यकर्ताओं को एकजुट करने का बीड़ा उठाया। वह सभी लोगों से लगातार कहते थे कि लोकतंत्र और तानाशाही के बीच चुनाव करने का ये आख़िरी मौक़ा है। इदिरा गाँधी ने 23 मार्च 1977 को चुनाव कराए। चुनाव में इंदिरा और संजय दोनों ही हार गए। इंदिरा कॉन्ग्रेस को सिर्फ़ 153 सीटें मिलीं। उत्तर भारत में कॉन्ग्रेस का सूपड़ा साफ़ हो गया था और 153 में से 92 सीटें दक्षिण के चार राज्यों में थीं। चुनाव से पहले जगजीवन राम ने भी इंदिरा गाँधी का साथ छोड़ दिया। उन्होंने हेमवती नंदन बहुगुणा और नंदिनी सत्पथी के साथ मिलकर एक नया संगठन बनाया- कॉन्ग्रेस फ़ॉर डेमोक्रेसी (सीएफ़डी)। एक रोचक तथ्य ये है कि नेहरू की बहन विजयलक्ष्मी पंडित का जनता पार्टी को समर्थन था। समाजवादी सोच वाली पार्टियों के गठबंधन जनता पार्टी ने 542 में से 295 सीटें हासिल कीं। उत्तर प्रदेश विधानसभा में जनता पार्टी को 352 सीटें मिलीं। 425 सीटों वाली विधानसभा में ये आँधी सरीखी जीत रही। कॉन्ग्रेस को केवल 47 सीटें ही मिलीं। मुलायम सिंह जसवंत नगर से एक बार फिर जीते और विरोधी उम्मीदवार को 52,547 वोटों से शिस्त दी। मुलायम सिंह कहते हैं, "क़रीब दो साल के लगातार बलिदान के बाद हम समाजवादी लोकतंत्र की रक्षा कर सके और इसको हासिल करने में समाज के हर तबके के भाइयों-बहनों ने

बिहार के बक्सर ज़िले में 21 सितंबर 1977 को जन्मे फ्रैंक हुज़ूर मूलतः अँग्रेज़ी के लेखक और जर्नलिस्ट हैं। फ़िक्शन और नॉन-फ़िक्शन, दोनों विधा में क़लम चलाने की उनकी कोशिश जारी है।

सेंट ज़ेवियर्स, राँची और हिंदू कॉलेज, नार्थ कैंपस, दिल्ली यूनिवर्सिटी से तालीम लेने के साथ ही क्रिएटिव राइटिंग के सफ़र में शामिल हुए। अँग्रेज़ी पोएट्री और ड्रामा, ख़ासकर 'हिटलर इन लव विथ मैडोना' से चर्चित हुए। इसके बाद इन्होंने अगला नाटक 'ब्लड इज़ बर्निंग' लिखा। तीसरा नाटक 'स्टाइल है लालू की ज़िंदगी' लिखा।

मात्र बीस वर्ष की उम्र में अँग्रेज़ी मैगज़ीन 'यूटोपिया' के एडिटर बने। उसके बाद रुख़ पाकिस्तान की ओर हुआ तो वहाँ पहुँचकर प्रख्यात क्रिकेटर और पाकिस्तान के पूर्व प्रधानमंत्री इमरान ख़ान की बहुचर्चित राजनीतिक बायोग्राफ़ी 'इमरान वर्सेज़ इमरान : दी अनटोल्ड स्टोरी' लिखी।

सेंट्रल लंदन के मशहूर सेक्स और एडल्ट एंटरटेनमेंट केंद्र पर आधारित संस्मरण किताब 'सोहो' लिखी। लंदन, लाहौर, मुंबई, दिल्ली और लखनऊ के बीच आवाजाही जारी। साल 2015 में लांच हुई समाजवादी आंदोलन और बहस की मासिक पत्रिका 'द सोशलिस्ट फ़ैक्टर' के संस्थापक-संपादक, साल 2020 तक। क्रिकेट, वेस्टर्न पॉप म्यूज़िक और फ़ुटबॉल की दुनिया पर पैनी नज़र रखने वाले फ्रैंक फ़िलहाल अपने पहले नॉवेल पर काम कर रहे हैं।

एनिमल लवर, ख़ासकर कैट लवर, फ्रैंक हुज़ूर दर्जन भर बिल्लियों के परिवार के साथ रहते हैं। गली-मुहल्ले के कुत्तों को रोज़ाना ही खाना-पानी देना इनकी दिनचर्या में शामिल है।

जैसों ने जितना किया, उस हिस्से का सम्मान, उन कामों का श्रेय तक न दे सकें; तो फिर कैसी बौद्धिक व सियासी निष्पक्षता?

मुलायम सिंह जैसे नेताओं की सियासी अहमियत व तारीख़ी इबारतों को ख़ारिज कत्तई नहीं किया जा सकता। हमसे बुरे सियासी वक़्त में भी ये विचारों के साथ सड़क पर संघर्ष करते रहे। लोहिया के नाम पर गोडसे-गोलवकर के वारिसों से लड़ते रहे। कॉन्ग्रेस विरोध कर एक नई सियासी ज़मीन रची। उस ज़मीन की अहमियत समझनी हो तो उस ज़माने के दंगाईयों से उनके अफ़साने सुनिएगा।

आभिजात्य पूर्वाग्रही बौद्धिक विश्लेषकों से उधार लिए चश्मों ने एक बहुत बड़ी सियासी दुनिया पर काला पर्दा डाल दिया है। चश्मा उतारिए, तभी बहुत कुछ अच्छे से और पूरा देख पाएँगे आप।

***

घनघोर संवेदनशील सूबे में सियासत की पारी के शुरुआती दिनों में ही संविधान विरोधी कारसेवकों पर गोली चलवाई। जिस तारीख़ी क़दम ने इस मुल्क़ के अकलियतों का मुल्क़ के आईन पर दरकता भरोसा फिर से क़ायम किया।

उस मुलायम का, जिसने सांप्रदायिक आधार पर कहें तो तलवार की धार पर खड़े उत्तर भारत के युवाओं, ख़ासकर पिछड़े तबके को सांप्रदायिकता के ईंधन से बचाते हुए निकालकर उन्हें अपने हक़-हुक़ूक़ के लिए एकजुट कर दंगाई सियासत से मुठभेड़ की और इसमें ऐतिहासिक तौर पर सफ़ल भी हुए।

उस मुलायम का, जिसने 'मिले मुलायम कांशीराम, हवा हो गए जय श्री राम' जैसे अप्रत्याशित, ऐतिहासिक व अद्वितीय सियासी जुमले के साथ हिंसक, दंगाई, संविधान विरोधी मंदिर आंदोलन के रथ को रोक दिया था। जिसके चलते 'मुल्ला मुलायम' जैसे निहायत स्तरहीन आरोपों तक को झेलते आए।

उस मुलायम का, जिसने 'रोटी कपड़ा सस्ती हो, दवा पढ़ाई मुफ़्ती हो' और 'सिंचाई, पढ़ाई, दवाई मुफ़्त' जैसे सियासी नारों पर चुनाव लड़े, वोट माँगे और जीतकर अपने शासन काल में इन जुमलों को अमली जामा भी पहनाने में कामयाबी हासिल की। आम जनता की आवाज़ में बोले और काम किया।

उस मुलायम का, जिसने रक्षामंत्री रहते हुए चीन को भारत की सुरक्षा के लिए सबसे बड़ा ख़तरा बताया। सियाचिन का दौरा कर जवानों का हौसला बढ़ाने वाले रक्षामंत्री बने, शहीद जवानों के पार्थिव शरीर को उनके पैतृक घर तक लाने का प्रावधान शुरू करवाया।

उस मुलायम का, जो डॉ. राममनोहर लोहिया, चौधरी चरणसिंह, चंद्रशेखर, ताऊ देवीलाल जैसे ज़मीनी नेताओं के साथ सियासत के दाँव-पेंच सीखे और हर दौर में सियासी चालें चलीं और सफ़ल भी हुए। उनसे सीखा कि दंगाईयों के सामने न कभी झुकना है और न डरकर रुकना है।

इस देश के किसी भी नेता की किन्हीं कमियों को सायास उभारकर हम उसकी छवियों को चंद खाँचों में क़ैद कर नफ़रत करते हैं। ऐसे सियासी पूर्वाग्रहों के शिकार सबसे ज़्यादा बहुजन नेता ही हुए। यह सही है कि आलोचना के पर्याप्त मौक़े इन नेताओं ने दिए, मुलायम सिंह की भी आलोचना आप कर सकते हैं।

मगर हम ऐसे नेताओं को मात्र ख़ारिज करने के एकांगी पैरोकार हो चले हैं कि मुलायम ने बहुतों को सियासी पटखनी दी, मौक़े को पूरा नहीं भुनाया, सामाजिक न्याय नहीं किया। आप इस आधार पर आलोचना कर भी सकते हैं। मगर इन

अध्याय 39

'लास्ट वर्ड'

वर्तमान में बहुत कम ऐसे समाजवादी विचारधारा को आगे बढ़ाने वाले युवा अकेडमिक हैं जो सोशल मीडिया के विभिन्न प्लेटफ़ॉर्म पर अपने तीखे और आग उगलते भाषणों से देशभर के युवाओं को प्रभावित कर रहे हैं। आज़मगढ़ के डॉ लक्ष्मण यादव ऐसे ही युवा अकेडमिक हैं जो दिल्ली विश्वविद्यालय के ज़ाकिर हुसैन दिल्ली कॉलेज के हिंदी विभाग में असिस्टेंट प्रोफ़ेसर हैं। मुलायम सिंह यादव के राजनीतिक जीवन पर डॉ लक्ष्मण के ये 'लास्ट वर्ड' हैं–

भारतीय समाजवादी चिंतन वैश्विक समाजवादी धारा से थोड़ा अलहदा रहा है। डॉ. राममनोहर लोहिया, जयप्रकाश नारायण, मधु लिमए, राजनारायण जैसे समाजवादी नेताओं ने भारत की सामाजिक, सांस्कृतिक विरासत के बीच समाजवाद का एक नवीन संस्करण रचा। भारतीय संस्करण के समाजवाद में भारतीयता का पुट बहुत बारीकी से एक आर्थिक समानता व न्याय केंद्रित दर्शन को सामाजिक व सांस्कृतिक समानता से जोड़कर विस्तृत कर देता है। समता, संपन्नता और सहअस्तित्व का रूप धरकर भारतीय समाजवाद लोहिया जी से होते हुए चौधरी चरण सिंह और मुलायम सिंह यादव तक हस्तांतरित होता चला गया।

मुलायम सिंह यादव ने समाजवाद के भारतीय संस्करण को उत्तर भारत की राजनीति में बहुत गहरे उतारा। देश के सबसे बड़े सूबे के एकाधिक बार मुख्यमंत्री रहे, समाजवादी वैचारिकी के लिबास में किसानों की सियासत करने वाले, 'धरतीपुत्र' व 'राजनीति के पहलवान' जैसे विशेषणों से ख्यातिलब्ध मुलायम सिंह यादव को याद किए बिना भारतीय समाजवाद की पुस्तक मुकम्मल नहीं हो सकेगी।

मुलायम सिंह ने समता, संपन्नता व सहअस्तित्व के विचार को यूपी की राजनीति में केंद्रीय मुद्दा बना दिया। हम उस मुलायम को याद करते हैं जिसने अयोध्या, काशी, मथुरा के नाम पर धार्मिक रूप घोर विवादित उत्तर प्रदेश जैसे

शानदार बलिदान दिया। एमनेस्टी इंटरनेशनल की एक रिपोर्ट में मैंने पढ़ा कि बिना किसी मामले के क़रीब एक लाख चालीस हज़ार लोगों को गिरफ़्तार किया गया था। इनमें से क़रीब 40 हज़ार सिख थे। मैं हरचरण सिंह लोंगोवाल और उनके समर्थकों से काफ़ी प्रभावित था। यही नहीं, आंदोलन को जारी रखने में राष्ट्रीय स्वयंसेवक संघ (आरएसएस) के कार्यकर्ताओं की भूमिका क़ाबिले-तारीफ़ थी। इंदिरा गाँधी ने संघ पर प्रतिबंध लगा दिया था और उसके हज़ारों कार्यकर्ताओं को गिरफ़्तार कर लिया था, फिर भी इन स्वयंसेवकों ने शांतिपूर्ण धरने प्रदर्शनों का आयोजन किया और बड़े पैमाने पर इमरजेंसी विरोधी पर्चे छापे और बाँटे। अटल बिहारी वाजपेयी, लालकृष्ण आडवाणी जैसे तमाम बड़े नेता जेल में थे। मैंने चिट्ठियों के ज़रिये सभी क़ैदियों से संपर्क स्थापित किया। एक तरह से हम कह सकते हैं कि हमारा संघर्ष कॉन्ग्रेस-विरोधी था जिसमें समाजवादी और दणिक्षपंथी विचारधारा के बीच की लकीर सबकी बेहतरी के लिए धुँधला गई और हम लोकतंत्र को फिर से उसके पैरों पर खड़ा कर सके।"

मोरारजी देसाई 24 मार्च 1977 को देश के चौथे प्रधानमंत्री बने। गुजरात के वलसाड के रहने वाले मोरारजी देसाई पहले ग़ैर-कॉन्ग्रेसी प्रधानमंत्री थे। जब वह प्रधानमंत्री बने तो हर ओर से इंदिरा गाँधी की सरकार के सदस्यों के ख़िलाफ़ कड़ी कार्रवाई की माँग उठने लगी। तब सज़ा दिलवाने की बयार चल रही थी। हज़ारों सरकारी अधिकारी, कॉन्ग्रेसी नेता सज़ा के हक़दार थे लेकिन उन्हें सज़ा दिलाने की सारी कार्रवाई हवा में काफ़ूर हो गईं। दुखी होकर मुलायम सिंह कहते हैं, "मामलों की जटिलता की वजह से ऐसा नहीं हो सका। तमाम सरकारी अधिकारियों को गिरफ़्तार किया गया, उन पर आरोप भी तय हो गए और विशेष अदालतें भी बनीं। इंदिरा गाँधी और संजय गाँधी के ख़िलाफ़ भी आरोप लगे लेकिन सबूत न होने की वजह से किसी को सज़ा नहीं मिल सकी। जनता का सब्र भी ख़त्म हो रहा था और आपसी मतभेद और राजनीति के चलते सत्तारूढ़ पार्टी की मंशा में मतभेद पैदा हो गए। सरकार के मुखिया के तौर पर जयप्रकाश नारायण ने मोरारजी देसाई का समर्थन किया। इससे चौधरी चरण सिंह मायूस थे। वह प्रधानमंत्री बनना चाहते थे। मोरारजी देसाई को नेता चुने जाने के विरोध की ख़बरें भी उठीं क्योंकि उन्हें दक्षिणपंथी नेता माना जाता था। फिर भी हमने पाकिस्तान और चीन से दोस्ती और शांति की देसाई की पहल का समर्थन किया। जनरल ज़ियाउल हक़ की फ़ौजी सरकार ने मोरारजी देसाई को पाकिस्तान के

सबसे बड़े सम्मान निशान-ए-पाकिस्तान से नवाज़ा। लेकिन राजनारायण और चौधरी चरण सिंह ने बिखराव की प्रक्रिया शुरू कर दी और मोरारजी देसाई को 28 जुलाई 1979 को इस्तीफ़ा देना पड़ गया। वह खुले बाज़ार की नीति में भरोसा करते थे लेकिन एटमी परीक्षण के ख़िलाफ़ थे। इसीलिए जब जिमी कार्टर प्रशासन एटमी रिएक्टरों के निरीक्षण की शर्त पर हेवी वॉटर और यूरेनियम देने की बात कर रहा था तो हमने इस प्रस्ताव को ठुकराने के लिए कहा।"

जेल की ज़िंदगी कोई गुलाब की सेज नहीं थी। बेहद घटिया खाना मिलता था जेल में। गंदे पानी में पकी दाल उल्टी-दस्त के लिए काफ़ी थी। जेल प्रशासन का लापरवाही और उपेक्षा से स्वतंत्रता संग्राम सेनानी रामसागर मिश्र की लखनऊ जेल में मौत हो गई। रविदास मेहरोत्रा इस बर्ताव से हक्के-बक्के रह गए और उन्होंने इस सेनानी की मौत के विरोध में आनन-फानन में 300 क़ैदियों के साथ धरना दिया। एक स्वतंत्रता संग्राम सेनानी के साथ अपराधी जैसा सलूक किया गया। जनता में इसे लेकर काफ़ी नाराज़गी थी। मेहरोत्रा ने जेल सुपरिंटेंडेंट को घंटों एक कमरे में बंद रखा। वजह था कि अंतिम दर्शनों के लिए स्वतंत्रता संग्राम सेनानी का शव क़ैदियों को नहीं सौंपा जा रहा था। यह वही स्वतंत्रता संग्राम सेनानी थे जिन्होंने ब्रितानी राज में 18 साल जेल में काटे और फिर नेहरू सरकार के पेंशन के प्रस्ताव को भी ठुकरा दिया।

सीबी गुप्ता के नाम से मशहूर चंद्र भान गुप्ता भी इसी जेल में बंद थे। वह चार बार उत्तर प्रदेश के मुख्यमंत्री रह चुके थे। आम जनता के प्रति अपने दोस्ताना अंदाज़ और शालीनता के लिए मशहूर गुप्ता रात को अपनी अदालत लगाते थे। इस मामले में भी उन्होंने दख़ल दिया और जेल सुपेरिंटेंडेंट पर स्वतंत्रता संग्राम सेनानी का शव सौंपने का दबाव डाला। शहीद स्वतंत्रता संग्राम सेनानी के समर्थन में क़रीब 300 क़ैदियों के भरे गले से रोने की आवाज़ पूरे माहौल को ग़मगीन बना रही थी।

राजनीतिक क़ैदियों को उनकी पसंद का कोई काम नहीं करने दिया जाता था। उनके लिए जेल की जगह आसानी से ख़ाली नहीं की जाती थी। एक रात इटावा जेल में खाना परोसे जाने के वक़्त मुलायम सिंह ने इसे ख़ुद महसूस किया। रसोई का ज़िम्मा ज़िले के ही अलग-अलग हिस्सों से पकड़े गए अपराधियों के हाथ था। ये क़ैदी समाजवादी क्रांतिकारियों के जेल में आने से ख़ुश नहीं थे। मुलायम सिंह जैसे ही कटोरे में दाल लेने आगे बढ़े, रसोइए ने ग़ुस्से में दाल तेज़ी से फेंकी जो मुलायम सिंह के पैरों पर गिरी। गर्म दाल से मुलायम के पैर जलने

लगे। युवा पहलवान को ग़ुस्सा आ गया। पलक झपकते ही उन्होंने लंबे-चौड़े ख़तरनाक से दिखने वाले क़ैदी रसोइए का पैर दबोच लिया और उसे पटखनी दे दी। वह क़ैदी धड़ाम से नीचे गिर गया और उसकी आँखों में डर झलकने लगा। मुलायम ने इसके बाद तब तक खाना खाने से इनकार कर दिया जब तक उन्हें खाना पकाने के लिए अलग चूल्हा नहीं मिल गया। विरोध में जेल में बंद सभी अपराधी क़ैदियों ने हड़ताल कर दी और मुलायम के माफ़ी माँगने तक क़ैदियों के लिए खाना पकाने से इनकार कर दिया। मुलायम इस मुद्दे पर झुकने को तैयार नहीं थे हालाँकि जेल सुपरिंटेंडेंट द्वारा अलग चूल्हे का इंतज़ाम किए जाने के बाद वह शांत हो गए।

नई दिल्ली में जब मोरारजी देसाई ने पहली ग़ैर-कॉन्ग्रेसी सरकार बनाई तो लखनऊ में इंदिरा नगर का नाम बदलकर राम सागर मिश्र नगर कर दिया गया। इंदिरा गाँधी की 1980 में सत्ता में वापसी पर नाम फिर बदल दिया गया और यह एक तरह से निधन के बाद स्वतंत्रता सेनानी का अपमान था। तब विश्वनाथ प्रताप सिंह उत्तर प्रदेश के मुख्यमंत्री थे और उन्होंने फिर इंदिरा नगर नाम रख दिया।

चारबाग़ रेलवे स्टेशन के ठीक सामने ही है मशहूर ऑडिटोरियम रवींद्रालय। मुलायम सिंह जब तीसरी बार सत्ता में आए तो इमरजेंसी के राजनीतिक क़ैदियों के सम्मान के लिए यहाँ एक सम्मेलन आयोजित किया। ये बात 26 जून 2006 की है। क़रीब साढ़े छह हज़ार राजनीतिक क़ैदी इस समारोह में शामिल हुए। खचाखच भरे ऑडिटोरियम में 'नेताजी' ने ऐलान किया, "इमरसेंजसी के राजनीतिक क़ैदी अब 'लोकतंत्र सेनानी' कहलाएँगे। इन लोगों ने लोकतंत्र की रक्षा की लड़ाई में हिस्सा लिया है और इसलिए ये किसी भी मायने में स्वतंत्रता सेनानियों से कम नहीं हैं। मैं हर लोकतांत्रिक सेनानी को 500 रुपये माहवार पेंशन का ऐलान करता हूँ।"

मुलायम ने 2007 में चुनाव जीतने की स्थिति में यह राशि बढ़ाकर 1000 रुपये करने के साथ सामाजिक सुरक्षा के और उपाय लागू करने का वादा किया था। हालाँकि अफ़सोस इस बात का रहा कि चुनाव बाद पासा ही पलट गया।

नन्हे नेपोलियन ने इन लोकतंत्र सेनानियों को मुफ़्त बस यात्रा का विशेष पास भी दिया। लेकिन 2007 मायावती की सत्ता में वापसी हुई और उन्होंने सारे फ़ैसले उलट दिए गए। बस पास ख़त्म कर दिए गए और लोकतंत्र सेनानियों को दी जाने वाली पेंशन रोक दी गई।

अध्याय 12

किसानों का मसीहा

मुलायम की चाल में शुरू से ही एक एथलिट वाली फुर्ती थी और वो तेज़-तेज़ चलते थे। तब भी जब सैफ़ई न तो इतना फैला हुआ था और न ही आधुनिक सुविधाओं से इतना लैस था। उनकी चाल छलांग भरती थी और घुटने ज़्यादा मज़बूत थे और दोनों हाथ मानो हवा से धींगामुश्ती करते थे। ऐसा लगता था मानो कोई नाविक चला आ रहा हो हालाँकि वह हथकरघे पर बुने कपड़े का धोती-कुर्ता पहनते थे। लोहिया के निधन और इमरजेंसी के बाद के दिनों की उथल-पुथल के दौरान मुलायम ही अकेले ऐसे युवा नेता थे जो लोगों में उम्मीद की किरण जगाते थे। मुलायम चुनावपूर्व की राजनीतिक गतिविधियों के उस्ताद हैं। लोगों के मुताबिक़ मुलायम सिंह की आँखों की पुतली में तिल है। इसे भाग्यशाली माना जाता है।

उत्तर प्रदेश के गाँवों और क़स्बों में समाजवादियों के उत्थान की तुलना फ्रांसीसी आंदोलन पोज़ाडिज़्म से की जा सकती है। इस आंदोलन की शुरुआत 1953 में हुई जब पियरेपोज़ाडे ने निम्न मध्य वर्ग, दुकानदार, कारीगरों और किसानों को बड़े उद्योगों और सरकार तथा प्रशासन के ख़िलाफ़ लामबंद किया। दक्षिणपंथी और जनवादी के साथ-साथ लोकतांत्रिक पोज़ाडिज़्म समर्थकों ने आम जनता में फ़ोर्थ रिपब्लिक के ख़िलाफ़ ग़ुस्से का फ़ायदा उठाया और 1956 के चुनाव में क़रीब 25 लाख वोट हासिल कर 53 सीटें जीतीं। हालाँकि नेतृत्व और योजना के अभाव में दो साल के भीतर ही आंदोलन की हवा निकल गई। इसके बिलकुल उलट भारतीय समाजवादी अपने विचार को लेकर कभी भी दक्षिणपंथी नहीं रहे। समाजवादी आंदोलन वक़्त के साथ लोगों की उम्मीदों और भावनाओं के आधार पर बहता रहा और वक़्त आने पर राजनीतिक अभियानों के दौरान ये नई ताक़त के साथ खड़ा भी हो गया। बीसवीं सदी के आठवें दशक के

आख़िर में लखनऊ के बेगम हज़रत महल पार्क में मुलायम सिंह की अगुवाई में इस समाजवादी आंदोलन का नया ख़ाका तैयार हुआ।

मुलायम सिंह ने जुलाई 1977 में राम नरेश यादव की सरकार में सहकारिता, पशुपालन और ग्रामीण उद्योग मंत्री का पद सँभाला। आज़मगढ़ के रहने वाले राम नरेश यादव यूँ तो लोकसभा सांसद थे लेकिन राजनारायण की ज़िद की बदौलत वह बाक़ी उम्मीदवारों को पीछे छोड़ मुख्यमंत्री बने। इसी के साथ नई दिल्ली में मुख्यमंत्री चुनने की कॉन्ग्रेसी परंपरा भी टूटी। किसान बदहाल और सहकारी संस्थाएँ बेहाल थीं। लाल फीताशाही किसानों की कमर तोड़ रही थी।

किसान का बेटा होने की वजह से मुलायम सिंह मेहनत करने वाले किसान के सुख-दुख से वाक़िफ़ थे। वह अपने किसान भाइयों को किसी भी तरह से निराश नहीं करना चाहते थे।

आख़िरी साँसें गिन रहे मंत्रालय में मुलायम सिंह ने नई जान फूँक दी। भ्रष्टाचार पर सबसे पहले चाबुक चला और घूसख़ोर अधिकारियों की शामत आ गई। उन्होंने सरकारी दख़लंदाज़ी भी कम-से-कम कर दी। उन्होंने ऐसा इंतज़ाम किया ताकि प्रदेश कोऑपरेटिव बैंक किसानों को रियायती दरों पर क़र्ज़ दें। राष्ट्रीय सहकारी विकास निगम के साथ मिलकर उन्होंने ग्रामीण उपभोक्ता वितरण योजना तैयार की। साथ ही उन्होंने क़रीब एक लाख खेतिहर मज़दूरों को रोज़गार मुहैया कराने के मक़सद से छोटे-छोटे उद्योगों की 5,500 इकाइयाँ स्थापित करवाईं। गाँवों के युवाओं के लिए रोज़गार मुहैया कराना लोहिया का सपना था। गाँवों में गोदामों की सुविधा नहीं थी। मुलायम सिंह ने विश्व बैंक की मदद से क़रीब 4,500 गोदाम बनवाए जिससे बीज, खाद, दवा और कीटनाशकों की कमी झेलने वाले किसानों को काफ़ी राहत मिली।

नौकरशाही के लेटलतीफ़ी से निपटने के लिए युवा मंत्री के पास कुछ ख़ास लोग थे। इनमें से एक थे रामगोपाल यादव, उनके चाचा के बेटे। रामगोपाल पढ़े-लिखे और समझदार थे और उस वक़्त मुलायम को उनकी ज़रूरत भी थी। सैफ़ई और इटावा में वह पहलवान नेता मुलायम सिंह के पढ़ाकू भाई के तौर पर मशहूर थे। वह इटावा में केके डिग्री कॉलेज में राजनीतिशास्त्र के लेक्चरर बने फिर 90 के दशक की शुरुआत में उन्होंने हेवड़ा में चौधरी चरण सिंह डिग्री कॉलेज के प्रिंसिपल का ताज पहन लिया। शायद इसीलिए उन्हें हिंदुस्तान की समाजवादी राजनीति में प्रोफ़ेसर के नाम से पुकारा जाता है।

तंदुरुस्त बदन, गोल सिर पर पीछे की तरफ़ क़रीने से काढ़े हुए बाल और आँखों पर चश्मे लगाने वाले रामगोपाल यादव सोचने-समझने वाले और जानकार इंसान हैं। वह बताते हैं, "मैं छठी क्लास में पढ़ता था। मुझे लगा कि 'नेताजी' मेरी पढ़ाई को लेकर परेशान हैं। सरकारी स्कूलों में अँग्रेज़ी छठी के बाद ही पढ़ाई जाती थी। वह हमेशा मुझसे अँग्रेज़ी भाषा और व्याकरण पर ज़ोर देने को कहते थे। वह चाहते थे कि हम व्याकरण अच्छी तरह सीखें। ग़लतियाँ करने पर वह हमें डाँटते भी थे और हल्की-फुल्की पिटाई भी करते थे। 1960 में मैंने आठवीं का इम्तिहान दिया और डिस्टिंक्शन लाया। अँग्रेज़ी व्याकरण में मुझे 50 में से 44 नंबर मिले। पूरे इटावा में मेरे सबसे ज़्यादा नंबर थे। हाई स्कूल और इंटरमीडिएट में वह मेरे गुरु रहे। एक वक़्त ऐसा भी था जब उनके कंधे पर कई ज़िम्मेदारियाँ थीं। उनका पूरा दिन खेती, पढ़ाई, गाँव वालों की दिक़्क़तें, राजनीति और समाजसेवा में ही बीत जाता था। वह एक निपुण पॉलिमैथ थे। कुश्ती उनका सबसे प्रिय खेल था। मैनपुरी और आगरा डिवीज़न में वह बच्चों और बुज़ुर्गों के दुलारे थे। वह एक ऐसे आदर्श थे कि हर कोई उनके जैसा ही बनना चाहता था।"

"मुझे इटावा में एक नुमाइश का क़िस्सा याद है। उन्होंने अखाड़े में एक बड़े पहलवान को चित किया था। छात्र संघ चुनाव में बलराम सिंह यादव को हराना ऐतिहासिक था। छात्र संघ की शुरुआत के लिए उत्तर प्रदेश के तबके राजस्व मंत्री गोविंद सहाय को बुलाया गया था। जिस तरह से 'नेताजी' ने मंच पर आगवानी की उससे गोविंद सहाय समेत वहाँ मौजूद सभी लोग प्रभावित हुए बिना नहीं रह सके। उन्होंने आशीर्वाद भी दिया। गोविंद सहाय बिजनौर से थे और प्रभावशाली वक्ता थे। ये बात 1961-62 की है।"

"जब मैंने हाईस्कूल किया तब 'नेताजी' बीए में थे। लोहिया के बुलावे पर वह संयुक्त सोशलिस्ट पार्टी के सदस्य बन गए। पंचशील समझौते की स्याही सूखी भी नहीं थी कि 1962 में चीन ने हमला कर दिया और 'हिंदी चीनी भाई भाई' का नारा छितरा गया। नौजवानों में ग़ुस्सा था। देश की माली हालत 1960 के बाद से ही बिगड़ रही थी। ग़रीबी चरम पर थी, अनाज का उत्पादन गिर रहा था। मध्य उत्तर प्रदेश में केवल चना, मटर और बाजरा ही खाने लायक़ बचा था। गेहूँ की रोटी दुर्लभ थी। केवल बड़े किसानों के नसीब में थी गेहूँ की रोटी। हम जैसों को तो ये सिर्फ़ शादी-ब्याह में ही नसीब होती थी।"

रामगोपाल को आज भी अनाज की कमी का वह मुश्किल दौर याद है।

"अमेरिका से 1960 में गेहूँ की नई क़िस्म आयात की गई जिससे गेहूँ की पैदावार में इज़ाफ़ा हुआ। ये था अमेरिका से पीएल-480 समझौता। रोटी लाल होती थी, तोड़ने में मुश्किल होती थी। ग़रीबों की आबादी बढ़ रही थी।"

अमेरिकियों का मानना है कि अच्छी मंशा कैसे गड़बड़ाती है इसका बेहतरीन नमूना है पीएल-480 यानी पब्लिक लॉ 480, इसे 'शांति के लिए अनाज' (फ़ूड फ़ॉर पीस) के तौर पर भी जाना जाता है। इसके ज़रिये अमेरिकी अनाज को विदेशों में मदद के तौर पर भेजा जा सकता है। इसके चार हिस्से हैं- 1, 2, 3, और 5... पहला हिस्सा अमेरिकी कृषि मंत्रालय की निगरानी में है जबकि दूसरा, तीसरा और पाँचवाँ हिस्सा यूएस एजेंसी फ़ॉर इंटरनेशनल एड (यूएसएआईडी) के तहत आता है।

पब्लिक लॉ 480 का पूरा नाम एग्रीकल्चरल ट्रेड डेवलपमेंट असिस्टेंस एक्ट है। राष्ट्रपति ड्वाइट डी आइज़नहॉवर ने 10 जुलाई 1954 को इस क़ानून पर दस्तख़त किए थे। तब उन्होंने कहा था, "इस क़ानून का मक़सद हमारे और दुनिया के बाक़ी हिस्सों के लिए टिकाऊ फ़ायदे के लिए कृषि उत्पादों के स्थायी निर्यात की परिस्थिति तैयार करना है।"

राष्ट्रपति जॉन एफ़ केनेडी ने 1960 में कहा था, "दुनिया में हमें जिन लोगों की मित्रता और सद्भावना की हमें ज़रूरत है उनके लिए अनाज शक्ति है, अनाज शांति है और अनाज आज़ादी है और मदद है।" और इसे 1961 में 'फ़ूड फ़ॉर पीस' का नाम दे दिया। फ़ेडरल एग्रीकल्चर इंप्रूवमेंट एंड रिफ़ॉर्म एक्ट 1996 के ज़रिये यह एक बार फिर प्राधिकृत किया गया। इस क़ानून को फ़ार्म बिल 1996 भी कहा जाता है।

एक बार लोहिया अपने कार्यकर्ताओं के साथ खाना खा रहे थे। उन्होंने महसूस किया कि हर कौर को चबाने के दौरान कार्यकर्ताओं के मुँह से आवाज़ आ रही है। उन्होंने मुँह बंद कर खाना खाने की हिदायत दी ताकि आवाज़ न आए। मुलायम सिंह ने इस नसीहत में महारत हासिल कर ली। समाजवादी आदर्शों के प्रचार के लिए आवारा की तरह इधर-उधर भटकने के दौरान लोहिया ने कभी अपनी सेहत की परवाह नहीं की और 'चेनस्मोकर' की तरह सिगरेट पीते रहते थे। लेकिन मुलायम अपनी सेहत को लेकर बेपरवाह नहीं हुए। वह समय-समय पर सेहत की जाँच कराते रहे चाहे वह दाँतों की जाँच हो या फिर किसी टीके का मामला। छोटे से छोटा काम भी पूरी निपुणता से करना चाहिए तभी बड़ा लक्ष्य

हासिल होगा। लोहिया का नारा था, 'मरेंगे भी नहीं, मानेंगे भी नहीं।'

किसानों को लेकर मुलायम का झुकाव एक ऐतिहासिक मोड़ ले रहा था। वह रात को सोने से पहले किसानों और खेतिहर मज़दूरों की बेहतरी के लिए इबादत करते थे और सुबह उठने पर भी ऐसा ही करते थे। लंबे समय से किसानों का शोषण हो रहा है और ये मुझे बर्दाश्त नहीं। मुझे 1941 में स्वामी सहजानंद सरस्वती की हज़ारीबाग जेल से लिखी एक चिट्ठी याद आती है जिसमें उन्होंने किसानों की बदहाली पर अफ़सोस जताया था। 'अगर उनकी लकड़ी की ज़रूरत जंगल से पूरी हो जाएगी तो जंगलात महकमे के छोटे बड़े अफ़सरों के लिए करने को क्या रह जाएगा। हक़ीक़त ये है कि ये रेंजर, फॉरेस्टर, चौकीदार समेत सभी किसानों के शोषण का मौक़ा तलाशते हैं किसी आदमख़ोर जानवर की तरह। घूस न मिलने पर वे ग़रीबों को सताते हैं।' आदिवासी किसानों से जंगल विभाग के कर्मचारियों के हाथों शोषण की कहानियाँ सुनकर मेरा ख़ून खौल उठता है।"

"इन आंदोलनों को चलाने वालों की दिली इच्छा नहीं है कि खेतिहर मज़दूरों को वाक़ई राहत मिले। ये केवल अपना उल्लू सीधा करना चाहते हैं। ऐसे में ग़रीब का भला कैसे होगा? इनका फ़ायदा लंबे समय तक आंदोलनों के चलाए रखने से होगा क्योंकि ढकोसले वाले नेताओं की कोशिशों के बावजूद आंदोलन धीरे-धीरे इस दबे-कुचले वर्ग को जागरूक बनाएगा। जब वह यह समझने लगेंगे कि हक़ीक़त क्या है और उनके दुखों और कष्टों, अपमान, भूख और बीमारी की वजह कौन लोग हैं साथ ही यह भी कि कैसे इन लोगों को ख़त्म किया जाए तभी मुक़ाम हासिल हो सकेगा।" मुलायम की लोकप्रियता गाँव-दर-गाँव फैलती जा रही थी। हर जाति-धर्म का किसान उन्हें सुनना चाहता था। गाँव-गाँव घूमते वक़्त वह अपनी हिफ़ाज़त को ताक पर रख देते थे और अपने चाहने वालों से गले मिलने लगते थे और इसमें नाला-नाली या ट्रैफ़िक डिवाइडर भी बाधा नहीं बन पाते।

ब्रिटिश काल में किसान आंदोलन की शुरुआत स्वामी सहजानंद सरस्वती ने की। गेरुए कपड़े पहनने वाले इस स्वामी ने पारंपरिक धर्म व्यवस्था को तिलांजलि दे दी थी। उन्होंने तमाम धार्मिक परंपराओं और प्रथाओं पर सवाल खड़े किए। उन्होंने छद्म धार्मिक गुरुओं से गुरु-मंत्र लेने की प्रथा का विरोध किया और दुनिया त्याग कर आध्यात्मिक शांति हासिल करने के लिए धार्मिक ग्रंथों को पढ़ने पर ज़ोर दिया। उनका जन्म 1889 में उत्तर प्रदेश के गाज़ीपुर में एक जिझौतिया

ब्राह्मण परिवार में हुआ था। उत्तर प्रदेश में पैदा होने के बावजूद उनकी शुरुआती सामाजिक-राजनीतिक कर्मस्थली बिहार थी और अखिल भारतीय किसान सभा के बनने के बाद धीरे-धीरे पूरा भारत कर्मस्थली बन गया। उन्होंने पटना के पास बिहटा में अपना आश्रम बनाया।

मुलायम के मुताबिक़ वह एक करिश्माई संन्यासी, बाग़ी, विद्वान, लेखक, सामाजिक सुधारक और क्रांतिकारी थे। मुलायम सिंह बताते हैं, "शुरुआती दौर में स्वामी को भूमिहार-ब्राह्मण नेता क़रार देकर ख़ारिज कर दिया गया था। लेकिन कुछ समय बाद अच्छे कामों की वजह से उनकी पहचान बनी। यह सही है कि बिहार में किसान सभा आंदोलन स्वामी सहजानंद की अगुवाई में ही शुरू हुआ। उन्होंने 1929 में बिहार प्रांतीय किसान सभा बनाई। उनकी कोशिशों से ज़मींदारों के ख़िलाफ़ किसान लामबंद हुए। ज़मीन पर हक़ के जटिल नियमों की वजह से किसानों में ग़ुस्सा था और वे भूस्वामियों को सबक़ सिखाना चाहते थे। देश में किसान आंदोलनों की यहीं से शुरुआत हुई। देश भर में आंदोलन फैलने के बाद 1936 में लखनऊ अधिवेशन में कॉन्ग्रेस ने अखिल भारतीय किसान सभा का गठन किया। स्वामी इसके पहले अध्यक्ष बने। इसी साल अगस्त में लोहिया, जयप्रकाश नारायण, आचार्य नरेंद्र देव, एन जी रंगा, ईएमएस नंबूदिरीपाद, राहुल सांकृत्यायन, प्रोफ़ेसर यमुना कारजी, यदुदनंदन शर्मा ने मिलकर किसान मैनिफ़ेस्टो तैयार किया। इसमें ज़मींदारी प्रथा को पूरी तरह ख़त्म करने और किसानों के क़र्ज़े माफ़ करने की माँग की गई। अक्टूबर 1937 में किसान सभा ने अपना झंडा लाल कर दिया। बिहार और उत्तर प्रदेश में कॉन्ग्रेस पार्टी से तक़रार बढ़ती जा रही थी। गाँधी और नेहरू, दोनों ही भूस्वामियों के साथ खड़े दिख रहे थे। गाँधी परंपरा, धर्म और राजनीति के अपने अनूठे मेल से गाँव वालों को तो सम्मोहित कर लेते थे लेकिन जब बात उद्योगपतियों के ख़िलाफ़ खड़े होने की होती तो गाँधी नरम पड़ जाते थे। मैं यह कहने से नहीं डरता कि गाँधी और नेहरू भूस्वामियों के पक्ष में थे। यहाँ तक कि स्वामी सहजानंद गाँधी और नेहरू के इस रुख़ से हैरान थे।"

बिहार में 1934 का जानलेवा भूकंप शुरुआत साबित हुआ। ग़रीब किसानों और उनके परिवारों को राहत पहुँचाने के लिए स्वामी ने कोई कसर नहीं छोड़ी। उत्तर बिहार में आए इस भूकंप में क़रीब 50 हज़ार लोग मारे गए और लाखों बेघर हो गए। गाँधी उस वक़्त पटना में डेरा डाले हुए थे। मुलायम सिंह बताते हैं, "स्वामी को ज़िंदगी भर के लिए सबक़ मिला। उन्हें पता चला कि किसानों

और खेतिहर मज़दूरों को भूकंप से उतनी परेशानी नहीं है जितनी निर्दयी ज़मींदारों के लालच से। हर ज़मींदार किराया वसूलने में मशगूल था। इस हादसे से हताश स्वामी ने गाँधी से मुलाक़ात कर उनकी राय माँगी। गाँधी ने जवाब दिया, 'खेतिहर मज़दूरों की समस्याएँ ज़मींदार सुलझा लेंगे। कॉन्ग्रेसी उनके मैनेजर हैं तो वे शर्तिया ग़रीबों की ही मदद करेंगे।' लेकिन किसानों की परेशानियों का कोई अंत नहीं था। ये तथाकथित कॉन्ग्रेसी मैनेजर ज़मींदारों के साथ मिलकर किसानों को ही परेशान कर रहे थे। इसी के बाद से स्वामी सहजानंद ने गाँधी से रिश्ता तोड़ लिया। वह गाँधी को एक चतुर नेता के तौर पर देखने लगे जो पैसे वाले वर्ग की रक्षा करने के लिए छद्म आध्यात्मिकवाद, अहिंसा और धार्मिक खिचड़ी का सहारा लेने लगे। गाँधी से निराश होने के बाद स्वामी सुभाष चंद्र बोस और लोहिया से सलाह और मदद माँगने पहुँचे।"

मुलायम बातचीत के दौरान मुझे बताते हैं, "स्वामी ने गया के नियामतपुर में एक कुटिया को अपना आश्रम बनाया। हक़ीक़त ये है कि 1927 में यादव खेतिहर मज़दूरों ने भूमिहार-ब्राह्मण ज़मींदारों के ख़िलाफ़ संघर्ष के लिए स्वामी से मदद माँगी थी। हालाँकि इसकी बहुत चर्चा नहीं हुई है। मसौढ़ी के ज़मींदार बाक़ी हिंदू किसानों से बहुत ही बुरा बर्ताव करते थे। इसके ख़िलाफ़ आंदोलन में यादव स्वामी के पीछे लामबंद हो गए। उत्तर प्रदेश और बिहार में भूमि सुधार कार्यक्रम कुछ हद तक लागू हुआ और इस आंदोलन की देखादेखी ही मध्यम वर्ग हम समाजवादियों के साथ खड़ा हुआ चाहे वह जनता दल हो या समता पार्टी (अब नीतीश कुमार की जनता दल यूनाइटेड) या लालू प्रसाद यादव की राष्ट्रीय जनता दल। स्वामी ने उस वक़्त इतना काम किया कि नेताजी सुभाष चंद्र बोस ने भी उनकी तारीफ़ की। बोस के मुताबिक़ स्वामी भारत में किसान आंदोलन के बेताज बादशाह हैं। वह आम लोगों के पूज्य हैं और लाखों लोगों के हीरो हैं। स्वामी एक दोस्त, विचारक और मार्गदर्शक के तौर पर फ़ॉरवर्ड ब्लॉक से भी जुड़े रहे।"

अगस्त 1979 यानी दो साल के भीतर ही जनता पार्टी में अंदरूनी कलह बढ़ने लगी। इसकी वजह थी सांप्रदायिक राजनीति को बढ़ावा मिलना। अटल बिहारी वाजपेयी और एल के आडवाणी जैसे जनसंघ के सदस्यों ने राष्ट्रीय स्वयंसेवक संघ से अपने रिश्तों को बघारना शुरू कर दिया। ये दोनों मोरारजी देसाई कैबिनेट के अहम सदस्य भी थे। जनता दल के महासचिव मधु लिमये हुआ करते थे। उन्होंने पार्टी कार्यकारिणी को एक कड़ा ख़त लिखकर सरकार में आरएसएस

की भूमिका और छाया की जाँच की माँग की। उत्तर प्रदेश ही नहीं, पूरे भारत में आरएसएस पुनर्जीवन के दौर में था। स्कूलों और सार्वजनिक जगहों पर इस दक्षिणपंथी विचारधारा वाले संगठन की बढ़ती गतिविधियों से मुलायम भी चौकन्ने थे। चौधरी चरण सिंह लगातार प्रधानमंत्री मोरारजी देसाई पर आरएसएस के ख़िलाफ़ कार्रवाई करने का दबाव डाल रहे थे। और इसी के चलते उन्होंने कैबिनेट से इस्तीफ़ा दे दिया। बस सांप्रदायिकता राष्ट्रीय राजनीति का हिस्सा बन गई।

तेज़ी से बदल रहे हालात को याद करते वक़्त मुलायम काफ़ी सजग हो उठते हैं। "आरएसएस के बढ़ते प्रभाव से अलग होना ज़रूरी हो गया था। नई दिल्ली में 4 मार्च 1979 को अटल बिहारी वाजपेयी और एल के आडवाणी ने आरएसएस की एक बैठक में हिस्सा लिया। राजनारायण इस पर नाख़ुशी ज़ाहिर की। उन्होंने मोरारजी देसाई से आडवाणी और वाजपेयी का इस्तीफ़ा लेने की माँग की। मोरारजी देसाई पर कोई असर नहीं पड़ा। और तो और, उन्होंने राजनारायण को जनता पार्टी की राष्ट्रीय कार्यकारिणी से बाहर कर दिया। चरण सिंह ने देसाई सरकार के ख़िलाफ़ बग़ावत का बिगुल बजा दिया। मोरारजी देसाई की सरकार 15 जुलाई को गिर गई और चरण सिंह के प्रधानमंत्री बनने का रास्ता साफ़ हो गया। लेकिन इंदिरा गाँधी अपने वादे से मुकर गईं और लोकसभा में विश्वास मत हासिल करने से पहले ही 20 अगस्त को चरण सिंह ने इस्तीफ़ा दे दिया।"

निजी राजनीतिक महत्त्वाकांक्षाओं के चलते कॉन्ग्रेस विरोधी लहर आख़िरी साँसें गिन रही थी और इसने इंदिरा गाँधी को एक और मौक़ा दे दिया। ग़रीबी हटाओ नारे के साथ 1980 में उनकी सत्ता में धमाकेदार वापसी हुई। साथ ही नौ राज्यों में जनता पार्टी की सरकारें बर्ख़ास्त कर दी गईं।

मुलायम सिंह 1969 में चुनाव हार चुके थे। 1980 विधानसभा चुनाव में वह दूसरी बार खेत रहे। कॉन्ग्रेस के उम्मीदवार बलराम सिंह यादव की जीत से मुलायम और निराश थे। इटावा में किसी और विरोधी के बजाय बलराम सिंह से हारना और भी हताश करने वाला था। बलराम सिंह उनके कट्टर विरोधी थे और उन्होंने एक बार मुलायम सिंह को जान से मारने की भी सोची रची थी। मुलायम सिंह की इकलौती बहन कमला इटावा वाले घर पर उनका इंतज़ार कर रही थीं। वह दुखी मन से शाम को घर लौटे। कमला ने उनके लिए खिचड़ी बनाई थी। लेकिन मुलायम आँसुओं से भीगे था। साढ़े सात बजे ऑल इंडिया रेडियो के क्षेत्रीय समाचार में बताया गया कि चरण सिंह ने उन्हें लोकदल का प्रदेश अध्यक्ष

बना दिया है। इस ख़बर ने हार के दर्द को कुछ कम कर दिया।

उधर लखनऊ में कॉन्ग्रेस के विधायकों ने संजय गाँधी को अपना नेता चुना। विधायकों की इस चापलूसी भरी हरकत पर इंदिरा गाँधी ख़ुश तो हुईं लेकिन अपने चंचल बेटे की ख़राब छवि को सुधारने के लिए उन्होंने ये फ़ैसला ख़ारिज कर दिया। उनके फ़ैसले इमरजेंसी के दौरान हुई ज़्यादतियों के आधार पर थे। ऐसे में मुख्यमंत्री की कुर्सी के लिए दो नाम सामने आए- वीपी सिंह और एनडी तिवारी। वीपी इंदिरा गाँधी की मंत्रिपरिषद का हिस्सा थे। तिवारी काफ़ी अनुभवी थे और यह कुर्सी चाहते भी थे जबकि वीपी सिंह को ख़ास चाहत नहीं थी। लेकिन इंदिरा गाँधी को लगा कि तिवारी के मुक़ाबले वीपी ज़्यादा आज्ञाकारी साबित होंगे। वह लखनऊ में किसी 'ग़ुलाम' को चाहती थीं।

दुबले-पतले, छह फ़ुट क़द के और पतली कैंची जैसी मूँछों के मालिक 'राजा मांडा' की ताजपोशी के बाद मुलायम की राजनीति बदल गई। वीपी सिंह ने विपक्ष को धौंस दिखानी शुरू कर दी और जल्दी ही ख़ुद को कठोर प्रशासक के तौर पर पेश करने लगे। जल्दी ही ये उनके राजनीतिक करियर का सबसे उथल-पुथल वाला दौर साबित हुआ। मुख्यमंत्री के तौर पर वीपी सिंह प्रशसानिक दूरदृष्टि वाले नहीं साबित हुए। मुलायम सिंह उस दौरान मुरादाबाद, अलीगढ़ और मेरठ में हुए दंगों के बारे में कहते हैं कि इन दंगों ने मुसलमानों को डर और हताशा की अँधेरी खाई में ढकेल दिया। वह बताते हैं, "वीपी सिंह के सत्ता सँभालने के 9 दिन बाद ही बागपत में माया त्यागी नाम की गर्भवती महिला को पुलिस ने निर्वस्त्र कर पीटा। मुसलमानों के ख़िलाफ़ दंगों से दहशत का माहौल बन गया। लेकिन शायद ये नाकाफ़ी था और उन्होंने चंबल के बीहड़ों के डाकुओं को ख़त्म करने के नाम पर बड़ी संख्या में पिछड़े वर्ग के लोगों को निशाना बनाना शुरू कर दिया। मुठभेड़ के नाम पर तमाम लोग फ़र्ज़ी मुठभेड़ों में मारे गए। इस अभियान में यादव ख़ास तौर पर निशाने पर थे। कई यादव पुलिस मुठभेड़ों का शिकार बने। मैंने यह मुद्दा विधानसभा में उठाया। ब्रिटिश सरकार ने भी जाति के नाम पर ऐसे अत्याचार नहीं किए जैसे वीपी सिंह की सरकार कर रही थी। वीपी सिंह के पुलिस राज ने यादवों के गाँवों में क़हर बरपा दिया। पुलिस का क़ाफ़िला गुज़रने पर गाँव जान बचाने के डर से ख़ाली हो जाता था।"

1980-81 में चौधरी हरमोहन सिंह ने राज्य का दौरा करने के लिए मुलायम सिंह को एक अंबेसडर कार का नज़राना दे दिया। हरमोहन सिंह उस वक़्त

अखिल भारतीय यादव महासभा के अध्यक्ष थे। अखिल भारतीय यादव महासभा 1924 में वजूद में आई। अमेरिकी लेखक डेविड जी मैंडेलबॉम ने अपनी किताब सोसाइटी इन इंडिया (यूनिवर्सिटी ऑफ़ कैलिफ़ोर्निया, 1970) में इस यादव महासभा को द ग्रेट लीग (द ग्रेट असेंबली ऑफ़ यादवाज़) कहा गया। "उन्होंने सामाजिक परंपराओं को दरकिनार कर आधुनिक सामाजिक और राजनीतिक हैसियत बढ़ाने पर ज़ोर दिया। यादव महासभा ने इसमें दहेज के ख़िलाफ़ आवाज़ उठाई गई। शादी की उम्र बढ़ाने की माँग की गई। साथ ही शादियों में ख़र्च कम करने पर भी ज़ोर दिया। सबसे अहम बात ये थी कि देश के अलग-अलग हिस्सों में यादव समुदाय के लोग अलग-अलग टाइटिल रखते थे। यादव महासभा ने सभी से नाम के आगे सिर्फ़ यादव लगाने की गुज़ारिश की।" यादव महासभा का देश के दो सूबों, उत्तर प्रदेश और बिहार में सबसे ज़्यादा असर था। और आज़ादी के बाद ग़ैर-कॉन्ग्रेसी सरकार के गठन में इन्हीं दो राज्यों में यादवों की भूमिका सबसे अहम रही और इन्हीं दो राज्यों में यादव सबसे पहले सत्ता पर क़ाबिज़ भी हुए। लोहिया के व्यावहारिक और समाज सुधार से जुड़े विचारों को अमली जामा पहनाने में मुलायम सिंह यादव और लालू यादव ने बाज़ी मारी।

अब मुलायम लोकदल के प्रदेश अध्यक्ष के तौर पर अपनी ताक़त का इस्तेमाल करने लगे थे। वीपी सिंह सरकार में फ़र्ज़ी मुठभेड़ और सांप्रदायिक दंगों के ख़िलाफ़ जब नन्हे नेपोलियन ने राज्यव्यापी आंदोलन का प्रस्ताव रखा तो चौधरी चरण सिंह कुछ हिचक रहे थे। हालाँकि वीपी सिंह की दमनकारी नीतियों के ख़िलाफ़ हल्लाबोल के लिए जब कर्पूरी ठाकुर और जॉर्ज फ़र्नांडिस ने मुलायम का समर्थन किया तो वह राज़ी हो गए। मुलायम याद करते हैं, "मैंने फ़र्ज़ी मुठभेड़ों में मारे गए बेक़सूर लोगों की एक लिस्ट तैयार की। साथ ही एमनेस्टी इंटरनेशनल को कड़ी चिट्ठी लिखी। वीपी सिंह मेरी इस मुहिम को राष्ट्रविरोधी क़रार दे रहे थे। राज्यपाल को लिखे एक मेमोरंडम में मैंने लिखा कि मुख्यमंत्री क़रीब 5000 लोगों की हत्या के ज़िम्मेदार हैं जिसमें से 418 लोग फ़र्ज़ी मुठभेड़ में मारे गए। जातिगत नरसंहार में 18 नवंबर 1981 को देहुली गाँव में 24 दलितों की हत्या हुई। कानपुर में 10 यादव मारे गए और 28 जून को मैनपुरी में 6 दलित मारे गए। लेकिन वीपी सिंह ने अपने रिश्ते के भाई सीएसपी सिंह की हत्या के बाद मार्च 1982 में इस्तीफ़ा दिया।"

मोहन सिंह विधायक होने के साथ-साथ पार्टी व्हिप भी थे। उन्होंने सुरेंद्र सिंह

के ज़रिये मोहन सिंह को कहलवाया कि वे ये मुद्दा विधानसभा में उठाएँ। लेकिन मोहन सिंह ने इनकार कर दिया। उनका तर्क था कि मुलायम सिंह डाकुओं की तरफ़दारी कर रहे हैं। बहरहाल हक़ीक़त ये थी कि अभिजात्य ज़मींदार सदियों से दलितों और हाशिए पर फेंक दिए गए लोगों का शोषण करते आए थे और केवल इन्हीं लोगों को डाकू और अपराधी क़रार दिया गया।

ख़ुद की जान को ख़तरा महसूस कर मुलायम सिंह ने चरण सिंह से ख़ुद को विधान परिषद का सदस्य बनाने की मनुहार की। चरण सिंह भी मौक़े की नज़ाकत के पहचान गए और उन्होंने मुलायम सिंह को विधान परिषद में विपक्ष का नेता बना दिया।

जनता पार्टी के दो-फाड़ होने के बाद चरण सिंह ने दलित मज़दूर किसान पार्टी (डीएमकेपी) और बीकेडी का विलय कर नई पार्टी बनाई- लोक दल। चरण सिंह की पत्नी गायत्री देवी थीं। राजेंदर सिंह और सरदार सिंह मुलायम के ख़िलाफ़ साज़िश कर रहे थे। उन्होंने गायत्री देवी के कान भर दिए कि मुलायम सिंह का छवि राम, महावीर और अलवर जैसे संदिग्ध चरित्र के लोगों से रिश्ता है। जबकि ये लोग वीपी सिंह की पुलिस की ज़्यादतियों की वजह से चर्चा में थे।

गायत्री ने अपने पति चरण सिंह से इस बारे में खाने के दौरान चर्चा की, "क्यों चौधरी, तैने डाकू को पार्टी का अध्यक्ष बना दिया है।" चरण सिंह मुस्कुराए और जानना चाहा कि किसने कान भरे हैं और खाना खाने से इनकार कर दिया। नाम पता चलने पर उन्होंने, राजेंदर और सरदार सिंह, दोनों से इस्तीफ़ा माँग लिया।

चौधरी चरण सिंह की अपने बेटे के बारे में अच्छी राय नहीं थी। वह कहते थे कि– "उनका बेटा किसी मंत्री के बेटे की तरह बर्ताव करता है जबकि मैं चाहता हूँ कि वह किसान के बेटे की तरह रहे। मुलायम अपनी सोच और कर्म में किसान के बेटे जैसे हैं। वही मेरी राजनीतिक विरासत के प्राकृतिक उत्तराधिकारी हैं।"

अध्याय 13

क्रांति रथ का घूमता पहिया

यह वाक़या 10 फ़रवरी 1987 का है। पिता की राजनीतिक विरासत को अपनी जागीर समझने वाले राजनीतिक रूप से अपरिपक्व बेटे अजित सिंह ने अपनी बहन सरोज वर्मा के उकसावे पर मुलायम की राजनीतिक हैसियत कम करने की साज़िश रची। मुलायम को विधान परिषद में विपक्ष के नेता पद से बेदख़ल कर दिया गया। कॉन्ग्रेस (आई) की साठगाँठ से अजित सिंह उभरते समाजवादी नेता को हिलाने में कामयाब रहे। कुछ महीने पहले बुंदेलखंड के जालौन में चरण सिंह ने मुलायम को अपना 'बेटा' कहा था और बस्ती में एक सभा में मुलायम को अपना राजनीतिक उत्तराधिकारी बताया था। अफ़सोस, किसान नेता ने राजनीतिक सपने की जिस पौध को सींच कर पेड़ बनाया, अमेरिका में पढ़ा बेटा उसी की जड़ काटने पर तुला था।

लेकिन मुलायम दुविधा में नहीं थे। वह बेचैन थे। वह जानते थे कि बेचैनी दिल का कैंसर होती है। इस अँधियारे वक़्त में देवी लाल, हेमवती नंदन बहुगुणा और कर्पूरी ठाकुर ने उनका हाथ नहीं छोड़ा। हालाँकि कुछ ही हफ्तों में मुलायम ने राजनीतिक समीकरणों में जोड़तोड़ कर अपने विरोधी को चौंका दिया। आधी अधूरी जनता पार्टी, कम्युनिस्ट पार्टी ऑफ़ इंडिया (मार्क्सवादी), जनवादी पार्टी, संजय विचार मंच और कॉन्ग्रेस (जे) की मदद से क्रांतिकारी मोर्चा विपक्ष के तौर पर उभर रहा था। मुलायम अब विपक्ष के नेता बनने के हक़दार थे लेकिन विधानसभा के स्पीकर ने संवैधानिक मर्यादाओं को ताक पर रख ऐसा होने से रोक दिया।

चरण सिंह आठ साल बड़े थे राम मनोहर लोहिया से। चरण सिंह की किसान राजनीति ने पिछड़े वर्ग का एक ताक़तवर गुट बना दिया था जिसमें किसान, भूमिहीन दलित और पिछड़े मुसलमान शामिल थे जबकि लोहिया के संघर्षशील विचारों ने इन सबको एक छत के नीचे ला दिया। चरण सिंह पहले ऐसे नेता

रहे जिन्होंने अहीर, जाट, गूजर और राजपूत (अजगर) का एक नया समीकरण तैयार किया।

1974 के चुनाव से पहले चौधरी चरण सिंह के क्रांति दल और पीलू मोदी की स्वतंत्र पार्टी और संयुक्त सोशलिस्ट पार्टी का नई दिल्ली के मावलंकर हॉल में विलय हो गया और चरण सिंह की अगुवाई में भारतीय लोकदल का गठन हुआ।

1971 के चुनाव में राजनारायण इंदिरा गाँधी से चुनाव हार गए। उन्होंने इस चुनाव को अदालत में चुनौती दी जिसने इंदिरा के चुनाव को ख़ारिज कर दिया। कॉन्ग्रेस ने चुनाव में भारी जीत हासिल की थी और चरण सिंह भी अपनी सीट बचा नहीं पाए थे। ये चुनाव ढाका में 16 दिसंबर को पाकिस्तानी सेना के समर्पण के बाद हुए थे। अचानक लोकसभा भंग कर दी गई।

1974 के चुनाव आते-आते बीएलडी एक राजनीतिक ताक़त बन चुकी थी। अर्जुन सिंह भदौरिया 1971 में चुनाव हार चुके थे। उनकी हार प्रदेश की राजनीति में मुलायम सिंह के आगमन की वजह बनी। हक़ीक़त ये थी कि भदौरिया चरण सिंह को नापसंद थे। हालाँकि 1977 के आम चुनाव में अर्जुन सिंह भदौरिया इटावा संसदीय सीट से फिर जीत गए।

1974 के चुनावों के लिए भारतीय लोकदल ने यूपी की एक मुस्लिम पार्टी मुस्लिम मजलिस से हाथ मिलाया। चुनाव-प्रचार का मुख्य मुद्दा क़रीब-क़रीब एक ही था। जाट, यदव, कुर्मी और मुसलमान बीकेडी के साथ खड़ा था। नतीजतन एक बड़ी राजनीतिक ताक़त की तस्वीर साफ़ होने लगी। उत्तर प्रदेश में बीएलडी सबसे बड़ी पार्टी बन गई। और शायद यही वजह रही कि अमेरिका रिटर्न्ड अजित सिंह सीधे ही इस विरासत को हथियाने की जुगत में लग गए।

क्रांति मोर्चा एक नई सुबह था। विपक्षी दलों की राजनीति के अखाड़े में तमाम क़द्दावरों को उनकी जगह बताने का मुलायम के लिए ये पहला मौक़ा था। वह नई ताक़त के साथ उभर तो रहे थे लेकिन चरण सिंह का सूर्य अस्त होने को था। 1987 के मई महीने की 29 तारीख़ को चरण सिंह के निधन ने मुलायम को झकझोर दिया। गायत्री देवी से मुलाक़ात के दौरान उनकी आँखों से धार बह रही थी। राजीव गाँधी भी वहीं मौजूद थे। लेकिन चरण सिंह के अंतिम संस्कार से पहले विवाद भी हो गया। कॉन्ग्रेस सरकार उनके अंतिम संस्कार के लिए क़ायदे की जगह देने को तैयार नहीं थी। मुलायम पूर्व प्रधानमंत्री के साथ किसी तरह की राजनीतिक चालबाज़ी होने पर घातक अंजाम की धमकी दे दी। आख़िर में तबके प्रधानमंत्री राजीव गाँधी को

मुलायम के दृढ़निश्चय के आगे झुकना पड़ा। महात्मा गाँधी की समाधि राजघाट के पास यमुना के किनारे जगह दी गई। किसानों के हक़ को लेकर उनकी लड़ाई को देख चरण सिंह की समाधि को किसान घाट नाम दिया गया।

उधर खेतिहर सूबे हरियाणा में देवीलाल सफलता के नये झंडे गाड़ रहे थे। गाँव के पहलवान की छवि को झुठलाने वाले ये हट्टे कट्टे जाट नेता जनता के बीच अक्सर हरा साफा पहने दिखते थे। सितारा बुलंद हो या गर्दिश में, वह अपने समर्थकों का हरियाणवी पुट वाली भारी आवाज़ में स्वागत करते थे। देवीलाल के लोकदल ने जून में हुए विधानसभा चुनाव में कॉन्ग्रेस (आई) की भजन लाल सरकार से कुर्सी छीन ली। ये नतीजे भविष्य में कई बार हवा का रुख़ बदलने वाले रहे। जाटलैंड (हरियाणा) में अपना पाँव जमाने के बाद देवीलाल ने मुलायम को उत्तर प्रदेश को क़ब्ज़ाने के लिए पूरी ताक़त लगाने की सलाह दी।

प्रेरणा तभी पैदा होती है जब मंज़िल का पता हो- ये एक अकाट्य सच है। किसी इंसान की छिपी हुई क्षमता को यही उभारती है और लक्ष्य हासिल करने के लिए हर बलिदान के योग्य बनाती है। संक्षेप में इंसान तभी सर्वश्रेष्ठ प्रदर्शन करता है। मुलायम की मंज़िल थी कॉन्ग्रेस को हराना और उसे नेस्तनाबूद करना।

कॉन्ग्रेस विरोधी मुहिम की शुरुआत 14 सितंबर 1987 को हुई। बिगड़ते सामाजिक-राजनीतिक हालात, भ्रष्टाचार, बेरोज़गारी, दलितों और पिछड़ों की बदहाल आर्थिक और सामाजिक स्थिति, किसानों की बढ़ती परेशानियाँ और सांप्रदायिक ताक़तों के बढ़ते हौसले के ख़िलाफ़ मोर्चा खोलते हुए मुलायम ने एक पुरानी बस से 'क्रांति रथ यात्रा' शुरू की।

क्रांति रथ के पहले और ऐतिहासिक सफ़र से भावनात्मक लगाव की वजह से उनका गला भर जाता है। इस यात्रा के अनुभव बयाँ करते वक़्त उनका गला कई बार रुँध गया। "जब मैंने क्रांति रथ यात्रा शुरू की तो मैं रात को सड़क के किनारे गद्दा तकिया बिछाकर सोता था। साथ चल रहे कार्यकर्ताओं के लिए होटल बुक कराने के पैसे नहीं थे और मुझे सड़क के किनारे सोने में मज़ा आता था। सुबह से लेकर शाम तक हज़ारों लोग रथ देखने आते थे। लोगों के दिल बदलाव के लिए ज़ोर मार रहे थे। हर तरह के लोग ख़ुद-ब-ख़ुद इससे जुड़ रहे थे। मेरा रथ उत्तर प्रदेश में बदलाव लाने वाला कारक बन गया। सड़कों के किनारे लोग मुझसे मिलने के लिए टूट पड़ते, मेरे साथ फ़ोटो खिंचवाते और बाद में मिलने पर बताते कि उन्होंने वह तस्वीर घर या दुकान में टाँगी है। रथ जहाँ भी रुकता, त्योहार जैसा

माहौल बन जाता। दूरदराज़ के गाँवों से बैलगाड़ी, ट्रैक्टर, साइकिल या फिर पैदल ही हज़ारों लोग रथयात्रा में शामिल होते थे। मैंने कई बार भीड़ में मौजूद लोगों की आँखों में आँसू देखे। अक्सर मैं मालाओं या गुलाब की पंखुड़ियों की बरसात में दब जाता था। उस वक़्त मेरे रथ की रफ़्तार बनाए रखने के लिए पैसा ज़रूरी था और चंदा माँगने पर लोगों ने सोने-चाँदी के सिक्के न्योछावर कर दिए।"

क्रांति रथ की शुरुआत कानपुर के पास अकबरपुर से हुई। छोटे से इस क़स्बे की 1857 के गदर में अहम भूमिका मुलायम को याद थी। यहाँ के हिंदुओं और मुसलमानों ने कंधे से कंधा मिलाकर ब्रिटिश सेना का मुक़ाबला किया। अकबरपुर से अपने अहम राजनीतिक अभियान की शुरुआत कर मुलायम ने इस बात को पुख़्ता किया कि एक ऐसी राजनीतिक इमारत खड़ी की जाएगी जिसमें हिंदू और मुसलमान, दोनों की बराबर की भागीदारी होगी। इस रथ यात्रा का धर्मनिरपेक्ष होना उस वक़्त के हालात में और भी अहम हो जाता है क्योंकि मुसलमान विरोधी उपद्रवी साधु और संतों का चोला ओढ़े अयोध्या में 16वीं सदी में बनी बाबरी मस्जिद को गिराकर मंदिर बनाने की मुहिम शुरू कर रहे थे।

अयोध्या विवाद देश के सामाजिक और राजनीतिक बातचीत का अहम हिस्सा हो चुका था। लेकिन अयोध्या विवाद को आग लगी शाहबानो मामले से। शाहबानो की उम्र 1985 में 62 साल थी। मध्य प्रदेश के इंदौर की रहने वाली शाहबानो को 1978 में उसके पति ने तलाक़ दे दिया था। उस वक़्त उसके पाँच बच्चे थे। वह इससे बहुत परेशान थी क्योंकि मुस्लिम पर्सनल लॉ में इद्दत के बाद औरत के गुज़ारे-भत्ते का कोई इंतज़ाम नहीं है। इस्लाम में तलाक़ या पति की मौत के बाद औरत के लिए इद्दत की अवधि पूरी करना ज़रूरी है। तलाक़ के बाद तीन महीने तक वह किसी से शादी नहीं कर सकती। ऐसे हालात में पति से गुज़ारे-भत्ते के लिए शाहबानो ने अदालत में गुहार लगाई। सात साल की क़ानूनी लड़ाई के बाद मामला सुप्रीम कोर्ट में था। सुप्रीम कोर्ट ने सीआरपीसी की धारा 125 के तहत ऐतिहासिक फ़ैसला सुनाया। यह धारा जाति, रंग या धर्म के भेदभाव के बिना सभी भारतीयों पर लागू होती है। सुप्रीम कोर्ट ने कहा कि शाहबानो को पति से गुज़ारा-भत्ता लेने का हक़ है।

इस फ़ैसले ने मुस्लिम राजनीति में भूचाल ला दिया। मुस्लिम पर्सनल लॉ बोर्ड के प्रमुख प्रवक्ता सैयद शहाबुद्दीन और ओबैदुल्ला ख़ान काज़मी ने सुप्रीम कोर्ट के फ़ैसले को मुस्लिम पर्सनल लॉ में दख़ल क़रार दिया। कॉन्ग्रेस ने मौक़े का

फ़ायदा उठाया। राजीव गाँधी को लोकसभा में पूर्ण बहुमत हासिल था। किसी भी तरह के क़ानून की राह में कोई अड़चन नहीं थी। 1980 में जनसंघ को भंग कर बनी भारतीय जनता पार्टी (बीजेपी) ने यूनिफ़ॉर्म सिविल कोड न बनाए जाने को लेकर मुस्लिम संगठनों और कॉन्ग्रेस के ख़िलाफ़ ज़हर उगलना शुरू कर दिया। राजीव गाँधी सरकार ने 1986 में मुस्लिम महिला (तलाक़ के मामले में हक़ों की रक्षा) क़ानून बनाया। इस क़ानून ने सुप्रीम कोर्ट के फ़ैसले को दरकिनार कर दिया और हक़ीक़त में ग़रीब से ग़रीब तलाक़शुदा मुस्लिम औरतों के गुज़ारा भत्ता पाने के हक़ को ख़त्म ही कर दिया। धर्मनिरपेक्षता को राजीव गाँधी ने एक और झटका दिया जब वह नई दिल्ली से अयोध्या पहुँच गए राम जन्मभूमि-बाबरी मस्जिद पर लगा ताला खुलवाने। राजीव ने सांप्रदायिकता के शैतान को पुचकारते हुए विश्व हिंदू परिषद (वीएचपी) और बीजेपी को नया हथियार दे दिया। धर्मनिरपेक्ष, समाजवादी, लोकतांत्रिक भारतीय गणतंत्र को दो सांप्रदायिक ध्रुवों में बाँटने की प्रक्रिया शुरू हो गई। उत्तर प्रदेश इसकी प्रयोगशाला बना और मंदिरों की नगरी अयोध्या इसका हेडक्वॉर्टर। इस वक़्त अयोध्या में क़रीब 96 मंदिर और 40 मस्जिदें थीं।

संघ परिवार के तमाम संगठनों की अगुवाई में सांप्रदायिक ताक़तों और मुसलमानों और दक्षिणपंथी हिंदू ताक़तों को लुभाने की राजीव गाँधी की कॉन्ग्रेस (आई) की नीतियों से निपटने के लिए मुलायम अपनी राजनीतिक पैंतरेबाज़ी को और पैना करने में जुटे थे। वीएचपी और बीजेपी ने ताला खोलने के लिए 8 मार्च 1986 तक का अल्टीमेटम दिया। मुलायम ने मुझे बताया, "फ़ैज़ाबाद ज़िला अदालत ने ताला खोलने का फ़ैसला सुनाया। राजीव गाँधी दुविधा में थे और अरुण नेहरू के मशविरे पर वह करने को तैयार हो गए जो किसी ने सोचा नहीं था। वह शायद हिंदू वोट बैंक पक्का करना चाहते थे। सरकार ने अदालत को भरोसा दिया कि मौक़े पर क़ानून व्यवस्था बनाए रखने में कोई दिक़्क़त नहीं होगी। पूरा देश भौंचक्का होकर राम जन्मभूमि-बाबरी मस्जिद का ताला खुलने की तस्वीरें देखने के लिए दूरदर्शन से चिपका रहा।"

इसमें कोई आश्चर्य नहीं कि वीएचपी समेत संघ के कई संगठनों और बीजेपी ने उत्तर प्रदेश की सड़कों पर राम-जानकी रथ यात्रा शुरू कर दी।

राजीव गाँधी ने 1984 में वीपी सिंह को अपना वित्त मंत्री बनाया। उत्तर प्रदेश में डाकुओं और बाग़ियों के ख़िलाफ़ कार्रवाई से राजा मांडा मुस्लिम, दलित और

पिछड़ों में नफ़रत और कटाक्ष के पात्र बन चुके थे। सच्चाई और ईमानदार छवि हासिल करने की उनकी दुस्साहसी कोशिश उल्टी पड़ गई और उन्हें मुख्यमंत्री पद से इस्तीफ़ा देना पड़ा। वित्त मंत्रालय में जम जाने के बाद उन्होंने फिर लोगों की आँखों का तारा बनने की कोशिश की। कुछ ही हफ़्तों बाद उन्होंने धीरूभाई अंबानी और बॉलीवुड सुपरस्टार अमिताभ बच्चन पर छापे डलवाए। इससे पहले कि वीपी सिंह तथाकथित टैक्स चोरी करने वाले कुछ और औद्योगिक घरानों को निशाना बनाते, राजीव गाँधी पर उन्हें हटाने का दबाव बढ़ने लगा और फिर वीपी सिंह को रक्षामंत्री बना दिया गया। राजीव गाँधी के लिए यह डरावने सपने जैसा था क्योंकि कॉन्ग्रेस को चंदा देने वालों में सीनियर अंबानी का नाम सबसे ऊपर था और अमिताभ बच्चन पारिवारिक दोस्त थे।

सौदे पर दस्तख़त के कुछ ही दिन बाद बोफ़ोर्स का भूत बाहर आ गया। राजीव गाँधी सरकार ने 155 एमएम वाली 410 होविट्ज़रफ़ील्ड गन के लिए बोफ़ोर्स से 28.5 करोड़ अमेरिकी डॉलर का सौदा किया था। सौदे में दलाली दिए जाने का ख़ुलासा स्वीडिश रेडियो ने 16 अप्रैल 1987 को किया। वीपी सिंह ने मौक़े को लपक लिया और 155 एमएम होविट्ज़र बोफ़ोर्स गन सौदे की जाँच का आदेश देकर बर्र के छत्ते को छेड़ दिया। अँग्रेज़ी अख़बार द हिंदू में एन राम और चित्रा सुब्रह्मण्यम ने कई लेखों के ज़रिये दावा किया कि सौदे के लिए स्वीडिश कंपनी ने प्रधानमंत्री राजीव गाँधी समेत कॉन्ग्रेस के नेताओं को 1.15 करोड़ अमेरिकी डॉलर यानी क़रीब 64 करोड़ रुपये की घूस दी। इससे पहले कि वीपी सिंह राजीव गाँधी के ख़िलाफ़ सबूत पेश कर पाते उन्हें रक्षामंत्री के पद से बर्ख़ास्त कर दिया गया। आज़ाद भारत में सबसे विवादास्पद स्कैंडल रहा है बोफ़ोर्स मामला- न केवल दलाली के तौर पर खाई गई रक़म के मामले में बल्कि छोटे से वक़्त के दरम्यान राजनीतिक समीकरणों को दोबारा तय करने को लेकर।

ओतावियो क्वात्रोकी एक इतालवी कारोबारी थे। राजीव और सोनिया गाँधी के वह क़रीबी थे। उनकी पहचान एक सफल फ़ॉरेन लॉबीज के तौर पर बनी। वह एक पेट्रोकेमिकल कंपनी स्नैमप्रोजेती के एक्ज़ीक्यूटिव थे। लेकिन 1960 के दशक के दरम्यान भारतीय कारोबार में उनकी पहुँच का नतीजा यह हुआ कि स्नैमप्रोजेती को 60 से ज़्यादा ठेके मिल गए। दिल्ली की सत्ता के गलियारों में उनका नाम विदेशी फ़र्मों को ठेके मिलने की गारंटी बन गया।

माना जाता है कि बोफ़ोर्स विवाद स्वीडिश रेडियो पर '234445567' रिपोर्ट

प्रसारित होने के बाद अंतर्राष्ट्रीय सुर्खी बना। इस रिपोर्ट में दावा किया गया था कि ठेका पाने के लिए दलाली दी गई है। एई सर्विसेज़ नाम की एक कंपनी का नाम भी आया। इस कंपनी की कुल पूँजी 100 लीरा (इतालवी मुद्रा) थी और इसमें कोई कर्मचारी नहीं था। द हिंदू की रिपोर्टर चित्रा सुब्रह्मण्यम ने बोफ़ोर्स के मैनेजिंग डायरेक्टर मार्टिन आर्दबो की डायरी हासिल कर ली। इसमें लिखा था– 'आर से नज़दीकी की वजह से क्यू का शामिल होना दिक़्क़त खड़ी कर सकता है।' जल्दी ही 'क्यू' की पहचान हो गई जब चित्रा सुबह्मण्यम ने उस स्विस बैंक की पहचान कर ली जहाँ एई सर्विसेज़ का खाता था और ये भी साफ़ हो गया कि इसे ओतावियो क्वात्रोकी ऑपरेट करते थे। फिर यह भी साफ़ हो गया कि 'आर' का मतलब राजीव गाँधी है। कुछ समय बाद स्विट्ज़रलैंड से सीबीआई को मिले दस्तावेज़ों से भी ये बात पुख़्ता हो गई। लेकिन अदालत ने इन सबूतों को मानने से इनकार कर दिया क्योंकि ये मूल दस्तावेज़ न होकर उनकी कॉपी थे।

कैबिनेट से बाहर किए जाने से वीपी सिंह काफ़ी नाराज़ थे। यह उनके लिए अपमानजनक आघात था। वह यह बेइज़्ज़ती बर्दाश्त नहीं कर सके। उन्होंने कॉन्ग्रेस छोड़ दी और जन मोर्चा का गठन किया। अमिताभ बच्चन बोफ़ोर्स मामले में अपने भाई अजिताभ पर आरोपों की झड़ी लगने पर इलाहाबाद लोकसभा सीट से इस्तीफ़ा दे ही चुके थे।

उत्तर प्रदेश में मुलायम आगे बढ़ रहे थे। उन्होंने वीपी के इस्तीफ़े को कॉन्ग्रेस विरोधी राजनीति में नया दौर बताया और सभी विपक्षी दलों को एकजुट होने को कहा। इलाहाबाद सीट के लिए उपचुनाव में वीपी की उम्मीदवारी पर समूचे विपक्ष ने मुहर लगाई। कॉन्ग्रेस-विरोधी लहर शुरू हो चुकी थी। चुनाव में वीपी ने लाल बहादुर शास्त्री के बेटे सुनील शास्त्री को भारी अंतर से हराया। इसके बाद कॉन्ग्रेस पार्टी के कार्यकर्ताओं में भी निराशा फैल गई। मुलायम सिंह देवीलाल के साथ मिलकर बिखरे विपक्ष को एकजुट करने की जुगाड़ में जुट गए ताकि एक विकल्प तैयार हो सके। अब देवीलाल चरण सिंह के चोले में थे और मुलायम, चंद्रशेखर, एनटी रामाराव, राम कृष्ण हेगड़े और वीपी सिंह के साथ मिलकर नई पार्टी बनाने की ओर बढ़ रहे थे। लंबी बातचीत और हेमवती नंदन बहुगुणा जैसे कुछ क़द्दावर नेताओं की अड़चनों को दूर करने के बाद लोक दल, जनता पार्टी, जन मोर्चा, कॉन्ग्रेस (एस) और कई छोटे दलों का विलय हुआ और जनता दल का उदय हुआ। नई पार्टी 11 अक्टूबर 1988 को बनी। छह दिन बाद ही कर्पूरी

ठाकुर का निधन हो गया। डीएमके, टीडीपी और एजीपी जैसे कई क्षेत्रीय दल भी जनता दल में शामिल हो गए और राष्ट्रीय राजनीति के आसमान पर एक नया मोर्चा तैयार था। यह था राष्ट्रीय मोर्चा। वीपी सिंह को जनता दल का अध्यक्ष और राष्ट्रीय मोर्चा का संयोजक चुना गया। तेलुगु सिनेमा पर राज करने वाले करिश्माई अभिनेता एनटी रामाराव राष्ट्रीय मोर्चा के अध्यक्ष बनाए गए। कहा जाता है कि जब लखनऊ में वीपी सिंह ने राजीव गाँधी के ख़िलाफ़ मुहिम शुरू की तो रैलियों में वह हमेशा दाहिना हाथ अपनी खादी की पतलून में डालते और काग़ज़ का एक टुकड़ा निकालकर हवा में लहराते और बोलते थे, "इस काग़ज़ के टुकड़े पर राजीव गाँधी के स्विस बैंक खाते का नंबर है जिसमें बोफ़ोर्स की दलाली का पैसा जमा हुआ।" यह सुनकर जनता ख़ुशी से झूम उठती थी। उन्नाव में एक सभा में कुछ कॉन्ग्रेसियों ने साँप छोड़ दिए। मक़सद था रैली से भीड़ को भगाना और भगदड़ मचाना। लेकिन दाँव उल्टा पड़ा। कॉन्ग्रेस की लोकप्रियता का ग्राफ़ तेज़ी से गिर रहा था।

वक़्त आ गया था 1989 के ऐतिहासिक आम चुनाव का। लखनऊ में चुनाव थे और नया मुख्यमंत्री चुना जाना था। उत्तर प्रदेश में एनडी तिवारी के मुक़ाबले मुलायम सिंह को सबसे मज़बूत दावेदार माना जा रहा था जबकि वीपी सिंह बोफ़ोर्स की मार्फत राष्ट्रीय राजनीति में लहरें पैदा कर रहे थे। मुलायम का बढ़ता ग्राफ़ किसी से भी छिपा नहीं था। हर कॉन्ग्रेस विरोधी नेता मुलायम का साथ चाहता था। उत्तर प्रदेश में नन्हे नेपोलियन पूरे विपक्ष के लिए चीन की दीवार से कम नहीं थे। कानपुर में 15 जनवरी 1989 को हुई रैली ने उत्तर प्रदेश जनता दल के अध्यक्ष पद पर उनकी दावेदारी को लेकर उठने वाले हर सवाल का जवाब दे दिया। रैली में क़रीब दो लाख लोग शामिल हुए। मंच पर जब उन्हें 50 लाख रुपये भेंट किए गए तो वह किसी महापुरुष से कम नहीं दिखे। रैली-दर-रैली मुलायम अपने स्नेही हाव-भाव से लोगों को अभिभूत कर रहे थे। एक बड़ा नेता जोखिम मोल लेता है, आराम से बात सुनता है और उन्मादित कार्यकर्ताओं की भीड़ को सँभालना जानता है। मुलायम में इन तीनों ही गुणों का समावेश था। नई दिल्ली में बोटक्लब पर 25 सितंबर 1989 को हुई रैली मुलायम के लिए सोने पर सुहागा साबित हुई। इस रैली को आयोजित करने में वह ओम प्रकाश चौटाला के साथ सबसे आगे रहे। 25 सितंबर को देवी लाल 75 साल के हो गए और रैली में राजीव गाँधी की सरकार को उखाड़ फेंकने के नारे लगे।

रियलपॉलिटिक जर्मन शब्द है। मतलब है यथार्थ की राजनीति और राजनीति को इसी रूप में लेने का यथार्थवादी का दृढ़निश्चय। ये मैकियावेलीवाद और मैचपॉलिटिक की तरह है। उत्तर प्रदेश में नया नेता चुने जाते वक़्त रियलपॉलिटिक भी शामिल थी। वीपी सिंह की ओर से धोखा खाने की आशंका होने पर 'कुछ भी हो सकता है' वाले राजनीतिक दर्शन से मुलायम के दिमाग़ में बग़ावत का कीड़ा कुलबुलाने लगा। वीपी किसी भी हालत में मुलायम को उत्तर प्रदेश का मुख्यमंत्री नहीं बनने देना चाहते थे। उधर मुलायम सिंह हर क़ीमत पर ताज पहनने का अपना ख़्वाब पूरा करना चाहते थे।

जनता दल विधायक दल के नेता के तौर पर मुलायम का चुनाव और फिर उत्तर प्रदेश के मुख्यमंत्री पद पर ताजपोशी किसी सस्पेंस नाटक से कम नहीं थी। बात 5 दिसंबर 1989 की है।

विधानसभा के तिलक हॉल में नेता चुनने के लिए जनता दल के निर्वाचित विधायकों की बैठक बुलाई गई थी। लखनऊ में तिलक हॉल में बैठक हो रही थी। लोगों का हुजूम हॉल के बाहर जमा था। हॉल के अंदर गहमागहमी थी और बार-बार व्यवस्था बिगड़ रही थी। बाहर भीड़ बढ़ती जा रही और उस पर क़ाबू पाना मुश्किल हो रहा था। मुलायम और अजित सिंह के समर्थक पूरे जोश में नारेबाज़ी कर रहे थे। माहौल को कुछ देर तक भाँपने के बाद मुलायम खड़े हुए और अपने ख़ास अंदाज़ में लोगों से शांत रहने की अपील की।

नई दिल्ली से वीपी सिंह ने अपने चुने हुए पर्यवेक्षकों के हाथों एक ऐसा संदेशा भेजा था जो मुलायम के भविष्य पर विराम लगा देता। ये चिट्ठी लेकर दिल्ली से मधु दंडवते और सुरेंद्र मोहन आए थे। 204 विधायकों और विधान परिषद के 8 सदस्यों की बैठक में सुरेंद्र मोहन ने प्रधानमंत्री के संदेश का ऐलान किया। इस समाजवादी को शक हो गया और उन्होंने पर्यवेक्षकों की ओर घूरकर देखा। वह ग़ुस्से में उठकर खड़े हो गए और गरजकर बोले, "मैं किसी भी संदेश को पढ़े जाने की इजाज़त नहीं दूँगा। आप यहाँ चुनाव कराने आए हैं और उसे निष्पक्ष तौर पर कीजिए। प्रक्रिया की पारदर्शिता तय करेगी कि राज्य का मुख्यमंत्री कौन होगा।" पेच अजित सिंह को लेकर था जो उम्मीद कर रहे थे कि वीपी सिंह के हाई कमान जैसे आदेश के बलबूते वह सत्ता पर बैठ जाएँगे। यह ड्रामा न केवल मुलायम सिंह बल्कि वहाँ मौजूद लोगों के लिए भी चौंकाने वाला था क्योंकि अजित सिंह विधानसभा के किसी भी सदन के सदस्य तक नहीं थे। मुलायम ने

वोटिंग की माँगकर अजित की उम्मीदों पर पानी फेर दिया। नेता पद के लिए हुई वोटिंग में मुलायम ने अजित सिंह को मात दे दी और पूरा हॉल 'नेताजी ज़िंदाबाद' के नारों से गूँज उठा। सत्ता का ताज छुपे रुस्तम के सिर पर नहीं रखा गया बल्कि मुलायम के सिर पर आया जो इसके लिए आश्वस्त थे।

वरिष्ठ पत्रकार एमजे अकबर ने इस पूरे ड्रामे के बारे में अपनी अनोखी शैली में विस्तार से लिखा है। "1989 में कॉन्ग्रेस की हार के बाद मुलायम सिंह मान कर चल रहे थे कि वीपी सिंह और अजित सिंह दिल्ली में सत्ता का सुख भोगेंगे और उत्तर प्रदेश को उनके लिए छोड़ देंगे। उत्तर प्रदेश उनकी जागीर था और इस ज़मीन पर वह किसी भी तरह की चुनौती के लिए तैयार नहीं थे। वैसे भी उन्हें ये बात हज़म नहीं हो रही थी कि वीपी सिंह विपक्ष के सर्वोच्च नेता बन गए थे। अस्सी के दशक की शुरुआत में वीपी सिंह राज्य के मुख्यमंत्री थे और मुलायम सिंह के उस वक़्त के घाव अब भी हरे थे। उन्होंने सिर्फ़ अपनी शिकायतों पर ध्यान दिया था घावों पर मलहम नहीं लगाया था। और फिर उन्होंने देखा कि जिस वीपी सिंह के आदेश पर डाकू विरोधी अभियान के नाम पर पुलिस ने पिछड़े वर्ग के तमाम लोगों का एनकाउंटर करवा दिया वही वीपी सिंह यादवों के मसीहा बन बैठे हैं। यानी श्री यादव के अपने ही वोट बैंक में सेंध। वह इसका हल निकाल लेते लेकिन वीपी सिंह श्री यादव को थोड़ी भी जगह देने को तैयार नहीं थे। 1989 में जब उत्तर प्रदेश में जनता दल की जीत हुई तो मुख्यमंत्री की कुर्सी के लिए वह ख़ुद को सर्वसम्मत उम्मीदवार मानकर चल रहे थे। लेकिन इसी बीच केंद्र में मंत्री अजित सिंह ने वीपी सिंह की मदद से लखनऊ में विधायक दल की बैठक में अपना नाम डलवा दिया। श्री यादव हालाँकि चुनाव जीत गए लेकिन उन्होंने अपने विरोधियों को कभी माफ़ नहीं किया।"

आज़म ख़ाँ कहते हैं, "वीपी सिंह की मुलायम से निजी खुन्नस थी। वह मुलायम की लोकप्रियता से डरते थे। वीपी धर्मनिरपेक्ष नेता नहीं थे। मुरादाबाद में 1980 के दंगों में उनकी भूमिका को नज़रअंदाज़ नहीं किया जा सकता। वह मुख्यमंत्री थे और मैं विधायक। मैंने दिल झकझोरने वाला भाषण दिया। क़ुरान को जलाया गया था। चूड़ियाँ और हड्डियाँ जमाकर मैंने सदन में पेश किया। किसी को भरोसा नहीं हुआ और सभी काठ की तरह जम गए। वीपी सिंह खड़े हुए और कहा, "आप ठीक फ़रमाते हैं। मैं अपना गुनाह क़ुबूल करता हूँ। मुझे बताइए कि मेरी सज़ा क्या होनी चाहिए?"

इस क़ुबूलनामे पर आज़म ने खड़े होकर वीपी सिंह को मुबारकबाद दी। "चूँकि आप न तो अपराधी हैं और ना ही दंगाई, आप से जान और जायदाद की हिफ़ाज़त की अपेक्षा की जाती है। आप इस्तीफ़ा दे दीजिए।"

विरोध में कॉन्ग्रेसी अपनी सीटों पर खड़े हो गए। तब आज़म ने सदन का बहिष्कार कर दिया।

वीपी सिंह जुमलों से ज़्यादा खेलते थे जज़्बात से कम। प्रधानमंत्री के तौर पर उन्होंने एक भी मुस्लिम समर्थक ऐलान नहीं किया।

टेलीविज़न और रेडियो की वजह से पूरे राज्य और देश में ख़बर आग की तरह फैल गई। त्योहार जैसा माहौल था। शाम 5 बजे केडी सिंह बाबू स्टेडियम में मुलायम की ताजपोशी हुई। हर एक की ज़ुबान पर एक ही चीज़ थी- अपना मुख्यमंत्री, अपनी सरकार। महीना पूस का था लेकिन माहौल में रंगीनी फागुन की थी। मुलायम ने संवाददाताओं से कहा, "आज लोहिया का सपना पूरा हुआ है। आज एक किसान का बेटा उत्तर प्रदेश का मुख्यमंत्री बना है। लोगों का हुजूम अपने सम्मान में झूम रहा है। मैं लोगों की भावनाओं से अभिभूत हूँ। मैं लोगों की बेहतरी के लिए काम करूँगा।"

मुलायम प्रदेश के पहले ऐसे मुख्यमंत्री रहे जिन्होंने गवर्नर हाउस के दरबार हाल में शपथ लेने की परंपरा को तोड़ा। खुले आसमान के नीचे समर्थकों की भीड़ के बीच शपथ लेकर उन्होंने अपनी जनवादी छवि को तो मज़बूत किया ही, हर हाल में जनता से जुड़े रहने की प्रतिबद्धता भी दिखाई। अखिलेश ने भी इसी राह पर चलते हुए ला मार्टिनेयर कॉलेज के खुले मैदान में 15 मार्च 2012 को शपथ ली।

मुख्यमंत्री के तौर पर मुलायम पहली बार 7 दिसंबर को इटावा पहुँचे। पूरा शहर उनके स्वागत के लिए दुल्हन की तरह सजा था। लोग स्वागत में मिठाइयाँ बाँट रहे थे। पूरा शहर में मेले जैसा माहौल था। 'धरती के लाल' को देख हर ख़ास-ओ-आम निहाल हुए जा रहा था।

यहाँ से सिर्फ़ सात किलोमीटर दूर सैफ़ई में घरवालों की बेचैनी बढ़ रही थी। भाई अभयराम खेत से लौटकर मवेशियों के लिए चारे के इंतज़ाम में जुटे थे। घर वालों की मुलायम से मुलाक़ात जसवंत नगर में होनी थी। मुख्यमंत्री की माँ और पत्नी समेत बाक़ी घर वालों को वहाँ तक ले जाने के लिए किराए पर एक ट्रैक्टर का इंतज़ाम किया गया था। लेकिन अफ़सोस, कोई उनसे मिल नहीं सका।

सबके चेहरे पर उदासी थी। सबका एक ही सवाल था, "अगर उनसे मिल नहीं सकते तो मुलायम के मुख्यमंत्री बनने का क्या फ़ायदा?" दुखी मन से सब सैफ़ई लौट आए। कुछ ही घंटों बाद हेलीकॉप्टर की आवाज़ सुन घर और गाँव वाले आसमान की ओर ताकने लगे। मुलायम ने हेलीकॉप्टर से उतरते ही सबसे पहले अपनी माँ के पैर छुए बाक़ी बुज़ुर्गों का आशीर्वाद लिया। वह गाँव के हर आदमी से मिले। एक क़तार में महिलाएँ थाली में चंदन, हल्दी और अक्षत का टीका मुलायम के माथे पर लगा रही थीं।

विदाई के वक़्त बेटे अखिलेश हेलीकॉप्टर के नज़दीक खड़े थे। उनकी नज़रें हेलीकॉप्टर पर ही गड़ी थीं। वह जैसे ही हेलीकॉप्टर में सैर का मज़ा लेने आगे बढ़ने लगे, मुख्यमंत्री ने उन्हें रोक दिया, "बेटा ये सरकारी हेलीकॉप्टर है। इसमें तुम सफ़र नहीं कर सकते।"

अखिलेश के चेहरे पर मायूसी छा गई। वह रोने लगे। टीपू की दादी मूर्ति देवी उन्हें समझाने लगीं। मुलायम कोई पत्थर दिल पिता नहीं थे लेकिन वह उन सिद्धांतों का हमेशा पालन करते थे जिनके लिए सार्वजनिक जीवन में उनकी पहचान थी।

लखनऊ में गुफ़्तगू के दौरान वरिष्ठ पत्रकार के विक्रम राव ने मुझे बताया, "मुलायम सिंह का पहला कार्यकाल: मुलायम ने समाजवादी अर्थव्यवस्था पर अपने तीसरे दौर में ज़ोर दिया। उन्होंने ज़मीन तक किसान की नीति शुरू की। पशुपालन पर भी ज़ोर दिया गया। माया ने जाति वोट बैंक- दलित वोट- बनाया लेकिन मुलायम ने आर्थिक वर्ग का वोट बैंक बनाया। हक़ीक़त ये है कि मुलायम ने आर्थिक आधार पर स्थायी वोट तैयार करने की कोशिश की। उन्होंने ग़रीब कारोबारियों की मदद की लेकिन उनकी ख़ासियत रही प्रशासन पर मज़बूत पकड़। कोई आईएएस अधिकारी उन्हें बरगला नहीं सकता था। एक बार कुछ नौकरशाहों ने उनके पैर छुए तो उन्होंने कहा, आप लोगों ने मेरे पैर छुए हैं मतलब आप लोग मुझसे मदद चाहते हैं। आप हर वक़्त मुझसे मदद की उम्मीद मत रखिए।"

रामगोपाल यादव ने मुझसे कहा कि धर्मनिरपेक्ष समाज में 'नेताजी' में एक पुजारी की तरह अपने लोगों को साथ रखने की क़ाबिलियत है। "वह एक-एक कार्यकर्ता को नाम से जानते हैं और सालों बाद भी उसे लोगों के हुजूम में पहचान सकते हैं। दुनिया में किसी और नेता में शायद ही ये गुण हो। इन्हीं आदतों के लिए

लोग उन्हें इज़्ज़त बख़्शते हैं। उत्तर प्रदेश के हर गाँव और क़स्बे में वह आम लोगों को पहचनाते हैं और देश में भी वह जहाँ गए वहाँ यही हाल है।"

जब 'नेताजी' के के डिग्री कॉलेज में लाला हजारीलाल और गणित के टीचर टीएन वर्मा से मिले तो बोले, "पिछली बार जब आपसे मिला था तो आपने सिर मुंडवाया हुआ था।" वह भौंचक्के रह गए।

गाँव में पार्टी के सदस्यता अभियान में मैंने कई महिलाओं को हाथ में दस रुपये के नोट के साथ खड़े देखा। मैंने पूछा कि आप पार्टी की सदस्य क्यों बनना चाहती हैं? एक महिला ने जवाब दिया, "पार्टी का सदस्य बनने के बाद मैं मुलायम सिंह से मिल सकूँगी। मैं उनसे अक्सर मिलती रहूँगी।"

हर इंसान मुख्यमंत्री से नहीं मिल सकता। उनकी सबसे बड़ी ख़ूबी निजी संपर्क है। मुख्यमंत्री बनने के बाद उन्होंने अपने अफ़सरों को हिदायत दी, "अगर कोई विधायक किसी और पार्टी के किसी काम के लिए सिफ़ारिश करता है तो उसका काम हो जाना चाहिए। अगर विधायक का काम नहीं होता है तो वह लोगों की नज़रों से गिर जाता है।"

अध्याय 14

तेरे एजाज़ की है धूम ज़माने भर में

मुलायम की लोकप्रियता तेज़ी से बढ़ रही थी। साल 1989 में 15 जनवरी को कानपुर में हुई रैली में मुलायम पर सवाल उठाने वालों के मुँह बंद हो गए। 'किसान का बेटा मुलायम, हर दिल अज़ीज़ मुलायम' नारा लगाती क़रीब दो लाख लोगों की भीड़ के बीच चौधरी हरमोहन सिंह ने मुलायम को पचास लाख रुपये की थैली भेंट की। अखिल भारतीय यादव महासभा से जुड़े इस चतुर नेता ने उत्तर प्रदेश में मुलायम के स्वागत के लिए कई रैलियों का आयोजन किया। कहा जाता है कि बाद में दक्षिण भारत के कई शहरों में इस समाजवादी के स्वागत के लिए चौधरी हरमोहन ने जाति आधारित कैडर की भी मदद ली।

हर रैली में मुलायम की लोकप्रियता का ग्राफ़ तेज़ी से ऊपर जाता दिखता था। सितंबर 1989 में देवीलाल के जन्म दिन पर दिल्ली के बोटक्लब पर हुई रैली ने मुलायम को देश की पहली क़तार के नेताओं में शामिल कर दिया।

चुनाव-प्रचार के दौरान सांप्रदायिक नाटक भी ज़ोर-शोर से खेला जा रहा था। कई मायनों में ये देश के पहले ऐसे चुनाव थे जहाँ धर्मनिरपेक्षता और सांप्रदायिकता सीधे-सीधे आमने-सामने थीं और ये वोटरों और उम्मीदवारों के मंसूबों को आकार दे रही थी। नारायण दत्त तिवारी उत्तर प्रदेश के मुख्यमंत्री थे। जब वीएचपी और आरएसएस के नेता अशोक सिंघल, महंत अवैद्यनाथ, नृत्य गोपाल दास, गिरिराज किशोर और प्रवीण तोगड़िया *'मुसलमानों के दो स्थान, पाकिस्तान या क़ब्रिस्तान', 'यदि भारत में रहना है तो राम राम कहना होगा'* और *'जिस हिंदू का ख़ून न खौले, ख़ून नहीं वो पानी है, मातृभूमि के काम न आए, वो बेकार जवानी है'* जैसे मुसलिम-विरोधी नारे गढ़ रहे थे तो पूरी कॉन्ग्रेस मशीनरी अपने टीले पर बैठकर ऐसे बचकाना और ख़तरनाक उपायों की जुगाली कर रही थी जिससे सांप्रदायिक ताक़तों के हौसले और बुलंद हो गए। बीजेपी में मन-ही-

मन लड्डू फूट रहे थे। 1989 के नवंबर महीने की 9 तारीख़ को डाँवाडोल एनडी तिवारी सरकार ने राम मंदिर के शिलान्यास का ऐलान कर दिया। कॉन्ग्रेस और बीजेपी की इस कुत्सित राजनीति को मुलायम दुखी मन से देख रहे थे।

हालाँकि सांप्रदायिक रथ का पहिया मुलायम की धर्मनिरपेक्षता की मुहिम को रोकने में नाकामयाब रहा। यहाँ तक कि उनके विरोधी दर्शन सिंह ने जसवंतनगर विधानसभा क्षेत्र में मुलायम की हत्या की साज़िश रची लेकिन यह हमला भी मुलायम को डिगा नहीं सका। हेवड़ा में मुलायम जानलेवा हमले में बाल-बाल बचे। आरोप है कि दर्शन सिंह के आदमियों ने क्रांति रथ के रास्ते में बम रखा था। लेकिन ड्राइवर हेत राम ऐन मौक़े पर रथ को हादसे की जगह से दूर ले गया। उस हादसे में शिवपाल को मामूली खरोचें आईं।

मुलायम सिंह क्या क़िस्मत के धनी नहीं थे? कुछ साल पहले ही वह बलराम सिंह यादव के शूटर की गोली से बाल-बाल बचे थे। विलियम जोंस के शब्दों में कहा जाए तो, "मेरे हिसाब से अमर जीवन के लिए सबसे अच्छा तर्क है एक ऐसे इंसान का अस्तित्व जो इसका हक़दार है।"

हिलरी हिंटन भी दीपक चोपड़ा या शिव खेड़ा की तरह अभिप्रेरक वक्ता थे। कई अमेरिकी कॉरपोरेट हस्तियों ने इन्हीं से प्रेरणा लेकर सफलता की कहानियाँ लिखीं। हिंटन को ज़िगज़िगलर उपनाम से जाना जाता है। उन्होंने एक बार कहा था, "छोटे-छोटे मन और थोड़ी कल्पना शक्ति के साथ इंसान जीवन में छोटी लीक पर चलते हुए आत्मतुष्ट ढंग से सभी परिवर्तनों का विरोध कर अपनी छोटी-सी दुनिया को झकझोर देता है।"

मुलायम सुनहरी प्रसिद्धि के कगार पर थे। वह लाखों किसानों और छोटे क़स्बों के नौजवानों के 'नेताजी' बन चुके थे। विधानसभा और लोकसभा चुनाव में उन्होंने न केवल अपने विरोधी को चित किया बल्कि कॉन्ग्रेस के हर उम्मीदवार को हराया। मुलायम के जादू की बदौलत लोकसभा की 85 में से 48 सीटें जनता दल को मिलीं। विधानसभा में भी पार्टी को एकाएक 422 में 203 सीटें मिलने में उनका ही हाथ था। विधानसभा में कुल 425 सीटें थीं लेकिन वोट 422 पर ही पड़े थे।

राजीव गाँधी को सत्ता के शिखर पर बिठाने वाली सहानुभूति लहर 1989 तक ख़त्म हो चुकी थी। उनकी बदनामी का फ़ायदा विपक्षी दलों को मिला। बीजेपी ने 88 सीटें हासिल कीं। लेफ़्ट फ्रंट ने 52 सीटें जीतीं जबकि 141 सीटों पर जनता दल उम्मीदवार जीते। हालाँकि राजीव गाँधी दक्षिण में कॉन्ग्रेस का क़िला बचाने में

कामयाब रहे और कॉन्ग्रेस 192 सीटों के साथ सबसे बड़े दल के तौर पर उभरी। लेकिन जनादेश साफ़ था और 2 दिसंबर 1989 को वीपी सिंह ने देश के सातवें प्रधानमंत्री के तौर पर शपथ ली। ग़ैर-कॉन्ग्रेसी समाजवादी गठबंधन वाली सरकार को बीजेपी और लेफ़्ट फ्रंट ने बाहर से समर्थन दिया। वीपी की ताजपोशी में भी पेच था। सोची समझी रणनीति के तहत मांडा के राजा ने देवीलाल का नाम आगे किया। इसका समर्थन चंद्रशेखर और मुलायम सिंह ने भी किया। लेकिन जाट प्रधान ने ऐतिहासिक बलिदान कर ताज वीपी के सिर पर रख दिया। देवीलाल ने कहा, "भ्रष्टाचार के ख़िलाफ़ देशव्यापी मुहिम में वीपी सिंह झंडाबरदार रहे। जनता ने कॉन्ग्रेस के भ्रष्ट शासन के ख़िलाफ़ जनादेश दिया है। इसलिए मैं प्रधानमंत्री पद के लिए उनके नाम का प्रस्ताव करता हूँ।" उनके इस वाक्य का तुरंत ही अजित सिंह ने अनुमोदन कर दिया और मधु दंडवते ने वीपी सिंह को जनता दल संसदीय दल का नेता घोषित कर दिया। हालाँकि इस चाल का कई सांसदों ने विरोध भी किया। चंद्रशेखर और यशवंत सिन्हा के बैठक का बहिष्कार करने से चुनाव में खंडित विश्वास साफ़ तौर पर 64 करोड़ रुपये के सवाल में बदल गया। एक पहेली खड़ी हो गई।

'मुलायम सिंह यादवः अ पॉलिटिकल बायोग्राफ़ी' के लेखक राम और अंशुमान ने लिखा है– 'ऐसी प्रतिक्रिया व्यक्त करने की चंद्रशेखर के पास कोई वजह नहीं थी क्योंकि पूरे चुनाव-प्रचार में वीपी सिंह को भावी प्रधानमंत्री के तौर पर पेश किया गया था। लेकिन जिस तरह उन्हें अपमानित किया गया उससे उनका दुखी होना स्वाभाविक था क्योंकि इस फ़ैसले के बारे में उन्हें अँधेरे में रखा गया था। वीपी सिंह के रणनीतिकार अरुण नेहरू ने ये सारा नाटक रचा था और इससे वीपी को कुर्सी तो मिल गई लेकिन चंद्रशेखर के तौर पर स्थायी विरोधी भी मिल गया।' मुलायम सिंह भी इस घटनाक्रम से दुखी थे जिनके राज्य से जनता दल को 141 में से 48 सीटें मिलीं। लेकिन उन्होंने निजी मतभेदों को भुलाकर कहा, "हमें उस जनता को धोखा देने का कोई हक़ नहीं है जिसने वीपी सिंह के पक्ष में जनादेश दिया है।" उनके सांसद वीपी सिंह के साथ खड़े हो गए ताकि जनादेश का सम्मान हो सके।

ये अलग बात है कि रियलपॉलिटिक कुछ और ही थी। दिल्ली के नाटक के बाद बारी थी उत्तर प्रदेश में नये मुख्यमंत्री की। वीपी सिंह किसी भी क़ीमत पर मुलायम सिंह को उत्तर प्रदेश का मुख्यमंत्री नहीं बनने देना चाहते थे। उधर

मुलायम ने इसे हासिल करने की ठान ली थी। वीपी सिंह के उत्तर प्रदेश के राज के दौरान जन्मे सभी मतभेदों को मुलायम सिंह ने भुला दिया था। अगर वह चाहते तो अपने 48 सांसदों के साथ संसदीय दल के नेता के चुनाव के लिए वोटिंग का ज़ोर डाल सकते थे और तब कुर्सी देवीलाल या चंद्रशेखर को मिल सकती थी। लेकिन सैफ़ई के इस पहलवान ने जनादेश को सर्वोपरि माना। कुछ भी हो, उन्हें सबक़ लखनऊ में मिला जब वीपी सिंह की छत्रछाया में अजित सिंह उनके विरोधी के तौर पर सामने आए।

लखनऊ में तिलक हॉल में उत्तर प्रदेश के नये मुख्यमंत्री के चुनाव में मुलायम ने राजनीति का चरखा दाँव खेलते हुए सबको पटखनी दी और ताज हासिल किया। वोटिंग के बाद मुलायम की आँखों में आँसू थे। गुलाब की पंखुड़ियों की बारिश के बीच 'नेताजी ज़िंदाबाद', 'अपना नेता कैसा हो, मुलायम सिंह जैसा हो', 'किसानों के दिल की धड़कन बन गया', 'धरतीपुत्र मुलायम सिंह यादव ज़िंदाबाद' के नारों से तिलक हॉल गूँजने लगा। विधायकों ने एक-दूसरे को गले से लगा लिया और मुलायम पर टूट पड़े जो इस माहौल में मुस्कुराने की कोशिश कर रहे थे। उनके दिमाग़ में ऐतिहासिकता की भव्य दावत थी।

समर्थकों और विधायकों के चेहरे पर जीत की मुस्कान तैर रही थी और अजित सिंह का रेत का क़िला ढह गया और दलबदलू दामन छोड़ने लगे। जाट नेता के पास सिर झुकाकर विचार करने के आलावा कोई रास्ता न था।

पाँच दिसंबर 1989 का दिन था। 'धरतीपुत्र' की उपाधि पा चुके मुलायम सिंह केडी सिंह 'बाबू' स्टेडियम में शपथ की तैयारी कर रहे थे। देश के हर हिस्से से आई लोगों की भीड़ से स्टेडियम खचाखच भरा था। हालाँकि स्टेडियम में सिर्फ़ 25000 लोग ही आ सकते थे, लखनऊ के हज़रतगंज तक झंडे लहराती क़रीब इतने ही समर्थकों की भीड़ ऐतिहासिक पलों का हिस्सा बन रही थी। ये स्टेडियम 1957 में बना था और इसे सत्तर के दशक में कुँवर दिग्विजय सिंह उर्फ़ केडी सिंह 'बाबू' का नाम दिया गया। बाबू 1948 में लंदन और 1952 में हेलसिंकी ओलंपिक में स्वर्ण जीतने वाली हॉकी टीम के सदस्य थे।

मुलायम के मुताबिक़ बाबू असाधारण प्रतिभा वाले खिलाड़ी थे। वह बताते हैं, "देश में हॉकी के दो भगवान हुए, मेजर ध्यानचंद और केडी सिंह बाबू। वह हॉकी के जादूगर थे। जवानी में मैं उनका दीवाना था। जब उन्हें 1953 में दुनिया के सर्वश्रेष्ठ हॉकी खिलाड़ी की हेम्स ट्रॉफ़ी दी गई तो मेरी ख़ुशी का ठिकाना नहीं था।

उन्हें 1953 में एशिया का सर्वश्रेष्ठ खिलाड़ी घोषित किया गया। हेम्स ट्रॉफ़ी जीतना हम सभी के लिए गर्व की बात थी क्योंकि पहली बार ये सम्मान किसी भारतीय हॉकी खिलाड़ी को दिया गया था। हेम्स ट्रॉफ़ी खेलों में अमेरिकी नोबल सम्मान के बराबर है। इसके लिए हर महाद्वीप के सर्वश्रेष्ठ एथलीट को ही चुना जाता है। बाबू का जन्म बाराबंकी में हुआ था। लेकिन हॉकी के मैदान के बाहर उनकी ज़िंदगी दिक़्क़तों भरी थी। निजी वजहों से उन्होंने 27 मार्च 1978 को ख़ुद को गोली मारकर ख़ुदकुशी कर ली। इटावा जेल में मुझे उनके निधन के बारे में कई दिन बाद पता चला क्योंकि जेल में अख़बार नहीं होते थे और लंबी लड़ाई के बाद रेडियो पर समाचार सुनने को मिले। यह ख़बर सुनकर मेरा दिल उदास हो गया।"

बहुत कम ही लोगों को मालूम है कि 'नन्हे नेपोलियन' मुलायम अस्सी के दशक के आख़िर तक हॉकी और क्रिकेट के बड़े समर्थक थे। उन्हें केडी सिंह बाबू स्टेडियम में 27 अक्टूबर 1989 को खेला गया अकेला एकदिवसीय क्रिकेट मैच आज भी याद है। वह बताते हैं, "वह पंडित नेहरू की जन्मशती का साल था। श्रीलंका और पाकिस्तान के बीच रोमांचक मैच हुआ। इमरान ख़ान ने पाकिस्तान के लिए सबसे ज़्यादा 84 रन बनाए। श्रीलंका मैच हार गया। इसके अलावा 18-22 जनवरी 1994 को यहाँ भारत-श्रीलंका के बीच टेस्ट मैच भी खेला गया। इस मैदान पर कई देशों की महिला क्रिकेट टीमें खेल चुकी हैं। इंग्लैंड की महिला क्रिकेट टीम जब यहाँ खेली तो कैरोलिन एटकिंस और एरन ब्रिंडल की सलामी जोड़ी ने विश्व रिकॉर्ड बनाया। दोनों ने मिलकर 150 रन बनाए और दिन का खेल ख़त्म होने तक खेलती रहीं। भारतीय महिला गेंदबाज़ उन्हें आउट नहीं कर सकीं। क्रिकेट में सुनील गावस्कर, नवाब पटौदी, कपिल देव, मोहम्मद अज़हरुद्दीन और हॉकी में असलम शेर ख़ान के बाद मेरी रुचि कम होने लगी। खेलों में पैसा ज़्यादा आ गया लेकिन आज भी क्रिकेट और हॉकी में कई बेहतरीन खिलाड़ी मौजूद हैं। सचिन तेंदुलकर तो जादूगर हैं लेकिन विनोद कांबली भी उतने ही होनहार थे। अफ़सोस है कि वह कुछ दर्जन टेस्ट मैच और एक दिवसीय मैच ही खेल सके। क्रिकेट अमीरों का खेल है लेकिन इसका भारी लोकतांत्रीकरण हुआ है। गाँवों और छोटे क़स्बों में रहने वाले कई खिलाड़ी अंतर्राष्ट्रीय स्तर पर नाम कमा रहे हैं। मोहम्मद कैफ़, सुरेश रैना और आरपी सिंह नौजवानों के प्रेरणास्रोत हैं। एक और प्रतिभावान खिलाड़ी था आशीष विंस्टन ज़ैदी लेकिन वह देश के लिए नहीं खेल सका।"

रामपुर में 1977 के विधानसभा चुनाव अभियान के एक सदस्य पहली बार चुनाव लड़ रहे आज़म ख़ान को अपने नाम से मोहम्मद हटाने की सलाह दी। ये आरएसएस के कार्यकर्ता थे। उन्हें हिंदू वोटों के लिए मोहम्मद आज़म ख़ान की मदद के लिए तैनात किया गया था। जनता पार्टी का सीटों को लेकर जनसंघ के साथ क़रार था। मुसलमान, ईसाई और बौद्धों से घृणा रखने वाले इस ताक़तवर हिंदू संगठन का हर कार्यकर्ता समाजवादी गठबंधन की जीत के लिए परचे बाँट रहा था, पोस्टर चिपका रहा था। जब आज़म ख़ान ने सवाल किया कि 'मोहम्मद' क्यों हटवाना चाहते हो तो उसका जवाब था, "अगर आप 'मोहम्मद' हटा देंगे तो आपका नाम आज़म ख़ान हो जाएगा जो अँग्रेज़ी के 'ए' अक्षर से शुरू होता है। ऐसे में चुनाव आयोग बैलट पेपर पर आपका नाम सबसे ऊपर लिखेगा। वोटरों के लिए इस पर निशान लगाना भी आसान होगा। मुस्लिम या हिंदू उम्मीदवार को वोट देने पर सोचने वाले वोटर के लिए भी पहले नाम पर निशान लगाना आसान होगा क्योंकि 'मोहम्मद' पढ़ने पर शायद उसका मन बदल जाए। मुझे एकबारगी भरोसा ही नहीं हुआ। लेकिन जब होश आया तो एहसास हुआ कि मेरे हिंदू सहयोगियों को भी मेरी मुस्लिम पहचान से दिक़्क़त हैं। लेकिन ख़ुदा के लिए मैंने चुनाव जीतने के लिए 'मोहम्मद' हटाने से इनकार कर दिया। मैं आपके बहकावे में नहीं आऊँगा। आप धर्मनिरपेक्ष लोकतांत्रिक गणराज्य के दुश्मन हो। आपकी सलाह मुसलमानों और ब्राह्मणों, दलितों और यादवों के बीच काँटेदार बाड़ लगाने की साज़िश का हिस्सा है। आप मेरा चुनाव-प्रचार अभियान छोड़ अपने परिवार के साथ वक़्त गुज़ार सकते हैं। आज़म ख़ान अपने प्यारे 'मोहम्मद' को नहीं छोड़ सकता। उसे चुनाव हारना मंजूर है लेकिन पैगम्बर साहेब को धोखा देना मंज़ूर नहीं। मेरी सार्वजनिक पहचान से यह नाम हटाना ख़ुद को सिर में गोली मारने के बराबर है।"

आज़म को मोहम्मद अली जिन्ना जैसी टोपी बहुत पसंद है। पेशावर से कोलकता तक जिन्ना ने चुनी हुई जनसभाओं में ऐसी टोपी पहन कर इसे लोकप्रिय बना दिया। ब्रिटिश इंडिया के आख़िरी सालों के दौरान जिन्ना ने कई तीखे बयान दिए जैसे 'नेहरू सिर्फ़ शिक्षक होने लायक़ ही हैं', 'महात्मा गाँधी एक कुपोषित गुजराती बकरी के समान हैं जिस पर उसके मालिक सिर्फ़ दया ही जता सकते हैं।' ये बयान ब्रिटिश सरकार के ख़िलाफ़ गाँधी के अहिंसक आंदोलनों के संदर्भ में दिया गया था। आज़म ख़ान ने इस्लामी तालीम के 'मक्का' माने जाने वाले अलीगढ़ मुस्लिम विश्वविद्यालय से तालीम हासिल की। तालों की नगरी में ये

क़रीब 480 एकड़ में फैली है। कैंब्रिज और ऑक्सफ़ोर्ड के चर्चों की तरह लाल पत्थर से बनी इमारत और हर ब्लॉक के साथ मस्जिद और क़रीब 25 हज़ार छात्रों वाली इस यूनिवर्सिटी को 'कैंब्रिज ऑफ़ द ईस्ट' कहा जा सकता है।

ये बात 5 अगस्त 1869 की है। लंदन में उस रात उनकी आँखों से नींद नदारद थी। सुबह उन्हें ब्रिटिश सरकार से ऑर्डर ऑफ़ दि स्टार ऑफ़ इंडिया ख़िताब से नवाज़ा जाना था। गर्मी की रातों की हवा के झोंकों से जब उनको झपकी आई तो सर सैयद अहमद ख़ान ने सपना देखा– 'एक क़ालीन उनके सिर के ऊपर उड़ रहा है। वह बाज़ की तेज़ी से उनकी नज़रों से आ टकराया। उसके बायें डैने पर हीरों की पगड़ी थी जिसके ऊपर एक बड़ा-सा ब्लैकबोर्ड झूल रहा था। ये ब्लैकबोर्ड झिलमिल चाँदनी में चमक रहा था। हवा के थपेड़े में यह उलट-पलट हो रह था कि आबनूसी रंग के एक डंडे की रफ़्तार ने अहमद की आँखें बंद कर दीं। यह मोटा, स्थूल और लंबा था। तेज़ी से उड़ते हुए यह घूमा और आग के गोले में बदल गया जो आसमान की ऊँचाइयों और धरती की गहराइयों को भेदने को तैयार था। यह हवा में तैरता हुआ हवा के बुलबुलों को भेद रहा था। एक पल के लिए बोर्ड एक गुब्बारे में तब्दील हो गया और फिर एक योनि की तरह दिखने लगा। यह चाँद की धूल से बने मादक पदार्थ के नशे में धुत्त दर्शक को धोखा दे सकता था मानो वह एडम और ईव का प्रणय देख रहा हो। गार्डन ऑफ़ ईडन में आबनूस के डंडे से आनंद की धाराएँ फूट रही थीं। गुलाब और चमेली खिल रहे थे। रोज़ ट्री के गिरने और शूटिंग स्टार जैसे जोखिम का भी नज़ारा था। फिर बारिश शुरू हो गई। पानी की बूँदें नमक के गोलों की तरह गिर रही थीं। सोंधी मिट्टी पर वे सिर और पैर फैला रही थीं रोज़बेरीज़ के नर्म जुनून की तरह।'

अहमद अचकचाकर बिस्तर पर बैठ गए। वह सात साल के बच्चे की मासूमियत से खिड़की से बाहर देखने लगे। उनका दिल जल रहा था और वह पूरे बदन में नसों में ख़ून की तेज़ रफ़्तार महसूस कर सकते थे। अचानक उन्हें झूलते ब्लैकबोर्ड पर लिखे शब्द याद आने लगे- 'टॉट मैन व्हॉट ही डिड नॉट नो।' ये क़ुरान की एक आयत थी। ये शब्द अहमद की आँखों में चमक रहे थे। लेकिन फिर इंद्रधनुषी रंगों की किरणों ने उन्हें अपनी आग़ोश में ले लिया और जब नींद खुली तो सवेरा हो चुका था और धूप खिली हुई थी।

सैयद अहमद का जन्म 17 अक्टूबर 1817 में दिल्ली में हुआ था। ब्रिटिश हुकूमत के सामने मुग़ल साम्राज्य आख़िरी साँसें गिन रहा था। न केवल मुग़लों

के दरबारी बदहाल ज़िंदगी गुज़ार रहे थे बल्कि देश का हर नागरिक दबा कुचला जा रहा था और 40 साल बाद यही दब्बूपन 1857 के गदर में भी हावी रहा। हिंदुस्तान का आख़िरी मुग़ल बादशाह बहादुर शाह ज़फ़र दर्द भरी मौत के लिए बर्मा के रंगून भेज दिया गया।

वह सैयद हादी के पोते थे जिन्हें जवाद-उद-दौला और आरिफ़-जंग की उपाधि मिली हुई थी। बादशाह शाह आलम ने हादी को कुलीन मुग़लों का अहम सदस्य क़रार दिया था। ब्रिटिश ईस्ट इंडिया कंपनी के लिए जज के तौर पर काम करने वाले सैयद अहमद ख़ान को अल्लामा इक़बाल और मोहम्मद अली जिन्ना के साथ पाकिस्तान के लिए ज़िम्मेदार माना जाता है। ये माना जाता है कि 1857 के गदर के वक़्त अहमद ने ब्रिटिश हुकूमत का साथ दिया। उनके मुताबिक़ बर्तानियों के हाथों सत्ता गँवाने की वजह भारत के मुसलमानों का पुरातनपंथी व्यवहार और अड़ियल रुख़ रहा जब उन्होंने अपनी तालीमी बढ़त को हिंदुओं के सामने गँवा दिया। मुग़ल काल में दरबार और प्रशासन में क़रीब 78 फ़ीसदी ब्राह्मण होते थे। लेकिन सबसे ज़्यादा पढ़े लिखे और ग्रंथों के जानकार ब्राह्मणों के हितों को ब्रिटिश शासन में तब झटका लगा जब सदियों से दबे-कुचले दलितों समेत ग़ैर ब्राह्मण जातियों ख़ासकर यादवों और पिछड़े वर्गों को तवज्जो मिलने लगी। मुसलमान उपेक्षा का शिकार हो रहे थे। अहमद ने मुसलमानों से पश्चिमी सभ्यता वाली वैज्ञानिक तालीम हासिल करने की गुज़ारिश की। उन्होंने 1875 में मोहम्मडन एंग्लो ओरिएंटल कॉलेज बनाकर इसकी शुरुआत की। सैयद अहमद ख़ान का नारा बन गया- मुस्लिम पुरुषों और महिलाओं को वह पढ़ाया जाना चाहिए जो वे नहीं जानते। उन्होंने अँधेरी काली रात को खिली दोपहरी में बदल दिया।

बचपन में अहमद अच्छे पहलवान थे। बाद में वह तैराकी करने लगे और इसमें उन्हें तब और मज़ा आने लगा जब क़ुरान की तालीम देने वाली टीचर के लिए उनके 'बाल मन' में तरंगे उठने लगीं। उनके पिता मीर मोहम्मद मुताकी का क़ुरान की तालीम के लिए महिला टीचर की तैनाती का फ़ैसला अटपटा था। मुताकी मुग़ल बादशाह अकबर शाह-2 के सलाहकार थे। वह मुग़ल दरबार के शाही, शिक्षित और सुसंस्कृत दरबारी थे। माना जाता है कि मुताकी खाने के शौक़ीन थे। अपने बेटे को अल्लाह की आयतों और पैगंबर मोहम्मद के क़िस्सों के ज़रिये राह दिखाने के लिए जिस महिला को ज़िम्मेदारी दी थी वह उनका जुनून थी। अलीगढ़ और दिल्ली में कहा जाता है कि उसका नाम मेहरुन्निसा था।

मेहरुन्निसा बेइंतहा ख़ूबसूरत और नफ़ासत पसंद थीं।

सैयद रईसुद्दीन का 2008 के पतझड़ में लंदन में इंतक़ाल हो गया। दक्षिण एशिया से ब्रिटेन जाने वाले मुसलमानों के लिए वह प्रेरणा स्रोत थे। क़रीब छह फ़ुट क़द, छरहरे, बदन वाले रईसुद्दीन एक वक़्त मोहम्मद अली जिन्ना के क़रीबी थे। वह सर सैयद अहमद खान के पारिवारिक दोस्तों में भी शामिल थे। उनके दोस्तों में इतिहासकार और जिन्ना, नेहरू और ज़ुल्फ़िकार अली भुट्टो के जीवनीकार स्टेनलेवोलपर्ट भी शुमार थे। मूल रूप वह पश्चिमी उत्तर प्रदेश के सहारनपुर के रहने वाले थे। वही सहारनपुर जहाँ दुनिया की सबसे बड़ी इस्लामिक यूनिवर्सिटी देवबंद है। रईसुद्दीन अहमद से मेरी मुलाक़ात 2008 के वसंत में लंदन में ही हुई। उन्होंने अपनी यादों के ख़जाने से सैयद अहमद ख़ान के बारे में बेहद निजी क़िस्सा बयान किया। ये क़िस्सा मेरे लिए किसी सदमे से कम नहीं था लेकिन इसका ज़िक्र किए बिना सैयद अहमद के व्यक्तित्व के एक पहलू से इतिहास महरूम रह जाएगा।

वह भारतीय मुसलमानों के अलगाव और हिंदी भाषी हिंदुओं में मुसलमानों के प्रति बढ़ती नाराज़गी को महसूस कर रहे थे। मुग़ल काल में परवान चढ़ी फ़ारसी ढलान पर थी और उर्दू फल-फूल रही थी। उन्होंने उर्दू बोलने वाले मुसलमानों के दिमाग़ में यह कहकर उथल-पुथल मचा दी: "भारत उस ख़ूबसूरत दुल्हन की तरह है जिसकी एक आँख हिंदू है और दूसरी मुस्लिम। लेकिन दोनों एक साथ नहीं रह सकतीं। हिंदी हिंदुओं के लिए है जबकि उर्दू मुसलमानों के लिए।" अलामा इक़बाल और जिन्ना के वाघा सरहद और सिलहट नदी के पार पाकिस्तान को अमली जामा पहनाने से दशकों पहले अहमद के इन शब्दों ने पाकिस्तान की बुनियाद डाल दी थी। ये बात उन्होंने 1867 में कही थी। संयुक्त प्रांत की ब्रिटिश सरकार हिंदी को दूसरी आधिकारिक भाषा बनाने पर ज़ोर डाल रही थी। अहमद ने बग़ावत कर दी और तमाम मुस्लिम कुलीनों के साथ उर्दू को दूसरी आधिकारिक भाषा बनाने की माँग की। उर्दू-हिंदी मसले ने सैयद अहमद ख़ान को जज से मुसलमानों का पहला मुखर नेता बना दिया। लेकिन उर्दू के मुक़ाबले हिंदी की जीत हुई। इसके बाद अहमद और तमाम कुलीन मुस्लिम उर्दू सीखने पर ज़ोर डालने लगे। उर्दू डिफ़ेंस एसोसिएशन और अंजुमन-ए-तरक़्क़ी-ए-उर्दू जैसी तमाम संस्थाएँ वजूद में आने लगीं। आज़ाद भारत में मुलायम सिंह ने उर्दू को दूसरी राजकीय भाषा का दर्जा दिया। जो काम ब्रिटिश काल और आज़ाद भारत में कॉन्ग्रेस सरकारें नहीं

कर सकीं, वो सब मुलायम अपने पहले कार्यकाल में कर गुज़रे।

अहमद को ब्रिटिश संस्कृति और सभ्यता का आनंद उठाने की प्रेरणा ग़ालिब से मिली। एक बार उन्होंने अहमद से कहा था कि इंग्लैंड के साहेबों के पास दुनिया की हर सराय की कुंजी होती है। आपको उनकी बराबरी करनी चाहिए। अँग्रेज़ी पढ़कर भविष्य में मुसलमान अछूत हो जाएँगे और उनका दर्जा फ़िलिस्तीनियों जैसा हो जाएगा। ग़ालिब की बात को अहमद तुरंत भाँप गए। उन्होंने बाइबिल पर एक लेख लिखा। भारतीय उप-महाद्वीप में उस वक़्त किसी मुस्लिम का लिखा पहला लेख था। अहमद का तर्क था कि ईसाइयत के सबसे नज़दीक अगर कोई धर्म है तो वह इस्लाम है क्योंकि दोनों का जन्म अरब इलाक़े में हुआ है।

सैयद अहमद ख़ान 1870 में 'सर' की उपाधि के साथ इंग्लैंड से वापस आए। उन्होंने मुस्लिम कैंब्रिज बनाने का प्रण कर लिया था जिसमें ख़ासतौर पर मुसलमान तालीम हासिल करेंगे साथ ही हिंदू, ईसाई और बौद्ध छात्रों को भी तालीम दी जाएगी। तालीम के अपने सपने को अमली जामा पहनाने से पहले उन्होंने 1872 में एक लेख लिखा–

'मैं शेख़-चिल्ली की तरह सपने देखने वाला या बात करने वाला लग सकता हूँ लेकिन हमारा मक़सद मोहम्मडन-एंग्लो ओरिएंटल कॉलेज को ऑक्सफ़ोर्ड या कैंब्रिज की तरह यूनिवर्सिटी बनाना है। ऑक्सफ़ोर्ड और कैंब्रिज के चर्चों की तरह यहाँ भी हर कॉलेज के साथ मस्जिद होगी। कॉलेज में यूनानी हकीम के साथ-साथ एक दवाख़ाना होगा जिसमें डॉक्टर और कंपाउंडर भी होंगे। यहाँ रहने वाले सभी छात्रों के लिए पाँचों वक़्त नमाज़ पढ़ना ज़रूरी होगा। दूसरे धर्मों के छात्रों के लिए यह ज़रूरी नहीं होगा। मुस्लिम छात्रों के लिए तयशुदा ड्रेस होगी- काली black alpaca, आधी आस्तीन वाला chugha और लाल तुर्की टोपी। गालियाँ देने पर सख़्त पाबंदी होगी। यहाँ तक कि 'झूठा' जैसे शब्द भी गाली माने जाएँगे और इन पर रोक होगी। खाना या तो अँग्रेज़ों की तरह मेज़-कुर्सी पर खाया जाएगा या फिर अरबों की तरह चौकी पर। बीड़ी-सिगरेट-हुक्के के साथ-साथ पान पर रोक होगी। किसी भी तरह की शारीरिक सज़ा नहीं दी जाएगी। इस बात का पूरा ख़याल रखा जाएगा कि कॉलेज या हॉस्टल में शिया और सुन्नी छात्र धार्मिक मतभेदों पर चर्चा न करें। फ़िलहाल ये ख़्वाब लगता है। मैं ख़ुदा से दुआ करता हूँ कि मेरा ये ख़्वाब हक़ीक़त बन जाए।"

अध्याय 15

गुलाब क्रांति

सोशलिस्ट मुलायम के बारे में चर्चा करने के लिए जब मैं वरिष्ठ पत्रकार दिलीप अवस्थी के साथ बैठा तो मुझे ये काफ़ी संतुलित और सुलझे हुए लगे। भारतीय पत्रकारिता जगत में वह एक परिपक्व शख़्सियत के मालिक हैं। गोरे-चिकने चेहरे वाले इन पत्रकार की दाढ़ी नहीं है। हाँ, मूँछें ज़रूर हैं। सच मायने में वैनिला आइस्क्रीम जैसे। अँग्रेज़ी अख़बार टाइम्स ऑफ़ इंडिया के लखनऊ एडिशन के ये संपादक दिलीप अवस्थी, पिछले क़रीब साढ़े तीन दशकों से इस समाजवादी के राजनीतिक उतार-चढ़ाव देखते रहे हैं। सादे और सौम्य और थोड़ी चौड़ी नाक वाले इस संपादक ने छूटते ही कहा, "मुलायम सिंह चालाक और तिकड़मी नेता हैं। मैंने देखा है कि वह कैसे शतरंज की बिसात पर चुनाव जीत लेते हैं। वह घोड़े की तरह काम करते हैं और दिन भर में दर्जनों सभाएँ करने का बावजूद थकान नहीं महसूस करते। उनके वफ़ादारों की बड़ी तादाद है जो उनके लिए कुछ भी कर सकते हैं। उन्होंने लोगों को निजी तौर पर पाल रखा है जो आज के ज़माने में मुश्किल है। वीर बहादुर सिंह के बाद मुलायम ही ऐसे मुख्यमंत्री हैं जो अपने आम कार्यकर्ता से मिलते हैं। वह बूथ स्तर तक की योजना के बारे में चौकन्ने रहते हैं। वह अकेले ऐसे भारतीय नेता हैं जो बूथ स्तर तक पूरे चुनाव की योजना बना सकते हैं। वह ऐसे खाँटी राजनेता में तब्दील हो चुके हैं जो सत्ता में आने के लिए हर हथकंडा अपना सकते हैं।"

दिलीप अवस्थी का निधन 1 मार्च 2021 को हुआ, तब वो दैनिक जागरण के संपादक थे।

अपने साधारण चेहरे मोहरे, छोटे क़द और गहरे गेहुँए रंग की वजह से देश के उच्च वर्ग में उनकी कोई ख़ास जगह नहीं है। एक ज़माना था जब ख़बर सूँघने वाले पत्रकार कॉन्ग्रेस और बीजेपी के चिकने-चुपड़े चेहरे वाले और शानदार

महँगे चश्मे पहनने वाले नेताओं के पीछे भागते थे। ट्रैक-सूट जैसी पोशाक न पहनने की वजह से मुलायम की खिल्ली उड़ाई जाती थी। उनके बाल राजीव गाँधी या फ़िदेल कास्त्रो की तरह थोड़े गुफा वाले नहीं हैं। फिर भी, राजनीति में उन्हें गंभीरता से लिया जाता है। राजीव की तरह उनकी क़िस्मत में माँ की मौत के बाद सत्ता विरासत में नहीं मिलनी थी न ही उनका लालन पालन देश का नेतृत्व करने के हिसाब किया गया था। उनके हक़ में सिर्फ़ एक बात थी– ख़ुद के भरोसे पर आधारित जनता से जुड़े रहने की राजनीति।

इस समाजवादी के लिए 80 के दशक की शुरुआत काफ़ी कसैली रही। इंदिरा गाँधी की धमाकेदार बहुमत के साथ सत्ता में वापसी हुई। ये सातवीं लोकसभा थी। समाजवादी चारों ख़ाने चित थे। मुलायम सिंह पहली बार चुनाव हारे। संसद में जॉर्ज फ़र्नांडिस और हेमवती नंदन बहुगुणा समाजवाद के अकेले झंडाबरदार थे और इन्होंने 8 मई 1981 को सरकार के ख़िलाफ़ अविश्वास प्रस्ताव रखने की असफल कोशिश की। ये बदलाव का दौर था।

जो भी हो, 'पहलवान' का चित होना आम आदमी से जुड़ी राजनीति के पुनर्जन्म का संकेत था। अपनी ताक़त परखने के लिए उन्हीं अखाड़ों के इस्तेमाल का फ़ैसला किया जहाँ उन्होंने कभी महारथियों को पटखनी दी थी। इमरजेंसी विरोधी जोश आधे दशक के दौरान ही ढलान पर था। सोच, विचारधारा और चाहत के सम्मोहन और घालमेल की वजह से मुलायम से ज़्यादा कोई भी परेशान और बेचैन नहीं था।

कई लंगोटिया यार उनसे किनारा कर चुके थे लेकिन उनके अपने इलाक़े में चाहने वालों की संख्या में लगातार इज़ाफ़ा हो रहा था और तब उन्होंने महसूस किया कि अपने मार्गदर्शकों की छाया से बाहर निकलने का वक़्त आ गया है।

हार ने मुलायम को समाजवादी क्रांति की अपनी कहानी लिखने का मौक़ा दिया। अब वह अपने अनोखे अंदाज़ में 'गुलाब' क्रांति की झलक देख रहे थे।

समाजवादी राजनीति का प्रतीक है लाल रंग। यह समाज के दबे-कुचले, शोषित और निराश वर्ग का भी पसंदीदा रंग है। मुलायम जनता के प्रतिनिधि थे। संकट के समय उनसे बेहतर तिकड़मी कोई और नहीं है। उन्होंने अपनी संगठन क्षमता का फ़ायदा उठाते हुए ईंट और गारे के बजाय छप्पर का ही महल बनाना शुरू कर दिया। 1982 में भी वह भारतीय लोकदल की अहम धुरी थे। देवरिया के एक कोने में मौजूद फ़ाज़िल नगर में उप चुनाव का ऐलान हुआ। डालडा में

चर्बी मिलाए जाने को लेकर विवाद खड़ा हो चुका था। गाँवों में इस विवाद पर तमाम गाने लिखे और गाए जाने लगे थे। अच्छे लाल सोनी भी गाँव के ऐसे ही एक गवैये थे। देवरिया ज़िले के हर गाँव के बड़े बुज़ुर्गों, महिलाओं और बच्चों की ज़ुबान पर बस एक ही सवाल था, 'का हो... डालडा में चर्बी मिलावल गइल'। ये मैक्डोनाल्ड पर फ्रेंच फ्राइज़ में गाय के मांस के आरोप से कम नहीं था। सीधे सादे गाँववालों के मुताबिक़ खाने के तेल में क़साई का कूड़ा मिलाया जा रहा था। चर्बी के इस्तेमाल पर बहुसंख्यक हिंदू वोटरों में आक्रोश बढ़ रहा था और वो अपनी धार्मिक मान्यताओं के साथ खिलवाड़ से ख़फ़ा थे। चुनाव-प्रचार में नेता इस मुद्दे का अपनी राजनीति चमकाने के लिए इस्तेमाल कर रहे थे। अधिक मुनाफ़ा कमाने के लिए मुनाफ़ाख़ोर पानी, दूध, घी और तेल में शुरू से ही मिलावट का खेल खेलते रहे हैं। मुलायम ने इस मुद्दे को लपक लिया और इसे भुनाने के लिए गवैये अच्छे लाल सोनी को साथ ले लिया। वह देवरिया के गाथा गायक (गवैये) थे। मुलायम के भाषण से ठीक पहले मंच पर से सोनी अपने गले से मौजूद भीड़ को लुभा रहे थे। उन्होंने डालडा में चर्बी के मुद्दे पर अपना गीत लिखा था और उसे संगीत दिया था। उनका गायन और गाने के बोल मुलायम के विचारों को झकझोर रहे थे– *'ए मातृभूमि के लोगों, सत्ता ने ये क्या कर डाला, इस लोकतंत्र की अर्थी ख़ुद ही यहाँ निकाली'*।

मुलाक़ात के दौरान सोनी बताते हैं, "ये लाइनें सुनकर मुलायम बच्चों की तरह फूट-फूटकर रोने लगे। जब मैंने उनकी ओर देखा तो वो दोनों आँखों से बह रहे आँसुओं को रोकने की कोशिश कर रहे थे। समाजवादी की आँखों में आँसू देख जनता भी भावुक हो गई और सिसकने लगी। जब वह भाषण देने के लिए खड़े हुए तो उनकी आवाज़ रुँधी हुई थी। फिर उन्होंने ऐसे मुनाफ़ाख़ोरों से बदला लेने की क़सम खाई। जनसभा ख़त्म होने के बाद उन्होंने मुझे अपने लंगोटिया यार की तरह कसकर गले लगा लिया।"

वह एक भावुक क्षण था जब मुलायम ने इस गवैये को अपने साथ चलने को कहा। फिर क्या था, हर जन सभा में सोनी छाए रहते थे। लखनऊ में पार्टी मुख्यालय उनकी रिहाइशगाह बन गया। अपनी आवाज़ में समाजवादी कविताएँ सुनाकर वह जनसभाओं में मुलायम के जोशीले भाषणों की ज़मीन तैयार करते थे। मुलायम गँवई बुद्धिमत्ता के माहिर थे। वह सड़कों पर गाने वाले गवैयों और उनके लोकगीतों और लोककथाओं के प्रशंसक थे। सोनी की आवाज़ का जादू

पहचानने में उन्हें ज़्यादा वक़्त नहीं लगा। सोनी बताते हैं, "नेताजी लोक संगीत के बड़े प्रशंसक हैं। यहाँ तक कि जब मैं मोहम्मद रफ़ी के गाए गाने गाता था तो वह फाग (होली के वक़्त गाए जाने वाले लोक गीत) सुनने में लीन हो जाते थे।"

सोनी एक और क़िस्सा बयान करते हैं जब उनके नेता ग़ुस्से में तो थे लेकिन उनकी हँसी भी छूट रह थी। सोनी ने पीले रंग की शर्ट और काले रंग की पैंट पहनी हुई थी। ये भड़कीली पोशाक देख समाजवादी के चेहरे पर हँसी तैरने लगी लेकिन उन्होंने सख़्ती से कहा, "कपड़े समाजवादी विचारधारा के हिसाब से पहना करो। जोकरों की तरह कपड़े पहनने से बेहतर है भिखारी की तरह अधनंगे रहो।"

जब यह सोशलिस्ट पहली बार मुख्यमंत्री बने तो देवरिया को दो हिस्सों में बाँट दिया और नये ज़िले का नाम रखा कुशीनगर। वही कुशीनगर जहाँ गौतम बुद्ध का निधन हुआ। बौद्ध तीर्थयात्रा के चार पवित्र स्थलों में से एक है कुशीनगर। माना जाता है कि मशरूम खाने के बाद गौतम बुद्ध की तबीयत ख़राब हो गई और यहीं पर उन्होंने निर्वाण प्राप्त किया। कुछ इतिहासकारों ने लिखा है कि गौतम बुद्ध का निधन सुअर का मांस खाने से हुआ।

देवरिया और गोरखपुर राज्य के उत्तर पूर्वी इलाक़े के महत्त्वपूर्ण ज़िले हैं और ये पूरा इलाक़ा लंबे समय से अपराध और गैंगवार की बगिया था। अवैध हथियार का धंधा और सुपारी लेकर हत्या करने वाले अपराध इस ओर करते और फिर बड़ी आसानी से नेपाल के पहाड़ी और तराई के इलाक़ों में छिप जाते थे। एक ज़माने में वीरेंद्र शाही और हरिशंकर तिवारी की दुश्मनी से पूरा इलाक़ा काँपता था। फ़ाज़िल नगर चुनाव से ठीक पहले तिवारी गैंग ने वीरेंद्र शाही की हत्या कर दी। इसके बाद हरिशंकर तिवारी कुछ समय तक इस इलाक़े के बेताज बादशाह बने रहे। 24 सितंबर 1985 को वीर बहादुर सिंह ने उत्तर प्रदेश की कमान सँभाली और उसके बाद से तमाम बंदूक़धारी इलाक़े के लुटेरे, वसूली करने वाले और गैंगस्टर बन गए। वीर बहादुर सिंह उसी गोरखपुर के रहने वाले थे जो नेपाल की सीमा से सटा था और अपहरणकर्ताओं, लुटेरों और हत्यारों के लिए कुख्यात था। वीर बहादुर सिंह 25 जून 1988 तक राज्य के मुख्यमंत्री की गद्दी पर रहे और उसके बाद राजीव गाँधी ने उन्हें केंद्र में संचार मंत्री बना दिया लेकिन जब तक वह मुख्यमंत्री रहे हरिशंकर तिवारी पर नकेल कसे रखी और वह माफ़िया लीडर नहीं बन सके। लेकिन कुछ समय बाद वह सत्ता चलाने वाली हर पार्टी के समर्थक बनकर राज्य की राजनीति में पाँचवें खंबे की तरह जम गए।

लूटमार, गुंडागर्दी के लिए कुख्यात गोरखपुर के नाम को बैडमिंटन खिलाड़ी सैयद मोदी ने रौशन किया 1982 के कॉमनवेल्थ खेलों में स्वर्ण पदक जीत कर। लेकिन सैयद मोदी हत्याकांड से कॉन्ग्रेस के एक नेता का नाम लंबे समय तक जुड़ा रहा। उस नेता ने बाद में सैयद मोदी की विधवा से शादी भी की। ज़िले का नाम क्रिकेटर नरेंद्र हिरवानी ने भी रौशन किया। हालाँकि हिरवानी मध्य प्रदेश से रणजी में खेलते थे। 1988 में मद्रास टेस्ट में हिरवानी ने दोनों पारियों में कुल 136 रन पर वेस्टइंडीज़ के 16 विकेट चटकाकर विश्व रिकॉर्ड की बराबरी की। टीम के कप्तान रवि शास्त्री थे। ये शहर उर्दू के शायर रघुपति सहाय फ़िराक़ उर्फ़ फ़िराक़ गोरखपुरी के लिए भी जाना जाता है। वीर बहादुर सिंह ने शहर के आधुनिकीकरण के लिए तमाम योजनाएँ शुरू कीं और इसे पिछड़े ज़िलों की क़तार से उठाकर दूसरे दर्जे का शहर बना दिया।

नई सदी के नये दशक में एनसेफ़ेलाइटिस की वजह से हो रही बच्चों की मौतों से गोरखपुर फिर देश विदेश में सुर्ख़ियों में है। इस बीमारी से निजात दिलाने के लिए किसी भी नेता ने कोई क़दम नहीं उठाया। सिर्फ़ मुलायम सिंह ने अपने कार्यकाल में इन बीमार बच्चों के इलाज के लिए सरकारी अस्पताल में एक अलग वॉर्ड बनवाया।

गोरखपुर से मुलायम के रिश्ते 60 के दशक के आख़िर में शुरू हुए। तब वह बस से आते थे और शहर में जीप से आते जाते थे और लोगों से मुलाक़ात के लिए मीलों पैदल चलते थे। शुरुआती दौर में उन्हें चौधरी चरण सिंह के ख़ास सिपहसालार के तौर पर देखा जाता था। भारतीय लोकदल के टिकट पर चुनाव लड़ने वाले हर उम्मीदवार की जीत सुनिश्चित करने के लिए मुलायम ही समीकरण बिठाते थे। शहर के तमाम पहलवान उनकी कुश्ती के क़ायल थे और कुश्ती मुक़ाबले जीतने के लिए उनसे गुर सीखने के लिए भीड़ लगा देते थे। ऐसी ही बैठकों में राष्ट्रीय स्तर के स्थानीय पहलवान तालुकदार सिंह यादव ने मुलायम का ध्यान खींचा। बाद के सालों में मुलायम ने उन्हें राज्य के सर्वोच्च 'यश भारती सम्मान' से नवाज़ा।

मुलायम के निजी तौर पर दिलचस्पी लेने की वजह से ही कई चीनी मिलों में पेराई दोबारा शुरू हुई। बीजेपी के विधायकों की जीत के बावजूद उन्होंने शहर में तीन फ़्लाईओवर बनवाए। महंत योगी आदित्यनाथ ने जब सांप्रदायिक हिंसा को भड़काना शुरू किया तो मुलायम ने ही उन्हें गिरफ़्तार करवाया। इसी के बाद

से महंत के चोले का रंग केसरिया हो गया और वह हिंदुत्व के रखवाले हो गए। फिर वक़्त का पहिया घूमा और महंत योगी आदित्यनाथ साल 2017 में भाजपा के नेतृत्व में उत्तर प्रदेश के मुख्यमंत्री बन गए।

शारदा देवी एक दलित थीं। मुंगेरवा में रोज़ घास काटना और लकड़ियाँ बीनना उनका काम था। मुंगेरवा अब चौरीचौरा विधानसभा क्षेत्र है। मुलायम को शारदा देवी में तेज दिखाई दिया और उन्होंने इस ग़रीब और सीधी-सादी महिला को भविष्य के लिए तैयार करना शुरू कर दिया। पार्टी का टिकट देकर उन्होंने अपने समाजवादी सोच को अमली जामा पहनाया जिसमें सुविधाओं से महरूम और ज़मीन से बेदख़ल किए गए लोगों को सामाजिक न्याय सबसे ऊपर था। शारदा देवी पाँच बार चुनाव जीतीं और शोषित वर्ग के लिए मिसाल बनीं।

गोरखपुर से 25 किलोमीटर पूर्व में है चौरीचौरा। वही चौरीचौरा जिसने फ़रवरी 1922 में ब्रितानी हुकूमत को झकझोर दिया था और साथ में मोहनदास करमचंद गाँधी को भी, जो असहयोग आंदोलन की तेज़ होती बयार से काफ़ी ख़ुश थे। बड़ी तादाद में लोग सितंबर 1920 में शुरू किए गए सिविल नाफ़रमानी आंदोलन में बढ़-चढ़ तक हिस्सा ले रहे थे। बातचीत के सफ़र में मुलायम सिंह बताते हैं, "ब्रिटिश हुकूमत से मनमाफ़िक बातें मनवाने के लिए गाँधी का अहिंसा का विचार पूरी तरह वैध था। ब्रिटिश महारानी और वहाँ की संसद का ध्यान खींचने के लिए अहिंसा ही सही और परिपक्व तरीक़ा था। जलियाँवाला बाग़ कांड को लेकर पूरे देश में ग़ुस्से की लहर थी और पहले विश्व युद्ध में ब्रितानी सेना में मौजूद हज़ारों भारतीय सैनिकों की ग़ैरज़रूरी शहादत आग में घी का काम कर रही थी। लेकिन मेरे हिसाब से भारतीयों में ग़ुस्से की असली वजह थी रौलट एक्ट। अगर अँग्रेज़ों ने ये क़ानून नहीं बनाया होता तो जलियाँवाला बाग़ कांड नहीं होता। ये इंदिरा गाँधी की इमरजेंसी जैसा था या शायद उससे भी बुरा क्योंकि तब हम ब्रिटिश साम्राज्य के ग़ुलाम थे।"

ये क़ानून एक अँग्रेज़ जज सर सिडनी रौलट के दिमाग़ की उपज था। ये क़ानून ब्रिटिश हुकूमत के ख़िलाफ़ विद्रोह और साज़िश को रोकने के लिए बनाया गया था। इस क़ानून की तुलना 21वीं सदी में भारत के पोटा या अमेरिका के पैट्रियट एक्ट जैसे आतंकवाद विरोधी क़ानून से की जा सकती है। मार्च 1919 में रौलट एक्ट पास हुआ। इसके तहत किस भी भारतीय क्रांतिकारी को शक के आधार पर गिरफ़्तार कर बिना मामला दर्ज किए दो साल के लिए जेल भेजा जा सकता था।

मुलायम सिंह के मुताबिक़, "गाँधी अध्यात्मिक नेता थे। जिन्ना, एनी बीसेंट और बाल गंगाधर तिलक की तमाम अर्ज़ियों और विरोध प्रदर्शनों का कोई नतीजा नहीं निकलने के बाद गाँधी ने सिविल नाफ़रमानी आंदोलन शुरू किया और वह कामयाब भी हुए। देशव्यापी हड़ताल एक अद्‌भुत विचार था। मेरे पिता और दादा बताते थे कि कैसे रौलट एक्ट के ख़िलाफ़ उन लोगों ने उपवास रखने का फ़ैसला किया। शहरों में लोगों ने ब्रिटिश सामान ख़रीदना बंद कर दिया। सैफ़ई हालाँकि छोटा-सा गाँव ही था लेकिन यहाँ लोग भारतीय मूल्यों के अनुरूप हथकरघे पर बुने कपड़े ही इस्तेमाल करते थे। ब्रिटेन की फ़ैक्टरियों में बना सामान तेज़ी से हाथ से बने सामान की जगह ले रहा था और देश की संपत्ति की लूट और कारीगरों की बढ़ती बदहाली से लोग ख़ासे नाराज़ थे। इस क़ानून का सबसे ज़्यादा विरोध पंजाब में हो रहा था। कॉन्ग्रेस नेता डॉ सत्यपाल और डॉ सैफ़ुद्दीन किचलू को गिरफ़्तार कर अज्ञात जगह ले जाए जाने के ख़िलाफ़ लोगों ने जलियाँवाला बाग में रैली की और शहादत ही इन बहादुर आंदोलनकारियों की नियति थी। उस हादसे को याद कर आज भी मेरा दिल भर उठता है।"

सिविल नाफ़रमानी के तीन स्तंभ थे- अँग्रेज़ी हटाओ, दाम बाँधो और जाति तोड़ो। लोहिया कहते थे कि सिविल नाफ़रमानी जैसे आंदोलन हर तीन महीने पर होते रहने चाहिए और इसमें भीड़ इतनी होनी चाहिए कि पुलिस भी कार्रवाई करने से हिचके।

हालाँकि ब्रिटिश हुकूमत से आज़ादी के लिए सभी क्रांतिकारियों को अहिंसा की नीति में भरोसा नहीं था। हज़ारों मील दूर बैठे शासकों को धमाकेदार तरीक़े से ये संदेश देने के लिए चौरीचौरा कांड एक उदाहरण था। विरोध कर रही भीड़ ने थाने में आग लगा दी। 23 सिपाही ज़िंदा जल मरे। विरोध कर रहे लोगों के इस क़दर ग़ुस्से का अंदाज़ा गाँधी भी नहीं लगा सके थे। वह इस घटना से विचलित हो गए और ब्रिटिश राज के ख़िलाफ़ लोगों को उकसाने के लिए पश्चाताप करने लगे। मामला तब शुरू हुआ जब सही क़ीमत को लेकर कुछ लोग बाज़ार में विरोध प्रदर्शन करने लगे। मौक़े पर मौजूद पुलिस ने लाठी चार्ज किया और गोलियाँ चला दीं। इन पुलिस वालों में भारतीय भी शामिल थे। ये घटना 1 फ़रवरी 1922 की है। तीन दिन बाद यानी 4 फ़रवरी को पुलिसिया कार्रवाई के विरोध में जुलूस निकाला गया और इस जुलूस में क़रीब दो हज़ार लोग शामिल थे।

सैफ़ई में ग्राम प्रधान द्वारा बताई जाने वाली इन कहानियों को मुलायम बड़े

ध्यान से सुनते थे। वह कहते हैं, "ये कहानियाँ सुनकर आज भी मेरे रोंगटे खड़े हो जाते हैं। पुलिस उस ज़माने में भी बर्बर और बेरहम थी। उसकी हरकतों ने लोगों को थाने की ओर बढ़ने को मजबूर कर दिया। लेकिन पुलिसवाले कम थे और इतनी बड़ी तादाद में क्रांतिकारियों को देख वो भी सहम गए। भीड़ हुकूमत के ख़िलाफ़ नारे लगा रही थी। पुलिस ने जब हवा में गोलियाँ चलाईं तो लोगों का ग़ुस्सा और बढ़ गया और उन्होंने पुलिस पर पत्थर फेंकने शुरू कर दिए। मामला शांत हो सकता था लेकिन तभी घबराए सब इंस्पेक्टर ने गोली चलाने का हुक्म दे दिया। तीन क्रांतिकारियों के सीने में गोली लगी और सैकड़ों घायल हो गए। बस फिर क्या था, लोगों के सब्र का बाँध टूट गया। पुलिस वाले जान बचाने के लिए थाने के अंदर भागे तो लोगों ने थाने को घेर लिया और आग लगा दी। बदला लेने का ये भयानक तरीक़ा था और मैं पुलिस और क्रांतिकारियों दोनों के ही रवैये का विरोध करता हूँ। ग़ुस्सा और हताशा समझ में आती है लेकिन जब एक क्रांतिकारी ग़ुस्से में होता है तो विध्वंसकारी बन जाता है। गाँधी जी ने अपना असहयोग आंदोलन वापस ले लिया। उनकी जगह अगर मैं भी होता तो यही करता। लोकतंत्र या तानाशाही, दोनों में ही नरसंहार को माफ़ नहीं किया जा सकता।"

क़रीब आठ दिन बाद 12 फ़रवरी 1922 को गाँधी ने भारतीय राष्ट्रीय कॉन्ग्रेस से असहयोग आंदोलन रोकने के लिए कहा। चौरीचौरा कांड पूर्वी उत्तर प्रदेश की लोक कथाओं और लोकगीतों का हिस्सा बन गया। लेकिन घटना के बाद 228 प्रदर्शनकारियों पर मामला दर्ज किए जाने से ये घटना हर नागरिक की ज़ुबान पर छा गई। आरोपियों में से छह की पुलिस हिरासत में मौत हो गई जबकि 172 को अदालत ने फाँसी की सज़ा सुनाई। आठ महीने चली इस मुकदमेबाज़ी ने देश के क्रांतिकारियों पर गहरा असर डाला। मुलायम कहते हैं, "ये एक दानवी फ़ैसला था, एक तरह से क़ानूनी हत्या। फ़ैसले का कड़ा विरोध हुआ और फिर इलाहाबाद हाईकोर्ट ने 20 अप्रैल 1923 को फ़ैसले में बदलाव करते हुए 19 की फाँसी की सज़ा बरक़रार रखी जबकि 110 लोगों को उम्र क़ैद की सज़ा सुनाई। 60 और 70 के दशक में मैंने ऐसे तमाम क़िस्से सुने जिसमें चौरीचौरा कांड के जीवित लोगों ने गाँधी की चुप्पी पर सवाल उठाए और क्रांतिकारियों के साथ विश्वासघात की बात कही। मेरा उनसे कहना है कि हिंसा को मंज़ूरी न देकर गाँधी ने सही क़दम उठाया था। चौरीचौरा कांड से गाँधीवाद को झटका ज़रूर लगा लेकिन इसमें कोई शक नहीं कि इसमें क्रांतिकारियों को विध्वंसकारी बनाने के तत्व मौजूद थे और

वे आगज़नी और दंगों पर उतारू थे। आज़ादी के बाद भी बीच-बीच में ऐसा होता रहा है। मैं अपने समाजवादी कार्यकर्ताओं से कहता हूँ कि वो इतिहास से सीखें और ग़ुस्से और हताशा की हालत में ख़ुद पर संयम रखें।"

ख़ून का रंग लाल होता है और शायद यही वजह है समाजवादी टोपी का रंग भी लाल है जो बच्चा हो या मुलायम जैसा सेनापति या उनके तमाम सलाहकार, पार्टी के हर समाजवादी सेनानी के सिर की शोभा बढ़ाती है।

इतिहास में राजनीति हमेशा ही विचारों की प्रतिस्पर्द्धा का खेल रही है। यही फ़ैसला करता है कि किसको क्या कब कहाँ और कैसे मिलेगा। गाँधीवाद क्रांतिकारियों को उनके सबसे कठिन वक़्त में अलग-थलग कर देने का पर्याय बन गया। लेकिन मुलायम ने उत्तर प्रदेश की सड़कों पर गुलाब क्रांति लाने के लिए गाँधीवाद और लोहिया के विचारों के सम्मिश्रण का एक नया रास्ता तैयार किया। क्या इस बारे में कोई और राय हो सकती है कि सिविल नाफ़रमानी आंदोलन गाँधी की कमाल की चाल थी लेकिन दंगाइयों और आगज़नी करने वालों की बढ़ती संख्या के चलते इसकी अकाल मौत हो गई? लोगों की भागीदारी की मदद से आंदोलन कुछ समय बाद मुलायम के राजनीतिक संघर्ष का हिस्सा बन गया और ये उसी पार्टी के ख़िलाफ़ शुरू हुआ जिसे गाँधी ने सींचा था और फिर नेहरू के मखमली स्वप्नों के ज़िम्मे कर गए थे। मुख्यमंत्री के तौर पर अपने पहले कार्यकाल में लखनऊ में 5 कालिदास मार्ग वाले मुख्यमंत्री निवास पर विधायक कमलेश पाठक को चरखा दाँव से चित कर अपने मज़बूत इरादों को ज़ाहिर करने वाले इस 'पहलवान' के लिए उत्तर प्रदेश या देश की राजनीति उतनी आसान नहीं थी जितनी यूनानी दार्शनिक ने सोची थी।

राजनीति या 'पॉलिटिक्स' क्या है? यह शब्द सुनते ही ज़ेहन में सरकार, नेताओं और उनकी नीतियों या फिर भ्रष्टाचार और तिकड़मबाज़ी का ख़याल आता है। ऐसी छवियों ने इस शब्द के असली मायने को ढँक दिया है और इस शब्द की पहचान ही ख़त्म-सी हो गई है। 'पॉलिटिक्स' शब्द यूनानी शब्द 'पोलिस' से निकला है जिसका अर्थ है राष्ट्र या पूरा समाज। महान यूनानी दार्शनिक प्लेटो और अरस्तू के लेखों में 'पोलिस' का अर्थ था एक आदर्श राज्य। अपनी किताब 'रिपब्लिक' में प्लेटो ने आदर्श राज्य की कल्पना की और हासिल करने के उपाय बताए। वहीं से शब्द आया 'पॉलिटिक्स'। मूल रूप से इसका मतलब था आदर्श समाज की स्थापना कैसे की जाए। हक़ीक़त में आदर्श समाज

स्थापित करना मुश्किल ही नहीं, नामुमकिन है।

पॉलिटिक्स का मतलब है मौजूदा समाज से बेहतर समाज बनाने की उम्मीद में ऐसे क़दम उठाना जिन पर अमल किया जा सके और किया जाना चाहिए। साफ़ है कि प्लेटो और अरस्तू को अपने समाज में ख़ामियाँ दिखीं और इसी से वे अपना राजनीतिक दर्शन लिखने के लिए प्रेरित हुए। इन लेखों ने पहली बार साफ़ शब्दों में पॉलिटिक्स को मान्यता दी।

दूसरे शब्दों में कहें तो ये शुरू से ही मनुष्य की अंतरात्मा का हिस्सा है, क़रीब-क़रीब आदिम। अपनी प्रकृति की वजह से मनुष्य को 'पोलिस' में अपनी भूमिका के बारे में सोचना चाहिए। पूरे इतिहास पर नज़र दौड़ाएँ तो लोगों ने भिन्न-भिन्न स्तरों पर राजनीति में हिस्सा लिया है। राजनीति में हिस्सेदारी की वजह ही ये रही कि लोग अपनी बात रख सकें और वो बदलाव कर सकें जो उनकी ज़िंदगी से ताल्लुक रखते हैं। मुलायम अक्सर ही अपने कार्यकर्ताओं को हक़ीक़त में भागीदारी और सादगी के सद्गुणों पर ज़ोर देते हैं। वह बताते हैं, "मेरे गुरु लोहिया 23 मार्च 1910 को जन्मे थे लेकिन भगत सिंह और राजगुरु को 23 मार्च को ही फाँसी दिए जाने के बाद से उन्होंने कभी अपना जन्मदिन नहीं मनाया। लोहिया ने ही ग्वालियर राजघराने के उम्मीदवार के ख़िलाफ़ एक मैला ढोने वाली महिला (मेहतरानी) को अपनी पार्टी का उम्मीदवार बनाया था।"

लखनऊ में तड़क भड़क से दूर अपने सादे घर पर मुलायम सैकड़ों समाजवादी कार्यकर्ताओं से राजनीति के सद्गुणों और ख़ामियों पर चर्चा कर रहे थे। कार्यकर्ताओं ने उन्हें चारों ओर से घेर रखा था। ये वाक़या 1987 की गर्मियों का है जब भारतीय राजनीति में उबाल-सा आया हुआ था। मुचड़ी हुई धोती कुर्ता या कमीज़, पसीने से लथपथ चेहरों पर खूँटों की तरह बढ़ी दाढ़ी वाले सैकड़ों कार्यकर्ता उनके चारों ओर चक्कर लगा रहे थे। चालाक क्रिकेट कप्तान सुनील गावस्कर की तरह मुलायम राज्य की राजनीति के महारथियों के साथ-साथ पुछल्ले खिलाड़ियों से भी निपटना अच्छी तरह जानते थे। अपनी रणनीति से उन्होंने विरोधियों को मात देना शुरू कर दिया। अपने समर्थकों की आँखों में उम्मीद की किरण देख वह प्रफुल्लित थे। उनकी आवाज़ में किसान-मज़दूरों, समाज के सबसे निचले तबक़े और मुसलमान, ईसाई, बौद्ध और सिखों जैसे अल्पसंख्यकों के लिए चिंता झलकती है। चीनी दार्शनिक कन्फ्यूशियस की तरह वह अपने काम में वह दृढ़, सहनशील, सरल और विनम्र थे। सार्वजनिक जीवन

में विनम्रता से बड़ा कोई और गहना नहीं होता। यह रौशनी की वह किरण है जो दिमाग़ के ज्ञानचक्षु और दिल को सच्चाई के लिए खोल देती है। मुलायम ने ज़िंदगी भर विनम्रता का पाठ पढ़ा है। वह अल्बर्ट आइंस्टीन को आदर्श समाजवादी मानते हैं और अक्सर ही अपने साथियों को उनके आदर्शों के बारे में बताते हैं कि दूसरों के लिए जीना ही असली जीवन है।

1974 के आख़िरी दिनों में चौधरी चरण सिंह ने भारतीय लोकदल (बीएलडी) की स्थापना की। देश की राजनीति उस वक़्त ज्वालामुखी के मुहाने पर बैठी थी। बीएलडी का गठन स्वतंत्र पार्टी, उत्कल कॉन्ग्रेस, भारतीय क्रांति दल और सोशलिस्ट पार्टी के दोनों धड़ों–प्रजा और संयुक्त–को मिलाकर हुआ था। इन सभी पार्टियों का एक ही मक़सद था- इंदिरा गाँधी के तथाकथित तानाशाही राज को ख़त्म करना। इमरजेंसी के बाद 1977 में हुए आम चुनाव में बीएलडी ने जनसंघ और भारतीय राष्ट्रीय कॉन्ग्रेस (संगठन) से हाथ मिलाया और जनता पार्टी बनाई। जनता पार्टी ने 1977 का चुनाव बीएलडी के हल चलाते किसान के निशान पर लड़ा और चुनाव बाद केंद्र में पहली ग़ैर-कॉन्ग्रेसी सरकार बनाई।

हेमवती नंदन बहुगुणा भारतीय राष्ट्रीय कॉन्ग्रेस में समाजवादी और मज़दूर नेता थे। वह पार्टी में ब्राह्मण नेतृत्व की लड़ाई में कमलापति त्रिपाठी को हटाकर 8 नवंबर 1973 को उत्तर प्रदेश के मुख्यमंत्री बने। लखनऊ के एक राजनीतिक विश्लेषक और समाजवादी विचारधारा के समर्थक सुरेंद्र राजपूत के मुताबिक़, "कमलापति उच्च कुलीन ब्राह्मण थे। वह अपना जन्मदिन अपने घर पर बिलकुल मिस्र के फैरो जैसे प्राचीन सम्राटों की तरह मनाते थे। उनके समर्थक शहर के हज़ारों लोगों को इकट्ठा करते थे और फिर ये लोग एक लाइन बनाकर एक-एक कर के उनके पैर छूते थे और आर्शीवाद लेते थे। ऐसे ही एक जन्मदिन समारोह में मैं भी मौजूद था और लाइन में आगे बढ़ रहा था। लेकिन मुझे यह बात काफ़ी खटकी कि वह चुप्पी साधे बैठे रहते और आर्शीवाद देने के लिए वह मुँह से कुछ भी नहीं बोलते थे। सिर्फ़ अपने दोनों हाथ उठाकर पैर छूने वाले आदमी, औरत या बच्चे के सिर पर रख देते थे। पैर छूने के बाद सबको दो दो लड्डू दिए जाते थे। ये बात 1977 की है और तब मेरी उम्र सिर्फ़ 10 साल थी। मुझे कमलापति त्रिपाठी के पैर छूने में कोई दिलचस्पी नहीं थी। मेरी नज़र तो सिर्फ़ लड्डुओं पर थी। अपनी बारी आते ही मैं पैर छुए बिना ही लड्डुओं की ओर लपका। तुरंत ही दो गार्डों ने मुझे गर्दन से पकड़ लिया क्योंकि मैंने पैर छूने की परंपरा तोड़ी थी

और मुझे डाँटने लगे। मैं बिलकुल हक्का-बक्का रह गया। फिर एक महानुभाव ने बीच बचाव किया और बच्चा समझकर मुझे छोड़ देने को कहा। थोड़ी देर बाद पूर्व मुख्यमंत्री के पैर छूने पर दो से ज़्यादा लड्डुओं का लालच दिया गया और मैं राज़ी हो गया। मैंने पैर सिर्फ़ इसलिए छुए क्योंकि मुझे लड्डू खाने थे। ये रोचक नज़ारा हुआ करता था जहाँ कमलापति किसी ज़मींदार की तरह बैठे रहते थे और रियाया उनके सामने सिर झुकाकर गुज़रती थी। किसी के सामने इस तरह सिर झुकाकर खड़े होना मुझे बचपन में ही पसंद नहीं आया।"

ब्राह्मण तो हेमवती नंदन बहुगुणा भी थे लेकिन वह किसी ज़मींदार की तरह बर्ताव नहीं करते थे। उनके हावभाव और सोच में एक समाजवादी झुकाव था। शायद यही वजह रही कि इमरजेंसी के दौरान 30 नवंबर 1975 को उनसे इस्तीफ़ा ले लिया गया और इंदिरा गाँधी ने राज्य में राष्ट्रपति शासन लगा दिया और कमान राज्यपाल एम चेन्नारेड्डी के हाथों में आ गई। 1977 में वह लखनऊ से चुनाव जीते और मोरारजी देसाई सरकार में पेट्रोलियम और केमिकल मंत्री बने। चरण सिंह की सरकार में वह वित्तमंत्री बने लेकिन ये सरकार तीन हफ़्ते भी नहीं टिकी और लोकसभा में विश्वास मत से पहले ही सरकार ने इस्तीफ़ा दे दिया। बहुगुणा अकेले ऐसे कॉन्ग्रेसी नेता रहे जो इंदिरा गाँधी से दो टूक शब्दों कह सकते थे कि सरकार के कार्यक्रमों और नीतियों में समाजवाद और धर्मनिरपेक्षता नदारद है।

बहुगुणा को सज़ा इस बात की मिली थी कि उन्होंने लखनऊ में जयप्रकाश नारायण को राज्य अतिथि का दर्जा देने का दुस्साहस किया था। इंदिरा गाँधी इससे ख़फ़ा थीं। यही नहीं, जेलों में बंद क़ैदियों के प्रति भी बहुगुणा के भीतर के समाजवादी ने सहानुभूति जताई थी। उन्होंने आदेश दिया कि जेलों में बंद क़ैदियों के आराम का ख़याल रखा जाए। गद्दी से हटाए जाने के बाद जब नारायण दत्त तिवारी को मुख्यमंत्री बनाया गया तो उनके पास पार्टी छोड़ने के सिवाय कोई और चारा नहीं था। उन्होंने अपनी पार्टी बनाई- कॉन्ग्रेस फ़ॉर डेमोक्रेसी। जगजीवन राम और उड़ीसा की नेता नंदिनी सत्पथी ने भी उनसे हाथ मिला लिया। बिहार से आए कॉन्ग्रेस के सबसे बड़े दलित चेहरे जगजीवन राम ने ही संसद में इमरजेंसी का प्रस्ताव पेश किया था।

राज्य की राजनीति में मज़बूत पकड़ बनाने के लिए बहुगुणा और मुलायम ने हाथ मिला लिया। विधायी प्रक्रियाओं के बारे में मुलायम ने बहुगुणा से काफ़ी कुछ सीखा। वह बहुगुणा का तह-ए-दिल से आदर करते थे। 1986 में लोकदल

दो-फाड़ हो गया- लोकदल ए और लोकदलबी। चर्चा ये थी कि चरण सिंह की बेटी सरोज वर्मा की दखलंदाज़ी की वजह से पार्टी का बँटवारा हुआ। बँटवारा होने पर मुलायम ने बहुगुणा का हाथ थामा। माना जाता है कि चरण सिंह की बेटी काफ़ी अड़ियल थीं और पिता की विरासत हथियाना चाहती थीं। कहा ये भी जाता है कि चरण सिंह के बेटे अजित सिंह और बेटी में इसको लेकर काफ़ी खींचतान थी। वह छपरौली विधानसभा सीट से विधायक भी थीं। लेकिन 26 जून 1987 को उन्होंने संदिग्ध हालात में ख़ुदकुशी कर ली।

लखनऊ की सड़कों पर या राज्य के किसी भी शहर में किसी भी पार्टी के लोगों से या राजनीति पर नज़र रखने वालों से पूछ लीजिए सब यही कहेंगे कि दोस्ती निभाने में मुलायम से बड़ा कोई नहीं। उन्हें यारबाज़ या यारों का यार भी कहा जाता है। एक क़िस्सा है। हेमवती नंदन बहुगुणा की बेटी रीता जोशी बहुगुणा इलाहाबाद में मेयर पद की निर्दलीय उम्मीदवार थीं। उनके सामने समाजवादी पार्टी के विधायक श्यामाचरण गुप्ता का बेटा था। वह किसी भी हालत में नहीं जीत सकती थीं। तब उन्हें मुलायम की याद आई और उनका समर्थन माँगने पहुँचीं। एक जानकार के मुताबिक़, "मुलायम उनकी मदद करने के लिए तुंरत आगे आ गए। उन्होंने बहुगुणा के साथ अपने रिश्तों को याद किया और रीता जोशी बहुगुणा को बताया कि उनके पिता के लिए दिल में कितनी इज़्ज़त है। राजनीति में मुलायम पर बहुगुणा का वरदहस्त था। मुलायम की मदद और आर्शीवाद से ही रीता राज्य की राजनीति में पहचान बना सकी हैं। हाँ, फ़िलहाल वह राज्य में कॉन्ग्रेस पार्टी का एक चेहरा हैं।"

ऐसे में यारों के यार मुलायम ने अपने पर्सनल बार्बर को हज़रतगंज के जनपथ जैसे पॉश बाज़ार में एक दुकान स्थापित करने में उनकी मदद की। उस दुकान का नाम है- बॉम्बे सैलून। वहीं मुलायम ने गवैये अच्छे लाल सोनी के लिए बॉलीवुड के एक बड़े संगीतकार का इंतज़ाम भी कर दिया।

उम्र के आठ दशक से भी ज़्यादा देख चुके रामकृष्ण द्विवेदी इस वक़्त कॉन्ग्रेस की अनुशासन समिति के अध्यक्ष हैं। इस परिपक्व और बुज़ुर्ग राजनेता ने लखनऊ में बताया, "मुलायम समाजवादी आंदोलन की उपज हैं और उन्होंने ही शिक्षकों के आंदोलन को समाजवादी रंग दिया। मेरे विचार से उस समय भी मुलायम के दिमाग़ में व्यवस्था के ख़िलाफ़ कीड़ा कुलबुला रहा था। इसीलिए वह आचार्य नरेंद्र देव और अच्युत पटवर्धन की सक्रिय अगुवाई में समाजवादी

आंदोलन का हिस्सा बन गए। उनको अपने राजनीतिक सफ़र में तमाम दुश्वारियाँ, विरोध और यहाँ तक की साज़िश भी झेलनी पड़ी है।"

इसी दौरान वह डॉ लोहिया और जेपी के संपर्क में आए। आचार्य नरेंद्र देव विचारक और शिक्षक थे जबकि लोहिया योद्धा थे। उनकी राजनीति कुछ-कुछ वामपंथी सोच वाली थी- मज़दूरों के प्रति सहानुभूति और विपक्ष से मिलकर रहने की उत्कट इच्छा लेकिन समाज के सामंतवादी तरीक़ों के प्रखर विरोधी। मुलायम जानते थे कि लोकतंत्र का जन्म सामंतवाद के गर्भ से हुआ है। ठीक वैसे ही जैसे सामंतवाद का जन्म पूँजीवाद के गर्भ से। इसीलिए वह सांप्रादायिकता या धर्म पर आधारित राजनीति के विरोधी थे और वर्गविहीन-जातिविहीन समाज की कल्पना करते थे।

ब्रिटिश राज की निशानियों को मिटाने के लिए देश भर में लोहिया ने ज़बर्दस्त तहरीक का आग़ाज़ किया। दिल्ली में इंडिया गेट पर बनी छतरी के नीचे जॉर्ज पंचम की मूर्ति को तोड़ने का काम बलिया के शम्सुद्दीन कर रहे थे। लोहिया वहीं खड़े होकर उनकी हौसला आफ़ज़ाई कर रहे थे। अँग्रेज़ी में साइन बोर्ड और सड़कों के नाम पर कालिख पोत दी गई। मुलायम ने बताया, "लोहिया कहते थे कि जोखिम लेने के लिए तैयार रहो, ख़ुद को बिगाड़ो लेकिन देश को बनाओ।"

द्विवेदी बताते हैं, "राज्य में महारानी विक्टोरिया की मूर्ति पर सबसे पहले उन्होंने ही कालिख पोती थी। ब्रिटिश हुक्मरानों की मूर्तियाँ हटाने के आंदोलन से वह काफ़ी लोकप्रिय हो गए। आमतौर पर वह खादी ही पहनते थे। उन दिनों वह सिर पर लाल टोपी ज़रूर पहनते थे। मुलायम ने लोहिया से काफ़ी कुछ सीखा है। वह समाजावादी सोच से प्रभावित एक सच्चे गाँधीवादी हैं। उनके सपनों का समाजवादी समाज योजनाबद्ध विकासवादी अर्थव्यवस्था वाला होगा जिसमें मिल और फ़ैक्टरियाँ तो होंगी लेकिन चीन और रूस की तरह नहीं। बाँध और खेती के लिए बड़े फ़ार्म भी होंगे। मुलायम कुटीर और भारी उद्योग, दोनों में ही भरोसा करते हैं और मिश्रित अर्थव्यवस्था के समर्थक हैं। मुलायम से मेरी मुलाक़ात 1964 की है। तब वह एक साधारण कार्यकर्ता हुए करते थे। 1971 के उप चुनावों में राजनारायण, कर्पूरी ठाकुर, मुलायम समेत तमाम समाजवादी कॉन्ग्रेस के ख़िलाफ़ गोलबंद हो गए। बैंगलोर अधिवेशन में कॉन्ग्रेस के दो धड़े साफ़ दिखने लगे थे– इंदिरा गाँधी बनाम मोरारजी देसाई। कुछ मुद्दों को लेकर दोनों धड़ों में विरोध था। वक़्त की माँग तेज़ आर्थिक विकास की थी लेकिन एक धड़ा यथास्थिति बनाए

रखने का समर्थक था। हक़ीक़त में मोरारजी देसाई देश में अमेरिकी राष्ट्रपति प्रणाली लागू करने के पक्ष में थे। लेकिन इंदिरा गाँधी इसके ख़िलाफ़ थीं। और उन्होंने सामंतों और राजघरानों पर सीधा हमला किया प्रिवीपर्स पर रोक लगा कर। जब उन्हें ये एहसास हुआ कि व्यापार शुरू करने के लिए अमीरों को तो बैंकों से मदद मिलती जा रही है लेकिन गाँवों में ग़रीब और ग़रीब होता जा रहा है तो उन्होंने बैंकों के राष्ट्रीयकरण का एक साहसिक फ़ैसला कर दिया। वह पूँजीवादी एकाधिकार की विरोधी थीं।"

"1971 में मुलायम कोई बहुत बड़े समाजवादी नेता नहीं थे, हाँ दशक ख़त्म होते होते वह इस हैसियत में आ चुके थे। वह इंदिरा गाँधी का प्रगतिशील नीतियों का विरोध करने के लिए मजबूर थे। उन्हें अपनी भूल का बाद में एहसास हुआ। मैं जब गृह मंत्री था तो वह अक्सर मेरे पास आते थे। मैं तब तक बहुगुणा का समर्थक बन चुका था। मुझे महसूस हुआ कि मुलायम जोखिम ले सकते हैं। वह कोई बहुत ओजस्वी वक्ता नहीं हैं लेकिन उनके भाषणों में तथ्यों और ज़मीनी हक़ीक़त की तस्वीर होती है। वह अपनी जान के ख़तरे से भी डरते नहीं हैं। हाँ, उनके व्यक्तित्व में कई विरोधाभास हैं। जाति को लेकर उनका दिल कही न कहीं उदार है। तमाम लोग मानते हैं कि वह जातिवादी हैं और यादवों को बढ़ावा देते हैं। कोई ये भी नहीं कह सकता कि वह एक मस्तमौला चरित्र वाले इंसान हैं। यक़ीनन वह गंभीर प्रकृति के हैं। उनके राजनीतिक सफ़र में केवल अमर सिंह ही एक जोकर थे। उनकी नज़रों में कोई भी अछूत नहीं है। अमरमणि त्रिपाठी को उन्होंने मंत्री बनाया और कवियित्री मधुमिता शुक्ला हत्याकांड में उनको जेल भी हुई लेकिन मुलायम ने अमरमणि का साथ नहीं छोड़ा। ये भी सही है कि शुरुआती दिनों में राजनीतिक नफ़े के लिए वह डाकुओं के प्रति भी उदार थे। किसी डाकू या बलात्कारी हत्यारे या फिर अमर सिंह के साथ मंच साझा करना उनकी कुछ बड़ी भूलों में से हैं। ऐसी परिस्थितियों में उनके व्यक्तित्व का विरोधाभास झलकता है।"

दुबले-पतले और लंबे राजेंद्र द्विवेदी फ़िलहाल 70 से ऊपर के हैं। अपने समय में लखनऊ के बड़े पत्रकारों में उनकी गिनती होती थी। वह हिंदी अख़बार आज के क़रीब एक दशक तक संपादक रहे। वह बताते हैं, "1977 में वह सहकारिता मंत्री थे और उन्होंने काफ़ी काम किया। मैं उस समय राजनीतिक संवाददाता था। मैं उन्हीं के ज़िले का रहने वाला हूँ। उन दिनों इटावा काफ़ी बड़ा ज़िला हुआ करता था। अब तो औरैया को इटावा से अलग कर नया ज़िला बना

दिया गया है।मैंने उन्हें काफ़ी नज़दीक से देखा है। मेरी रिपोर्टों में वह हमेशा ही पक्के समाजवादी की तरह दिखे। मैं दावे से कह सकता हूँ कि वह लोहिया और राजनारायण के सबसे बेहतर चेले रहे। मैं 1963 में लखनऊ यूनिवर्सिटी छात्र संघ का महासचिव चुना गया। राजनीतिक आंदोलन की दीक्षा हमें राजनारायण ने दी। मुलायम अक्सर हम लोगों से मिलने आते थे और हम उनके बढ़ते राजनीतिक क़द के चश्मदीद थे। वह केवल नाम के समाजवादी नहीं हैं। वह हर जाति धर्म के लोगों को बराबर सम्मान देते हैं। मुझे कभी ऐसा महसूस नहीं हुआ कि उन्होंने बाक़ियों की नज़रंदाज़ कर किसी यादव या मुसलमान को बढ़ावा दिया हो। लोग अफ़वाह फैलाते हैं कि वह ब्राह्मण विरोधी है। लेकिन ये सही नहीं है। 1989-90 में जब वह पहली बार सत्ता में आए तो मीडिया की दुनिया में उनके दो सबसे घनिष्ठ मित्र ब्राह्मण ही थे- एक अमर उजाला के अच्युतानंद मिश्र और दूसरा मैं ख़ुद। उनकी कैबिनेट में सात ब्राह्मण मंत्री थे। अभी तक इतने ब्राह्मण मंत्री कैबिनेट में कभी नहीं रहे। उनके काल में भोलानाथ तिवारी गृह सचिव थे और नृपेंद्र मिश्र प्रधान सचिव थे और दोनों ही ब्राह्मण थे। साफ़ है कि मुलायम को ब्राह्मण विरोधी कहना अफ़वाह और सोची समझी साज़िश है। अख़बारों और टीवी के एक गुट ने जान-बूझकर मुलायम की यादव समर्थक और मुसलमानों के नेता वाली छवि बना दी है। वह पूर देश के समाजवादी नेता हैं। और जैसे किसी ब्राह्मण नेता के पास उसी जाति के ज़्यादा लोगों का आना बड़ी आम बात है वैसे ही मुलायम के मुलाक़ातियों में यादव ज़्यादा होते हैं। वह बुनियादी तौर पर पहलवान हैं और कुश्ती की तरह चित और पट में भरोसा रखते हैं। या तो वह अपने विरोधी को पछाड़ेंगे या फिर ख़ुद हारेंगे। राजनीति में उनको बीच का रास्ता नहीं पता। हाँ दोस्ती के मामले में वह कबड्डी के खिलाड़ी की तरह हैं जो बीच की लकीर पर हमेशा नज़र गड़ाए रहता है।"

"ये समाजवादी किसी इंसान की विश्वसनीयता से ज़्यादा रिश्तों को तरजीह देता है। उनके जीवन में कई बार ऐसे मौक़े आए जब धोखा खाने के बावजूद उन्होंने अपने डकैत दोस्तों का ताल ठोंककर बचाव किया। इटावा और चंबल के बीहड़ों में जाति के आधार पर डाकुओं की फ़ौज खड़ी होती है। जब कोई ठाकुर या राजपूत डाकू ब्राह्मणों के घर लूटता था तो ब्राह्मण चंदा जमा कर अपने बीच में से किसी को खड़ा कर देते और वो उसी अंदाज़ में बदला लेता। बेहमई कांड के वक़्त उत्तर प्रदेश में विश्वनाथ प्रताप सिंह मुख्यमंत्री थे। मुलायम सिंह दस्यु

सुंदरी फूलन देवी के उद्धारक बने। उन्होंने मिर्ज़ापुर से फूलन देवी को समाजवादी पार्टी का टिकट दिया और फिर से नया और शांतिपूर्ण जीवन व्यतीत करने में बड़ी भूमिका निभाई। उन्होंने देश के सामने ऐलान किया– सामूहिक बलात्कार की शिकार एक महिला जिसे इंसाफ़ के लिए हथियार उठाने पर मजबूर होना पड़ा, मैंने उस फूलन को संसद का एक सम्मानित सदस्य बना दिया है।"

समाज में डकैतों और गैंगस्टरों की होने वाली बदनामी का मुलायम को अंदाज़ा था। सत्ता में आने पर उन्होंने ऐसे लोगों को सुधारने के लिए तमाम नई योजनाएँ शुरू कीं। 1993 में पार्टी के चुनावी घोषणापत्र में धारा 144, गुंडा एक्ट और गैंगस्टर एक्ट को ख़त्म करने का ऐलान किया गया हालाँकि इन एलानों की तीखी आलोचना हुई लेकिन वह अपने दिल की सुनते रहे। इन क़ानूनों का कुछ ख़ास जातियों और धर्मों के नौजवानों के ख़िलाफ़ बेजा इस्तेमाल होता है। वह कहते हैं, "धारा 144 या गुंडा एक्ट या गैंगस्टर एक्ट ख़त्म कर उनकी मंशा पार्टी या समाज में असामाजिक तत्वों को बढ़ावा देने की नहीं थी। मैं सिर्फ़ उन निर्दोष और बेगुनाह नौजवानों को सुधारना चाहता था जो राज्य में बीजेपी या कॉन्ग्रेस के शासन में निशाने पर थे। इन क़ानूनों का जमकर दुरुपयोग हुआ।"

5 दिसंबर 1989 को तनावपूर्ण हालात में सरकार बनाने की क़वायद के साथ मुलायम सिंह ने सत्ता के गलियारे का अपना पहला सफ़र सामाजिक न्याय के साथ विकास के नारे से शुरू किया। अपने चुनावी वादे पूरे करने के लिए उन्होंने आनन-फ़ानन में कई कार्यक्रम शुरू किए जिनका लोगों पर और राजनीतिक मामलों पर निगाह रखने वालों के बीच अच्छा असर पड़ा। सबसे ज़्यादा ज़ोर गाँवों में रहने वालों ओर पिछड़े वर्गों के लोगों को सामाजिक न्याय पर दिया गया। राज्य के गाँव विकास से जुड़े उनके कार्यक्रमों की धुरी थे। कैबिनेट की पहली ही बैठक में कई ऐतिहासिक फ़ैसले लिए गए। किसानों, बुनकरों, खेतिहर मज़दूरों और ग्रामीण कारीगरों से 10,000 रुपये से कम के क़र्ज़ की वसूली रोक दी गई और कुछ समय बाद ये क़र्ज़ पूरी तरह माफ़ कर दिए गए। क़रीब 708.31 करोड़ रुपये यानी क़रीब 35 करोड़ डॉलर के क़र्ज़ माफ़ किए गए। किसानों को एक बड़ी राहत तब मिली जब क़रीब 120 करोड़ रुपये यानी क़रीब 3 करोड़ डॉलर का बिजली का बिल भी माफ़ कर दिया गया। गाँवों में 14 घंटे बिजली देना सुनिश्चित किया गया और इसी की बदौलत क़रीब 15,000 नई फ़ैक्टरियाँ लगाई गईं। योजनागत व्यय का 51.3 फ़ीसदी ग्रामीण इलाक़ों में निवेश करने के

उनके फ़ैसले ने सबको चौंका दिया।

राष्ट्रीय मीडिया में जिस वक़्त वीपी सिंह को मंडल मसीहा के तौर पर महिमा मंडित किया जा रहा था उस वक़्त वास्तव में मुलायम सिंह ने सामाजिक और आर्थिक तौर पर पिछड़ों को सरकारी नौकरियों में 27 फ़ीसदी आरक्षण का ऐलान किया। यही नहीं, सबको बराबर मौक़ा मिले और जातिवादी नेता होने का धब्बा मिटाने के लिए उन्होंने अगड़ी जातियों के ग़रीबों, पिछड़े इलाक़ों और महिलाओं को आरक्षण के लिए कौशिक कमेटी बनाकर सबको भौंचक्का कर दिया। उन्हीं के राज में गन्ने के दाम आज़ादी के बाद से सबसे ऊँचे स्तर तक पहुँच गए। रिक्शा चलाने वालों को रिक्शे का मालिकाना हक़ मिला। यही नहीं, इस समाजवादी ने वृद्धावस्था पेंशन में भी इज़ाफ़ा किया।

3 फ़रवरी 1991 को संडे ऑब्ज़र्वर ने लिखा, "आम नागरिकों को को सस्ता इलाज मुहैया कराने के लिए शहरों में सरकारी अस्पतालों में रजिस्ट्रेशन फ़ीस 2 रुपये से घटाकर 1 रुपये और ग्रामीण अस्पतालों में रजिस्ट्रेशन फ़ीस ख़त्म कर दी गई। ओपीडी और जनरल वॉर्ड में भर्ती मरीज़ों को मुफ़्त दवाइयाँ दी जाने लगीं। एकीकृत ग्रामीण विकास योजना (आईआरडीपी) के तहत अनुसूचित जाति के परिवारों के लिए आरक्षण 50 से बढ़ाकर 60 फ़ीसदी कर दिया गया और सब्सिडी की राशि भी 3,000 रुपये से बढ़ाकर 5,000 रुपये कर दी गई। हर ग्रामसभा में राशन की कम-से-कम एक दुकान खोलने का फ़ैसला लिया गया ताकि सार्वजनिक वितरण प्रणाली का ज़्यादा-से-ज़्यादा लोगों को फ़ायदा मिले। ईंटों के दाम थामने के लिए एक अध्यादेश जारी किया गया और इससे ईंटों के दाम में 80 रुपये प्रति हज़ार तक की कमी आई। 1990-91 में लड़कों लिए भी मुफ़्त शिक्षा का ऐलान किया गया। लड़कों को 9वीं से 12वीं तक ट्यूशन फ़ीस नहीं देनी होती।"

"भारत रत्न डॉ. भीमराव आंबेडकर की जन्मशती के मौक़े पर लखनऊ में 5 करोड़ रुपये यानी 1 करोड़ डॉलर की लागत से एक यूनिवर्सिटी पर बनाने का ऐलान किया गया। राज्य स्तर पर सरकारी नौकरियों में अँग्रेज़ी की अनिवार्यता को ख़त्म कर दिया गया और हिंदी को उसका ग़ौरव वापस दिलाने के लिए ख़ास क़दम उठाए गए। राज्य में सभी सरकारी काम सिर्फ़ हिंदी में ही होता है। इसके अलावा आठ भारतीय भाषाओं को पढ़ाने का इंतज़ाम किया गया है। अनुसूचित जाति और अनुसूचित जनजातियों को बाँटी गई ज़मीन पर क़ब्ज़ा दिलाने के लिए

विशेष अभियान चलाया जा रहा है। चार बड़े शहरों में कामकाजी महिलाओं के लिए हॉस्टल बनाए जा रहे हैं। गाँवों में महिलाओं की सुविधा के लिए दो लाख शौचालय बनाने की विशाल योजना शुरू की गई है। जंगलों और पर्यावरण की सुरक्षा को सरकार के 21 सूत्रीय कार्यक्रम में शामिल किया गया है। पूरे राज्य में एक अगस्त से चुंगी ख़त्म कर दी गई है। राज्य में सांप्रदायिक हिंसा का मुक़ाबला करने के लिए एक अलग शांति सुरक्षा बल बनाने के फ़ैसला लिया गया है।"

अध्याय 16

ट्रैजिक-कॉमेडी का साल

(1984 : राजीव गाँधी, एनडी तिवारी और मुलायम)

इस दुनिया में दो ऐसी चीज़ें है जिसके लिए लड़ना चाहिए।

पहली ज़मीन, क्योंकि यह आपको आज़ादी से जीने के लिए ज़रूरी संसाधन देती है, और दूसरी आज़ादी क्योंकि इसके बिना आप किसी और की ज़मीन पर काम करने वाले ग़ुलाम हैं।

1984 भारतीय राजनीति के इतिहास का एक बुरा और दुखद वर्ष था। इसे ट्रैजिक-कॉमेडी की काली चादर में डूबा एक साल भी कह सकते हैं।

भारत ने 31 अक्टूबर की चमकती हुई धूप वाली सुबह में इंदिरा गाँधी को खो दिया। जवाहरलाल नेहरू की बेटी–प्रधानमंत्री जी रक्षा के लिए गृह मंत्रालय द्वारा चुने गए अपने गार्डों की गोलियों से छलनी कर दी गईं। हत्यारे, सतवंत सिंह और बेअंत सिंह, हिंदू-जाति के नहीं थे, वे सिख थे। एक अलग आस्था, जिसकी पंजाब में एक अनूठी उपस्थिति है। जिसमें 30 मिलियन से अधिक लोग अपने ख़ून-पसीने वाली मेहनत के लिए जाने जाते हैं। भाखड़ा नंगल बाँध, पुल-पानी, रोटी की टोकरी और हरित क्रांति के जन्म का पर्याय है ये समुदाय।

इंदिरा गाँधी की हत्या और प्रसिद्ध कुख्यात 'ऑपरेशन ब्लू स्टार' को भी वर्ष 1984 ने अपने माथे पर ले लिया।

भारतीय पुरुषों और महिलाओं के दिमाग़ में जॉर्ज ऑरवेल तब आते हैं जब 1984 शीर्षक से उनके क्लासिक उपन्यास के बारे में वो जानते हैं। एक नौ आठ चार। (Nineteen Eighty Four—One Nine Eight Four)

इस वर्ष के दौरान मुलायम कड़ा संघर्ष कर रहे थे। उस वक़्त उनकी उम्र कुल 44 की थी। जब लुटियन-दिल्ली में तुग़लक रोड पर सिखों के हत्यारे सड़कों पर घूम रहे थे, और पगड़ीधारी सिखों की जान ले रहे थे। वह बंदूक़, तलवारों,

कुल्हाड़ी, काली-कुल्हाड़ी और मिट्टी के तेल से लैस लोगों का पीछा करते हुए दीवारों पर छलांग लगाकर पार करते जा रहे थे। मिट्टी का तेल उन दिनों में बड़े ही आसानी से किराना की दुकानों पर मिल जाता था। 31 अक्टूबर की भयानक शाम को बिहार के दिग्गज समाजवादी नेता और पिछड़ी नाई जाति के प्रतीक कर्पूरी ठाकुर भी मुलायम सिंह के साथ थे। जैसे ही चिल्लाते हुए सिख हलोजन रौशनी में दिखाई दिए, आग की लपटों में झुलसते हुए गर्दन में लटकती हुई टायर दिखी। नेताजी वहीं पर खड़े हो गए, और अपने खादी कुर्ते की बाज़ुओं को मोड़ना शुरू कर दिया, अपनी धोती की सिलवटों को समायोजित कर लिया। उनकी शंक्वाकार लाल टोपी उनके बायीं ओर मुड़े हुए काले बालों पर सुशोभित हो रही थी।

वह आगे बढ़े और फिर छह फ़ीट की दीवार पर कूदकर चढ़ गए और गूँगे-बहरे दंगाइयों पर चिल्लाने लगे। हालाँकि कर्पूरी अनिच्छुक थे। फिर भी नेताजी पीछे नहीं हटे। समाजवादी ने एक सिख की जान बचाई। जब दंगाइयों ने देखा कि मुलायम बेदाग धोती को मुट्ठियों में लहराते हुए आगे बढ़ रहे हैं, तो वे घबरा गए और तेज़ी से धक्का-मुक्की करते हुए तितर-बितर हो गए। उनकी आँख लाल हो गई थी। एक सिख मुलायम के चरणों में गिर गया। उसने अपने दोनों काँपते कंधों और हाथों से उन्हें पकड़ लिया और गर्मजोशी से गले लगा लिया। उस ने राहत की साँस ली और आँखों में शांति के आँसू आ गए। उसे विश्वास नहीं हो रहा था कि वह अभी भी जीवित है और साँस ले रहा है।

शुरू में कर्पूरी अनिच्छुक थे। उनके दोस्त की त्वरित कार्रवाई ने उनके डर की बाधा तोड़ दिया। वह अपने साथी को कवर करने के लिए दौड़े। मुलायम की शेर जैसी प्रतिक्रिया देखकर उनके अंदर का डर मर गया। अब न तन में भय था और न मन में।

सिख विरोधी नरसंहार की आग और धुएँ ने गुरु नानक के अनुयायियों के ख़िलाफ़ नफ़रत भरी हिंसा की काली राख ने ना सिर्फ़ दिल्ली को बल्कि भारत के सैकड़ों शहरों को ढक दिया।

जॉर्ज ऑरवेल का जन्म 1903 में बिहार के मोतिहारी में हुआ था। उन्होंने साहित्यिक राजनीतिक कथा की शैली में 1948-49 में उन्नीस सौ चौरासी (1984) उपन्यास लिखा था। 1984 शीर्षक 1948 के विपरीत है। ऑरवेल की पहली पत्नी, एलीन ओ 'शॉघनेस ने एक कविता लिखी, सदी का अंत-1984। यह शीर्षक एलीन की कविता से भी प्रेरित हो सकता है।

यह डायस्टोपियन साइंस-फ़िक्शन था। चालीस साल बाद, इसने एक क्लासिक उपन्यास का दर्जा हासिल कर लिया था। बिग ब्रदर, डबलथिंक, थॉटक्राइम, न्यूज़पीक और मेमोरी होल जैसे शब्दों और अवधारणाओं की सामग्री, शैली मास मीडिया में तमक बन गई।

उपन्यास की कहानी भारतीय राजनीति को प्रदर्शित करती है। भारत ओशिनिया के कलाकारों और वेशभूषा में दिखाई देता है। यहाँ राजनीति कुलीन वर्गों की जागीर बनकर रह गई है। यहाँ लोगों के एक छोटे से समूह ने पूरी राजनीति अपने हाथों में जकड़ रखा है। वे राष्ट्रीय संपत्ति को बेचकर धन जमा करते प्रतीत होते हैं। पार्टी पर कुलीन वर्गों का शासन है। देश के एक प्रांत में, बड़े पैमाने पर समाज दूसरे समाज के साथ युद्ध करता नज़र आता है। सरकार का ज़्यादातर वक़्त इनकी निगरानी में चला जाता है। भ्रामक प्रचार दिमाग़ पर पूरी तरह क़ब्ज़ा कर लेता है। कुछ आलोचक इस राजनीतिक व्यवस्था की उपलब्धि को अँग्रेज़ी समाजवाद के रूप में स्वीकार करते हैं।

1984 के विंस्टन स्मिथ मुख्य नायक थे। भारतीय राजनीतिक गलियारों में सैकड़ों विंस्टन स्मिथ थे। और कुछ इसी तरह के लोग पाकिस्तान और बांग्लादेश में भी 'सत्यता मंत्रालय' के लिए काम कर रहे थे। सत्यता मंत्रालय पार्टी और कार्यक्रम का महिमामंडन करने के लिए बड़े पैमाने पर प्रचार और इतिहास के संशोधन का काम करता था। स्मिथ को पिछले इतिहास के संशोधन का काम सौंपा गया था, अतीत का एक आभासी पुनर्लेखन जो वास्तव में हर दिन बदलता है।

उसे 'ग़ैर-व्यक्तियों' के आधिकारिक अस्तित्व को हटाना था–जो न केवल राज्य द्वारा मारे गए हैं, बल्कि प्रभावी रूप से अस्तित्व से मिटा दिए गए।

सत्तर और अस्सी के दशक में, इंदिरा की कॉन्ग्रेस पार्टी के निर्विवाद शासन के तहत हिंदू कट्टरपंथियों, जनसंघ और भाजपा के उग्रवादी उछाल पर भारतीय समाजवादियों के साथ एक संक्षिप्त गठबंधन के तहत, देश एक ठहराव पर आ गया था।

जॉर्ज ऑरवेल अपने पात्रों को लंदन की सड़कों पर चलाते हैं, जो कि एयरस्ट्रिप वन, ओशिनिया प्रांत की राजधानी है।

शहर और गाँव में, पार्टी के लोग, पार्टी के नेता, बिग ब्रदर के पोस्टरों को देखते हैं, जिस पर कैप्शन लिखा होता है–बिग ब्रदर इज़ वॉचिंग यू'। इस चीज़

ने साहित्य को और अधिक रोचक बना दता है।

सामाजिक वर्ग व्यवस्था तीन मंज़िलों का पिरामिड है- उच्च वर्ग शासक अभिजात वर्ग, आंतरिक पार्टी, मध्यम वर्ग, बाहरी पार्टी और निम्न वर्ग सर्वहारा वर्ग, जो आबादी का 85 प्रतिशत हिस्सा हैं। शिक्षा और दूसरी व्यवस्थाओं से यह लोग ज़्यादातर वंचित रह जाते हैं।

(भारतीय सामाजिक परिवेश में ओबीसी, एससी और एसटी सादृश्य है।)

माँ इंदिरा के बाद गाँधी वंश का सिंहासन ख़ाली होने के ठीक बाद, उत्तराधिकारी राजीव गाँधी, जो पेशे से एक पायलट थे, उन्हें राजा का ताज पहनाया गया। छोटे भाई संजय गाँधी के बाद, जिनकी एक हवाई जहाज़ दुर्घटना में मृत्यु हो गई। वह भारत के लोकप्रिय लोकतंत्र में एकमात्र क्राउन प्रिंस थे।

मुलायम सिंह यादव राजीव की आँखों का तारा बन गए।

1989-90 में 80 के दशक के अंत में केंद्र और बाद में उत्तर प्रदेश में वीपी सिंह और मुलायम से सत्ता गँवाने के बाद उन्होंने अपनी पार्टी के नेताओं से ज़्यादा समाजवादी दिग्गज पर भरोसा करना शुरू कर दिया।

राजीव ही थे जो 1990 की सर्दियों में बाबरी मस्जिद पर व्यापक हमले के दौरान समाजवादी के कंधे पर सिर पटक रहे थे। राजीव 1990 में केवल 46 साल के थे। मुलायम सिंह यादव से बमुश्किल सात साल छोटे थे।

जब मस्जिद को बचाया गया, तो राजीव ने कहा, "मुलायम वास्तव में एक धर्मनिरपेक्ष राष्ट्रवादी हैं।" नेहरू के नाती ने अपने नाना के सपने के समाजवाद के प्रति अपनी उदासीनता के लिए 'समाजवादी' शब्द का इस्तेमाल नहीं किया। नेहरू एक शैंपेन समाजवादी थे, एक अंतर्राष्ट्रीय शख़्सियत थे, लेकिन नाती राजीव के पास वह व्यापक दृष्टि नहीं थी। राजीव प्रधानमंत्री कार्यालय (पीएमओ) में अपने शासन के दो साल से भी कम समय में हिंदुत्व कट्टरपंथियों के ज़हरीले प्याले की चपेट में आ गए।

राम जन्मभूमि आंदोलन के भगवा सैनिकों के लिए बाबरी मस्जिद के ताले खोलने के प्रलोभन ने उनके राजनीतिक भोलेपन का पोल खोल दिया। उन्होंने नरक की आग का दरवाज़ा खोल दिया और 1991 की गर्मियों की शुरुआत में, चुनावी गर्मी के बीच, बहुमत की भूमि में शामिल होने के लिए निकल गए।

एक महिला आत्मघाती हमलावर के हाथों उनकी मौत, भारतीय सत्ता की राजनीति में चौंकाने वाला था। उनके इंद्रधनुषी पुल को पार करना भारतीय

लोकतंत्र के लिए एक नई बात थी।

मुलायम सिंह यादव का राजनीतिक सफ़र कॉन्ग्रेस के दिग्गज नेता नारायण दत्त तिवारी या एनडी तिवारी की तेज़तर्रारता के बिना कभी पूरा नहीं हो सकता। यहाँ तक कि जब एनडी एमएसवाई से 14 साल बड़े थे। तब भी दोनों एक-दूसरे के दोस्त बन गए थे। उन्होंने अपनी राजनीतिक संबद्धता के विपरीत पक्षों पर होने के बावजूद एक-दूसरे के व्यक्तिगत पसंद का ख़याल रखा।

एक बार उन्हें संजय गाँधी के अतिउत्साही अनुयायी के रूप में दिखाया गया था। एक बार उन्हें सार्वजनिक रूप से संजय के लिए चप्पल उठाते हुए देखा गया और उनकी फ़ोटो भी खींची गई। लेकिन उन्होंने परेशान नहीं किया और गाँधी परिवार के प्रति अपनी वफ़ादारी को सभी प्रकार के सार्वजनिक उपहास से ऊपर रखा। उत्तर प्रदेश के मुख्यमंत्री के रूप में, वह गाँधी परिवार को जानकारी देने के लिए लगभग हर दूसरे दिन नई दिल्ली आते रहते थे। राजधानी की अपनी लगातार यात्रा के परिणामस्वरूप, उन्होंने 'नई दिल्ली तिवारी' का उपनाम अर्जित किया।

1925 में नैनीताल ज़िले के बलूती गाँव में एक कुमाऊँनी ब्राह्मण परिवार में जन्मे नारायण दत्त तिवारी उत्तर प्रदेश के अंतिम कॉन्ग्रेसी मुख्यमंत्री थे। उनके उत्तराधिकारी मुलायम सिंह ने कॉन्ग्रेस को गुमनामी के कगार पर ला खड़ा किया। भविष्य में, एनडी दो राज्यों के मुख्यमंत्री के रूप में सेवा देने वाले पहले राजनेता बन गए, जब उत्तराखंड को यूपी से अलग कर दिया गया।

एनडी से, उत्तर प्रदेश की बागडोर हासिल करना के बाद, मुलायम ने अपनी राजनीतिक यात्रा में कभी पीछे मुड़कर नहीं देखे। लेकिन वे एनडी के बहुत बड़े दोस्त बने रहे। एनडी के प्रति उनके स्नेहपूर्ण सम्मान को समाजवादी आंदोलन के इतिहास से समझा जा सकता है क्योंकि एनडी पहली बार 1957 में प्रजा सोशलिस्ट पार्टी के टिकट पर उत्तर प्रदेश विधानसभा के लिए चुने गए थे। वो 1963 में भारतीय राष्ट्रीय कॉन्ग्रेस में शामिल हुए। 93 की उम्र में मृत्यु से पहले ND ने तीन बार, 1976-77, 1984-85 और 1988-89 में यूपी के मुख्यमंत्री के रूप में कार्य किया।

1986 और 1988 के दौरान जब मुलायम उत्तर प्रदेश के राजनीतिक क्षेत्र में एक तूफ़ान की तरह उठ रहे थे, तब एनडी तत्कालीन प्रधानमंत्री राजीव गाँधी की आँखों का तारा बन गए थे। राजीव ने उन्हें पहले विदेश मंत्रालय का नेतृत्व करने की ज़िम्मेदारी सौंपी और फिर उन्हें वित्त मंत्री भी बनाया गया।

मुलायम के एनडी का सम्मान करने के कुछ सैद्धांतिक कारण थे और सबसे महत्त्वपूर्ण स्वतंत्रता आंदोलन में एनडी की भूमिका थी। 1944 में, इलाहाबाद विश्वविद्यालय, पूरब का ऑक्सफ़ोर्ड और उत्तर प्रदेश में छात्र राजनीति में शामिल होने से पहले, एनडी को असहयोग आंदोलन में भाग लेने के लिए नैनीताल जेल में लगभग 15 महीने तक बंद रखा गया था। वह 15 साल की उम्र में जेल जाने वाले सबसे कम उम्र के स्वतंत्रता सेनानी थे।

1947 में, जब देश ब्रिटिश राज के चंगुल से मुक्त था, वह अध्यक्ष के रूप में छात्र संघ चुनाव जीतने के अलावा एमए (राजनीति विज्ञान) में विश्वविद्यालय के टॉपर भी थे।

एनडी समाजवादी राजनीति के आदर्शों से बहुत प्रभावित थे। लेकिन जब कॉन्ग्रेसियों का एक बड़ा हिस्सा लोहिया के नेतृत्व में समाजवादी आंदोलन में शामिल होने के लिए मूल पार्टी छोड़ रहा था, तब एनडी ने 1963 में कॉन्ग्रेस में लौटने का फ़ैसला किया। 1965 में, वह काशीपुर निर्वाचन क्षेत्र से यूपी विधानसभा के सदस्य चुने गए। बाद में वे मंत्री भी बने। 1968 में, एनडी ने एक स्वैच्छिक संगठन की स्थापना की और इसका नाम जवाहरलाल नेहरू के नाम पर रखा। इसे जेएलएन नेशनल यूथ सेंटर कहा जाता था। कॉन्ग्रेस पार्टी और इंदिरा गाँधी से प्रभावित होकर वह पार्टी में आए और 1969 से 1971 तक भारतीय युवा कॉन्ग्रेस के पहले अध्यक्ष भी रहे।

मुलायम ने उन्हें 'द ऑलमोस्ट प्राइम मिनिस्टर' कहा। हालाँकि, नियति की अपनी निर्मम योजना थी और उसने हिंदी भाषी क्षेत्र के प्रमुख नायक को धोखा दिया और राजीव गाँधी को 20 मई 1991 को पेरुम्बदूर में एक महिला आत्मघाती हमलावर ने उड़ा दिया।

आर्चिस मोहन ने बिज़नेस स्टैंडर्ड में लिखा– 'पीवी नरसिम्हा राव, एचडी देवेगौड़ा, इंद्र कुमार गुजराल और मनमोहन सिंह के रूप में भारत के अप्रत्याशित प्रधानमंत्री चुने गए। कुछ ऐसे भी हैं जो क़रीब आ गए लेकिन भारतीय राजनीति में अंतिम पुरस्कार से वंचित रह गए। इस सूची में ज्योति बसु, एनडी तिवारी, प्रणब मुखर्जी और शरद पवार शामिल हैं। और कुछ बाद के कामराज और सोनिया गाँधी के उदाहरण भी हैं, जिन्होंने अवसर को ठुकरा दिया।'

93 वर्ष की आयु में निधन के बाद एनडी को श्रद्धांजलि देते हुए, अनुभवी राजनीतिक जीवनी लेखक राशिद किदवई ने मुंबई मिरर में लिखा– 'वह अपने

समय के सर्वश्रेष्ठ राजनेताओं में से एक थे, भारत के प्रधानमंत्री बनते-बनते रह गए। तिवारी 1991 के संसदीय चुनाव में नैनीताल से 5000 मतों के अंतर से एक अल्पज्ञात पूर्व समाचार पत्र विक्रेता बलराज पासी से हार गए थे।'

पार्टी द्वारा पीवी नरसिम्हा राव को चुनने के बाद कॉन्ग्रेस के दिग्गज नेता की प्रधानमंत्री की आकांक्षाएँ दुर्घटनाग्रस्त हो गईं। ऐसी अटकलें थीं कि पासी से हारना तिवारी की राजनीतिक बर्बादी थी। लेकिन 1989 और 1991 के बीच ग्रैंड ओल्ड पार्टी में अपने साथियों के बीच अविश्वसनीयता के कारण राजीव के ख़िलाफ़ विद्रोह करने का साहस नहीं जुटा सके।

1992 में बाबरी मस्जिद के विध्वंस के बाद वह राव का सामना नहीं कर सके। दो फ़ैसलों ने शायद उनके राजनीतिक ग्राफ़ को आकार दिया। 1990 के दशक में एक संक्षिप्त अवधि थी जब उन्होंने अर्जुन सिंह के साथ अपनी अखिल भारतीय इंदिरा कॉन्ग्रेस (तिवारी) का गठन किया, लेकिन झाँसी से 1996 का लोकसभा चुनाव हार गए।

मुलायम के साथ उनकी निजी केमिस्ट्री ने कई लोगों को हैरान कर दिया।

मुलायम ने बहुत स्नेह के साथ अपने सौहार्दपूर्ण हावभाव का बदला और महत्त्वपूर्ण मुद्दों पर सलाह के लिए उनकी ओर देखा। उन्होंने उन्हें उत्तर प्रदेश के मुख्यमंत्री के रूप में एक अनुभवी प्रशासक और अपने राजनीतिक विरोधियों से मित्रता करने के लिए एक कुशल और मिलनसार राजनेता कहा। जब 2000 में यूपी से अलग होकर एनडी उत्तराखंड के पहले निर्वाचित मुख्यमंत्री बने, तो बहुत विवाद और ख़ूनी सड़क विरोध के बाद, मुलायम ने सबसे पहले उन्हें बधाई दी थी। बाद में, वह पहाड़ी राज्य के मुख्यमंत्री के रूप में पूर्ण कार्यकाल पूरा करने वाले एकमात्र नेता बन गए।

मुलायम अपने मुख्यमंत्री बेटे अखिलेश यादव के साथ 2012 में कड़ाके की ठंड में लखनऊ में उनके मॉल एवेन्यू स्थित आवास पर गए तो एनडी तिवारी उन्हें देखकर ख़ुश हो गए। मीडियाकर्मियों की मौजूदगी में उन्होंने मुलायम को अपना छोटा भाई और अखिलेश को अपना भतीजा कहकर संबोधित किया।

अध्याय 17

यादों के झरोखे से

मुलाक़ातों और चर्चाओं के दौरान मेरी कोशिश रही कि ये समाजवादी नेता अपनी यादों के समंदर से क़िस्से-कहानियाँ निकालें। लगातार बज रही घंटियों से कुछ देर निजात पाने के लिए वह मोबाइल फ़ोन को बंद कर देते हैं। फिर विक्रमादित्य मार्ग पर स्थित अपने बंगले के हॉल में लटके महँगे झाड़ फानूस को निहारते हैं और दीवार पर लोहिया, आचार्य नरेंद्र देव, जनेश्वर मिश्र जैसे क़द्दावर समाजवादी नेताओं की तस्वीरों को कनखियों से निहारकर आँखों से ही नमन करते हैं और यादों को कुरेदते हैं।

उनके पास बचपन के तमाम क़िस्से हैं बताने को। उनके लिए बचपन रुपहले बाग सरीखा था। कुछ याद कर एकाएक उनकी आँखें नम हो जाती हैं। वह अपने दायें हाथ से दोनों आँखों की पलकों को दबाकर आँसू पोछते हैं और फिर नाक सहलाते हैं। पलक झपकते ही उनकी आँखों से आँसू नदारद हो जाते हैं और वह सीधे मेरी आँखों में देखने लगते हैं और फिर यादों के समंदर में गोते लगाने लगते हैं।

"बहुत-सी यादें हैं बचपन की। हाँ, एक क़िस्सा है जिससे मुझे आगे बढ़ने की प्रेरणा मिली। तब मैं छठी-सातवीं में पढ़ता था। हमारे इलाक़े में लोग सोशलिस्ट पार्टी के समर्थक थे और इसकी मीटिंगों और रैलियों में हिस्सेदारी एक तरह से अनिवार्य थी। मेरा गाँव सोशलिस्ट पार्टी का गढ़ था। स्वर्गीय महेंद्र सिंह प्रधान इसी पार्टी के नेता थे। मैंने हमेशा उन्हें सिर पर लाल टोपी पहने ही देखा। सिंचाई के लिए नहरों से पानी पर टैक्स बढ़ाने के ख़िलाफ़ किसानों का आंदोलन ज़ोर पकड़ रहा था। सैफ़ई में माहौल गर्म था। मैं हेवरान में सातवीं क्लास में था। हेवरान स्कूल के मेरे शिक्षक भी सोशलिस्ट पार्टी के सदस्य थे। आंदोलन के दौरान मेरे शिक्षकों ने भी गिरफ़्तारी दी। सैफ़ई में बड़ी संख्या में लोग ख़ुशी-ख़ुशी

जेल की सीखचों के पीछे गए।

चारों ओर विरोध की आँधी चल रही थी। दर्शन सिंह भी गिरफ़्तार हुए। मैं दर्शन सिंह के पीछे भाग रहा था और इटावा जेल के भीतर पहुँच गया। गिरफ़्तार लोगों को एक महीने तक की सज़ा सुनाई गई जबकि मुझे अगले 28 घंटे तक जेल में रहना पड़ा। विरोध करने वालों में एक बच्चे को देख जेल सुपरिंटेंडेंट भौंचक थे। उस समय मेरी उम्र 14 साल भी नहीं थी। नाबालिग़ होने की वजह से मुझे रिहा कर दिया गया। जेलर ने मुझसे मज़ाक़ भी कियी कि इन आंदोलनकारियों के साथ तुम क्यों लड़ रहे हो बच्चे।

इटावा जेल के क़िस्से याद कर 'नेताजी' के चेहरे और आँखों में गर्व की मुस्कान तैरती दिखती है। "मुझे आज भी वो मंगलवार याद है। ये बात 12 जुलाई 1966 की है। '12 जुलाई दिन मंगलवार, बंद करो सब कारोबार' का नारा दिया गया था। मैं अपनी धोती और मटमैले कुर्ते में टार्जन बना घूम रहा था। नारे लगाते हुए मैं युवा आंदोलनकारियों के एक गुट की अगुवाई कर रहा था। इस रैली में बड़े-बूढ़े, महिलाएँ और बच्चे, सभी शामिल थे। कुछ बुज़ुर्ग मुझे बार-बार घसीटकर महिलाओं के पीछे कर दे रहे थे ताकि मैं भगदड़ में कहीं पिस ना जाऊँ। पुलिस का भारी बंदोबस्त था। पुलिस वालों की नज़रों और हावभाव से साफ़ था कि वो प्रदर्शनकारियों को धमकाने में कोई कसर नहीं छोड़ेंगे। मैं बिना खौफ़ के उनकी आँखों में आँखें डालकर देख रहा था। मेरे अंदर विरोध करने का जज़्बा कूट-कूटकर भरा था और इसी की बदौलत मैं आगे बढ़ रहा था। मैं बीच-बीच में पुलिस वालों की ओर आँखें तरेरकर देख भी रहा था। इससे लाठी लिए पुलिस वालों में भ्रम भी फैला। वो ये तय नहीं कर सके कि मुझ पर लाठियाँ बरसाएँ या फिर गले लगाएँ। इटावा की उस उमस भरी दोपहरी में मैं प्रदर्शनकारियों की लाइन तोड़ पुलिस वालों के सामने खड़े होकर लोहिया और समाजवाद ज़िंदाबाद के नारे लगाता और फिर पलक झपकते ही भीड़ में ग़ायब हो जाता।"

युवा समाजवादियों के सामने एक ऐसा प्रदर्शन करने की चुनौती थी ताकि प्रशासन की नींद उड़ जाए। इटावा ज़िले के गाँवों में आंदोलन की बढ़ती आँच से कॉन्ग्रेस के शासन वाली सरकार डरी हुई थी। समाजवादियों का केंद्र बन गया था सैफ़ई। चुनौती स्वीकार करो ताकि जीत का जश्न मना सको। अमेरिकी योद्धा जनरल जॉर्ज पैटन ने दोनों विश्व युद्ध में हिस्सा लिया। शैतान और ज़मीन के गर्भ से जीत हासिल करने का उनका सपना भारत की गंगा पट्टी में एक युवा

समाजवादी के सपने की ज़मीन तैयार कर रहा था।

युवावस्था में मुलायम सिंह असफलताओं से कभी नहीं घबराए। "मुझे असफल होने का कोई डर नहीं था। मैंने अपनी नाकामयाबियों को कभी ढँकने की कोशिश नहीं की। मैंने अपनी ग़लतियों से सबक़ लिया और अगली चुनौती का सामना किया। मेरा मानना है कि अगर मैं अपने काम में फ़ेल भी होता हूँ तो भी मैं आगे बढ़ूँगा। अगर आप नाकामयाबी नहीं झेलते तो आगे भी नहीं बढ़ते-सीधा हिसाब बराबर। पुलिस ने मुझे एक बार फिर गिरफ़्तार किया। मेरा बालिग़ न होना फिर मेरे आड़े आ गया। मुझे जेल में डालने लायक़ नहीं माना गया क्योंकि मैं ऐसा बाल प्रदर्शनकारी था जो ये नहीं समझता कि वो अपना गला-फाड़कर नारेबाज़ी क्यों कर रहा है। ये एक दर्दनाक अनुभव था कि मुझे मेरे गाँव वालों के साथ गिरफ़्तार नहीं किया गया। ये मेरा दुर्भाग्य था कि मैं जेल नहीं गया। मैं गाँव लौटने के लिए आज़ाद था। मैं लौटने लगा लेकिन पाँव उठाना मुश्किल हो गया। मुझे अफ़सोस हो रहा था। बुज़ुर्गों के बिना मेरे आँसू बह रहे थे। मुझे ख़ुद पर दया नहीं बल्कि पछतावा हो रहा था। मैं प्रदर्शन के लिए गिरफ़्तार होना चाहता था।"

ये आंदोलन नहर के पानी के दाम बढ़ाए जाने के साथ-साथ किसानों से जुड़े तमाम मुद्दों को लेकर हो रहा था। मुलायम सिंह अब लोहिया से पूरी तरह प्रभावित थे। उनके भाषणों और विचारों में लोहिया के सपने दिखते थे। उनको लगता था कि वो समाजवाद की कहानी अपने हाथों पर लिख लेंगे। लोहिया की रैली में हिस्सा लेने को बेताब मुलायम इसी तैयारी में जुटे रहते।

"डॉ लोहिया के आह्वान ने मुझे जगा दिया। मैं एक बार डॉ लोहिया से बिधुना में मिल चुका था। वह फ़र्रूख़ाबाद सीट से लोकसभा का चुनाव लड़ रहे थे। मैं अपने सहपाठियों के साथ उनकी प्रचार टीम का सदस्य था। हम जब बिधुना के अंदरूनी हिस्सों का दौरा कर रहे थे तभी डॉ लोहिया राम सेवक यादव के साथ आते दिखे। राम सेवक एक बड़े समाजवादी नेता थे और अपनी पीढ़ी के लोगों में काफ़ी मशहूर थे। लोहिया जी से ये मेरी पहली मुलाक़ात थी। उन्होंने मुझे और हमारे गुट को देख ठहरने का इशारा किया। उन्होंने बातचीत के दौरान मुझमें काफ़ी रुचि दिखाई। मैं ख़ुशी से उछलने लगा। उन्होंने छूटते ही हमें सेहत का ख़याल रखने की हिदायत दी। उन्होंने मुझसे पूछा कि मैं क्या खाता हूँ और हम कब और कहाँ आराम करते हैं। मैंने उन्हें बताया, "मैं चना, लैया और गुड़ साथ रखता हूँ। रात होने पर हम गाँव में ही सोते हैं और हमारे खाने का इंतज़ाम गाँव

वाले करते हैं।" ये सुनकर वह भावुक हो गए। उन्होंने मेरे हाथ पर 100 रुपये का नोट रख दिया। जब मैंने इसे लेने से इनकार किया तो उन्होंने कहा कि समाजवादी आंदोलन के लिए तुम अपनी पढ़ाई और सेहत ख़राब कर रहे हो, इसलिए ये पैसे रख लो। मैं उनका आग्रह अस्वीकार नहीं कर सका। अपने समाजवादी नायक से मेरी पहली मुलाक़ात बहुत सुखद रही। उनका आत्मीय व्यवहार बार-बार याद कर मैं रात भर सो नहीं सका।"

मुलायम अक्सर रात को सोने के बजाय समाजवादी विचारों से भरे स्वर्ग में विचरते थे। अंतर्राष्ट्रीय समाजवादियों के नाम उनके ज़ेहन में घूमते रहते थे। सैफ़ई का ये नन्हा समाजवादी डॉ लोहिया के आह्वान पर उसी तरह आगे बढ़ा जैसे शेरदिल रिचर्ड इस्लाम पर फ़तह के लिए मशहूर है। एडॉल्फ़ हिटलर की जर्मन यूनिवर्सिटी ने लोहिया के वेष में ग्रामीण भारत को लेनिन दे दिया था जो हिंसक विचारों को एक जादूगर की तरह अहिंसक विचारों में बदल देते थे। लोहिया समाजवादी देश के गाँधी थे और वह नन्हे मुलायम के भी गाँधी बन गए।

रैलियों में लोहिया हमेशा हिंदी में ही भाषण देते थे। उनके भाषणों में आम बोलचाल की भाषा का पुट रहता था। वह अँग्रेज़ी साहित्य में स्नातक थे। वह अँग्रेज़ी, जर्मन और फ्रेंच में भी उतने ही निपुण थे जितने हिंदी में। बांग्ला भी वह बहुत अच्छी बोल लेते थे। उनके तर्क अकाट्य होते थे। वह किसी भी विषय को चुनने के बाद उसका पूरा अध्ययन करते थे। इकोनॉमिक्स उनका प्रिय विषय था और सिर्फ़ आँकड़ों के बल पर कोई उन्हें बरगला नहीं सकता था।

'नेताजी' को ये याद करने में कोई वक़्त नहीं लगा कि पहली बार लोहिया का नाम उन्होंने कब सुना। गाँव में होने वाली प्रभात फेरियों में उन्होंने डॉ राम मनोहर लोहिया का नाम सुना था। "गाँवों में सूरज उगने के साथ ही प्रभात फेरी का विचार महेंद्र सिंह प्रधान का था। लोग सुबह-सुबह झंडे के साथ नारे लगाते हुए गाँव की गलियों से गुज़रते थे। ये शायद 1954-55 की बात है। मैं 14-15 साल का था और 'डॉ लोहिया ज़िंदाबाद' और 'सोशलिस्ट पार्टी ज़िंदाबाद' जैसे नारे सुबह-सुबह कानों में पड़ते थे। ये वो वक़्त था जब डॉ लोहिया और जयप्रकाश नारायण के बीच मतभेद पैदा हो गए। हमारे दिलों में जयप्रकाश नारायण जी के लिए बहुत इज़्ज़त थी लेकिन हम सभी युवा डॉ लोहिया के साथ बने रहे और जब सोशलिस्ट पार्टी दो फाड़ हुई तो हम सब डॉ लोहिया की प्रजा सोशलिस्ट पार्टी के जुड़ गए। डॉ लोहिया का जादुई व्यक्तित्व हम सभी को अपनी ओर

उसी तरह खींचता था जैसे शमा परवाने को। जयप्रकाश नारायण का व्यक्तित्व भी बहुत आकर्षक था लेकिन हम लोग डॉ लोहिया से ज़्यादा प्रभावित थे। इसके बाद लोहिया से कई बार मुलाक़ात हुई। 1963 की चुनावी सभाओं में दौड़-भाग के दिन मुझे अच्छी तरह से याद हैं। केवल तीन साल बाद लोहिया को फिर आगरा जेल में बंद कर दिया गया। रिहाई के बाद वह इटावा में एक रैली करने के लिए राज़ी हो गए। इस दौरान 1967 में जसवंत नगर से चुनाव लड़ने का मेरा टिकट पक्का हो गया। लोहिया ख़ुद भी बिधुना विधानसभा सीट से उम्मीदवार थे जो कन्नौज लोकसभा सीट का हिस्सा थी। हम दोनों ही चुनाव जीते। इटावा से अर्जुन सिंह भदोरिया ने फ़तेह हासिल की। फ़र्रूख़ाबाद, मैनपुरी और इटावा की ज़्यादातर सीटों पर प्रजा सोशलिस्ट पार्टी का क़ब्ज़ा हो गया। बिधुना आज भी मुझे खींचता है और मौजीलाल की दाल और बाथम की मिठाई खाए बिना दिल नहीं मानता। अखिलेश का भी यही हाल है।"

"कन्नौज संसदीय सीट से जब पहली बार 1999 में अखिलेश उम्मीदवार बने तो मैं उनके साथ बिधुना गया और मैंने लोगों से कहा कि ये मेरा नहीं आपका बेटा है। अब टीपू आपके हवाले हैं चाहे जिताएँ, चाहे हराएँ। तीन बार अखिलेश को जिताने के बाद कन्नौज की जनता ने मेरी बहू डिंपल को भी सर-आँखों पर बिठाया है।"

लोहिया ने 1962 में उत्तर प्रदेश की फूलपुर लोकसभा सीट से चुनाव लड़ा। उनके सामने तबके प्रधानमंत्री जवाहरलाल नेहरू कॉन्ग्रेस के उम्मीदवार थे। लोहिया चुनाव हार गए लेकिन उनकी हिम्मत की दाद देनी होगी कि उन्होंने उस वक़्त देश के सबसे ताक़तवर आदमी को ललकारा।

मई 1963 में उत्तर प्रदेश की फ़र्रूख़ाबाद लोकसभा सीट के लिए हुए उपचुनाव में लोहिया ने जीत हासिल की और लोकसभा में पहुँच गए। वह चाहते थे कि लोकसभा जनमत का आईना बने। लोकसभा में उनका पहला ही भाषण ऐतिहासिक रहा। उन्होंने लोकसभा के सामने तथ्य रखा कि देश की 27 करोड़ आबादी की रोज़ाना की आमदनी महज़ 21 पैसे है। इस से सरकार के प्रवक्ता भी चौंक गए। उन्होंने ज़ोर दिया कि सरकार की पहली प्राथमिकता ऐसे ग़रीबों की हालत बेहतर बनाने की होनी चाहिए। उन्होंने एक और तथ्य रखकर सबको आश्चर्यचकित कर दिया कि भारत जैसे ग़रीब देश में प्रधानमंत्री की सुरक्षा पर रोज़ 25 हज़ार रुपये ख़र्च होते हैं। इस बारे में उन्होंने एक किताब भी लिखी।

उनका कहना था कि लोकप्रिय नेताओं को ख़ुद को आम आदमी से अलग नहीं करना चाहिए।

उन्होंने 1963 में ग़ैर कॉन्ग्रेसवाद की मुहिम शुरू की। उनका मानना था कि पिछले तीन आम चुनावों में कॉन्ग्रेस भारी बहुमत से जीतती रही है और लोगों में ये धारणा बन गई है कि कॉन्ग्रेस को हराना नामुमकिन है और ये हमेशा ही सत्ता में बनी रहेगी। उन्होंने कॉन्ग्रेस के ख़िलाफ़ सभी विपक्षी दलों का एक संयुक्त उम्मीदवार खड़ा करने की बात की ताकि लोगों की ये धारणा तोड़ी जा सके। 1967 में विधानसभा चुनावों में डॉ लोहिया का ये फ़ॉर्मूला काफ़ी कारगर रहा। देश के 9 राज्यों में कॉन्ग्रेस पार्टी की हार हुई और विपक्षी दलों ने संयुक्त विधायक दल (संविद) के तहत सरकारें बनाईं।

1967 के आम चुनावों के दौर में एक यूरोपीय महिला राम मनोहर लोहिया को तलाश कर रहीं थीं। लोहिया ख़ुद तो कन्नौज से चुनाव लड़ रहे थे लेकिन ज़्यादातार समय स्वर्गीय जनेश्वर मिश्र के चुनाव-प्रचार के लिए जवाहरलाल नेहरू के गढ़ फूलपुर में मौजूद रहते थे जहाँ मिश्र के सामने नेहरू की बहन विजयलक्ष्मी पंडित मैदान में थीं। ये चुनाव एक मामले में ऐतिहासिक रहे क्योंकि चुनावी नतीजों ने साफ़ कर दिया कि कॉन्ग्रेस अजेय नहीं है और इसे भी हराया जा सकता है। लोहिया ने अपनी पूरी ताक़त झोंक दी थी। लेकिन इस यूरोपीय महिला के संदेश उनके सहयोगी लागातार देते रहते थे। आख़िरकार चुनावी काम छोड़कर लोहिया इस महिला से मुलाक़ात के लिए तैयार हो गए। इलाहाबाद में मुलाक़ात तय हुई। ये महिला थीं स्टालिन की बेटी स्वेतलाना। वह अपने पति और कालाकांकर के राजा स्वर्गीय ब्रजेश सिंह की याद में स्मारक बनवाने के लिए अपना वीज़ा बढ़वाने की कोशिश में लगी थीं। लेकिन उस वक़्त सोवियत संघ नहीं चाहता था कि भारत स्वेतलाना का स्वागत करे और ऐसे में ब्रजेश सिंह के भतीजे दिनेश सिंह का इंदिरा गाँधी का क़रीबी होना भी मददगार नहीं साबित हुआ। सिर्फ़ तेज़-तर्रार लोहिया ही उनकी आख़िरी उम्मीद थे। उम्मीदों के मुताबिक़ लोहिया ने स्वेतलाना को भारत में ही रह कर संघर्ष करने का मशविरा दिया और साथ ही संसद में मामला उठाने का भरोसा भी। ग़ैर-कॉन्ग्रेसवाद के प्रणेता और नेहरू-गाँधी परिवार के घोर विरोधी लोहिया ने स्वेतलाना की निजी त्रासदी से सहानुभूति जताई। इलाहाबाद की मुलाक़ात के बाद उन्होंने अपने साथियों से कहा, "यूरोप और एशिया में यही फ़र्क़ है। स्टालिन की बेटी वीज़ा बढ़वाने के

लिए चक्कर काट रही है जबकि नेहरू की बेटी भारत की प्रधानमंत्री है।"

वो 15 अगस्त 1947 की सुबह थी। मुलायम सिंह 8 बरस के भी नहीं थे। अगस्त की बयार में आज़ादी की ख़ुशी तैर रही थी। बीती रात सुघर सिंह ने मवेशियों के साथ खेत न जाने का फ़ैसला कर लिया था। पिता की मूछों में शानदार घुमाव बना हुआ था। उनकी आँखों में ख़ुशी दौड़ रही थी। अपने पिता की आवाज़ का उत्साह मुलायम को साफ़ समझ में आ रहा था। आकाशवाणी पर आज़ादी की ख़बर का ऐलान होते ही महेंद्र सिंह प्रधान के आँगन में जमा हुए गाँव वाले ख़ुशी से बल्लियों उछल पड़े। मुलायम और उनके साथ के बच्चे भी ख़ुशी में शोर मचा रहे थे। हाथ में तिरंगा लहराते हुए मुलायम इन बच्चों की अगुवाई कर रहे थे। एकाएक उन्होंने तेज़ी से छलांग लगाई और पलक झपकते ही वह घर की छत पर पहुँच गए तिरंगा फहराने। फिर गाँव के सभी परिवारों ने मिलकर झंडा फहराया, भाषण दिए और पतंगें उड़ाईं। दिल्ली के लाल क़िले के नज़ारे की झलक सैफ़ई में भी दिख रही थी।

मुलायम क़ुबूल करते हैं कि वह पंडित जवाहरलाल नेहरू और मोहनदास करमचंद गाँधी से प्रभावित थे। "नेहरू और गाँधी का मुझ पर काफ़ी प्रभाव था। इन लोगों का नाम सुनकर मैं रोमांच से भर जाता। मेरे दिल में आज़ादी की भावना घर कर गई थी। मैं उस वक़्त आज़ादी के बारे में सोचता था। पूरा देश जश्न में डूबा हुआ था। सैफ़ई में हर घर की छत पर तिरंगा फहरा रहा था। मैं ख़ुशी के मारे गाँव और खेतों के बीच चक्कर लगा रहा था। गाँव की महिलाएँ और लड़कियाँ लोकगीत गा रही थीं। बाक़ियों की तरह मेरी माँ भी अच्छे कपड़ों में थीं और उनके माथे पर लाल बिंदी दमक रही थी। गाँव में जहाँ भी मेरी नज़र गई या मैंने चक्कर लगाया, हर ओर मंगल उत्सव था। इस मौक़े पर मैं अपनी मनपसंद मिठाई (पेड़े) का भी मज़ा ले रहा था। दर्शन दिंह मुझसे उम्र में बड़े थे लेकिन मेरे घनिष्ठ मित्र थे। वह बड़ी तादाद में तिरंगे और बाल्टी भर पेड़े लाए थे। तिरंगा फहराता देख गौरवान्वित महसूस करने के साथ-साथ पेड़ों का भी स्वाद ले रहा था।"

जश्न का ये माहौल गाँव के घरों पर नज़र डालने से भी महसूस हो रहा था। सैफ़ई के घरों में दीवारों पर प्लास्टर सिर्फ़ सरकारी मकानों या उन्हीं लोगों के यहाँ होता था जिनको सरकार से मदद मिलती थी। ज़्यादातर कॉन्ग्रेसी नेताओं के घर की दीवारें प्लास्टर योग्य थीं। रंग और रंगों को पक्का करने वाला अलसी

का तेल काफ़ी महँगा होता था। केवल अँग्रेज़ ही अपने घरों में रंग करवाते थे। भारतीय उपमहाद्वीप में दरवाज़ों और खिड़कियों को रंगने का ही कोई रिवाज नहीं था, दीवारें रंगीन करना तो दूर की कौड़ी थी।

लेकिन उस दिन हर घर रंगा हुआ था। घर की मिट्टी से बनी कच्ची दीवार पर चूने से पुताई हुई थी और घर काफ़ी जगमगा रहा था। मिट्टी के फ़र्श पर रंग डालने से चींटियाँ और गंदगी दूर हो गई थी और मिट्टी में दिल, गुलाब और डैफोडिल के गुलदस्ते के आकार नज़र आ रहे थे। किसी भी गहरे या काले रंग का इस्तेमाल नहीं हुआ था मानो उदासी दर्शाने वाले इन रंगों को गाँव के कुओं में डाल दिया गया था। आज़ादी की ख़ुशी हर ओर थी।

कुछ घरों पर हरा रंग पुता हुआ था जबकि कुछ पर केसरिया और पीला रंग अपनी छटा बिखेर रहा था। चटक रंगों में झालर और झंडे युवा मुलायम की उम्मीदों को पंख लगा रहे थे। वह अपनी माँ और गाँव की अन्य महिलाओं को नील, मिट्टी और जानवरों के सूखे ख़ून से शानदार रंगोली बनाते देख आश्चर्यचकित थे। कम चीज़ का ज़्यादा-से-ज़्यादा मज़ा उठाने की बात ही कुछ और थी। छाछ में रंगों को मिलाकर चटक से लेकर सादे रंग बनाने में सैफ़ई की लड़कियाँ माहिर थीं। हल्के गुलाबी, गेरू, गाढ़ा लाल, लाल-भूरा, पीला और कभी-कभी ताँबई हरा, चटक नीला, सिंदूरी रंगों की छटा बिखरी हुई थी। सफ़ेद यूनानी समाज की पहचान का रंग है। यूनान में ये लोकतंत्र और ख़ुशी का रंग है। नन्हे मुलायम अपनी दीवार पर सफ़ेद रंग देख अपने अनपढ़ पिता की पसंद के और खेतों में रंग बिखेरती अपनी माँ के दीवाने हो रहे थे। देश भर में क़रीब 5 लाख गाँव हैं। ये सभी गाँव समाजवादी या सांप्रदायिक नहीं थे लेकिन आज़ादी का आनंद हर ओर एक जैसा था। हाँ केवल उन कुछ गाँवों को छोड़ जहाँ बँटवारे के चलते सांप्रदायिक (जातीय) हिंसा से काफ़ी नुक़सान हुआ था।

एक ओर जहाँ मुलायम गेहूँ, मक्के और चने के ढेर के बीच उछलकूद मचा रहे थे वहीं उनके बड़े और छोटे भाई उनकी इस तरह हौसला आफ़ज़ाई कर रहे थे मानो वह सेनापति हों।

अमेरिकी राष्ट्रपति फ्रैंकलिन डिलानो रूज़वेल्ट ने 1936 में डेमोक्रेटिक कन्वेंशन में दिए भाषण में 'नियति से मिलनस्थल' वाक्य की रचना की थी। क़रीब एक दशक बाद भारतीय संविधानसभा में 14-15 अगस्त की रात को दिया गया नेहरू का नियति से मुलाक़ात (ट्रिस्ट विद डेस्टिनी) भाषण भी इसी से प्रेरित

था। पूरी तरह धीर गंभीर नेहरू जब आज़ाद भारत का अपना ये सबसे यादगार भाषण दे रहे थे उस वक़्त बंगाल में गाँधी सांप्रदायिक हिंसा के शिकार लोगों के ज़ख़्मों पर मरहम लगा रहे थे। बँटवारे की हिंसा से पंजाब रो रहा था। ये कठिन वक़्त था। प्रधान के आँगन में रात को रेडियो पर ये ख़बरें सुन मुलायम माहौल के तीखेपन को महसूस कर सकते थे।

मुलायम सिंह को आज भी याद है रेडियो पर उद्घोषक ने कैसे संविधानसभा की ख़बर सुनाई थी- "बैठक 14 अगस्त 1947 की रात 11 बजे सुचेता कृपलानी के वंदेमातरम के गायन से शुरू हुई। उसके बाद डॉ राजेंद्र प्रसाद का भाषण हुआ। फिर संविधानसभा में मौजूद हर सदस्य ने खड़े होकर स्वतंत्रता आंदोलन में भारत और विदेशों में अपनी जान न्योछावर करने वालों की याद में दो मिनट का मौन रखा।"

और फिर संसद के सेंट्रल हॉल में शुरू हुआ नेहरू का ऐतिहासिक भाषण, "कई वर्षों पहले हमने नियति को मिलने का एक वचन दिया था और अब समय आ गया है कि हम अपने वचन को निभाएँ, पूरी तरह न सही, लेकिन बहुत हद तक। आज रात बारह बजे, जब सारी दुनिया सो रही होगी, भारत जीवन और स्वतंत्रता की नई सुबह के साथ उठेगा। एक ऐसा क्षण जो इतिहास में बहुत ही कम आता है, जब हम पुराने को छोड़ नये की तरफ़ जाते हैं, जब एक युग का अंत होता है और जब वर्षों से शोषित एक देश की आत्मा, अपनी बात कह सकती है। ये एक संयोग है कि इस पवित्र मौक़े पर हम समर्पण के साथ ख़ुद को भारत और उसकी जनता की सेवा और उससे भी बढ़कर सारी मानवता की सेवा करने के लिए प्रतिज्ञा ले रहे हैं। इतिहास के आरंभ के साथ ही भारत ने अपनी अंतहीन खोज प्रारंभ की और ना जाने कितनी ही सदियाँ इसकी भव्य सफलताओं और असफलताओं से भरी हुई हैं।

चाहे अच्छा वक़्त हो या बुरा, भारत ने कभी इस खोज से अपनी दृष्टि नहीं हटाई और कभी भी अपने उन आदर्शों को नहीं भूला जिसने इसे शक्ति दी। आज हम दुर्भाग्य के एक युग का अंत कर रहे हैं और भारत पुनः ख़ुद को खोज पा रहा है। आज हम जिस उपलब्धि का उत्सव मना रहे हैं, वो महज़ एक क़दम है, नये अवसरों के खुलने का। इससे भी बड़ी विजय और उपलब्धियाँ हमारी प्रतीक्षा कर रही हैं। क्या हममें इतनी शक्ति और बुद्धिमत्ता है कि हम इस अवसर को समझें और भविष्य की चुनौतियों को स्वीकार करें?

आज़ादी और सत्ता ज़िम्मेदारी का एहसास कराती हैं। ज़िम्मेदारी इस सभा पर है जो प्रभुत्व-संपन्न भारतीयों की प्रभुत्व-संपन्न प्रतिनिधि है। आज़ादी के जन्म से पहले हम प्रसव पीड़ा के दौर से गुज़रे हैं और उस दुख को याद कर हमारा दिल आज भी भारी है। कुछ दर्द अब भी बाक़ी हैं। फिर भी अतीत बीत चुका है और अब भविष्य बुला रहा है। भविष्य में हमें विश्राम करना या चैन से नहीं बैठना है बल्कि निरंतर प्रयास करना है ताकि हम जो वचन बार-बार दोहराते रहे हैं और जिसे हम आज भी दोहराएँगे, उसे पूरा कर सकें।

भारत की सेवा का अर्थ है लाखों-करोड़ों पीड़ित लोगों की सेवा करना। इसका मतलब है ग़रीबी और अज्ञानता को मिटाना, बीमारियों और अवसर की असमानता को मिटाना। हमारी पीढ़ी के सबसे महान व्यक्ति की यही महत्त्वाकांक्षा रही है कि हर एक आँख से आँसू मिट जाएँ। शायद ये हमारे लिए संभव न हो पर जब तक लोगों की आँखों में आँसू हैं और वे पीड़ित हैं तब तक हमारा काम ख़त्म नहीं होगा। इसलिए हमें परिश्रम करना होगा और कठिन परिश्रम करना होगा ताकि हम अपने सपनों को साकार कर सकें। वे सपने भारत के लिए हैं पर साथ ही वे पूरे विश्व के लिए भी हैं। आज कोई ख़ुद को बिलकुल अलग नहीं सोच सकता क्योंकि सभी राष्ट्र और लोग एक-दूसरे से बड़ी समीपता से जुड़े हुए हैं। शांति को अविभाज्य कहा गया है, इसी तरह से स्वतंत्रता भी अविभाज्य है, समृद्धि भी और विनाश भी। अब इस दुनिया को छोटे-छोटे हिस्सों में नहीं बाँटा जा सकता है। हमें स्वतंत्र भारत का महान निर्माण करना है जहाँ उसके सारे बच्चे रह सकें।

आज नियत समय आ गया है– एक ऐसा दिन जिसे नियति ने तय किया था– और एक बार फिर वर्षों के संघर्ष के बाद भारत जागृत और स्वतंत्र खड़ा है। कुछ हद तक अब भी हमारा अतीत हमसे चिपका हुआ है और हम अक्सर जो वचन लेते रहे हैं उसे निभाने से पहले बहुत कुछ करना है। पर फिर भी निर्णायक बिंदु अतीत हो चुका है और हमारे लिए एक नया इतिहास आरंभ हो चुका है। एक ऐसा इतिहास जिसे हम गढ़ेंगे और जिसके बारे में और लोग लिखेंगे। ये भारत में हमारे लिए, पूरे एशिया और दुनिया के लिए भाग्यशाली क्षण है।

एक नये तारे का उदय हुआ है, पूरब में स्वतंत्रता का सितारा, एक नई आशा का जन्म हुआ है, एक दूरदृष्टिता अस्तित्व में आई है। काश ये तारा कभी अस्त न हो और ये आशा कभी धूमिल न हो! हम सदा इस स्वतंत्रता में आनंदित रहें, हालाँकि बादल छँटे नहीं हैं और हममें से कई लोग अब भी दुखी हैं और कई

कठिन समस्याएँ हमें घेरे हुए हैं। आज़ादी ने हमें ज़िम्मेदारियाँ और भार दिए हैं और हमें आज़ाद और अनुशासन की भावना से इनका सामना करना है। आज के दिन हमारा ख़याल सबसे पहले इस आज़ादी के रचयिता, राष्ट्रपिता की ओर जाता है जिन्होंने आज़ादी की मशाल को जलाए रखकर हमारे आस-पास के अँधियारे को दूर किया।

हम अक्सर उनके अयोग्य समर्थक रहे हैं और उनके संदेशों से भटके हैं लेकिन केवल हम ही नहीं बल्कि आने वाली पीढ़ियाँ भी इन संदेशों को याद कर भारत के इस महान सपूत की छाप अपने दिल में बनाए रखेंगी। चाहे जितनी तेज़ अंधड़ चले, हम आज़ादी की मशाल को बुझने नहीं दे सकते। साथ ही हम उन अनाम भारतीयों और सैनिकों को नहीं भूल सकते जिन्होंने प्रशंसा या पुरस्कार की परवाह किए बिना प्राण न्योछावर कर दिए। हम अपने उन भाई बहनों को भी नहीं भूल सकते जो राजनीतिक सीमाओं की वजह से आज़ादी के इस जश्न में शरीक नहीं हो पा रहे हैं। वो हमारे हैं और हमेशा हमारे रहेंगे और उनके सुख दुख में हम उनके साथ होंगे।

भविष्य हमें बुला रहा है। हमें किधर जाना चाहिए और हमारे क्या प्रयास होने चाहिए, जिससे हम आम आदमी, किसानों और कामगारों के लिए स्वतंत्रता और अवसर ला सकें। हम ग़रीबी, अज्ञानता और बीमारियों से लड़ सकें, हम एक समृद्ध, लोकतांत्रिक और प्रगतिशील देश का निर्माण कर सकें और हम ऐसी सामाजिक, आर्थिक और राजनीतिक संस्थाओं की स्थापना कर सकें जो हर एक आदमी-औरत के लिए जीवन की परिपूर्णता और न्याय सुनिश्चित कर सके? हमें कठिन परिश्रम करना होगा। हममें से कोई भी तब तक चैन से नहीं बैठ सकता है जब तक हम अपने वचन को पूरी तरह निभा नहीं देते, जब तक हम भारत के सभी लोगों को उस गंतव्य तक नहीं पहुँचा देते जहाँ भाग्य उन्हें पहुँचाना चाहता है। हम सभी एक महान देश के नागरिक हैं जो तीव्र विकास के कगार पर है और हमें उस उच्च स्तर को पाना होगा। हम सभी चाहे जिस धर्म के हों, समान रूप से भारत माँ की संतान हैं और हम सभी के बराबर अधिकार और दायित्व हैं। हम सांप्रदायिकता और संकीर्ण सोच को बढ़ावा नहीं दे सकते क्योंकि कोई भी देश तब तक महान नहीं बन सकता जब तक उसके लोगों की सोच या कर्म संकीर्ण हैं। विश्व के देशों और लोगों को हम शुभकामनाएँ भेज रहे हैं और उनके साथ मिलकर शांति, स्वतंत्रता और लोकतंत्र को बढ़ावा देने में सहयोग की प्रतिज्ञा

करते हैं। और, हम अपनी प्यारी मातृभूमि, प्राचीन, शाश्वत और निरंतर नवीन भारत को श्रद्धांजलि अर्पित करते हैं और एकजुट होकर नये सिरे से इसकी सेवा के लिए ख़ुद को बाध्य करते हैं।"

नेहरू के इस भाषण पर अमेरिकी राष्ट्रपति फ्रैंकलिन डिलानो रूज़वेल्ट के 1936 में डेमोक्रेटिक नेशनल कन्वेंशन में दिए गए भाषण की झलक साफ़ दिखती है। पेंसिलवेनिया के फ़िलाडेल्फ़िया में 27 जून, 1936 को दिए इस भाषण में दूसरे विश्व युद्ध की ओर बढ़ रही दुनिया और मंदी से उबर रहे अमेरिका के भविष्य की बात की गई थी।

नियति से मिलनस्थल (A Rendezvous With Destiny)

सीनेटर रॉबिन्सन, डेमोक्रेटिक कन्वेंशन के सदस्यों, मेरे मित्रों, यहाँ और देश भर में हर समुदाय में हम इस महान क्षण में राष्ट्र के भविष्य के लिए मुलाक़ात कर रहे हैं। यह समस्याओं के प्रति हमारे दृष्टिकोण की सरल और गंभीर अभिव्यक्ति के समर्पण का अवसर है जिसका संकल्प गहराई से अमेरिका को प्रभावित करेगा। मैं केवल एक पार्टी के एक नेता के रूप में और ना ही केवल उच्च पद के लिए उम्मीदवार के रूप में बल्कि एक ऐसे व्यक्ति के रूप में आया हूँ जिस पर तमाम गंभीर ज़िम्मेदारियाँ लाद दी गई हैं। अमेरिकियों ने मुझमें जो भरोसा जताया है, मदद और सहानुभूति दी है उसके लिए मैं उनका आभारी हूँ! मैं संघ के हर हिस्से में राजनीतिक और ग़ैर राजनीतिक जीवन वाले अपनी महान पार्टी के हर सदस्य को उसकी निष्ठा के लिए सलाम करता हूँ।

मैं अन्य पार्टियों ख़ासकर अमेरिकी कॉन्ग्रेस में शामिल पार्टियों को भी सलाम करता हूँ जिन्होंने अनेक मौक़ों पर दलगत राजनीति से ऊपर उठकर काम किया। मैं तमाम राज्यों के गवर्नरों, उनकी विधायिकाओं और स्थानीय अधिकारियों को भी सलाम करता हूँ जिन्होंने वापसी की राह और ख़ामियों को ख़त्म करने की हमारी कोशिशों में निस्वार्थभाव से और दलीय राजनीति से हटकर काम किया। इन सबके ऊपर मैं लाखों अमेरिकियों का भी धन्यवाद करता हूँ जिन्होंने इस संकट का बहादुरी से सामना किया और इस तूफ़ान में भी मुस्कुराते रहे। अमेरिका हाल के इन वर्षों को कभी नहीं भूलेगा न ही ये भूलेगा कि वापसी की राह केवल पार्टी का काम नहीं था बल्कि यह हम सभी की चिंता का विषय था।

हम अपनी पूरी ताक़त के साथ एक साथ खड़े हुए, अपनी ऊर्जा को एक किया, सहज बुद्धि का इस्तेमाल किया और ज़िंदा रहे। उन दिनों हम भय से ख़ौफ़

खाने लगे थे। इसीलिए हमने भय से मुक़ाबला किया और आज मेरे दोस्तों हमने अपने सबसे ख़तरनाक शत्रु को जीत लिया है। हमने भय पर जीत हासिल की है।

लेकिन मैं साफ़-साफ़ आपसे नहीं कह सकता कि दुनिया में सब कुछ ठीक है। तमाम जगहों पर शक, वैमनस्यता और असहिष्णुता के बादल मंडरा रहे हैं। तमाम देशों की तुलना में हम वास्तव में जीवन परिपूर्णता से जी रहे हैं। लेकिन आधुनिक सभ्यता के तेज़ विकास ने हमारे लिए नई दिक़्क़तें और समस्याएँ पैदा कर दी हैं और वॉशिंगटन और जेफ़रसन ने संयुक्त राज्य की जिस राजनीतिक और आर्थिक आज़ादी के लिए लड़ाई लड़ी, उसे बनाए रखने के लिए इन्हें सुलझाना ज़रूरी है।

अमेरिकी इतिहास लिखने के लिए फ़िलाडेल्फ़िया एक अच्छा शहर है। हमारे पूर्वजों के विश्वास में फिर भरोसा जताने, लोगों की व्यापक आज़ादी के लिए ख़ुद को प्रतिबद्ध करने और 1776 में अमेरिकी जीवन-दर्शन को 1936 में फिर से देने के लिए ये पुख़्ता ज़मीन है।

आज़ादी शब्द में किसी निरोधक शक्ति से आज़ादी का भाव निहित है। 1776 में हमने अठारहवीं सदी के राजा से विशेषाधिकार प्राप्त शाही ख़ानदानों के राजनीतिक निरंकुशतावादी अत्याचारों से आज़ादी की लड़ाई की। ये उनके विशेषाधिकारों को स्थायी बनाने की कोशिश थी कि वो प्रजा पर उसकी सहमति के बिना शासन करते थे, स्वतंत्र विधायिका और बोलने की आज़ादी पर रोक थी, धार्मिक आज़ादी पर पाबंदी थी, सामंतवादी ताक़तों के सामने आम नागरिक की संपत्ति और जीवन का कोई मोल न था और उन्होंने लोगों को अनुशासित सैन्य दल में तब्दील कर दिया था।

और अमेरिकी क्रांति राजनीतिक निरंकुशता के अत्याचार को ख़त्म कर आज़ादी हासिल करने के लिए लड़ी गई। इस जीत के बाद अपने पड़ोसी के साथ हक़ पाने वाले आम आदमी के हाथ में शासन का अधिकार आ गया कि अपनी सरकार के ज़रिये वो जैसे चाहे अपनी नियति तय करे। 4 जुलाई, 1776 को फ़िलाडेल्फ़िया में राजनीतिक अत्याचार का ख़ात्मा हो गया।

हालाँकि संघर्ष के बाद से इंसान की आविष्कारशील प्रतिभा ने हमारे देश में नई ताक़तों को जन्म दिया जिन्होंने हमारे नागरिकों का जीवन बदल दिया। मशीन, भाप और बिजली से चलने वाले रेल इंजनों रेडियों और टेलीग्राफ़ लाइनों, बड़े पैमाने पर उत्पादन और जन वितरण के युग ने मिलकर एक नई सभ्यता को जन्म

दिया लेकिन साथ-साथ उन लोगों के लिए नई दिक़्क़तें खड़ी कर दीं जो आज़ाद रहना चाहते थे।

आर्थिक राजवंशों ने इस आधुनिक सभ्यता में से नये वंश पैदा कर लिए हैं। ये नये साम्राज्य सांसारिक या भौतिक चीज़ों पर क़ब्ज़े के केंद्रीकरण की बदौलत खड़े हुए हैं। हमारे बुज़ुर्गों ने निगमों, बैंको और प्रतिभूतियों, श्रम और पूँजी रूपी उद्योग और खेती की नई मशीनरी के बारे में कल्पना भी नहीं की थी लेकिन आधुनिक जीवन का संपूर्ण ढाँचा इसी शाही सेवा से प्रभावित था। इस व्यवस्था में पहल और मुनाफ़े की अमेरिकी व्यवस्था का बेहतर इस्तेमाल करने वाले हमारे हज़ारों छोटे कारोबारियों और व्यापारियों की कोई जगह नहीं थी। वे अब मज़दूर या किसानों से ज़्यादा आज़ाद नहीं थे। यहाँ तक कि अपनी पीढ़ी के लिए कर्तव्यों के प्रति जागरूक प्रगतिशील अमीर भी ये नहीं समझ सके कि इस वंशवादी व्यवस्था में वे कहाँ फ़िट बैठते हैं। ऐसे में आर्थिक साम्राज्यों के इन विशेषाधिकार प्राप्त वंशजों में सत्ता की भूख और सत्ता पर नियंत्रण की कोशिश बिलकुल सामान्य बात है। इन्होंने अधिनायकवाद का नया स्वरूप तैयार किया और उसे क़ानूनी मंज़ूरी के चोले में लपेट दिया। नये रूप में इन साम्राज्यों ने लोगों को, उनके श्रम को और उनकी संपत्ति को नियंत्रण में लेना शुरू कर दिया। नतीजतन आम आदमी फिर वही दिक़्क़तें झेलने लगा जो 'मिनट मैन' झेलते थे।

नई औद्योगिक तानाशाही ये तय कर रही थी कि पुरुष और महिला कितने घंटे काम करें, उनको कितनी मज़दूरी मिले और उनके काम करने के हालात क्या हों। इन पर लोगों का हक़ ख़त्म हो गया था। नये आर्थिक साम्राज्य औसत परिवार की बचत, छोटे व्यापारियों की पूँजी, बुढ़ापे के लिए निवेश जैसी चीज़ों को क़ब्ज़ाने पर नज़रें गड़ा रहे थे। खेती करने वाले किसानों का अपनी उपज पर हक़ ख़त्म हो गया। उनका मुनाफ़ा अब दूर शहरों में बैठे लोग तय कर रहे थे।

देश भर में अवसर एकाधिकार द्वारा सीमित थे। मशीन के खाँचों में निजी पहल को कुचला जा रहा था। मुक्त व्यापार के लिए खुले मैदान में कई तरह के प्रतिबंध थे। निजी उद्यम, वास्तव में, बहुत निजी हो गया। यह विशेषाधिकार प्राप्त नहीं, मुक्त उद्यम बन गया। निजी उद्यम अत्यधिक निजी यहाँ तक कि मुक्त के बजाय विशेषाधिकार प्राप्त उद्यम बन गए।

एक वृद्ध अँग्रेज़ न्यायाधीश ने एक बार कहा था– "दरिद्र पुरुष मुक्त पुरुष नहीं हैं।" स्वतंत्रता के लिए जीवन-यापन के अवसर ज़रूरी हैं– ऐसा जीवन

यापन अपने वक़्त के हिसाब से उचित हो और जिसमें इतना मिले कि वह केवल जीने के लिए न जिए बल्कि जीने का एक मक़सद भी हो। हममें से कइयों के लिए आर्थिक असमानता के चलते राजनीतिक समानता का कोई अर्थ नहीं रह गया है। लोगों की संपत्ति, लोगों के पैसे, लोगों के श्रम और ज़िंदगी पर एक छोटे से गुट का पूरा क़ब्ज़ा हो गया है। ज़्यादातर के लिए ज़िंदगी आज़ाद नहीं है, आज़ादी वास्तविक नहीं है, लोग अपनी ख़ुशियों के लिए काम नहीं कर सकते।

इस तरह के आर्थिक अत्याचार के ख़िलाफ़ अमेरिकी नागरिक केवल संगठित सरकार से अपील कर सकता है। 1929 की मंदी ने इस तानाशाही को बता दिया कि ये क्या है। 1932 के चुनाव में लोगों ने इसे ख़त्म करने का जनादेश दिया। इसी जनादेश के तहत इसे ख़त्म किया जा रहा है।

आर्थिक व्यवस्था के शाहों ने स्वीकार किया है कि राजनीतिक स्वतंत्रता सरकार का काम था लेकिन उनका अब भी दावा है कि आर्थिक ग़ुलामी किसी और का काम नहीं है। उन्होंने इस बात की मंज़ूरी तो दे दी कि सरकार नागरिकों के वोट देने के हक़ की रक्षा करेगी लेकिन इस बात से इनकार किया कि काम के अधिकार और जीने के अधिकार में नागरिकों के हितों की रक्षा के लिए सरकार कुछ कर सकती है।

आज हम इस प्रस्ताव के लिए प्रतिबद्ध हैं कि आज़ादी कोई अधकचरा मामला नहीं है। अगर औसत नागरिक को मतदान समान अवसर की गारंटी है तो उसे बाज़ार में भी समान अवसर की गारंटी मिलनी चाहिए।

ये आर्थिक साम्राज्यों की शिकायत है कि हम अमेरिका के संस्थानों को उखाड़ फेंकने की कोशिश में हैं। जबकि हक़ीक़त में उनकी शिकायत ये है कि हम उनसे सत्ता छीनना चाहते हैं। अमेरिकी संस्थानों में हमारे भरोसे के लिए ऐसी सत्ता को उखाड़ फेंकना ज़रूरी है। वो झंडे और अमेरिकी संविधान की आड़ में ख़ुद को बचाने की व्यर्थ कोशिश कर रहे हैं।

वे अपने अंधेपन में भूल जाते हैं झंडे और संविधान का क्या अर्थ है। हमेशा की तरह अब वे अत्याचार के बजाय लोकतंत्र, ग़ुलामी के बजाय आज़ादी और भीड़तंत्र की तानाशाही और विशेषाधिकार प्राप्त लोगों के ख़िलाफ़ खड़े होंगे।

इस सम्मेलन ने जो स्पष्ट और साहसिक मुद्दा अपनाया है उसे तहेदिल से स्वीकार करता हूँ और ये साफ़ करेगा कि आधुनिक सभ्यता में अपने नागरिकों के लिए सरकार के कुछ अपरिहार्य दायित्व हैं जिसमें परिवार और घर की सुरक्षा,

अवसरों के लोकतंत्र की स्थापना और आपदा में फँसे लोगों की मदद शामिल है।

लेकिन हमारे बीच मौजूद दृढ़ दुश्मन हमें पराजित करने के लिए हमेशा कमर कसे हुए है और हमें उसे हराने के लिए अधिक साहस से मुक़ाबला करना होगा।

अपने सिद्धांतों के लिए हमने तीन साल से अधिक समय तक मुक़ाबला किया है। ये सम्मेलन भाषणों और कर्मों के ज़रिये वचनबद्ध है कि लड़ाई जारी रहेगी।

इन वर्षों में हुई हार और जीत ने हमें ख़ुद के बारे में और सरकार के बारे में एक नई समझ दी है। न्यू इंग्लैंड शहर में शुरुआती दिनों में हुई बैठक के बाद से कभी भी सरकार के मामलों पर न तो इतने विस्तार से चर्चा की गई और न ही इतने स्पष्ट रूप से सराहना। इसने ये साफ़ कर दिया है कि राष्ट्र की सुरक्षा के लिए हमारे नैतिक सिद्धांत सबसे बड़े पथ-प्रदर्शक हैं।

हम विश्वास, आशा और दान को दुर्लभ आदर्शों के रूप में नहीं देखते हैं बल्कि हम इन्हें आधुनिक सभ्यता में स्वतंत्रता के लिए लड़ाई के पुरज़ोर समर्थक के रूप में इस्तेमाल करते हैं।

विश्वास– तानाशाही के बीच लोकतंत्र की सुदृढ़ता में।

आशा– फिर जागी है क्योंकि हमें अच्छी तरह से पता है कि हमने प्रगति की है।

दान- भव्य पुराने शब्द की सच्ची भावना में। मूल भाषा में दान का मतलब है प्यार। ऐसा प्यार जो समझता है, जो सिर्फ़ दानदाता की संपत्ति में हिस्सा नहीं बँटाता बल्कि वास्तविक सहानुभूति और बुद्धिमत्ता से ख़ुद की मदद करने में लोगों की सहायता करता है।

हम सरकार को केवल एक यांत्रिक उपकरण बनाने के बजाय इसे जीवंत व्यक्तिगत चरित्र बनाने की कोशिश में हैं जो मानव दान का अवतार है।

अगर हम अमेरिकी सोच से बेरोज़गारी का भय नहीं ख़त्म कर सके कि दुनिया में हमारी कोई ज़रूरत नहीं है तो हम वास्तव में ग़रीब ही होंगे। हम मानव धैर्य की पुस्तकों में घाटा जमा नहीं कर सकते।

विशेषाधिकार के महल की जगह में हम विश्वास और आशा और दान की मदद से एक मंदिर का निर्माण चाहते हैं। मेरे दोस्तों इस बड़े मक़सद के लिए चाकरी एक संतुलित बात है। हमें अपने रोज़मर्रा के काम में ये याद रखना होगा कि ये मक़सद हमारा नहीं बल्कि लोगों का है। इसके मानक केवल आपके और हमारे हाथ में नहीं हैं। ये पूरे अमेरिका द्वारा तय किए गए हैं। हम अपने रोज़ के

अनुभवों से फ़ायदा उठाएँगे और जैस-जैसे काम आगे बढ़ेगा, उसे बेहतर तरीक़े से पूरा करेंगे।

सरकारें ग़लती कर सकती हैं, राष्ट्रपति ग़लतियाँ करते हैं लेकिन अमर दांते हमें बताते हैं कि दैवी न्याय में अपराधियों के पाप और संग-दिल के पाप अलग तराज़ू पर तौले जाते हैं।

दान की प्रवृत्ति वाली सरकार से होने वाली ग़लतियाँ उस सरकार की ख़ामियों से बेहतर हैं जो लोगों के प्रति उदासीन बनी रहती हैं।

मानवीय घटनाओं में एक रहस्यमय चक्र है। कुछ पीढ़ियों के लिए बहुत कुछ दिया जाता है। अन्य पीढ़ियों के लिए ज़्यादा की उम्मीद की जाती है। मौजूदा अमेरिकी पीढ़ी का नियति के साथ एक मिलनस्थल है।

हमारी इस दुनिया में कुछ और जगहों पर अतीत में कुछ लोग थे जो आज़ादी के लिए लड़े लेकिन अब लड़ाई जारी रखने में समर्थ नहीं हैं। जीने की मरीचिका के लिए उन्होंने अपनी आज़ादी की विरासत को बेच दिया। उन्होंने अपने लोकतंत्र को बेच दिया है।

मेरे दिल में विश्वास है कि केवल हमारी सफलता ही उनके अतीत की उम्मीद में हलचल पैदा कर सकती है। उन्हें पता चलेगा कि यहाँ अमेरिका में हम एक महान और सफल लड़ाई लड़ रहे हैं।

यह केवल निर्धनता और आर्थिक भ्रष्टाचार के ख़िलाफ़ युद्ध नहीं है। यह उससे कहीं आगे है, यह लोकतंत्र के अस्तित्व के लिए एक युद्ध है। हम ख़ुद के लिए और दुनिया के लिए सरकार के एक महान और बहुमूल्य रूप को बचाने के लिए लड़ रहे हैं।

आपने मुझे जो ज़िम्मेदारी सौंपी है उसे मैं स्वीकार करता हूँ। मैं आपके साथ हूँ। मैं इस युद्ध की अवधि तक उसमें शामिल हूँ।

अध्याय 18

शिकस्त की नहीं होती है सियासत

भगत सिंह और राजगुरू के सम्मान में राम मनोहर लोहिया अपना जन्मदिन नहीं मनाते थे। उनका जन्म 23 मार्च 1910 को हुआ था, फ़ैज़ाबाद के अकबरपुर में एक मारवाड़ी व्यापारी के घर में। अकबरपुर राम नगरी अयोध्या से थोड़ी ही दूरी पर है। 23 मार्च को ही ब्रिटिश सरकार ने वामपंथी सोच वाले आज़ादी के दीवानों- भगत सिंह और राजगुरु को फाँसी पर लटकाया था।

कटाक्ष करने वाले लोहिया ने ही लोकसभा चुनाव में ग्वालियर राजघराने के उम्मीदवार के ख़िलाफ़ मैला ढोने वाली दलित महिला को अपनी पार्टी का टिकट देने की हिमाक़त की। वह पैदाइशी बाग़ी तेवरों वाले थे। मुलायम लोहिया पर फ़िदा थे। गाँव वालों और हिंदू, मुस्लिम, बौद्ध, सिख और ईसाई धर्मों के दबे-कुचले वर्गों से मुलाक़ातों में जादुई व्यक्तित्व वाले अपने गुरु की तरह उन्होंने भी गाँधी के विचारों-आदर्शों का सहारा लिया, नेहरू का नहीं। लोहिया के पिता एक शिक्षक थे। मुलायम भी उन्हीं हीरालाल की तरह राष्ट्रवादी बनना चाहते थे। सड़कों पर आंदोलन और ज़ोरदार नारेबाज़ी करने वाले इस युवा समाजवादी को राजनीतिक अंदोलन ख़ूब भा रहे थे। कॉन्ग्रेस की नीतियों के ख़िलाफ़ अपने समाजवादी गुरु लोहिया की आवाज़ सुनते ही वह सड़कों पर उतर आते थे। मुलाक़ातों के इस दौर में वह आध्यात्म में भी रुचि लेने लगे। अगर एडॉल्फ़ हिटलर के ज़माने में लोहिया ने जर्मन यूनिवर्सिटी से नमक सत्याग्रह पर थीसिस लिखने की सोची तो वैसी परिस्थितियों में मुलायम भी 'राजनीति में आंदोलन की कला' जैसे मुद्दे पर थीसिस लिख सकते थे।

जब समाजवादी मुलायम सिंह बर्लिन पहुँचे तो उनके दिल में ख़ुशी तो थी लेकिन आँखों में ग़म के आँसू थे। हिटलर के गैस चैंबरों की कहानियाँ उनके दिमाग़ में घूम रही थीं। कुछ यातना केंद्रों की ऊँची इमारतों की छतों में मौजूद

छेद देख उनके मन में विचार आया कि कैसे यहूदियों को मारने के लिए गैस का इस्तेमाल कर जर्मन चांसलर ने बंदूक़ों और गोलियों पर होने वाले ख़र्च को बचाने की सोची। "हिटलर एक अर्थशास्त्री था। इसीलिए उसने हज़ारों यहूदियों को मारने में बंदूक़ों और गोलियों का ख़र्च बचाया और एसएस (हिटलर और नाज़ी पार्टी की सुरक्षा के लिए बनी सेना) को गैस का इस्तेमाल करने को कहा। ये एक ख़ौफ़नाक ख़्वाब है।"

जर्मनी की चर्चा होते ही मुलायम के दिमाग़ में लोहिया की याद ताज़ा हो जाती है। वाक़ये उनके ज़ेहन में घूमने लगते हैं। 'राजनीति शास्त्र और अर्थशास्त्र में पीएचडी कर लोहिया 22 साल की उम्र में 1932 में भारत लौटे।' वह स्कूली दिनों में भी काफ़ी तेज़ थे। एक ब्रिटिश लेखक की इतिहास की किताब में शिवाजी के लिए दस्यु सरदार का संबोधन पढ़ वह चौंक गए। उन्होंने अपने शिक्षकों से इस बारे में चर्चा की और जब वह पूरी तरह आश्वस्त हो गए कि नीयत इस बहादुर लड़ाके को बदनाम करने की है तो उन्होंने किताब से ये हिस्सा हटवाने के लिए छात्रों को संगठित किया। जर्मनी से भारत लौटे तो उनके पास अपने गाँव जाने तक के पैसे नहीं थे। उन्होंने दक्षिण से छपने वाले अँग्रेज़ी अख़बार द हिंदू के लिए तुरंत एक लेख लिख मारा। बदले में अख़बार ने आने-जाने का किराया दिया।

लोहिया की वापसी के साथ ही कॉन्ग्रेस की कुलीन-वर्गीय राजनीति में भी बदलाव दिखने लगा। लोहिया कॉन्ग्रेस में हाशिये पर फेंक दिए गए जयप्रकाश नारायण, आचार्य नरेंद्र देव, अच्युत पटवर्धन, अशोक मेहता, पुरुषोत्तम त्रिकमदास, कमलादेवी चट्टोपाध्याय, यूसुफ़ मेहर अली जैसे समाजवादी विचारकों के साथ हो लिए। दिल्ली, लाहौर, कलकत्ता और बंबई जैसे शहरों में हिंसा सांप्रदायिक रंग ले रही थी और इससे विदेशी ताक़त के प्रति ग़ुस्सा कम होता जा रहा था। ये वक़्त कठिन और अशांत था।

मुलायम आज भी नहीं भूले हैं कि लोहिया ने अपनी सेहत की परवाह किए बिना पूरे देश का दौरा किया और युवाओं को अखिल भारतीय कॉन्ग्रेस कमेटी के झंडे तले आज़ादी की लड़ाई में शामिल होने के लिए प्रेरित किया। 1936 में वह कॉन्ग्रेस कमेटी के सदस्य चुने गए। 1 जून 1940 को गाँधी के अख़बार हरिजन में 'सत्याग्रह अब' शीर्षक से लोहिया का जोशीला लेख छपा। लेकिन एक हफ़्ते के भीतर ही भड़काऊ लेख लिखने के आरोप में उन्हें ब्रिटिश हुकूमत ने गिरफ़्तार कर लिया। उन्हें दो साल क़ैद की सज़ा सुनाई गई। उनकी गिरफ़्तारी

से गाँधी भी ख़फ़ा थे और उन्होंने कहा, "लोहिया के जेल में होते हुए मैं चैन से नहीं बैठूँगा। मैं अभी तक उनसे ज़्यादा हिम्मतवर और सरल इंसान नहीं देखा। उन्होंने कभी हिंसा की बात नहीं की। उन्होंने जो कुछ भी किया है उससे उनकी इज़्ज़त अफ़ज़ाई हुई है।"

मुलायम मजिस्ट्रेट के शब्द भी दोहराते हैं, "लोहिया जी आप पढ़े लिखे विद्वान हैं, सभ्य नागरिक हैं, उदार विचारों वाले और उच्च नैतिक चरित्र वाले हैं। लोहिया की भूमिगत गतिविधियों के बिना भारत छोड़ो आंदोलन सफल नहीं हो सकता था। गाँधी, नेहरू, पटेल, मौलाना आज़ाद जैसे बड़े नेता जेलों में डाल दिए गए थे। लोहिया ने ही पोस्टर, पर्चे और बैनर बाँटकर आंदोलन की मशाल को रौशन रखा। वह एक गुप्त रेडियो स्टेशन से करो या मरो का नारा भी लोगों के बीच पहुँचा रहे थे। स्टेशन का नाम था कॉन्ग्रेस रेडियो। उषा मेहता के साथ भूमिगत होकर वह क़रीब तीन महीने तक गिरफ़्तारी से बचते रहे। उन्होंने एक जगह से दूसरी जगह जाने में पुलिस को ख़ूब चकमा दिया और कलकत्ता से नेपाल के जंगलों में चले गए और फिर वहाँ से बंबई पहुँच गए लेकिन मई 1944 में क़िस्मत ने साथ छोड़ दिया। उन्हें लाहौर जेल में रखा गया और यातनाएँ दी गईं। लाहौर जेल आंदोलनकारियों को यातनाएँ देने के लिए कुख्यात थी। वह दो साल जेल में रहे। लोहिया ने पहली बार जेल की हवा जैक्सन नाम के अमेरिकी क़स्बे में खाई थी जब रंगभेद विरोधी धरने में उन्होंने हिस्सा लिया। 57 साल के जीवन में वह 20 बार जेल गए लेकिन अफ़सोसनाक बात ये रही कि 12 बार उन्हें आज़ादी के बाद नेहरू के नेतृत्व वाली कॉन्ग्रेस सरकार ने गिरफ़्तार किया।"

1946 में रिहाई के बाद भी लोहिया चैन से नहीं बैठे और पुर्तगाली शासन की मुख़ालफ़त करने गोवा पहुँच गए। गोवा के लोगों को उनका हक़ दिलवाने के संघर्ष की बदौलत वो लोक कथाओं का हिस्सा बन गए। लेकिन उन्होंने सबसे मुखर विरोध भारतीय उपमहाद्वीप के बँटवारे का किया और हम समाजवादियों के लिए ये एक ध्रुव बन गया। हम कभी नहीं चाहते थे कि भारत का जन्म बँटवारे के ज़रिये हो और हमारे अपने भाई बहनों की ज़िंदगी छिन जाए। गाँधी अहिंसा के पुजारी थे लेकिन वो लूटपाट और नरसंहार नहीं रोक पाए। हिंदू मुस्लिम एकता तार-तार होते देख लोहिया ख़ून के आँसू रोते थे।

नेहरू के कामकाज के तरीक़े से लोहिया का मोह भंग हो चुका था। कॉन्ग्रेस में मौजूद बाक़ी समाजवादी नेता भी सदमे में थे। बँटवारे की मारकाट के बीच

ही 30 जनवरी 1948 को बापू की हत्या जैसी दिल दहलाने वाली घटना हो गई। उस दिन सैफ़ई में मौत का सन्नाटा पसरा हुआ था। महात्मा के जाने के बाद कॉन्ग्रेस में लोहिया और समाजवादी सोच वाले नेता अनाथ से हो गए। लोहिया ने कॉन्ग्रेस छोड़ दी और मार्च 1948 में किसानों, मिल मज़दूरों और श्रमिकों से नई सोशलिस्ट पार्टी को समर्थन देने की गुज़ारिश की। लोहिया चाहते तो 1952 में हुए पहला आम चुनाव में लड़ सकते थे लेकिन उन्होंने देश में समाजवादी विचाराधारा फैलाने को तरजीह दी। हालाँकि कोशिश बहुत सफल नहीं रही। चुनाव में लोगों ने कॉन्ग्रेस पार्टी को आज़ादी की लड़ाई का अगुवा माना और नेहरू में भरोसा जताया। लेकिन लोहिया इससे घबराए नहीं। उन्होंने अपनी मुहिम जारी रखी। 1 जनवरी 1954 को आचार्य कृपलानी की इमामत वाली किसान मज़दूर प्रजा पार्टी और सोशलिस्ट पार्टी का विलय हो गया और प्रजा सोशलिस्ट पार्टी का जन्म हुआ। कृपलानी पार्टी के अध्यक्ष बने रहे जबकि लोहिया महासचिव बने। त्रावणकोर-कोचीन के विलय के बाद पट्टम तनु पिल्लई की अगुवाई में प्रजा सोशलिस्ट पार्टी सत्ता पर क़ाबिज़ हुई। किसी भारतीय सूबे में यह पहली समाजवादी सरकार थी। लेकिन विरोध प्रदर्शन कर रहे मज़दूरों पर गोली चलाने से नाराज़ लोहिया ने पट्टम तनु पिल्लई के ख़िलाफ़ कड़ा रुख़ अख़्तियार कर लिया था। वह चाहते थे कि सरकार इस्तीफ़ा दे लेकिन उन्हें ये जानकर झटका लगा कि उनके समाजवादी कॉमरेडों के सिर पर सत्ता का नशा सवार हो चुका था। 1955 में लोहिया की अपनी ही पार्टी ने उनके ख़िलाफ़ अनुशासनात्मक कार्रवाई शुरू कर दी। 31 दिसंबर 1955 को हैदराबाद में हज़ारों नौजवानों ने लोहिया के समर्थन में विशाल जुलूस और मशाल रैली निकाली। उसी दिन लोहिया ने सोशलिस्ट पार्टी का ऐलान कर अपने सपने को फिर से जगा दिया। उन्होंने हैदराबाद से 'मैनकाइंड' नाम का एक अँग्रेज़ी अख़बार भी शुरू किया। इसका मक़सद पार्टी के कार्यक्रमों को लोकप्रिय बनाना था। इसके हिंदी संस्करण का नाम 'जन' था और यह मासिक था।

लोहिया ने आंदोलनों के दौरान कई दिलचस्प नारों को आवाज़ दी। समाजवादियों का उस वक़्त एक नारा था हम ज़ुल्म से लड़ने वाले हैं, शासक कहते मतवाले हैं। झंडा लाल हमारा है, मज़दूर कृषक का प्यारा है। हल चक्र चिह्न रखवाले हैं, शासक कहते मतवाले हैं। एक और नारा था, हम चले आज रण को वीरों, भूखों की भूख मिटाने को। कोई शक्ति नहीं आज जग में, आए जो

हमे दबाने को। आकाश भले ही फट जाए, धरती भी अविचल हो जाए, पर रोक नहीं सकता कोई, शोषित मज़दूर किसानों को।

"ये लोहिया ही थे जिन्होंने समाज की आधी आबादी यानी महिलाओं के मुद्दों को संजीदगी से उठाया। औरतों के मान-सम्मान और शिक्षा के मुद्दे उठाते वक़्त वह जिस ठोस आधार पर बात करते उससे मैं चकित रह जाता था। मुझे अब समझ में आता है कि नौकर और बच्चे पैदा करने की मशीन समझी जाने वाली औरतों की बुरी दशा के बारे में वह बिलकुल सही बात बोलते थे। महिलाओं को इस दयनीय हालात से बाहर निकालने के लिए उनके विचार लोगों के दिल को गहरे तक छूते थे। ज़्यादातर परिवारों में उसका दर्जा पति की दासी का ही होता है। वह चाहते थे कि देश की हर लड़की इंदिरा गाँधी, अरुणा आसफ़ अली, एनी बीसेंट, सुहासिनी अली और जया बच्चन जैसी पढ़ी-लिखी हो और अपने पैरों पर खड़ी हो सके।"

"महिलाओं को समाज में बराबरी का दर्जा और मान-सम्मान दिलाने के लोहिया के सपनों ने मुझे प्रेरणा दी। मेरे राज में महिलाओं की समानता और शिक्षा के लिए ही कन्या विद्या धन के नाम से एक ख़ास फ़ंड बनाया गया था। मुझ पर आरोप है कि महिला विरोधी हूँ क्योंकि मैं महिला आरक्षण बिल के ख़िलाफ़ हूँ। मैं चाहता हूँ कि महिलाएँ कंधे से कंधा मिलाकर चलें लेकिन ये नहीं चाहता कि ऐसा लाखों शोषित और सामाजिक-आर्थिक तौर से पिछड़ी महिलाओं की क़ीमत पर हो। हम हर धर्म के पिछड़े वर्ग की अपनी माताओं और बहनों की उपेक्षा नहीं कर सकते।"

"मैं हर तबक़े की महिलाओं के आरक्षण का समर्थक हूँ लेकिन ये अल्पसंख्यक और पिछड़े वर्ग की महिलाओं की संख्या के अनुपात में होना चाहिए। 23 मार्च 2010 को लोहिया पार्क में मैंने अपने कार्यकर्ताओं से कहा था कि अगर संसद में महिलाओं का सही अनुपात नहीं हुआ तो उच्च वर्ग से आई महिला सांसदों पर सीटियाँ बजेंगी। मेरे इस बयान का नेशनल मीडिया ने मज़ाक़ उड़ाया था। अगर हम स्पष्ट और समान प्रणाली नहीं लागू करेंगे तो गुमराह लड़के पगला जाएँगे। ज़रूरत उदार बनने की और हर महिला को बराबर समझने की है। हर एक महिला अहम है। वह गृहिणी भी है और राष्ट्र निर्माता भी। उसके योगदान के बिना हम किसी भी काम में सफल नहीं हो सकते थे। माताओं और बहनों को न्याय दिलवाने के बाद ही हम वास्तविक समाजवादी क्रांति का दावा कर सकते हैं। मेरा हमेशा से ही मानना रहा है कि किसी भी बहस में महिलाओं

का तर्क अंतिम होना चाहिए। क्या हम उनके बिना दुनिया की कल्पना कर सकते हैं? आधुनिक पूँजीवादी व्यवस्था में महिला सिर्फ़ इस्तेमाल की चीज़ बनकर रह गई है और ऐसे में समाजवादियों की ज़िम्मेदारी बढ़ जाती है। मैं जॉर्ज मेरेडिथ के इस वाक्य से इत्तेफ़ाक़ नहीं रखता कि पुरुषों का आख़िरी काम महिलाओं को सभ्य बनाना है। हाँ, मैं मानता हूँ कि कुछ हालात में एक महिला को दूसरी महिला के साथ निभाने में दिक़्क़त होती है। जैसे रंग या जाति अलग होने के बावजूद सभी पुरुष समान हैं ठीक वैसे ही मैं चाहता हूँ कि समाजवादी कार्यकर्ता रंग या जाति भिन्न होने पर भी महिलाओं की बराबरी में भरोसा जताएँ। मैं महिलाओं के अंगों की नुमाइश करने वाली उपभोक्तावादी संस्कृति के ख़िलाफ़ हूँ। वह हमारी माँ है, उसके पास भी बुद्धि है। सिर्फ़ उसके शरीर के अंगों की नुमाइश क्यों हो?"

"सिर्फ़ हमारे समाज में ही ऐसा होता है कि औरतें सिर्फ़ बेटा चाहती हैं और बेटी पैदा होने पर दुखी हो जाती हैं। वह पुरुषों की संगत में तो ख़ुश रहती हैं लेकिन किसी दूसरी महिला की संगत में ईर्ष्या और असुरक्षा की भावना का शिकार हो जाती हैं। मुझे बिल क्लिंटन की विदेश मंत्री मैडलीन के. ऑलब्राइट का वाक्य याद है– नर्क में उन महिलाओं के लिए अलग जगह है जो दूसरी महिलाओं की मदद नहीं करतीं।"

विधुना में कल्लू बेगम नाम की एक तवायफ़ से लोहिया को बेहद हमदर्दी थी। वह कल्लू बेगम को बेहतरीन महिला कहते थे। वह यह भी कहते थे कि पूरे देश की महिलाओं को कल्लू बेगम की ज़िंदगी की जद्दोजहद से सबक़ लेना चाहिए। उनके मुताबिक़ सभी धर्मों में एक ही शादी की मंज़ूरी होनी चाहिए। उन्होंने कहा था कि अगर पुरुष को तीन चार पत्नियाँ रखने का हक़ है तो औरतों को भी एक से ज़्यादा पति रखने का हक़ होना चाहिए।

बीबीसी रेडियो के लिए काम कर चुके एक भारतीय राजनीतिक विश्लेषक क़ुर्बान अली ने लोहिया के बारे में ख़ूब लिखा है। "लोहिया ने कभी हिंसा का समर्थन नहीं किया। वह शांत प्रकृति के थे और उनको शिक्षा भी अहिंसा की मिली थी। वह विनाशकारी प्रवृत्ति से घृणा करते थे। वह कभी आपा नहीं खोते थे और मानते थे कि अहिंसा कमज़ोरी का मुखौटा नहीं है। हम भारतीयों की ये परंपरा है कि पल भर में बाघ की तरह झपटने के बजाय हम सदियों तक शांत रहते हैं। उन्होंने ज़ोर दिया कि हम भारतीयों को हमेशा सिर गर्व से उठाकर चलना चाहिए। वह जो कहते थे उस पर अमल भी करते थे। वह कभी भी किसी के

सामने झुके नहीं। लोहिया ने कहा था कि मैं सिंहासन के बजाय फावड़ा चलाना पसंद करूँगा। हमें अपना राष्ट्र बनाना है। हमारे देश की आबादी बहुत ज़्यादा है। हमारे पास बड़ी मशीनें नहीं हैं लेकिन हमारे पास अनगिनत हाथ हैं, जिनका पूरा इस्तेमाल करना चाहिए। ये तभी संभव होगा जब हर हाथ में फावड़ा होगा। अगर हर सेहतमंद इंसान रोज़ एक घंटे देश के लिए मेहनत करे तो जल्दी ही हमारा देश संपन्न हो जाएगा। उनके लिए फावड़ा और जेल एक ही सिक्के के दो पहलू थे।"

मुलायम सिंह 1963 में फ़र्रूख़ाबाद लोकसभा सीट पर उपचुनाव के नतीजे को याद करते हुए कहते हैं– लोहिया ने पहली बार संसद में क़दम रखा और ये ग़ैर कॉन्ग्रेसवाद के युग की शुरुआत थी। देश में हुकूमत चलाने वाली सिर्फ़ कॉन्ग्रेस ही थी। पिछले तीन चुनावों में जीत की अगुवाई नेहरू ने की थी। प्रधानमंत्री नेहरू पर रोज़ 25 हज़ार रुपये ख़र्च वाले लोहिया के लेख से बवंडर खड़ा हो गया। उन्होंने लिखा था कि जिस देश की 85 फ़ीसदी आबादी रोज़ाना 3 आने पर ज़िंदा रहती है वहाँ ये पैसे की बर्बादी है। उन्होंने आम आदमी की रोज़ाना 15 आना की आमदनी के योजना आयोग के आँकड़ों को फ़र्ज़ी क़रार दिया। 'तीन आना पंद्रह आना' वाला ये विवाद समाजवादी लोकगीत का हिस्सा बन गया। इस मुद्दे पर संसद में बहस की लोहिया की माँग मंज़ूर कर ली गई। उनके तर्कों के आगे अक्सर नेहरू की बोलती बंद हो जाती थी। लोहिया ने नेहरू और उनकी सरकार की जम कर फ़ज़ीहत की और योजना आयोग के आँकड़ों को ग़रीबों के गाल पर तमाचा क़रार दिया। मोंटेक सिंह अहलूवालिया और मनमोहन सिंह की जोड़ी ने भी हाल में यही कारनामा दोहराया जब योजना आयोग ने कहा कि रोज़ 34 रुपये कमाने वाला इंसान ग़रीबी रेखा से ऊपर है। 21 सदी में भारत के दिल्ली, मुंबई और बेंगलुरु जैसे शहरों में आलू और प्याज़ के दाम भी इससे ज़्यादा हैं।

लोहिया के साथ विवाद हमेशा ही जुड़े रहे। मुलायम भी विवादों में घिरे रहे हैं। एक राजनीतिक जानकार का कहना है, लोहिया संघर्ष और विवादों से नहीं घबराते थे। उनका मानना था कि मुद्दे उठाने पर ही पार्टी आगे बढ़ेगी। वह आम लामबंदी में भरोसा रखते थे। भारतीय संसदीय प्रणाली में कार्यकाल ख़त्म होने से पहले भी चुनाव हो सकते हैं। इसी पर लोहिया ने कहा था– 'ज़िंदा कौमें पाँच साल तक इंतज़ार नहीं करतीं।' उनका आशय था कि जनता को ख़राब शासन वाली सरकार को सत्ता से बेदख़ल कर देना चाहिए। इसी विचार के चलते उन्होंने 16 साल से सत्ता पर क़ाबिज़ नेहरू सरकार के ख़िलाफ़ पहला अविश्वास प्रस्ताव पेश किया था।

अपने दिग्दर्शक की तरह ही मुलायम को भी फंटूश समाजवादी कहा जाता है। फंटूश यानी वो इंसान जो अपनी राह ख़ुद बनाता है। मुलायम न तो बुद्धिजीवी हैं और न ही कलाकार लेकिन एक राजनेता के तौर पर उन्होंने व्यवस्था विरोधियों, व्यक्तिवादी, आज़ाद ख़यालात लोगों के बीच अपनी पहचान बनाई है। वह अपनी समाजवादी सोच में कुछ हद तक विद्रोही भी थे। आप लोगों को याद होगा कि कैसे 'हल्लाबोल' जैसे आंदोलन को कॉरपोरेट मीडिया ने संभावित विनाशकारी नीतियों वाला बताया था। किसी फंटूश को आसानी से दबाया नहीं जा सकता। वह विद्रोही, काउब्वॉय सरीखा होता है। रोचक बात ये है कि अमेरिका में मैवेरिक हवा से ज़मीन पर मार करने वाली मिसाइल है जो 15 किलोमीटर के दायरे में टैंकों और बख़्तरबंद गाड़ियों को नष्ट कर देती है। टैंक शब्द सुनते ही नन्हे नेपोलियन के चेहरे पर मुस्कान तैरने लगती है।

मुलायम फ़रमाते हैं कि 1962 में चीन से हार के बाद लोहिया ने ही सबसे पहले न्यूक्लियर बम तैयार करने की बात कही। लोहिया अँग्रेज़ी भाषा के विरोधी नहीं बल्कि देश में उसके बढ़ते ग़लत इस्तेमाल के ख़िलाफ़ थे। उनकी आपत्ति सिर्फ़ उस औपनिवेशिक तलवार को लेकर थी जो युवा भारतीयों पर लटक रही थी। अँग्रेज़ों ने भारत पर बंदूक़ की गोली और अँग्रेज़ी की बोली के बल पर हुकूमत चलाई। अँग्रेज़ी अब सत्ता वर्ग की भाषा है। इसे देखकर दुख होता है। लोहिया ने भविष्यवाणी की थी कि ऊँची जाति, पैसा और अँग्रेज़ी का ज्ञान इन तीन शर्तों में से किसी के पास दो है तो वो शासक वर्ग का हिस्सा है। यह शाश्वत सत्य की तरह है। मुझे उन दलित विचारकों और बुद्धिजीवियों पर तरस आता है जो अँग्रेज़ी के मोह में फँसे हैं और इंगलिशिया माता का मंदिर बनाने जैसा काम कर रहे हैं। दलित शोषण का एक और युग नहीं देखना चाहते और इसीलिए हिंदी और संस्कृत जैसी भाषाओं से उनकी घृणा की वजह समझ सकता हूँ। लोहिया निजी स्कूलों को ख़त्म कर बेहतर सरकारी स्कूल स्थापित करना चाहते थे जो सभी जातियों के छात्रों को शिक्षा हासिल करने का बराबर मौक़ा दें। उन्हें उम्मीद थी कि इससे जाति व्यवस्था की बुराइयाँ दूर हो जाएँगी।

अध्याय 19

मंडल और कमंडल की आग

अयोध्या के मंदिरों में एक ओर आरतियाँ गाई जा रही थीं तो दूसरी ओर मस्जिदों में मुअज़्ज़िनों की अज़ानें मुसलमानों को बुला रही थीं। मुलायम दिलो-जान से मामले का शांतिपूर्ण हल निकालने की क़वायद में लगे थे। ज़रा-सी बात पर भड़क जाने वाले विश्व हिंदू परिषद के साधु-संतों और बाबरी मस्जिद एक्शन कमेटी और बाबरी मस्जिद मूवमेंट कोऑर्डिनेशन कमेटी के अड़ियल मौलानाओं के बीच तमाम दौर की बातचीत में उत्तर प्रदेश के मुख्यमंत्री के तौर पर मुलायम हर-संभव मदद को तैयार थे। लेकिन ये सब बेनतीजा रहा क्योंकि नई दिल्ली में वीपी सिंह के दफ़्तर से हर बार कोई-न-कोई अड़चन लगा दी जाती थी। वीएचपी अब ब्लैकमेल पर उतर आई थी। फ़रवरी में उसने अल्टीमेटम दे दिया कि चार महीने बाद मंदिर बनाने का काम शुरू हो जाएगा। जुलाई में समय सीमा ख़त्म होने पर उसने 30 अक्टूबर से मंदिर निर्माण का काम शुरू करने का ऐलान कर दिया। नफ़रत को नफ़रत से नहीं बल्कि प्यार से ख़त्म किया जाता है।

जब उत्तर और पश्चिम भारत के गाँवों-शहरों में हज़ारों नौजवानों को मंदिर के बावलेपन के लिए लामबंद किया जा रहा था तब भारत के प्रधानमंत्री इसकी काट के लिए ऐसी चाल सोच रहे थे जिसने भविष्य की राजनीति को बदल दिया। बात 7 अगस्त 1990 की है। मंडल आयोग की सिफ़ारिशें लागू करने के लिए वीपी सिंह और उनकी कैबिनेट के साथियों के साथ बातचीत में मुलायम सबसे आगे थे। आज़ादी के बाद की सबसे विवादास्पद ये रिपोर्ट अन्य पिछड़ा वर्ग (ओबीसी) को सरकारी नौकरियों में 27 फ़ीसदी आरक्षण सुनिश्चित करती थी।

मुलायम को इस फ़ैसले से पहले की वह तूफ़ानी बैठक याद है। उन्होंने मुझे बताया, "मंडल आयोग की रिपोर्ट पर मैं वीपी सिंह के साथ था। यह हमारे चुनावी घोषणा पत्र का मुख्य हिस्सा था। वीपी समाजवादी नहीं थे। प्रशासन में इसके

लिए सकारात्मक पहल पर ज़ोर देना मेरा एजेंडा था। सोशलिस्ट पार्टी की 1959 में तीसरी राष्ट्रीय बैठक में यह फ़ैसला लिया गया था कि सरकारी नौकरियों में ओबीसी के लिए 60 फ़ीसदी आरक्षण होना चाहिए। प्रधानमंत्री मोरारजी देसाई ने 1979 में बिंदेश्वरी प्रसाद मंडल की अध्यक्षता में ये आयोग बनाया और तबसे ही कोटा और सीट आरक्षण के मुद्दे पर ये रिपोर्ट धूल खा रही थी। नौकरियों में जातिगत भेदभाव ख़त्म करना इसका मक़सद था। हाँ, इसे लागू करने के वक़्त पर बहस हो सकती है कि अगस्त में क्यों और दिसंबर में प्रधानमंत्री बनने के बाद ही क्यों नहीं? मेरा ज़ोर सरकार बनने के कुछ ही वक़्त बाद इसे लागू करने पर था लेकिन वीपी राजनीति खेल रहे थे। रिपोर्ट लागू होने के बाद मैं देश का पहला मुख्यमंत्री था जिसने इसे पंचायत चुनाव में तुरंत लागू कर दिया।"

बीपी मंडल ने इस ऐतिहासिक रिपोर्ट में अन्य पिछड़ा वर्ग की पहचान के लिए 11 सामाजिक, आर्थिक और शैक्षणिक मापदंडों का इस्तेमाल किय था। उन्होंने ओबीसी के लिए सरकारी नौकरियों में 27 फ़ीसदी आरक्षण की सिफ़ारिश की। वह उत्तर प्रदेश के बनारस में एक अमीर यादव परिवार में जन्मे थे। लेकिन उनका बचपन बिहार के मधेपुरा ज़िले के मुरहो गाँव में बीता। कहा जाता है कि उनके पिता रास बिहारी मंडल ने 1911 के दिल्ली दरबार में ब्रिटिश राज को उखाड़ फेंकने की आवाज़ बुलंद की थी। उन्होंने अखिल भारतीय गोप जातीय, यादव महासभा की स्थापना की। वह बिहार में कॉन्ग्रेस के संस्थापक सदस्य भी थे। बीपी मंडल पढ़ने में तेज़ थे और 1945 में वह ब्रिटिश राज में ऑनरेरी मजिस्ट्रेट बन गए। उन्होंने कॉन्ग्रेस की सदस्यता ली लेकिन दिल नहीं माना और फिर संयुक्त सोशलिस्ट पार्टी में शामिल हो गए। साठ के दशक में बाद के सालों में बिहार कोटा पॉलिटिक्स की प्रयोगशाला के तौर पर उभर रहा था। कॉन्ग्रेस 1967 में पहली बार चुनाव हारी। लेकिन आधे-अधूरे जनादेश ने कॉन्ग्रेस को समाजवादियों के साथ खेलने का मौक़ा मिल गया। बीपी मंडल फ़रवरी 1968 में बिहार के पहले ओबीसी मुख्यमंत्री बने। ये अलग बात है कि वह केवल 48 दिन ही सत्ता में रह सके। मार्च 1967 से दिसंबर 1971 के बीच बिहार की राजनीति में उथल-पुथल और घमासान का अंदाज़ा इसी तथ्य से लग सकता है कि इस दौरान वहाँ नौ मुख्यमंत्रियों ने शपथ ली और इनमें सिर्फ़ दो अभिजात्य थे।

अभिजात्यों की क़ीमत पर ओबीसी ख़ासकर ब्राह्मणों के मुक़ाबले यादवों का उदय काफ़ी खुला रहा क्योंकि खेतिहर बिरादरी में यादवों की छवि काफ़ी हद

तक लड़ाकू की है। वह ख़ुद-ब-ख़ुद अन्य पिछड़ा वर्ग के नेता मान लिए गए। क्रिस्टोफ़ ज़ेफरलॉट ने लिखा है, "राजधानी पटना में कॉन्ग्रेस सोशलिस्ट पार्टी (सीएसपी) की स्थापना के बाद से ही बिहार समाजवाद की जन्मस्थली और पालना रहा है। पचास और साठ के दशक में सोशलिस्ट पार्टियों ने चुनावों में 20 से 25 फ़ीसदी वोट हासिल किए। सिर्फ़ कॉन्ग्रेस की पहली हार की वजह से ही 1967 के चुनाव अहम नहीं थे बल्कि इसलिए भी क्योंकि इस घटना की एक वजह निचली या पिछड़ी जातियों के नेताओं का आगे बढ़ना भी था। ये एक ऐसी प्रक्रिया रही जिसमें सत्तारूढ़ कॉन्ग्रेस ने अनजाने में ही मदद की। कर्पूरी ठाकुर की अगुवाई में ओबीसी ने अपनी पहचान महसूस कराई और उनकी गतिविधियों से ही कॉन्ग्रेस की क़ीमत पर एसएसपी आगे बढ़ी। समाजवादी भारत छोड़ो आंदोलन में हिस्सा लेने वाले कर्पूरी ठाकुर बिहार की पिछड़ी जातियों में भी सबसे निम्न मानी जाने वाली 'नाई' जाति के थे। 1972 के बाद से वह बिहार विधानसभा का चुनाव कभी नहीं हारे। वह एसएसपी में लोहिया के ख़ास थे। उन्होंने 1967 के चुनाव में नारा दिया था- सोशलिस्ट ने बाँधी गाँठ, पिछड़ा पावे सौ में साठ।"

भारत में जातियों के राजनीतिकरण की शुरुआत पचास के दशक के अंत तक शुरू हो गई थी। नेहरू ने 1958 में केलकर समिति बनाकर पहली बार कोटा राजनीति की थाह लेने की कोशिश की लेकिन मंडल आयोग कई मायनों में अनूठा था। केलकर समिति के उलट इसमें सब ओबीसी थे, अभिजात्य कोई नहीं। क्रिस्टोफ़ ज़ेफ़रलॉट लिखते हैं, "मंडल आयोग ने सकारात्मक भेदभाव की सोशलिस्ट नीति की वकालत की। इस रिपोर्ट में कहा गया: असमान को बराबरी का दर्जा देना असमानता को बढ़ावा देना है। जब हम किसी कमज़ोर को एक ही धरातल पर किसी ताक़तवर से मुक़ाबले के लिए कहते हैं तो हम बनावटी मुक़ाबला के ज़रिये गेंद ताक़तवर के पाले में डाल रहे होते हैं जहाँ कमज़ोर की हार पहले से ही तय होती है।"

मंडल रिपोर्ट के मुताबिक़ देश में योग्यता का पैमाना विकसित देशों की तरह लागू नहीं हो सकता क्योंकि जाति प्रथा की वजह से सामाजिक ढाँचे में ही ऊँच-नीच है। मंडल आयोग ने बेहिचक कहा कि ओबीसी के पिछड़ेपन की वजह जाति प्रथा ही है। जाति भी नागरिकों का एक वर्ग है और एक समूह के तौर पर अगर जाति सामाजिक और शैक्षिक रूप से पिछड़ी है तो एक ऐसी जाति के पक्ष में इस आधार पर आरक्षण की व्यवस्था की जा सकती है कि वह अनुच्छेद

15 (4) तहत सामाजिक और शैक्षिक रूप से पिछड़े वर्ग में आती है। फिर भी आयोग ने ओबीसी की परिभाषा के लिए सिर्फ़ जाति को ही आधार नहीं माना। वास्तव में, इसने ग्यारह मानकों के आधार एक सूचकांक तैयार किया जो तीन उपश्रेणियों सामाजिक, शैक्षिक और आर्थिक में बँटा हुआ था।

दिल्ली और लखनऊ-इलाहाबाद से लेकर पटना तक उत्तर भारत के तमाम शहर इस रिपोर्ट की आग में जल रहे थे। सांप्रदायिक ताक़तों ने इसका फ़ायदा उठाया और जल्दबाज़ी में लागू इस रिपोर्ट को 'योग्यता के आधार पर चल रहे अभिजात्य समाज' के लिए ज़हर की ख़ुराक क़रार दिया। अभिजात्य आसानी से सरकारी नौकरियों में अपना दबदबा गँवाने को तैयार नहीं थे। यूनिवर्सिटी में अभिजात्य छात्र साज़िशकर्ताओं के बहकावे में आकर आत्मदाह जैसे क़दम उठा रहे थे। मध्यम वर्गीय ब्राह्मण राजीव गोस्वामी मंडल विरोधी आंदोलन की पहचान बन गए जब उन्होंने 19 सितंबर 1990 को दिल्ली यूनिवर्सिटी में रामजस और हिंदू कॉलेज के बीच चौराहे पर ख़ुद को आग लगा ली। हालाँकि आत्मदाह की ये कोशिश कई सवालों से घिरी रही। कई छात्र दबे सुरों में कहते सुने गए कि छात्रों की भीड़ पर किसी ने जलती तीली फेंकी थी। जलने से हुए घावों की वजह से कुछ साल बाद राजीव गोस्वामी का निधन हो गया।

मंडल की आग पर जानकारों का मानना है कि वीपी सिंह का ये हथकंडा रियलपॉलिटिक का हिस्सा था। वह सभी पार्टियों को जाति के आधार पर दो हिस्सों में बाँटने की सोच रहे थे ताकि वह ओबीसी के मसीहा बन उनके वोट हासिल कर सकें। लेकिन वह कमंडल की सांप्रदायिक राजनीति को मंडल के ज़रिये साधने की कोशिश कर रहे थे। हालाँकि ये तरकीबें काम नहीं आईं और उन्हें न सिर्फ़ प्रधानमंत्री पद छोड़ना पड़ा बल्कि राजनीति में भी हाशिए पर खिसका दिया गया। सार्वजनिक मंचों पर मुलायम और अधिक उग्र हो गए क्योंकि वह अब दोनों मोर्चों पर लड़ाई के अगुवा बन चुके थे। ये बिलकुल साफ़ था कि ओबीसी बहुमत में हैं और उनको पछाड़ा नहीं जा सकता। वह इस समुदाय के बेताज बादशाह बन गए। कुछ समय बाद बाबरी मस्जिद की हिफ़ाज़त को लेकर उनके क़दमों की पूरी दुनिया ने तारीफ़ की। मुसलमान उन्हें 'रफ़ीक़-उल-मुल्क' कहने लगे। सामाजिक न्याय के मामले में मुलायम ने वीपी सिंह को मात दे दी और साथ-साथ मुसलमानों का दिल भी जीत लिया। मुसलमानों के लिए मुलायम के आँसू निकलते हैं। 30 सितंबर 2010 को इलाहाबाद हाईकोर्ट के फ़ैसले से वह

काफ़ी दुखी थे। उन्होंने कहा, इलाहाबाद कोर्ट के फ़ैसले के बाद मुसलमान ठगा हुआ-सा महसूस कर रहा है।

मंडल से ओबीसी को नौकरियाँ मिली या नहीं ये पता नहीं लेकिन मंडल आयोग ने भारतीय राजनीति को हमेशा के लिए बदल दिया।

बृजभूषण तिवारी बताते हैं, "वीपी सिंह मुलायम को पसंद नहीं करते थे। हक़ीक़त ये थी कि वीपी पिछड़े वर्ग की राजनीतिक ताक़त कमज़ोर करना चाहते थे। इसके लिए वह यादव और कुर्मी के बीच दरार बढ़ाने की कोशिश कर रहे थे। वीपी की इच्छा के उलट जब मुलायम सिंह उत्तर प्रदेश के मुख्यमंत्री बने तो उनकी परेशानियाँ बढ़ाने के लिए राम पूजन पटेल को पार्टी का नेता बना दिया गया। मुलायम से पूछा तक नहीं गया।"

"मुलायम ने आडवाणी को गिरफ़्तार करने की पूरी तैयारी कर ली थी लेकिन वीपी ने लालू को हरी झंडी दे दी आडवाणी की गिरफ़्तारी के लिए। वह चाहते थे कि लालू मुसलमानों के मसीहा के तौर पर उभरें क्योंकि लालू वीपी के वफ़ादार थे। ऐसे में वक़्त आने पर मुलायम ने चंद्रशेखर का दामन थाम लिया। वीपी सिंह समाजवादी पृष्ठभूमि से नहीं थे। वह एक सामंती माहौल में पले-बढ़े और शुरू से ही कॉन्ग्रेसी थे। उन्होंने 54 फ़ीसदी ओबीसी आबादी के दिल और दिमाग़ पर राज करने के लिए मंडल का पासा फेंका था। उनकी नीयत हमेशा शक के घेरे में रही और वह शरीफ़ नहीं थे। वह धोखेबाज़ी कर पिछड़ों के बेताज बादशाह बनना चाहते थे। Tartuffery is behaviour of character of hypocritical piety.

मुलायम मुझे बताते हैं, "मंडल आयोग सिफ़ारिश समिति के चंद्रशेखर अध्यक्ष थे। मैं भी था समिति में। रिपोर्ट को छह महीने के भीतर लागू करने पर हम सभी की आम राय थी। चुनाव घोषणापत्र में भी यही वादा किया गया था। लेकिन छह महीने बीत चुके थे और पिछड़ों का दबाव बढ़ रहा था।"

"देवी लाल बड़े किसान नेता तो थे ही, हिम्मती और अनुभवी भी थे। अस्सी के दशक के आख़िर तक कॉन्ग्रेस के ख़िलाफ़ किसान उनके साथ खड़े थे। अगस्त 1990 में जब वीपी सिंह ने देवी लाल को कैबिनेट से बाहर किया, मैं उनके साथ था। बीजू पटनायक भी वहीं थे। वीपी सिंह और लालू भी बैठक में थे। मैंने वीपी सिंह से निजी बातचीत में कहा कि देवी लाल सिर्फ़ मंत्री ही नहीं बल्कि एक क़द्दावर नेता भी हैं। आप भी मोरारजी वाली ग़लती दोहरा रहे हैं। वीपी उन्हें वज़ीर की तरह इस्तेमाल कर रहे थे। फिर मैंने देवी लाल से बात की।

उन्होंने कहा कि वह वीपी के लिखे किसी भी काग़ज़ पर दस्तख़त करने को राज़ी हैं। वीपी जलते थे देवी लाल से। वीपी ने सबको धोखा दिया। उन्होंने एक अच्छे इंसान राजीव गाँधी से बेईमानी की और देवी लाल को भी नहीं बख़्शा।"

कॉन्ग्रेस में सीताराम केसरी क़द्दावर ओबीसी नेता थे। उनकी मौत काफ़ी दर्दनाक रही, 31 अक्टूबर 2001 को अपमान और दरिद्रता की हालत में उनकी मौत हुई। कॉन्ग्रेस के 127 साल के इतिहास में वह अकेले ऐसे चुने हुए ओबीसी अध्यक्ष रहे जिनके शव को ऑल इंडिया कॉन्ग्रेस कमेटी के दफ़्तर में रखने की इजाज़त नहीं मिली। सीताराम केसरी की ज़िंदगी में कई नाटकीय उतार-चढ़ाव रहे। उनके एक नज़दीकी सामाजिक और राजनीतिक जानकार ने मुझे बताया, "केसरी चाचा के आख़िरी दिनों में मैं उनके साथ था। वह लाचार और असहाय हो चुके थे। उन्होंने अपनी ज़िंदगी से जुड़ी कुछ चौंकाने वाली बातें बताईं। उन्होंने कॉन्ग्रेस अध्यक्ष पद से न तो कभी इस्तीफ़ा दिया और न ही इस्तीफ़े वाली किसी चिट्ठी पर दस्तख़त किए। उनका इस्तीफ़ा जाली था और आरोप है किसी बड़े ओहदे तक पहुँचे कॉन्ग्रेसी नेता ने फ़र्ज़ी दस्तख़त कर इस्तीफ़ा मीडिया के सामने पेश कर दिया था। उस वक़्त के. आर. नारायणन राष्ट्रपति थे। देश के अकेले दलित राष्ट्रपति। आई के गुजराल की संयुक्त मोर्चा की सरकार से समर्थन वापस लेने के कॉन्ग्रेस अध्यक्ष के फ़ैसले के बाद उन्होंने केसरी चाचा से कहा था– 'मैं आपको प्रधानमंत्री पद की शपथ दिलाने को तैयार हूँ।' लेकिन केसरी ने कहा कि– 'वह उसे कॉन्ग्रेस वर्किंग कमेटी के सामने पेश करेंगे।' लेकिन सीडब्ल्यूसी में इस योजना का पता चला और दुर्भावना के साथ ख़ारिज कर दिया गया।"

"यह सही है कि केसरी शपथ लेने के काफ़ी क़रीब थे। कॉन्ग्रेसी उनको समर्थन दे सकते थे लेकिन उन्होंने ऐसा किया नहीं। केसरी अक्सर बातचीत में कहते थे कि अगर जगजीवन राम जाति से चमार न होते तो देश के प्रधानमंत्री होते और अगर मैं जाति से पिछड़ा बनिया न होता तो प्रधानमंत्री बन जाता। ख़ास बात ये है कि शरद पवार और राजेश पायलट को हराकर केसरी कॉन्ग्रेस अध्यक्ष बने थे। हरकिशन सिंह सुरजीत की तरह ही केसरी भी मुलायम को प्रधानमंत्री बनाए जाने के ख़िलाफ़ नहीं थे। लेकिन कॉन्ग्रेस के कई नेता मुलायम को सर्वोच्च पद पर बैठने से रोकने के लिए साज़िश में जुट गए। मुलायम की उम्मीद को न केवल कॉन्ग्रेस पार्टी के नेताओं ने पलीता लगाया, जो संयुक्त मोर्चा सरकार को बाहर से समर्थन दे रही थी, बल्कि लालू और शरद यादव जैसे साथियों ने भी कोई कसर

नहीं छोड़ी। लेकिन केसरी मुलायम के समर्थन में खड़े थे।"

"मुस्लिम आरक्षण का प्रस्ताव सीताराम केसरी ने रखा था। कॉन्ग्रेस ने जान-बूझकर उनकी विरासत को मिटा दिया है। क़द्दावर समाजवादी मधु लिमये ने केसरी को चिट्ठी लिखकर मुस्लिम आरक्षण के प्रस्ताव की आलोचना की थी। लिमये के मुताबिक़ धर्म के आधार पर आरक्षण सांप्रदायिकता की आग को और भड़काएगा। लेकिन केसरी का कहना था, मुसलमानों में भी ओबीसी और दलित हैं। भारतीय समाज में सामाजिक अभाव का कष्ट जाति आधारित है। यह जातिगत तथ्य है जबकि सांप्रदायिकता एक अंतर्राष्ट्रीय हक़ीक़त है। जाति एक अनूठी भारतीय व्यवस्था है।"

मधु लिमये को 'नेताजी' चलती फिरती संसद कहते थे।

कॉन्ग्रेस में मुसलमानों की हैसियत क्या है इसका अंदाज़ा कॉन्ग्रेस के एक बड़े नेता सलमान ख़ुर्शीद की बात से लग जाएगा। संसद भवन परिसर में नमाज़ अदा करने के बाद सलमान ख़ुर्शीद ने नमाज़ियों से गुफ़्तगू में कहा, "कॉन्ग्रेस में मुसलमान सिर्फ़ रंगाई पुताई के लिए रखे जाते हैं, इमारत को खड़ा करने या उसकी अंदरूनी दीवारों को रौशन करने में उनकी कोई ज़रूरत नहीं होती।"

केसरी और राजेश पायलट में कभी नहीं पटी। लेकिन सड़क हादसे में पायलट के निधन की ख़बर सुनकर वह रोने लगे। तारिक अनवर वहीं मौजूद थे। केसरी ने कहा, "भविष्य के नेता थे। उनकी सोच शहरी और ग्रामीण दोनों को भाती थी।"

कॉन्ग्रेस में केसरी खाँटी समाजवादी थे और सामाजिक न्याय एजेंडा के बड़े समर्थक थे। उनके पास दिल्ली में रहने के लिए मकान नहीं था। अटल बिहारी वाजपेयी ने अपने प्रेस सलाहकार एच के दुआ के ज़रिये स्वतंत्रता सेनानी कोटे में मकान अलॉट करने की चिट्ठी लिखी थी। मीडिया में उनके व्यक्तित्व और चेहरे-मोहरे को लेकर काफ़ी चर्चा हुई। लेकिन कभी उनकी नीतियों और सोच पर चर्चा नहीं की। ब्राह्मणवादी ताक़तों ने साज़िश के तहत उन्हें ओबीसी, दलित और मुसलमानों का समर्थक रूपी शैतान बना दिया।

सोनिया गाँधी ने रहस्यमय हालात में केसरी से कॉन्ग्रेस अध्यक्ष का पद हासिल किया। यह नाटक काफ़ी पेचीदा और रहस्यमयी था। माना जाता है कि सोनिया गाँधी को आगे करने में कमलनाथ का हाथ था क्योंकि वह कॉन्ग्रेस वर्किंग कमेटी की बैठक से बाहर निकल आए थे। मीडिया के सामने फ़र्ज़ी इस्तीफ़ा पेश किया गया। केसरी ने इस पर दस्तख़त किए ही नहीं थे।

यह कॉन्ग्रेस के ओबीसी और सामाजिक न्याय विरोधी चेहरे को बेनक़ाब कर देता है। पार्टी ने न तो केसरी और न ही केआर नारायणन की इज़्ज़त रखी। दोनों ही अनूठे चरित्र थे। नारायणन के भाषण साहित्य के बेहतरीन नमूने हैं।

केसरी के मुलायम सिंह, लालू, कांशीराम और रामदास आठवले से काफ़ी अच्छे रिश्ते थे। केसरी ने ही लालू प्रसाद यादव को राबड़ी देवी को मुख्यमंत्री बनाने की सलाह दी थी।

फ़रज़ंद अहमद ने इंडिया टुडे के लिए पटना और लखनऊ में राजनीतिक ड्रामे को कवर किया। मुलाक़ात के दौरान उन्होंने मुझे बताया, "मंडल आयोग की रिपोर्ट लागू होने के बाद पटना में 8 अगस्त 1990 को वीपी सिंह की रैली में शरद यादव ने ऐलान किया कि अगर एक भी मुसलमान मरता है तो मुसलमानों को बचाने के लिए 100 यादव जान देंगे। मुलायम ने भी इस जुमले को दोहराया और लालू ने भी। हालाँकि शरद यादव के लिहाज़ से ये कोरी भाषणबाज़ी ही रही।"

राममंदिर बनाने को लेकर हो रही घटनाओं के बारे में मुलायम सिंह ने मुझे बताया, "1990 में अयोध्या सुलग रहा था। मैं देश के सबसे बड़े सूबे का मुखिया था। मैं रामलला की मूर्ति से बताना चाहता हूँ। हिंदू-मुस्लिम भाईचारे को ख़त्म करने की मंशा से बहुत ही चालाकी से मूर्तियाँ वहाँ रखी गईं। गोविंद वल्लभ पंत सूबे के मुख्यमंत्री थे। मूर्तियों को रखवाने में उनकी भी भूमिका थी। पंडित नेहरू देश क प्रधानमंत्री थे लेकिन वह भी इसे सुलझा नहीं सके। उनके नाती राजीव गाँधी ने ताला खुलवाकर और दिक़्क़त खड़ी कर दी। मुसलमानों ने नमाज़ अदा की। पंत अपने समय के बहुत बड़े नेता थे। अगर उन्होंने फ़ैसला किया होता तो हिंदू और मुसलमान दोनों ही मान जाते। लेकिन मुद्दा बरक़रार रहा। अब विवाद से निपटने का ज़िम्मा मेरा था। मैं हिंदू और मुसलमानों की मीटिंग कराना चाहता था। लेकिन मुसलमान समझौता नहीं चाहते थे और हिंदुओं को अदालत पर भरोसा नहीं था। नतीजतन मस्जिद ढहा दी। जाति से एक यादव कारसेवक को 1990 में लालच देकर जबरन मस्जिद के गुंबद पर चढ़ा दिया गया। वीएचपी ने गुंबद को नुक़सान पहुँचाने पर उसे नौकरी दिलाने का वादा किया था। सबसे पहले उसी ने हमला किया। जब मैंने गोली चलाने का हुक्म दिया तो पुलिस की गोली से सबसे पहले वही मारा गया। मैंने वीएचपी से कहा, "मैं आपको भव्य मंदिर के लिए 17 एकड़ ज़मीन दूँगा और अदालत के फ़ैसले का इंतज़ार करने को कहा। मैंने उन्हें दो दो मंदिर बनाने की सलाह दी। लेकिन केवल एक बड़े

संत को छोड़ कोई राज़ी नहीं हुआ। इस संत ने बाद में कहा भी कि मुलायम का प्रस्ताव ठीक था और हमें मान लेना चाहिए था।"

"भारत में हिंदू-मुस्लिम एकता का प्रतीक है अयोध्या। वीएचपी के महंतों ने मंदिर निर्माण के नाम पर करोड़ों का चंदा जमा किया। दंगे-फ़साद और तनाव के इस आंदोलन से बीजेपी और वीएचपी ने न केवल आर्थिक साम्राज्य खड़ा किया बल्कि राजनीतिक पूँजी भी बटोरी। अशोक सिंघल मूर्ख थे। वह अड़ियल थे जबकि महंत अवैद्यनाथ का रुख़ सकारात्मक था। सिंघल उग्र प्रवृत्ति के थे और कहते थे कि मंदिर के नाम पर 80 करोड़ हिंदू एक हैं। लेकिन मैंने कहा कि मैं भी हिंदू हूँ और आप से सहमत नहीं हूँ। मैं हनुमान-भक्त हूँ। मैं आपको झूठा नहीं कहूँगा लेकिन सभी देवी-देवताओं पर आपका 'पेटेंट' नहीं है और वो सबके हैं।"

"मैंने कहा कि मस्जिद टूटने से सामाजिक ढाँचा बिखर जाएगा। मुसलमान हम पर भरोसा नहीं करेंगे। जब उन्होंने देखा कि मैं उनका पक्ष ले रहा हूँ तो उनकी दंगा करने की हिम्मत नहीं हुई। मुसलमानों की हिफ़ाज़त के लिए मैं अपने संवैधानिक अधिकार का पालन कर रहा था। मस्जिद की हिफ़ाज़त कर मैंने तमाम इस्लामी देशों में हज़ारों मंदिरों की रक्षा की। अटल बिहारी वाजपेयी ने संसद में मुझ पर सवाल उठाया और 'मर्यादा' की बात की। मैंने उनसे कहा, आप मर्यादा की बात करते हैं और आपके लोग मुझे हत्यारा क़रार दे रहे हैं। संवैधानिक मूल्यों की रक्षा के लिए मैं किसी भी हद तक गुज़र जाना पसंद करता हूँ। सिर्फ़ मस्जिद नहीं बचाई बल्कि देश की एकता को बचाया। अदालत पर भरोसा करने की ज़रूरत थी। बहुमत के बहाने कल्याण सिंह को मैं मस्जिद नहीं गिराने देता।"

चेन्नई में राष्ट्रीय एकता परिषद की बैठक में राजीव गाँधी, चंद्रशेखर, ज्योति बसु और कॉमरेड सुरजीत ने अपने हाथ उठाकर मेरे रुख़ की हौसला आफ़ज़ाई की। बीजेपी ने बैठक में शिरकत ही नहीं की।

माना जाता है कि बाबरी मस्जिद का विध्वंस का बीज राजीव गाँधी काल में बोया गया लेकिन हक़ीक़त ये है कि 1983 में इंदिरा गाँधी ने लखनऊ के बेगम हज़रत महल पार्क में संत समागम का आयोजन किया था जिसमें शंकराचार्य भी मौजूद थे। इस आयोजन में डीएमएसपी समेत तमाम सरकारी अफ़सर चपरासियों की तरह जुटे रहे। इसी बैठक में आरएसएस ने इंदिरा गाँधी के दिलो-दिमाग़ पर मंदिर को लेकर डोरे डालना शुरू कर दिया।

अध्याय 20

मंदिर या मस्जिद

(संविधान और सत्ता)

ज़फ़रयाब जिलानी मुस्लिम मुद्दों पर एक सक्रिय आवाज़, नागरिक समाज के महत्त्वपूर्ण सदस्य, मुस्लिम पर्सनल लॉ और भारतीय दंड संहिता के विशेषज्ञ हैं। गिलानी सैयद/सैय्यद परिवार की उप-जाति है जो पैगंबर मुहम्मद के वंशज हैं और इमाम अली के वंशज हैं, जो पैगंबर मुहम्मद के पहले चचेरे भाई और करीबी साथी थे। गिलानियों का पारिवारिक वंश शेख अब्दुल कादिर गिलानी को संदर्भित करता है। चेहरे पर काली-सफ़ेद खिचड़ी दाढ़ी और हल्की मूँछें। उनकी आवाज़ तो गंभीर, सधी हुई और शांत है लेकिन शब्द काफ़ी तीखे होते हैं। अयोध्या विवाद पर मुस्लिम बिरादरी में अति विशाल क़द के मालिक हैं और इस धार्मिक लड़ाई में लंबा सफ़र तय किया है। लखनऊ की क़ानूनी बिरादरी में उनकी हैसियत है लेकिन बाबरी मस्जिद एक्शन कमेटी (बीएमएसी) के संयोजक बनने के बाद उनकी मशहूरियत में ज़बर्दस्त इज़ाफ़ा हुआ। उनके आलोचकों का आरोप है कि उन्होंने आंदोलन के जनक मदनी और उनके साथियों से मुद्दा हड़प लिया और इसे सांप्रदायिक जामा पहनाने की वजह से ही बीजेपी और वीएचपी का वजूद बरक़रार है।

पुराने लखनऊ की एक तंग गली में रहने वाले जिलानी हैरान परेशान मुसलमानों का ध्यान तो खींचते ही हैं, पत्रकारों को भी उनकी हैसियत बताते रहते हैं।

"मुलायम से मेरी पहली मुलाक़ात 1986-87 में हुई जब वह उत्तर प्रदेश विधान परिषद में विपक्ष के नेता थे। उस समय चौधरी चरण सिंह की राजनीतिक विरासत को लेकर अजित सिंह और मुलायम सिंह यादव में जमकर खींचतान चल रही थी। पश्चिमी उत्तर प्रदेश के सभी विधायक अजित सिंह के साथ खड़े

थे जबकि मध्य और पूर्वी उत्तर प्रदेश के विधायक मुलायम सिंह से कंधा मिला रहे थे। हालाँकि पश्चिमी उत्तर प्रदेश में मुलायम के साथ मोहम्मद आज़म ख़ान थे जबकि पूर्वी उत्तर प्रदेश में मसूद ख़ान की वफ़ादारी अजित सिंह के साथ थी। मुलायम सिंह बाइसी मस्जिद इलाक़े में मेरे घर आए। काफ़ी साधारण-सा घर है मेरा। बाबरी मस्जिद का ताला खुलने से पहले मुलायम ने मस्जिद के समर्थन में कई बयान दिए थे। राजीव गाँधी के आदेश पर एक फ़रवरी 1986 को मस्जिद का ताला खुला। मैं तुरंत हरकत में आ गया और छह फ़रवरी 1986 को बाबरी मस्जिद एक्शन कमेटी बन गई। वैलेंटाइंस डे यानी 14 फ़रवरी को बीएमएसी ने 'काला दिवस' मनाने का ऐलान किया। अयोध्या में ताला खोलने के राजीव गाँधी के फ़ैसले के विरोध में लखनऊ की टीले वाली मस्जिद पर हज़ारों की तादाद में मुसलमान जमा हुए।"

ज़फ़रयाब को आज भी याद है, "मैं दिल्ली में था। लखनऊ लौटते वक़्त मुझे कानपुर में रुकना पड़ा। बड़ी तादाद में बीएमएसी के सदस्यों को गिरफ़्तार कर उन्नाव जेल में ठूँस दिया गया। मुलायम ने इन सभी से जेल में मुलाक़ात करने की हिम्मत दिखाई। कॉन्ग्रेस के विधायक दख़ल देने से डर रहे थे। लेकिन हक़ीक़त का एहसास उन्हें भी था। हेमवती नंदन बहुगुणा तब मुलायम के साथ थे। मुलायम अपने रुख़ से सबको ललकार रहे थे। बीएमएसी के सदस्यों के हक़ में बोलने की वजह से लखनऊ जाते वक़्त सीतापुर में मुलायम के क़ाफ़िले पर हमला भी हुआ। मुझे तब उनके धर्मनिरपेक्ष रुख़ पर भरोसा हुआ। बाबरी मस्जिद के समर्थन का एक और नज़ारा दारुलशफ़ा में देखने को मिला जब पुलिस की तमाम पाबंदियों के बावजूद लाखों लोग जमा हो गए। बीएमएसी के झंडे तले ही मस्जिद को बचाने की मुहिम ने ज़ोर पकड़ा।"

"बोफ़ोर्स घोटाले के साये में आम और विधानसभा चुनाव आने तक 1986 से 1989 के दौरान मुलायम की राजनीतिक हैसियत तेज़ी से ऊपर बढ़ी। वह संयुक्त विपक्ष के पहिए की अहम कड़ी थे।"

उत्तर प्रदेश विधानसभा में जनता दल के सबसे बड़े दल के तौर पर उभरने के बाद मुख्यमंत्री की कुर्सी के लिए मुलायम और अजित में मुक़ाबला कड़ा हो गया। आज़म ख़ान ने मुलायम सिंह का साथ दिया। आज़म ख़ान बाबरी मस्जिद एक्शन कमेटी के संयोजक थे। उन्होंने मुलायम के धर्म निरपेक्ष होने पर मुहर लगा दी।

हालाँकि सरकार बनने से पहले ही आज़म ख़ान अपने एक बयान से विवाद

में फँस गए। "दंगों के बीच कानपुर में एक रैली में आज़म ने खुल्लमखुल्ला ऐलान किया, 'भारत माता डायन है!' इस बयान से बवाल मच गया। हंगामा और बढ़ गया जब मुलायम ने आज़म को अपनी सरकार में अहम अमला सौंप दिया। वीपी सिंह प्रधानमंत्री बन चुके थे और आज़म को सरकार में शामिल किए जाने के ख़िलाफ़ अजित सिंह गुट को भड़का भी रहे थे। हमें तब एहसास हुआ कि वीपी हमारे मक़सद के प्रति संजीदा नहीं हैं।"

मुख्यमंत्री बनने के बाद मुलायम ने जिलानी को याद किया। ये बैठक योजना भवन में हुई। मार्च 1990 में हुई ये बैठक क़रीब एक घंटे चली और मुलायम का रुख़ साफ़ था- बाबरी मस्जिद पर अदालती फ़ैसला माना जाए।

बाद में जब आडवाणी ने गुजरात के सोमनाथ से अयोध्या तक रथ यात्रा शुरू की तो यह अफ़वाह थी कि उसे रोकने के लिए वीपी सिंह नई दिल्ली में जामा मस्जिद के शाही इमाम को उकसाएँगे। हक़ीक़त ये थी कि शाही इमाम से नज़दीकियाँ बढ़ा रहे थे वीपी सिंह।

इसी बीच जिलानी को मुलायम से बुलाया आया। "मुलायम ने मुझे बताया कि मस्जिद के आस-पास की ज़मीन पर क़ब्ज़ा करने के लिए वीपी सिंह एक अध्यादेश लाने की जुगत में हैं। उन्होंने मुझसे कहा कि वीपी सिंह मुसलमानों को धोखा दे रहे हैं।"

"मैंने दिल्ली में वीपी सिंह से मुलाक़ात कर पूछा कि वह ज़मीन क्यों क़ब्ज़ा करना चाह रहे हैं? वीपी ने ऐसी किसी भी योजना से इनकार कर दिया। मैं जामा मस्जिद में अहमद बुख़ारी के घर पर रुका था। यूनुस सलीम ने एक बैठक बुलाई जिसमें अली मियाँ भी शरीक हुए। शाम को उलेमाओं की बैठक होनी थी। रात तक ये साफ़ हो गया कि वीपी सिंह सरकार ज़मीन क़ब्ज़ाने का अध्यादेश तैयार कर चुकी है। वीपी सिंह के डाकिए बने जयपाल रेड्डी अध्यादेश की कॉपी लेकर आडवाणी के पास गए। आडवाणी ने इसमें लाल पेन से कुछ बदलाव किए और अध्यादेश वापस सौंप दिया।"

जिलानी के मुताबिक़, "विवाद सुलझाने के लिए वीपी सिंह ने एक कमज़ोर प्रस्ताव तैयार किया था लेकिन उन्होंने बीजेपी के क़द्दावर नेता एल के आडवाणी को मौक़ा भी दे दिया कि वह ज़बर्दस्ती कर सकें। रात में अध्यादेश आ गया। मुलायम सिंह पहले ही लखनऊ में इस बारे में आगाह कर चुके थे। वीपी ने पूरी सुरक्षा का भरोसा दिलाया। मैंने उनसे कहा कि आपने मुझे पहले नहीं बताया और

धोखा दिया है। तब वीपी शर्मिंदा थे। मैं देखकर चकित था कि आडवाणी ने अपने हाथ से अध्यादेश में बदलाव किए थे। सरकार बीजेपी की बैसाखी पर टिकी थी। वीपी असुरक्षित महसूस कर रहे थे। आडवाणी अपनी रथ यात्रा पर डटे रहे। मैं भी अपने रुख़ पर अड़ा रहा।"

मुलायम ने हमें बाताया कि वीपी सरकार अयोध्या में ज़मीन पर क़ब्ज़ा कर लेगी और बीजेपी को मुक़दमा दाख़िल करने देगी। उसी शाम बीएमएसी की बैठक हुई। वीपी ने मुझसे कहा कि इसके पीछे कोई बुरी भावना नहीं है और बीएमएसी के ख़िलाफ़ भी कुछ नहीं है। उन्होंने अध्यादेश वापस ले लिया। आडवाणी अपनी रथयात्रा पर चढ़ लिए। मैं दिल्ली से मुरादाबाद होते हुए ट्रेन में बिना रिज़र्वेशन के ही लौटा। अब तक लोग मुझे पहचानने लगे थे। मैं अपनी इस मशहूरियत से घबरा रहा था। माहौल ख़ौफ़ज़दा था। इसके बाद वीपी सिंह ने लालकृष्ण आडवाणी को समस्तीपुर में गिरफ़्तार करने के लिए लालू को इशारा कर दिया। उन्होंने एक लायक़ धर्मनिरपेक्ष मुलायम सिंह को इस मौक़े से महरूम कर दिया। गिरफ़्तारी के साथ ही अयोध्या और उसके आस-पास के इलाक़ों में 45 दिन तक कर्फ़्यू लागू रहा।

मुलायम के बुलावे पर मैंने उन्हें हर बात विस्तार से बताई। वह बहुत ही दुखी थे लेकिन वह न केवल मुसलमानों बल्कि मस्जिद की हिफ़ाज़त को लेकर अडिग थे।

"वीपी में मुझे तमाम पदों का लालच दिया। यहाँ तक कि राष्ट्रीय एकता परिषद का मेंबर बनाने का भी वादा किया लेकिन मैंने इन प्रस्तावों को ठुकरा दिया। तब मुलायम ने मुझसे पूछा कि क्या वीपी कोई पद दे रहे हैं? बदले में मुलायम ने मुझे वह दिया जो मैं चाहता था। मैंने कुछ भी नहीं माँगा। मुझे कोई ख़रीद नहीं सकता।"

जिलानी बातचीत के दौरान बताते हैं, "मुलायम मुझे अपने साथ चाहते थे। मैंने हर सुख-दुख में उनका साथ निभाने का वादा किया। हालाँकि मैंने उनसे साफ़ कर दिया कि मैं वीपी से अपने रिश्तों की क़ीमत पर ऐसा नहीं करूँगा। कर्फ़्यू लगने के बाद से हालात बिगड़ने लगे। मुलायम ने टेलीफ़ोन पर मुझसे पूछा कि क्या मेरे और अली मियाँ के बीच मतभेद हैं? मैंने साफ़-साफ़ कह दिया कि अयोध्या मसले में अली मियाँ की ईमानदारी पर शक है। अली मियाँ ख़ुद को बचाकर चल रहे थे। मैंने मुलायम से कह दिया कि मुझे ये सख़्त नापसंद है। मैं

ये मुद्दा छोड़ना चाहता हूँ। मुलायम ने मुझे ऐसा न करने की सलाह दी क्योंकि इसे मस्जिद न बचा पाने की असफलता के तौर पर देखा जाएगा। तब मैंने आज़म ख़ान से संपर्क किया।"

"चंद्रशेखर जब प्रधानमंत्री बने तो भैरो सिंह शेखावत ने उन्हें यह विश्वास दिला दिया कि मस्जिद की जगह मंदिर था। बाद में मुलायम ने प्रधानमंत्री चंद्रशेखर के सामने ये मुद्दा उठाया और शक के बादल साफ़ किए। चंद्रशेखर खरी-खरी कहते थे। वह प्रधानमंत्री निवास में अपनी कुटिया को बहुत चाहते थे। हल्की दाढ़ी रखने वाले वाले चंद्रशेखर एक विचारशील प्रधानमंत्री थे। एक और संकट मोचक थे सुबोध कांत सहाय जिन्हें चंद्रशेखर ने अपने साथ जोड़ लिया था।"

राजीव गाँधी बूटा सिंह की मदद ले रहे थे। बूटा सिंह के भीतर सांप्रदायिकता दिखाई देती थी। मेरे वकील थे सिद्धार्थ शकंर राय। वह पंजाब के गवर्नर रह चुके थे। उन्होंने 1989 में मुझसे संपर्क किया। हालाँकि राजीव गाँधी के ख़ास सिपहसालार थे बूटा सिंह। शिलान्यास में उन्होंने गृहमंत्री के तौर पर शिरकत की थी। उन्होंने राजीव गाँधी को भरोसा दिलाया था कि ऐसा करने से हिंदुओं की हर जाति कॉन्ग्रेस को वोट देगी।

"जहाँ तक राजीव गाँधी का सवाल है उनकी मंशा सही थी। वह विवाद का हल निकालने को उत्सुक दिखे। लेकिन आंतरिक सुरक्षा मंत्रालय ने अपने ही प्रधानमंत्री के साथ विश्वासघात किया।"

मैं राजीव गाँधी को शक का लाभ दूँगा। उन्हें बरगलाया गया। हमें जब भी अपनी बात रखने का मौक़ा मिला, वह हमारे अंदेशों से वाक़िफ़ थे। अगर राजीव गाँधी ज़िंदा होते तो निश्चित रूप से बाबरी मस्जिद नहीं गिरती। लेकिन मैं ये भी कहूँगा कि अगर 6 दिसंबर 1992 को कल्याण सिंह की जगह मुलायम सिंह मुख्यमंत्री होते तो बाबरी मस्जिद सुरक्षित रहती। राजीव गाँधी ने बाद में माना कि उन्हें अँधेरे में रखा गया था।

मुलायम राजीव गाँधी की आधी-अधूरी कॉन्ग्रेस के सरकार से समर्थन वापस लेने की चाल को भाँप गए और समर्थन वापसी के ऐलान से पहले ही मुलायम ने इस्तीफ़ा दे दिया। बाबरी मस्जिद को बचाने के लिए बीजेपी हिंदुओं में मुलायम को खलनायक की तरह पेश कर रही थी। पूरे प्रदेश में हिंदू-मुसलमान दो खेमों में बँट गए। वीपी मुसलमानों को लेकर आशावादी थे लेकिन मुलायम दृढ़प्रतिज्ञ

थे। वीपी ने अध्यादेश के मुद्दे पर धोखा दिया था।

सिद्धार्थ शंकर राय इस मामले में कूदने को काफ़ी उत्सुक थे। मस्जिद ढहने के वक़्त वह अमेरिका में भारत के राजदूत थे। उन्होंने 6 दिसंबर की रात फ़ोन पर मुझसे कहा कि वह इस्तीफ़ा देने की सोच रहे हैं। साथ ही ये भी कि वह अकेला महसूस कर रहे हैं।

1991 के विधानसभा चुनाव मुलायम के लिए करारा झटका थे। वीपी लोकसभा में अपने आख़िरी भाषण में यह कह कर मुसलमानों की सहानुभूति पाने में कामयाब रहे कि मस्जिद बचाने के लिए सरकार क़ुर्बान कर दी। उस वक़्त सैटेलाइट चैनल तो थे नहीं। सिर्फ़ सरकारी माध्यम दूरदर्शन ही था और वीपी ने इसका जमकर इस्तेमाल किया। चंद्रशेखर का साथ निभाने के चक्कर में मुलायम मुसलमानों का दिल नहीं जीत सके। लखनऊ के सैकड़ों साल के इतिहास में कभी सांप्रदायिक दंगे नहीं हुए थे। लेकिन दिसंबर 1992 में दंगे हुए, दो लोग मारे गए और कर्फ़्यू लगा। पूरा शहर छावनी में तब्दील हो गया था। इस माहौल का फ़ायदा बीजेपी को हुआ। बीस फ़ीसदी मुस्लिम आबादी भ्रम और धोखे के चक्कर में मुलायम की मदद नहीं कर सकी जबकि हिंदू चट्टान की तरह एक साथ खड़े थे।

दंगे में अमीनाबाद में अख़बार पढ़ रहे एक मुस्लिम मौलाना को मार डाला गया। बाबरी मस्जिद गिराने की साज़िश लखनऊ में रची गई। एक उर्दू अख़बार जदीद मरकज़ के मालिक सुनील अग्रवाल आरएसएस के कार्यकर्ता थे। दगों के दौरान वह मुझे ले जाने आए। अयोध्या मस्जिदों का भी शहर है। मौलाना अली मियाँ एक धोखेबाज़ इंसान थे। उनके पिता ने लिखा था कि बाबरी मस्जिद एक मंदिर को तोड़कर बनाई गई। पूरे आंदोलन के दौरान अली मियाँ इस सवाल से बचते रहे।

ज़फ़रयाब जिलानी ने मुसलमानों के इस उन्माद को भुनाया और मुसलमान बिरादरी का चेहरा और नुमाइंदा बन गए। उन्होंने अपने जोशीले बयानों और तेज़ तर्रार दलीलों से अपनी पहचान बनाई।

इस दौरान शिया मौलाना क़ल्बे सादिक़ जैसे कुछ और मुस्लिम मौलाना बेक़रार थे। जिलानी के मुताबिक़, "क़ल्बे सादिक़ ने मुलायम को यह कहकर चौंका दिया कि 'मैं बाबरी मस्जिद सौंपने को तैयार हूँ।' मुलायम भौंचक्के रह गए। उन्होंने जवाब दिया कि अगर आप विवादित ढाँचा सौंप देते हैं तो ये मेरी हार होगी। उलेमा एक-दूसरे के उलट काम कर रहे थे। उनके क़दमों में विरोधाभास

था। ज़्यादातर तो कायर बन गए।"

जिलानी ने उलेमाओं से नदवा के बरेलवी मुसलमानों में एक राय बनाने के लिए काम करने की अपील की। "मैं इसमें शामिल हुआ क्योंकि मुस्लिम उलेमा-मौलाना फ़ेल हो चुके थे। किसी एक लीक पर चलने को लेकर वे बँटे हुए थे।" मुसलमान कॉन्ग्रेस से भी ख़फ़ा थे। उन्होंने कॉन्ग्रेस के बनाए सारे कैंप तहस नहस कर दिए।

दो सौ सालों से भी ज़्यादा वक़्त से गंगा-जमुनी तहज़ीब का मरकज़ रहा है लखनऊ। क़रीब-क़रीब हर नवाब के दरबार में वज़ीर हिंदू ही हुआ करते थे। जब नादिर शाह ने 1739 में अवध पर हमला करने के लिए क़दम बढ़ाए तब अवध की राजधानी फ़ैज़ाबाद हुआ करती थी। अवध के नवाब बुरहानवी ने अपने वज़ीर-ए-आज़म लक्ष्मी नारायण को नादिर शाह के पास भेजा कि वह नादिर शाह को अवध पर हमला न करने के लिए मना सकें।

अवध के आख़िरी नवाब वाजिद अली शाह से 1856 में हुकूमत छीन ली गई। इसके बाद उनके नायब वज़ीर राजा बालकृष्ण ने अपने परिवार के साथ गदर के दौरान बेगम हज़रत महल के साथ क़ुर्बानी दे दी। वाज़िद अली शाह संगीत और नृत्य के शौक़ीन थे और साथ ही कथक में उनकी महारत थी। 'बाबुल मोरा नैहर छूटो जाए' उनकी विरासत माना जाता है जिसे आज की पीढ़ी 1930 में बनी फ़िल्म स्ट्रीटसिंगर में कुंदन लाल सहगल के गले से निकली आवाज़ के ज़रिये जानती है। 1977 में सत्यजीत राय ने मुंशी प्रेमचंद की कहानी 'शतरंज के खिलाड़ी' पर फ़िल्म भी बनाई जिसके बाद राय को ऑस्कर लाइफ़ टाइम अचीवमेंट अवॉर्ड से नवाजा गया। फ़िल्म में अमजद ख़ान ने वाज़िद अली शाह को पर्दे पर ज़िंदा कर दिया। वाजिद अली शाह ने कहा था कि 'सिर्फ़ शायरी और मौसिक़ी मर्द की आँखों में आँसू ला सकते हैं।'

अवध के अफ़सानों में एक और नवाब आसफ़उद्दौला को भी गंगा-जमुनी तहज़ीब का झंडाबरदार माना जाता है। अवध में अकाल के दौरान उन्होंने हिंदुओं और मुसलमानों को भूखे मरने से रोकने के लिए काम देने के वास्ते आसफ़ी इमामबाड़े की तामीर करवाई। यहाँ दिन में जो बनता था उसे रात में तोड़कर नया बनाया जाता था। कहते हैं भूलभुलैया ऐसे ही बनी। और यहीं से कहा जाने लगा- जिसको न दे मौला, उसको दे आसफ़उद्दौला। उनके प्रधानमंत्री भी हिंदू ही थे। नाम था राजा झाउलाल। यही नहीं, आसफ़उद्दौला की वाल्दा आलिया

उन्हें प्यार से मंगलू पुकारती थीं। और उन्होंने ही लखनऊ के अलीगंज में हनुमान मंदिर का निर्माण करवाया।

झाउलाल ने इमामबाड़ा बनवाया तो लखनऊ में पंडिताइन की मस्जिद भी मौजूद है। लखनऊ में हिंदू मुस्लिम दंगे कभी नहीं हुए। हाँ, शहर में शिया-सुन्नी दंगों का इतिहास पुराना है।

मुलायम सिंह कहते हैं, "अवध की तहज़ीब में किसी भी तरह से सांप्रदायिकता नहीं झलकती है। वहाँ अस्सलामुअलैकुम और जय श्रीराम की बजाय हिंदू-मुस्लिम दोनों ही आदाब अर्ज़ करते हैं।"

लखनऊ के पूर्व मेयर, कवि और लखनऊ शहर के इतिहास पर अपनी मज़बूत पकड़ रखने वाले दाऊ जी गुप्ता से मेरी मुलाक़ात हज़रतगंज में हुई। उर्दू ज़ुबान में माहिर दाऊ जी ने कहा, "मुख्यमंत्री कल्याण सिंह लखनऊ का नाम बदलकर लक्ष्मणपुरी करना चाहते थे। उनके इस मंसूबे को नेस्तनाबूद करने में मुलायम ने मेरा साथ दिया।" मेयर पद पर रहने के दौरान दाऊजी ने लखनऊ में अँग्रेज़ी के होर्डिंग और बोर्डों को ख़त्म करवा दिया। अटल बिहारी वाजपेयी ने दाऊजी को मेयर पद से हटाने के लिए अविश्वास प्रस्ताव पेश किया था जो गिर गया। दाऊ जी ने अमन की अलख जगाने के लिए जंग के ख़िलाफ़ 200 से ज़्यादा कविताएँ लिखी हैं।

लखनऊ के नवाब सआदत अली ख़ाँ ने पुराने लखनऊ से लेकर शहर के बाहर तक तमाम बाग़ बनवाए थे। सुल्तानपुर रोड पर उन्होंने दिलकुशा पैलेस बनवाया जो नवाबों और उनके मेहमानों के लिए सैर-सैपाटे या पिकनिक की जगह थी। इसी दिलकुशा इलाक़े में मोहम्मद बाग़ के नाम से बग़ीचा हुआ करता था। ग़दर से पहले 1856 में ब्रिटिश सरकार ने इस पूरे इलाक़े पर अपना क़ब्ज़ा कर यहाँ सेना की टुकड़ियों को रखने के सारे इंतज़ामात किए यानी इस इलाक़े को कैंटोनमेंट बना दिया।

क्लब के डांस फ़्लोर पर जम कर फ्रेंचचॉक बिखेरी जाती थी। लेकिन अब ये प्रथा बंद हो चुकी है क्योंकि अब डांस की जगह जिम्नास्टिक ने ले ली है। क्लब का ड्रेसकोड अब भी काफ़ी हद तक ब्रिटिश तरीक़ों का पालन करता है। कुर्ता, जींस, बिना कॉलर की टी-शर्ट मना है और शर्ट भी पैंट के अंदर होनी चाहिए। औपचारिक कार्यक्रमों में सूट या कॉम्बिनेशन पहनना ज़रूरी है। आज़ादी के बाद नेहरू जैकेट और पतलून के साथ शेरवानी को भी ड्रेसकोड का हिस्सा

बना दिया गया।

अवध की राजधानी एक वक़्त देश का अनाज का कटोरा कहलाती थी। इसे गोल्डन सिटी ऑफ़ द ईस्ट, शीराज़-ए-हिंद, और भारत का कुस्तुंतुनिया (कॉन्स्टैंटिनोपल) भी कहा जाता था। इसे पेरिस ऑफ़ द ईस्ट का भी नाम दिया गया। एक शायर ने लिखा, 'लखनऊ फ़िदा हम पर, हम फ़िदा-ए-लखनऊ, क्या हैसियत आसमाँ की जो चुराए लखनऊ।' अवधी खाना– गिलावटीस कबाब, काकोरी कबाब और टुंडे कबाब दुनिया भर के शेफ़ की किताबों के हिस्से हैं। साथ ही चिकनकारी और ज़रदोज़ी भी पूरी दुनिया में लोगों को भाती है।

लखनऊ ने उर्दू शायरी के कुछ नायाब नगीनों को भी जन्म दिया। मीर अनीस और मिर्ज़ा दबीर मर्सियानिगारी में अव्वल हैं।

दुनिया में दो चीज़ें ऐसी हैं जिनके लिए मरने और मारने की जंग होती है। ज़मीन... क्योंकि ये आपको आज़ादी से रहने के लिए हर सहूलियत मुहैया कराती है और आज़ादी... क्योंकि इसके बिना आप ग़ुलाम की तरह किसी और के लिए काम करते हैं।

मुलायम ने 5 मार्च 1991 को बीजेपी को सांप्रदायिक पार्टी क़रार दिया और प्रतिबंध लगाने की माँग कर दी। जमीयत-उलेमा-ए-हिंद के एक जलसे में उन्होंने मुसलमानों को भरोसा दिया कि दो-तिहाई बहुमत मिलने पर वह बीजेपी पर प्रतिबंध लगा देंगे।

"मैं शांति सुरक्षा बल बनाना चाहता हूँ और इसमें बड़ी तादाद में मुसलमानों, पिछड़ों और समाज के दबे-कुचले वर्ग के लोगों को शामिल करने की कोशिश करूँगा। इसके लिए 50 करोड़ रुपये का इंतज़ाम किया गया है। 'राजीव गाँधी ने सांप्रदायिक ताक़तों से लड़ने के लिए मुझे और ताक़त दी है। एक वक़्त ऐसा भी था जब सांप्रदायिकता के ख़िलाफ़ मेरे पास लड़ने की ताक़त नहीं थी। लेकिन तब राजीव गाँधी ने आगे बढ़ कर सांप्रदायिकता के ख़िलाफ़ लड़ाई में मेरी मदद की। मैं भी उनको इसका क़र्ज़ चुकाना चाहता हूँ।"

मुलायम के देवी लाल से काफ़ी अच्छे रिश्ते थे। उन्होंने एक बार उत्तर प्रदेश की मदद के लिए उप प्रधानमंत्री से 100 करोड़ रुपये का पैकेज माँगा जिसके लिए देवी लाल राज़ी हो गए।

राजनीति के मैदान में कांशीराम का उदय हो चुका था। हालाँकि उस वक़्त वह राजनीति में हाशिए पर ही थे और बहुजन समाज पार्टी को दलितों की पार्टी

बनाने के लिए जूझ रहे थे। उनको मुलायम में एक ऐसा शख़्स नज़र आया जो दलितों की दयनीय हालत को लेकर परेशान रहता था। कांशीराम उनके सहयोगी बन गए। बिजनौर में 5 मार्च 1991 को एक रैली में उन्होंने कहा, "मैं धर्मनिरपेक्ष छवि और दलित समर्थक नीतियों की वजह से मुलायम का समर्थन करता हूँ। ये अलग बात है कि वह कई मुसलमानों की जान नहीं बचा सके क्योंकि तमाम ज़िलों में कलेक्टर उनके विचारों से सहमत नहीं थे। ये अभिजात्य अफ़सर थे और मुसलमानों, ओबीसी और दलितों के दुश्मन थे। अगर मुख्यमंत्री कलेक्टरों का भरोसा न हासिल कर सके तो वह अपना रुतबा नहीं क़ायम कर सकता है।"

कांशी कन्याकुमारी से दिल्ली तक की क्रांति रथ यात्रा निकाल रहे थे। बिजनौर में सांप्रदायिक दंगे में कई लोग मारे गए थे।

अक्टूबर 1990 तक प्रधानमंत्री वीपी सिंह का दफ़्तर वीएचपी का गढ़ बन चुका था। पीएमओ से उत्तर प्रदेश के मुख्यमंत्री के दफ़्तर को जाने वाला हर निर्देश यह सुनिश्चित करता था कि कारसेवकों के जत्थे बढ़ते रहें। ऐसे निर्देशों की वजह से मुलायम ख़ुद को मुश्किल में फँसा पा रहे थे। साफ़तौर पर पीएमओ हिंदू विचारधारा वाले नौकरशाहों के क़ब्ज़े में था। उत्तर प्रदेश सचिवालय के एक अधिकारी ने मुलायम को सलाह दी कि बाबरी मस्जिद को बचाने के लिए ज़रूरी है कि ऐसे निर्देशों को अनदेखाकर दिया जाए। मुलायम राज़ी तो हुए लेकिन अनमने ढंग से।

वीपी सिंह का दफ़्तर अफ़वाहों का अड्डा बन गया और वीएचपी की मर्ज़ी के मुताबिक़ आदेश जारी हो रहे थे। मध्य प्रदेश, राजस्थान, हरियाणा, हिमाचल और दिल्ली से कारसेवक ग़ाज़ियाबाद और मेरठ होते हुए पहुँच रहे थे। मुख्यमंत्री ने उत्तर प्रदेश और दिल्ली की सीमा सील करने की अपील की। लेकिन वीपी सिंह के दफ़्तर से जवाब दिया गया– 'चिंता की बात नहीं है। कारसेवकों का आंदोलन पूरी तरह शांतिपूर्ण है इसलिए उन्हें बेरोकटोक आवाजाही की मंज़ूरी दी जाए।'

मुलायम सिंह के दफ़्तर के एक अफ़सर ने नाम गुप्त रखने की शर्त पर बताया कि फ़ैज़ाबाद तक अशोक सिंघल का स्वागत वीपी के दफ़्तर के एक अफ़सर ने किया। काफ़ी ग़लतफ़हमी वाले हालात थे क्योंकि मुलायम सिंह को बताया गया था कि अशोक सिंघल विमान से दिल्ली से फ़ैज़ाबाद जाएँगे। लेकिन विश्व हिंदू परिषद् (वीएचपी) के इस नेता को ग़ाज़ियाबाद से सड़क के रास्ते प्रवेश कराया गया। यह वही अफ़सर थे जिन्होंने सिंघल के लिए फ़र्ज़ी बोर्डिंग पास तैयार

करवाया था। इससे और भ्रम फैल गया। यह सब सिंघल को सुरक्षित अयोध्या पहुँचाने के लिए किया गया।

ऐसे में 30 अक्टूबर 1990 की रात फ़ैज़ाबाद के डीएम के इस्तीफ़े की अफ़वाह से संकट और बढ़ गया। ये अफ़वाह वीएचपी के दफ़्तर और नई दिल्ली में पीएमओ से फैली। शेखर अग्रवाल उस वक़्त उत्तर प्रदेश के गृह विभाग में विशेष सचिव थे। उनके पास भी ऐसा फ़ोन आया। फ़ोन करने वाले ने ये जानना चाहा कि और कितने अफ़सर इस्तीफ़ा देने वाले हैं। वास्तव में ये सारी हरकतें उत्तर प्रदेश सरकार को उलझाने के लिए हो रही थीं।

एक क़िस्सा और भी है। हिंदी पत्रकारिता की नामचीन हस्तियों में संतोष भारतीय का नाम शुमार होता है। वीपी के क़रीबी संतोष भारतीय 1990 में फ़र्रूख़ाबाद से सांसद थे। संतोष भारतीय ने उदय प्रताप सिंह से फ़ोन पर कहा कि प्रधानमंत्री आपसे बात करना चाहते हैं। तब उदय प्रताप सिंह वीपी सिंह से मिलने पहुँचे। उदय प्रताप के मुताबिक़, "वीपी ने मुझे लखनऊ का टिकट दिया और कहा कि मुलायम वीएचपी के कुछ नेताओं को रिहा नहीं कर रहे हैं। आप लखनऊ जाकर उन्हें समझाइए। मैंने लखनऊ में मुलायम सिंह को वीपी का संदेश बताया तो मुलायम सिंह ने कहा कि अगर इन नेताओं को रिहा कर दिया गया तो ये भूमिगत होकर मुसलमानों और मेरे लिए मुसीबतें खड़ी करेंगे। मैंने मुलायम को अड़ियल रुख़ न अपनाने की सलाह दी। तब मुलायम ने कहा कि वीपी सिंह कॉन्ग्रेस संस्कृति में रचे-बसे हैं। कॉन्ग्रेस संस्कृति का प्रधानमंत्री उत्तर प्रदेश के मुख्यमंत्री को अपनी कठपुतली समझता है। मेरी ताजपोशी में उनका कोई हाथ नहीं है लेकिन उनकी ताजपोशी में मेरा बड़ा हाथ रहा है।"

पीएमओ पर पूरी तरह वीएचपी के साथ सहानुभूति रखने वालों का क़ब्ज़ा था। वीपी सिंह अपनी सरकार बचाना चाहते थे और इसके लिए वह मुलायम सरकार की क़ुर्बानी से भी नहीं हिचक रहे थे।

28 अक्टूबर 1990 की वो शाम थी। अमेरिका की मशहूर मैगज़ीन 'टाइम' मुलायम से सवाल-जवाब कर रही थी। टाइम के फ़ोटोग्राफ़र रॉबर्ट निकल्स्बर्ग उत्तर प्रदेश के मुख्यमंत्री की तस्वीरों को अपने कैमरे में क़ैद कर रहे थे। तभी मुलायम के होंठों से हँसी का फव्वारा फूट पड़ा। उन्होंने रॉबर्ट की आँखों में अपनी निगाहें गड़ाईं और बोले, "अमेरिका की अवाम समाजवादी है। भले ही सरकार समाजवादी हो न हो।" राममंदिर का आंदोलन उफान पर था। कारसेवकों

की फ़ौज देश के कोने-कोने से अयोध्या में जमा हो रही थी। हलचल बहुत थी, बाबरी मस्जिद बचेगी या गिरेगी, सट्टा बाज़ार में नये-नये हिचकोले खाने वाली रस्मों को जन्म दे रही थी। मगर मुलायम ने टाइम मैगज़ीन से दो टूक लहजे में कहा, "सरकार रहे या न रहे, मस्जिद मेरी लाश पर गिरेगी। जब तक मुलायम की सत्ता क़ायम है, मस्जिद शहीद नहीं होगी।"

एक ओर मुलायम मुस्लिम मौलानाओं को बाबरी मस्जिद की हिफ़ाज़त का भरोसा दे रहे थे लेकिन दूसरी ओर वह वीएचपी के नेताओं से सवाल भी कर रहे थे कि अयोध्या में एक मंदिर तो है ही फिर लड़ाई किस बात की? वीएचपी नेताओं के साथ बैठक के बारे में मुलायम सिंह बताते हैं, "मेरी कोशिश थी सकारात्मक बातचीत की। राजभवन में 3 फ़रवरी 1990 को हुई बैठक में वीएचपी नेता वीपी सिंह की बातों पर तो पूरा भरोसा कर रहे थे लेकिन मेरी बात मानने को तैयार नहीं थे।"

"भगवान राम की महिमा में मुझे भी भरोसा है। लेकिन मेरे राम महात्मा गाँधी जैसे हैं जबकि बीजेपी और वीएचपी के राम गाँधी को मारने वाले गोडसे जैसे हैं। मैं बीजेपी को गाँधी के रामराज्य की वकालत करते हुए चुनाव लड़ने की चुनौती देता हूँ। गाँधी ने हिंद स्वराज्य की विचारधारा शुरू की लेकिन बीजेपी के दुष्प्रचार में पूरा विरोधाभास है। मैं उस राम को चाहता हूँ जो सबको समान मानते हैं। राम हिंदू-मुसलमान में भेद नहीं करते। मशहूर शायर और पाकिस्तान मूवमेंट के अहम किरदार अलामा इक़बाल ने राम को इमाम-ए-हिंद कहा है।"

"आडवाणी 1990 से पहले कभी अयोध्या नहीं गए। बाबरी मस्जिद तोड़ने की कोशिश करने वालों पर गोली चलाने को लेकर बीजेपी और वीएचपी छाती पीट रही थी। वास्तव में वीएचपी कुछ भक्तों के भी कारसेवक होना का दावा कर रही थी। धर्मांध लोगों के छलकपट की वजह से मैं सो नहीं सका। मुस्लिम कट्टरपंथियों के मंदिर तोड़ने पर जब बांग्लादेश की सरकार मुसलमानों पर गोलियाँ चलवा सकती है तो मैं एक धर्मनिरपेक्ष देश में हिंदू कट्टरपंथियों पर गोलियाँ क्यों नहीं चलवा सकता। बांग्लादेश तो इस्लामिक देश है जबकि मेरा देश तो धर्म निरपेक्ष है। मैं आडवाणी के सियासी सफ़र का तो इस्तक़बाल करता हूँ लेकिन उनकी मज़हबी सियासत से मुझे नफ़रत है। उन्होंने हिंदुस्तान में सांप्रदायिकता का बीज बोने का काम किया हैं। उनकी रथयात्रा ने आतंकवाद को नई ऊर्जा दी।"

30 अक्टूबर 1990 को वरिष्ठ पत्रकार नीरज कुमार मौक़े पर मौजूद थे जब गोली चली। नीरज कुमार उस वक़्त संडे मेल से जुड़े हुए थे। उन्होंने मुझे बताया, "लखनऊ से फ़ैज़ाबाद तक के 126 किलोमीटर रास्ते पर चेकिंग के लिए कम-से-कम दस जगह बैरीकेड लगाए गए थे। साथ में लखनऊ के एक अख़बार के पत्रकार और दिल्ली के एक अँग्रेज़ी अख़बार के फ़ोटोग्राफ़र भी थे। जमकर चेंकिंग हो रही थी। सुबह हज़ारों कारसेवकों की भीड़ मस्जिद की ओर बढ़ रही थी। सरयू के पुल पर हज़ारों कारसेवकों की भीड़ थी। हनुमान गढ़ी के पास एक ख़ास एनक्लोज़र बनाया गया था जिसमें अधिकारियों के साथ-साथ देश-विदेश के सैकड़ों पत्रकार भी मौजूद थे। कारसेवकों की भीड़ को रोकने के लिए सुरक्षा बल पूरी ताक़त लगा रहे थे। लेकिन बाबरी मस्जिद की ओर बढ़ते कारसेवकों की भीड़ भारी पड़ी। बात दोपहर की है। एकाएक गोलियाँ चलने लगीं। अफ़रा-तफ़री मच गई। गोलियाँ एनक्लोज़र के पास भी चल रही थीं। देखते ही देखते टीले पर बनी मस्जिद के सामने वाला मैदान ख़ाली हो गया। सिर्फ़ पुल पर कारसेवकों की भीड़ जमा रही। थोड़ी ही देर बाद आसमान में एक हेलीकॉप्टर ने चक्कर लगाया तो नीचे ये चर्चा होने लगी कि हेलीकॉप्टर में मुख्यमंत्री मुलायम सिंह मौजूद हैं। लेकिन पुलिस को चकमा देकर कुछ कारसेवक दोपहर बाद मस्जिद के गुंबद पर चढ़ ही गए।"

वह एक मज़ेदार वाक़या भी बताते हैं, "जिस वक़्त कारसेवक गुंबद पर चढ़े उस वक़्त हम मौक़े पर मौजूद नहीं थे। हमारी टैक्सी शहर के बीच में ख़राब हो गई थी। दिल्ली के अख़बार के फ़ोटोग्राफ़र भी हमारे साथ ही फँसे थे। उसी वक़्त हमारी मुलाक़ात इकोनॉमिक टाइम्स की ओर से कवर करने आई शिखा त्रिवेदी से हुई। शिखा त्रिवेदी नवभारत टाइम्स के उस वक़्त के एक्ज़ीक्यूटिव एडिटर और बाद में आज तक की शुरुआत और लीक से हटकर दिखने वाले और टीवी पर ख़बरों को नया कलेवर देने वाले एंकर एसपी सिंह की पत्नी हैं। हम जब तक मस्जिद पहुँचे, तब तक कारसेवकों को खदेड़ा जा चुका था और माहौल ठंडा हो चुका था। अगले दिन सुबह जब दिल्ली का अख़बार देखा तो उसमें हमारे साथ मौजूद फ़ोटोग्राफ़र के क्रेडिट से आठ कॉलम की तस्वीर छपी थी, जिसमें गुंबद पर कारसेवक दिख रहे थे।"

नीरज कुमार बताते हैं, "अयोध्या से लौटते वक़्त एक-एक ढाबे पर जब हम चाय पीने रुके तो बीजेपी के नेता और बाद में सूबे के मुख्यमंत्री बने राजनाथ सिंह

भी अपने समर्थकों के साथ वहीं आ गए। कार से उतरकर राजनाथ वहाँ मौजूद भीड़ के सामने दम ठोंककर दावा कर रहे थे कि बस अब मस्जिद तो हमारी है।"

कॉन्ग्रेस और बीजेपी दोनों ही क़द्दावर मुलायम को 'रामभक्तों' और 'कारसेवकों' की मौत पर खलनायक की तरह पेश करना चाहती थीं। प्रेस और कॉन्ग्रेसियों के मुताबिक़, चंद्रशेखर के इस्तीफ़े के बाद मुलायम का दर्जा यूपी के राजनीतिक गलियारे में एक न झुकने वाले नेता की तरह बुलंद हो गया।

चार बार उत्तर प्रदेश के मुख्यमंत्री रह चुके नारायण दत्त तिवारी उस वक़्त विधानसभा में विपक्ष के नेता थे। मुलायम सरकार को समर्थन देने की एवज़ में उन्होंने कई अड़ंगे लगाए और अपने विधायकों को ज़्यादा-से-ज़्यादा रियायतें हासिल करने के लिए छुट्टा छोड़ दिया। कॉन्ग्रेसियों की पौ बारह हो गई। ये लोग मुलायम पर तीखे हमले भी कर रहे थे। हर शानिवार इतवार को सरकार गिराने के लिए ये लोग राजीव गाँधी के दरवाज़े पर जमा होते थे।

जनता दल दो-फाड़ होने के बाद अपने 120 विधायकों के साथ सत्तारूढ़ पार्टी का नाम बदलकर जनता दल (समाजवादी) कर दिया। सदन में कॉन्ग्रेस के 93 विधायक थे। सांप्रदायिकता के फैलते भूत को रोकने के लिए ज़रूरी था कि ग़ैर कॉन्ग्रेसवाद को भूल जाया जाए। सांप्रदायिकता के ख़िलाफ़ लड़ाई में मुलायम ने राजीव गाँधी से मिले समर्थन की तारीफ़ की। "मैं एहसान फ़रामोश नहीं हूँ।" उस वक़्त मुलायम उत्तर प्रदेश के ज्योति बसु बनने का सपना देख रहे थे और वह राज्य की राजनीति छेड़कर केंद्र में नहीं जाना चाहते थे।

मुलायम की डगर आसान नहीं थी। लखनऊ के एक अख़बार ने लिखा– जनता दल (एस) की बैठकों के लिए दिल्ली से आए न्योतों को भूल मुलायम सूबे की राजधानी में ही मौजूद रहे। मुलायम के समर्थकों का दावा था कि मुलायम ने चंद्रशेखर समेत पार्टी के कई बड़े नेताओं से फ़ोन पर बातचीत की और रिश्ते बरक़रार थे। राज्य स्तर पर यह कोशिश भी हो रही थी कि मुलायम जनता दल में वापस आ जाएँ। वीपी की पार्टी के एक वरिष्ठ सदस्य ने मुलायम के कई प्रमुख समर्थकों से सुलह-सफ़ाई की कोशिश की। इस बात की भी आशंका थी कि केयरटेकर प्रधानमंत्री कहीं राज्य में राष्ट्रपति शासन न लगा दें। मुलायम अपने पत्ते नहीं खोल रहे थे।

अँग्रेज़ी अख़बार द टाइम्स ऑफ़ इंडिया ने लिखा– एक महत्त्वाकांक्षी इंसान होने के नाते इस बात की पूरी संभावना है कि सत्ता में बने रहने के लिए वह

सोचा-समझा जोखिम उठाएँगे। वीपी के बाद के काल में राजीव के लिए मुलायम ही सबसे उचित नेता थे। राजीव गाँधी अपनी पार्टी के सदस्यों को नाराज़ करने की क़ीमत पर मुलायम को लुभाने की कोशिश कर रहे थे। पार्टी बेहाल थी और तीन खेमों में बँट चुकी थी। एक धड़े की अगुवाई एनडी तिवारी कर रहे थे। दूसरे की अगुवाई उत्तर प्रदेश कॉन्ग्रेस कमेटी के अध्यक्ष बलराम सिंह यादव कर रहे थे। तीसरे धड़े की कमान महावीर प्रसाद के हाथों में थी। राजीव को लग रहा था कि यह गुटबाज़ी ख़त्म हो जाएगी और उन्होंने नाराज़ कॉन्ग्रेसियों को मनाने के बजाय मुलायम पर डोरे डालना जारी रखा क्योंकि उन्हें लगता था कि आम चुनाव में मुलायम ज़्यादा फ़ायदेमंद साबित होंगे।

मुलायम ने अपनी रणनीति बदल ली और कॉन्ग्रेस में अपना खेमा बनाना शुरू कर दिया। उन्होंने अपने घोर विरोधी बलराम सिंह यादव का भी समर्थन हासिल करने की कोशिश की। ठेकेदारी करने वाले बलराम सिंह के बेटे को 55 लाख का चेक मुलायम की मदद से ही मिला। सत्ता में आने पर ख़ुद मुलायम सिंह ने ये भुगतान रोका था। राजीव गाँधी भी मानते थे कि दोनों यादवों में एका हो जाने से चुनाव में पार्टी को बढ़त मिलेगी और पिछड़े वर्गों के वोट मिलेंगे।

एक अख़बार ने मुलायम सिंह को चतुर खिलाड़ी बताया जो परेशानियों से बचने के लिए सोच-समझकर क़दम उठाए। वह आख़िर तक अपने पत्ते नहीं खोलते। दिल्ली में वीपी सिंह, राजीव गाँधी और चंद्रशेखर के बीच सत्ता की खींचतान में उन्होंने किसी का भी साथ देने से इनकार कर दिया। उनकी गर्दन में एक कहावती लौकिक चक्की थी जिसकी वजह से वे आसानी से वादा नहीं करते थे।

उस वक़्त बेनी प्रसाद वर्मा मुलायम के ख़ास थे। जनता दल और जनता दल (एस) के बीच सुलह की ख़बरों के दौरान मुलायम ने कहा– "जनता दल के दोनों धड़ों का विलय हो सकता है बशर्ते वीपी सिंह किनारे हो जाएँ।" उन्होंने ऐसा अमौसी हवाई अड्डे पर चंद्रशेखर की अगुवाई के वक़्त कहा– "वीपी सिंह देश के दुश्मन हैं। उन्हें जनता दल से बाहर कर देना चाहिए। प्रधानमंत्री के तौर पर वीपी ने देश को बाँटने का काम किया है।"

उत्तर प्रदेश में विधानसभा चुनाव से पहले 3 जुलाई 1993 को संडे मेल ने हेडलाइन लिखी-एक और खिचड़ी के ख़िलाफ़ मुलायम सिंह, एकता की बातचीत से दूर– जनता दल के तमाम धड़ों को फिर से एक करने की क़वायद में मुलायम अहम कड़ी हैं और अजित सिंह, एसआर बोम्मई और चंद्रशेखर, सभी उन पर

डोरे डाल रहे हैं। मुलायम किसी के साथ भी हाथ नहीं मिलाना चाहते हैं। राज़ी हो जाने के बावजूद उन्होंने उड़ीसा के मुख्यमंत्री बीजू पटनायक से मुलाक़ात नहीं की। पार्टी सूत्रों के मुताबिक़ फिर भी मुलायम से मिलकर बीजू ये दबाव डालना चाहते हैं कि या तो उनकी पार्टी का जनता दल में विलय हो जाए या फिर चुनाव से पहले कोई चुनावी समझौता हो जाए। मुलायम के मुताबिक़ समाजवादी पार्टी और कांशीराम की बहुजन समाज पार्टी के गठबंधन में बीजेपी और कॉन्ग्रेस का मुक़ाबला करने की ताक़त है। इसलिए वह एक और खिचड़ी पकाकर लोगों को भ्रम में नहीं डालना चाहते। उनका मानना है कि उनके वोटरों में आर्थिक और सामाजिक तौर पर पिछड़े, अनुसूचित जाति और जनजाति और अल्पसंख्यक शामिल हैं और हमारी अलग पहचान होने पर ही ये हमारे साथ होंगे।

मुलायम को 4 जुलाई 1993 को छह दिन के लिए देहरादून जाना था ताकि वह गढ़वाल में लोगों का समर्थन हासिल कर सकें। जुलाई में उनकी अगुवाई में एक दल ने राष्ट्रपति से मुलाक़ात कर अलग उत्तराखंड राज्य की माँग कर दी। पार्टी ने 9 अगस्त से उत्तराखंड इलाक़े में जेल भरो आंदोलन का खाका भी तैयार कर लिया। जब मुलायम ने अलग राज्य की माँग उठाई तो बीजेपी भी इस मुद्दे पर हरकत में आ गई।

देहरादून में 8 जुलाई को एक रैली में मुलायम गरजे, "अँग्रेज़ी हटाए बिना सामाजिक न्याय नहीं मिल सकता।" जनता दल के नेता के तौर पर वीपी भी रैलियाँ कर रहे थे। पिछड़ों और दलितों की रैलियों में वह बोल रहे थे कि अगर मंडल आयोग की सिफ़ारिशें 15 अगस्त से पहले नहीं लागू हुईं तो वह हमेशा के लिए दिल्ली छोड़ देंगे और उनकी लाश ही वापस आएगी।

मुलायम ने 5 जुलाई को ऐलान किया कि वह वीपी की अध्यक्षता वाले जनता दल से चुनावी समझौता करने को तैयार हैं। उन्होंने जनता दल में विलय की संभावना को नकार दिया लेकिन सीटों के बँटवारे पर सहमत थे। हालाँकि उन्होंने शर्त रखी कि इस बारे में आख़िरी फ़ैसला सहयोगी पार्टी बीएसपी के कांशीराम से बातचीत के बाद ही होगा।

मुलायम और कांशीराम ने पाँच महीने तक एक साथ और अलग-अलग उत्तर प्रदेश के क़रीब-क़रीब हर इलाक़े का दौरा किया। उन्होंने, मैनपुरी, झाँसी, कानपुर, अयोध्या, बरेली, वाराणसी, मेरठ जैसे तमाम शहरों में रैलियाँ कीं।

मुलायम ने कहा, "छह दिसंबर को बाबरी मस्जिद गिराए जाने के बाद हम

सिर्फ़ दो बातें लोगों के सामने रखेंगे। बंबई, कानपुर, सूरत, अहमदाबाद, भोपाल, बनारस और कोलकाता में उत्पादन के लिहाज़ से कुल मिलाकर 15000 से 20000 करोड़ रुपये का नुक़सान हुआ। सरकार के मुताबिक़ दंगों में क़रीब 3500 लोगों की जान गई लेकिन मेरा अनुमान है कि ये गिनती क़रीब 8500 है। मुख्यमंत्री के तौर पर मेरे कार्यकाल में सिर्फ़ 16 लोगों की मौत हुई थी।"

बाबरी मस्जिद की शहादत के बाद बंबई में हिंदू और मुसलमानों के बीच नफ़रत की दीवार बड़ी होती जा रही थी। सत्तर के दशक में आज़मगढ़ से मुंबई पहुँचे अबू असीम आज़मी की उम्र उस वक़्त 38 साल थी और वह बंबई में एक्सपोर्ट-इंपोर्ट का कारोबार करते थे, साथ ही उनकी एक ट्रैवेल एजेंसी भी थी। दंगों के दौरान पीड़ितों की मदद के लिए वह मुख्यमंत्री कोष के लिए पैसा जमा कर रहे थे। मुख्यमंत्री शरद पवार थे। इनका एक्सपोर्ट-इंपोर्ट का कारोबार सऊदी अरब और दुबई से होता था। 12 मार्च 1993 को मुंबई एक साथ 13 धमाकों से दहल गई। इन धमाकों में सरकारी आँकड़ों के मुताबिक़ 250 लोगों की जान गई।

आज़मी से मेरी मुलाक़ात दक्षिणी-मुंबई के पॉश कोलाबा इलाक़े में उनके दफ़्तर में हुई। ये दफ़्तर ताज महल होटल से चंद क़दमों की दूरी पर ही है। आज़मी ने अपना दर्द कुछ यूँ बयान किया, "मैं बिज़नेसमैन था लेकिन मुझ पर ये आरोप लगा कि मैंने अपनी ट्रैवेल एजेंसी के ज़रिये 11 लोगों को दुबई भेजा। पुलिस दावा करती है कि ये लोग दुबई से पाकिस्तान गए और धमाकों में इनका हाथ है। ये बात अगस्त 1993 की है। मैं उस वक़्त जेद्दा में था। पुलिस ने मेरे दफ़्तर पर छापा मारा। मैं बंबई आ गया। मेरे दफ़्तर और घर पर आयकर का छापा भी पड़ा। जबकि मैंने 22 लाख रुपये टैक्स के तौर पर दिए थे। मुझ पर आरोप लगाया गया कि दाऊद इब्राहीम और टाइगर मेमन से मेरे रिश्ते हैं। सितंबर 1993 में मुझे टाडा के तहत गिरफ़्तार कर ऑर्थर रोड जेल में बंद कर दिया गया। 30 अक्टूबर 1994 को मेरी रिहाई हुई। सुप्रीम कोर्ट से मुझे बिना सुनवाई के ज़मानत मिली। धमाकों के आरोपियों में अकेले मुझे बिना सुनवाई के ज़मानत मिली थी। जेल में बंद मुसलमान आरोपियों से बातचीत में मुझे महसूस हुआ कि राज्य की कॉन्ग्रेस सरकार मुसलमानों को झूठे मामलों में फँसा रही है। मुझे यक़ीन हो गया कि कॉन्ग्रेस सांप्रदायिक पार्टी है। मुझे ये भी लगा कि मैं बड़ा कारोबारी हूँ, पैसे वाला हूँ लेकिन कोई हैसियत नहीं है। तब मैं सियासी वजूद के लिए तड़प उठा। नसीर जमाल मेरे ख़ास दोस्तों में से थे। उन्होंने कहा कि हिंदुस्तान में मुसलमानों

का एक ही रहनुमा है जो इंसाफ़ करता है और वह है मुलायम सिंह यादव। मैं राज बब्बर को जानता था जो समाजवादी पार्टी के सदस्य थे। मैंने उनसे मुलायम से मुलाक़ात फ़िक्स कराने की अपील की। फ़रवरी 1995 में मैंने मुलायम को मुंबई आने का न्योता दिया। मुलाक़ात के बाद मैं समाजवादी पार्टी का सदस्य बन गया। तब से आज तक मैं मुंबई में कॉन्ग्रेस और शिवसेना की सांप्रदायिक राजनीति के ख़िलाफ़ लड़ रहा हूँ।"

जब 2002 के वसंत और गर्मियों के दरम्यान गुजरात दंगों की आग में जल रहा था तब मुलायम अबू असीम आज़मी के साथ अहमदाबाद में एक मुस्लिम रिलीफ़ कैंप के दौर पर गए। लेकिन नरेंद्र मोदी की पुलिस ने उन्हें रोक दिया। मुलायम आग बबूला हो गए और बोले, "मुझे या तो पीड़ितों से मिलने दो नहीं तो गोली मार दो।"

मुंबई धमाकों पर एस हुसैन ज़ैदी ने 'ब्लैक फ्राइडे' किताब लिखी। इसी पर 2004 में अनुराग कश्यप ने इसी नाम से फ़िल्म बनाई।

"अयोध्या में बाबरी मस्जिद गिराने के लिए जमा कारसेवकों की जेब में 10 रुपये से लेकर 25 हज़ार रुपये थे। शहर में क़रीब 11 लाख कारसेवक जमा थे। बीजेपी के पास दंगाइयों को देने के लिए पैसा कहाँ से आया? हर्षद मेहता और बीजेपी के बीच गहरा रिश्ता है।" देहरादून में 5 जुलाई की रैली में मुलायम गरजे, "समाजवादी पार्टी की लड़ाई न्याय की लड़ाई है। ये कुरुक्षेत्र और कर्बला के शहीदों की तरह ही जिहाद है। कॉन्ग्रेस देश में रोबोट संस्कृति को बढ़ावा दे रही है।"

मशहूर फ़िल्मकार मुज़फ़्फ़र अली 6 जुलाई को समाजवादी पार्टी के सदस्य बन गए। उन्होंने मुलायम की जीवनी पर एक फ़िल्म बनाने का ऐलान किया।

देहरादून में स्वामी रामतीर्थ आश्रम में कार्यकर्ताओं के लिए आयोजित प्रशिक्षण कैंप में मुलायम ने बीजेपी के बारे में कहा, "इन पाखंडियों ने राम को चुनाव एजेंट में तब्दील कर दिया।" आडवाणी और पीवी नरसिम्हा राव की तुलना करते हुए उन्होंने कहा, "दोनों दलालों की कमाई पर राजनीति कर रहे हैं और जनता को धोखा दे रहे हैं।"

मुलायम ने कारोबारियों, महिलाओं व छात्रों के वोट हासिल करने की रणनीति बनाई। नक़ल विरोधी अध्यादेश पर उनके रुख़ के चलते छात्र उनके साथ थे।

यूँ तो मुलायम ने विवादास्पद धर्मगुरु चंद्रास्वामी को अयोध्या में सोम यज्ञ कराने की मंज़ूरी दी थी लेकिन वह चंद्रास्वामी की इस राय से इत्तेफ़ाक़ नहीं

रखते थे कि बाबरी मस्जिद की जगह मंदिर बनाया जाए। मुलायम ने दोहराया, "मैं अकेले राह बनाने में भरोसा करता हूँ और सांप्रदायिक ताक़तों को हराने के लिए शैतान से भी हाथ मिला सकता हूँ। इस मुद्दे पर मैं अपने साथियों के साथ किसी बिल में नहीं दुबका रहूँगा।"

कॉन्ग्रेस में उस वक़्त शरद पवार का क़द काफ़ी बढ़ गया था। उन्होंने मुलायम-कांशीराम गठबंधन के साथ कॉन्ग्रेस के जुड़ने की राय दी लेकिन पार्टी ने औपचारिक तौर पर महाराष्ट्र के तबके मुख्यमंत्री की राय को ख़ारिज कर दिया।

शरद पवार ने यह कहकर सबको चौंका दिया कि अगर धर्मनिरपेक्ष ताक़तें मज़बूत होती हैं तो कॉन्ग्रेस को उत्तर प्रदेश में चुनाव नहीं लड़ना चाहिए। कई जानकारों के मुताबिक़ ये तर्क कॉन्ग्रेस के दीर्घकालिक हित में नहीं था क्योंकि इसका साफ़ अर्थ ये निकलाता था कि कॉन्ग्रेस ने हार मान ली है। आज़ादी के बाद 46 में से 40 साल तक सूबे पर राज करने वाली पार्टी के लिए ये ख़ुद की कमज़ोरी को मानने के बराबर था। किसी भी चुनाव में यूपी सबसे अहम है और कॉन्ग्रेसी अपनी पीठ दिखाने को राज़ी नहीं थे।

एक इंटरव्यू में आडवाणी ने कहा– "विचारधारा कोई जिल्द, बंद या अपरिवर्तनीय हठधर्मिता नहीं है। तेज़ी से बदलती दुनिया में प्रतिबद्धता के बावजूद व्यावहारिकता का कुछ अंश होना ज़रूरी है। लेकिन व्यावहारिकता मौक़ापरस्ती में तब्दील नहीं होनी चाहिए। कॉन्ग्रेस की राजनीति व्यावहारिकता की नहीं बल्कि मौक़ापरस्ती की रही है। केरल के स्कूलों में शुक्रवार को साप्ताहिक छुट्टी और अयोध्या में सोम यज्ञ को किस नज़रिये से देखा जाए?"

जुलाई 1993 में नरसिम्हा राव सरकार के ख़िलाफ़ अविश्वास प्रस्ताव में समाजवादी पार्टी और बीएसपी के तीन-तीन सांसद वोटिंग से ग़ैरहाज़िर रहे। राव के लिए ये हिम्मत आफ़ज़ाई का मौक़ा था। मुलायम सरकार के संकटमोचक बने जबकि राष्ट्रीय मोर्चा और लेफ़्ट ने सरकार के ख़िलाफ़ रुख़ कड़ा कर लिया था।

राव सरकार के ख़िलाफ़ अविश्वास प्रस्ताव में संयुक्त मोर्चा-लेफ़्ट फ्रंट के चार आधार थे। आर्थिक नीतियों की वजह से देश की आर्थिक स्वायत्तता विश्व बैंक और आईएमएफ़ के पास गिरवी रख दी गई। इसकी वजह से महँगाई बढ़ने लगी, बेरोज़गार बढ़ गए, कामगारों पर हमले होने लगे और आत्मनिर्भरता की नीति को तिलांजलि दे दी गई। संयुक्त मोर्चा-लेफ़्ट फ्रंट के साथ क़दमताल करने के लिए बीजेपी भी तैयार थी।

सेंटर फ़ॉर दि स्टडी ऑफ़ डेवलपिंग सोसाइटीज़ (सीएसडीएस) के अभय कुमार दुबे ने मुलायम सिंह के बारे में लिखा है– 'मुलायम सिंह यादव की शख़्सियत भारतीय राजनीति के उत्तर-नेहरू दौर की बेहतरीन उपलब्धि है। पहले डॉ. लोहिया और फिर चौधरी चरण सिंह के नेतृत्व में काम करते हुए उन्होंने राजनीति में मुख्य तौर पर चार हस्तक्षेप किए। संभवत: वे पहले मुख्यमंत्री थे जिन्होंने सरकारी कामकाज में हिंदी और अन्य भारतीय भाषाओं के प्रयोग का समर्थन करके देश के अँग्रेज़ीभाषी अभिजन की नाराज़गी मोल ली। लेकिन उनका यह क़दम लोकतंत्रीकरण की प्रक्रिया को आगे बढ़ाने के लिए अनिवार्य था। दूसरे, मुलायम सिंह यादव ने सेकुलरवाद के प्रश्न को एक राजनीतिक उसूल के रूप में स्थापित किया, और उसके लिए अपनी सरकार की बलि देने में भी कोई हिचक नहीं दिखाई। तीसरे, वे कमज़ोर जातियों और समुदायों की प्रबल राजनीतिक एकता के व्यावहारिक पैरोकार बनकर उभरे। इस एकता को उन्होंने एक दूरगामी रणनीति के तौर पर इस्तेमाल करके नब्बे के दशक के शुरुआत में सांप्रदायिक दावेदारियों का ऐतिहासिक मुक़ाबला किया। चौथे, वे ग़ैर-कॉन्ग्रेसवाद के मुक़ाम से चलकर ग़ैर-कॉन्ग्रेस और ग़ैर-भाजपा राजनीतिक गोलबंदी के रणनीतिकार साबित हुए। आज भी उत्तर प्रदेश में उनकी राजनीति इसी डगर पर चल रही है। मुझे यह कहने में कोई हिचक नहीं है कि मुलायम सिंह यादव भारतीय राजनीति में दूसरे लोकतांत्रिक उभार के नायकों में एक हैं। एक ऐसे समय में जब इस उभार की अगुआई करने का दावा करने वाले कुछ नेताओं, जैसे लालू यादव, की आभा मंद पड़ चुकी है, मुलायम सिंह यादव ने साबित किया है कि उनमें अभूतपूर्व टिकाऊ क्षमता है। देश इस समय गठजोड़ राजनीति के दौर में है जिसमें हर क़दम बहुत सोच-समझकर उठाना पड़ता है। इस तरह के पेचीदा हालात में मुलायम सिंह जैसे परिपक्व और कौशलपूर्ण राजनीति करने वाले नेता अब उँगलियों पर गिनने लायक़ ही रह गए हैं।'

अध्याय 21

गरम हवा

भारतीय राजनीति के इतिहास में 1984 स्याह साल था। खिली धूप वाली 31 अक्टूबर की सुबह भारत ने इंदिरा गाँधी को खो दिया। वह अपने ही गार्डों की गोलियों से मारी गईं, वही गार्ड जिनको गृह मंत्रालय ने जवाहरलाल नेहरू की प्रधानमंत्री बेटी की हिफ़ाज़त के लिए तैनात किया था। सतवंत सिंह और बेंत सिंह हिंदू नहीं थे। वे दोनों सिख थे। एक ऐसा धर्म ख़ास तौर पर पंजाब में जिसकी पहचान है और क़रीब 3 करोड़ लोग इसके अनुयायी हैं। सिखों की पहचान मेहनती और जुझारूपन है और अपनी मेहनत के बलबूते ही उन्होंने पंजाब को न केवल देश को सबसे ज़्यादा अनाज मुहैया कराने वाले सूबा बनाया बल्कि हरित क्रांति को भी साकार किया।

ऑपरेशन ब्लूस्टार का आदेश और फिर इंदिरा गाँधी की हत्या ने 1984 की उपलब्धियों और असफलताओं को सिर के बल खड़ा कर दिया। भारतीय जनमानस के दिमाग़ में जॉर्ज ऑरवेल का उपन्यास– नाइंटीन एटी फ़ोर (1984) घूम रहा था।

सिर्फ़ 44 साल के मुलायम के लिए ये साल मुश्किलों भरा था। लुटियन की दिल्ली में तुगलक रोड पर जब सिखों के हत्यारे बेख़ौफ़ आतंक का मंज़र पैदा कर रहे थे, वह पिस्तौल, तलवार, फरसे और मिट्टी के तेल से लैस इन वहशियों को भगाने में जुटे थे। उस भुतही 31 अक्टूबर को कर्पूरी ठाकुर भी 'नेताजी' के साथ थे। जैसे ही गले में सुलगते टायर के साथ उन्होंने एक सिख को देखा, अपने कुर्ते की बाँहें चढ़ाई, धोती को कसा और आनन-फानन में छह फ़ुट ऊँची दीवार पर चढ़कर दंगाइयों को ललकराने लगे। लाल टोपी इनके करीने से कढ़े बालों पर टिकी हुई थी। कर्पूरी कुछ-कुछ अनिच्छुक थे।

इस समाजवादी ने एक सिख की जान बचाई थी। मुट्ठी बाँधे मुलायम को

आगे बढ़ते देख दंगाइयों की हिम्मत जवाब दे गई और वे घबराकर भाग गए। उस सिख को भरोसा ही नहीं हो रहा था कि वह ज़िंदा है। मुलायम ने आगे बढ़कर उसे गले लगाया और सांत्वना दी।

शुरुआत में कर्पूरी ठाकुर तैयार नहीं थे लेकिन उनके दोस्त की फुर्ती ने उन्हें भी हिम्मत दे दी। वह तुरंत ही सामने आ गए। मुलायम की हिम्मत देख उनके भीतर भी मौत का डर ख़त्म हो गया। न तो बदन काँप रहा था और न ही दिमाग़ में डर था। सिख विरोधी दंगों ने दिल्ली समेत देश के तमाम शहरों पर कालिख पोत दी।

1990 और 1992 की सर्दियों में भी इटावा, लखनऊ, सैफ़ई के साथ-साथ दिल्ली में मुलायम और उनके ख़ानदान ने ऐसे ही भाईचारे की दास्तान लिखी। इटावा और सैफ़ई में उनके घर में मौत के डर से भागे तमाम मुसलमानों को शरण मिली।

जॉर्ज ऑरवेल का जन्म 1903 में मोतिहारी में हुआ था। उन्होंने 'नाइंटीन एटी फ़ोर' उपन्यास 1948-49 में लिखा था जो एक साहित्यिक-राजनीतिक उपन्यास माना जाता है। उपन्यास का शीर्षक 1948 का उलटा है। ऑरवेल की पहली पत्नी एलीन ओ'शॉनेसी ने एक कविता लिखी थी- एंड ऑफ़ सेंचुरी, 1984... ये माना जाता है कि उपन्यास का शीर्षक यहीं से लिया गया।

यह एक मनहूस वैज्ञानिक कहानी थी जो चालीस साल बाद युग प्रवर्तक क्लासिक उपन्यास में तब्दील हो गया। इसकी कहानी, कथावस्तु और बिगब्रदर, डबलथिंक, थॉटक्राइम, मेमोरीहोल जैसे जो शब्द गढ़े गए, वे पागलपन की हद तक लोकप्रिय हो गए। ये सारे शब्द एक विशेषण बन गए जिसे ऑर्वेलियन कहा गया और 9/11 हादसे के बाद से कोई इंसान किसी तानाशाह के एजेंडा को बरक़रार रखने के लिए इन्हें धोखा, गुप्त निगरानी, चालबाज़ी से जोड़कर देखेगा।

ये उपन्यास कई मायनों में भारतीय राजनीति का आईना है। भारत ओशिनिया की वेशभूषा में दिखाई देता है जो सीमित लोगों में निहित सत्ता की जागीर है। पार्टी में भी कुछ गिने-चुने लोगों की तानाशाही चलती है। देश के एक सूबे में बड़े पैमाने पर समाज के तबक़ों के बीच युद्ध के हालात हैं। सरकार जुनूनी निगरानी में जुटी हुई है। प्रचारतंत्र दिमाग़ पर क़ाबू करने की कोशिश में है। कुछ आलोचकों ने इस राजनीतिक प्रणाली को ब्रिटेन में अँग्रेज़ी समाजवाद से जोड़कर देखा है। यहाँ तक कि जब समाज अभिजात वर्ग के एक गुट द्वारा शासित है, तो वे भी

व्यक्तित्व के अधिनायकवादी पंथ से दबे होते हैं जो कि बिगब्रदर है। बिगब्रदर वह नेता है जो सत्ता और जनता की राय को नियंत्रित करने के दर्शन में पूर्ण है। वह सोचने के अपराध पर नज़र रखता है। बिगब्रदर के साये तले व्यक्तित्व और तर्क थॉट क्राइम यानी सोचने के अपराध हैं।

उपन्यास में विन्सटन स्मिथ नायक है। भारतीय राजनीति में सैकड़ों विन्सटन स्मिथ हैं। पाकिस्तान और बांगलादेश में भी सैकड़ों ऐसे लोग मौजूद हैं जो सत्य के मंत्रालय के लिए काम कर रहे हैं। सत्य का मंत्रालय यानी प्रोपेगेंडा मशीनरी और पार्टी के कार्यक्रमों को महिमामंडित करने के लिए इतिहास के साथ खिलवाड़। स्मिथ को अतीत के इतिहास में सुधार का ज़िम्मा दिया जाता है। एक तरह से अतीत दोबारा लिखने का जो वास्तव में हर रोज़ बदलता है। उसे उन लोगों की स्लेट को साफ़ कर देना होता है जिनको सत्ता ने न केवल ख़त्म कर दिया बल्कि प्रभावी ढंग से उनके अस्तित्व को भी मिटा दिया गया। ये सारे लोग 'हवा' हो गए।

सत्तर और अस्सी के उथल-पुथल भरे सालों में इंदिरा गाँधी के शासन और जनसंघ और बीजेपी जैसे कट्टर हिंदू पार्टियों के साथ समाजवादियों की गलबहियों के दौरान पूरा देश एक तरह से 'बिग मदर वॉचिंग यू' के दौर से गुज़र रहा था। जॉर्ज ऑरवेल के पात्र लंदन की सड़कों पर चलते हैं जो एक समय इंग्लैंड या ग्रेट ब्रिटेन या ओशिनिया प्रांत की राजधानी एयरस्ट्रिप वन है। लोग पार्टी के नेता, बिग ब्रदर के पोस्टर को देखते हैं जिस पर लिखा है 'बिग ब्रदर आपको देख रहा है शहर में, गाँव में, हर जगह।' लेकिन साहित्य के एक टुकड़े को अधिक पेचीदा बनाने वाली है सामाजिक वर्ग प्रणाली। यह तीन मंज़िले पिरामिड की तरह है- सत्तारूढ़ उच्च वर्ग के कुलीन यानी इनर पार्टी, मध्यम वर्ग यानी बाहरी पार्टी और सर्वहारा निचला वर्ग, जो आबादी का 85 फ़ीसदी है और दबा-कुचला है, शोषित है शिक्षा और अर्थव्यवस्था के फ़ायदों से महरूम है।

और 'बिग ब्रदर' कैसे अपनी प्रजा को ग़ुलामी के पहियों के नीचे रखता है? केवल चार मंत्रालय बख़ूबी ये काम करते हैं- मिनीपैक्स, मिनीप्लेंटी, मिनिलव और मिनिटू यानी शांति, अधिकता प्यार और सत्य के मंत्रालय।

यहाँ मिनिस्ट्री ऑफ़ पीस यानी शांति मंत्रालय युद्ध से निपटता है और मिनिस्ट्री ऑफ़ लव यानी प्रेम का मंत्रालय यातना और जबरन सोच बदलने का काम करता है। इस तरह युद्ध के ज़रिये शांति हासिल होती है और जबरन सोच

बदलकर बिग ब्रदर का प्यार हासिल होता है।

इंदिरा गाँधी के निधन के बाद गाँधी परिवार के लिए सिंहासन ख़ाली था और उत्तराधिकारी राजीव गाँधी के सिर पर ताज रख दिया गया जो कि पेशे से पायलट थे और हवाई जहाज़ उड़ाते थे। देश के लोकतांत्रिक शासन में छोटे भाई संजय गाँधी की एक विमान हादसे में मौत के बाद वही राजकुमार थे। मुलायम सिंह यादव राजीव की आँखों के तारे बन गए। वीपी से देश की और मुलायम से उत्तर प्रदेश की सत्ता गँवाने के बाद वह अपनी पार्टी के नेताओं से ज़्यादा भरोसा उस वरिष्ठ समाजवादी पर करने लगे थे।

1990 की सर्दियों में जब बाबरी मस्जिद पर हमला हुआ तो राजीव इसी समाजवादी के कंधे पर बैठ राजनीति कर रहे थे। वह सिर्फ़ 46 साल के थे। मुलायम से बमुश्किल सात साल छोटे। जब मस्जिद को कोई नुक़सान नहीं पहुँचा तो राजीव ने कहा, "मुलायम सच्चे धर्मनिरपेक्ष राष्ट्रवादी हैं।" राजीव ने समाजवादी शब्द का इस्तेमाल नहीं किया क्योंकि वह अपने नाना के समाजवादी सपनों से बहुत ज़्यादा वाक़फ़ियत नहीं रखते थे। नेहरू समाजवादी थे लेकिन नाती कुछ-कुछ पूँजीवाद समर्थक थे। वह सत्ता पर क़ाबिज़ होने के दो साल के भीतर ही कट्टर हिंदुओं के विषपात्र के सामने कमज़ोर पड़ गए। बाबरी मस्जिद का ताला खोलकर उन्होंने अपने राजनीतिक नौसिखिएपन का सबूत दे दिया। उन्होंने सांप्रदायिकता की आग को फैलने का मौक़ा दे दिया और फिर चुनावी सरगर्मी के बीच 1991 की गर्मियों में हमेशा के लिए चले गए। भारतीय राजनीति में किसी महिला सुसाइड बॉम्बर के हाथों मारा जाना ठीक वैसा ही था मानो लोहे की गर्म सलाख को छू लेना। 21 मई 1991 को पेरम्बदूर में राजीव की हत्या से मुलायम सदमे में थे। वह बताते हैं, "राजीव दिल के सच्चे थे। वह चालाक और धूर्त नहीं थे और वह अपनी पार्टी के नेताओं के जोड़-तोड़ को नहीं समझ सके। उनका निधन कॉन्ग्रेस के लिए बड़ा झटका था।"

बात 1991 की गर्मियों की है। पीवी नरसिम्हा राव का करियर अस्त हो रहा था। सक्रिय राजनीति से उनका दूर होना वैसा ही था मानो कोई संन्यासी निर्वाण के लिए पहाड़ों की ओर बढ़ रहा हो। वह डायबिटीज़ समेत कई बीमारियों से भी परेशान थे। लेकिन राजीव गाँधी की ग़ैरमौजूदगी ने जैसे उन्हें नई ज़िंदगी दे दी। आगे निकले हुए मुँह वाले नरसिम्हा राव दौड़ में तब आगे हो गए जब एनडी तिवारी मामूली अंतर से चुनाव हार गए। उत्तर भारत से प्रधानमंत्री की कुर्सी के

ये दावेदार दौड़ से बाहर हो गए। देश के नवें प्रधानमंत्री के तौर पर पामुलपति वेंकट नरसिम्हा राव ने 21 जून 1991 को शपथ ली। अपने शासनकाल के दौरान वह कई मामलों में अव्वल रहे। वह पहले ऐसे कॉन्ग्रेसी प्रधानमंत्री रहे जिसका नेहरू-गाँधी ख़ानदान से कोई रिश्ता नहीं था। भारतीय राजनीति के स्फिंक्स (एक ऐसा जानवर जिसका शरीर सिंह का और चेहरा स्त्री का होता है) माने जाने वाले नरसिम्हा राव ने ही सरदार मनमोहन सिंह को सबसे पहले अपना वित्त मंत्री बनाया। इसके बाद आर्थिक मोर्चे पर शुरू हुई लहरों ने नेहरूवादी समाजवाद यानी मिश्रित अर्थव्यवस्था की जड़ों को ही उखाड़ दिया। पीवी नरसिम्हा राव और मनमोहन सिंह मिलकर लाइसेंस-परमिट राज की निशानियों को मिटाना शुरू कर दिया। नेहरू-इंदिरा की राजनीतिक अर्थव्यवस्था वाली विरासत के ताबूत में कीलें ठोकने का काम किया और मुक्त बाज़ार अर्थव्यवस्था से जुड़े आर्थिक सुधारों के लिए एक्सप्रेस-वे तैयार किए। क़रीब 25 करोड़ की आबादी वाले मध्यम वर्ग को मैकडोनाल्ड के बर्गर और डोमिनोज़ के पित्ज़ा के भूखे और ललचाए बाज़ार में तब्दील कर दिया गया।

बड़ी तादाद में मुसलमान मानते हैं कि बाबरी मस्जिद को ढहाने में नरसिम्हा राव प्रमुख आर्किटेक्ट थे। हक़ीक़त ये है कि मुसलमान नरसिम्हा राव को बीजेपी के लोध-राजपूत नेता कल्याण सिंह से भी ज़्यादा ख़राब मानते हैं। सौम्य और शर्मीले ख़ालिद रशीद लखनऊ ईदगाह के इमाम हैं साथ ही फिरंगी महल के वंशज हैं। रशीद कहते हैं, "राव ने मुसलमानों को धोखा दिया। उन्होंने हमारी धार्मिक भावनाओं पर चोट की। कॉन्ग्रेस में ऊपर से लेकर नीचे तक आरएसएस के लोगों की कमी नहीं है। फिर भी मैं कॉन्ग्रेस को हिंदुत्व समर्थक पार्टी नहीं मानता। बँटवारे के बाद से कॉन्ग्रेस के राज में सैकड़ों सांप्रदायिक दंगे हो चुके हैं। बंबई के दंगों के दोषियों को पकड़ भी लिया गया और सज़ा भी हो गई लेकिन बाबरी मस्जिद गिराने के दोषी खुल्लम-खुल्ला घूम रहे हैं।"

मुलायम तब लोकसभा के सदस्य नहीं थे। उनके हाथ में लखनऊ की सरकार के जहाज़ की कमान थी। वह बीजेपी, वीएचपी और आरएसएस की सांप्रदायिक तिकड़ी के झंडाबरदारों अटल बिहारी वाजपेयी, लालकृष्ण आडवाणी, मुरली मनोहर जोशी, उमा भारती, साध्वी ऋतंभरा, प्रवीण तोगड़िया, अशोक सिंघल और विष्णु हरि डालमिया की देखरेख में कुकुरमुत्ते की तरह कट्टर हिंदुओं की बढ़ती फ़सल देख रहे थे।

पीवी नरसिम्हा राव और बीजेपी के 'रथवीर' की हक़ीक़त जानने के लिए गाँवों और शहरों में हज़ारों लोग सड़कों पर भी उतरे। मुलायम बेचैन थे। यह दोबारा जन्म लेने का मौक़ा था। जनता पार्टी के बिखरने के बाद से समाजवादी आंदोलन दोराहे पर खड़ा था। तब 'नन्हे नेपोलियन' ने समाजवादियों की एक नई फ़ौज तैयार की और नाम दिया–*समाजवादी पार्टी*। लखनऊ के बेगम हज़रत महल पार्क में 4 नवंबर 1992 को नई पार्टी बनी। पार्क में मौजूद भीड़ इंद्रधनुषी नज़ारा पेश कर रह थी। कलफ़ किए हुए या मुड़े-सिकुड़े शलवार-कुर्ता और सिर पर चिपकी टोपी पहने सैकड़ों मुस्लिम मर्द और मुस्लिम महिलाएँ मुलायम की ओर उम्मीद भरी निगाहों से देख रही थीं।

वीएचपी, बीजेपी, आरएसएस और शिवसेना से जुड़े दंगाइयों के बाबरी मस्जिद ढहाने के बाद से देश भर में मुसलमानों ने हज़ारों की तादाद में अपने भाई-बहनों को हमेशा के लिए खो दिया। समाजवादियों की हौसला आफ़ज़ाई करने में वे अकेली नहीं थीं। समाजवादी गानों और धुनों पर नाचने वालों में धर्मनिरपेक्ष, पिछड़े और दलित हिंदू भी शामिल थे। मुलायम राष्ट्रीय राजनीति में कूदने को तैयार थे। देश की राजनीति में यह ऐतिहासिक घटना थी।

सभाओं में नाम की घोषणा होते ही मुलायम मंच पर पहुँचकर माइक थाम लेते थे। देखते ही भीड़ उन्मादी हो जाती–

"भाइयों और बहनो, ये ऐतिहासिक वक़्त है। सांप्रदायिक ताक़तें तूफ़ान की रफ़्तार से बढ़ रही हैं। आपके भाई मुलायम ने लंगोट कस ली है। मैं उनको नेस्तनाबूद करके ही दम लूँगा। हम बँटवारा और घृणा बाँटने वाली ताक़तों को संसद तक नहीं पहुँचने देंगे। पहले उन्होंने हज़ारों नौजवानों को बरगला कर कारसेवक बनाया। वह अपने मक़सद में कुछ हद तक कामयाब भी हो गए। लेकिन मैं किसी नौजवान छात्र या छात्रा को पढ़ाई या नौकरी से ध्यान नहीं बँटाने दूँगा। हमें जाति और धर्म के आधार पर लड़ाई बंद करनी होगी। पिछड़े और शोषित समाज के लोगों की मदद के लिए अभिजात्य भाइयों को आगे आना चाहिए। एक ओर हम आपस में लड़ रहे हैं, दूसरी ओर कॉन्ग्रेस देश को विदेशी हाथों में बेचने की तैयारी कर रही है। उदारवाद और वैश्वीकरण के नाम पर हमारी सरकारी कंपनियाँ विदेशी कंपनियों को बेची जा रही हैं। हम आर्थिक उपनिवेशवाद के साये में ज़िंदा हैं।"

आर्थिक और राजनीतिक लिहाज़ से ये भारतीय राजनीति का सबसे फ़सादी

वक़्त था। प्रधानमंत्री राव और उनके वित्त मंत्री मनमोहन सिंह ऑर्थर डंकल की स्क्रिप्ट पर चल रहे थे। दिसंबर 1991 के डंकल ड्राफ़्ट की नींव पर ही वर्ल्ड ट्रेड ऑर्गनाइज़ेशन खड़ा हुआ। ऑर्थर डंकल पुर्तगाल में जन्मे स्विस अर्थशास्त्री थे। वह 1980 से 1993 के दौरान 13 साल तक जनरल एग्रीमेंट ऑन टैरिफ्स एंड ट्रेड (गैट) के महानिदेशक थे। उरुग्वे दौर की बातचीत में भारत जैसी खेतिहर अर्थव्यवस्था वाले देशों के लिए उदारवादी राज की सलाह दी। मुलायम चाहते थे कि राव सरकार डंकल ड्राफ़्ट में किसान के हितों से जुड़े मुद्दे शामिल करने का दबाव डाले।

अफ़सोस कि खेती से जुड़े मुद्दों पर महज़ कुछ छोटे बदलाव ही हो सके।

अध्याय 22

जात न पूछो पत्थर की

भारतीय संविधान की ड्राफ़्ट कमेटी के अध्यक्ष और हिंदू जाति प्रथा के ख़िलाफ़ झंडा बुलंद करने वाले संविधान शिल्पी बाबा साहेब भीमराव आंबेडकर की दूसरी पत्नी थीं सविता आंबेडकर। माना जाता है कि डायबिटीज़ के इलाज के दौरान आंबेडकर की मुलाक़ात मुंबई में सारस्वत ब्राह्मण डॉ शारदा कबीर से हुई थीं। आंबेडकर और शारदा ने 15 अप्रैल 1948 को नई दिल्ली में शादी कर ली। डॉ शारदा आंबेडकर से इतनी प्रभावित थीं कि उन्होंने अपना नाम बदलकर सविता रख लिया और आंबेडकर के विचारों के प्रचार और छुआछूत के ख़िलाफ़ मुहिम में सारा जीवन झोंक दिया। सविता आंबेडकर 1984 के लोकसभा चुनाव के दौरान मुलायम सिंह के विक्रमादित्य मार्ग, लखनऊ वाले मकान में क़रीब एक महीने ठहरी थीं। वह रायबरेली से अरुण नेहरू के ख़िलाफ़ मैदान में थीं।

उस वक़्त देश में दलित पैंथर नाम का एक संगठन था। इसकी स्थापना 5 दिसंबर 1980 को दिनेश आनंद ने की थी। यह संगठन अपनी सोच में कुछ-कुछ उग्रवादी था। दिनेश आनंद सविता की प्रचार टीम के अहम सदस्य थे। यही नहीं, वह बाबरी मस्जिद एक्शन कमेटी के अकेले दलित नुमाइंदे भी रहे। वह बताते हैं, "मुलायम के घर सविता के ठहरने से उत्तर प्रदेश और देशभर के दलितों में सकारात्मक संदेश गया। मुलायम के इस राजनीतिक आचरण को दलितों ने सराहा। वह दलित हितों और उनकी उम्मीदों के संरक्षक से बन गए। मुख्यमंत्री बनने के बाद 1989 में मुलायम ने आंबेडकर शताब्दी समारोह मनाया और यूपी विधानसभा के सामने 'आंबेडकर महासभा' का गठन किया और इसे भारी राशि दी। लेकिन उनका अहम क़दम रहा आंबेडकर के मराठी और अँग्रेज़ी लेखों के हिंदी में अनुवाद के लिए राशि का आबंटन करना। उन्होंने इसे सूबे के सभी स्कूलों, कॉलेजों और यूनिवर्सिटियों में बाँटने का आदेश भी जारी किया।"

आंबेडकर महासभा के गठन में पारसनाथ मौर्य के संघर्षों का बड़ा योगदान था। हालाँकि बाद के वर्षों में उसका श्रेय लालजी निर्मल ले गए।

लोहिया आंबेडकरवादी नहीं थे। मुलायम सिंह को भी आंबेडकरवादी नहीं कहा जा सकता। फिर भी एक ओर जहाँ लोहिया आंबेडकर के समर्थक थे और उनकी सलाह लेते रहते थे, वहीं मुलायम ने भी आंबेडकर के विचारों और कार्यक्रमों को पूरी इज़्ज़त बख्शी। आंबेडकर का निधन 6 दिसंबर 1956 को हुआ। आंबेडकर ने कहा था- तालीम दो, संगठित हो और आंदोलन करो। उनकी पुण्यतिथि पर दलित इसी को याद कर परंपरा का निर्वाह कर रहे हैं। यह एक संयोग ही है कि बाबरी मस्जिद भी 6 दिसंबर को ढहाई गई। ये तारीख़ दलितों और मुसलमानों के लिए हादसे का है। आंबेडकर के निधन के बाद लोहिया ने मधु लिमये को चिट्ठी में लिखा था, "मैं हमेशा ही उन्हें अपने साथ लाना चाहता था, सिर्फ़ संगठन के स्तर पर नहीं बल्कि विचारों और सोच के स्तर पर भी और वह मौक़ा भी आता दिख रहा था। मेरे लिए भारतीय राजनीति में डॉ आंबेडकर की अलग जगह है और गाँधीजी के सिवाय वह हिंदुओं में सर्वश्रेष्ठ हैं। यह तथ्य मुझे हमेशा सुकून देता है और भरोसा दिलाता है कि जाति प्रथा एक दिन ख़त्म होगी।"

कांशीराम का जन्म पंजाब के रोपड़ में एक दलित सिख परिवार में हुआ था। थोड़े मांसल और चिकने गोल चेहरे वाले कांशीराम किसी नौकरशाह की तरह दिखते थे। उन्होंने पुणे में डिफ़ेंस रिसर्च एंड डेवलपमेंट ऑर्गनाइज़ेशन (डीआरडीओ) में लैब असिस्टेंट के तौर पर नौकरी शुरू की। लेकिन 1980 के आख़िर तक वह देश के दलितों को संगठित करने का सपना पाल चुके थे। उन्होंने 1984 में दलितों के राजनीतिक प्रतिनिधित्व के लिए एक संगठन बनाया और नाम दिया 'बहुजन समाज पार्टी' (बीएसपी)। हालाँकि राजनीति के अखाड़े में कूदने की उनकी मंशा का इज़हार 1978 में बामसेफ़ (बैकवर्ड एंड माइनॉरिटी कम्युनिटी एंप्लाइज़ फ़ेडरेशन) के ज़रिये ही हो गया था। इसने हाशिये पर मौजूद समुदाय में क्रांतिकारी बदलाव ला दिया।

बाबरी मस्जिद गिरने के बाद मुलायम टूट से गए थे। उनके दिमाग़ में दलितों, मुसलमानों और किसानों की बेहतरी के लिए काम करने का संघर्ष चल रहा था। सांप्रदायिक ताक़तों से मुक़ाबले में उन्हें कांशीराम में एक साथी दिखाई पड़ा। मुलायम ने कांशीराम को न केवल इटावा से चुनाव लड़ने का टिकट दिया बल्कि 1993 में विधानसभा चुनाव से पहले चुनावी गठबंधन भी किया। मुलायम के

राजनीतिक सफ़र का सबसे पेचीदा अध्याय यहीं से शुरू होता है।

सत्ता की ताक़त और उससे बेदख़ली को मुलायम से बेहतर कोई नहीं समझ सकता। कांशीराम राजनीति के एल्केमिस्ट थे। पंजाब में अपनी राजनीतिक असफलता को पह भाँप चुके थे। तब उन्होंने उत्तर प्रदेश का रुख़ किया जहाँ 20 फ़ीसदी आबादी दलित थी। मुलायम सिंह के किसानों और मुस्लिम वोटों की सवारी करते हुए दलित वोट बैंक को सहेजने की हसरत के साथ उन्होंने अपना राजनीतिक दाँव एक दलित (जाटव) महिला पर लगा दिया।

कांशीराम की राजनीतिक उत्तराधिकारी मायावती को आगे चलकर समाजवादी पार्टी ने 'मूर्ति महारानी' (स्टैचू क्वीन) का तमगा दिया। कांशीराम का 9 अक्टूबर 2006 को निधन हो गया। उनके निधन को लेकर कई तरह की अफ़वाहें और चर्चे हैं। लेकिन हक़ीक़त ये है कि वह कई सालों से बीमार थे, बिस्तर पर थे और दिल का दौरा पड़ने से उनका निधन हुआ। इस दौरान मायावती परछाई की तरह उनके साथ लगी रहीं। कांशीराम की विरासत इस बात के लिए जानी जाती है कि उन्होंने सबसे पहले कॉन्ग्रेस के दलित वोट बैंक को सत्ता का सपना दिखाकर अपनी ओर खींचा। यही नहीं उनको सत्ता का स्वाद भी चखाया लेकिन इस पूरी क़वायद में दलितों को समाज में कहीं न कहीं अकेला भी कर दिया। पहले दलितों को अभिजात्यों के ख़िलाफ़ उग्र बनाया (कौन भूल सकता है अविस्मरणीय नारे को– '*तिलक तराजू और तलवार, इनको मारो जूते चार*', जो बाद में चलकर सत्ता के मोह में नारा बदला– '*हाथी नहीं गणेश है, ब्रह्मा विष्णु महेश है*') और फिर मुलायम की समाजवादी पार्टी से अलग होने के बाद मायावती की अगुवाई में दलितों के एक गुट को और उग्र बनाकर ओबीसी से भी दूर कर दिया।

राजनीति में सत्ता के पाँच प्रमुख नियम हैं- ताक़त, अनुनय, अधिकार, दबाव और हेरफेर। रियलपॉलिटिक की सभी अड़चनों को लाँघते हुए कांशीराम और मायावती ने मुलायम का पूरा शोषण किया। गठबंधन को चुनाव में भारी जीत मिली। इन दोनों ने मुलायम को दोबारा मुख्यमंत्री बनने में मदद की लेकिन 24 घंटे के भीतर ही इसकी क़ीमत वसूलने का काम शुरू कर दिया। कांशीराम अपने समर्थकों के बीच में 'मान्यवर' के नाम से मशहूर हुए, मगर उनकी राजनीतिक दाँव-पेच की शैली में मैकियावली के राजनीतिक दाँव-पेच के तत्व मौजूद थे।

मुलायम की राजनीति का अहम हिस्सा है अनुनय यानी समझाना-बुझाना। सपा और बसपा के बीच 1993 में सत्ता के बँटवारे के वक़्त ये बिलकुल साफ़

दिख रहा था। गहरे तक बंटे भारतीय समाज में उन्हें सत्ता के बँटवारे की अहमियत पता चल चुकी थी। जल्दी ही ये फ़ॉर्मूला केंद्र की राजनीति में भी अपनी पैठ बनाने वाला था। हालाँकि बीएसपी के साथ सत्ता में भागीदारी सरकार या विस्तृत सामाजिक स्थिरता की गारंटी नहीं थी और सरकार गिरने से ठीक पहले की घटनाओं से ये साफ़ भी हो गया। फिर भी ये एक बदलाव लाने वाला प्रयोग था।

दिखने में छोटे लेकिन सहजबोध में माहिर, नदीम ख़ान उन दिनों हिंदी अख़बार दैनिक जागरण के विशेष संवाददाता थे। सिर पर आगे की तरफ़ से नदारद होते बाल, उभरे हुए दाँतों के मालिक नदीम अपनी एक ख़बर की वजह से मायावती और कांशीराम के निशाने पर आ गए। 1993-94 में उन्होंने मायावाती की 'तथाकथित बेटी' के बारे में ख़बर दी। हालाँकि मायावती की बेटी होने का कोई साक्ष्य मौजूद हैं, क्योंकि उन्होंने शादी नहीं की है और उन्हें बहन मायावती कहकर संबोधित किया जाता है। नदीम बताते हैं, "मुलायम के समर्थन के बिना कांशीराम सांसद नहीं बन सकते थे। शुरुआती दौर में उनके ज़्यादातर विधायक कुर्मी थे या मुस्लिम। उन्होंने कुर्मी नेता जंग बहादुर पटेल, राम लखन वर्मा और सुलेमान शेख जैसे नेताओं को तैयार करना शुरू किया। वर्मा को अपने घर के आँगन में जंगली जानवर पालने का शौक़ था। उनके पालतू जानवरों में एक हाथी भी शामिल था। लेकिन अफ़सोस इसी हाथी ने एक दिन उन्हें कुचल दिया। ये हाथी उन्हें महावत से भी ज़्यादा प्यार करता था। मायावती को सत्ता का नशा था। उन्होंने कांशीराम के भरोसेमंद लोगों को खड्डे लाइन लगाना शुरू कर दिया। राज बहादुर, आर के चौधरी, डॉ मसूद अहमद (बीएसपी की पिछली सरकार में शिक्षा मंत्री) को बाहर का रास्ता दिखा दिया गया। राज बहादुर तब बीएसपी के प्रदेश अध्यक्ष थे। आर के चौधरी जाति से पासी थे। डॉ मसूद अहमद को न केवल पार्टी से निकाला गया बल्कि मायावती के इशारे पर सरकारी बंगले से उनका सामान भी फिकवा दिया गया। मुलायम के दूसरे शासनकाल में ये सब हरकतें हुईं। मायावती ने दलितों का ना धन बढ़ाया ना तन बढ़ाया, केवल मन बढ़ाया और समाज से अलग-थलग कर दिया। दलितों के उत्थान के आंबेडकर के सपनों के साथ कांशीराम से ज़्यादा मायावती ने छल किया।"

उत्तर प्रदेश की 12वीं विधानसभा का गठन 4 दिसंबर 1993 को हुआ था। चुनाव में समाजवादी पार्टी-बहुजन समाज पार्टी गठबंधन ने बाक़ी पार्टियों का सफ़ाया कर दिया था। चुनाव से पहले हुए गठबंधन ने ओबीसी और दलित वोटों

को तो एक साथ खड़ा ही कर दिया, व्यापारियों, राजपूत जैसे अभिजात्यों और मुसलमानों का पुरज़ोर समर्थन मिला। धनिक राम वर्मा को विधानसभा का स्पीकर चुना गया। लेकिन 1995 आते-आते कांशीराम और मायावाती ने मुलायम सिंह को ब्लैकमेल करना शुरू कर दिया। कई ऐसे मौक़े आए जब कांशीराम मनमौजी तरीक़ों से मुलायम सिंह को अपमानित करने के मौक़े तलाशने लगे। पानी सिर से गुज़रने लगा और 2 जून 1995 को बीएसपी ने मुलायम सरकार से समर्थन वापस ले लिया। मायावती और कांशीराम तब तक बीजेपी की नावों में बैठ सत्ता की नदी पार करने के सपने देखने लगे थे। लखनऊ के वीवीआईपी गेस्ट हाउस में मायावती सांप्रदायिक तत्वों के साथ सत्ता के ताले की कुंजी तैयार कर रही थी। लेकिन ये जनमत के साथ धोखा था। गेस्ट हाउस में हाथापाई शुरू हो गई। मायावती का आरोप था कि समाजवादी पार्टी के कार्यकर्ताओं ने उनके साथ बदसलूकी की। हालाँकि लखनऊ में हुई इस नौटंकी में मौक़े पर मौजूद चश्मदीदों ने इस बात की पुष्टि की कि समाजवादी पार्टी के कार्यकर्ता उत्तेजित तो थे लेकिन हिंसक नहीं।

दिनेश आनंद मुलायम को 1972 से जानते हैं जब मुलायम एक जावा मोटरसाइकिल पर चलते थे। दिनेश बताते हैं कि उन्होंने मुलायम को कांशीराम से हाथ न मिलाने की हिदायत दी थी– 'उस वक़्त मुलायम दलित, मुसलमान और पिछड़ों के क़द्दावर नेता थे। वह अपने घर पर आंबेडकर और संत रविदास की जयंती मनाते थे। मुलायम से हाथ मिलाने में सिर्फ़ कांशीराम को ही फ़ायदा था। जिस वक़्त समर्थन वापस लेने का फ़ैसला हुआ, मुलायम क्लार्क होटल में बैठक कर रहे थे। कांशीराम ने जान-बूझकर मायावती को होटल भेजा। कांशीराम को आशंका थी कि मुलायम के समर्थक मायावती को निशाना बनाएँगे। लेकिन कांशीराम की ये आशंका ग़लत साबित हुई क्योंकि मुलायम की सियासत में हिंसा की जगह नहीं थी। महिलाओं के लिए उनके दिल में वही जज़्बा है जो लोहिया का था।'

उनके मुताबिक़, "मायावती ने कभी आंबेडकर जयंती नहीं मनाई। जब कुछ दलित कार्यकर्ता मायावती के पास पहुँचे तो उन्होंने ऐसा न करने की चेतावनी दी, साथ ही कांशीराम जयंती मनाने की सलाह दी। ये वही मायावती हैं जिनकी सारी सियासत आंबेडकर और उनके जैसे दलित महापुरुषों के इर्द-गिर्द घूमती है।"

राजनीतिक मामलों के जानकार सुरेंद्र राजपूत उस वक़्त गेस्ट हाउस में मौजूद लोगों से मुलाक़ात कर रहे थे। उन्होंने बताया, "गेस्ट हाउस में मायावती के सुरक्षित कमरे की ओर कोई हिंसक भीड़ नहीं बढ़ी। उनकी ओर से सभी आरोप दलित

और मुलायम के वोटरों के बीच दरार पैदा करने के मक़सद से लगाए गए। यह समाजवादी ताक़तों को बदनाम करने की साज़िश थी। यही नहीं कांशीराम और मायावती ने तो ब्राह्मणों और बाक़ी अभिजात्यों के ख़िलाफ़ हिंसक मुहिम शुरू की थी। सबको अंदाज़ा हो गया था कि ये लोग सत्ता के नशे में अंधे हो चुके हैं।"

अगली सुबह सूबे के राज्यपाल मोतीलाल वोरा ने मायावती को सरकार बनाने का न्योता दिया। बीजेपी समर्थन दे रही थी। मायावती ने शाम 7 बजे शपथ ली। धनिक राम वर्मा ने नई सरकार को असंवैधानिक क़रार दिया और विधानसभा अनिश्चतकाल के लिए स्थगित कर दी। उनकी जगह बाद में बरखूराम वर्मा ने ली। मायावती ने 20 जून को विश्वास मत हासिल किया। लेकिन एक ही महीने में बीएसपी-बीजेपी का ये साथ दरकने लगा। बीजेपी ने 17 अक्टूबर 1995 को समर्थन वापस ले लिया। क़रीब दस दिन की ऊहापोह के बाद 28 अक्टूबर को विधानसभा भंग कर दी गई।

फिर बीजेपी-बीएसपी ने 6-6 महीने के मुख्यमंत्री वाला फ़ॉर्मूला तैयार किया। मुख्यमंत्री पद के लिए ये ऐतिहासिक फ़ॉर्मूला जॉर्ज फ़र्नांडिस, कांशीराम, डीपी बोरा और एक स्थानीय पत्रकार पद्मकांत शर्मा ने तैयार किया। शर्मा अटल बिहारी वाजपेयी के अच्छे दोस्त थे। बीजेपी और बीएसपी के बीच सत्ता के बँटवारे के इस बेढंगे फ़ॉर्मूले के बारे में शर्मा ने मुझे बताया कि इसका मक़सद जनता की आँखों में धूल झोंककर सूबे के ख़ज़ाने को लूटने के सिवा कुछ नहीं था।

पद्मकांत कहते हैं, "मुलायम वादे के पक्के हैं। वह धोखा नहीं देते लेकिन धोखा बहुत खाते हैं। उन्होंने ही कांशीराम और मायावती की राह तैयार की लेकिन इन दोनों ने ही उनकी पीठ में छुरा घोंपा। बीएसपी सिर्फ़ इस वजह से सत्ता हासिल कर सकी क्योंकि मुलायम ने न केवल लाल गलीचे पर उसका स्वागत किया बल्कि अपने वोट बैंक से भी बीएसपी को वोट देने की अपील की।"

सत्ता में भागीदारी की पहली कोशिश इस अपमानजनक ढंग से ख़त्म हो जाने पर कई दिनों तक मुलायम को कुछ सूझा ही नहीं। उन्होंने मुझसे बातचीत के दौरान कहा, "मैं मायावती की सत्ता की हवस को भाँप नहीं सका। वह अपनी ऊलजलूल माँगों से कांशीराम को परेशान कर रही थीं। कांशीराम सुलझे हुए नेता थे। वह एसपी-बीएसपी गठबंधन की पवित्रता को समझते थे। लेकिन उनकी परछाई बन चुकी मायावती सत्ता के नशे में मदहोश थीं। उनके लिए नैतिकता कोई सीमा थी ही नहीं। उन्हें केवल सत्ता चाहिए थी। मुझे उनसे गठबंधन के

अपने फ़ैसले पर अफ़सोस है लेकिन उस वक़्त कोई और चारा भी नहीं था। मेरी ही मदद से बीएसपी की सीटें 1990 में 13 से बढ़कर 2007 में 207 तक पहुँचीं। दलितों की बेहतरी और उत्थान की मेरी इच्छा की बदौलत ही एक हाशिये पर रहने वाली पार्टी सत्ता पर क़ाबिज़ होने लायक़ बन सकी।"

कांशीराम ने एक लघु पुस्तिका लिखी थी- 'ऐन एरा ऑफ़ स्टूजेज़' शीर्षक से जिसे हिंदी में उन्होंने 'चमचा युग' कहा। भारत में तब सत्तारूढ़ लोगों के बारे में उन्होंने जो कुछ ज़हर उगला वह बाद में उनकी अपनी पार्टी का क़ानून बन गया। लखनऊ की सड़कों पर इस बात पर सभी हँसते हैं कि कांशीराम और मायावती बैठकों में ख़ुद तो पुजारियों की तरह सजी-धजी कुर्सियों पर बैठते हैं जबकि विधायकों समेत पार्टी के सदस्य उनके सामने ज़मीन पर बैठते हैं। गुलाबी शलवार क़मीज़ और पर्स के साथ मायावती विशालकाय दिखती हैं। अपने दिग्दर्शक, पथ प्रदर्शक और संरक्षक कांशीराम की तरह ही मायावती भी बड़बोलेपन और अतिशयोक्ति के हर स्तर को पार कर गईं और एक घृणापूर्ण, घमंडी और अकड़ू दलित नेता के तौर पर जगह बनाई।

लेकिन दलितों के सरोकारों वाली राजनीति के साथ ही कांशीराम और मायावती ने हमेशा ही सामाजिक परिवर्तन की जगह सत्ता की राजनीति की। जब वजूद बनाना था तो अभिजात्यों को निशाना बनाते हुए नारा बना– 'तिलक तराज़ू और तलवार, इनको मारो जूते चार।' इशारा साफ़ था। लेकिन सत्ता की आहट हुई नारा बदल गया– 'हाथी नहीं गणेश है, ब्रह्मा विष्णु महेश है।' एक और नारा बना– 'गोली खाओ छाती पर, मुहर लगाओ हाथी पर।' सत्ता के लिए ऐसा 'यू-टर्न' आज़ाद भारत के राजनीतिक गलियारों में अनूठा है। लेकिन 2012 के विधानसभा इंतख़ाब में मायावती की पार्टी को शिकस्त मिली तो लखनऊ के सुरेंद्र राजपूत ने एक नायाब नारा हवा में उछाला, 'माया तेरे राज में पंडित खाए खीर, सात जात चोरी करे पकड़े जाए अहीर।' इस नारे की पृष्ठभूमि में मायावती का विवादास्पद हरिजन एक्ट था। जिसकी आड़ में ब्राह्मण से लेकर यादव तक सभी जातियों पर ज़ुल्म ढाए गए।

मायावती ने पहली बार सत्ता का स्वाद चखा और अब तक कुल चार बार सत्ता सँभाल चुकी हैं। लेकिन उनके अहंकार के इस उन्माद को 2007 में और भी पंख लग गए जब उन्होंने समाजवादी पार्टी को चुनाव में हरा दिया। चुनाव में यूपी की जनता ने पूर्ण बहुमत दिया लेकिन उसे पत्थरों की सौगात मिली।

दलित महापुरुषों के साथ-साथ उन्होंने ख़ुद की मूर्तियाँ लगवाकर देवी की

हैसियत हासिल करने की कोशिश की। पार्कों और मूर्तियों के लिए सात अरब रुपये ख़र्च किए गए। लखनऊ को ऐतिहासिक जेल पार्क में तब्दील कर दिया और वहाँ महात्मा फुले, शाहू जी महाराज, आंबेडकर, नारायण गुरु के साथ-साथ अपनी मूर्तियाँ लगवा दीं। ख़ासियत ये रही कि ख़ुद की मूर्तियों में पर्स भी लटकता दिखता है। इसे डॉ आंबेडकर सामाजिक परिवर्तन प्रतीक स्थल का नाम दिया गया। लेकिन उनकी ये लालसा यहीं नहीं ख़त्म हुई। वह ख़ुद को उपहास का मुद्दा बनाने से नहीं रुकीं। पूरे सूबे में दलितों के सम्मान और बेहतरी के नाम पर सैकड़ों की तादाद में हाथियों की मूर्तियाँ उकेरी गईं जो बहुजन समाज पार्टी का चुनाव चिह्न है। जनता के पैसे को अनाप-शनाप ख़र्च करते हुए पार्कों के लिए हज़ारों टन लाल पत्थर राजस्थान से लाया गया। आंबेडकर स्मारक के बाहर पानी के बताशे बेचने वाला छोटा बच्चा भी बता देता है कि लाल पत्थर की बनी हाथी की एक मूर्ति की क़ीमत क़रीब 6 लाख रुपये है। राजस्थान में बनी एक मूर्ति की क़ीमत क़रीब 6.40 लाख रुपये है जबकि वहाँ से इसे लखनऊ तक लाने के ख़र्च के तौर पर 44 लाख रुपये सरकार से वसूले गए। लेकिन बात यहीं नहीं थमी। हाथियों की क़ीमत बढ़कर 66 लाख रुपये हो गई। लखनऊ के पार्कों में ऐसे क़रीब 125 हाथी हैं जबकि दिल्ली से सटे नोएडा में हाथियों की 50 मूर्तियाँ बनाई गई हैं।

मायवती की सत्ता के आख़िर के सालों में स्थानीय अख़बारों और चैनलों में एक ख़बर सुर्ख़ी बनी। कुछ चैनलों ने लखनऊ के बाहरी इलाक़े में करंट लगने से तीन हाथियों की मौत की ख़बर चलानी शुरू की। ख़बर देखकर लोग ग़ुस्से में थे। लेकिन लोग यह भी चर्चा करने लगे कि ज़िंदा हाथी तो मर रहे हैं लेकिन दलितों की महारानी दिन-ब-दिन फूल रही हैं।

ख़ुद को दलित की बेटी कहने वाली मायावती के लिए हाथी महज़ एक खिलौना है। मायावती अपनी निजी ज़िंदगी को लेकर बहुत सतर्क रहती हैं। आलम ये है कि जब वह लखनऊ में मुख्यमंत्री निवास या अपने निजी घर या फिर बादलपुर में पैतृक घर में होती हैं तो अपने काम करने वालों से घर में दरी-गलीचों पर काले कपड़े बिछवा देती हैं कि कहीं कोई ख़ुफ़िया कैमरा न लगा हो। उनके शौक़ के बारे में विकीलीक्स के जूलियन असांज ने खुलासा किया कि मनपसंद जूतियाँ मँगवाने के लिए वह निजी विमान किराए पर लेती हैं।

अँग्रेज़ी अख़बार डीएनए में 16 सितंबर 2009 को रवि शंकर ने एक तीखा लेख लिखा– सिकंदर ने अपने वक़्त में उन सब जगहों को फ़तेह किया जिन की

जानकारी थी। उसके फ़तेह अभियान के दौरान ही अलेक्जेंड्रिया जैसे शहरों का जन्म हुआ। सालों तक युद्ध करने के बाद ही तैमूरलंग किंवदंती बन सका। उसने लाखों लोगों को मारा और मारे गए लोगों की हड्डियों से पहाड़ बना दिए लेकिन क़ब्ज़े में लिए गए कलाकारों से समरकंद जैसा शहर बनवाया।

शाहजहाँ ने ताजमहल के लिए अपना ख़ज़ाना ख़ाली कर दिया। काले जादू के इतिहास ने उसके जुनून को सेलखड़ी जैसे मिथक में बदल दिया। अल्बर्ट स्पीयर को हिटलर के हज़ार सालियाराइख के लिए बर्लिन को डिज़ाइन करने का ज़िम्मा दिया गया लेकिन लेकिन आज बर्लिन में नाज़ी आर्किटेक्चर वाली एक भी इमारत नहीं है।

हालाँकि कम्युनिस्ट जन्नत में भरोसा नहीं करते हैं लेकिन इसको छूने की चाहत में स्टालिन ने कुछ सबसे बदसूरत और कुछ सौम्य लेकिन आसमान चूमती इमारतें बनवाईं। सद्दाम हुसैन की अकड़ पूरे इराक़ में कंक्रीट के तौर पर दिखती है। यह विजेता की तड़प होती है कि वह अमर हो जाए और देवता बन जाए। जैसे अपनों से छोटों के बीच कोई खड़ा होकर हाथ ऊपर उठाए और फिर हाथ की उँगली से देवत्व का हाथ छूने की कोशिश करे।

अपनी कंक्रीट और काँसे की मूर्तियों के ज़रिये अब मायावती देवत्व प्राप्त करने की कोशिश कर रही हैं। उनकी विशालकाय मूर्तियों में हाथ में उकेरा गया चमड़े का हैंडबैग क्या किसी दिन दलित आंदोलन के प्रतीक के तौर पर देखा जाएगा?

भारत के क़स्बों और गाँवों के हर चौराहे पर चटक रंगों में ऊँगली उठाए आंबेडकर की बेहिसाब मूर्तियाँ खड़ी हैं। गोल काला चश्मा पहने एक उदार अभिभावक देवदूत! इतिहास के चौराहे पर जहाँ मायावती खड़ी हैं क्या वह सार्वजनिक लूट की देवदूत हैं?

हैंडबैग तो प्रतीक है। जो फ़ैशन के ग़ुलाम हैं और प्रादा या गुच्ची से कम पर तैयार नहीं होते वे मायावती के अमरत्व के हिस्से नहीं हैं। उनके बैग पर लोगो नहीं है, बड़ी तादाद में सिला जाता है और छोटे शहरों और क़स्बों की गलियों में हज़ारों-लाखों दुकानों पर मिलता है।

तो बैग में आख़िर है क्या? कैसे एक छोटे से क़स्बे की स्कूल टीचर 2007-2008 में देश में सबसे ज़्यादा टैक्स देने वालों में शुमार हो गई? सुप्रीम कोर्ट ने बहनजी की मूर्तियाँ लगवाने पर रोक लगा दी है। इनसे सरकारी ख़ज़ाने पर 2000 करोड़ रुपये का बोझ पड़ा है।

लेकिन जब अमरत्व ही सब कुछ है तो इससे क्या फ़र्क़ पड़ता है कि 2000 करोड़ रुपये उत्तर प्रदेश में सड़कों, बिजली पीने के पानी और पढ़ाई पर ख़र्च किए जा सकते थे? या फिर सूखा प्रबंधन में इस्तेमाल हो सकते थे? इंफ़ोसिस, परमाणु सौदों और रतन टाटा वाले भारत में कैसे कोई चुना हुआ प्रतिनिधि जनता के पैसे का इस्तेमाल अपनी सनक और ख़ब्तीपन को पूरा करने के लिए कर सकता है? और फिर इसे कांशीराम की इच्छा के नाम पर न्यायोचित क़रार दे सकता है? राजनीति में असंख्य छोटी-छोटी बातें होती हैं लेकिन कहीं भी किसी नेता के वसीयतनामे को राज्य की नीति के रूप में लागू किया जाता है?

माना जाता है कि अन्नादुरै पहले ऐसे नेता थे जिन्होंने अपनी ही मूर्तियाँ लगाने का आदेश दिया। नेहरू इस मूर्ति के उद्घाटन के लिए ख़ास तौर पर मद्रास गए। के करुणानिधि एक और नेता हैं जिन्होंने अस्सी के दशक के आख़िर में अपनी ही मूर्ति बनवाई। लेकिन धुर विरोधी एमजीआर के निधन के बाद एआईएडीएमके के कार्यकर्ताओं ने हंगामे में इसे तोड़ दिया। शोषित तमिल करुणानिधि को 'कलैनार' कहते हैं। उन्होंने मूर्ति दोबारा न बनाए जाने का अक़्लमंदी भरा फ़ैसला लिया।

मायावाती के मूर्ति बनाने के जुनून को अखिलेश यादव के तौर पर सही मायनों में जवाब मिला है। उन्होंने सूबे की सड़कों, गलियों और कूचों में मायावती के इस मूर्तिराज को ख़त्म करने की अपील की और जनता ने उनकी बात सुन भी ली। नन्ही-सी उम्र में अखिलेश ने रक्तहीन क्रांति में वह कर दिखाया जो उनके पिता नहीं कर सके। वह पूर्ण बहुमत के साथ जीते। हालाँकि मुख्यमंत्री पद की शपथ लेने के बाद उन्होंने आंबेडकर पार्क में मायावती समेत सभी दलित महापुरुषों की मूर्तियों के प्रति पूरी संजीदगी बरती। यहाँ तक कि 2012 की गर्मियों में जब समाजवादी पार्टी के सदस्य होने के नाम पर कुछ उद्दंड लोगों ने मूर्तियों को नुक़सान पहुँचाया तो अखिलेश तुरंत हरकत में आ गए। बारह घंटे से भी कम समय में मायावती की विशाल मूर्ति दोबारा स्थापित करा दी गई। जनता के पैसे पर बने स्मारक की सुरक्षा के नाम पर यह किया गया। मूर्तियों को लेकर समाजवादी पहले से ही काफ़ी अलग हैं। अखिलेश चुटकी लेते हुए मुझसे बोले, "मैं सपने में भी नहीं सोच सकता कि ज़िंदा रहने के दौरान अपनी मूर्ति बनवाऊँगा। ग़रीबों की ख़ून-पसीने की कमाई को ख़ुद के महिमामंडन के लिए उड़ाना हास्यास्पद है।"

एक पुरानी कहावत है बोया पेड़ बबूल का तो आम कहाँ से होय (You go to bed with dogs and you get up with flees)।

मायावती मूर्तियों का पर्याय बन गईं। उनके सार्वजनिक और निजी जीवन के रहन-सहन के ख़ास ढंग ने कई अफ़वाहों को जन्म दिया। वह कुंवारी हैं लेकिन यह अफ़वाह है कि उनकी एक बेटी भी है। जर्मनी की इरमाग्रीज़ की तरह उन्हें भी अपने पुरुष मातहतों की इज़्ज़त उतारने और ख़बर लेने में आनंद आता है। यह भी कहा जाता है कि 5 कालिदास मार्ग पर उनके आधिकारिक घर में 80 रसोइए और क़रीब 40 डॉक्टर तैनात हुआ करते थे। यही नहीं उनके सामने परोसे जाने से पहले कम-से-कम एक दर्जन रसोइए खाना चखते थे। इस डर से कि कहीं खाने में ज़हर ना हो। दबदबा क़ायम रखने के बावजूद वह दिल की कमज़ोर हैं। उनके सरकारी आवास पर आम आदमी को तो जाने की इजाज़त थी ही नहीं, लखनऊ की सड़कों पर उनकी कारों का क़ाफ़िला किसी शाही बारात से कम नहीं दिखता था। उनके आने से पहले सड़कों की पानी से सफ़ाई होती थी और इत्र छिड़का जाता था। ये अलग बात है कि कारों के बुलेट प्रूफ शीशे नीचे नहीं उतारे जाते थे। उनकी अपनी पार्टी के सांसद और विधायक उन्हें लेडी हिटलर कहते हैं और मुलाक़ात के लिए दर-दर भटकते हैं। उनके मंत्री और तमाम कार्यकर्ता आहें भरते पाए जाते हैं और कहते भी हैं, "हम तो ज़ारिना (बहनजी) के हाथों के खिलौने हैं।" जबकि कांशीराम, जिन्हें पार्टी में मान्यवर कहा जाता था, के साथ ऐसी कोई दिक़्क़त नहीं थी और उनके दरवाज़े सबके लिए खुले थे।

एक ऐसा भी वक़्त आया जब हिंदुस्तानी कॉरपोरेट मीडिया ने उन्हें हिंदी बेल्ट का ओबामा कहना शुरू कर दिया। लेकिन सत्ता में वापसी के कुछ ही महीनों बाद ये ख़िताब छिन-सा गया। 2007 विधानसभा चुनाव में उनकी जीत के लिए 'रिवर्स सोशल इंजीनियरिंग' को ज़िम्मेदार माना गया जिसमें समाजवादियों के ख़िलाफ़ ब्राह्मणों और दलितों ने हाथ मिला लिया। हालाँकि लोगों ने दलित की बेटी के नाम पर उन्हें वोट दिया। ब्राह्मण भी उनके पैर छूते थे क्योंकि उनका रुतबा किसी मंदिर के पुजारी से कम नहीं था। यही नहीं जिस दबे-कुचले समाज की अगुवाई का वह दावा करती थीं उसी ग़रीब-गुरबा से उन्हें नोटों की माला पहनने में कोई शर्म नहीं थी। और दलित की बेटी से दौलत की बेटी बनने का ये सफ़र हैरतअंगेज़ करने वाला है।

मायावती के दलितों की बेहतरी और उनसे नज़दीकी के तमाम दावों के बीच एक क़िस्सा है किरण जाटव का। हापुड़ की रहने वाली किरण मायावती की ही जाति की है। वह मायावाती से मिलने के लिए हापुड़ से क़रीब 450 किलोमीटर

साइकिल चलाकर लखनऊ पहुँची लेकिन माया राज में उनका इस्तक़बाल कुछ इस तरह से हुआ कि मुख्यमंत्री के चाटुकार अफ़सरों ने इस युवा लड़की को जेल की सलाखों के पीछे ढकेल दिया। उसका जुर्म सिर्फ़ इतना था कि मिलने में नाकामयाब रहने के बाद उसने मायावती के कुछ पोस्टरों पर कालिख पोत दी थी। जब अखिलेश को इस बेहद शर्मनाक हादसे का पता चला तो उन्होंने किरण को ज़मानत पर रिहा कराया। किरण अखिलेश के इस अंदाज़ से इस क़दर मुतासिर हुईं कि उन्होंने एक बार फिर 2011 में साइकिल से हापुड़ से लखनऊ तक की दूरी तय की, सिर्फ़ अखिलेश की कलाइयों पर राखी बाँधने के लिए। इसी दौरान अखिलेश अपने समर्थकों के साथ सूबे के हर ज़िले और क़स्बे में साइकिल रैली निकालकर समाजवाद का परचम लहरा रहे थे।

मज़ेदार बात ये है गुलाबी सलवार-कुर्ता, गले में गुलाबी स्कार्फ़, नाक में हीरे की लौंग, कान में हीरे के बुंदे पहने मायावती ने अपनी कई मूर्तियों से ख़ुद ही पर्दा हटाया। चलते वक़्त बाँह के नीचे काला पर्स दबाकर और हाथ उठाकर लोगों का अभिवादन करती हैं। लखनऊ के गोमती नगर में मायावती को अपनी एक ऐसी ही मूर्ति से पर्दा हटाना था। उनके मातहतों ने भव्य आयोजन किया था लेकिन मायावती की नज़र आते ही मूर्ति के पर्स पर पड़ी। लाल पत्थर से बना ये पर्स आकार में छोटा था। मायावती भड़क गईं और ग़ुस्से में दाँत पीसने लगीं। वहाँ मौजूद मंत्रियों और अफ़सरों के पसीने छूटने लगे।

पर्स के आकार ने उनके दिल में हलचल मचा दी। मायावती ने तुरंत ही मूर्ति को हटवाने और नई मूर्ति लगाने का आदेश दिया, जिसमें पर्स का साइज़ सही हो।

अपने वक़्त में इंदिरा गाँधी को चुनौती देने का हौसला किसी में नहीं था। फिर भी वह अपने जुनूनी ख़यालों को अमली जामा पहनाने की हिमाक़त नहीं कर सकीं और उन्होंने अपनी मूर्तियाँ नहीं लगवाईं। लेकिन मायावती अपने खब्तीपने को पत्थरों पर ख़ुदवाकर इन सबसे एक क़दम आगे बढ़ गईं और बाग़ों के लिए मशहूर लखनऊ को बुतों के शहर में बदल दिया।

सत्ता, पावर, पैसा आदि को लेकर मायावती की अपनी जो भी व्यक्तिगत महत्त्वाकांक्षा रही हो, लेकिन वो अपने समर्थकों की नज़र में हमेशा एक 'कल्ट फिगर' के रूप में जानी जाती रही हैं। जैसा कि पूर्व प्रधानमंत्री पीवी नरसिम्हाराव ने मायावती को 'मिरेकल ऑफ़ डेमोक्रेसी' कहा था, उससे यही लगता है कि वो वंचित-दमित क्षेत्रों की मौजूदा राजनीति में 'महारानी' की हैसियत रखती हैं।

अध्याय 23

मंज़िल के पास, मंज़िल से दूर

प्रदीप दुबे विधानसभा सचिवालय में मुख्य सचिव हैं। आम बोलचाल की हिंदी में लेजिस्लेटिव असेंबली को विधानसभा ही कहते हैं। वह इटावा के रहने वाले हैं। उम्र क़रीब पचास साल, गोरे-चिट्टे, खिचड़ी हो चुके बाल और मोटी मूँछें। मुलायम सिंह की चर्चा करते ही वह यादों में खो जाते हैं। वजह है इटावा। मुलायम सिंह का राजनीतिक आँगन है इटावा और हर इटावावासी के लिए यह उनसे रिश्ता जोड़ने का तार है। एक ही ज़िले से होने का ये तार हिंदू समाज की मज़बूत जाति प्रथा से भी ज़्यादा तगड़ा है।

प्रदीप दुबे से मेरी मुलाक़ात 2012 में मई के पहले हफ़्ते में हुई। बाहर सूरज आग उगल रहा था लेकिन रोशनी से नहाए दुबे जी के चेंबर में आने वालों को एयर कंडीशनर राहत पहुँचा रहा था। वह एक भद्र इंसान की तरह मुस्कुराते हैं। पेशे से वह वकील हैं और औपचारिक तौर पर अपना परिचय देते हैं। बातचीत का सिलसिला शुरू होने पर उन्होंने बताया, "मैं अपने ज़माने के मशहूर फ़ौजदारी वकील बी.एन. दुबे का बेटा हूँ। मुलायम सिंह मेरे पिता को अच्छी तरह से जानते थे और उनका बहुत आदर करते थे। जब मैंने बारहवीं पास की तो मेरे पिता ने लखनऊ में मेरे रहने के इंतज़ाम के लिए मुलायम सिंह से बात की। ये बात 1974 की है। उस वक़्त मुलायम सिंह विधायक थे और दारुलशफ़ा में 52 नंबर फ्लैट में रहते थे। उन्होंने सुनते ही मेरे पिता को निश्चिंत रहने का भरोसा दिया और कहा कि लखनऊ में मैं उनके साथ ही विधायक निवास में रहूँगा। मेरे लिए लखनऊ के वे दिन ख़ास हैं। मुलायम सिंह को मेरी संगत पसंद थी। वह विधानसभा में उठाए गए मुद्दों के बारे में मुझसे ज़िक्र करते थे। विधानसभा में हिंदी और अँग्रेज़ी के उनके वक्तव्यों की ड्राफ़्टिंग मैं ही करता था। जब मैंने उनसे कहा कि मैं उनके वक्तव्यों को ख़बर के अंदाज़ में भी लिख सकता हूँ तो वह तुरंत तैयार हो गए। जो

मुद्दा वह उस दिन विधानसभा में उठाने वाले थे उसका ड्राफ़्ट जब मैंने उन्हें दिया तो वह काफ़ी ख़ुश थे। उनके पास इटावा और मैनपुरी के लोगों का तांता लगा रहता था। एक रात बत्ती गुल होने की वजह से घुप्प अँधेरा था। मेरे कुछ दोस्त भी मेरे साथ ही रहते थे। हम उन्हें बताए बिना ही छत पर चले गए। जब उन्हें ये एहसास हुआ कि मैं घर में नहीं हूँ तो वह परेशान हो गए। थोड़ी देर बाद वह मुझे खोजते हुए छत पर पहुँच गए और सबसे पहले यही पूछा कि मैं ठीक तो हूँ।"

इटावा के बाहरी हिस्से में स्थित करहल क़स्बे के जैन इंटर कॉलेज में जब मुलायम सिंह पढ़ाते थे तो वह केवल अपने घर के चूल्हे के बारे में ही नहीं बल्कि गाँव के हर घर के चूल्हे के बारे में सोचते थे। उन दिनों सैफ़ई में कोई बाज़ार हाट नहीं था। इसलिए जब शाम को वह घर लौटते तो उनकी रॉबिनहुडिया साइकिल पर 20-25 थैलों में गाँव के हर घर के लिए सब्ज़ी-भाजी और खाना पकाने का सामान भरा होता था। वह एक तरह से हर घर का ख़याल रखते थे।

मुलायम सिंह जब दूसरी बार मुख्यमंत्री बने उस वक़्त प्रदीब दुबे बाराबंकी में जुडीशियल मजिस्ट्रेट थे। उसी वक़्त लखनऊ में राजभवन (गवर्नर हाउस) में एडीशनल लीगल एडवाइज़र की पोस्ट निकली। दुबे जी बताते हैं, "मैं मुख्यमंत्री मुलायम सिंह से उनके घर मिलने पहुँचा। उस वक़्त वह दिल्ली जाने के लिए एयरपोर्ट जा रहे थे। वह देखते ही मुझे पहचान गए और दोनों हाथ जोड़कर मुझे नमस्कार किया और फिर मुझसे अमौसी हवाई अड्डे आने को कहा। मैं तुरंत एयरपोर्ट के लिए रवाना हो गया। उस वक़्त मोतीलाल वोरा उत्तर प्रदेश के गवर्नर थे और वह भी हवाई अड्डे पर ही मौजूद थे। जब मैं पहुँचा तो मुलायम सिंह ने मोतीलाल वोरा से उस पद पर मेरी नियुक्ति करने का आग्रह किया। कुछ ही दिनों में मैं राजभवन में तैनात हो गया। मेरा मानना है कि मुलायम सिंह यादव निजी रिश्तों को निभाने में कभी कोई लकीर नहीं खींचते। राजनीति के शिखर पर पहुँचने के बावजूद वह मानवीय गुण नहीं भूले हैं। वह राज्य की एक-एक सड़क, एक-एक मोड़ से वाक़िफ़ हैं। वह हिंदी प्रदेश में लोकतंत्र को ज़मीनी स्तर तक पहुँचाने के प्रतीक हैं। यह मुलायम ही थे जिन्होंने कॉन्ग्रेस की कुलीनवर्गी राजनीति को तहस-नहस कर दिया। वह दबे-कुचले और शोषित वर्ग को उठाकर सत्ता के दरवाज़े तक ले आए।"

शरीर से थोड़े भारी वक़ार शाह अखिलेश यादव के मंत्रिमंडल में श्रमिक कल्याण मंत्री थे। काला चश्मा पहने वक़ार शाह पर जब मेरी नज़र पड़ी तो मुझे

वह अच्छे-ख़ासे मोटे और खाते-पीते घर के लगे। यह शख़्स एक ऐसे प्रदेश में श्रम मंत्री थे जहाँ रोज़ सुबह क़रीब पाँच करोड़ खुरदुरे हाथ काम की तलाश में जुट जाते हैं। देश के कुछ निर्धनतम से भी निर्धन मज़दूर उत्तर प्रदेश में रहते हैं। ये मज़दूर सुबह से शाम तक हाड़तोड़ मेहनत करते हैं और फिर कमा पाते हैं आधा डॉलर यानी सिर्फ़ 25-30 रुपये। और देश में सबसे ज़्यादा मज़दूरों वाले प्रदेश में श्रम मंत्रालय काफ़ी मलाईदार माना जाता है। यह कोई मोटा ठेका मिलने की तरह ही है।

ला मार्टिनेयर कॉलेज के हरे भरे लॉन के सामने और 5 कालिदास मार्ग से महज़ कुछ सौ मीटर दूर मौजूद अपने सरकारी बंगले में वक़ार शाह ने मुझसे बातचीत में बताया, "बात 1993 की है जब मुलायम सिंह बहराइच से किसी ऐसे मुसलमान उम्मीदवार की तलाश में थे जो चुनावों में पार्टी की वापसी की राह बना सके। समाजवादी पार्टी उस वक़्त बुरी हालत में थी। लेकिन मैं मुलायम सिंह यादव से काफ़ी प्रभावित था क्योंकि वह खुल्लम-खुल्ला मुसलमानों के हक़ में आवाज़ उठाते थे। गोमती और सरयू जैसी प्रदेश की नदियाँ उन दिनों सांप्रदायिक जल से सराबोर थीं। और ऐसे में वही थे जो हिम्मती, ईमानदार और ग़रीबों तथा मुसलमानों के सच्चे हितैषी थे। जब वह बोलते थे तो लोगों के झुंड उनके चारों ओर जमा हो जाते थे। उनकी रैलियों में हमेशा ही भारी भीड़ होती थी। शांति और उम्मीद की मशाल लेकर चलने वाले मुलायम ने अपना संदेश हर चौखट तक पहुँचाया।"

"1994 में मेरी ही पार्टी के एक साथी बाबू लाल यादव की मैनपुरी में अचानक मौत हो गई। हम सब उनके अंतिम संस्कार में शामिल हुए। मुलायम सिंह भी सड़क से सफ़र तय कर वहाँ पहुँचे। जब अर्थी श्मशान की ओर ले जाई जा रही थी तो मुलायम ने मुझे इशारा कर बुलाया और अपने ठीक पीछे अर्थी को कंधा देने को कहा। अर्थी को कंधा देकर वह शवयात्रा की अगुवाई कर रहे थे। पार्टी कार्यकर्ताओं के प्रति संवेदनशीलता का एक और नमूना तब दिखा जब उन्होंने मुझसे पूछा कि क्या मेरी कार एयरकंडीशंड है। हम मुलायम के साथ उनके कारवाँ में चल रहे थे। कानपुर में मेरी टाटा सफ़ारी का पहिया पंचर हो गया। क़रीब आधे घंटे बाद जब उन्हें महसूस हुआ कि मैं कारवाँ में नहीं हूँ तो उन्होंने मुझे खोजने के लिए एक पुलिस सिपाही को भेजा। उस सिपाही ने मुझे बताया कि मुलायम सिंह उतनी देर तक सड़क के किनारे मेरा इंतज़ार करते रहे।

जब मैं मौक़े पर पहुँचा तो मेरी गाड़ी पर नज़र न रखने के लिए उन्होंने अपने कार्यकर्ताओं को डाँटा भी। पार्टी कार्यकर्ताओं की बुरी दशा की वजह से उनकी आँखों में मैंने आँसू भी देखे हैं।"

समाजवादी पार्टी के संस्थापक सदस्यों में एक बेनी प्रसाद वर्मा एक क़द्दावर नेता था। जब मैं उनसे 2010 में मिला था तब वह कॉन्ग्रेस में थे और केंद्र में इस्पात मंत्री थे। उस समय वह मुलायम से काफ़ी नाराज़ चल रहे थे।

बेनी प्रसाद वर्मा हमेशा खीसे निपोरते रहते थे। उनसे बात करना किसी रद्दी काग़ज़ को चबाने जैसा था। पार्टी के गलियारों में होने वाली अमर सिंह की चापलूसी की गाथाओं के बारे में पार्टी के किसी आम कार्यकर्ता को बताया जाता था कि चिंता मत करो, जब तक ये जय-जयकार ख़त्म नहीं हो जाती, ये सब ऐसे ही चलेगा। बेनी भी अमर सिंह की तरह, पतन और असहमति की मुहिम पर थे। शुक्र है ये मुहिम सही वक़्त पर ख़त्म हो गई। कल्याण सिंह को पार्टी में शामिल करने में अमर सिंह के साथ-साथ बेनी प्रसाद वर्मा की भी अहम भूमिका थी। बेनी प्रसाद और अमर सिंह ने मुलायम को कल्याण सिंह को पार्टी में लेने से होने वाले तथाकथित फ़ायदे की बात समझाई। मुलायम सिंह लोध वोटों के समर्थन की ऊँची-ऊँची बातों के झाँसे में आ गए लेकिन वह मुसलमानों के छिटकने से परेशान भी थे।

अमर सिंह काफ़ी प्रभावशाली (कॉरपोरेट गलियारे में मूवर एंड शेकर) इंसान थे। उन्होंने मुलायम सिंह और समाजवादी पार्टी के मानवीय चेहरे में घुसपैठ कर दी। 1996 में पार्टी में शामिल होने के बाद से ही पार्टी का कॉरपोरेटीकरण होने लगा और आमजन से दूरियाँ बढ़ने लगीं। अमर सिंह और बेनी प्रसाद, दोनों ही सिर्फ़ मौक़े का फ़ायदा उठाना और मलाई खाना जानते थे। ये दोनों ही कुछ धन्नासेठों के लिए बड़े भोज और समारोह आयोजित करके ख़ुश थे। समाजवाद उनके लिए सिर्फ़ हाथ का मैल भर था। मुलायम सिंह ने तो अमर सिंह को अपना लंगोटिया यार माना लेकिन अमर सिंह ने मुलायम का सिर्फ़ अपने फ़ायदे के लिए इस्तेमाल किया।

एक ओर बेनी प्रसाद वर्मा है तो दूसरी ओर अमर सिंह। दोनों ही कभी मुलायम के सबसे क़रीबी रहे लेकिन एक वक़्त ऐसा भी आया जब दोनों किनारे हो गए। अमर सिंह ने ही अखिलेश यादव के लिए औरंगज़ेब शब्द गढ़ा था। इस अपमानजनक शब्द को लोकप्रिय बनाने के लिए अमर सिंह ने इंग्लिश मॉर्निंग

डेली, द टाइम्स ऑफ़ इंडिया का सहारा लिया। अखिलेश और चाचा शिवपाल सिंह यादव के बीच दरार पैदा करने में अमर सिंह की शातिराना चालाकी काम कर गई, जिसने मुलायम सिंह के परिवार में एक भयंकर झगड़े का बीज बो दिया।

नैतिकता का बलिदान मौक़ापरस्ती है। राजनीति में मौक़ापरस्त वह है जो परिस्थितियों के हिसाब से अपनी चाल बदल दे। भारत का दिल कहे जाने वाले इस सूबे में अवसरवादिता की राजनीति एक बदमाशी भरा फ़ैशन है।

क़रीब तीन दशक, 1974 से 2007, तक बेनी प्रसाद क़द्दावर समाजवादी मुलायम सिंह की छत्रछाया में रहे। काहिरा के तहरीर चौक पर इस्लामी समाजवादी क्रांतिकारियों के आगे हथियार डालने से पहले होस्नी मुबारक ने क़रीब इतने ही वक़्त तक मिस्र के लोगों पर राज किया।

2007 के विधानसभा चुनाव से ठीक पहले कथित तौर पर थैलियों के दबाव में आ चुके बेनी बाबू जोखिम उठाने लगे और उन्होंने मुलायम सिंह की छत्रछाया से निकलने का फ़ैसला किया और पार्टी छोड़ दी। हालाँकि बेनी प्रसाद वर्मा मुझसे बातचीत में कहते हैं, "उत्तर प्रदेश की राजनीति में मेरा वजूद चौधरी चरण सिंह और 'नेताजी' मुलायम सिंह यादव की वजह से है। चरण सिंह के बाद 'नेताजी' ही सबसे लोकप्रिय नेता हैं। वह सूबे में किसानों के नेता तो हैं ही, पक्के समाजवादी भी हैं।"

तले हुए बादाम जैसे रंग वाले, लंबे क़द के बेनी बाराबंकी के सिरौली गौसपुर गाँव के रहने वाले थे और लखनऊ के सिनेमाघरों में शाम के शो देखने के शौक़ीन थे। विक्रमादित्य मार्ग पर मौजूद समाजवादी पार्टी के दफ़्तर से शाम को निकलकर वह अक्सर ही सिनेमाघरों की तरफ़ बढ़ जाते थे– बॉलीवुड के रंगीन परदे की दुनिया में विचरण करने के लिए।

समाजवादी पार्टी छोड़ने के बाद उन्होंने अपनी पार्टी बनाई और नाम दिया– समाजवादी क्रांति पार्टी। इसका गठन रहस्यमय हालात में हुआ था और राजनीति पर पकड़ रखने वालों की नज़र में वह उस वक़्त समाजवाद विरोधी ताक़तों की कठपुतली बन गए थे। मुलायम महसूस कर रहे थे कि ये बेनी बाबू की राजनीति का आख़िरी दौर है। मुलायम अफ़सोस जताते हैं, "बेनी आम जनता की राजनीति की बारीकियाँ नहीं समझते। केवल समाजवादी और क्रांति जैसे शब्द जोड़ देने से पार्टी समाजवादी या क्रांतिकारी नहीं हो जाती। वह बहक गए हैं।"

बेनी बाबू को राजनीति में सिद्धांतों की लड़ाई और क्रांति का कोई इल्म नहीं

है। वह मुलायम के ऐसे क़रीबी हैं जिसने इंदिरा गाँधी की इमरजेंसी का स्वाद नहीं चखा। राज्य की राजनीति में उनकी कोई हैसियत नहीं है। पहले चुनाव में बमुश्किल 25 वोटों से जीत उनकी लोकप्रियता के ग्राफ़ को साफ़ कर देती है। 1974 में वह पहली बार दरियाबाद से उम्मीदवार बने और वोटों की दोबारा गिनती में वह जीते।

उत्तर प्रदेश में जब 1977 में जनता पार्टी सरकार बनी तो बेनी ने मंत्री पद पाने के सारे जोड़-तोड़ किए लेकिन चरण सिंह ने इस बिना पर मंत्री नहीं बनाया कि वह इमरजेंसी में जेल नहीं गए थे। बेनी फिर भी कोशिश करते रहे और आख़िर में उन्हें 1979 में मंत्री बनाया गया और जेल महकमा दिया गया। लेकिन बेनी बाबू इससे ख़ुश नहीं थे। वह मलाईदार मंत्रालय की आस लगाए थे। ऐसे में उन्होंने एक सरकारी अधिकारी अविनाश वर्मा का दामन थामा जो चौधरी चरण सिंह के दामाद थे और सहायक गन्ना आयुक्त भी थे। अविनाश वर्मा की सिफ़ारिश पर बेनी प्रसाद वर्मा को गन्ना मंत्रालय का ज़िम्मा मिल गया। लेकिन जेल मंत्रालय से उनको छुटकारा नहीं मिला, शायद ये बताने के लिए कि वह इमरजेंसी में जेल नहीं गए जबकि इस दौरान हर छोटा बड़ा नेता जेल में बंद ज़रूर रहा।

वर्ष 1980 के विधानसभा चुनाव में बेनी प्रसाद हार गए। उन्होंने लखनऊ यूनिवर्सिटी में लॉ फ़ैकल्टी में दाख़िला ले लिया। लॉ के इम्तिहान के बारे में मधुकर जेटली बताते हैं, "बेनी इम्तिहान के दौरान सिगरेट पीते रहते थे। उन्होंने सिर्फ़ प्रोफ़ेसरों की चमचागीरी करके इम्तिहान पास किया। उनमें कोई प्रतिभा नहीं थी।"

वर्ष 1989 में जब मुलायम पहली बार मुख्यमंत्री बने तो उन्हें एक्साइज़ और पीडब्लूडी जैसे मालईदार महकमे दिए गए। इस बात की भी चर्चा है कि 1995 में जब कांशीराम ने समर्थन वापस लिया तो बेनी बाबू ने बीएसपी सुप्रीमों के साथ मुख्यमंत्री बनने के लिए पेंगें बढ़ाने की कोशिश भी की। मुलायम और बेनी के साथ नज़दीकी रिश्ते रखने वाले एक शख़्स के मुताबिक़, "क्या ये सही नहीं है कि बेनी प्रसाद बीएसपी की मदद से मुख्यमंत्री की कुर्सी पर बैठना चाह रहे थे और समाजवादी पार्टी के विधायकों को भी दो-फाड़ करने की जुगत में थे? लेकिन जब अपनी मुहिम में असफल रहे तो मुलायम के साथ ही चिपके रहने का फ़ैसला किया।"

बेनी प्रसाद और कांशीराम की मुलाक़ात मधुकर जेटली के घर पर हुई। मधुकर जेटली मुलायम को फिर गद्दी दिलवाने की कोशिश में थे लेकिन

कांशीराम ने इनकार कर दिया। कांशीराम का तर्क था कि अगर मुलायम को दोबारा मुख्यमंत्री बना दिया गया तो वोटरों की नज़र में वह गिर जाएँगे। उधर बेनी अपने नेता की पीठ में छुरा घोंपने को राज़ी थे। ये बैठक लखनऊ के इंदिरा नगर के मकान नंबर ए-411 में हुई थी। बेनी नाकामयाब रहे और इसके बाद से 'नेताजी' और पार्टी के प्रति उनकी वफ़ादारी पर शक होने लगा।

लेकिन मुलायम बेनी को साथ लेकर ही चलते रहे। 1996 में देवेगौड़ा की सरकार में मुलायम ख़ुद तो रक्षामंत्री बने साथ ही, बेनी के लिए उन्होंने संचार मंत्रालय की वकालत की। यही नहीं 2004 में 'सोशलिस्ट मुलायम' ने बेनी बाबू के बेटे को यूपी सरकार में जेल मंत्री बनाया।

फिर बेनी प्रसाद ने अपने नेता को धोखा क्यों दिया? समाजवादी क्रांति दल ने 2007 विधानसभा चुनाव में 100 उम्मीदवार खड़े किए। उनकी राजनीति नैतिकता का दामन छोड़ रही थी। ऐसा करके वह अच्छी राजनीति के पर्दे को तार-तार कर रहे थे। वह अपनी सीट भी फ़ैज़ाबाद से नहीं जीत पाए और कॉन्ग्रेस से मिले पैसे की मदद से जिन उम्मीदवारों को खड़ा किया वे भी हार गए। लेकिन अपने मक़सद में कामयाब रहे और समाजवादी पार्टी के वोट काटे।

जाति से कुर्मी हैं बेनी प्रसाद वर्मा। उत्तर प्रदेश में कुर्मी आर्य-द्रविड़ों की संतान माने जाते हैं। मध्य भारत के कुर्मियों की उत्पत्ति द्रविड़ों से है। कुर्मियों में चार उपजातियाँ हैं- सबसे प्रगतिशील हैं गंगवार। ये ख़ास तौर पर बरेली, रोहिलखंड इलाक़े में हैं। सचान, कटियार, निरंजन और पटेल बुंदेलखंड इलाक़े में हैं। वर्मा और चौधरी गोंडा-अवध इलाक़े में होते हैं जबकि सैथनवार गोरखपुर और उसके आस-पास होते हैं। कुर्मी 1930 से राजनीति में पैठ बनाए हुए हैं। माना जाता है कि यादवों और कोरी से हाथ मिलाकर बिहार के कुर्मी स्थानीय चुनावों में पार्टियों की क़िस्मत बदलने की कोशिश की थी लेकिन जाति के आधार पर बना ये गठजोड़ कोई ख़ास दम नहीं दिखा सका। उत्तर प्रदेश में कुर्मियों का किसी एक जगह कोई गढ़ नहीं है लेकिन उत्तर प्रदेश की क़रीब 70 सीटों पर ये उलटफेर करने की स्थिति में हैं।

बेनी प्रसाद वर्मा की राजनीति इसी खेतिहर जाति पर नज़र के साथ शुरू हुई। एक कुर्मी नेता के तौर पर उनकी पहचान ने उन्हें विधानसभा में भेजा। शायद इसीलिए एक समय ऐसा भी आया जब वह सूबे में ख़ुद को कुर्मियों का बेताज बादशाह मानने लगे। जबकि हक़ीक़त में कुर्मियों ने उन्हें नहीं बल्कि समाजवादी

पार्टी की नीतियों के लिए वोट दिया।

बेनी का व्यक्तित्व मुलायम की तरह करिश्माई नहीं था। इसीलिए जब वह समाजवादी पार्टी से अलग हुए तो उनके साथ न तो कोई विधायक था और ना ही कोई कार्यकर्ता। अपनी पार्टी बनाने के सवाल पर उनका जवाब था, "ये एक कुछ वक़्त तक का इंतज़ाम था। लोग कहते हैं कि मैं समाजवादी पार्टी को चुनाव में नुक़सान पहुँचाना चाहता था। सही भी है कि मेरी पार्टी ने 2007 के चुनावों में समाजवादी पार्टी की हार की रूपरेखा तय की। ये 'नेताजी' के लिए सबक़ था। वह समझ गए कि दलाल संस्कृति वाले लोगों की मदद से पार्टी को वोट नहीं मिलेंगे। अगर मुझे तवज्जो मिली होती तो मैं पार्टी कभी नहीं छोड़ता।"

बाद में वह कॉन्ग्रेस में शामिल हो गए और अपने हिस्से की रोटियाँ तोड़ने लगे। मुलायम के एक नज़दीकी सहयोगी पूछते हैं, "क्या उनको वाक़ई लगता है कि वह कुर्मियों की नुमाइंदगी करते हैं जबकि कुर्मी चुनाव में बीजेपी के साथ खड़े हैं?" आख़िर वह एक अकृतज्ञ इंसान की तरह क्यों पेश आ रहे थे?

पार्टी में रहने के दौरान ही बेनी प्रसाद का अमर सिंह से छत्तीस का आँकड़ा चलता था। पार्टी छोड़ने की एक वजह उन्होंने अमर सिंह स्टाइल की राजनीति को बताया था। वह कहते हैं, "उत्तर प्रदेश में समाजवादी पार्टी की तीसरी सरकार ने पहली दो सरकारों की लोकप्रियता को उलट दिया। इसकी सबसे बड़ी वजह अमर सिंह थे। मुलायम सिंह यादव की अगुवाई और पार्टी को ख़त्म करने में उनकी भूमिका काफ़ी खेदजनक अनुभव है। अमर ने हमेशा ही मेरे ख़िलाफ़ साज़िश की। निजी मुलाक़ातों में भी मेरी बात नहीं सुनी जाती थी क्योंकि अमर सिंह 'नेताजी' के आँख और कान थे। मुझे पार्टी में घुटन महसूस हो रही थी।"

जब अमर सिंह को भी पार्टी से बाहर कर दिया गया तो बेनी प्रसाद वर्मा ने अमर सिंह समर्थक और मुलायम विरोधी बयान देकर सबको चौंका दिया। बेनी प्रसाद ने मुझसे कहा, "हर नेता राजनीति में अपना विकास देखता है। मैं भी इससे अलग नहीं हूँ। मुझे महसूस हुआ कि 'नेताजी' की प्रथामिकताएँ बदल रही हैं। क़स्बों और गाँवों से आने वाले कार्यकर्ताओं को अनसुना किया जा रहा था। मेरे जैसे ज़मीन से जुड़े नेता को अगर अपने नेता से बात करने के लिए अमर सिंह जैसे कॉरपोरेट दलाल के ज़रिये जाना पड़े तो यह मुझे मंज़ूर नहीं था।"

अमर सिंह के लिए उनके मन में कूट-कूटकर ग़ुस्सा भरा था। वह कहते थे, "जैसे उत्तर प्रदेश में गाय को दुह कर चोर की तरह भाग जाते हैं ठीक उसी तरह

अमर सिंह ने मुलायम सिंह को दुहा और फिर भाग गए।"

आज़म ख़ान की पार्टी में वापसी के दौरान बेनी प्रसाद ने भी कॉन्ग्रेस को ब्लैकमेल करना शुरू किया। उन्होंने कॉन्ग्रेस से इस्तीफ़ा देकर समाजवादी पार्टी में वापस जाने की धमकी दी और उन्हें इस्पात मंत्रालय राज्य मंत्री का ज़िम्मा दे दिया गया। तब वह अपने कुर्मी और बाक़ी ओबीसी वोट की ताक़त दिखाकर कैबिनेट मंत्री बनने की फ़िराक़ में थे। लेकिन क्या वह वाक़ई इनका प्रतिनिधित्व करते थे? क्या वह यह नहीं जानते थे कि उत्तर प्रदेश में कुर्मियों की रैलियाँ आयोजित करने का मौक़ा उन्हें मुलायम सिंह ने ही दिया था। 1977 में कॉन्ग्रेस से हिंदुओं और मुसलमानों का मोहभंग होने के बाद से क़रीब-क़रीब हर जाति का एक नेता हो गया था जो सारे वोटों पर क़ब्ज़े का दावा करता था।

लखनऊ के पॉश इलाक़े गोमती नगर में बेनी प्रसाद की आलीशान कोठी है। अपने संसदीय क्षेत्र गोंडा और पुश्तैनी घर बाराबंकी से आए पार्टी कार्यकर्ताओं की भीड़ के बीच सिगरेट के कश लेते बेनी प्रसाद ब्रांड के पक्के हैं। सिर्फ़ विल्स नेवी कट... कुछ और नहीं। लेकिन राजनीतिक जीवन में ब्रांड लॉयल्टी की शायद कोई जगह नहीं। ये ब्रांड लॉयल्टी एक उत्पाद के लिए है, जिसने हैसियत बनाई उसके प्रति नहीं।

पूँजीवाद की बुराइयों को ख़त्म करने के लिए केवल समाजवाद ही एक रास्ता है, जैसे समाजवादी अर्थव्यवस्था की स्थापना और ऐसी शिक्षा व्यवस्था जो सामाजिक लक्ष्यों को पूरा करने को उन्मुख हो।

हिंदुस्तान की सियासत में अमर सिंह को गुस्ताख़दस्त, ज़रीफ़मिज़ाज और ज़रपरस्त माना जाता है। समाजवादी पार्टी में शामिल होना और फिर बाहर हो जाना इन दो घटनाओं के बीच हर तरह की राजनीतिक बयार चली और फ़िज़ा बदली। अमर सिंह से मेरी मुलाक़ात 4 नवंबर 2011 की दोपहर को उनके दिल्ली स्थित लोधी रोड वाले सरकारी आवास पर हुई। तब अमर सिंह राज्यसभा के सदस्य थे। अमर सिंह से 'नेताजी' से क़रीबी कैसे बढ़ी जब ये पूछा तो उन्होंने बताया, "मैं उत्तर प्रदेश के पूर्व मुख्यमंत्री वीर बहादुर सिंह के काफ़ी नज़दीक था। उस वक़्त विधानसभा में मुलायम सिंह नेता विपक्ष होते थे। वीर बहादुर सिंह और बलराम सिंह यादव अच्छे दोस्त थे लेकिन बलराम सिंह और मुलायम सिंह के बीच कटु प्रतिद्वंद्विता थी।"

इसी दौर का एक क़िस्सा मुझे पता चला कि वीर बहादुर सिंह ने अमर सिंह

को एक चिट्ठी दी और अगले दिन के दिल्ली के हिंदुस्तान टाइम्स अख़बार में छपनी थी। लेकिन जब वीर बहादुर सिंह को अगले दिन वह चिट्ठी अख़बार में नहीं दिखी तो उन्होंने अमर सिंह को ख़ूब फटकार लगाई। उस दौरान अमर सिंह केके बिड़ला के दामद की कोलकाता स्थित कंपनी वैम ऑर्गेनिक्स के लिए काम करते थे।

अमर सिंह के मुताबिक़, "वीपी सिंह बहुत नफ़रत करते थे मुलायम सिंह से। अगर बस चलता तो वीपी ददुआ जैसे एनकाउंटर में मुलायम सिंह को ख़त्म करवा देते। वीपी ने 'नेताजी' को हमेशा नेता के बजाय चंबल के बीहड़ों का डाकू ही समझा। चंबल के इलाक़े में हर समस्या का जवाब बदला लेना है। इस इलाक़े में कहा जाता है- ख़ून का बदला ख़ून। बलराम सिंह यादव के साथ राजनीतिक प्रतिद्वंद्विता की वजह से मुलायम मजबूरन सुरक्षा में रहने लगे।"

अमर सिंह के मुताबिक़, "मुलायम सिंह भाग्यशाली थे कि उन्हें चौधरी चरण सिंह का वरदहस्त मिला। उनकी ख़ासियत ज़मीनी स्तर पर कड़ी मेहनत करना थी। मुलायम सिंह से ज़्यादा मेहनती नेता मैंने अभी तक नहीं देखा है। उन्हें देश का एक-एक कोना पता है। वह हवाई जहाज़ में ऊपर से देखकर बता देते हैं कि गाँव कौन-सा है और उस गाँव की सामाजिक और राजनीतिक डेमोग्राफ़ी क्या है, किस जाति के कितने घर हैं, आदि।"

अमर सिंह का कहना था, "बुद्धिमत्तावाद और मुलायम के बीच दूर-दूर तक कोई मेल नहीं है। लेकिन उन्होंने अपनी इस कमज़ोरी को ही अपना हथियार बना लिया है और अपने जैसे ही एक इंसान को देख लोग अब उनके समर्थक बन गए हैं। मुलायम की नज़र सैफ़ई और इटावा से आगे नहीं जाती। सैफ़ई में विश्वस्तरीय हवाई पट्टी है जिस पर बोइंग विमान उतर सकता है लेकिन हक़ीक़त ये है कि इटावा के ऊपर हवाई जहाज़ ही नहीं उड़ते। सैफ़ई में कोई मैच नहीं होता जिसमें सचिन तेंदुलकर खेलें लेकिन वहाँ वानखेड़े स्टेडियम जैसा स्टेडियम है। यही नहीं सैफ़ई में एक सुपर स्पेशिएलिटी अस्पताल भी है। अपने गाँव में अंतर्राष्ट्रीय स्तर की सुविधाएँ मुहैया कराने के लिए मुलायम ने अपने रुतबे का इस्तेमाल किया। सैफ़ई छोटा-मोटा सिंगापुर बनता जा रहा है। अगर सर्वश्रेष्ठ ग्राम प्रधान का कोई अवॉर्ड हो तो वह मुलायम सिंह को ही मिलना चाहिए।"

अमर सिंह सैफ़ई महोत्सव के लिए क्रेडिट ख़ुद को देते हैं। "मुलायम सैफ़ई महोत्सव के ज़रिये फ़िल्मफ़ेयर महोत्सव को भी मात देने की हसरत रखते थे। इस

महोत्सव में हर हस्ती मेरी वजह से आई। महोत्सव में मौजूद हर हस्ती मुलायम की धुन और उनके ही राग पर थिरक रही थी। मेरे पुराने समाजवादी साथी जनेश्वर मिश्र को यह सब नागवार गुज़रा। इस तड़क-भड़क के लिए उन्होंने मुझे ज़िम्मेदार ठहराया। इसके बाद से वह मेरे ख़िलाफ़ हो गए।"

वैसे हक़ीक़त ये है कि सैफ़ई महोत्सव की शुरुआत 1996 में मुलायम सिंह के भतीजे रणबीर सिंह ने की। रणबीर तेज़-तर्रार नेता थे लेकिन एक बीमारी में 2003 में उनका इंतक़ाल हो गया। रणबीर सैफ़ई के ब्लॉक प्रमुख भी बने। रणबीर के निधन पर अफ़सोस जताते हुए मुलायम ने कहा था कि रणबीर ने सैफ़ई के लिए जितना काम अकेले किया, उतना वह और शिवपाल मिलकर भी नहीं कर सके। 2003 के बाद से सैफ़ई महोत्सव को रणबीर सिंह मेमोरियल का नाम दिया गया।

पार्टी से निकाले जाने को लेकर अमर सिंह 'विधवा विलाप' करते दिखे। वह कहते थे, "आप अगर ब्राज़ील में जाकर झूमने लगते हैं तो दोष रियो (ब्राज़ील का मशहूर शहर) पर मढ़ते हैं। ठीक वैसे ही पार्टी की हर ख़ामी के लिए मुझे ज़िम्मेदार ठहराया गया। उन्होंने राजनीति को घरेलू कारोबार जैसा बना दिया है। सिर्फ़ मैं और जनेश्वर मिश्र इसके अपवाद रहे। मुझे पार्टी से इसलिए निकाला गया क्योंकि उनके घरवालों का आरोप था कि मैं मुलायम सिंह की लोकप्रियता को हड़प लूँगा। लेकिन फिर भी मैं इतना ज़रूर कहूँगा कि उन्होंने मुझे पार्टी से निकालने का विरोध किया था। अगर अखिलेश समेत परिवार का दबाव न होता तो मुझे निकाला नहीं जाता। मुझे अखिलेश पर आश्चर्य होता है क्योंकि मेरी ही सिफ़ारिश पर उन्हें पार्टी का प्रदेश अध्यक्ष बनाया गया था। मैं ही उनको ऑस्ट्रेलिया ले गया। 'नेताजी' चाहते थे कि उनका बेटा विदेश में पढ़े। अखिलेश मौज-मस्ती करते हैं लेकिन अपने इरादों के पक्के हैं। उन्हें राजपूत लड़की से इश्क़ हो गया। पिता और परिवार के विरोध के बावजूद वह डिंपल के प्रति वफ़ादार रहे। 'नेताजी' अखिलेश की शादी मध्य प्रदेश के एक यादव नेता सुभाष यादव की बेटी से करना चाहते थे। यही नहीं वह लालू यादव की बेटी से भी विवाह करवाने की सोच रहे थे। शादी के बंधन के ज़रिये 'नेताजी' अपनी राजनीति को बिहार या मध्य प्रदेश में फैलाने की सोच रहे थे। लेकिन अखिलेश ने इन मंसूबों पर पानी फेर दिया। वह डिंपल से ही शादी के लिए अड़े रहे। मुलायम नाख़ुश थे। मैंने ही लखनऊ और दिल्ली में शादी के समारोह आयोजित किए। अमिताभ बच्चन ने भी शादी में शिरकत की। समारोह की सफलता से मुलायम

काफ़ी ख़ुश थे।"

अमर सिंह बताते हैं कि इस शादी को लेकर भी उन पर आरोप लगे। "मेरे बारे में कहा गया कि एक राजपूत लड़की का यादव परिवार में विवाह करवाकर मैं अपने रिश्ते मज़बूत कर रहा हूँ। अखिलेश ने मुझसे आँखें फेर लीं जबकि इस शादी को लेकर मैंने हमेशा ही उनका साथ दिया और अखिलेश इसको नकार नहीं सकते हैं।"

कभी 'नेताजी' के दाहिने और बायें हाथ रहे इन नेताओं ने पार्टी छोड़ने के बाद तमाम उलटी-सीधी बातें कहीं। कभी-कभी तो बहुत ही निजी स्तर पर भी हमले किए। लेकिन मुलायम ने समाजवाद के अमानतदार और आबरूदार की तरह इस मामले में दरियादिली दिखाई है और आज तक इनके ख़िलाफ़ न तो कोई बयान दिया और न ही कोई प्रतिक्रिया जताई। इस बारे में पूछे जाने पर 'नेताजी' सिर्फ़ इतना ही कहते हैं, "इनके पार्टी छोड़ने का मुझे अफ़सोस है।"

अध्याय 24

'जिसका जलवा क़ायम है उसका नाम मुलायम है'

मोहनदास करमचंद गाँधी उनके दिग्दर्शक थे। कुछ लोग उन्हें भारत का पहला राजनेता भी कहते हैं। वह सबसे लंबे समय तक देश के प्रधानमंत्री भी रहे। भारत में उनके मुरीद उन्हें प्यार और आदर से 'पंडित जी' भी कहते हैं। यह भी कहा जाता है कि वह फ़ेबियन सोशलिज़्म की वकालत करते थे। लंदन में बिताए दिनों में नेहरू इससे प्रभावित थे। वह सुधारवादी न कि क्रांतिकारी तरीक़े से लोकतांत्रिक समाजवाद को बढ़ावा देने के हिमायती थे। ब्रिटेन की सेंटर-लेफ़्ट लेबर पार्टी की नीतियों में फ़ेबियन सोसाइटी की सोच की ओर झुकाव साफ़ दिखता है। लेबर पार्टी की स्थापना 1900 में हुई थी और ब्रिटेन में समाजवाद की नुमाइंदगी लेबर पार्टी के ही ज़िम्मे है।

आज़ादी के बाद नेहरू ने इस सोसाइटी के सिद्धांतों को भारत के माहौल में भी अपनाने की कोशिश की। नेहरू और जिन्ना इस सोसाइटी के सदस्य होने की डींग हाँकते थे हालाँकि ये दोनों ही आगे चलकर राह भटक गए। लेकिन मुलायम सिंह यादव ऐसा कोई दावा करने की हालत में नहीं थे। फिर भी वह शुरू से ही लोकतांत्रिक समाजवाद के सिद्धांतों को अमली जामा पहना रहे हैं- ठीक उसी लीक पर जिस पर लंदन के स्ट्रैंड इलाक़े में एसेक्स हॉल में फ़ेबियन सोसाइटी के मेंबरान बहस करते थे।

फ्रैंक पोदमोर ने रोमन सेनापति फ़ेबियस मैक्सिमस के नाम पर सोसाइटी का नाम रखा था। फ़ेबियस अपने उपनाम कंक्टेटर- द डिलेयर (वक़्त के साथ न चलने वाला) से मशहूर था। ट्यूनीशिया के महान सेनापति हन्निबाल की पूरी ताक़त से सेना को युद्ध में झोंक देने की रणनीति के उलट फ़ेबियस की रणनीति में उत्पीड़न

और संघर्षण पर ज़ोर होता था। हन्निबाल को महान रणीतिकार माना जाता है। नेपोलियन ने हन्निबाल को दैवीय रणनीतिकार (Gifted strategist) कहा था।

इधर नन्हे नेपोलियन यानी मुलायम हन्निबाल को जूलियस सीज़र और सिकंदर के बराबर मानते हैं। उनसे पहले आज़ाद भारत के किसी भी रक्षामंत्री ने देश की मिलियन मेन्स आर्मी को हन्निबाल की कहानियों से प्रेरित नहीं किया था। गुफ़्तगू के दौरान उन्होंने कहा, "हन्निबाल कार्थेज का था जो आज के लीबिया-ट्यूनिशिया का हिस्सा है। कार्थेज फ़ीनिशिया का उपनिवेश था लेकिन बाद में आज़ाद हो गया। यहाँ के लोग बहादुर नाविक थे और अपनी बुलंदी पर इसका पूरे भूमध्य सागर पर क़ब्ज़ा था। इसको रोमन साम्राज्य से चुनौती मिली और कुछ समय बाद ये रोमन साम्राज्य का हिस्सा हो गया। हन्निबाल विलक्षण प्रतिभा वाला रणनीतिकार था। इटली पर उत्तर की ओर से हमला करना उसकी तुरूप की चाल थी क्योंकि उन दिनों यह सोचा नहीं जा सकता था कि उत्तरी अफ़्रीका के एक देश की सेना इस दिशा से भी हमला कर सकती है। किसी रोमन सेनापति की हन्निबाल से मुक़ाबला करने की हिम्मत नहीं हुई। अपनी ज़मीन से दूर और दुश्मनों से घिर जाने के बाद वह इटली छोड़ फीनिशिया की ओर बढ़ा। रोमन सेना ने उसका पीछा किया लेकिन दुश्मन के हाथों पकड़े जाने के बजाय उसने ख़ुदकुशी करना बेहतर समझा।"

नन्हे नेपोलियन अपनी हल्की लेकिन तेज़ चाल के लिए मशहूर हैं। सूती धोती, बदन पर झक सफ़ेद कुर्ता, लहराते हाथ, शिकन मुक्त कलाई, सीने पर घने काले बाल और तोंद का नाम-ओ-निशान नहीं- रक्षामंत्री के तौर पर मुलायम एक पहलवान सेनापति की तस्वीर थे। चलते वक़्त उनके पैर किसी बैले डांसर की तरह क़दमताल करते थे। सेना के मुखियाओं को अक्सर उनके बराबर चलने के लिए दौड़ लगानी पड़ती थी। रक्षामंत्री की चाल में एक सैनिक की अपनी यात्रा समान चित्रण था चाहे वह साउथ ब्लॉक की चमकती फ़र्श हो या असम की ज़मीन या फिर बर्फ़ से ढँकी सियाचिन की चोटियाँ।

1996 में वह पहली बार लोकसभा पहुँचे। नन्हे नेपोलियन उत्तर प्रदेश के खेत फलांगकर मैनपुरी से सांसद बने। फ़ेबियस मैक्सिमस के सिद्धांतों पर चलते हुए संसद तक पहुँचे मुलायम के चेहरे पर हन्निबाल की मुस्कुराहट थी। ये अलग बात है कि अगले 15 दिनों में दिल्ली के दरबार में जो राजनीतिक नाटक चला उसमें जो इंसान सत्ता के शिखर पर बैठ सकता था, उसे रक्षामंत्री बनकर संतोष

करना पड़ा। ये बात 1 जून 1996 की है। दिल्ली के मौसम का पारा तो चढ़ ही रहा था सियासी पारा भी इसका मुक़ाबला कर रहा था।

मुलायम सिंह भारतीय पारंपरिक पहनावे में रोमेल की तरह हैं। नन्हे नेपोलियन के मुताबिक़ रोमेल भी हन्निबाल से कम बड़े प्रेणास्रोत नहीं थे। रोमेल को आधुनिक काल का भी फ़ायदा मिला। तकनीक के हिसाब से दोनों को अपने वक़्त की बेहतर तकनीक मिली लेकिन अप्रत्याशित चालों के पैमाने पर अंतर पता चलता है। हालाँकि मुलायम तैराकी के ब्रेस्ट स्ट्रोक की तरह अपने दायें और बायें हाथ को हिलाते हुए तर्क रखते हैं कि साबू ताई और शेपेनोयन हन्निबाल से भी बड़े सेनापति थे लेकिन इतिहास लेखकों ने इनके साथ न्याय नहीं किया। ये दोनों ही सिकंदर से महान थे।

भारतीय राजनीति में 1996 बड़े बदलाव का साल रहा। वॉशिंगटन, लंदन और बर्लिन भारत के मिसाइल कार्यक्रम को लेकर प्रलाप कर रहे थे। पृथ्वी और अग्नि मिसाइल नई दिल्ली और वॉशिंगटन के बीच तनाव बढ़ा रहे थे।

शुरू से राजनयिक रहे इंदर कुमार गुजराल का सितारा बुलंद था। देवेगौड़ा के इस्तीफ़ा देने के बाद गुजराल प्रधानमंत्री बने। पश्चिम देशों के कुछ राष्ट्रपति और प्रधानमंत्री भारत के मिसाइल कार्यक्रम पर तुरंत रोक लगाने की माँग कर रहे थे। इन सब हमलों के बीच मुलायम अपनी राह चलते रहे। यही नहीं, उन्होंने अपनी रफ़्तार भी बढ़ा दी। उनकी अगुवाई में भारत अब मध्यम दूरी की अग्नि मिसाइल विकसित कर रहा था। नरसिम्हा राव सरकार की अग्नि को तकनीकी तौर पर आधुनिकतम बनाने की योजना थी लेकिन जब नरसिम्हा राव सरकार बाहर हुई तब तक अग्नि पर आर्थिक गड़बड़ियों की एक विरासत छोड़ गई। नन्हे नेपोलियन ने महसूस किया कि इस्लामाबाद की गौरी से मुक़ाबले के लिए मिसाइल विकसित करने के लिए पैसे की कमी आड़े आ रही है।

एक पत्रकार को दिए इंटरव्यू में मुलायम ने पाकिस्तान और पृथ्वी पर भ्रम के बादलों को छाँटा। "इसका उत्पादन शुरू हो गया है। भारत की सुरक्षा को लेकर हम किसी भी तरह का समझौता नहीं करेंगे। अगर आप दक्षिण एशिया में सुरक्षा परिदृश्य पर नज़र डालें तो आपको पता चलेगा कि हम नज़र रखे हुए हैं और हम पीछे नहीं रहेंगे। मैं अमन-पसंद इंसान हूँ। संयुक्त मोर्चा सरकार अपने पड़ोसियों और बाक़ी मुल्कों से अच्छे रिश्ते चाहती है। लेकिन मैं रक्षा तैयारियों में किसी भी तरह की ढिलाई बर्दाश्त नहीं करूँगा। मैं हालात के हिसाब से सतर्क हूँ। मैं दोहराता

हूँ कि भारत की सुरक्षा से किसी भी तरह का समझौता नहीं किया जाएगा।"

मॉस्को से रिश्ते मधुर बने हुए थे। इसको एक सकारात्मक समर्थन मिला जब 1997 में क्रेमलिन ने नन्हे नेपोलियन का स्वागत किया। बोरिस येल्तसिन नये मुखिया थे जो रेड स्क्वॉयर में सोवियत युग के अवशेषों और सोवियत युग की वोदका के लिए अवमानना की सोच रखते थे। पाँच दिन का यह दौरा कुछ साल पहले तक वॉशिंगटन और लंदन की यात्रा के समकक्ष माना जाता। लेकिन जब मुलायम ने वहाँ की सुंदरियों, सैनिकों, कमांडरों और नवधनाढ्य रूसियों की सेना की आँखों में आँख डालकर देखा तो कम्युनिस्ट राज के भरोसे वाला भाव नदारद था।

सैफ़ई से मस्क्वा नदी तक का सफ़र काफ़ी यादगार रहा है। मुलायम यहाँ तब पहुँचे जब रूसी लोग मार्क्सवाद और समाजवाद से हाथ जोड़कर विदा ले चुके थे और उपभोक्तावाद-पूँजीवाद की चकाचौंध भरी सड़क पर तेज़ी से आगे बढ़ रहे थे। हिंदुस्तान से गए समाजवाद के ये झंडाबरदार तब एक ऐसे समाज से वाक़िफ़ हो रहे थे जिसके जंगल और ज़मीन तक में कुछ समय पहले तक समाजवाद रचा-बसा हुआ था।

रूस के राष्ट्रपति बोरिस येल्तसिन और मुलायम की मुलाक़ात ने दोनों देशों के रक्षा रिश्तों पर अगले दस साल तक के लिए मुहर लगा थी। साथ ही यह वादा भी किया कि रूस किसी ऐसे देश को अपने हथियार नहीं बेचेगा जिससे भारत की सुरक्षा पर आँच आए। रूसी रक्षामंत्री इगोर रोडियोनोफ ने खुलेआम कहा कि उनका देश इस्लामाबाद को हथियार नहीं देगा। समझौता 2010 तक लागू रहना था। मुलायम ने कहा, "मेरा देश शांति चाहता है। हमारे सब्र की कोई सीमा नहीं है लेकिन अगर हमारे नागरिकों की ज़िंदगी को ख़तरा हो तो हम कार्रवाई करते हैं। मेरी यात्रा से ठीक पहले कश्मीर के करगिल इलाक़े में नियंत्रण रेखा पर पाकिस्तानी सेना ने बेवजह गोलियाँ बरसाईं। इसमें हमारे 17 नागरिकों की जान चली गई। इन मारे गए गाँव वालों के परिवारों के लिए मेरे आँसू निकलते हैं। मैं इस गोलीबारी में घायल भाई-बहनों से मिलना चाहता हूँ।"

मुलायम को इतिहास भी पता है कि किस तरह 13वीं शताब्दी में मंगोलों ने इस शहर को उजाड़ दिया था और मास्को निवासी की हैसियत मंगोलों के लिए सिर्फ़ कर वसूलने वाले चाकरों की रह गई थी। उनके दिमाग़ में चंगेज़ ख़ान से जुड़ी किंवदंतियाँ भी हिलोरें लेने लगीं। चंगेज़ ख़ान का इलाक़ा रोमन साम्राज्य और मुस्लिम ख़लीफ़ा के राज से भी दोगुना बड़ा था। नन्हे नेपोलियन के मुताबिक़ चंगेज़

ख़ान में एक ही गड़बड़ी थी कि उसने चीज़ों को समाजवाद के चश्मे से नहीं देखा। मुलायम के मुताबिक़, "चंगेज़ ख़ान की सैनिक ताक़त की कोई बराबरी नहीं कर सकता और वह राजनीतिक तिकड़मों में माहिर था। उसके पौत्र कुबलई ख़ान ने युआन वंश की स्थापना की। चंगेज़ ख़ान लूट का माल सिर्फ़ अमीरों में बाँटे जाने के ख़िलाफ़ था। इस मायने में वह समाजवादी था। उसके राज में ग़रीबों और पुरोहित वर्ग को टैक्स नहीं देना होता था। मुस्लिम, बौद्ध और ईसाई शांति से रहते थे। वह धर्मनिरपेक्ष भी था। उसने सभी के लिए शिक्षा का आदेश जारी किया था।"

जून 1996 की धूल-धक्कड़ भरी गर्मी में मुलायम ने देश की राजनीति में हलचल मचा दी। उनसे पहले देश के किसी भी रक्षामंत्री ने जम्मू-कश्मीर के पूर्ण स्वायत्तता की वकालत नहीं की थी। प्रधानमंत्री देवेगौड़ा भी ज़्यादा स्वायत्तता देने के हिमायती थे। मुलायम के राजनीतिक विरोधियों कॉन्ग्रेस और बीजेपी ने इस मुद्दे को अपने फ़ायदे के लिए उछालना शुरू कर दिया। आरोपों-प्रत्यारोपों का दौर शुरू हो गया। रक्षामंत्री पर थ्री नेशन थ्योरी और देश को टुकड़ों में बाँटने जैसे गंभीर आरोप लगे। मुलायम ने मुझसे कहा, "जम्मू-कश्मीर को ज़्यादा स्वायत्तता के लिए संसद में क़ानून बनाने के मेरे बयान को मीडिया ने शक और ख़ौफ़ के साथ पेश किया। मैं जंग के इस मैदान में स्थायी शांति की कोशिश कर रहा था। कहीं कोई भ्रम नहीं था और ना ही नादानी भरा क़दम था जैसा कि मीडिया के एक हिस्से ने देश की जनता को गुमराह करने के लिए प्रचारित किया। फारुख़ अब्दुल्ला 1953 से पहले की स्थिति की माँग कर रहे थे। मैं उनसे सहमत नहीं था। उनकी माँग का मतलब था कि रक्षा, विदेश नीति और संचार को छोड़ बाक़ी सभी विभागों में स्थानीय शासकों की मर्ज़ी चलेगी। उनकी पार्टी नेशनल कॉन्फ्रेंस की लोकप्रियता और साख गिर रही थी। इस माँग के ज़रिये उनकी कोशिश राज्य की सत्ता पर कुछ चुने हुए लोगों द्वारा क़ब्ज़े की थी। यह माँग घाटी में सुप्रीम कोर्ट, चुनाव आयोग और सीएजी जैसी कुछ संवैधानिक संस्थाओं को दरकिनार कर रही थी। मैं संविधान के अनुच्छेद 370 में किसी हेरफेर की माँग नहीं कर रहा था। यह अनुच्छेद राज्य को स्वायतत्ता की गारंटी देता है लेकिन ये कहना ग़लत है कि संसद के पास कम शक्तियाँ हैं और संविधान ज़्यादा ताक़तवर है। अनुच्छेद 370 के तहत जम्मू-कश्मीर विधानसभा ज़्यादा स्वायत्तता हासिल कर सकती है या राज्य के ऊपर लागू क़ानूनों को हटा सकती है। मुझ पर संविधान से छेड़छाड़ करने का आरोप लगाया गया।"

मुलायम बताते हैं, "1983 की सर्दियों में इस्लामिक स्टेट ऑफ़ कश्मीर का

एक नक़्शा प्रसारित किया गया था जिस पर बड़े-बड़े अक्षरों में लिखा था, 'घाटी के किसी भी गर में काफ़िरों को खाने नहीं दिया जाएगा।' ये परचा इंदिरा गाँधी के सामने भी रखा गया।" 13 साल बाद मुलायम के सामने हक़ीक़त ये थी कि कश्मीर से पंडितों (काफ़िरों) को खदेड़ दिया गया। वह दोनों हाथों से अपना सिर पकड़ लेते हैं और घाटी में मुसलमानों और कश्मीरी पंडितों के बीच शांति और सद्भाव के लिए काम करने का प्रण करते हैं।

भारत-पाकिस्तान-बांग्लादेश- ये मानव जाति का पालना है, मानव भाषा की जन्मस्थली है, इतिहास की जननी है, नायकों की दादी और परंपराओं की परदादी है- मार्क ट्वेन (मार्क ट्वेन ने सिर्फ़ भारत कहा था, मैं इसमें पाकिस्तान और बांग्लादेश जोड़ भारतीय उपमहाद्वीप करने की धृष्टता कर रहा हूँ)

आबादी के लिहाज़ से दुनिया का हर छह में से एक इंसान भारत में रहता है। कुल आबादी क़रीब 1.2 अरब है। कई विरोधाभास हैं देश में– यह दुनिया की 10वीं सबसे बड़ी अर्थव्यवस्था है लेकिन हक़ीक़त ये भी है कि दुनिया के 36 फ़ीसदी ग़रीब भारत में हैं। नन्हे नपोलियन कहते हैं, "एक हज़ार साल का इतिहास उठा लीजिए, भारत ने किसी भी देश पर हमला नहीं किया है। बनारस दुनिया का ऐसा सबसे पुराना शहर हैं जहाँ लगातार लोग रहते रहे हैं। ताजमहल 11 साल में बना। राष्ट्रीय फल आम, राष्ट्रीय पक्षी मोर और राष्ट्रीय पशु बाघ देख मुझे गर्व और आनंद होता है। मुझे आम पसंद हैं। हिंदी राष्ट्र भाषा है और मुझे हिंदुस्तानी से प्यार है। उर्दू मेरी दूसरी भाषा है।"

"मेरी राय में सरकार की भूमिका नागरिकों को बेहतर, शिक्षित, ज्ञानी और मर्यादापूर्ण बनाने की होनी चाहिए।" गेटवुड गालब्रेथ (1947-2012)

नन्हे नेपोलियन के लिए संसद की राह आसान नहीं थी। मुलायम ने 5 अक्टूबर 1995 को अपनी मंशा जग-ज़ाहिर कर दी कि वह मार्क्सवादी नेता ज्योति बसु को प्रधानमंत्री के तौर पर प्रोजेक्ट करने के हिमायती हैं। जनता दल का वजूद तो था लेकिन अपनी बुलंदी के पसंगे में भी नहीं था। ग़ैर-कॉन्ग्रेसी और ग़ैर-भाजपाई ख़ेमे के मुफ़्ती मोहम्मद सईद और राम विलास पासवान समेत कुछ और दिग्गजों ने भाँप लिया कि अगर बीजेपी के बुलडोज़र को रोकना है तो मुलायम को अपने साथ खड़ा करना ज़रूरी है। नवंबर में लालू प्रसाद यादव और शरद यादव ने केंद्र में एक मुमकिन गठबंधन के लिए कांशीराम से बातचीत शुरू की। लालू दूसरे खेमे में भी सक्रिय थे। वह राम विलास पासवान को बिहार में

किनारे करना चाहते थे। उधर पासवान को मुलायम पसंद करते थे।

मुलायम की मंशा थी लेफ़्ट और मध्यमार्गी पार्टियों की मदद से तीसरा मोर्चा बनाने की। वह इसके ज़रिये लोगों को भरोसा दिलाना चाहते थे। हालाँकि कॉन्ग्रेस की सत्ता के आगे प्रगतिशील समाजवादी विपक्ष की ताक़त कमज़ोर पड़ने से चिंता की लकीरें तो खिंच रही थीं लेकिन भारत का एक बड़ा हिस्सा सांप्रदायिकता के बढ़ते शैतान से ज़्यादा परेशान था। ज्योति बसु एक ऐसा नाम था जिस पर सबकी रज़ामंदी थी। उन्होंने मुझसे कहा, "ग़रीबों और धर्मनिरपेक्ष लोगों में ज्योति बाबू के करिश्मे की बदौलत ये क़दम सूझा। कोशिश थी कि लोगों को साफ़ विकल्प दिया जाए कि ज्योति बसु, अटल बिहारी वाजपेयी या पीवी नरसिम्हा राव में से किसी एक को चुनें। लेकिन सीपीएम ने मेरे प्रस्ताव को ख़ारिज कर दिया और एक मौक़ा हाथ से निकल गया।"

1996 के आम चुनाव में जनता ने किसी एक दल को बहुमत नहीं दिया और त्रिशंकु लोकसभा चुनी गई। कॉन्ग्रेस 140 सीटों के साथ घुटने टेक बैठी। वह बीजेपी का मुक़ाबला नहीं कर सकी और चुनाव में ख़राब प्रदर्शन से सांप्रदायिक ताक़तों को मज़बूत होने का मौक़ा मिल गया। बीजेपी ने 161 सीटें हासिल कीं और सहयोगियों के साथ मिलकर उसका आँकड़ा 187 तक ही पहुँच सका। ये मौक़ा था गठबंधन की राजनीति में एक नये दौर का। गठबंधन सरकार बनाने के लिए 13 दलों ने हाथ मिला लिया और बना तीसरा मोर्चा। जनता दल की हालत ख़राब थी लेकिन वह गठबंधन के सबसे बड़े दल के तौर पर उभरी। समाजवादी पार्टी के 26 सांसद थे तो तेलुगूदेसम के 29। इन तीन के अलावा असम गण परिषद, तमिल मानिला कॉन्ग्रेस, डीएमके और सीपीआई मंत्रिपरिषद में शामिल हुईं जबकि सीपीएम और कॉन्ग्रेस ने बाहर से सरकार को समर्थन दिया। तेलुगूदेसम के चंद्रबाबू नायडू को संयुक्त मोर्चा का संयोजक बनाया गया। ये सही है कि संयुक्त मोर्चा क्षेत्रीय दलों का गठबंधन था लेकिन इसे भारतीय राजनीति की सबसे बड़ी मृग मरीचिका कह कर ख़ारिज नहीं किया जा सकता था। सांप्रदायिक ताक़तों को रोकने के लिए मोर्चा ज़रूरी था और कॉन्ग्रेस ने इस बात को महसूस किया और मोर्चा बनाने में मदद की। हालाँकि कॉन्ग्रेस ने इसकी पूरी क़ीमत भी वसूल की।

एचडी देवेगौड़ा 1996 की गर्मियों में कर्नाटक के मुख्यमंत्री थे। ज्योति बसु को मोर्चे का नायक बनाने का मुलायम का सपना टूट ही चुका था। चर्चा में तो वीपी सिंह का भी नाम था लेकिव सहयोगी दलों में उनके नाम पर सहमति नहीं बन

सकी। ऐसे में 1 जून 1996 को देवेगौड़ा ने प्रधानमंत्री पद की शपथ ली। हिचकोले खाती उनकी सत्ता क़रीब 11 महीने चली लेकिन अंदरूनी खींचतान और कॉन्ग्रेस के हाथ खींच लेने की वजह से 21 अप्रैल 1997 को उनकी सरकार गिर गई।

जनता दल के 43 सांसद थे और इनमें से ज़्यादातर बिहार और कर्नाटक से थे। फिर भी यह कुनबा मोर्चे के बाक़ी दलों के मुक़ाबले बड़ा था और नेता का चुनाव करने में वीपी सिंह की भूमिका अहम हो गई। पहले देवेगौड़ा और फिर इंदर कुमार गुजराल के चुनाव ने पूरे देश का सिर चकरा दिया। गुजराल तो अपने बूते लोकसभा चुनाव तक नहीं जीत सके थे। इन दोनों का चुनाव कई लोकप्रिय, ज़मीन से जुड़े और बेहतर नेताओं के लिए झटका था जिसमें मुलायम सबसे आगे थे।

गोल चेहरे और गोल शरीर वाले देवेगौड़ा हिंदी नहीं पढ़ सकते थे। वह केवल कन्नड़ में ही बात कर सकते थे। सबसे चौंकाने वाली बात ये थी कि कर्नाटक के बाहर किसी ने उनका नाम तक नहीं सुना था। मुलायम सिंह बताते हैं, "मैं ज्योति बसु के साथ खड़ा था। मैंने सीपीएम में हरकिशन सिंह सुरजीत समेत अपने तमाम साथियों से ज्योति बसु को मौक़ा दिए जाने की विनती की। लेकिन उनका कहना था कि वह इतने ताक़तवर नहीं होंगे कि देश की नीतियों में वैसे बदलाव कर सकें जैसे चाहते हैं। लेकिन मेरी चिंता कॉन्ग्रेस में फैले भ्रम को लेकर थी। कॉन्ग्रेस की आगा-पीछा सोचने की चाल ने राष्ट्रपति शंकर दयाल शर्मा को बीजेपी को सरकार बनाने का न्योता देने का मौक़ा दे दिया। लेकिन राष्ट्रपति अटल बिहारी वाजपेयी से यह नहीं मालूम कर सके कि वाजपेयी सदन में विश्वास किस बलबूते हासिल करेंगे। पार्टी के पास बहुमत के लिए 271 का आँकड़ा नहीं था फिर भी वाजपेयी ने 16 मई 1996 को शपथ ले ली। लेकिन विश्वास हासिल करने की राह असंभव थी। किसी भी तरह से 27 मई को होने वाले विश्वास मत में सरकार की नैया पार लगना मुश्किल था। प्रमोद महाजन और भैरों सिंह शेखावत बहुमत हासिल करने के लिए कोशिशों में जुट गए और दलबदलुओं को सब्ज़बाग़ दिखाए जाते रहे। शुचिता की राजनीति का दावा करने वाली बीजेपी की छवि को पहले ही मौक़े पर तगड़ा झटका लगा।"

भारतीय संसदीय लोकतंत्र के इतिहास में 13 दिन की वाजपेयी की सरकार अनूठी घटना थी। इसमें कोई शक नहीं कि सत्ता के लालच में बीजेपी के नेताओं ने नॉर्थ और साउथ ब्लॉक को क़ब्ज़ाने की हड़बड़ी थी। वाजपेयी सरकार के मंत्री अहम दस्तावेज़ों की फ़ोटोकापियाँ कराने में जुट गए ताकि बाद में इनका

राजनीतिक फ़ायदा उठाया जा सके। छोटे क़द की, बातचीत में माहिर और संकट मोचक सुषमा स्वराज को सूचना और प्रसारण मंत्रालय का ज़िम्मा दिया गया। उन्होंने तुरंत ही टीवी चैनलों पर गर्भ निरोधक गोलियों के विज्ञापनों पर रोक लगा दी। मोहम्मद अली जिन्ना की जीवनी लिख विवादों में फँसने वाले जसवंत सिंह वित्त मंत्री बने और विश्वास मत पर लोकसभा में बहस के दौरान ही उन्होंने एनरॉन के काउंटर गारंटी के काग़ज़ों पर दस्तख़त कर दिए। क़ानून मंत्री बने राम जेठमलानी ने लालकृष्ण आडवाणी को जैन हवाला केस में बेकसूर क़रार दे दिया। यही नहीं सरकारी संस्थाओं में भगवा रंग में रंगने की तैयारी होने लगी और संविधान पर पुनर्विचार की चर्चा शुरू हो गई। राष्ट्रपति को मजबूरन बीजेपी की भगवा नीतियों को बखान करने वाला भाषण पढ़ना पड़ा जबकि सरकार टिकनी नहीं थी। वाक्छल और नाटक पूरे शबाब पर था।

जब मुलायम सिंह सदन में बोलने के लिए खड़े हुए तो बीजेपी सांसदों ने हल्ला मचाकर उन्हें चुप कराना चाहा। फ्रंटलाइन पत्रिका के संवाददाता सुकुमार मुरलीधरन ने लिखा, "मुलायम की आवाज़ बीजेपी सांसदों के शोर-शराबे में गुम हो गई लेकिन वाजपेयी ने अपने सांसदों को चुप कराने की कोई ख़ास कोशिश नहीं की। उन्होंने कहा मैं मानता हूँ कि मुलायम सिंह की मौजूदगी नाराज़गी पैदा करती है लेकिन फिर भी भावनाओं पर क़ाबू रखना चाहिए। हक़ीक़त में प्रधानमंत्री का एक हाथ तो सांत्वना दे रहा था लेकिन दूसरा हाथ भड़का रहा था। मुलायम के लिए यह तूफ़ानी संसदीय बहस थी।"

कॉन्ग्रेस ने देवेगौड़ा सरकार से समर्थन वापस ले लिया लेकिन वह किसी लोकप्रिय नेता को शीर्ष पर नहीं देखना चाहती थी। यहाँ भी साज़िश फिर मुलायम को बाहर रखने की थी। 21 अप्रैल 1997 को इंदर कुमार गुजराल को शपथ दिलाई गई।19 मार्च 1998 तक इस पद पर बने रहे। वह भी क़रीब 11 महीने देश के प्रधानमंत्री रहे।

एक हक़ीक़त ये भी है कि सीताराम केसरी भी प्रधानमंत्री बनने का ख़्वाब देख रहे थे। इसी बीच हरकिशन सिंह सुरजीत ने कहा कि प्रधानमंत्री पद के लिए उत्तर भारत के किसी नेता को चुना जाना चाहिए जो सांप्रदायिक ताक़तों को रोक सके। उन्होंने मुलायम का नाम आगे बढ़ाया और लेफ़्ट पार्टियाँ सैफ़ई के इस पहलवान को समर्थन देने को तैयार हो गईं। मुलायम ने बातचीत में मुझसे क़ुबूल किया, "हरकिशन सुरजीत ने संयुक्त मोर्चे में आमराय बना ली थी। यहाँ तक कि

राष्ट्रपति भवन को भी इत्तिला कर दी गई थी कि मुलायम के नाम पर मोर्चे में सहमति है। फ्रंटलाइन ने लिखा, 'मुलायम को संयुक्त मोर्चा के 179 में से 110 सांसदों का समर्थन है। बोम्मई को 40 और जी के मूपनार को 37 सांसदों का समर्थन था।' नेता के मुद्दे पर फ़ैसला हो जाने के बाद सुरजीत भाई मॉस्को चले गए। खींचतान फिर शुरू हो गई।

मुलायम कहते हैं, "देवेगौड़ा प्रधानमंत्री बन गए। मैं भी प्रधानमंत्री बन सकता था लालू ने खेल बिगाड़ दिया। वीपी सिंह की शह पर लालू और शरद ने साज़िश की। लेफ़्ट मेरे साथ था। सुरजीत और ज्योति बसु ने मेरे नाम का प्रस्ताव रखा था। यह तय भी हो गया था। लेकिन लालू ने भांजी मार दी। उन्होंने कहा कि अगर मुलायम प्रधानमंत्री बने तो वह ज़हर खा लेंगे। चंद्रबाबू नायडू ने भी मेरे ख़िलाफ़ मुहिम चलाई। शरद यादव चुप थे लेकिन उनकी चुप्पी काफ़ी रहस्यमयी थी। वह अब सांप्रदायिक तत्वों के साथ काम कर रहे हैं और सारे सिद्धांत भुला चुके हैं। पासवान लालू-वीपी की लीक पर थे लेकिन चुप थे। लालू का असली चेहरा सबके सामने आ चुका था। बिहार के यादव जानते हैं कि लालू ने धोखा दिया। नीतीश भी मेरे साथ थे। देवेगौड़ा का भी समर्थन मुझे हासिल था। गुजराल की कोई हैसियत नहीं थी। फिर फ़ैसला गुजराल के हक़ में हुआ जिसे मैंने पूरी मर्यादा के साथ मंज़ूर किया।"

समाजवादी छतरी के बाहर मुलायम सिंह हरकिशन सिंह सुरजीत को अपना दिग्दर्शक मानते थे। मुलायम के मुताबिक़ सुरजीत भगत सिंह के भक्त थे। भगत सिंह को फाँसी के सात साल बाद इस नौजवान कम्युनिस्ट ने होशियारपुर की अदालत पर तिरंगा फहरा दिया था। वह 1936 में सीपीआई के सदस्य बने। 1964 में सीपीआई में बँटवारे के वक़्त वह सीपीएम के साथ हो लिए। हरकिशन सिंह सुरजीत के बारे में मुलायम बताते हैं, "संसद में मुझको देखते ही उनके चेहरे पर मुस्कान तैरने लगती थी। उनकी छाया में ख़ुद को मैं ज्ञानी समझता था। लोहिया के बाद वही एक निस्वार्थी नेता थे। 1996 में तीसरे मोर्चे की क़वायद में ज्योति बसु से ज़्यादा सुरजीत का हाथ रहा।"

राजनीतिक विश्लेषक और नई दिल्ली के जवाहरलाल नेहरू विश्वविद्यालय के छात्र रह चुके परिमल माया सुधाकर भारतीय राजनीति में तीसरे मोर्चे की ज़ोरदार शब्दों में वकालत करते हैं। वह कहते हैं, "भारतीय माहौल में तमाम क्षेत्रीय उम्मीदों और सामाजिक पहचान के लोकतांत्रिक प्रतिनिधित्व के लिए

ऐसे वैकल्पिक मंच बहुत ज़रूरी हैं। भारत फ़िलहाल चौराहे पर खड़ा है क्योंकि लंबे समय से तमाम वंचित समुदाय अब इस तथ्य को महसूस कर रहे हैं और अपनी आर्थिक और सामाजिक हैसियत बढ़ाने की जुगत में जुटे हैं। दोनों प्रमुख राजनीतिक दल राजनीतिक तौर पर वंचितों की उम्मीदों को लेकर उदार नहीं हैं। देश के विभिन्न भागों और समुदायों में किसी वैकल्पिक मंच का अभाव केंद्र-प्रसारक प्रवृत्तियों में अतिशयोक्ति के नतीजे ही देगा। कॉन्ग्रेस का इलाक़ा सिमट रहा है और बीजेपी का विस्तार नहीं हो रहा (कर्नाटक अपवाद है)। यह बताता है कि तमाम राज्यों और समुदायों में ये दोनों पार्टियाँ लोगों का भरोसा जीतने में नाकामयाब रही हैं। भारतीय राजनीति 60 सालों में कभी स्थिर नहीं रही। पहले की अकली पार्टी की सरकारों की जगह अब गठबंधन सरकारों को मान्यता मिल रही है। इसी तरह यह त्रिध्रुवीय दिशा में बढ़ सकती है। कई ऐसे राजनीतिक संगठन हैं जिनके पीछे सामाजिक ताक़तें जुड़ी हुई हैं और जिनका कॉन्ग्रेस और बीजेपी की ओर झुकाव नहीं है। ये ताक़तें राष्ट्रीय स्तर पर संभावित तीसरे मोर्चे की रीढ़ हैं। 1977, 1989 और 1996 की असफलताओं से मिले सबक़ सीखना ज़रूरी है। पहली दो ग़ैर-कॉन्ग्रेसी सरकारें इमरजेंसी और भ्रष्टाचार के मुद्दे और जयप्रकाश नारायण और वीपी सिंह की शख़्सियत की बदौलत आईं। लेकिन 1996 में ये दोनों ही वजहें नदारद थीं। नरसिम्हा राव की सरकार से वोटर खीझ चुका था और बीजेपी की विचारधारा को मानने को तैयार नहीं था। आज़ादी के बाद ये पहला मौक़ा था जब नतीजे इतने अलग-अलग थे। इन तीनों मौक़ों पर उस वक़्त के हालात में सरकार गिरने की वजह ये रही कि तमाम घटकों के बीच न तो कार्यक्रम संबंधी और न ही कोई रणनीतिक योजना थी और न ही तमाम खिलाड़ियों के लिए राजनीतिक अस्तित्व की ज़रूरत थी।"

2008 में यूपीए के पहले कार्यकाल के आख़िरी दिनों में सरकार के अस्तित्व पर संकट गहराने लगा था। अमेरिका के साथ इंडो-यूएस सिविल न्यूक्लियर कोऑपरेशन एग्रीमेंट को लेकर लेफ़्ट सरकार से समर्थन वापस ले चुका था। मुलायम एक बार फिर तीसरे मोर्चे के 'पाइड पाइपर' बनकर उभरे। जयललिता, चंद्रबाबू नायडू, लालू प्रसाद यादव, राम विलास पासवान समेत क़रीब-क़रीब सभी क्षत्रप मुलायम के पीछे खड़े थे। क़रीब 11 साल बाद फिर मौक़ा था मुलायम के पास सत्ता के शिखर पर पहुँचने का। उनके पास 39 सांसद थे। लेफ़्ट सैद्धांतिक तौर पर तैयार था समर्थन देने के लिए। लेकिन धावा बोलने से

ठीक पहले इस शिकारी ने रुख़ बदल लिया और इंडो-यूएस सिविल न्यूक्लियर कोऑपरेशन एग्रीमेंट को समर्थन का ऐलान कर दिया। गठबंधन बिखर गया। एक नज़दीकी के मुताबिक़ मुलायम ने कहा, "राष्ट्र हित में मैंने न्यूक्लियर डील का समर्थन किया है। मेरी एपीजे अब्दुल कलाम से इस मुद्दे पर बात हुई। उन्होंने मुझे इसके फ़ायदे गिनवाए। दुनिया सभी एटमी ताक़तें न्यूक्लियर एनर्जी के मामले में आत्मनिर्भर हैं सिर्फ़ भारत को छोड़कर। सदन के भीतर नोटों की गड्डी लहराने का खेल अमर सिंह का था।"

राजेंद्र चौधरी की उम्र 70 साल है और वह अविवाहित हैं। देखने में छोटे और चेहरे पर सफ़ेद दाढ़ी। उन्होंने समाजवादी राजनीति का ककहरा चौधरी चरण सिंह की छत्रछाया में सीखा। राजनारायण और चंद्रशेखर भी उनकी दो टूक बात करने की आदत का लोहा मानते थे। जब किसान राजनीति की कमान मुलायम के हाथों सौंपी गई तो वह मुलायम की परछाई-सी बन गए। वक़्त के साथ नैतिकता की राजनीति की राह बहुत बदल गई है लेकिन राजेंद्र चौधरी नहीं बदले हैं। वह बताते हैं, "मैं 1968 में समाजवादी युवजन सभा का महासचिव बना। मुलायम तब विधायक थे। जब संयुक्त सोशलिस्ट पार्टी और मुस्लिम मजलिस के बीच सीटों के बँटवारे पर बात हो रही थी तो चरण सिह और मुलायम ने मुझे ग़ाज़ियाबाद विधानसभा सीट से उम्मीदवार बनाया। लेकिन मैं हार गया। मैं इमरजेंसी में मेरठ जेल में बंद रहा। मुलायम इटावा जेल में थे। इस दौरान उनसे क़रीब एक दर्जन बार ख़त-ओ-किताबत हुई। इमरजेंसी के बाद मुझे फिर ग़ाज़ियाबाद से टिकट मिला। इस बार जीत गया और मैं राज्य जनता पार्टी का अध्यक्ष बन गया।"

राजेंद्र चौधरी से एक अनौपचारिक बातचीत में चरण सिंह ने क़ुबूल किया कि राम नरेश यादव को उत्तर प्रदेश का मुख्यमंत्री बनाने का फ़ैसला ग़लत था। "मुझे मुलायम सिंह को मुख्यमंत्री बनाना चाहिए था। सहकारिता मंत्री के तौर पर उन्होंने शानदार काम किया है। वह कभी थकते नहीं हैं। उनका काम करने का ढंग अनूठा है। वह रात में सफ़र करते हैं और दिन में जनसभाएँ।"

राजेंद्र चौधरी 1980 में फिर चुनाव हार गए। उन्होंने बताया, "मैं तबाह हो चुका था। जनता पार्टी तार-तार हो चुकी थी। मैं राजनीति को नमस्कार करना चाहता था। लेकिन चरण सिंह ने ऐसा करने से रोका। इस बीच अजित का आगमन हो गया। वह मुलायम के ख़िलाफ़ सत्यपाल सिंह यादव को खड़ा कर रहे थे लेकिन मुलायम तो धूमकेतु थे।"

ये बात 1981 की है। अमेठी लोकसभा सीट के लिए उप चुनाव हो रहा था। मुक़ाबला राजीव गाँधी और शरद यादव में था। मुलायम सिंह शरद यादव के लिए चुनाव-प्रचार कर रहे थे। राजेंद्र चौधरी ने उन्हें आगाह किया कि धूरी सिंह नाम का गैंग्स्टर राजीव गाँधी के लिए काम कर रहा है और वह बचकर रहें क्योंकि उन पर भी हमला हो सकता है। यहाँ तक कि मुलायम की गाड़ी को घेर लिया गया लेकिन मुलायम बेख़ौफ़ गाड़ी से उतरे और आगे बढ़ने लगे।

यही नहीं जनवरी 2010 में लखनऊ में हज़रतगंज में माया सरकार के ख़िलाफ़ हल्लाबोल में मुलायम सबसे पहले अकेले ही चौराहे पर बैठ गए। उनके समर्थक बाद में पहुँचे। ये दिखाता है कि मुलायम को मंच की दरकार नहीं है बल्कि वह संघर्ष में आगे रहना चाहते हैं।

संसद देश की सबसे ऊँची विधायी संस्था है। संसद के दो सदन हैं- लोकसभा और राज्यसभा। संसद के दोनों सदनों को मिलाकर कुल 802 सांसद हैं। 1996 तक मुलायम सिंह 9 बार उत्तर प्रदेश विधानसभा के सदस्य चुने जा चुके थे। लेकिन लोकसभा में उनकी पारी 1996 में शुरू हुई। उनका पहला भाषण अटल बिहारी वाजपेयी की सरकार के विश्वास प्रस्ताव के ख़िलाफ़ था। उन्होंने लोकसभा के स्पीकर पी.ए. संगमा के सामने भाषण शुरू किया, "माननीय स्पीकर महोदय, मैं आपके सामने विश्वास प्रस्ताव के ख़िलाफ़ बोलूँगा। लेकिन अपनी बात रखने से पहले मैं कुछ कहना चाहता हूँ। मैं आपको बधाई देना चाहता हूँ। आप मेघालय आते हैं जो उस इलाक़े में हैं जिसे सेवेन-सिस्टर्स कहा जाता है और उपेक्षित महसूस करता है। हमारे सामने तमाम समस्याएँ हैं। फिर भी मैं नहीं मानता कि ये ऐसी राजनीतिक समस्याएँ हैं जिनको सुधारा नहीं जा सकता। इस वक़्त ज़रूरत सभी पार्टियों को एक साथ मिलकर काम करने की है।

फिर वह अटल बिहारी वाजपेयी, मुरली मनोहर जोशी और लालकृष्ण आडवाणी की ओर मुख़ातिब हुए। "सांप्रदायिक ताक़तों से मेरे गहरे मतभेद हैं। हम समाजवादियों का देश का शासन चलाने का भले ही एक एजेंडा न हो लेकिन सांप्रदायिक ताक़तों के ख़िलाफ़ हम आख़िरी दम तक लड़ते रहेंगे। अटल बिहारी वाजपेयी ने मुझे बहुत निराश किया है। वह राजनीति में नैतिकता की बात करते रहे हैं। उन्होंने देश को भरोसा दिलाया था कि वह सरकार बचाने के लिए कोई ग़लत क़दम नहीं उठाएँगे लेकिन हक़ीक़त कुछ और है। फ़ासीवाद ऐसे हालात पैदा कर देगा कि देश के टुकड़े हो जाएँ। अगर देश के टुकड़े होते हैं तो तबाही

मच जाएगी। ये चाहे जितने ताक़तवर क्यों न हों, हम ऐसा नहीं होने देंगे। अगर ऐसा हो जाता है तो क्या बचेगा? न ये हाथ रहेगा और न रहेगा लड्डू। मेरा सपना है भारत-पाकिस्तान-बांग्लादेश को एक देखना। हम सब भाई हैं। मैं अटल जी से पूछना चाहता कि जब दो भाइयों में लड़ाई होती है तो क्या हम उनके बच्चों को घर में आने से रोक देते हैं? आपके पास देश चलाने का जनादेश नहीं है। आपकी सरकार अस्थायी है। आपका दोहरा चरित्र है। अटल जी, अगर आपमें हिम्मत है तो सदन में बोलिए कि अयोध्या, काशी और मथुरा आपके एजेंडे में है। ये भ्रम की स्थिती साफ़ कीजिए। बीजेपी के दो चेहरे हैं। उस पर भरोसा नहीं किया जा सकता। उनको न संसद की परवाह है और न ही सुप्रीम कोर्ट की। और माननीय गृहमंत्री जी (एलके आडवाणी), आप जॉर्ज फ़र्नांडिस की तारीफ़ करते हैं लेकिन मैं सिर्फ़ इतना ही कहूँगा कि उन्होंने कई बार पाले बदले हैं। वह ख़ुद को समाजवादी कहते हैं और गिरगिट की तरह रंग बदलते हैं। हो सकता है वह एक दिन हमारे खेमे में हों।

रक्षामंत्री का पद सँभालने के बाद अपने पहले भाषण में मुलायम सिह ने कहा, आप कैसे कह सकते हैं कि हम स्थिर सरकार नहीं दे सकते। जनादेश गठबंधन सरकार के लिए है। आप भी गठजोड़ की कोशिश कर रहे थे लेकिन नाकामयाब रहे। नौ सूबों में गठबंधन सरकार है। यह सही है कि हमने कई मौक़े पर एक साथ सरकार बनाई है लेकिन उस वक़्त आपने अयोध्या, मथुरा और काशी के मुद्दे नहीं उठाए थे। अगर उठाए होते तो मैं आपके साथ खड़ा नहीं होता। मेरी बहन सुषमा स्वराज और उनकी पार्टी मेरे रक्षामंत्री बनने से दुखी है। मैं उनका दुख महसूस कर सकता हूँ। ये चाहते हैं कि मैं और समाजवादी पार्टी उत्तर प्रदेश में लंगड़ी ताक़त बनकर रह जाऊँ ताकि सत्ता हासिल कर सकें। मुलायम लखनऊ में फ़ासीवाद को पलने बढ़ने नहीं देगा। सुषमा जी अपना समाजवादी अतीत भूल गई हैं। वह 1977 में चौधरी चरण सिंह के साथ थीं।

स्पीकर महोदय, रामभक्त कौन है? मैं हनुमान का भक्त हूँ जो राम के भक्त थे। रामभक्त होने के लिए क्या इनसे सर्टिफ़िकेट लेना होगा? अटल जी गाय की पूजा करते हैं। और आप मुझसे पूछते हैं कि क्या मैं गाय का पुजारी हूँ? मैं गाय का रक्षक हूँ। आपने अपने घर में सिर्फ़ गाय की पूँछ देखी है। मेरे घर आइए और ख़ुद देखिए। जानवरों की तरह इंसानों को मारने के लिए कौन ज़िम्मेदार है? आप 30 अक्टूबर 1990 को अयोध्या में गोली चलाने के मेरी सरकार के फ़ैसले पर सवाल उठा रहे हैं। पुलिस को गोली चलाने के लिए मजबूर किसने किया? बाबरी मस्जिद

को बचाकर मैंने सिर्फ़ भारत के मुसलमानों की ही हिफ़ाज़त नहीं की है। मैंने मदिरों, गिरजाघरों, गुरुद्वारों और जैन मंदिरों की भी रक्षा की है। 6 दिसंबर 1992 को पूरी दुनिया ने आपके बर्बर कृत्य को देखा। मस्जिद ढहाने के बाद हुए दंगों में सैकड़ों लोग मारे गए और हज़ारों करोड़ रुपयों का नुक़सान हुआ। आप कहते हैं ये आपके लिए भावनात्मक मुद्दा है, मैं कहता हूँ ये मेरी आज़ादी से जुड़ा है। आप 13 दिन के लिए देश के प्रधानमंत्री रहे। मैं आपसे पूछना चाहता हूँ कि मुंबई, अहमदाबाद, बनारस, कानपुर में दंगों में मारे गए लोगों के लिए कौन ज़िम्मेदार है ? मैं देश के रक्षामंत्री की हैसियत से बोल रहा हूँ। मुझे परवाह नहीं कि मैं रक्षामंत्री रहता हूँ या नहीं लेकिन मैं इतना जानता हूँ कि आपने वोटरों को धोखा दिया। गोडसे का रिश्ता किससे था ? जब आपने गाँधी को नहीं छोड़ा तो मुझे कैसे छोड़ सकते हैं ? मुझ पर 4 अप्रैल 1994 को हमला हुआ था। मैं बच गया।"

ढाका में पाक सेना के अत्मसमर्पण को 16 दिसंबर 1996 को 25 साल पूरे हुए। 9 दिसंबर को मुलायम सिंह ने लोकसभा में ऐलान किया, "16 दिसंबर को विजय दिवस मनाया जाएगा। मैं इस मौक़े पर हर-एक पूर्व सैनिक का सम्मान करना चाहता हूँ। उत्तर प्रदेश के मुख्यमंत्री के तौर पर मैंने इन सैनिकों की बदहाली पर बाक़ी मुख्यमंत्रियों को चिट्ठी लिखी थी। न केवल सरकारी विभागों से बल्कि ग़ैर-सरकारी संगठनों से भी मेरा अनुरोध है कि पूर्व सैनिकों को पूरा सम्मान दें।"

मुलायम सिंह यादव सरहद के सबसे ज़्यादा दौरे करने वाले रक्षामंत्री के तौर पर जाने जाते हैं। वरिष्ठ पत्रकार अरविंद मोहन इस दौरान मुलायम के काफ़ी क़रीब रहे। वह बताते हैं कि सियाचिन जैसे बर्फ़ीले इलाक़े में भी वह पैरों में सिर्फ़ धोती ही पहनते थे। उन्होंने मॉस्को और बर्लिन जैसे ठंडे इलाक़ों में भी धोती का साथ नहीं छोड़ा। यह उनका गाँधी के प्रति सम्मान दर्शाता है। उन्होंने शहीद जवानों के शवों को तिरंगे में लपेटकर भेजने की परंपरा शुरू की। और अफ़सरों और जवानों के बीच मौजूद ग़ैर-बराबरी को ख़त्म किया।

मुलायम देश के ऐसे नेता हैं जिन्होंने विपक्षी नेता के तौर पर अपनी भूमिका का पूरा लुत्फ़ लिया है। 22 साल तक उन्होंने सूबे के शहरों, क़स्बों और गाँवों की सड़कों, गलियों, कूचों में ये काम किया है। उन्होंने मुझे बताया, "लोकतंत्र का दिल होता है विपक्षी नेता, चाहे संसद हो या विधानसभा। सत्तारूढ़ दल के सदस्य से ज़्यादा उसकी इज़्ज़त होती है। वह लोगों के हितों का संतरी होता है। उसकी भूमिका को देखते हुए ही 1969 में नेता विपक्ष को कैबिनेट मंत्री का दर्जा दिया

गया। जब मैं पहली बार विधानसा में गया तो इसके आर्किटेक्चर को देखकर दंग रह गया। यह भारतीय संसदीय लोकतंत्र का ताजमहल है।"

मुंबई के दादर इलाक़े में शिवाजी पार्क का का इलाक़ा बाल ठाकरे का गढ़ माना जाता है। बाबरी मस्जिद गिराए जाने के बाद मुलायम ने इसी पार्क में हज़ारों की भीड़ के सामने भाषण दिया, "मैं पाकिस्तान की वित्तीय मदद करने के लिए अपील करता हूँ। पाकिस्तान के नागरिक हिंदुस्तानियों के भाई-बहन हैं। मैं चाहता हूँ कि वह मुसीबत में हम पर भरोसा कर सकें। शिवाजी की ये मूर्ति देखिए दोस्तों, उन्होंने अपनी तलवार नहीं निकाली है। हम समाजवादी शांति के समर्थक हैं लेकिन अपने सम्मान की रक्षा के लिए हम तलवार निकालने से हिचकेंगे नहीं।"

शिवाजी की यह मूर्ति उन चंद मूर्तियों में से एक है जिसमें तलवार नहीं खिंची है। यह मूर्ति 1966 में लोगों के चंदे से बनी। ये महाराष्ट्र की उस वक़्त की सरकार की शांतिप्रिय नीतियों को दर्शाती है।

लेकिन भाषण ख़त्म होने के घंटे भर के भीतर ही बाल ठाकरे गरज उठे, "मुलायम सिंह, गाँधी बनने की कोशिश मत कीजिए। आपको ध्यान रहे कि नाथू राम गोडसे ने जो गोली चलाई थी वह आज भी सुरक्षित है।"

सोनिया गाँधी के प्रति मुलायम के दिल में काफ़ी इज़्ज़त है। वह कहते हैं, "सोनिया झूठ नहीं बोलतीं। वह आम महिलाओं जैसी ही हैं। उनके सिपहसालार उन्हें ग़लत और ख़राब फ़ैसले लेने की सलाह देते हैं जैसे, अहमद पटेल, एंटनी, जनार्दन... कॉन्ग्रेस में कई साज़िशकर्ता हैं। प्रणब मुखर्जी विवादों से दूर रहते थे। उन्हें मैंने ही राष्ट्रपति बनवाया।"

मुलायम की इंदिरा गाँधी से सिर्फ़ एक बार मुलाक़ात हुई। वह बताते हैं, "इंदिरा गाँधी कुशल और बुद्धिमान नेता थीं। मैं सिर्फ़ एक बार इंदिरा गाँधी से मिला था, केवल दस मिनट के लिए। वह मुझसे नाराज़ थीं क्योंकि मैं विपक्ष में था। उस वक़्त चरण सिंह ज़िंदा थे। बात 1980-81 की है। मेरी मुलाक़ात प्रधानमंत्री कार्यालय में हुई। वीपी सिंह उत्तर प्रदेश के मुख्यमंत्री थे। मैंने इंदिरा गाँधी से कहा कि उनके मुख्यमंत्री फ़र्ज़ी मुठभेड़ों में बेक़सूरों को मार रहे हैं। आप कॉन्ग्रेस की प्रधानमंत्री होतीं तो मैं नहीं आता। आप देश की प्रधानमंत्री हैं इसलिए कह रहा हूँ।" बाद में चरण सिंह ने मुझसे कहा, "नन्हे नेपोलियन, तुमको थोड़ा विनम्र रहना चाहिए था।"

संसद के भीतर भले ही शब्दबाण से एक-दूसरे को भेदते रहे हों लेकिन एक-

दूसरे के प्रति सम्मान में कोई कमी नहीं थी। बात है अटल बिहारी वाजपेयी की और मुलायम के रिश्तों की। वह कहते हैं, "वाजपेयी महान नेता हैं। वह समझदार और विवेकशील इंसान हैं। वह कवि हैं और तमाम कवि सम्मेलनों में हिस्सा ले चुके हैं। लेकिन पार्टी को बनाने में आडवाणी ने मेहनत की है। उन्होंने बीजेपी को बड़ी विपक्षी पार्टी बनाया। लेकिन असली फ़ैसला तो आरएसएस के हाथ में है। पार्टी ने आडवाणी को उनका पूरा सम्मान नहीं दिया। सुषमा स्वराज को आडवाणी से ऊपर कर दिया गया है। आडवाणी के सामने उनकी कोई हैसियत नहीं हैं।"

मुलायम सिंह बताते हैं, "चंद्रशेखर को मैंने प्रधानमंत्री बनवाया। मैंने हमेशा उनका साथ दिया। वह मेरे अच्छे दोस्तों में थे। चंद्रशेखर ने काठमांडू में एक बैठक में नवाज़ शरीफ़ से कहा था कि आपके देश पाकिस्तान में लोग केवल मुलायम पर भरोसा करते हैं। मैं पाकिस्तान जाना चाहता था। मेरा ये सपना अभी टूटा नहीं है। लेकिन रिश्ते अच्छा मौक़ा नहीं दे रहे हैं। मुझे पाकिस्तान में आतंकवादियों के साथ तस्वीरें खिंच जाने का डर है। दोस्ती ज़रूरी है। मेरी पहली प्राथमिकता दिल्ली-ढाका-इस्लामाबाद महासंघ है। मुक्त व्यापार और मुफ़्त वीज़ा मेरे समाजवादी एजेंडा का हिस्सा है। पाकिस्तान की प्रभुसत्ता का सम्मान होना चाहिए। मैं मेहदी हसन और ग़ुलाम अली से मिल चुका हूँ। लखनऊ महोत्सव में एक बार नुसरत फ़तेह अली ख़ान ने भी शिरकत की थी।"

राजनीति के दाँव-पेच के बीच भी 'नेताजी' संगीत की स्वर-लहरियों को नहीं भूले हैं। वह कहते हैं, "श्रृंगाररस के गाने सुनना अच्छा लगता है। टीवी पर शास्त्रीय संगीत सुनता हूँ। रफ़ी, मुकेश, किशोर... सबके गाने सुने हैं। पिछले कुछ सालों में इनके तमाम रिकॉर्ड ख़रीदे हैं। ग़ुलाम अली भी पसंद हैं। वह तो सैफ़ई महोत्सव में आ भी चुके हैं।"

"जहाँ तक बॉलीवुड की बात है तो अमिताभ बच्चन मेरे दोस्त भी हैं और मैं उनकी एक्टिंग का क़ायल भी हूँ। सहिष्णुता और मानवीयता उनके चरित्र की ख़ासियत है। वह महान अभिनेता हैं। उनका किसी से मुक़ाबला नहीं हो सकता। अमिताभ से रिश्ते में अमर सिंह की कोई ख़ास भूमिका नहीं है। यह कहना सही नहीं होगा कि उनकी वजह से मैं अमिताभ से मिला। मैं अमिताभ को चंद्रशेखर के दिनों से जानता हूँ।"

बिल क्लिंटन से मुलाक़ात के बारे में मुलायम बताते हैं, "क्लिंटन ने मुझसे कहा कि वह भी एक किसान हैं। सद्दाम हुसैन किसान समर्थक नेता थे, धर्म

निरपेक्ष और समाजवादी। वह तानाशाह थे लेकिन एक खाँटी समाजवादी। वह किसानों के हितों के रक्षक थे। उन्होंने कहा था कि किसान की पैदावार की लूट होती है। मैंने उनको फाँसी दिए जाने का विरोध लोकसभा में किया था।"

मुलायम के विरोधियों से रिश्तों को लेकर कई भ्रांतियाँ हैं लेकिन अपनी विनम्रता और दरियादिली से वह विरोधियों को भी मुरीद बनाने में माहिर हैं। उत्तर प्रदेश में बीजेपी के बड़े नेता लालजी टंडन एक क़िस्सा बयान करते हैं। "तब मंदिर मुद्दा ज़ोरों पर था। बीजेपी के कार्यकर्ता लखनऊ के हज़रतगंज में प्रदर्शन कर रहे थे। इसमें मैं भी मौजूद था। अचानक मेरी तबियत बिगड़ गई और मैं बेहोश हो गया। बाद में मेरे साथियों ने मुझे बताया कि ख़बर मिलते ही मुख्यमंत्री मुलायम सिंह यादव ने पुलिस से लेकर अस्पताल तक मेरी पूरी देखभाल के निर्देश जारी कर दिए।" लालजी टंडन को लखनऊ में अटल बिहारी वाजपेयी का राजनीतिक उत्तराधिकारी माना जाता है। वह मायावती से राखी भी बँधवाते हैं।

यही नहीं, जब कल्याण सिंह सपा के सदस्य बने तो इसने पूरे मुल्क को चौंका दिया। मुलायम के इस क़दम को आत्मघाती माना गया। लेकिन अगर इस क़दम को दूसरे नज़रिये से देखा जाए तो यह मुलायम की दरियादिली का एक और नमूना था। उन्होंने एक ऐसे शख़्स को गले लागाया था जिसके हाथ बाबरी मस्जिद के ख़ून से सने थे। एक तरह से मुलायम ने कल्याण को कम्युनल प्वॉइज़न से छुटाकारा दिलाने का मौक़ा दिया। लेकिन जब उन्हें लगा कि सांप्रदायिकता का ये ज़हर कुछ ज़्यादा ही गाढ़ा है तो उन्होंने कल्याण सिंह को दरवाज़ा दिखा दिया।

रोहित वेमुला आंदोलन में राम करन निर्मल ने जिस तरह से अपनी सशक्त भूमिका निभाई, उससे प्रभावित होकर साल 2019 के आख़िर में पहले दलित युवा चेहरा राम करन निर्मल को अखिलेश यादव ने समाजवादी लोहिया वाहिनी (उत्तर प्रदेश) का प्रदेश अध्यक्ष बनाकर एक युवा दलित को सम्मान दिया और देशभर के दलित समाज को एक संदेश भी दिया कि समाजवादी पार्टी लोहिया के विचारों के साथ-साथ आंबेडकर के विचारों के साथ चल रही है। अखिलेश कहते भी हैं कि– हमारी साइकिल दो पहिये में एक लोहिया हैं तो दूसरे आंबेडकर हैं।

राम करन निर्मल ने अमरेंद्र आर्य के साथ लखनऊ में बाबा साहेब अंबेडकर विश्वविद्यालय में लाइव दीक्षांत भाषण के दौरान 'मोदी, गो बैक', 'रोहित हम शर्मिंदा हैं, द्रोणाचार्य अभी ज़िंदा है' और 'जस्टिस टू रोहित वेमुला' के नारे लगाकर प्रधानमंत्री नरेंद्र मोदी का विरोध किया था। मुलायम सिंह के बारे में

राम करन निर्मल कहते हैं– "फ़ीस वृद्धि, बढ़ती महँगाई, बढ़ती बेरोज़गारी और आरक्षण पर हो रहे हमलों को लेकर समाजवादी यूथ संगठनों ने जब भाजपा के ख़िलाफ़ विधानसभा का घेराव किया तो पुलिस ने बर्बरता पूर्वक लाठी चार्ज किया। पुलिस द्वारा डिटेन किए जाने की ख़बर न्यूज चैनलों के माध्यम से माननीय नेताजी को मिली तो उन्होंने तत्काल अखिलेश यादव जी से वार्ता कर हम सबको मिलने का संदेश भेजवाया।

पुलिस डिटेंसन से बाहर आने के बाद जब हम सबको सूचना मिली कि माननीय नेताजी हमसे मिलना चाहते हैं तो हम लोगों को अपार प्रशंता हुई क्योंकि समाजवादी आंदोलन के अगुआ नेताजी से वह मेरी पहली मुलाक़ात थी। जब हम लोग माननीय नेताजी से मिलने पहुँचे तो उनके प्यार और पुचकार से, मिलने के तरीक़े से ऐसा लगा ही नहीं कि जिसे हम बचपन से टीवी-अख़बारों के माध्यम से देखते-सुनते आए हैं उसी को हम प्रत्यक्ष रूप से देख रहे हैं।

उसके बाद उन्होंने हम सब को मीठा खिलाया और पूछा कि लाठी चार्ज में हमें कहीं ज़्यादा चोट तो नहीं आई। हमने कहा कि कोई चोट नहीं आई है। तब उन्होंने कहा कि आप लोग नौजवान हैं, आपके ही भरोसे अब समाजवादी पार्टी है। फिर सीख दी कि हमेशा लोगों के दुख-दर्द में शामिल होना, अताताई सरकार के जनविरोधी फ़ैसले के ख़िलाफ़ डटकर लड़ाई लड़ते रहना, व्यवहार में शालीनता रखना और पढ़ाई भी करते रहना और नई चीज़ों से अपटेड रहना।

अपने कार्यकर्ताओं से माननीय नेताजी के मिलने के तरीक़े एवं उनकी दी गई सीख आजीवन ही मेरे ज़ेहन में रहेगी।"

समाजवादी लोहिया वाहिनी (उत्तर प्रदेश) के महासचिव अमरेंद्र आर्य बताते हैं– "कोरोना महामारी से अभी कुछ राहत की साँस मिली ही थी कि इसी बीच एक ऐसी शख़्सियत से मुलाक़ात का मौका मिला जिन्हें हम टीवी, रेडियो और फ़ोटो के ज़रिए सुना और देखा था, वो थे समाजवादी पुरोधा धरतीपुत्र नेताजी श्रद्धेय मुलायम सिंह यादव जी। हमारी मुलाक़ात उनसे पहली और आख़िरी थी, लेकिन महसूस हो रहा था कि हम उनसे कई बार मिले चुके हैं। उन्होंने कहा कि किताबें पढ़ा करो, कम-से-कम दो घंटे ज़रूर पढ़ो। समाजवाद को अच्छे से पढ़ो और समझो। समाजवादी पार्टी नौजवानों की पार्टी है जिसकी ज़िम्मेदारी नौजवानों के कंधों पर होगी, समाजवादी पार्टी कभी बूढ़ी नहीं होगी। अगर पार्टी में कोई ख़ामी नज़र आए तो उसे लिखकर देना, हम उस पर विचार करेंगे। श्रद्धेय

नेताजी अब हमारे बीच में तो नहीं हैं, मगर ऐसी शख़्सियत को सदियों-सदियों तक ज़माना याद रखेगा।"

***

रिटायर्ड कर्नल डीएस यादव भारतीय सेना के एक जाँबाज़ सैन्य अधिकारी का रुतबा हासिल करने के बाद मार्च 2023 में सेवानिवृत्त हुए। उत्तर प्रदेश के फ़र्रूख़ाबाद के कर्नल धर्मेंद्र सिंह यादव 1987 में एक कमीशन अधिकारी के रूप में भारतीय सेना में शामिल हुए। एक साधारण किसान के बेटे का सैन्य अधिकारी के रूप में चयनित होना गर्व की बात थी। धर्मेंद्र को सर्विस के दौरान ही सेना ने रक्षा संचार प्रणाली में इंजीनियरिंग कराया और उन्हें संचार व्यवस्था में एक स्पेशलिस्ट की भूमिका निभाने का अवसर दिया। कर्नल डीएस को अपने डिफ़ेंस करियर में दो शानदार मौक़े मिले जब उनका सामना मुलायम सिंह यादव से हुआ।

कर्नल बताते हैं– नेताजी से मेरी पहली मुलाक़ात तब हुई थी जब वो 1996 में रक्षा मंत्री थे। उनसे मिलकर मैंने उन्हें आर्मी के लेटेस्ट कम्यूनिकेशन इन्फ्रास्ट्रक्चर के बारे में ब्रीफ़िंग दी थी। दिसंबर 2005 से जून 2006 तक एनसीसी निदेशालय, लखनऊ में मैं पोस्टेड था। मुझे आदेश हुआ कि मैं ख़ुद नेताजी के पास जाऊँ और उन्हें एनसीसी डे परेड के लिए आमंत्रित करूँ, क्योंकि नेताजी देश के रक्षा मंत्री रह चुके हैं। इसके लिए ही नेताजी से मैं नवंबर 2005 में मिला सीएम हाउस में। उस समय मैं लेफ़्टिनेंट कर्नल था। यह मेरी उनसे दूसरी मुलाक़ात थी।

इन दो मुलाक़ातों में मैंने जाना कि नेताजी का कितने ज़मीन से जुड़े रहे हैं। उन्होंने सबसे बेहतरीन काम सेना के लिए यह किया था कि जब भी सीमा पर कोई भारतीय सैनिक या सैन्य अधिकारी शहीद होता है तो उसकी बॉडी को उसके गाँव तक पूरे सम्मान के साथ पहुँचाई जाएगी। साथ ही आर्मी की लोकल टुकड़ी उस गाँव में जाकर उसके लिए गन-सैल्यूट भी देगी और माल्यार्पण भी करेगी। उसके बाद ही अंतिम संस्कार होगा। तब से यह स्टैंडिंग ऑपरेटिंग प्रोसीजर बन गया। नेताजी हमेशा सोचते थे कि रक्षा के क्षेत्र में आत्मनिर्भर बनते हुए सेना क्षेत्र का इन्फ्रास्ट्रक्चर मज़बूत बने। जवानों के भोजन और रहने की उत्तम व्यवस्था हो और बाकी सभी बुनियादी चीज़ों में भी सुधार किए जाएँ ताकि देश का रक्षक किसी भी चीज़ के लिए असहाय महसूस न करने पाए। यही नहीं, देश की तीनों सेनाओं को मज़बूत करने को लेकर उनके दिल में कई योजनाएँ थीं, सकारात्मक नज़रिया था, लेकिन दुर्भाग्यवश वह अगले टर्म तक रक्षा मंत्री नहीं रहे।

अध्याय 25

'टीपू' सुल्तान

15 मार्च 2012 की दोपहर अखिलेश यादव क़रीब 22 करोड़ की आबादी वाले उत्तर प्रदेश के तैंतीसवें (33) मुख्यमंत्री बन गए। अखिलेश पिछले कुछ सालों से भारतीय समाजवाद के राजकुमार बनकर उभरे हैं। पिछले 9 साल में राजनीति की ज़मीन पर उनके कुलांचों ने हिंदी भाषी राज्य में लाल गुलाब (रेड रोज़) क्रांति को दिशा दी और अमली जामा पहनाया। अपने राजकुमार की ताजपोशी पर लोगों की ख़ुशी का कोई ठिकाना नहीं है। सिर्फ़ 38 साल की उम्र में अखिलेश लखनऊ के सबसे नौजवान नवाब हैं।

A2Y 'because nobody is perfect.' ब्लैकबेरी और फ़ेसबुक पर मुख्यमंत्री अखिलेश का 'मोटो' है जो उनकी ज़र्रानवाज़ी का मुज़ाहिरा करता है।

अखिलेश फ़िलहाल एक समय बदनाम हो चुकी उस समाजवादी पार्टी की खोई हुई प्रतिष्ठा वापस मिल जाने की ख़ुशी से सराबोर हैं जिसका आग़ाज़ समाजवाद के झंडाबरदार और पुरोहित मुलायम सिंह यादव ने क़रीब 20 साल पहले लखनऊ के बेगम हज़रत महल पार्क में किया था।

अपने अति-विनम्र स्वभाव और नौजवानों और बुज़ुर्गों में समान रूप से लोकप्रिय अखिलेश ने मशहूरियत का ये सफ़र साइकिल की मदद से पूरा किया है। करोड़ों भारतीयों के लिए अखिलेश का आश्चर्यजनक उदय एक ऐसे उत्तर भारतीय नेता के जन्म की ओर इशारा करता है जो चुनाव-प्रचार के दौरान पीटर पैन की तरह एक्टिंग करने वाले राहुल गाँधी का सपना चकनाचूर कर सकता है। पेरिस में अपने राज की बुलंदियों और गर्त को देख नेपोलियन ने कहा था कि किसी आदमी के सपने और किसी औरत के आँसू कुछ भी कर सकते हैं।

सिर्फ़ तीन हफ़्ते के लिए प्रधानमंत्री बनने वाले चौधरी चरण सिंह ने सैफ़ई के पहलवान मुलायम सिंह को उनके आज़ाद ख़यालों और विलक्षण राजनीतिक

प्रतिभा की वजह से नन्हे नेपोलियन की उपाधि दी थी। हालाँकि तमाम कोशिशों और नेक इरादों के बावजूद मुलायम कभी भी अपनी पार्टी के लिए पूर्ण बहुमत नहीं जुटा सके। लेकिन 2012 के वसंत में भारतीय राजनीति के सुल्तान बनकर उभरे उनके प्यारे बेटे टीपू ने ये कारनामा कर दिखाया।

धौलपुर में फ़ुटबॉल खेलते के दौरान ड्रिबलिंग या पास देते वक़्त क्या टीपू ने कभी सोचा था कि वह एक दिन हिंदी प्रदेश की राजनीति के सुल्तान होंगे? धौलपुर मिलिटरी स्कूल में अखिलेश फ़ुटबॉल के दीवाने थे। अपने पास, ड्रिबलिंग या किक से वह खेल में तुरंत जान डाल देते थे। खरहे की तरह दौड़ने वाले अखिलेश खेल में काफ़ी होनहार थे। जब वह रंग में होते तो अपने सभी साथियों पर छा जाते थे। उनको फ़ुटबाल खेलते देखना उनके साथियों के लिए किसी अद्‌भुत नज़ारे से कम नहीं होता था। डिएगो मैराडोना, डेस्टीफ़ानो, जॉर्ज बेस्ट, बॉबी चार्लटन, क्रायफ़ और पेले उनके लिए देवता से कम नहीं थे और टीवी पर इन खिलाड़ियों की पुरानी रिकॉर्डिंग देख उनका चेहरा चमकने लगता था।

बॉल को क़ब्ज़े में लेकर अचूक पास या सीधी किक से गेंद गोल में डालने में वह उस्ताद थे। फ़ुटबॉल के अलावा हॉकी स्टिक के साथ किसी ख़रगोश की तरह दौड़ते थे और धौलपुर में वह अपने हाउस की हॉकी टीम के कप्तान भी थे। सैफ़ई से निकलकर धौलपुर मिलिटरी स्कूल और फिर सिडनी तक के सफ़र ने अखिलेश के भीतर मौजूद समाजवादी दिल और दिमाग़ को नई दिशा दी। ऑपेरा और क्रिकेट के शहर सिडनी से लौटने के बाद वह समाजवादी देश और सैफ़ई की गर्म और धूल भरी फ़िज़ा में राजनीति के गुर सीखने में जुट गए।

पढ़ाई के दिनों में अगर वह हरियाली और साफ़ वातावरण के हिमायती थे तो राजनीति के मैदान में वह उदार होने के साथ-साथ दृढ़निश्चयी भी हैं। पार्टी के जोशीले युवा कार्यकर्ताओं की उत्साही हरकतों से होने वाली शर्म को ख़त्म करने के लिए अपने पिता की तरह वह भी ईर्ष्या और जलन की भावनाओं से किनारा कर लेते हैं। सड़कों पर वह अपने पिता की ही तरह लड़ाकू योद्धा हैं। उनकी छत्रछाया में आंदोलनकारी युवा कार्यकर्ताओं को इतना बल मिला कि वे नेहरू-गाँधी परिवार के वारिस का भी मुक़ाबला करने को तैयार हो गए।

राजनीतिक तौर पर जब ज़रूरत महसूस हुई कि राहुल गाँधी को उनके उत्तर प्रदेश के दौरे में काले झंडे दिखाए जाएँ तो अखिलेश ने अपने कार्यकर्ताओं को राजनीतिक मर्यादा की सीमा के भीतर इसे अच्छी तरह से अंजाम देने के लिए

प्रोत्साहित किया। हालाँकि जब कुछ कार्यकर्ता सीमा लाँघने लगे और काले झंडों के साथ विरोधी राहुल गाँधी के बिलकुल नज़दीक तक पहुँच गए जैसा 2011 का गर्मियों में आनंद भवन में या फिर सर्दियों में अलीगढ़ में हुआ था तो कार्यकर्ताओं पर लगाम कसने के लिए ये युवा समाजवादी ख़ुद सामने आ गया।

उन्होंने एक अतिउत्साही कार्यकर्ता को राज्य कॉन्ग्रेस की मुखिया से माफ़ी माँगने को कहा और अलीगढ़ में कार्यकर्ता को पार्टी से बाहर कर मर्यादा युक्त राजनीति का कड़ा संदेश दिया। इसकी वजह समझना कोई मुश्किल नहीं है। अखिलेश अपने विरोधी को नापसंद नहीं करते या चिढ़ते नहीं हैं। हक़ीक़त ये है कि कुर्सी की दौड़ और वोटों की लड़ाई में वह राहुल गाँधी या अपने बाक़ी राजनीतिक विरोधियों को सक्षम उम्मीदवार और योग्य प्रतिद्वंद्वी मानते हैं।

उत्तर प्रदेश के मुख्यमंत्री अखिलेश की नज़रों में राहुल गाँधी जैसा विरोधी एक प्रतिस्पर्धी की तरह है। वह नायक हैं और उनका विरोधी जनता की अदालत में दुश्मन भी हो सकता है। उन्हें मज़बूत विरोधी से मुक़ाबला करने में मज़ा आता है लेकिन बिना कोई निजी लांछन लगाए और कीचड़ उछाले।

वह बताते हैं कि अमेरिका में कीचड़ उछालने को 'एज़ अमेरिकन एज़ मिसीसिपी मड' कहा जाता है। समाजवादी राजनीति साफ़-सुथरे मुक़ाबले की जगह है न कि अफ़वाहें फैलाकर मुक़ाबला जीतने की। विरोधियों की नकारात्मक बातों का प्रचार करने के बजाय अखिलेश अपनी नीतियों और ख़ुद के सकारात्मक क़दमों का प्रचार क़रने वाली राजनीति में भरोसा करते हैं। बयानबाज़ी और शब्दों का मायाजाल उनकी राजनीति का हिस्सा नहीं है। उनका प्रचार अभियान संजीदा चुनावी मक़सद को पूरा करने पर ज़ोर देता है।

2007 में उत्तर प्रदेश विधानसभा चुनावों में समाजवादियों को मुँह की खानी पड़ी क्योंकि तमाम चैनल पार्टी के ख़िलाफ़ चुनाव-प्रचार का हिस्सा बन गए थे। अमेरिका में लिंडन जॉनसन के मशहूर डेज़ी गर्ल विज्ञापन में रिपब्लिकन बैरी गोल्डवॉटर को एटमी विध्वंस को बढ़ावा देने वाला बताया गया था, ठीक वैसे ही समाजवादी पार्टी के राजनीतिक विरोधियों ने मीडिया के एक गुट के साथ मिलीभगत कर नकारात्मक अभियान चला दिया था। समाजवादी कार्यकर्ताओं को गुंडा, बेईमान, भ्रष्ट और समाज के लिए ख़तरा क़रार दिया गया। विपक्षी दलों ने ग़लत विज्ञापनों के ज़रिये पार्टी नेतृत्व को अँग्रेज़ी और कंप्यूटरों का दुश्मन क़रार दिया। लेकिन क़रीब चार साल बाद ही इस नौजवान ने समाजवाद के संदेश

को लोगों तक पहुँचाने के लिए कंप्यूटर तकनीक और अँग्रेज़ी का इस्तेमाल कर अपने विरोधियों के ग़लत-सलत प्रचार को आईना दिखा दिया। बुराई अभियान की सोची समझी साज़िश का शिकार हो चुकी जनता के दिमाग़ से भ्रम की स्थिति दूर करने के लिए ये एक बहुत ही कामयाब तरीक़ा साबित हुआ। टेक्नोलॉजी आधारित ये अभियान अत्याधुनिक था और इसने विरोधियों को धूल चाटने पर मजबूर कर दिया। विचारों और सोच में ताज़गी और नयेपन पर सबसे ज़्यादा ज़ोर दिया गया।

2011-12 के दौरान बदलाव के लिए चलाए गए समाजवादी अभियान में अखिलेश ने अनजानापन ख़त्म कर ताज़ेपन का एहसास कराया। कोशिश थी हर बाधा को पार कर सफल होने की। युवा पीढ़ी का ये नेता बीते हुए कल को भूल भविष्य के समाजवाद का स्वागत करने को आतुर था। इस समाजवादी अभियान का हर पहलू बेजोड़ रहा चाहे वह फ़ोन की घंटी की धुन हो या क्रांति रथ पर लगे मुलायम सिंह यादव के कट आउट हों या पोस्टर या फिर नियोन लाइट वाले होर्डिंग। सब कुछ सबसे अलग और ताज़गी भरा।

मैसूर में एसजेसी मैसूर इंजीनियरिंग कॉलेज में टीपू अपनी मातृभाषा हिंदी के इस्तेमाल पर फ़ख़्र महसूस करते थे। लैबोरेटरी में उनको ये देखकर ग़ुस्सा आता था कि उनके कुछ साथी अँग्रेज़ी में हाज़िरी लगाते थे। बालों को माथे के दायीं ओर काढ़कर रखने वाले दुबले-पतले और छरहरे बदन वाले 19 साल के टीपू किसी फ़ुटबॉलर से कम नहीं लगते थे।

अँग्रेज़ी में दस्तख़त करते देख जब वह हताशा में चारों ओर नज़रें दौड़ाते थे तो जिसकी भी नज़रें उनसे मिलतीं, उन आँखों में मासूमियत भरी ग़लती का भाव होता था। एक के बाद एक छात्र अँग्रेज़ी में दस्तख़त करते थे। ये लोग अँग्रेज़ी ज़ुबान के उस्ताद नहीं थे फिर भी दस्तख़त ब्रिटिश साम्राज्य की भाषा में कर रहे थे। लेकिन इंजीनियरिंग पढ़ रहे 100 से ज़्यादा छात्रों के सामने टीपू अपने फ़ैसले पर डटे रहे, "मैं किसी और भाषा में दस्तख़त नहीं करूँगा। यह मेरी, मेरी माँ और मेरे पिता की जन्मभूमि की भाषा है। यह मेरी मातृभूमि की आत्मा है।" उन छात्रों में से कई तो उत्तर भारत के ही थे जबकि ज़्यादातर तमिल, कन्नड़, तेलुगू और मलयाली बोलने वाले थे।

लेकिन क़रीब एक दशक बाद अखिलेश को अपने ही प्रदेश में भाषाई राजनीति को लेकर लड़ाई लड़नी पड़ी। वह हिंदी बोलना ही पसंद करते हैं और

अँग्रेज़ी अख़बारों और चैनलों के एंकरों रिपोर्टरों के अँग्रेज़ी में पूछे गए सवालों को जवाब भी हिंदी में ही देते हैं। वह ख़्वाब चोटियाँ फ़तेह करने के देखते हैं लेकिन उनके पाँव ज़मीन पर बने रहते हैं।

अपने पिता की तरह अखिलेश ने भी संपर्क और संवाद की भाषा के तौर पर अँग्रेज़ी सीखी। सैफ़ई में उनके पुरखे फ़ारसी बोलते थे और ये अपने वक़्त में अँग्रेज़ी को टक्कर देती थी। मुलायम भी अपने समाजवादी साथियों से खुलकर और अकेले में भी यही कहते थे कि हिंदी को दिल में बसाइए लेकिन संपर्क की भाषा के तौर पर अँग्रेज़ी और फ़ारसी की ताक़त को कम मत आँकिए। 1961 की जनगणना के मुताबिक़ देश में 1652 बोलियाँ बोली जाती हैं। जब उन्होंने बोलियों या भाषा के बारे में जानकारी हासिल करनी शुरू की तो पता चला कि कि दस लाख से ज़्यादा आदिवासी 30 भाषाएँ बोलते हैं। यही नहीं 122 भाषाएँ ऐसी हैं जो 10 हज़ार से ज़्यादा लोग बोलते हैं। वह कहते हैं, "क्या देश है हमारा, बोलियों का इतना बड़ा सागर।"

हिंदी या हिंदुस्तानी चीज़ों को 'नेताजी' कितना पसंद करते हैं, इस बारे में बिधुना के गौरव सिंह बताते हैं– "बात 2009 की है। अखिलेश किसी मीटिंग के लिए दिल्ली आए थे। इस बैठक में मुलायम को भी शिरकत करनी थी। अखिलेश ने मुझे भी बैठक में बुला लिया। कुछ देर में वहाँ सबके सामने फैंटा और कोकाकोला रखा जाने लगा। जैसे ही इस पर अखिलेश की नज़र पड़ी वह बोले, 'अरे ये क्या कर रहे हो, डाँट भी पड़ेगी और मुझे पार्टी से भी निकलवाओगे, हटाओ इसे।' इसके बाद गिलासों में हिंदुस्तानी पेय पेश किया गया।"

बेंगलुरु के दक्षिण पश्चिम में मौजूद मैसूर कर्नाटक का दूसरा सबसे बड़ा शहर है। यहाँ उन्होंने एनवायरनमेंट इंजीनियरिंग की कठिन पढ़ाई के लिए चार साल गुज़ारे। जब उन्होंने इंजीनियरिंग कॉलेज में दाख़िला लिया तो हड़कंप-सा मच गया क्योंकि उस वक़्त उनके पिता उत्तर प्रदेश के मुख्यमंत्री थे।

ये वो समय था जब बैंगलोर और हैदराबाद सॉफ़्टवेयर क्रांति के केंद्र नहीं बने थे। कॉलेज कैंपस में ज़्यादातर छात्र दक्षिण भारतीय भाषाएँ बोलते थे। लेकिन टीपू इंडो-यूरोपियन परिवार की हिंदी के प्रतिनिधि थे। साफ़ शब्दों में कहें तो आर्यों की भाषा जिसे क़रीब 70 करोड़ भारतीय बोलते हैं यानी देश की आबादी का 70 फ़ीसदी। फिर भी उत्तर भारतीय होने की वजह से वह अल्पसंख्यक थे। उन्होंने जब अँग्रेज़ी या किसी और भाषा में हाज़िरी रजिस्टर में दस्तख़त करने से इनकार

किया तो उनके भीतर का समाजवादी मुक़ाबला करने की अपनी ताक़त दर्शा रहा था। शतरंज के खेल में किसी रणनीतिक चाल को जर्मन भाषा में 'ज़्विशेनज़ग' कहते हैं और ये शायद इसी का नमूना था। कॉलेज के प्रोफ़ेसर ने अँग्रेज़ी में दस्तख़त करने के लिए उन पर दबाव भी डाला। लेकिन वह अपने इरादे पर डटे रहे और दोस्त उन्हें हैरत भरी नज़रों से देखते ही रह गए।

इंजीनियरिंग कॉलेज के दिनों से अखिलेश के लंगोटिया यार चुन्नू उर्फ़ राजीव रंजन के मुताबिक़, "अखिलेश आकर्षण के केंद्र थे। हालाँकि वह ख़ुद इन सबसे दूर रहते थे। एक ताक़तवर नेता के बेटे होने की अहमियत को उन्होंने नकार दिया और आम छात्र की तरह ही पढ़ाई की। कॉलेज के शुरुआती दिनों में किसी की भी उनके साथ मज़ाक़ करने या किसी मुक़ाबले में उनको चुनौती देने की हिम्मत नहीं होती थी। लेकिन उन्होंने इसे भाँप लिया और वह हम लोगों से और ज़्यादा घुलने-मिलने लगे ताकि दूरियाँ कम हों। वह पढ़ाई में बहुत तेज़ नहीं थे लेकिन वह हमेशा ही औसत से बेहतर छात्र रहे।"

बिहार के पटना के रहने वाले चुन्नू ने भी अखिलेश के साथ मैसूर के उसी कॉलेज में इंजीनियरिंग की पढ़ाई की। वह बताते हैं, "पढ़ाई के दौरान अखिलेश के राजनीतिक भविष्य के बारे में कोई कुछ सोचता भी नहीं था। राजनीतिक विरासत के बावजूद हम यही मानते थे कि आगे चलकर भी वह एनवायरनमेंट इंजीनियर ही बने रहेंगे। वह अपने फ़ैसलों पर किसी सैनिक कमांडर की तरह अडिग रहते थे। राजस्थान के धौलपुर मिलिटरी स्कूल की ट्रेनिंग अब अपना रंग दिखा रही थी।"

"हमने उनके चेहरे पर हमेशा मुस्कान देखी। यहाँ तक कि इम्तिहान के दिनों में भी वह परेशान या दुखी नहीं होते थे। लाल रंग के फिलिप्स के वॉकमैन के इयरप्लग हर वक़्त उनके कानों में ठुँसे रहते थे। वह संगीत के रसिया थे। गीत-संगीत उनके सबसे प्यारे साथी थे। ये वो ज़माना था जब 1960 और 1970 के दशक में बीटल्स और एल्विस प्रेस्ले के गानों के बाद रैप और डिस्को संगीत दोबारा अपनी जगह बना रहा था। कॉलेज कैंपस में फ़्यूज़न संगीत का जादू छात्रों के सिर चढ़कर बोलता था।"

संगीत में रुचि के हिसाब से टीपू एलन गिलबर्ट थे। मशहूर अमेरिकी वायलिन वादक और न्यूयॉर्क फिलहार्मोनिक ऑर्केस्ट्रा के निर्देशक गिलबर्ट की तरह टीपू ने वायलिन, गिटार और प्यानो बजाना भी सीखा। संगीत में इतनी ताक़त होती है

कि वह किसी शैतान को दार्शनिक में बदल दे। गिटार से निकले शांति और प्यार के संगीत ने युवा दिमाग़ को नई दिशा दी।

कैंपस में रैगिंग का बोलबाला था लेकिन जूनियर छात्रों को उद्दंड बनाने वाली इस हरकत में टीपू को कभी मज़ा नहीं आया। वह रैगिंग से इतना चिढ़ते थे कि अक्सर अपनी संगीत की दुनिया से बाहर निकलकर सीनियर छात्रों को रैगिंग के ख़िलाफ़ चेतावनी तक दे देते थे। जूनियर छात्रों की उनकी रैगिंग सिर्फ़ बड़े बालों, कॉलर के डिज़ाइन, टीशर्ट पर लिखे वाक्यों या महँगी घड़ियों और जींसों के विरोध तक सीमित थी। रैगिंग के दौरान टीपू अपने जूनियर से ज़्यादा-से-ज़्यादा चुटकुला सुनाने को कहते थे।

वह हमेशा ही जींस और टीशर्ट पहनते थे। ये वो ज़माना था जब युवा वर्ग ज़िंदगी का लुत्फ़ लेने के लिए नये-नये प्रयोग कर रहा था लेकिन ये हवा अखिलेश को नहीं डिगा सकी।

1990 के दौरान मैसूर एक मशहूर पर्यटक केंद्र था। ये शहर चामुंडी पहाड़ियों की तलहटी में बसा है। चुन्नू के अलावा रायपुर के रहने वाले सिख हरविंदर, रांची के संजय साहू, ऊटी में एक चाय और कॉफ़ी बागान के मालिक के बेटे मुरली मनोहर और मैसूर के ही रहने वाले अरशद के साथ ट्रेकिंग करना और छुट्टियों में कैंप फ़ायर के दौरान राहुल देव बर्मन की धुनों और किशोर कुमार की सुरीली आवाज़ वाले बॉलीवुड के गाने गाना उनका शौक़ था। वह अक्सर वृंदावन गार्डेन्स भी जाते थे।

टीपू को पहाड़ियों पर चढ़ने का भी शौक़ था और वह मैसूर के मशहूर दशहरा उत्सव का हिस्सा बनने के बजाय चामुंडी हिल्स की पहाड़ियाँ नापा करते थे।

कॉलेज कैंपस में छात्र राजनीति काफ़ी अंदर तक पैठ कर गई थी लेकिन जीत और हार के समीकरणों में टीपू की कोई रुचि नहीं थी। यहाँ छात्र संघ के चुनाव उनके लिए कोई मायने नहीं रखते थे। ये उनके लिए सिर्फ़ मनोरंजन का साधन था। वह अक्सर अपने दोस्तों से कहते थे, "पिता ने उत्तर भारत से दक्षिण की पहाड़ियों में पढ़ने के लिए भेजा है दोस्त। इसलिए मैसूर में कोई राजनीति नहीं। वक़्त बिताने के लिए पिकनिक बेहतर रहेगा।"

चुनाव को स्थानीय छात्रों के लिए ही छोड़ना बेहतर होगा। एनवायरनमेंट, सिविल और इंजीनियरिंग के तमाम विभागों के 210 छात्रों में से सिर्फ़ 17 ही उत्तर भारत के थे। मैसूर की टॉन्चिकप्पल रोड पर अनुपम बेकरी अड्डा थी- चाय,

कॉफ़ी और फ्लेवर्ड मिल्क की चुस्कियों के बीच दिन भर की पढ़ाई के बाद थकान और तनाव दूर करने के लिए।

कॉलेज में लिंग अनुपात में भी भारी गड़बड़ी थी। भावी इंजीनियरों में केवल 20 फ़ीसदी लड़कियाँ थीं। अखिलेश इनमें से किसी के भी साथ प्रेम की पेंग नहीं बढ़ा सके। हाँ मैसूर की ही रहने वाली एक लड़की को मन-ही-मन पसंद करते थे लेकिन यह एकतरफ़ा इश्क़ तक ही सीमित रहा।

टीपू का ये रूप कॉलेज के कल्चरल फ़ेस्टिवल 'जयसियाना' में देखने को मिला। इसमें एक मुक़ाबला होता था रोज़ क्वीन का। मुक़ाबले में हिस्सा ले रही लड़कियों को गुलाब के फूल दिए जाते थे और जिस लड़की के पास सबसे ज़्यादा फूल होते वही रोज़ क्वीन बनती। इस बारे में चेहरे पर हल्की मुस्कान के साथ चुन्नू अखिलेश के दिल का हाल बताते हैं। टीपू भी कॉलेज की एक लड़की के लिए गुलाब के फूल फेंक रहे थे। जब उनके पास फूल ख़त्म हो गए और उनकी पसंदीदा उम्मीदवार हार की ओर फिसलने लगी तो उन्होंने और फूल लाने का फ़ैसला किया।

हालाँकि दक्षिण भारतीय छात्रों ने टीपू के इस क़दम का विरोध किया लेकिन टीपू किसी भी हालत में हार मानने को तैयार नहीं थे और नहीं चाहते थे कि जिस लड़की पर उन्होंने दाँव लगाया है वह मुक़ाबले में हारे। बस फिर क्या था। . अपने कुछ दोस्तों के साथ उन्होंने अपनी मारुति जिप्सी निकाली और शहर में जितने भी फूलवाले मिले, सबसे गुलाब के फूल ख़रीद लाए और मुक़ाबले का नतीजा पलट दिया। उनकी पसंदीदा उम्मीदवार की जीत हुई। ये उनके दिल और दिमाग़ का जुनून था।

इंजीनियरिंग कॉलेज के फ़र्स्ट और सेकेंड ईयर में उनके पास काले रंग की यामाहा मोटरसाइकिल थी। तीसरे साल उन्होंने यही मारुति जिप्सी ख़रीदी। लेकिन उन्हें इसका लाल रंग नहीं पसंद था। उन्हें लगा कि लाल काफ़ी भड़कीला और नज़रों में आने वाला रंग है। और उन्होंने जिप्सी पर काले रंग से स्प्रे कर दिया। ये काफ़ी दिलचस्प है क्योंकि अब वह अपने सिर पर चटक लाल टोपी गर्व के साथ पहनते हैं। वह कार चलाने के शौक़ीन हैं और तब कार चलाना उनके लिए ज़िंदगी का लुत्फ़ उठाने जैसा था।

शुरुआती दो सालों के दौरान छुट्टियों में जब वह बारिश में भीगते हुए हाइवे पर मोटरसाइकिल नहीं चला रहे होते थे तो अपने दोस्तों के साथ मैंगलोर जाकर

बीच पर मौज-मस्ती करते थे। बारिश हमेशा ही उन्हें सम्मोहित और मदहोश कर देती थी और उनकी राह में ये कभी बाधा नहीं बनी।

वह ज़रूरत पड़ने पर भी लोगों से उधार लेने में हिचकते थे लेकिन पैसे से अपने दोस्तों की मदद करने में कभी पीछे नहीं रहे। वह हॉस्टल में रहने के बजाय कॉलेज के पास ही एक किराए के मकान में रहते थे और दोस्तों के लिए इस घर के दरवाज़े हमेशा खुले रहते थे। उन्हें शाकाहारी खाना ही पसंद था और शराब ने उन्हें कभी आकर्षित नहीं किया।

दोस्तों के जन्मदिन में वह बढ़-चढ़कर हिस्सा लेते थे। शहर के मशहूर स्काईलैंड सिनेमाहॉल में अँग्रेज़ी की थ्रिलर फ़िल्में देखना उन्हें पसंद था। इंजीनियरिंग के दिनों में वह हॉलीवुड अभिनेता सिल्वेस्टर स्टैलोन के फ़ैन थे और मुक्केबाज़ रॉकीब लबोआ और सैनिक जॉन रैंबो के किरदार उन्हें सबसे ज़्यादा भाए। स्लीपिंग विद द एनिमी देखने के बाद वह जूलिया रॉबर्ट्स के भी मुरीद हो गए। बॉलीवुड में केवल अमिताभ बच्चन ही अखिलेश के पसंदीदा अभिनेता हैं।

1990 टीपू के सबसे अहम सालों में है जब वह अचानक ही आध्यात्म की ओर बढ़ने लगे। उसी साल नवंबर में मंदिरों की नगरी अयोध्या में बाबरी मस्जिद ढहाए जाने की कारसेवकों की कोशिश को रोकने के लिए अपने पिता के क़दमों से वह आश्चर्यचकित रह गए। अचानक ही उत्तर प्रदेश की मुलायम सरकार अंतर्राष्ट्रीय सुर्ख़ियों का हिस्सा बन गई।

इसी के बाद से टीपू के दिल में शोषित और पिछड़े हिंदुओं, मुसलमानों, ईसाइयों और बौद्धों की बेहतरी के लिए अपने पिता की समाजवादी, धर्मनिरपेक्ष और संवैधानिक राजनीति की विरासत को आगे ले जाने की इच्छा ने जन्म लिया। लेकिन राजनीति करना कोई हँसी-खेल नहीं है। यह मनोरंजन और व्यस्त रहने के साथ-साथ ठगी या छलावा, घबराहट, हुल्लड़, पेचीदगी भरी और अव्यवस्था का केंद्र भी है।

हिंदी प्रदेश में आग लगी हुई थी। एक व्यक्ति अपने बलबूते इस सांप्रादयिक आग को ठंडा करने से जूझ रहा था और दूसरी ओर था एक बेटा जो कॉलेज की ज़िंदगी का मज़ा लूटने की दावत और ध्यान भंग कर देने वाले असंतोष से मुक़ाबला कर रहा था।

अध्याय 26

क्रांति रथ और बदलाव की बयार

वह हैरिसन फ़ोर्ड जैसे तो नहीं हैं लेकिन जेम्स डीन से कम भी नहीं। समाजवाद के मक़सद के लिए एक बाग़ी। उनका क़द औसत है। क़रीब-क़रीब सलमान ख़ान के बराबर, साँवला रंग, पिता की तरह नुकीली लंबी नाक। नाम है अखिलेश यादव। अमेरिकी लेखक हेनरी मिलर ने कहा था कि नेता बनने के लिए काफ़ी-कुछ एक हत्यारे की तरह शांत और चुप्पा होना होगा जो किसी एक विचारधारा के लिए लोगों के शहीद होने या मारे जाने की हिमायत करे, चाहे वह विचार अच्छा हो या बुरा। मिलर न्यूयॉर्क शहर के मैनहटन इलाक़े में सोशलिस्ट पार्टी के सक्रिय सदस्य थे और उस वक़्त के अगुवा एफ़्रो-अमेरिकी विचारक ह्यूबर्ट हैरिसन के प्रशंसक थे। जब मैं पाकिस्तान की तहरीक-ए-इंसाफ़ पार्टी के अध्यक्ष इमरान ख़ान से लंबी बैठकों के बाद लाहौर और इस्लामाबाद से लौट रहा था तो मेरे दिमाग़ में मिलर और हैरिसन के विचार उमड़ रहे थे। पाकिस्तान दौरे से काफ़ी पहले लंदन में मैंने हिंदुस्तान के 2009 के संसदीय चुनावों का अपनी आँखों से जायज़ा लेने का फ़ैसला किया था। ये मौक़ा मुझे बाँहें फैलाकर बुला रहा था और ये मौक़ा दिया इस चुनाव में अपनी क़िस्मत आज़मा रहे एक उम्मीदवार ने।

ट्रेन से दिल्ली से आगरा की दूरी 200 किलोमीटर से भी कम है। मई की झुलसाने वाली गर्मी आगरा पहुँचते-पहुँचते धूल और धुएँ भरी शाम में बदल चुकी थी। ताज नगरी आगरा होते हुए मैं फ़िरोज़ाबाद और कन्नौज की ओर बढ़ा। ताज नगरी में अखिलेश के ममेरे भाई राजीव यादव मेरी अगुवाई के लिए आए हुए थे। क़रीब छह फ़ुट लंबा क़द, छरहरा बदन, विनम्र और शहरी युवा के प्रतीक। लेकिन कैफ़े कॉफ़ी डे जैसे वक़्त काटने वाले शहरी अड्डों में बैठने वाले नौजवानों की तुलना में उनकी राजनीतिक समझ कहीं ज़्यादा साफ़ थी। उन्होंने बिल्डर के तौर पर अपनी एक पहचान बना ली है और वह गर्व से कहते

भी हैं, "भाइयों के सियासी अरमानों को पूरा करने के लिए परिवार में किसी को तो कमाना चाहिए।"

फ़िरोज़ाबाद और कन्नौज- भारत की लोकसभा की 543 सीटों में से दो। यहाँ इंतज़ार कर रहे थे अखिलेश यादव जो इन दोनों ही सीटों से चुनाव लड़ रहे थे। सुहाग की निशानी समझी जाने वाली चूड़ियों और काँच के सामान के लिए मशहूर फ़िरोज़ाबाद और इत्र के लिए मशहूर कन्नौज में 7 मई को वोटिंग होनी थी।

कार से आगरा से फ़िरोज़ाबाद तक का सफ़र 45 मिनट का है। राजीव मुझे धूल भरे रास्तों से फ़िरोज़ाबाद के सरकारी हायर सेकेंडरी स्कूल ले गए जहाँ समाज के हर तबक़े से आए लोगों का हुजूम अखिलेश यादव उर्फ़ टीपू का इंतज़ार कर रहा था जो कन्नौज से हेलीकॉप्टर से आने वाले थे। उनके पिता उन्हें टीपू बुलाते हैं और देखादेखी समर्थक भी प्यार से उन्हें टीपू ही पुकारने लगे। धूल के ग़ुबार के बीच हेलीकॉप्टर उतरने के साथ ही वहाँ मौजूद भीड़ जोश में आ गई। लाल टोपी पहने और हाथ में पार्टी का चुनाव चिह्न साइकिल बना हरा-लाल झंडा लिए समाजवादी पार्टी के किशोर समर्थक अपने नेता की एक झलक पाने के लिए धक्का-मुक्की करने लगे। समर्थकों की भीड़ ने उन्हें घेर लिया हालाँकि उनमें से आधे से ज़्यादा का चेहरा मोहरा देखकर नहीं लगता कि वो सिगरेट ख़रीदने के भी हक़दार हैं।

फ़िरोज़ाबाद की क़रीब आधी आबादी मुस्लिम है। सैफ़ई यहाँ से सिर्फ़ 30 किलोमीटर पश्चिम में है। लेकिन टीपू ने इस सीट का चुनाव पैतृक गाँव सैफ़ई से नज़दीक होने की वजह से नहीं बल्कि सहानुभूति के तौर पर किया। यहाँ मौजूद काँच की क़रीब 300 फ़ैक्टरियों में काम करने वाले मज़दूरों की हालत दयनीय है। उनके सामने इन मज़दूरों के लिए बेहतर माहौल मुहैया कराने की चुनौती थी। इस इलाक़े में कहा जाता है कि लोग साँस में हवा नहीं, शीशा अंदर लेते हैं और अखिलेश इन्हीं लोगों की ज़िंदगी बदलने का वादा कर चुनावी अखाड़े में कूद पड़े।

चुनावी दंगल में उतरने की एक और वजह उत्तर प्रदेश की सियासत में अपने पिता की सबसे बड़ी विरोधी को चित करना भी रही। समाजवादी पार्टी पिछले विधानसभा चुनाव में मायावती से हार गई थी और फ़िरोज़ाबाद की सभी सात विधानसभा सीटें भी हाथ से निकल गई थीं।

अखिलेश यादव का जन्म 23 अक्टूबर 1973 को हुआ। हालाँकि सरकारी

दस्तावेज़ में उनका जन्मदिन 1 जुलाई 1973 दर्ज है। अखिलेश अपना जन्मदिन लोहिया की तरह ही नहीं मनाते हैं लगभग, हालाँकि उनके कार्यकर्ता जोश-खरोश के साथ उनका जन्मदिन मनाते हैं।

उस शाम सैफ़ई में मेले जैसा माहौल था। अखिलेश मालती देवी से अकेले बेटे हैं और अपने पिता के अकेले वारिस। अपने पिता की तरह ही वह भी वृश्चिक राशि में जन्मे हैं। देश के दो पूर्व प्रधानमंत्रियों जवाहरलाल नेहरू और इंदिरा गाँधी की भी यही राशि थी। इनके साथ-साथ पैब्लो पिकासो, चार्ल्स डिगॉल, रॉबर्ट कैनेडी, थियोडोर रूज़वेल्ट, कैथरीन हेपबर्न, मैरीएंटोनियेट और रिचर्ड बर्टन भी वृश्चिक राशि में ही जन्मे थे।

मनोवैज्ञानिक ज्योतिषशास्त्र के सर्वेसर्वा कहे जाने वाले एलनलियो के मुताबिक़ मुलायम की ही तरह अखिलेश भी वृश्चिक राशि में सूर्य के साथ पैदा हुए। सूर्य और वृश्चिक के मिलन की वजह से ही वह दृढ़निश्चयी, तेजस्वी, मिज़ाज से मेहनती और गोपनीयता में अव्वल हैं। अपने विचारों को लेकर वह अडिग हैं। उनके सार्वजनिक आचरण में गर्व झलकता है। या तो लाखों लोग उन्हें पसंद करेंगे या फिर ग़लत फ़ैसले लेने पर उनकी निंदा करेंगे। वृश्चिक वह राशि है जिसने हज़ारों सामाजिक कार्यकर्ताओं के भाग्य का फ़ैसला किया है चाहे वह समाजवादी हों या कम्युनिस्ट या फिर पूँजीवादी।

वृश्चिक पानी से जुड़ी राशि है। मुलायम ने सूबे में कनालरेट जैसे पानी के मुद्दे पर हुए आंदोलन में ही पहली बार जेल की हवा खाई थी। किसी आदमी या औरत के शरीर के लिए या फिर किसानों के खेतों के लिए पानी की अहमियत और ताक़त क्या है ये उनका बेटा अच्छी तरह समझता है। ज्योतिषशास्त्र में अकेला यही निशान है जिसकी तीन पहचान हैं- बिच्छू, साँप और फ़ीनिक्स। यह शैतान, बुद्धिमान और महान तीनों का प्रतिनिधित्व करता है। यह जन्नत से जहन्नुम तक की भावनाओं को दर्शाता है। वृश्चिक राशि वालों को धोखा देना बहुत मुश्किल होता है क्योंकि उनकी छठी इंद्रिय (अंतर्बोध) तेज़ होती है। अखिलेश भी अपने पिता की तरह अंतर्बोध पर भरोसा करते हैं।

अखिलेश पेशे से एनवायरनमेंटल इंजीनियर हैं। इसकी शुरुआती पढ़ाई उन्होंने मैसूर यूनिवर्सिटी में की और फिर ऑस्ट्रेलिया के सिडनी में भी डिग्री हासिल की। सिडनी यूनिवर्सिटी ऑस्ट्रेलिया की सबसे पुरानी यूनिवर्सिटी है। इसकी नींव 11 अक्टूबर 1852 को पड़ी थी। अखिलेश हँसते हुए कहते हैं, "11 अक्टूबर को

पसोपेश में पड़ जाता हूँ। पापा (नेताजी) कहते हैं आज अमिताभ जी (अमिताभ बच्चन) का बर्थडे हैं, फिर कहते हैं कि आज लोकनायक जयप्रकाश नारायण का भी जन्मदिन है। मेरे लिए ये मेरे अल्मामैटर का बर्थडे है। और तो और जब मैं बिल क्लिंटन से मिला तो पता चला कि उनका निकाह 11 अक्टूबर 1975 को हिलेरी से हुआ। समझ में नहीं आता किसको-किसको विश करूँ।"

यूनिवर्सिटी में दाख़िले से पहले वह सैफ़ई, इटावा और फिर धौलपुर मिलिटरी स्कूल के मैदानों में फ़ुटबॉल में हाथ या फिर पैर आज़माते रहे। साथ ही बग़ीचों में तरबूज़ का आनंद लेते रहे। राजनीति में पाँव रखने के बावजूद प्रकृति के प्रति उनका प्रेम कम नहीं हुआ है और इसके नमूने हैं सैफ़ई में उनके घर के बग़ीचे जहाँ आज भी वह पेड़ पौधों को पानी देते हैं।

वह लोगों के प्रति विनम्र हैं और बदतमीज़ी उनके मिज़ाज में नहीं। अपने पिता की तरह प्यार और विनम्रता से जैसे ही वह अवधी में अपने समर्थकों से बात करना शुरू करते हैं लोग सम्मोहित हो जाते हैं। वह खीझते नहीं हैं। अक्सर वह भोले भाले और सरल प्रतीत होते हैं। स्नेह, मिठास और उम्मीद की किरण के तौर पर वह फ़िरोज़ाबाद में अपने भाषण से जनता को ये कहकर ख़ुश कर देते हैं, भारत के बाक़ी शहरों की तरह ही फ़िरोज़ाबाद और कन्नौज के हर घर में साइकिल मिलेगी लकिन हाथी तो विलासिता है। केवल कुछ अमीर लोग ही हाथी पाल सकते हैं। दूसरी ओर प्रचंड गर्मी में ताल-तलैया सब सूख जाते हैं तो कमल कैसे खिलेगा। अपनी विरोधी पार्टियों के चुनाव चिह्नों पर उनके इन कटाक्ष पर जनता झूम उठती है।

क़रीब चालीस दिन के चुनाव अभियान में अखिलेश ने समाजवादी युवजन सभा के नौजवान कार्यकर्ताओं के साथ साइकिल रैली निकालकर वोटरों का मन जीत लिया। हरी और लाल रंग से रंगी साइकिलों का ये कारवाँ फ़िरोज़ाबाद की सँकरी सड़कों, गलियों और भीड़ भरे बाज़ारों का चक्कर लगाता है। पसीने से पसीजे बदन के बावजूद वह जगह-जगह जमा हुए अपनी पार्टी के कार्यकर्ताओं से रुककर बात करना और उन्हें गले लगाना नहीं भूलते। लेकिन फ़िरोज़ाबाद में अपने कुछ समर्थकों को मोटरसाइकिल पर देखकर वह भड़क उठे। राजनीतिक तौर पर ग़लत संदेश देने वाले इस नज़ारे को वह बर्दाश्त नहीं कर सके। उन्होंने तुरंत ही इन कार्यकर्ताओं पर अनुशासन का कोड़ा चला दिया। लेकिन हाँ, उनकी ख़ुद की साइकिल हीरो रेंजर जैसी आम साइकिल न होकर स्वीडन की बनी विदेशी साइकिल

है। रैली के दौरान पजेरो की छत पर रखी ये साइकिल देखते ही बनती है।

फिर साइकिलों और कारों का ये क़ाफ़िला उनके पैतृक गाँव सैफ़ई की ओर बढ़ जाता है। मई की झुलसाने वाली गर्मी दिमाग़ और शरीर को थकाने के लिए काफ़ी होती है। लेकिन जैसे ही ये जुलूस हरियाली से लिपटे सैफ़ई की ओर बढ़ता है धूल-धक्कड़ भरे चुनाव-प्रचार की गहमागहमी और थकान नदारद हो जाती है। ये कहीं से भी गाँव नहीं लगता क्योंकि डामर वाली पक्की सड़क और सीमेंट-कंक्रीट की इमारतें परंपरागत गाँव की छवि को झुठलाती हैं।

शाम की गहराती लालिमा के बीच बुलबुल-कोयल समेत तमाम चिड़ियों की चहचहाहट कानों में संगीत भरने लगती है। अखिलेश बताते हैं कि वह भोर में और शाम को इस संगीत का इंतज़ार करते हैं। वह पक्षी प्रेमी के साथ-साथ सारस प्रेमी भी हैं। उड़ने वाले पक्षियों में सबसे बड़े सारस अब सैफ़ई और उसके आस-पास के तालाबों से ग़ायब होते जा रहे हैं। एक ज़माने में दुनिया के क़रीब साठ फ़ीसदी सारस सैफ़ई और इटावा के आस-पास की नम ज़मीन वाले इलाक़े में पाए जाते थे। टीपू कहते हैं कि दुनिया के नक़्शे पर अपनी जगह बना चुके उनके गाँव में पर्यावरण और वातावरण की हिफ़ाज़त एक बड़ी चुनौती है।

वह किसी भी मुद्दे पर अपनी पकड़ नहीं खोना चाहते हैं। वह आर्थिक नीतियों में फेरबदल या प्रशासन के तौर-तरीक़ों में बदलाव से ख़ुद को वाक़िफ़ रखते हैं। वह पार्टी के कार्यकर्ताओं को टेक्नोलॉजी से जोड़ना चाहते हैं। 90 के दशक के मध्य में वह बमुश्किल व्यस्क रहे होंगे लेकिन उनके टेक्नोलॉजी प्रेम के चलते ही समाजवादी पार्टी ने बाक़ी पार्टियों के मुक़ाबले सबसे पहले अपनी वेबसाइट बना डाली थी। यहाँ तक कि इंटरनेट के मामले में उनकी पार्टी ने बीजेपी को भी पीछे छोड़ दिया। ये अलग बात है कि पार्टी इसका बहुत फ़ायदा नहीं उठा सकी।

कई मायनों में वह अपने पिता की असली संतान हैं। वह नेहरू सरकार के ख़िलाफ़ अविश्वास प्रस्ताव लाने की वजह से समाजवादी विचारधारा में किंवदंती बन चुके अपने पिता के गुरु राम मनोहर लोहिया से बहुत प्रभावित हैं। "लोहिया के समाजवादी विचारों के प्रति झुकाव की वजह मेरे पिता ही हैं। ये मेरे लिए सौभाग्य की बात रही कि मैंने अपना पहला चुनाव कन्नौज से लड़ा जहाँ से राम मनोहर लोहिया दो बार लोकसभा में पहुँचे थे। भारत-चीन युद्ध के बाद लोहिया के विचारों के भारतीय जनमानस पर पड़े गहरे असर की भी टीपू बात करते हैं। 1962 में चीन से युद्ध के बाद न्यूक्लियर बम बनाने की बात कर उन्होंने सबको

चौंका दिया। लोहिया ने जाति प्रथा से मुक्त भारत का सपना देखा था।"

अखिलेश महसूस करते हैं कि ये विरासत सिर्फ़ जुनून पैदा कर के ही आगे बढ़ाई जा सकती है।

लेकिन वह लोहिया के उलट निजी स्कूलों को बंद करने के ख़िलाफ़ हैं। वह सरकारी स्कूलों का स्तर बेहतर बनाने के हिमायती हैं ताकि सभी जातियों के बच्चों को पढ़ाई का बराबर मौक़ा मिल सके। वह जाति के आधार पर समाज के बँटवारे को जल्द-से-जल्द ख़त्म करना चाहते हैं। लेकिन चुनाव से ठीक पहले समाजवादी पार्टी के घोषणा पत्र ने पार्टी को कटघरे में खड़ा कर दिया। घोषणापत्र में कहा गया था कि पार्टी कंप्यूटर और अँग्रेज़ी के इस्तेमाल पर रोक लगा देगी। भारतीय मध्यवर्ग के लिए ये एक झटका था। छपाई की इस भारी गड़बड़ी से अखिलेश चकरा गए थे। मीडिया में बावेला खड़ा हो गया। आलोचकों के लिए ये ऐलान सनकपन से भरा हुआ था। अखिलेश ख़ुद कहते हैं, "पार्टी अँग्रेज़ी शिक्षा के ख़िलाफ़ नहीं हैं। मैं विदेश में सिडनी यूनिवर्सिटी में पढ़ा हूँ। मैं अँग्रेज़ी की अहमियत से वाक़िफ़ हूँ। पार्टी केवल इस बात पर ज़ोर देना चाह रही है कि पढ़ाई के लिए अँग्रेज़ी अनिवार्य न हो। कंप्यूटर शिक्षा को दरकिनार नहीं किया जा सकता लेकिन ये कुशल कारीगरों के रोज़गार की क़ीमत पर नहीं होनी चाहिए। मैं सभी भारतीयों के लिए एक समान शिक्षा पद्धति का हिमायती हूँ। सभी एक ही भाषा में पढ़ाई करें चाहे हिंदी हो या अँग्रेज़ी।"

नई सदी में तेज़ी से बदलती भारतीय राजनीति में अखिलेश नव लोकतंत्रवादियों का प्रतिनिधित्व करते हैं। विचारधारा के हिसाब से वह मध्यमार्गी कहे जा सकते हैं जो संतुलित सामाजिक, सांस्कृतिक विचारों के साथ नव उदार वित्तीय मूल्यों को अहम मानते हैं। उनके प्रशंसक और आलोचक दोनों ही उन्हें देश की सत्ता की सर्वोच्च कुर्सी के लिए भविष्य की लड़ाई में गाँधी परिवार के वंशज राहुल गाँधी के मुक़ाबले का मानते हैं। उत्तर प्रदेश की राजनीति में ऐसी हवा चल रही है कि वह सर्वोच्च पद के दावेदार हैं और उन्हें चुनौती देने के लिए कॉन्ग्रेस महासचिव राहुल गाँधी को उनमें कोई दाग़ ढूँढ़ना होगा।

सैफ़ई के ये राजकुमार तीसरे रास्ते की ओर आकर्षित हैं- वामपंथ या दक्षिणपंथ से आगे की राजनीतिक सोच जिसमें दोनों ही विचारधाराओं का कुछ हद तक समावेश हो। ये तीसरा रास्ता पूँजीवाद और समाजवाद या उदार बाज़ारवाद और लोकतांत्रिक समाजवाद के बीच समझौते की स्थिति है।

अखिलेश दावा करते हैं, "इन दो परस्पर विरोधी विचारधाराओं का मेल (सिंथेसिस) है तीसरा रास्ता जो इनके मूल विचारों से पूरी तरह अलग और बेहतर है और ये किसी तरह के समझौते जैसा नहीं है।" उदार लोकतंत्र वाले तमाम पश्चिमी देशों में उदारवादियों और सामाजिक लोकतंत्रवादियों ने इस तीसरे रास्ते का इस्तेमाल किया है।

रॉबर्ट ओवन जैसे आदर्शवादी समाजवादियों की तरह टीपू भी पूँजीवादी समाज की सीमाओं में समाजवादी विचार वाले कोने तलाशते हैं। उनके मुताबिक़ समाजवाद शब्द गढ़ने वाले हेनरी साइमन ने तकनीकवाद (टेक्नोक्रेसी) और औद्योगिक आयोजन को भी जन्म दिया था। शुरुआती समाजवादियों ने भविष्यवाणी की थी कि टेक्नोलॉजी के इस्तेमाल और बेहतर सामाजिक ढाँचे से दुनिया और बेहतर बनेगी और उस वक़्त के तमाम समाजवादियों को इस पर भरोसा भी था। वह समाज में सबकी बराबरी के हक़दार हैं। यही नहीं, वह आदमी-औरत की बराबरी को सबसे अहम मानते हैं ताकि दोनों बराबर के फ़ायदे उठा सकें और अपनी क्षमता का अधिकतम इस्तेमाल करें।

फ़ोन पर उनकी आवाज़ पतली महसूस होती है लेकिन लाउडस्पीकर पर उनकी चाशनी भरी ज़ुबान भारी आवाज़ में बदल जाती है। वह भारी और गंभीर आवाज़ में बात करते हैं। वह अपने सुनने वालों को इतना सम्मोहित कर देते हैं कि ये कुछ भी कर गुज़रने को तैयार हो जाते हैं। कन्नौज और फ़िरोज़ाबाद में चुनाव अभियान में वह अपने कद्दावर पिता की मदद लेने के बजाय ख़ुद अपनी ज़मीन मज़बूत करने में भरोसा रखते हैं। वह एक ऐसे समाज की कल्पना करते हैं जिसमें ग़रीबी, अपराध, बीमारी और अज्ञानता की कोई जगह न हो। हर कोई राष्ट्र के साथ-साथ पूरी मानवता के लिए काम करे।

बॉलीवुड अभिनेताओं की ओर समाजवादी पार्टी के बढ़ते झुकाव को लेकर पार्टी की तीखी आलोचना हुई। माना जाता है कि कॉरपोरेट दबाव और प्रभाव के चलते ही पार्टी में समाजवादी एजेंडे को हाशिये पर कर दिया गया। अखिलेश मानते हैं कि ये बदलते वक़्त की लहर है और जहाँ तक ग्लैमर का सवाल है तो इसमें कोई बड़ी बात नहीं और देश की कोई भी पार्टी इससे अछूती नहीं है। हाँ, वह हर क़ीमत पर अपनी पार्टी को समाजवादी और धर्मनिरपेक्ष बनाए रखने के लिए प्रतिबद्ध हैं।

उनकी यादों के सागर में अमेरिकी राष्ट्रपति बिल क्लिंटन के साथ मुलाक़ात

अहम है। "क्लिंटन से मुलाक़ात एक अहम अनुभव था। कॉन्ग्रेस पार्टी ने दुष्प्रचार अभियान छेड़ रखा था ताकि बिल क्लिंटन उत्तर प्रदेश न जाएँ। आलम ये था कि कॉन्ग्रेस ने इस बारे में क्लिंटन को एक चिट्ठी तक लिखी और कहा कि समाजवादी पार्टी के कार्यकर्ता अच्छे लोग नहीं है इसलिए वह अपना यूपी दौरा रद्द कर दें। क्लिंटन फ़ाउंडेशन ने अपने स्तर पर इस बात की जाँच कराई और आरोप बेबुनियाद पाने पर क्लिंटन यूपी के दौरे के लिए तैयार हो गए। कॉन्ग्रेस के नेता जलभुनकर राख हो रहे थे। जब क्लिंटन को मालूम हुआ कि मैं संसद सदस्य हूँ तो वह आश्चर्यचकित रह गए। उन्होंने समाजवादी राजनीति को वक़्त की ज़रूरत बताया।"

वह जानते हैं कि उनकी चुनौतियाँ काफ़ी बड़ी हैं क्योंकि वह एक युवा चेहरा हैं, उत्तर प्रदेश के क़द्दावर नेता के वारिस हैं और देश की आधी से ज़्यादा मुस्लिम आबादी उनके सूबे में ही रहती है। मुंबई दंगों की आँच अब कम होने लगी है लेकिन वह मुसलमानों से झूठे वादे करने के झाँसे में नहीं आते। नौजवान मुसलमान उनके विनम्र व्यवहार और उनके प्रभावी व्यक्तित्व की बहुत इज़्ज़त करते हैं। भारत-पाक रिश्तों की गाँठें सुलझाने के लिए वह कुछ ऐसा करना चाहते हैं जिसके सकारात्मक नतीजे निकलें। एक ओर जब दुनिया स्वात, मिंगोरा और दीर में लोगों के पलायन की गवाह बन रही है तो वहीं अखिलेश चेताते हैं कि हालात दारफुर और रवांडा जैसे नहीं होने चाहिए, क्योंकि ऐसा होने पर आँच हम तक भी पहुँच जाएगी।

टेक्नोलॉजी में महारत हासिल करने की वजह से ही नोकिया ई-71 फ़ोन और ब्लैकबेरी के साथ-साथ वह फ़ेसबुक और ऑर्कुट जैसी सोशल नेटवर्किंग साइट्स के ज़रिये अनजान लोगों और मुलाक़ातियों से जुड़े रहते हैं। भारतीय लोकतंत्र की चुनावी प्रक्रिया में क़दम रखने वाले नौजवान मुद्दों को उठाने के उनके तरीक़े के क़ायल हैं और संसद में वही उम्मीद की किरण जगाते हैं। अखिलेश को पैसा और राजनीति विरासत में मिली है लेकिन वह शायद ही कभी अपने फ़ायदे के लिए इसका इस्तेमाल करते हैं। उन्होंने कई बार साबित किया है कि वह अपने बलबूते अपनी ज़िम्मेदारी उठा सकते हैं।

अखिलेश ने सिडनी यूनिवर्सिटी से तालीम हासिल करने के बाद कभी भी कलाई में घड़ी नहीं बाँधी। जब मैंने इसकी वजह जाननी चाही तो वो हँसते हुए बोले, "वजह कुछ ख़ास नहीं, बस यूँ लगा कि अब वक़्त हमारा है।"

यह साल 2000 की बात है। बक़ौल धर्मेंद्र यादव, "मैं, अखिलेश भैया और तीन-चार दोस्त कंटेसा गाड़ी से सैफ़ई से लखनऊ को रवाना हुए थे। मौज-मस्ती का मूड। गप्पबाज़ी का दौर। एक-दूसरे से छेड़छाड़। अचानक न जाने कैसे मेरे मन में ख़याल आया कि अगर नेताजी के इस्तीफ़े से ख़ाली हुई कन्नौज सीट पर अखिलेश भैया चुनाव लड़ जाते तो कितना अच्छा होता। मैंने कहा, भैया लड़ जाओ कन्नौज से चुनाव। भैया चौंक गए। कहने लगे पार्टी में इतने बड़े-बड़े लोग हैं, कौन मुझे एमपी का टिकट देगा। लेकिन वह एमपी बने और आज यूपी के सीएम भी बन गए हैं।"

धर्मेंद्र यादव सिर्फ़ समाजवादी पार्टी के सांसद भर नहीं हैं, वह मुलायम के छोटे भाई अभयराम यादव के पुत्र हैं। अखिलेश से उनका रिश्ता भाई का तो है ही लेकिन भाई से ज़्यादा दोनों के बीच दोस्ताना रिश्ते हैं। कहा जाता है कि परिवार में सबसे ज़्यादा अखिलेश और धर्मेंद्र में ही पटती है। धर्मेंद्र अखिलेश से छह साल छोटे हैं। क्रिकेट से लेकर फ़ुटबाल और शतरंज में एक-दूसरे के ख़िलाफ़ ख़ूब हाथ आज़माया है। एक-दूसरे की हार-जीत पर ख़ूब तालियाँ भी बजाई हैं। अखिलेश धर्मेंद्र को धरमाई कहते हैं। अब जबकि अखिलेश यूपी के सीएम की शपथ लेने वाले हैं, 'धरमाई' को अपने 'भैया' की कई और बातें याद आ रही हैं।

बक़ैल धर्मेंद्र, भैया ने राजनीति में आने की बात तो कभी सोची ही नहीं थी। ऑस्ट्रेलिया से पढ़कर लौटे तो वह बिज़नेस शुरू करना चाहते थे। उस दौर में मार्केट में कई नई गाड़ियाँ आई थीं, उन्हीं के शोरूम खोलने को लेकर हम सब दोस्तों में चर्चा हुआ करती थी।'

अखिलेश यादव से छह साल छोटे हैं धर्मेंद्र यादव। 1979 की पैदाइश है धर्मेंद्र यादव की। बक़ौल धर्मेंद्र, "जब मैं थोड़ा बड़ा हुआ तो भैया पढ़ने के लिए राजस्थान जा चुके थे, उसके बाद वह कर्नाटक चले गए और फिर ऑस्ट्रेलिया, लेकिन छुट्टियों में हम लोग इकट्ठा होते। ख़ूब खेल होता, धमाचौकड़ी भी, लेकिन भैया हमसे पढ़ाई-लिखाई का भी ख़ूब हिसाब-किताब लेते थे।"

धर्मेंद्र बताते हैं कि जब भैया पहला चुनाव लड़े थे तो उन्होंने उनके प्रचार में ख़ूब नारे लगवाए थे। एक नारा उन्हें अब भी याद है– 'साइकिल वाला बटन दबा दो, टीपू को सुल्तान बना दो।'

सामाजिक-राजनीतिक मक़सद हासिल करने के लिए वह दिलेर और दयालु दोनों ही हैं। लेकिन सबसे बड़ी बात ये है कि वह अपने परिवार से बेहद प्यार

करते हैं। पत्नी डिंपल से उन्होंने अपनी मर्ज़ी से शादी की थी और अब जुड़वा बेटियाँ ही उनका संसार हैं। वह दिल से नर्म हैं लेकिन दिमाग़ से बलिष्ठ हैं। वह अमेरिका के 16वें राष्ट्रपति अब्राहम लिंकन से काफ़ी प्रभावित हैं और अपने राज्य में ग़ुलामों से भी बदतर ज़िंदगी बिताने को मजबूर और शोषित दलितों के लिए कुछ वैसा ही करना चाहते हैं जैसा लिंकन ने किया था। उनके लिए दलित अँधेरे का पर्याय हैं और वह न केवल उत्तर प्रदेश बल्कि पूरे देश में दलितों का जीवन रौशन करना अपना नैतिक कर्तव्य मानते हैं।

करिश्मा किसी इंसान की वह चमक है जिसे पैसा नहीं ख़रीद सकता। ये गुप्त ऊर्जा है जिसका असर दिखता है- मैरियान विलियम्सन

1981 में हॉलीवुड की एक फ़िल्म आई थी- चैरियट्स ऑफ़ फ़ायर। ये दो ऐसे एथलीटों की कहानी थी जो 1924 के पेरिस ओलंपिक में हिस्सा ले रहे थे। एरिक लिडेल नाम का एक कट्टर ईसाई भगवान की शान के लिए दौड़ता है जबकि हैरोल्ड अब्राहम नाम का एक ब्रिटिश यहूदी भेदभाव और पक्षपात को ख़त्म करने के लिए दौड़ता है। इस फ़िल्म को सात ऑस्कर अवॉर्ड मिले। शायद इसीलिए ब्रिटिश फ़िल्म इंस्टीट्यूट के सिनेमा इतिहास की 100 सबसे बेहतर ब्रिटिश फ़िल्मों की सूची में चैरियट्स ऑफ़ फ़ायर 19वें नबर पर है। इस फ़िल्म का नाम विलियम ब्लेक की कविता– ब्रिंग मी माई चैरियट ऑफ़ फ़ायर से प्रेरित था। वही ब्लेक, जिनकी कविताओं और पेंटिंग्स से अठारहवीं सदी के लंदन के युवा लड़के-लड़कियाँ अभिभूत थे।

भारतीय और फ़ारसी पुराणों में रथों का अहम स्थान रहा है। ज़्यादातर भगवान रथ की सवारी करते हुए ही दिखते हैं। रथ संस्कृत का शब्द है और यह प्रोटो-इंडो-यूरोपीय शब्द रोटो से निकला है जिसका अर्थ होता है पहिया। लैटिन में रोटा भी यहीं से निकला है।

भारतीय राजनीति में भी रथ काफ़ी अहम रहे हैं। लोग आज भी 1990 के जाड़े की शुरुआत में हुई उस रथयात्रा को नहीं भूले हैं जिसने भारत के क़रीब 20 करोड़ मुसलमानों के ख़िलाफ़ नफ़रत की आग पैदा कर दी। एल.के. आडवाणी की इस रथयात्रा का ड्राइवर एक मुसलमान था लेकिन रथयात्रा ने पूरे देश में मुसलमानों के ख़िलाफ़ नफ़रत का माहौल बना दिया। आज़ादी के बाद की भारतीय राजनीति का ये एक डरावना सपना था। इससे क़रीब तीन साल पहले क़द्दावर समाजवादी नेता मुलायम सिंह यादव ने समाजवादी सपना पूरा करने के

लिए रथयात्रा निकाली थी जिसने गाँवों और क़स्बों में भीतर तक घुसकर विरोध और टकराव की राजनीति की शुरुआत की। सितंबर 1987 की इस रथ यात्रा के ज़रिये उन्होंने क्रांतिकारी समाजवाद के बीज बो दिए। आडवाणी ने भेदभाव और बँटवारे का छौंक लगाते हुए इसकी नक़ल कर ली। देश का हर मुसलमान डरा हुआ था और आशंका के बीच जी रहा था। सैकड़ों लोग सांप्रदायिक हिंसा का शिकार हो गए। राजनीति एक ख़ूनी खेल है।

अखिलेश अच्छी तरह से जानते हैं कि उनके इलाक़े की राजनीति हमेशा के लिए बदल चुकी है। 1990 के आख़िरी दिनों में विवादित ढाँचे को कारसेवकों से बचाने के लिए उनके पिता ने ही पुलिस को गोली चलाने के आदेश दिए थे। मुलायम सिंह उस वक़्त उत्तर प्रदेश के मुख्यमंत्री थे। उन्होंने कहा था, "कोई परिंदा भी पर नहीं मार पाएगा।" ये वाक्य पूरे भारत में मुसलमानों के दिलों में उतर गया और उनके लिए किंवदंती बन गया।

12 सितंबर 2011 की खिली धूप वाली सुबह शुरू हुई समाजवाद का युवा चेहरा बन चुके अखिलेश यादव की क्रांति रथ यात्रा। देश को लाल रंग से रंगने के लिए समाजवाद ज़िंदाबाद के नारों के साथ युवा और बुज़ुर्ग कंधे से कंधा मिलाकर खड़े थे। क़द में राहुल गाँधी के ही बराबर अखिलेश उर्फ़ टीपू जब लोगों की भीड़ के पास से गुज़रते हैं तो उनके साँवले चेहरे पर मुस्कान के साथ-साथ संतोष भी दिखाई देता है। उधर लाल रंग के समाजवादी क्रांति रथ के फ़र्श पर साइकिलें चमकती रहीं। ये हैं तकनीक प्रेमी समाजवादी। रथ के शक्ल वाली बस से जनता को संबोधित करने के लिए अत्याधुनिक माइक इसकी तसदीक़ कर देते हैं। साथ ही बॉलीवुड गानों की धुन पर लिखे गए समाजवादी गाने बजा रहा म्यूज़िक सिस्टम भी इसकी गवाही देता है। अंदर से भी ये रथ कुछ कम नहीं। प्लाज़्मा टीवी और इंटरनेट सुविधा से लैस लैपटॉप पर उनके भरोसेमंद सिपाही, वीजे चौहान, अनुराग सक्सेना, राहुल भसीन, और गजेंदर सिंह व्यस्त रहते हैं। आराम के लिए गद्देदार सोफ़े, छोटा-सा टॉयलेट और जनता से मुख़ातिब होने के लिए उनको रथ की छत पर पहुँचाने के लिए लिफ़्ट।

अब चालीस साल से कम उम्र के और कॉन्ग्रेस के युवराज राहुल गाँधी से भी छोटे इस युवा बेटे के पीछे क़द्दावर समाजवादी नेताओं– मोहन सिंह, ब्रजभूषण तिवारी, आज़म ख़ान, चाचा शिवपाल यादव और ख़ुद पिता मुलायम सिंह यादव ज़ोर लगा रहे हैं कि वह सत्तारूढ़ पार्टी को उखाड़ फेंक समाजवादी पार्टी की

सत्ता में वापसी का इतिहास दोहराएँ।

कानपुर, उन्नाव और आस-पास के तमाम क़स्बों की क़रीब 150 किलोमीटर लंबी तीन दिन की पहले दौर की यात्रा को मुलायम सिंह की हरी झंडी के साथ इस बात के भी संकेत मिल गए कि 2012 में होने वाले विधानसभा चुनाव से पहले कमान अखिलेश के हाथों में होगी। अखिलेश को अपनी ज़िम्मेदारियों और ख़ुद से लोगों की उम्मीदों का पूरा एहसास है।

साइकिल समाजवादी पार्टी का चुनाव चिह्न है और अखिलेश के लिए ये बदलाव का हथियार है। उनकी क्रांति विद्रोह या बग़ावत से अलग है। विद्रोह तो किसी सरकार या सत्ता के ख़िलाफ़ होने वाला खुला प्रतिरोध है जबकि क्रांति में एक सरकार को उखाड़ फेंक नई सरकार की स्थापना की जाती है। वह गरजते हैं, "भाइयों और बहनों, मैं चाहता हूँ कि आप लोग मायावती की अध्यक्षता में बहुजन समाज पार्टी की भ्रष्ट, घमंडी और पत्थर दिल सरकार को उखाड़ फेंकिए। वह दलित की बेटी होने का गुमान करती हैं लेकिन जब वह बंबई से अपनी सैंडिल लाने के लिए ख़ास हवाई जहाज़ भेजती हैं तो क्या उनके दिल में अपनी दलित बहनों का ख़याल आता है? हर घंटे राज्य में किसी-न-किसी दलित महिला से बलात्कार होता है लेकिन वह अपने आलीशान बंगले में ही बैठी रहती हैं। दुनिया में कहीं भी किसी नेता ने अपनी मूर्ति नहीं लगवाई होगी लेकिन वह ढीठ हैं और उन्होंने जीते जी अपनी मूर्तियाँ लगवा दीं। उनकी मूर्तियों को अगर भूल जाएँ तो भी ये कैसे भूल सकते हैं कि उन्होंने दस-दस लाख रुपये की लागत वाली हाथियों की 2000 मूर्तियाँ बनवाकर आपकी गाढ़ी कमाई को बरबाद कर दिया।"

क्रांति रथ यात्रा में सबसे ज़्यादा तादाद युवा कार्यकर्ताओं की दिखती है। हज़ारों युवा लड़के-लड़कियों के युवा समाजवादी के साथ चलने की एक वजह भी है। मुलायम सिंह की पिछली सरकार में युवा लड़के लड़कियों को बेरोज़गारी भत्ता तो मिलता ही था, लड़कियों को विशेष मदद भी मिलती थी। इसे कन्या विद्या धन का नाम दिया गया था। भीड़ में मौजूद ज़्यादातर नौजवान चाहते हैं कि ये दोबारा शुरू हो क्योंकि मायावती सरकार ने बदले की भावना से इस योजना को ख़त्म कर दिया।

समाजवाद के इस कारवाँ की तुलना पाकिस्तान में मुख्य न्यायाधीश जस्टिस इफ़्तिख़ार मोहम्मद चौधरी की अगुवाई वाले वकीलों के लॉन्ग मार्च से की जा सकती है। क्रिकेटर से नेता बने इमरान ख़ान ने उस वक़्त पाकिस्तान में मशाल

ब्रिगेड की शुरुआत की। बर्ख़ास्त मुख्य न्यायाधीश ने वकीलों को लामबंद कर लाहौर से इस्लामाबाद और ख़ैबर से कराची तक के तमाम लॉन्ग मार्च के ज़रिये देश में जनरल परवेज़ मुशर्रफ़ की सत्ता के ख़िलाफ़ अंधड़-सा ला दिया था। मुशर्रफ़ एक तानाशाह थे और उनको पसंद और नापसंद करने वालों की तादाद लगभग बराबर थी। उत्तर प्रदेश की तब की मुख्यमंत्री को लोकतांत्रिक भाषा में तानाशाह कहा जाता था जो कामकाज के तरीक़ों में लोकतांत्रिक मर्यादाओं का कोई ख़याल नहीं रखती थीं।

रथ यात्रा के दौरान साइकिल चलाते वक़्त या फिर अपने चाहने वालों की भीड़ से मिलते वक़्त अखिलेश दैवीय रूप से प्रेरित दिखते हैं। वह ख़ुद को फ़िट रखने पर खासा ध्यान देते हैं और उनका छरहरा शरीर किसी एथलीट की तरह चपल है और जब वह दौड़ते हैं तो मानो उनके पैरों में स्प्रिंग लगी हो और उनके साथ वालों को बराबरी करने में ख़ासी मेहनत करनी पड़ती है। वह बातचीत में कहते हैं, "मुझे लगता है कि मैं दैवीय मक़सद के लिए पैदा हुआ हूँ। मैं तेज़ हूँ और जब मैं दौड़ता हूँ तो मुझे लगता है कि कोई दैवी ताक़त मुझे धक्का दे रही है।"

उत्तर प्रदेश में अखिलेश यादव सबके चहेते हैं और लोकप्रियता के मामले में वह राहुत गाँधी को मीलों पीछे छोड़ देते हैं। "मैं हर दिन अपने लोगों की आँखों में ख़ुशी और दुख के बारे में सोचता हूँ। मैं उत्तर प्रदेश के गाँवों और क़स्बों में 300 दिन गुज़ारता हूँ जबकि राहुल जी तो सिर्फ़ 60-65 दिन के लिए ही यहाँ आते हैं। मैं दुआ करता हूँ कि राहुल गाँधी लोगों के लिए कुछ ख़ास करने में सफल रहें। मैं चाहता हूँ कि वह बेहतर काम करें। मेरे दिल में उनके लिए इज़्ज़त है।"

गाँधी ख़ानदान के वंशज जब भी लोगों की नब्ज़ टटोलने के लिए निकलते हैं तो वह टेलीविज़न तमाशा बनकर रह जाता है, चाहे वह एक दलित महिला के घर रात बिताने का मामला हो या फिर दिल्ली के क़रीब भट्टा पारसौल में ये दावा करना कि महिलाओं के साथ बलात्कार हुआ और कई किसानों को ज़िंदा जला दिया गया। कॉरपोरेट भारतीय मीडिया इस समाजवादी चेहरे को लेकर इतना उदार नहीं रहा है। अपने पिता और पूर्व प्रधानमंत्री राजीव गाँधी की ही तरह राहुल भी जबरन राजनीति में लाए गए हैं। और अपने भाषणों से जनता को अपनी ओर खींचने के लिए उन्हें मेहनत करनी पड़ी है। विकीलीक्स ने भी यह ख़ुलासा किया है कि राहुल गाँधी जनसभाएँ पसंद नहीं करते। हाँ, ये ज़रूर है कि उनकी बातों में ईमानदारी झलकती है लेकिन लोगों को लुभाने के लिए इतना ही काफ़ी

नहीं है बल्कि हाज़िरजवाबी और कटाक्ष से लिपटा हुआ थोड़ा नाटक और थोड़ी वाकपटुता भी ज़रूरी है। लेकिन ऐसा नहीं है। राहुल गाँधी ने 3500 किलोमीटर से भी अधिक दूरी तक पैदल चलकर 'भारत जोड़ो यात्रा' का सफल समापन किया है और भाजपा द्वारा फैलाए गए उनके 'पप्पू' होने के स्टीरियोटाइप भाजपाई विचार को भी तोड़ दिया है। वो पत्रकारों के सवालों के सामने हमेशा हाज़िरजवाब रहे हैं और भाजपा पर कोई राजनीतिक कटाक्ष करने से भी नहीं चूकते हैं। साल 2024 के लोकसभा चुनाव से पहले राहुल की राजनीतिक मान्यताएँ और उनकी वैचारिक ताक़त बढ़ी है, जिसकी प्रशंसा ख़ुद अखिलेश यादव ने भी की है।

उत्तर प्रदेश में मुसलमानों की आबादी क़रीब 22 फ़ीसदी है। विधानसभी की 403 सीटों में से क़रीब 150 सीटों पर उम्मीदवार की जीत का फ़ैसला मुसलमानों के हाथ में है कि कौन विधानसभा में क़दम रखेगा। बीजेपी सरकार के उकसावे पर कट्टर हिंदूओं द्वारा बाबरी मस्जिद गिराए जाने के क़रीब दो दशक बाद न केवल उत्तर प्रदेश बल्कि पूरे देश के मुसलमान मुलायम सिंह की छाया में ख़ुद को सुरक्षित महसूस करते हैं। यहाँ पर ये बताना ज़रूरी है कि समाजवादी पार्टी का गठन 6 दिसंबर 1992 को बाबरी मस्जिद गिराए जाने से एक महीना पहले ही हुआ था। नवंबर के महीने में लखनऊ के बेगम हज़रत महल पार्क में मुलायम सिंह यादव की अगुवाई में देश भर के समाजवादी अपने इरादे और प्रतिज्ञा को पूरा करने के लिए इकट्ठा हुए थे। इसने समाजवाद को संजीवनी देने का काम किया।

मुलायम उस वक़्त रफ़ीक़-उल मुल्क कहलाते थे क्योंकि उन्होंने मुसलमानों के मानवाधिकारों पर कट्टर हिंदुओं के हमले के ख़िलाफ़ मोर्चा खोल लिया था। 6 दिसंबर 1992 को जब बाबरी मस्जिद ढही तो मुलायम सिंह यादव की आँखों से आँसुओं की धार बह निकली और तब धर्मनिरपेक्ष मीडिया ने उन्हें 'मौलाना मुलायम' का तमग़ा दे दिया।

हालाँकि धीरे-धीरे कुछ रहस्यमय परिस्थितियों में मुसलमान समाजवादियों से दूरी बनाने लगे। बाँटो और राज करो की नीति और कुछ ग़लत फ़ैसलों के चलते एकता पर असर पड़ा। साथ ही हाशिये पर डाल दिए गए मुसलमानों के बीच पुरानी इज़्ज़त लौटाने के बड़बोले वादों के साथ मुस्लिम चेहरों वाली पीस पार्टी और उलेमा काउंसिल ने भ्रम की स्थिति पैदा कर दी। हालाँकि माना जा रहा था कि इन गुटों की अगुवाई कर रहे लोग कट्टर हिंदुओं की शह पर आगे आए थे और अपने बल-बूते उनमें एक भी सीट जीतने का माद्दा नहीं है। ज़्यादा-से-

ज़्यादा उनकी भूमिका वोट-कटुआ की है। ऐसे नाज़ुक चुनावी माहौल में यही संकेत मिलते हैं कि मुसलमानों की हिफ़ाज़त करने वाले समाजवादी उम्मीदवारों को हराने की साज़िश चल रही थी।

क्या वाक़ई मुसलमान समाजवादी पार्टी से छिटक रहे थे? इस बारे में कानपुर के फूलबाग़ में 13 सितंबर को मैंने रिज़वान सोलंकी और हसन रूमी से चर्चा की। छोटी-से-छोटी राजनीतिक गतिविधि की शुरुआत ऐतिहासिक फूलबाग़ से करना ब्रिटिश राज के दिनों से ही परंपरा रही थी। यूँ तो अखिलेश को रथ से उतरकर मंच पर जाना था और स्थानीय उम्मीदवारों हाजी इरफ़ान सोलंकी और हसन रूमी के साथ मंच से भाषण देना था लेकिन वह लाल टोपी पहने और साइकिल के हैंडिल में पार्टी का झंडा लगाए अपने क्रांति रथ की छत से ही भाषण देने को मजबूर थे क्योंकि प्रशासन ने रातों-रात मंच उखड़वा दिया था। तत्कालीन मुख्यमंत्री मायावती की ऐसी हरकतों के आदी हो चुके थे समाजवादी। गठीले बदन के रिज़वान एक किशोर गर्भवती लड़की की तरह मुस्कान देने वाले रिज़वान के मुताबिक़, "कानपुर के मुसलमान समाजवादी हैं। वो कम्युनिस्ट या कैपिटलिज़्म के पीछे नहीं भागते, पीस पार्टी या ऐसे तमाम दलों को तो भूल ही जाइए। अखिलेश यादव हमारे नेता हैं और हम चाहते हैं कि 2012 में विधानसभा चुनावों के बाद वह मुख्यमंत्री बनें।"

रथ से उतरकर अखिलेश साइकिल पर चढ़ते हैं और क़रीब एक हज़ार साइकिल सवारों की अगुवाई करते हुए 13 किलोमीटर दूर उन्नाव की ओर बढ़ जाते हैं। विधायक और उम्मीदवार इरफ़ान सोलंकी समेत सैकड़ों साइकिल चालक तेज़ धूप में बेहाल हो जाते हैं लेकिन युवा समाजवादी गर्मी, धूल और उबड़खाबड़ सड़कों से बेपरवाह दिखते हैं। वह अपनी समाजवादी फ़ौज के पाइड पाइपर की तरह अगुवाई करते हैं और पसीने से लथपथ होने के बावजूद टूर डी फ्रांस के विजेता लांस आर्मस्ट्रांग की तरह मुस्कुराते रहते हैं। रास्ते में बीसियों नौजवान और बुज़ुर्ग उनके साथ दिखना चाहते हैं और साथ चल रहे फ़ोटोग्राफ़रों को फ़ोटो खींचने के लिए उकसाते हैं।

उन्नाव और लखनऊ की सीमा पर बांगरमऊ के मियाँगाँव, हसनगंज, हाफ़िज़ाबाद जैसे मुस्लिम गढ़ों की सँकरी सड़कों पर रथ के पहुँचते ही दोनों ओर भीड़ इकट्ठा होने लगती है। तकिया चौराहे पर सीमेंट और पत्थर के बने अशफ़ाक़उल्ला ख़ाँ स्मारक गेट पर रथ रुकता है। और पूरा माहौल अखिलेश

यादव के स्वागत में मौजूद भीड़ की तालियों की गड़गड़ाहट और समाजवाद ज़िंदाबाद के नारों से गूँज जाता है। मैं एक अधेड़ मुसलमान से उनका नाम पूछता हूँ। उनके सिर पर टोपी तो नहीं थी लेकिन चेहरे पर लंबी दाढ़ी थी। माथे पर कई लकीरें भी थीं। छूटते ही बोले, "रईस अहमद।" मैंने फिर पूछा कि वह यहाँ क्यों आए हैं तो उनका जवाब था, "भारत के मुसलमानों के रक्षक हैं मुलायम सिंह यादव। अब उनका बेटा हमारे बीच आया है। उनसे और ज़्यादा उम्मीदें हैं। वह न केवल मुख्यमंत्री पद के दावेदार हैं बल्कि उनमें प्रधानमंत्री बनने की भी कूव्वत है। मुलायम सिंह जो हासिल नहीं कर सके वह उनका बेटा हासिल करेगा। ये युवा नेता मसीहा से कम नहीं। हम मुसलमानों को उन पर पूरा भरोसा है और हमने उन्हें परखा भी है। अपने पिता की तरह ही वह भी एक आम कार्यकर्ता के फ़ोन का जवाब देते हैं। अक्सर हमने उन्हें रात में भी परेशान किया और वह हमारी मदद के लिए आगे आए।"

उनके ज़्यादातर राजनीतिक सलाहकार अगड़ी हिंदू जाति के समाजवादी हैं। लंबे समय से दिल्ली-बंबई जैसे शहरों में उनके पिता और पार्टी पर ये आरोप लगते रहे हैं कि पार्टी में यादवों और मुसलमानों का बोलबाला है। ये आरोप बिहार में लालू प्रसाद यादव पर तो सही हो सकता है, लेकिन उत्तर प्रदेश में समाजवादी कॉमरेडों पर नहीं। इस युवा समाजवादी की सोशल इंजीनियरिंग पूरी है और उनकी टीम में ब्राह्मण, क्षत्रिय, कायस्थ, वैश्य और मुसलमानों के अलावा दलित भी हैं। सबको साथ लेकर चलने की उनकी कला राहुल गाँधी से बेहतर है।

2011 में जून की आग उगलती भरी दोपहरी में भारतीय समाजवाद का यह युवा तुर्क पार्टी कार्यकर्ताओं के साथ बैठा है। रंग-बिरंगे कपड़ों में ये सभी पार्टी कार्यकर्ता दोनों ओर घने पेड़ों वाले विक्रमादित्य मार्ग से चलकर यहाँ पहुँचे थे और उनका ध्यान अपनी ओर खींचना चाह रहे थे। नौजवान लड़के-लड़कियों की इस भीड़ पर जहाँ तक भी नज़र दौड़ाता हूँ, देखता हूँ कि ज़्यादातर ने लाल, सफ़ेद और हरे रंग के कपड़े पहन रखे हैं। कुछ ने हरे और लाल रंग के कपड़े भी पहने थे जो कि भारतीय लोकतंत्र के इस उत्तर-मध्य हिस्से में समाजवादी पार्टी का रंग है। एक भारतीय न केवल रंगों से प्यार करता है बल्कि वह उन पर इतराता भी है। भारतीयों के अपने रंगों पर गर्व करने की वजहें भी हैं। दिल, दिमाग़ और चमड़ी के रंग में एकता का जैसा प्रदर्शन उत्तर प्रदेश में होता है वैसा देश के किसी और राज्य में नहीं।

कहते हैं कि नई दिल्ली की कुर्सी का रास्ता उत्तर प्रदेश के खेतों से होकर गुज़रता है। ये भी कहा जाता है कि दिल्ली तो पेट है जबकि उत्तर प्रदेश देश का दिल है। अखिलेश अपने गृह राज्य की ताक़त और अहमियत समझते हैं। नवंबर 2011 में जब वह उत्तर प्रदेश की मुख्यमंत्री मायावती की राजनीतिक महत्त्वाकांक्षाओं के ख़िलाफ़ भाषणों में विरोध जता रहे थे तो हज़ारों युवा उनके एक-एक शब्द को सिर-माथे रख रहे थे। उत्तर प्रदेश की ये महिला मुख्यमंत्री शेख़-चिल्लीनुमा इरादों पर अमल के लिए जानी जाती हैं और इसी के तहत उन्होंने उत्तर प्रदेश को चार हिस्सों में बाँटने का प्रस्ताव पेश कर दिया। अखिलेश ने इस प्रस्ताव की ख़ामियों को भाँप लिया और फ़ेसबुक जैसी सोशल नेटवर्किंग साइट पर युवाओं को समझाया, "ऐसा करने से राष्ट्रीय राजनीति में उत्तर प्रदेश की हैसियत ख़त्म हो जाएगी। उत्तर प्रदेश में लोकसभा की 80 सीटें हैं। गठबंधन राजनीति के दौर में क्षेत्रीय दलों ने लुटियन की दिल्ली में बैठे सत्ताधीशों को प्रभावित करना शुरू कर दिया है।"

झुर्रीदार चेहरे पर सूती कपड़े की पगड़ी पहने अस्सी पार कर चुके सैफ़ई के रहने वाले रूपलाल खेतों से गुज़रते वक़्त ब्रज और अवधी मिली हुई बोली में अपने साथी से कहते हैं, "मुलायम के पास दुनिया के सबसे इंटेलीजेंट एनिमल चिंपांजी और चालाक जानवर लोमड़ी के दिमाग़ का मिश्रण है। क़द-काठी से वह छोटे दिखाई दे सकते हैं लेकिन अक़्लमंदी में उनका कोई सानी नहीं, दुनियादारी में सतर्क और राजनीति में क़द्दावर हैं। जैसा बाप वैसा बेटा। अखिलेश को देखो... जब वह सिडनी से सैफ़ई आए थे तो बालक थे लेकिन अब यह इंजीनियर राजनीति के बीहड़ों का खिलाड़ी बन गया है। सिर्फ़ 5-6 साल में ही कन्नौज ने उन्हें अपने बेटे के तौर पर अपना लिया। यह देख स्वर्ग में लोहिया की आँखों से ख़ुशी के आँसू बह रहे होंगे। बेटे की राजनीति में कुछ हद तक आध्यात्मिक शक्ति का भी समावेश है। उनकी आकांक्षाएँ उनके दृढ़ इरादों की ग़ुलाम हैं।"

मुलायम चिंतनशील और अंतर्मुखी हैं। टीपू की भी यही ख़ासियत है। कुछ लोग इसे नकारात्मक गुण मान सकते हैं लेकिन हक़ीक़त में उनका सामाजिक और राजनीतिक व्यवहार संवेदनशील, भावनाओं से पूर्ण है। चेहरे पर चाहे मुस्कान हो या तिरस्कार का भाव, इस भद्र इंसान के अड़ियलपन में भी ठहराव दिखता है।

एक दशक बाद 2011 के वसंत में अखिलेश राजनीति में अव्वल नंबरों से

पास हो चुके थे। अब वह आसान बोली में अपनी बात लोगों तक पहुँचा रहे थे और ये चुटीले बयानों और कटाक्ष के साथ-साथ भविष्य के सुनहरे सपनों की चाशनी में लिपटे हुए थे। जनसभाओं में संतुलित और नपे-तुले भाषण अब उनका मज़बूत पक्ष थे। अपने कार्यकर्ताओं और जनता से बातचीत के दौरान उनका रवैया बिलकुल बड़े भाई जैसा होता है। उनका ये स्टाइल राहुल गाँधी से बिलकुल उलटा है जो किसी शिक्षक की तरह व्यवहार करते हैं कि कैसे सुबह उठकर दाँत माँजें या जाड़े में क्या पहनें या गर्मियों में पिकनिक पर कहाँ जाएँ। जनता को संबोधित करने के लिए उन्होंने अपने पिता से भी काफ़ी कुछ सीखा है। वह उत्तर प्रदेश की सँकरी गलियों में ज़िंदगी की जद्दोजहद से जूझ रहे लोगों के चेहरे पर मुस्कान लाने वाली भाषा का इस्तेमाल सीख गए हैं। लोगों के साथ आसान और खुला संवाद बनाए रखना एक गुण है और अखिलेश इसे ट्रंप कार्ड के तौर पर इस्तेमाल कर रहे हैं।

संसद में रायबरेली का प्रतिनिधितव करती हैं सोनिया गाँधी- देश के पहले राजनीतिक परिवार की सदस्य। लेकिन जब अखिलेश अपने रथ पर यहाँ पहुँचते हैं तो समाजवादी पार्टी का झंडा लिए भीड़ में मौजूद नौजवान लड़के-लड़कियाँ अखिलेश की उँगलियाँ और खादी की कमीज़ से ढँके हाथ छूने के लिए एक-दूसरे पर गिर पड़ते हैं। हाथ हिलाकर जनता के अभिवादन को स्वींकार करने के बीच ही 27-28 साल का एक नौजवान रथ के साथ-साथ दौड़ने लगता है। अखिलेश का ध्यान अपनी ओर खींचने के लिए वह ज़ोर-ज़ोर से चिल्लाता भी है। युवा समाजवादी की इस हाँफते युवक पर नज़र पड़ती है और वह पूछते हैं, “क्या चाहते हो? मैं फिर आऊँगा। मैं हमेशा तुम्हारे साथ हूँ। रथ के साथ मत दौड़ो वरना चोट लग जाएगी।”

तो ख़ुशी से वह युवक चिल्लाया, “मैं सिर्फ़ आपसे हाथ मिलाते हुए एक फ़ोटो खिंचवाना चाहता हूँ। ताकि मैं अपने दोस्तों से डींग मार सकूँ। टीपू भैया, अगर मेरी ये ख़्वाहिश पूरी हो जाए तो मैं ख़ुद को अमर समझूँगा।”

अखिलेश अपने इस समर्थक की बात का मज़मून भाँप तुरंत तैयार हो जाते हैं। रथ का दरवाज़ा खुलता है और वह युवक रथ के अंदर पहुँचकर ख़ुशी से टीपू का हाथ पकड़ लेता है। एक व्यक्ति फ़ोटो खींचता है। इस युवा कार्यकर्ता के लिए इससे बड़ा कोडक क्षण कुछ और नहीं हो सकता।

वह एकाधिकारवादी (पसेसिव), बदला लेने वाले, ग़ुस्सैल, प्रतिशोधी,

तुनकमिज़ाज, कटु, साहसी, कुशल, महत्त्वाकांक्षी, उत्प्रेरित, पैनी निगाह वाले, तर्कशील, खोजबीन करने वाले, संवेदी और जागरूक हैं। हालाँकि कभी-कभी ऐसे मौक़े भी आते हैं जब वह ईर्ष्यालु, बदला लेने वाले, आततायी, हिंसक, शक्की और रहस्यमय हो जाते हैं। राजनीति में ये सभी गुण और दुर्गुण किसी ताक़तवर नेता के लिए ही होते हैं। हो सकता है कि मुलायम हार को मंज़ूर कर लें लेकिन बेटे को तो हर हाल में जीत ही चाहिए।

अक्सर अखिलेश में वृश्चिक राशि में जन्मे एडलाई स्टीवेंसन की झलक दिखती है। एडलाई का जन्म भी 23 अक्टूबर को हुआ था लेकिन 1835 में। 1893-1897 के दौरान अमेरिका के उपराष्ट्रपति रहे डेमोक्रेट स्टीवेंसन की ही तरह अखिलेश भी गर्मजोशी और अपनी हाज़िर-जवाबी से विरोधियों को चित कर देते हैं। अमेरिका के ग्रामीण ज़िलों में लोगों की माली हालत सुधारने की कोशिशों के चलते स्टीवेंसन काफ़ी लोकप्रिय थे। बाप-बेटे की यह जोड़ी अपने सूबे में भी ऐसा ही कुछ करने में जुटी है। चाहे हिंदू हो या मुसलमान, उन्होंने दोनों ही क़ौम के ग़रीबों को उम्मीद की किरण दिखाई है और सामाजिक तानाबाना बिगाड़ने वालों के ख़िलाफ़ सीना तानकर खड़े रहे हैं।

1999 में भारतीय लोकतंत्र के सबसे पवित्र सदनों में शामिल लोकसभा के लिए उन्होंने कन्नौज में राजनीतिक आँधी ला दी। समाज के हर तबक़े ने उनकी प्रशंसा की और उनकी गरिमा और पक्षपात रहित रवैये का स्वागत किया। उन्होंने सदन के सभी सदस्यों की इज़्ज़त अफ़ज़ाई की और लालन-पालन के संस्कारों का परिचय दिया। लेकिन वह अपने पिता के सलाहकार होने के बजाय उनके सिपहसालारों के पड़ोसी ही बने रहे। लोकसभा और राज्यसभा के तमाम वरिष्ठ सदस्यों ने उनके पिता को बताया कि अखिलेश हर वक़्त इज़्ज़त और आदर सम्मान देते रहे।

सत्ता और चुनौती भाई-भाई हैं। ये दोनों एक साथ मिलकर काम करते हैं। पिता की ही तरह बेटा भी घोड़े की तरह काम करता है। ख़ासकर जब विधानसभा और संसद में क़ानून बनाने की बात हो रही हो। वह ग़रीब आदमी के दुश्मन को ख़त्म करने के लिए ड्रैगन की शक्ल अख़्तियार कर सकते हैं। टीपू जिस तेज़ी और रफ़्तार से काम करते हैं उसे देखकर सेना के ऐसे युवा कर्नल की याद आ जाती है जिसमें अपने जवानों का सेनापति बनने की महत्त्वाकांक्षा हो। धूप ने उनके बादामी चेहरे को भले ही साँवला बना दिया हो फिर भी उनके चेहरे से सत्ता

का प्रभाव और आत्मविश्वास का तेज झलकता है।

झक सफ़ेद शलवार क़मीज़ पहने ये युवा समाजवादी लतीफ़े सुनाते हुए मुस्कुराते हैं और फिर अपनी गोद में पड़े लोगों की फ़रियादों के ढेर में अपनी आँखें गड़ा देते हैं। थोड़ा-मोटा लेकिन भारी आवाज़ और घनी मूछों वाला उनका चपरासी किसी बैले डांसर की तरह अपने पैर के अँगूठे को एड़ी से सटाए खड़ा रहता है। दिक़्क़तों की ये फ़रियादें और उनके समाधान राजनीति और समाज के टेस्ट पेपर की तरह हैं। हर फ़रियाद ख़ुशी और दुखों की कहानी है।

उन्हें राजनीति के गुर उनके पिता ने सिखाए और उन्होंने इसे वैसे ही सीखा जैसे कोई बच्चा चाव से धीरे-धीरे आइसक्रीम खाता है। छोटे लोहिया जनेश्वर मिश्र ने अखिलेश को तैयार किया था चुनाव लड़ने के लिए। मुलायम आज भी जनेश्वर की कमी महसूस करते हैं। वह कहते हैं, "उनकी कमी खलती है। वह बहुत ही ख़ास थे। मैंने गावों के लोकतंत्र के बारे में उनसे तमाम सबक़ सीखे।"

'सोशलिस्ट मुलायम' के बेटे का अहोभाग्य! उनके साथ के लोग उनकी क़िस्मत से रश्क करते हैं। जब 'सोशलिस्ट मुलायम' ने उम्र के सात दशक पूरे कर लिए और उनकी सेहत को लेकर तरह-तरह की अफ़वाहें उड़ने लगीं। तब भी वह लखनऊ और बनारस की गलियों में उसी रफ़्तार से चलते रहे जितनी रफ़्तार से सियाचिन की बर्फ़ भरी पहाड़ियों में। वह सैफ़ई के हरे भरे खेतों में आज भी कोसों पैदल चल लेते हैं। एक समय में वह सियाचिन में दहाड़ चुके हैं। यही नहीं वह सार्वजनिक जीवन के सभी अहम मंचों पर गरज चुके हैं। वह समाजवाद के स्कूल के हेडमास्टर हैं। वह आम जनता और अपने कार्यकर्ताओं को उसी तरह सिखाते हैं जैसे यूनान में अरस्तू लोगों को राजनीति सिखाते थे। उनका बेटा भी समाजवाद की इस क्लास का छात्र रह चुका है।

ये चीज़ उनके व्यवहार में भी झलकती है। उनकी सुरक्षा में लगे एक दारोगा जयसिंह का बेटा सीआरपीएफ़ में सिपाही था और दंतेवाड़ा में तैनात था। नक्सलियों से मुठभेड़ में बेटा शहीद हो गया। जब अखिलेश को पता चला तो वह उस गार्ड के साथ शव को रिसीव करने के लिए लखनऊ हवाई अड्डे पहुँचे।

अखिलेश को पैजामा-कुर्ता पहननना पसंद हैं और ख़ास मौक़ों पर सदरी भी रहती है। वह अपने कपड़े किसी मशहूर डिज़ाइनर के यहाँ नहीं बल्कि लखनऊ में जनपथ पर यूनीक टेलर्स से सिलवाते हैं जिसके मालिक हैं बॉबी। बाल कटवाते हैं 'नेताजी' के पुराने हेयर ड्रेसर हनीफ़ के बेटे मोहम्मद आज़ाद से। आज़ाद

बताते हैं, "अब्बा (हनीफ़) 35 साल से 'नेताजी' के बाल काट रहे हैं। और हम और भाई वसीम तो बचपन से ही टीपू भैया के साथ हैं। 'नेताजी' जब पहली बार मुख्यमंत्री बने थे तो लखनऊ के जनपथ बाज़ार में ये दुकान दिलवाई थी।"

आम कार्यकर्ता भी मुलायम सिंह की याददाश्त की दाद देते हैं। यह कहना ग़लत नहीं होगा कि वह अकेले ऐसे भारतीय नेता हैं जो देश के किसी भी हिस्से में अपने कार्यकर्ताओं के नाम याद रख सकते हैं। मुलायम के रिश्ते के भाई और सांसद रामगोपाल यादव भी 'नेताजी' की याददाश्त का लोहा मानते हैं।

रामगोपाल यादव से मेरी मुलाक़ात नई दिल्ली के कॉपर्निकस मार्ग स्थित समाजवादी पार्टी के कार्यालय में नवंबर 2011 में हुई थी। उन्होंने मुझे बताया था, "भीड़ में कहीं कोने में बैठे किसी कार्यकर्ता को नाम लेकर बुलाना 'नेताजी' की ख़ासियत है। यहाँ तक कि वह कार्यकर्ता भी मुलायम सिंह के मुँह से अपना नाम सुनकर चौंक जाता है। उनकी मौजूदगी भव्य समाँ बाँध देती है। वह जब भी किसी नौजवान के कंधे पर अपना दाहिना हाथ फेरते हैं तो यही कहते हैं– 'तुम्हीं अपने और अपने देश के भाग्यनिर्माता हो। सर्वश्रेष्ठ, होनहार और सबको चकित करने के लिए एक पहलवान, एक धावक की तरह काम करो'।"

पिता के कुछ गुण हूबहू बेटे में आए हैं। आम जनता की सोच पर क़ाबू पाने के लिए जिस दया, चौकन्नेपन, संजीदगी, गर्व और जुनून की ज़रूरत होती है वह टीपू में कूट-कूटकर भरी है। उनके पिता ने सिखाया है, "राजनीति एक दौड़ की तरह होती है। लोगों का दिल जीतने के लिए आपको मीलों दौड़ना पड़ता है। अगर आप दौड़ते हैं तो सत्ता का ताज आसानी से आपके सिर पर बैठेगा। आप जितना ज़्यादा दौड़ते हैं उतना ही आप लोगों में लोकप्रिय होते हैं। चाहे पैरों से दौड़ो या साइकिल से चलो लेकिन बेटा मेहनत तो करनी ही पड़ेगी।"

वह भी हर समाजवादी कार्यकर्ता की आँखों में आँखें डालकर देखते हैं। उनका ध्यान नहीं बँटता और उनकी यही अदा तमाम कार्यकर्ताओं को आश्चर्यचकित कर देती है। और जब वह इलाक़े की राजनीति भूलकर किसी कार्यकर्ता के गले में बाँहें डालकर उससे आँखें मिलाकर बात करते हैं तो सामने वाला तो निहाल ही हो जाता है।

धौलपुर मिलिटरी स्कूल में पढ़ाई के दौरान वह इस बात से बेख़बर थे कि उनके पिता एक वरिष्ठ समाजवादी नेता हैं और देश के सबसे ज़्यादा आबादी वाले प्रदेश के मुखिया हैं। वह स्कूल में सबसे विनम्र छात्र थे। उन्होंने अपने पिता

की महानता को अपनी दोस्ती के बीच नहीं आने दिया। उनकी आदतें और पसंद नापसंद वैसी ही थी जैसी एक साधारण परिवार के बच्चे की होती हैं। उनके पिता की महानता कभी उनके सिर नहीं चढ़ी। वह सबसे अलग थे।

फ़ुटबॉल के मैदान में टीपू आक्रामक और जोशीले खिलाड़ी थे। एक स्कूली दोस्त बताते हैं, "वह रक्षा-पंक्ति में पत्थर की तरह मज़बूत और साँड़ की तरह आगे बढ़कर हमला करते थे। और गेंद लेकर आगे बढ़ते वक़्त उनके पैरों में तेंदुए जैसी चपलता होती थी। उन्होंने अपने विरोधियों को कभी कमज़ोर नहीं समझा। वह हार में महान और जीत में दयामय होते थे। उनके लिए कोई भी मैच दिखावे का नहीं होता था।" हमला करने का उनका एक ख़ास अंदाज़ था। कैडेट ऑनर कोड को मानने वाले अखिलेश अनुशासन को लेकर काफ़ी सख़्त थे। किशोरावस्था के दिनों में फ़ुटबॉल उनके लिए आध्यात्मिक अनुशासन का तरीक़ा था। फ़ुटबॉल ने उन्हें दृढ़ता सिखाई। स्कूल में भी ख़ाली वक़्त में या स्कूल की छुट्टियों में भी सैफ़ई, लखनऊ और दिल्ली में अपने माता-पिता या चचेरे-ममेरे भाइयों के साथ वह फ़ुटबॉल में ही व्यस्त रहते थे। फ़ुटबॉल ही उनका परिवार था उनका धर्म था।

संगीत और फ़ुटबॉल का आपस में आसानी से मेल हो जाता है। दोनों कानों में ईयरफ़ोन लगाए अखिलेश किसी रॉकस्टार फ़ुटबॉलर से कम नहीं दिखते। वह गायक फ़ुटबॉलर थे। उनकी संगीत की समझ और पसंद काफ़ी ऊँची थी। अगर सर एलेक्स फर्ग्युसन को इस स्कूली फ़ुटबॉलर की प्रतिभा पहचानने का मौक़ा मिलता तो वह जूनियर इंगलिश प्रीमियर लीग के लिए टीपू की सिफ़ारिश ज़रूर करते। फ़ुटबॉल उनके लिए सपना नहीं जुनून था।

अमेरिका के ओरेगॉन के मशहूर रॉक बैंड द डिसेंबरिस्ट्स ने फ़ुटबाल के बारे में जो गाया है टीपू उससे इत्तेफ़ाक़ रखते हैं। बैंड के प्रमुख गीतकार और गायक कॉलिन मेलॉय अपने शो में दर्शकों की भागीदारी को सबसे ज़्यादा अहम मानते हैं। अखिलेश पॉप और बलाड गीतों की धुनें अपने हिसाब से उठाते रहे हैं।

मैं खेल के मैदान पर गिर पड़ा,
एड़ी में था घाव बड़ा
भीड़ का शोर और हुड़दंग
बदल गया गहरे सन्नाटे में

पा रहे थे अपनी मंज़िल हम
जीत रहे थे ट्वेल्व टू वन...

एक ऑस्ट्रेलियाई बैंड लकस्मिथ, जिससे अखिलेश ज़्यादा वाक़फ़ियत रखते हैं, का फ़ुटबॉल के बारे में कुछ ऐसा कहना है-

और आपके बायीं ओर...
हरियाली के बीच जो कुछ छूटा है
बिना फ़ुटबॉल टीम का एक शहर...

ये हैं यंग इंडियन सोशलिस्ट अखिलेश। इन्हें अपनी ज़मीन की अच्छी तरह से परख है और किसी कृषि वैज्ञानिक की तरह वह बता सकते हैं कि किस मौसम में कौन-सी फ़सल होगी। एनवायरनमेंटल साइंस में उनकी डिग्री समाजवादी राजनीति में उनके लिए काफ़ी मददगार साबित हो रही है और ऑस्ट्रेलियाई यूनिवर्सिटी में उन्होंने जो कला सीखी उसका बख़ूबी इस्तेमाल कर रहे हैं। उनके लिए किसान ही राष्ट्र निर्माता हैं और वह उनके सोच और गँवई बुद्धिमत्ता को बाक़ियों से ज़्यादा अहमियत देते हैं। यथा पिता तथा पुत्र।

अध्याय 27

धर्मनिरपेक्षता का रक्षा कवच
(सेफ़्टीवॉल ऑफ़ सेक्यूलरिज़्म)

राम मंदिर आंदोलन और बाबरी मस्जिद ढाँचें को बचाने की कशमकश में मुलायम सिंह धर्मनिरपेक्षता के लिए रक्षा कवच बनकर उभरे। उनके दिलेरी नै मुसलामानों के दिल में गहरी पैठ बना ली। बीजेपी, विहिप और आरएसएस के एंटी-मुस्लिम कैंपेन ने हिंदू-मुस्लिम एकता को छिन्न-भिन्न करके रख दिया था। इस घने सामाजिक कोहरे में मुलायम सिंह और उनकी समाजवादी पार्टी सिल्वर लाइनिंग की तरह साबित होने लगी थी। बाबरी मस्जिद ढहने के बाद के पहले असेंबली चुनाव में उत्तर प्रदेश के हर बूथ पर मुस्लिम वोटरों ने सुबह की पहली किरण फूटने के साथ ही अपनी मौजूदगी दिखानी शुरू कर दिया था। जिस बूथ पर समाजवादी पार्टी का बूथ मैनेजर नहीं पहुँचा होता उसे मुस्लिम वोटर कोशिश करके बूथ पर लाने के लिए उतावले होते। नब्बे के ज़हरीले सामाजिक वातावरण और मुलायम सिंह के सियासत को समझने के लिए 'साँपों की सभा' लघुकथा एक उत्तम दर्पण है। ठीक वैसे ही 'मियाँजी की टोपी' भी जिससे ये हासिल होता है कि मुलायम सिंह के सत्ता हासिल करने के बाद सिर्फ़ दलित, पिछड़ों, युवाओं और ग़रीबों का ही मनोबल नहीं बढ़ा बल्कि मुसलमानों का भी आत्मविश्वास और सामाजिक सुरक्षाबोध उतना ही पुख़्ता हुआ।

साँपों की सभा

अनूप मणि त्रिपाठी की कहानी पर वरिष्ठ पत्रकार अतुल चौरसिया की यह टिप्पणी है–

'तुम में ज़हर नहीं है, इसलिए तुम कमज़ोर हो!' साँप ने चूहे से कहा।

'जिसके अंदर ज़हर होता है दुनिया उसकी इज़्ज़त करती है। उसी का सिक्का

चलता है।'

'आज तुम्हारा ज़हर ही तुम्हारे लिए अमृत है!' चूहा ध्यान से सब सुनता रहा।

'जब तुम्हारे पास ज़हर होगा, तभी लोग तुमसे डरेंगे!' साँप शांत स्वर में बोला।

चूहे को बात समझ में आई।

'फिर मुझे क्या करना चाहिए?' चूहे ने पूछा।

'सीधी-सी बात है। तुम्हें अपने अंदर ज़हर पैदा करना चाहिए!'

'वह सब तो ठीक है, मगर अपने अंदर ज़हर कैसे पैदा करूँ?'

स्पष्ट था कि चूहा हर हाल में समाधान चाहता था।

'तुम चाहो तो मैं तुम्हारी मदद कर सकता हूँ!' साँप ने मदद की पेशकश की।

'कैसे?'

'चाहो तो मुझसे ज़हर ले लो!'

ताक़त की चाह में चूहे ने फ़ौरन हामी भर दी। साँप मुस्कुराया। फिर क्या था, मौक़ा मिलते ही साँप ने अपना ज़हर चूहे में उतार दिया। रगों में लहू के साथ ज़हर मिलते ही चूहे का बदन नीला पड़ गया। चूहा हमेशा के लिए शांत हो गया।

चूहे की डेडबॉडी लेकर साँप अपनों की सभा में पहुँचा। जहाँ उसका अभूतपूर्व स्वागत हुआ।

चूहे की डेडबॉडी देखकर सभी साँप उत्साह से भर उठे। वे ज़ोर-ज़ोर से फुफकारते हुए नारे लगाने लगे। सभा शुरू हुई।

'मित्रो! मेरे प्यारे सर्पदेश वासियों!' साँप बोला।

साथी साँप ग़ौर से उसे सुनने लगे। वहाँ शांति छा गई।

'दोस्तो! जैसा कि मैंने आप से कहा था, वह मैंने क़र दिखाया है।'

'रिज़ल्ट आप सबके सामने है।' चूहे की डेडबॉडी को दिखाते हुए वह बोला।

सभी साँपों ने हिश! हिश! करके उसका समर्थन किया।

वह आगे बोला– 'हम पहले से ही बहुत बदनाम हैं अब हमें और बदनाम नहीं होना है! अब देखिए साथियों! मैंने यह काम लोकतांत्रिक ढंग से किया।'

'अब हम पर कोई हिंसा का इल्ज़ाम नहीं लगा सकता। इस चूहे ने मुझसे ख़ुद ज़हर माँगा।' यह कहते हुए साँप का फन तन गया।

सभी साँपों ने हिश! हिश! कर काफ़ी देर तक अपनी ख़ुशी ज़ाहिर की।

'साथियो! आप पहले दिलों में ज़हर भरिए! वह ज़हर, ज़ेहन में ख़ुद-ब-ख़ुद

आ जाएगा और सब्जेक्ट अपने रगों में उतारने के लिए बेचैन हो जाएगा!'

'सब्जेक्ट' शब्द सुनकर साँपों के बदन में सुरसुरी-सी दौड़ गई।

वह धारा प्रवाह बोलता रहा– 'बस हमें सपने और भय दोनों साथ-साथ दिखाने होंगे!'

अच्छे-अच्छे शब्दों के चयन पर ध्यान केंद्रित करना होगा!' उसने चूहे की डेडबॉडी पर एक नज़र मारी। फिर बोला, 'देखिए! कैसे हमारे रंग में यह रंगने के लिए तैयार हो गया!'

सभी साँप चूहे के नीले बदन को देखने लगे। वे अजब रोमांच से भर उठे।

वह आगे बोला, 'ज़हर भरिए, ख़ूब भरिए, मगर उपदेश की शक्ल में... आप देखेंगे कि उपदेश स्वत: उन्माद में बदलता जाएगा... बस फैलकर हर जगह हमें अपना काम लगातार करते रहना है। क्या समझे!' एक बूढ़ा साँप जोश में बोला, 'समझ गए! हमें लोकतंत्र को लोकतांत्रिक ढंग से ख़त्म करना है।'

'बिलकुल सही!' साँप गर्व से बोला।

'ये चूहा तो फँस गया, मगर क्या गारंटी है कि सभी फँसेंगे!' दुविधा से भरे एक युवा साँप ने सवाल किया।

'वेरी गुड क्वेश्चन!' साँप यह बोलकर थोड़ी देर के लिए चुप हो गया। फिर फुफकारता हुआ बोला, 'जब तक लोगों में वर्चस्व की भावना प्रबल रहेगी, तब तक मुझे कोई दिक़्क़त नहीं दीखती...' यह सुनते ही सभी साँपों में हर्ष की लहर दौड़ गई।

'बस वर्चस्व को उत्कर्ष की शक्ल में बेचो!' उसने बुलंद आवाज़ में यह बात कही।

पल भर में सभा जोशीले नारों से गूँज उठी और साँपों की सभा ने एकमत से उसे अपना नेता चुन लिया।

नये-नवेले नेता ने बहुत प्यार से कहा, 'आइए! अब हम प्रार्थना शुरू करते हैं!'

मियाँजी की टोपी

एक मियाँ जी ट्रेन में सफ़र कर रहे थे, तभी बग़ल में बैठे शास्त्री जी उनको ग़ौर से देखने लगे! मियाँ जी ने वजह पूछी, तो शास्त्री जी बोले, "यह आपने जो टोपी पहनी हुई है न, ऐसी ही टोपी हमारे दादा जी भी पहनते थे! आप कहाँ के रहने वाले है?"

मियाँ जी, "अयोध्या!"

यह जवाब सुनते ही शास्त्री जी उछल पड़े और कहने लगे, "तब तो यह ज़रूर मेरे दादा जी की ही टोपी है, वो भी कपड़े की ही टोपी थी, आप मुझे मेरे दादा जी की टोपी वापस दे दीजिए! इससे हमारी आस्था जुड़ी हुई है।"

मियाँ जी बोले, "भाई, यह टोपी तो हमारे अब्बा की आख़िरी निशानी है, वह इसी टोपी को पहनकर जुम्मे की नमाज़ पढ़ते थे।"

लेकिन शास्त्री जी ने कहा, "मैंने इस्लाम का अध्ययन किया है, नमाज़ के वक़्त टोपी पहनना लाज़मी नहीं है, इसलिए आप मुझे यह टोपी दे दीजिए।"

मियाँ जी कन्फुजिया गए थे! अब शास्त्री जी का साथ डिब्बे में बैठे और भी कई लोग मिश्रा, पांडेय, चौबे ज़ोर-ज़ोर से टोपी देने की माँग करने लगे!

इतना ही नहीं, कोने में बैठे सफ़ेद दाढ़ी में पगड़ी बाँधे बुज़ुर्ग मौलाना ने भी कह दिया, "एक टोपी देने से क्या नुक़सान हो जाएगा? डिब्बे में शांति और भाईचारे का माहौल बनाने के लिए दे दीजिए अपनी यह टोपी।"

उतने में एक साध्वी उठकर नारे लगाने लगी, "एक धक्का और दो, टोपी उतारकर फेंक दो।"

इस पर मियाँ जी को डर लगने लगा कि कहीं यह लोग ज़बरदस्ती मेरी टोपी खींचकर शहीद न कर दें। इसलिए उन्होंने ट्रेन की चेन खींची और गार्ड को बुलाकर शिकायत की। तब गार्ड ने कहा, "आप दोनों के पास क्या सबूत है कि टोपी आपकी ही है?"

दोनों ख़ामोश!

तब गार्ड ने फ़ैसला सुनाया कि दोनों आधी-आधी टोपी फाड़कर ले लो!

अपने अब्बा की टोपी मियाँ जी फटते नहीं देखना चाहते थे और वह डिब्बे का ख़राब माहौल भी मुहब्बत में बदलना चाहते थे! इसलिए आख़िर तंग आकर मियाँ जी ने टोपी उतारकर शास्त्री जी को दे दी!

अब डिब्बे में ख़ुशी और उन्माद का वातावरण छा गया!

कुछ लोगों ने नारे लगाए कि... 'टोपी तो झांकी है, कुर्ता और पाजामा अभी बाक़ी है।'

अब ऐसे नारे से तो जुम्मन मियाँ के होश उड़ गए, क्योंकि ये नारे अब हक़ीक़त में बदल रहे थे!

सामने वाले चौबे जी दावा कर रहे थे– उनका कुर्ता उसके नाना जी के कुर्ते

से मेल खाता है। सबूत के लिए मोबाइल के फ़ोटो में उन्होंने नाना जी का उसी रंग का पहना हुआ कुर्ता भी दिखाया! जिसको डिब्बे की पूरी भीड़ ने सच मान लिया।

इतना ही नहीं बल्कि वह पगड़ी वाले मौलाना भी फ़तवा दे दिया, "एक कुर्ता दे देने से कौन-सा नुक़सान हो जाएगा। मजबूरी में तो नमाज़ बनियान में भी पढ़ी जा सकती है।"

उन मौलाना का रिज़र्वेशन कन्फ़र्म नहीं था, लेकिन शास्त्री जी ने उनको अपने छोटे से पोते के लिए बुक कराया हुआ बर्थ बतौर इनाम दे दिया था!

आख़िर मियाँ जी ने अपनी जान बचाने के लिए कुर्ता भी दे दिया! इस तरह एक के बाद एक कपड़े की माँग डिब्बे में कोई-न-कोई करने लगता और आख़िर तंग आकर मियाँ जी अपना वह कपड़ा भी दे देते थे, लेकिन जब बात पाजामे तक पहुँच गई, तब मियाँ जी भड़क गए। अपनी थैली से संविधान की एक कॉपी निकालकर चीख़कर बोले, "मेरे कपड़े पहनने का मुझे अधिकार है। अगर वह आपके कपड़े हैं, तो आप कोर्ट में जाकर उसे साबित करो और कोर्ट से ले लो! मैं अपने कपड़े आपको नहीं दूँगा।"

तब सामने बैठा बजरंगी बाबू चीख़ उठा, "अगर नहीं देंगे, हम आपकी जान ले लेंगे।"

तब मियाँ जी ने थैली से क़ुरान निकालकर दिखाते हुए कहा, "आप अगर ज़ुल्म करो, तो मैं भी जवाब में आप पर ज़ुल्म करूँ, ऐसा नहीं होगा। क्योंकि क़ुरान हमें ज़ुल्म करना नहीं सिखाता, बल्कि मैं आपसे मुहब्बत करूँगा! क्योंकि मुहब्बत ही क़ुरान का पैगाम है। लेकिन हमारी नर्मदिली का फ़ायदा उठाकर अगर आप अपनी ज़िद पर अड़े रहे, तो फिर मैं भी अपनी जगह अटल रहूँगा! पाजामा नहीं दूँगा और पहले दिए हुए अपने कपड़े भी क़ानूनी ढंग से आपसे वापस ले लूँगा!"

मियाँ जी का यह रूप देखकर शास्त्री, चौबे, पांडेय सब सकपका गए। तब तक दूसरा स्टेशन आ गया। ट्रेन जैसे ही रुकी, सभी मियाँ जी के कपड़े वहीं फेंककर ट्रेन से बाहर भाग गए!

तब तक मियाँ जी के समझ में आ गया था कि उन्होंने शुरू में ही अपनी टोपी देकर ज़ालिमों के हौसले बुलंद कर दिए थे और ज़ुल्म के लिए नये दरवाज़े खोल दिए थे!

काश...! वह पहले ही अपने मौक़ूफ़ पर अटल रहते तो ये दिन ना देखने

पड़ते! याद रखिए कि ज़ुल्म का बदला ज़ुल्म नहीं, लेकिन ज़ालिम की हर ख़्वाहिश पूरी करना, ज़ुल्म को बढ़ावा देना है!

सपा की सबको साथ लेकर चलने की अहल को मानते हुए मौलाना अब्दुल मोईद भी बताते हैं कि– सम्मानित साथियों, सपा से मेरा संबंध बहुत पुराना और गहरा है। मुझे इस पार्टी से बेहद मोहब्बत है। इसकी वजह यह है कि इसके संस्थापक माननीय मुलायम सिंह यादव (नेताजी) एक अच्छे चरित्र और स्वभाव के इंसान हैं। राष्ट्रप्रेम उनके दिल में कूट-कूटकर भरा है, उनकी सोच व विचारधारा सकारात्मक है। उन्होंने पार्टी की स्थापना इसी मक़सद से की थी कि बिना किसी रंगभेद व धार्मिक मतभेद के सभी लोगों की सेवा की जाए और लोगों में प्यार और मोहब्बत बाँटी जाए। अपने देश विशेषकर उत्तर प्रदेश की तरक़्क़ी के लिए कोशिश की जाए जिसमें वह बेहद कामयाब भी रहे और आज भी पार्टी अपने उसूल और तरीक़े पर चल रही है। वास्तव में 'सबका साथ सब का विकास' का नारा देने का अधिकार केवल समाजवादी पार्टी का ही है।

ठीक उन्हीं के रास्ते पर चलते हुए उनके सुपुत्र पूर्व मुख्यमंत्री अखिलेश यादव भी उनके सपनों को साकार कर रहे हैं इसी कारण समाजसेवा उनकी पहचान बन चुकी है। अगर यूपी में दूसरी पार्टियाँ या सत्ताधारी पार्टी किसी को अपना वास्तविक प्रतिद्वंद्वी समझ रही हैं तो वह सपा को ही समझ रही हैं इसलिए कि इसमें ऐसे उच्च कोटि के विद्वान, राजनीतिज्ञ व चरित्रवान लोगों की मौजूदगी है जो अपने भाईचारे और दोस्ताना बर्ताव व व्यवहार से लोगों को अपनी ओर खींच लेते हैं, ख़ास तौर से माननीय जनाब माता प्रसाद पांडेय जी, जिनका व्यवहार, अख़लाक़, मीठी बोली, मानवीयता, सेवाभाव, देशप्रेम आदि से मैं बहुत प्रभावित हूँ। सच यह है कि आप ही की वजह से मैं समाजवादी पार्टी में शामिल हुआ था।

वाक़िया कुछ यह है कि मेरे वालिद मोहतरम जनाब अब्दुल वाहिद साहेब बीमार थे। अस्पताल में उनका इलाज चल रहा था। आदरणीय पांडेय जी देखने के लिए अस्पताल में ही तशरीफ़ ले आए और मेरे वालिद को लखनऊ में भर्ती करवा दिया। उनके इस व्यवहार ने मुझे बहुत प्रभावित किया जबकि उस समय मैं कॉन्ग्रेस में था। लेकिन पांडेय जी की बातचीत ने मेरी सोच बदल दी और मैं सपा में शामिल हो गया। फिर लखनऊ में मेरी मुलाक़ात नेताजी से करवाई। नेताजी की गुफ़्तगू, बोलने का अंदाज़, लहजा, मीठी वाणी आज भी मेरे कानों में

रस घोल देती है और इस नाचीज़ के कई मशवरे 2012 के विधानसभा चुनाव में काम आए। मेरी राय को सराहा गया। नेताजी वास्तव में सच्चे इंसान हैं जिनके अंदर मानवता भरी है, इंसानियत का नमूना हैं, सच्चे देशभक्त हैं, भाईचारे और सांप्रदायिक सौहार्द्र में आस्था रखने वाले व्यक्ति हैं। उन्होंने हर फ़ैसला देशहित में लिया। अपनों और ग़ैरों में कभी फ़र्क़ नहीं किया और यही ख़ूबियाँ पूर्व मुख्यमंत्री माननीय अखिलेश यादव जी में भी मौजूद हैं। मालिक उनकी आयु लंबी करे।

यह नाचीज़ जबसे पार्टी में शामिल हुआ तब से पार्टी की सभी गतिविधियों और क्रियाकलापों में बराबर हिस्सा लेता रहा। मेरी दुआ है की यह पार्टी सदा कामयाबी की बुलंदियाँ छूती रहे, देश व देशवासियों की सेवा करती रहे और उसका कार्यक्षेत्र बढ़ता ही रहे।

मैंने नेताजी से कहा कि डॉ अय्यूब का बहुत नाम है, लोगों में पैठ बना चुके हैं आप पीपीआई से समझौता कर लें और मिलकर चुनाव लड़ें। लेकिन नेताजी ने इनकार किया और कहा कि मैं किसी पार्टी से समझौता नहीं करूँगा इसमें केवल हमारा नुक़सान है। बसपा से समझौता करके भुगत चुका हूँ। तब मैंने राय दी कि आप हर विधानसभा में पाँच-पाँच आलिमों का ग्रुप बनाकर प्रचार के लिए निकालें इसका बेहतरीन नतीजा निकलेगा। नेताजी ने मेरी राय को सराहा और स्वीकार कर लिया। आप लोग भलीभाँति जानते हैं कि मैं 18 साल तक पार्टी के अल्पसंख्यक प्रकोष्ठ का ज़िलाध्यक्ष रहा लेकिन कुछ मजबूरियों की वजह से इस पद से इस्तीफ़ा दे दिया।

नेताजी को सफल राजनीति का बड़ा सूत्र मानने वाले पदमराग यादव (पम्मू) कहते हैं कि– यूँ तो माननीय नेताजी मुलायम सिंह यादव जी के संबंध में कुछ कहना मेरे स्तर पर संभव नहीं है परंतु फिर भी मेरे जीवन की एक घटना इतनी अनोखी है कि मैं चाहता हूँ कि लोग जानें कि नेताजी आख़िर क्यों विश्व के दुर्लभ नेताओं में आते हैं। बात सन 2011 की है। हरदोई ज़िले के बिलग्राम क्षेत्र, जो कि मेरे पिता की कर्मस्थली था, में एक मुस्लिम बनाम यादव एक धार्मिक विवाद हो गया था जिसे षड्यंत्रकारी लोग हिंदू-मुस्लिम विवाद का रूप देना चाहते थे जिसको मैंने दोनों पक्षों के साथ बैठकर निस्तारित भी कर दिया था जो पुलिस FIR लिखी थी वह भी ख़त्म हो गई थी क्योंकि दोनों पक्षों के मुखिया मेरे प्रिय कार्यकर्ता ही थे। सब कुछ निपट जाने पर भी कुछ नकारात्मक लोग, जो हो

सकता मेरे निजी प्रतिद्वंद्वी हों, इस प्रकरण को लेकर माननीय नेताजी को मिले जिस पर हरदोई जनपद का ज़िला अध्यक्ष होने के नाते और अपने अतिप्रिय साथी स्वर्गीय विश्राम सिंह यादव के पुत्र होने की वजह से मुझे बुलाया गया। पता नहीं नेताजी किस मूड में थे कि मेरे उनके सामने पहुँचते ही एकदम से मुझसे ग़ुस्सा होने लगे और बोले कि तुम अध्यक्ष बने रहे और फिर भी आपस में ही मुस्लिम और यादव के बीच विवाद हुआ ही क्यों?

मुझे ऐसा लगा कि नेताजी पूरी घटना का ज़िम्मेदार मुझे मान रहे हैं जिसकी वजह से मैं यह सोचकर एकदम से स्तब्ध और चिंतित भी हो गया कि मुझे नेताजी ज़िम्मेदार मान रहे और मुझे नकारा भी है। जबकि सांप्रदायिक विवाद या जाति विवाद अपने आप ही अचानक ही पैदा हो जाते हैं। इसलिए मैंने नेताजी को यह बताने का प्रयास किया की घटना अचानक घटी और फिर भी मैंने ख़ुद ही संज्ञान लेते हुए तुरंत कार्रवाई की। चूँकि दोनों ही पक्ष मेरे ख़ास थे उस वजह से मैं ख़ुद संजीदा था इसलिए जितनी जल्दी हो सका दोनों पक्षों में सुलह समझौता कराकर दोनों तरफ़ से लिखी गई FIR ख़त्म करा दी थी। पता नहीं उन नेताओं ने क्या बोला या नेताजी सही से समझ ना पाए और मुझे डाँट पड़ी इसलिए मैं थोड़ा-सा क्रुद्ध हो गया और नेताजी के सामने थोड़ा-सा आक्रोशित होकर तेज़ आवाज़ में मैंने अपना पक्ष रखते हुए यह साबित करने की कोशिश की कि मेरे प्रयासों से ही एक बड़ा सांप्रदायिक और जाति विवाद समाप्त हो चुका था, फिर भी मुझे उस घटना के घटने का ज़िम्मेदार माना जा रहा था। मेरे आक्रोश और तेज़ आवाज़ की वजह से नेताजी को यह लगा कि मैं अनुशासनहीन और अभद्र व्यक्तित्व का हूँ। परंतु उस मुलाक़ात के एक घंटे के बाद उनके निजी सचिव श्री अरविंद सिंह जी का मेरे पास फ़ोन आता है और पूरे घटनाक्रम को वह विस्तार से सुनते हैं ओर नेताजी को सारी स्थिति से अवगत कराने का भरोसा दिलाते हैं। मुझे बाद में यह ज्ञात हुआ कि माननीय नेताजी ने यह पता लगाने को कहा कि पता करो विश्राम सिंह का लड़का अभद्र व बदतमीज़ है या सच्चाई की वजह से अपने ऊपर लगे दोष या ग़ैरज़िम्मेदार होने के आरोप से व्यावहारिक व मानवीय रूप से आक्रोशित हो गया।

बाद में 7 दिन बाद मुझे नेताजी के द्वारा बुलाया गया और यह कहा कि तुम उस दिन सही थे मैंने नाहक़ ही ज़्यादा डाँट दिया। मैं तुम्हारे पक्ष को ठीक से नहीं सुन पाया। साथ ही यह नसीहत दी यदि कभी अपने से वरिष्ठ व्यक्ति से

अपनी बात रखनी हो तो भले ही वरिष्ठ व्यक्ति ग़लत हो और आप सही हों तो कभी भी अनुशासन ना भंग हो, आक्रोश में अपनी बात नहीं कहनी चाहिए, बाद में अकेले में अपनी बात कहनी चाहिए। यह बड़ी अनोखी बात है कि अपने से 3 गुने उम्र में छोटे कार्यकर्ता से अपनी कमी स्वीकार लेना और उसे यह भी सीख दे देना कि तरीक़ा क्या है अपनी बात सच साबित करने का, यह काम सिर्फ़ और सिर्फ़ केवल नेताजी ही कर सकते थे। नहीं तो आज के वक़्त में बड़े से बड़ा नेता अपने से छोटे कार्यकर्ता की बात इतनी सहजता से नहीं सुनता है और मानना तो दूर की बात।

मेरे जीवन में इस घटना ने इतना गहरा असर किया कि आज तक मैं अपने छोटे-से-छोटे कार्यकर्ता की कड़वी-से-कड़वी बात भी सहजता से सुनता हूँ और नेताजी को हर वक़्त याद करता हूँ कि सफल राजनीति का इतना बड़ा सूत्र मुझे यूँ ही दे दिया। वैसे तो और भी बहुत घटनाएँ हैं जो नेताजी को विश्व की राजनीति में बिरला साबित करती हैं परंतु यह उनके व्यक्तित्व का एक ऐसा अनोखा पहलू है कि वह अपने छोटे-से-छोटे कार्यकर्ता की भी किसी बात का बुरा नहीं मानते उल्टे उससे नाराज़ ना होकर भी उसे कुछ सिखाने का प्रयास करते हैं। कभी अपने किसी कार्यकर्ता या नेता की कोई ऐसी बात जो बुरी भी लग जाए तो भी उसे दिल से नहीं लगाते और उसका भी पक्ष समझने की कोशिश करते और दूसरों से यह जानने का प्रयास करते कि कहीं मैं ही तो ग़लत नहीं, और अगर कार्यकर्ता ग़लत है तो उसे बुलाकर समझाते हैं और अगर कभी वह ग़लत हुए तो अपने उस कार्यकर्ता तक ख़बर पहुँचा देते हैं कि नहीं वही सही था मैं ग़लत।

और यह यह गुण इतना पारदर्शी और प्रभावी है कि दुश्मन भी उन्हें अपना मित्र मान लेता है। यही कारण है कि समाजवादी पार्टी का कोई भी कार्यकर्ता या नेता कितना भी ग़ुस्से में हो या विषाद में हो या नेतृत्व से निराश हो या नेतृत्व की कोई भी बात न मानने योग्य हो तो भी नेताजी के सामने पड़ते ही वह अपना पूर्ण समर्पण उनके सामने कर देता।

अंत में मैं इतना ही कहूँगा कि ऐसे ही कोई मुलायम सिंह नहीं बनता और न ही इतनी जल्दी कोई दूसरा मुलायम सिंह इस पृथ्वी पर पैदा होगा। जय समाजवाद! जय मुलायम सिंह यादव!

अध्याय 28

ख़त्म हो गई समाजवाद की एक पीढ़ी

नेताजी के साया की तरह चार दशकों तक हिंदी पट्टी की सियासत में रामगोविंद चौधरी एक मज़बूत हस्ताक्षर रहे हैं। मुलायम सिंह की ही तरह चौधरी भी धोती पहनने वाली विलुप्त होती राजनीतिक क्लास के एक प्रमुख प्रतिनिधि रहे हैं। श्यामल चेहरे पर ग्रे बियर्ड की फ़सल उनके व्यक्तित्व को 'बलिया के बाग़ी' चंद्रशेखर की अक्सर याद दिलाती है।

रामगोविंद का जन्म 9 जुलाई 1946 को गोसाईंपुर, बलिया, उत्तर प्रदेश में द्वारिका चौधरी के यहाँ हुआ था। 1974 में उन्होंने गोरखपुर विश्वविद्यालय से कला स्नातक की उपाधि प्राप्त की और 1982 में उन्होंने लखनऊ विश्वविद्यालय से एलएलबी की उपाधि प्राप्त की। चौधरी आठ बार विधायक रहे हैं। 1977 से 1992 तक उन्होंने उत्तर प्रदेश के बलिया में चिलकहार निर्वाचन क्षेत्र का प्रतिनिधित्व किया। 2002 से उन्होंने समाजवादी पार्टी के सदस्य के रूप में बलिया में बाँसडीह (विधानसभा क्षेत्र) का प्रतिनिधित्व किया। वह मुलायम सिंह कैबिनेट (1990-91) में बाग़वानी और खाद्य प्रसंस्करण मंत्री और मुलायम सिंह कैबिनेट (2003-07) और अखिलेश यादव कैबिनेट (2012-17) में बाल विकास और पोषण, बुनियादी शिक्षा मंत्री भी रहे। मार्च 2017 से उन्होंने सपा नेता के रूप में उत्तर प्रदेश की सत्रहवीं विधानसभा में विपक्ष के नेता के रूप में कार्य किया।

मुलायम सिंह से हाथ मिलाने से पहले रामगोविंद चौधरी पूर्व प्रधानमंत्री चंद्रशेखर के क़रीबी सहयोगी रहे थे। लेकिन चौधरी ने सबसे पहले संपूर्ण क्रांति के संस्थापक जयप्रकाश नारायण (जेपी) का ध्यान आकर्षित किया। इंदिरा गांधी द्वारा लगाए गए आपातकाल के दौरान कांग्रेस पार्टी के ख़िलाफ़ उनकी विद्रोह की राजनीति ने उन्हें 19 महीने के लिए जेल में डाल दिया। साल 1977 में वह जनता पार्टी के प्रतीक पर उत्तर प्रदेश विधानसभा के सदस्य बने।

चौधरी बताते हैं– नेताजी ने मुझसे कहा कि– 'जो लोग आपको वोट करते थे, मतलब स्वर्ण समाज, यानि ठाकुर लोग, चंद्रशेखर जी की वजह से, वो लोग अब आपको वोट नहीं करेंगे और आप हार जाएँगे। क्योंकि अब राजनीति अगड़ा बनाम पिछड़ा हो गई है। इसलिए आप हमारी तरफ़ आ जाएँ।' तब मैंने कहा कि– 'मेरे लिए संभव नहीं है, नेताजी। आपके चरण सिंह ने ठाकुर को टिकट दिया था 1977 में जिसको काटकर जेपी के कहने पर हमको टिकट दिया गया, तब हम विधानसभा पहुँच पाए थे। मैं उनको छोड़ूँगा नहीं।'

नेताजी के साथ आधे घंटे तक बात चलती रही। फिर नेताजी बोले– 'ठीक है, आप उनको मत छोड़िए लेकिन मुझसे भी मिलना-जुलना मत छोड़िएगा।'

मैंने कहा– 'ये तो चंद्रशेखर जी भी जानते हैं कि हम जितने क़रीबी उनके हैं उतने ही हम आपके भी कंरीबी हैं।'

एक और क़िस्सा है, ये 1987 की बात है। जब मुलायम सिंह चुनाव जीते तो उनके पास 28 विधायक ही थे। इनकी संख्या पूरी नहीं थी। सब विधायकों की और इनकी सदस्यता ख़त्म होने वाली थी। तो नेताजी ने कहा कि ये तो ग़ज़ब हो गया। मैं चंद्रशेखर जी के पास गया और नेताजी की मदद करने के लिए कहा। उस समय हमारे पास 21 विधायक थे। उन्होंने कहा ठीक है। सीपीआई और सीपीएम के नेताओं से भी चंद्रशेखर जी से अच्छे संबंध थे। उन दोनों को उन्होंने बुलाया और कहा कि मुलायम सिंह संकट में हैं और उनका हमें साथ देना चाहिए। और इस तरह क्रांतिकारी मोर्चा का गठन हुआ।

एक बैठक हुई। मैंने कहा कि देवीलाल ने रथ चलाया तो वो मुख्यमंत्री बने, एंटी रामाराव ने रथ चलाया तो वो मुख्यमंत्री बने। एक रथ आप भी चलाएँ उत्तर प्रदेश में। यह बात सुनकर मुलायम सिंह चौंक गए। लेकिन फिर मुलायम ने मुझसे पूछा कि पैसा कहाँ से आएगा? हमने कहा कि सब विधायक अपने एक महीने का वेतन क्रांति रथ बनाने में लगाएँगे। और कुछ हम चंद्रशेखर जी से दिलवा देंगे।

मुलायम सिंह ने फिर कहा कि नाम क्या दिया जाए इस क्रांतिकारी रथ का? मैंने कहा कि क्रांतिकारी मोर्चा के इस अभियान को क्रांति रथ का नाम दिया जाए। इस़ तरह क्रांति रथ ख़ूब चला। बहुत जन-समर्थन का सैलाब उमड़ा और मुलायम सिंह दिसंबर 1989 के पहले सप्ताह में उत्तर प्रदेश के मुख्यमंत्री भी बन गए।

एक बार की बात है। मुलायम सिंह हज़रातगंज चौराहे पर धरने पर बैठ गए। उन्होंने मुझे बताया कि हम धरने पर बैठेंगे लेकिन किसी को बताना मत। तब हम

चंद्रशेखर जी की पार्टी में थे। लेकिन हम भी बैठ गए। उन्होंने कहा कि तुम यहाँ से जाओ नहीं तो लोग कहेंगे कि दो पार्टी के लोग बैठे हैं। धीरे-धीरे उनकी पार्टी के लोग आने लगे। पूरा हज़रतगंज चौराहा भर गया। पुलिस ने उन्हें गिरफ़्तार किया। उनकी हथकड़ी लगी हुई एक तस्वीर खूब छपी। वहीं से उनकी राजनीति चमक गई।

रामकोला में किसानों के ऊपर गोली चलने के बाद आंदोलन में मुलायम सिंह कूद पड़े। उन्होंने मुझे भी बुलाया। मुलायम में आदमी पहचानने का गुण था। वह विरोधियों से भी राय लेते थे। वह सचमुच एक नेता थे। वह कभी कॉन्ग्रेस के बड़े नेताओं से भी राय ले लेते थे।

अंत में उनका साथ छोड़ना पड़ा जब परिवार में झगड़ा लगा 2016 में। मुलायम ने मुझसे कहा– 'चौधरी, आपसे ज़्यादा ख़ास आदमी मेरा इस प्रदेश में नहीं है। आप पार्टी में थे तब भी या नहीं थे तब भी।'

मैंने कहा कि नेताजी, आपने 'थे' शब्द लगाया है। तो वो बोले कि हाँ।

तब मैंने कहा कि– 'नेताजी जब आप चाहते थे कि मैं चंद्रशेखर जी को छोड़कर आपके साथ आ जाऊँ, लेकिन मैंने चंद्रशेखर जी का साथ नहीं छोड़ा। फिर जब आपका साथ पकड़ा तो मैं ज़िंदगी भर कभी नहीं छोड़ सकता हूँ। लेकिन मुख्यमंत्री तो अखिलेश यादव हैं और हमको मंत्री अखिलेश ने बनाया है। मैं इस्तीफ़ा लेकर आया हूँ। अगर आप मुख्यमंत्री होते तो आप मुझे क्या सलाह देते?'

मैंने मुलायम सिंह के हाथ में इस्तीफ़ा दे दिया और कहा कि आप अखिलेश को कहकर मेरा इस्तीफ़ा स्वीकार करा दीजिए, फिर मैं आपके साथ खुलकर आ जाऊँगा। लेकिन मुलायम ने इस्तीफ़ा को फाड़ दिया और बोले– 'क्या मैं इस्तीफ़ा लेने के लिए बैठा हूँ?' मैंने कहा कि मैं अखिलेश के साथ हूँ। आपका आशीर्वाद बना रहे। मैं आपको प्रणाम करता हूँ। फिर बहुत दिनों तक उनसे मुलाक़ात नहीं होती थी। मन में उलझन रहती थी। जब भी हॉस्पिटल में भर्ती होते मैं ज़रूर जाता। फिर जब उनकी शव यात्रा सैफई पहुँची तो मैं भी वहाँ चलता रहा। उनकी शवयात्रा में जो हुजूम था वो जेपी के बाद किसी नेता के अंतिम संस्कार में उमड़ी सबसे बड़ी भीड़ थी। जिस दिन सैफई में लाखों लोगों ने आँसुओं से नेताजी को विदाई दी उस दिन समाजवाद की एक पीढ़ी ख़त्म हो गई। आज अखिलेश यादव में नेताजी की विरासत को आगे ले जाने के सारे गुण हैं। चार चुनाव हारने के बाद भी उनकी लोकप्रियता बनी हुई है, ये कोई मामूली बात नहीं है।

हम छात्र जीवन से राजनीति में हैं। लोकनायक जेपी के नेतृत्व में जब आंदोलन

चला तब मैं छात्र संघर्ष समिति का बलिया में संयोजक बना। आंदोलन बहुत धमाकेदार हुआ। जेल जाना पड़ा। 19 महीने जेल में रहे। जेल से छूटने के बाद लोकसभा का चुनाव हुआ। उसके छह महीने बाद असेंबली का चुनाव हुआ, तब मैं विधायक बना। ये बात 1977 की है। जनता पार्टी की सरकार बनी। मुलायम सिंह सहकारिता मंत्री बने। मुलायम से मेरी पहली मुलाक़ात उसी समय हुई थी।

एक दिन एक ठाकुर साब आए जो हमारे क्षेत्र के नहीं थे, हमारे पैरों पर गिर गए और कहने लगे कि– 'कितने लोगों से अपने काम के लिए मिले, कितनों को खिलाया, होटल में रुकाया और मैं ख़ुद ही ग़रीब हो गया, पर मेरा काम नहीं हुआ। मुलायम सिंह से मेरा परिचय नहीं था। मैं गया उनके यहाँ तो तुरंत हमको देखते ही बोले, आइए-आइए और अपने नज़दीक बैठा लिया। इतना बड़ा आदमी जो कोऑपरेटिव मिनिस्टर थे और मुख्यमंत्री के भी दावेदार थे, उन्होंने मुझे बैठाया, चाय पिलाई और फिर पूछा, कैसे आए हो? तो मैंने अपने काम से संबंधित काग़ज़ उन्हें दिया। तुरंत मेरा वो काम हो गया।' तो ऐसे थे मुलायम।

एक पुरानी घटना याद आती है। समाजवादी पार्टी यूथ के ऑफ़िस के पास ही जनता दल का भी ऑफ़िस था। वहाँ एक जुलूस में मैंने भाषण दिया कि– 'चंद्रशेखर जी के सारे विधायकों ने वोट दिया, कांशीराम के विधायकों ने वोट दिया और मुलायम के लोगों ने भी वोट दिया। इस प्रयोग से लगता है कि अगर चंद्रशेखर, कांशीराम और आप (मुलायम), तीनों एक साथ हो जाएँ तो अगली सरकार बन सकती है।' इसके बाद अपने संबोधन में नेताजी ने कहा कि– 'रामगोविंद चौधरी ने बहुत अच्छा सुझाव दिया।'

वो कांशीराम के यहाँ जब गए तो कांशीराम ने कहा कि हम आपसे समझौता तब करेंगे जब आप चंद्रशेखर को छोड़ेंगे। और पूरा ओबीसी और दलित मिल के राजनीति किया जाए और तुमको मुख्यमंत्री मैं बनाऊँगा। अब ये बात नेताजी को लग गई तो हमको चंद्रशेखर जी ने बुलाकर कहा कि जाकर मुलायम सिंह को कह दो कि वो जाकर वहीं एडजस्ट हो जाए, पार्टी क्यों तोड़ रहा है। उनको तो अंदरूनी बात पता थी। हम आए, हमको दिल्ली से भेजा उन्होंने। नेताजी से बात की तो उन्होंने कहा कि बिना आपको बताए मैं कुछ करूँगा नहीं। तब मैं होटल में रुका था, दोपहर में सोया था तो किसी ने बताया कि मुलायम सिंह ने तो अपना गुट बनाकर अपने विधायकों की परेड करा दी अध्यक्ष के सामने। हमको तकलीफ़ हुई क्योंकि हमको कहा था कि बिना आपको बताए हम कुछ नहीं करेंगे।

अध्याय 29

विरोधी का जवाब देना जानते थे नेताजी

मुलायम सिंह यादव ने उत्तर प्रदेश के हर ज़िले में एक से बढ़कर एक नेता को फलने-फूलने का अवसर दिया। सीतापुर एक बड़ा ज़िला है जहाँ नौ विधानसभा की सीटें हैं। इसी सीतापुर में अस्सी के दशक के आख़िर में रामपाल यादव नेताजी की आँखों के तारे बनकर उभरे। बिसवाँ विधानसभा से 2002-2007 और 2012-2017 में समाजवादी पार्टी के विधायक निर्वाचित हुए। फ़रवरी 1964 में जन्मे रामपाल को मुलायम के सियासी ग्रामर में निपुण माना जाता है। नेताजी की तरह ज़मीन से जुड़े रहकर राजनीति करते रहे हैं। एमवाई (मुस्लिम-यादव) वोट कॉम्बिनेशन के नेताजी के पॉपुलर स्लोगन को जीते रहे हैं और आज जब बीजेपी ने एमवाई (मोदी-योगी) का पलटवार किया है, तो रामपाल को उम्मीद है कि नेताजी के राजनीतिक मंत्रों का जादू आने वाले समय में काम करेगा।

अपने संस्मरण में रामपाल बताते हैं– माननीय नेताजी से मेरी पहली मुलाक़ात सन 1989 में हुई, जब प्रथम बार नेताजी मुख्यमंत्री बन रहे थे। मैं मुख़्तार अनीस साहब के साथ नेताजी से मिलने गया था। उस समय भाजपा चौधरी अजीत सिंह को मुख्यमंत्री बनाना चाहती थी। अंदरूनी तौर पर मुख्यमंत्री के लिए वोटिंग भी हुई, काफ़ी गहमागहमी के बाद नेताजी मुख्यमंत्री बने और तभी से मैं नेताजी के साथ जुड़ गया। तब से नेताजी का सहयोग, समर्थन और आशीर्वाद हमें मिलता रहा।

1996 में पहली बार सिटिंग विधायक सुंदर पाल यादव का टिकट काटकर नेताजी ने मुझे दिया। उसके बाद से जब तक नेताजी के हाथ में बागडोर रही, वो मुझे टिकट देते रहे। जब भी मेरे घर पर कोई कार्यक्रम हुआ, नेताजी ने हर मौक़े पर पहुँचकर अपना बहुमूल्य समय दिया। नेताजी अपने लोगों से बहुत ज़्यादा प्यार करते थे और अपने लोगों को पूरा समय देते थे। मैं अपनी लड़की की शादी में उन्हें आमंत्रित करने गया तो उन्होंने कहा कि तुम यहाँ क्या कर रहे हो, लड़की

की शादी है मैं ख़ुद वहाँ आ जाऊँगा। यह क़रीब 2009 की बात है। नेताजी शादी में आए और जयमाल होने तक क़रीब तीन घंटे रुके रहे।

जब मुख़्तार अनीस जनता दल से जीतकर आए, उसके बाद नेताजी उनके बीच में थोड़ी दूरियाँ हो गई थीं, लेकिन 92 में जब नेताजी ने अपनी समाजवादी पार्टी बना ली तब 10 विधायकों के साथ हम नेताजी के साथ आ गए थे।

जब नारा गूँज रहा था–'मिले मुलायम कांशी राम, हवा में उड़ गए जय श्रीराम' यानी कि जब कांशी राम और मुलायम सिंह एक साथ थे, उस दौर में भी हम लोग नेताजी के साथ खड़े थे। नेताजी की सबसे बड़ी नीति थी धर्मनिरपेक्षता। वो कभी भी जाति और धर्म के नाम पर इंसानों में भेदभाव नहीं करते थे। हमेशा ग़रीबों, किसानों, नौजवानों और मुसलमानों की बात करते थे। आज नेताजी के न होने के बाद भी समाजवादी पार्टी और समाजवादी आंदोलन पूरी तरह मजबूत है और आने वाले समय में भाजपा का एकमात्र विकल्प समाजवादी पार्टी ही होगी।

नेताजी को श्रद्धांजलि देने के लिए उनके नाम से एक डिग्री कॉलेज बनाया जाएगा जिसमें उनकी एक बड़ी मूर्ति होगी और उस मूर्ति के साथ एक बड़ा हॉल होगा जहाँ समाजवादी लोग बैठकर अपने विचार एक-दूसरे से आदान-प्रदान कर सकेंगे। इसके लिए अखिलेश जी से भी बात हुई है।

नेताजी की ख़ासियत थी कि वो अपनी बात बड़े बेबाक तरीक़े से रखते थे। आलोचना की कभी चिंता नहीं करते थे। एक बार विधानसभा में लालजी टंडन नेता विरोधी दल थे। नेताजी ने गौरक्षकों/गौपालकों के लिए बजट की बात की तो लालजी टंडन ने कहा– 'अब गाय कौन पालेगा, जो गाय पालने वाले पिछड़े और दलित थे उनको तो आपने विधायक बना दिया।' इस पर नेताजी ने जवाब दिया– 'ये जितने लोग हैं ये सब चुनाव लड़कर जीते हैं और विधानसभा में आए हैं। इनको किसी ने विधायकी ख़ैरात में नहीं दी है।' नेताजी अपने विरोधियों का मुँहतोड़ जवाब देना बहुत अच्छी तरह जानते थे।

नेताजी के पास हर ज़िले में एक भरोसेमंद नेता होता था जिस पर वो आँख बंद कर विश्वास करते थे। उदाहरण–सीतापुर में मुख़्तार अनीस पर इतना भरोसा करते थे कि पैरालिसिस अटैक के बाद भी अनीस को तीन बार लोकसभा का टिकट दिया। घर का कोई व्यक्ति बीमार हो जाए तो अक्सर लोग उसे छोड़ देते हैं, लेकिन नेताजी अपने दोस्तों को कभी नहीं छोड़ते थे।

नेताजी के बड़प्पन के ऐसे क़िस्से अनगिनत हैं।

अध्याय 30

कार्यकर्ताओं के अभिभावक

बलिया ज़िले के फेफना विधानसभा निर्वाचन क्षेत्र से सपा के विधायक रहे वरिष्ठ नेता अंबिका चौधरी नेताजी को कार्यकर्ताओं का नेता मानते हैं। वो बताते हैं कि– मैं बलिया ज़िले में जनता दल का अध्यक्ष था और 6 तारीख़ को बाबरी मस्जिद गिराने की कार्रवाई लोग कारसेवकों के नाम पर कर रहे थे, उसके पहले 5 दिसंबर को एक अयोध्या मार्च के नाम से कार्यक्रम तय हुआ जिसमें वीपी सिंह भी आने वाले थे। हम लोग भी गए थे। तब जनता दल के हरकेवल प्रसाद जी प्रदेश अध्यक्ष हुआ करते थे। लखनऊ तक हम लोग ट्रेन में चलकर गए फिर वहाँ से क़ाफ़िले में चलकर रामसनेही घाट पहुँचे। रामसनेही घाट पर हम लोगों की गिरफ़्तारी हुई और वहाँ के डाक बंगले में हम लोगों को बैठा दिया गया। शाम तक हम लोग बैठे रहे उसके बाद में हमे छोड़ दिया गया और हम वापस चले आए। उसी दिन लग गया था कि यह मस्जिद नहीं बचेगी क्योंकि पूरी ट्रेन में, छतों पर लोग चढ़कर आ रहे थे। ख़ैर मस्जिद गिर गई।

कोई खाँस नहीं सकता। अगर इसमें से कोई खाँसेगा तो पुलिस को पता चल जाएगा और हम लोगों की गिरफ़्तारी हो जाएगी। हमको तो किसी भी हालत में राजभवन का घेराव करने के लिए पार्टी ऑफ़िस तक पहुँचना है। उसके पहले हमको गिरफ़्तार नहीं होना है। अपना पूरा गेट अप चेंज करके पैंट-शर्ट पहनकर, चश्मा लगाकर, जैकेट डालकर टहलते-टहलते पार्टी ऑफ़िस पहुँच गए और गेट के अंदर हो गए। एक बार पुलिस गिरफ़्तारी से बचने के लिए मैंने अपनी जीप में अपने ही क़द-काठी का एक आदमी आगे बैठाकर, पीछे गनर को बैठाकर, ड्राइवर को बोला इस गाड़ी को तेज़ चलाकर ले जाओ ताकि पुलिस वालों को लगे कि ये चले गए। और मैं पैंट-शर्ट पर जैकेट डालकर एक सवारी ढोने वाली जीप (जिसमें 22 सवारी एक साथ आती थी, आज़मगढ़ में ऐसी गाड़ियाँ ज़्यादा

चलती हैं) की ड्राइविंग सीट पर गाड़ी चलाकर जा रहा था। एक यादव जी के टाटा के शोरूम पर जब मैं रुका तो गाड़ी के लोग मुझे पहचान गए और पूछने लगे कि विधायक जी आप ऐसे?

जनता दल की 20 तारीख़ को दारुलसफ़ा के ए ब्लॉक के कॉमन हॉल में एक मीटिंग हुई। जगमोहन जी भी जनता दल में थे। उस समय लोगों ने कहा कि ब्रॉडर यूनिटी की ज़रूरत है। जो सेकुलर फ़ोर्सेस है उनको एक साथ आने की ज़रूरत है। उसमें लालूजी का नाम आगे रखकर ख़ासतौर से बात चल रही थी। मैंने उसमें कहा सेकुलरिज़्म कोई लड़ाई उत्तर प्रदेश में मुलायम सिंह के बिना कैसे लड़ी जा सकती है। अब मैं नाम नहीं लूँगा लेकिन उसमें कुछ लोग ऐसे हैं जो कह रहे थे कि उनकी कोई ज़रूरत नहीं है। बाद में वह हमारी पार्टी में आए और बहुत ही इंपॉर्टेंट व्यक्ति हो गए।

मैंने कहा कि एक तरफ़ हम ब्रोडर यूनिटी की बात कर रहे हैं दूसरी तरफ़ मुलायम सिंह जी को साथ लेने को नहीं तैयार है। मंच पर जो लोग थे उन लोग सहमत नहीं हुए। मैंने यह भी कहा कि अगर ब्रॉडर यूनिटी रही होती तो आज यह मस्जिद शहीद नहीं होती। ख़ैर वह मीटिंग में ही ख़त्म हो गई।

21 तारीख़ को मुझे मेरे एक मित्र से सूचना मिली कि नेताजी ने बुलाया है। मैं नेताजी के पास पहुँचा। वहाँ उन्होंने कहा कि पार्टी ज्वॉइन कर लो। मैंने कहा पार्टी ज्वॉइन कर लूँगा लेकिन अभी नहीं। उन्होंने कहा क्या तराज़ू तोल रहे हो। मैंने कहा इस वक्त तराज़ू के एक तरफ़ सारे लोग बैठ जाएँ और दूसरे तरफ़ आप हो, तो आप आज की परिस्थिति में सब पर भारी पड़ेंगे। उन्होंने कहा कि देखो 28 दिसंबर को कांशीराम जी के साथ हमारी रैली है।

समाजवादी पार्टी बनाने के बाद पहली ज्वॉइंट रैली थी। 29 तारीख़ को मैं आया। उन्होंने एक बड़ी प्रेस कॉन्फ्रेंस कर मुझे आशीर्वाद दिया। वह कहते थे कि जिन लोगों को ज़रूरत थी पार्टी के लिए उन सभी लोगों को मैंने इकट्ठा किया।

2 अक्टूबर 2003 को जब नेताजी मुख्यमंत्री पद की शपथ ले चुके थे, मंत्री परिषद का गठन हो रहा था, हम लोगों को विश्वास मत हासिल करना था। विश्वास मत हासिल करने से पहले 6 लोगों को मंत्री बनाया गया। क्योंकि कल्याण सिंह जी भी साथ में थे, उनकी पार्टी के दो लोग थे– एक उनके पुत्र और एक कुसुम राय। अजीत सिंह भी साथ में थे तो दो लोग उनकी पार्टी से थे– हामिद और एक लेडी। आज़म ख़ान साहेब और शिवपाल को मंत्री बना दिया गया था।

2 अक्टूबर को नेताजी ने हम सब को बुलाया। कई बड़े-बड़े और सीनियर नाम थे इस मीटिंग में, नेताजी ने सब को बुलाया और कहा कि आप लोगों का इस सरकार बनाने में क्या योगदान है? दिल्ली में मैं और अमर सिंह और यहाँ शिवपाल, अंबिका चौधरी, आनंद गोप, आप सभी लोग मंत्री होंगे। लेकिन बताइए आपको का सरकार बनाने में क्या योगदान है? इसके पहले जमशेदपुर में एक इंस्टीट्यूट में मीटिंग हो चुकी थी।

नेताजी का कार्यकर्ताओं पर और कार्यकर्ताओं का नेताजी पर प्रचंड विश्वास और भरोसा था। उस ज़माने में कोई भी कार्यकर्ता इस बात से नहीं डरता था कि हमने अगर नेताजी की कोई बात काट दी तो हमको हमेशा के लिए पार्टी से बाहर कर दिया जाएगा या साइड लाइन कर दिया जाएगा।

कई बार नेताजी कुछ बात सुनने के बाद डाँटकर चुप करा देते थे। लेकिन फिर बाद में अगर वह बात सही लगती थी तो फ़ोन करके बुलाते भी थे और उसके लिए सराहते भी थे। नेताजी के समक्ष कोई भी बात रखने में किसी भी कार्यकर्ता को किसी तरह का कोई भी भय नहीं महसूस होता था। इस तरह की बातों के आपको दर्जनों उदाहरण मिल जाएँगे।

उन्होंने उस दौर में मुझे इटावा, औरैया, कन्नौज और फ़र्रूख़ाबाद– इन चारों ज़िलों का प्रभारी मंत्री बनाया। इटावा को हम लोग तीर्थ मानते हैं।

एक बात मैं आपको और बताना चाहूँगा कि मेरी ज़िंदगी में सबसे दुखद दौर और दुखद परिस्थितियाँ तब थी जब मुझे बहुजन समाज पार्टी में जाना पड़ा था। यह कहा जाता है कि मायावती जी को नेताजी का नाम सुनते ही एलर्जी हो जाती है। उसी मायावती की पार्टी ज्वॉइन करने के बाद मैंने प्रेस कॉन्फ्रेंस में नेताजी की तारीफ़ की उसके बाद मुझे कहा गया कि आपने बहुजन समाज पार्टी ज्वॉइन करने के बाद यह क्या कर दिया? मैंने कहा जो सच है वह तो करना ही पड़ेगा।

भाटिया साहेब थे, एसपी गुप्ता थे, लोकल लेवल पर और लोग थे। उसमें साथी जगरनाथ यादव जी कचहरी में हम लोगों की थोड़ी-बहुत मदद करते थे। यह तमाम लोग थे उस समय क्योंकि क्राइसिस का दौर था और तब अभी शिवपाल जी किसी नेता की हैसियत से नहीं थे। विधायक भी नहीं थे। एमएलए भी नहीं थे। नेताजी की कोठी में रहते थे। उस पीरियड में मायावती जी किसी हालत में शिवपाल जी को जेल भेजना चाहती थी। मैं पैरोकार था।

नेताजी ने मुझे ज़िम्मेदारी दी थी। शुरू में वकील भाटिया जी थे। जस्टिस रमन

भी थे एसपी गुप्ता जी भी थे। हम लोगों की ज़मानत भाटिया जी ने ही कराई थी। कुछ लोग छूट गए थे उनकी ज़मानत नहीं हो पाई थी, उनको जेल जाना पड़ा था। उसमें अज़ीज़ ख़ान जी (मलीहाबाद के) राम आसरे विश्वकर्मा, कुलदीप बजाज जैसे लोग भी थे। स्टेट गेस्ट हाउस कांड में इन लोगों को जेल जाना पड़ा, लेकिन हम लोगों की ज़मानत हो गई थी इसलिए हमें जेल नहीं जाना पड़ा।

मायावती जी ने हिंदू देवी-देवताओं पर बहुत ही आपत्तिजनक भाषण दिया था, जिसमें उन्होंने कहा था– कुत्ता अपना पेशाब शिवजी पर चाहता है। और भी बहुत से भद्दे वक्तव्य थे। वह सीडी मैंने ही गवर्नमेंट में दाख़िल की थी, जिस पर 8 लोगों पर एफ़आईआर हुई थी। मैंने दूसरी सीडी भी दाख़िल की थी और कहा था कि अगर ज़रूरत पड़ी तो तीसरी भी दाख़िल करूँगा। उस समय हम ऊटी में थे। हम लोग बोकारो में उतरे और वहाँ से मुझे देवघर भेजा गया। रात को ट्रेन एक बजे (स्थान) पहुँची थी। तब यह संकोच नहीं होता था कि हम कैसे जाएँगे, कहाँ रहेंगे, क्या खाएँगे, क्या तैयारी करेंगे और कैसे फ़ोटो भेजेंगे! नेताजी में आस्था है और नेताजी का अगर साथ है तो दुनिया में कोई भी चीज़ साध्य है।

जिस तरह लोगों की किसी पंथ में आस्था होती है उसी तरह हमारी आस्था समाजवाद और नेताजी में है। नेताजी ने कुछ कहा तो फिर उस पर तर्क-वितर्क नहीं होता था। और पार्टी की सफलता का शायद यही सबसे बड़ा राज भी है।

उत्तर प्रदेश की राजनीति के फ़ायर ब्रांड नेता और कांशीराम के राजनीतिक छात्र रहे वरिष्ठ नेता स्वामी प्रसाद मौर्या को 'मौर्य समाज का भूषण' कहा जाता है। महात्मा बुद्ध के अनुयायी और सामाजिक न्याय के सशक्त हस्ताक्षर स्वामी प्रसाद मौर्या नेताजी को कभी न थकने वाला नेता मानते हैं। बसपा में 20 साल (1996-2016) तक सेवा देने के बाद मायावती पर 'कैश फ़ॉर टिकट' स्कैम का आरोप लगाते हुए साल 2016 में पार्टी छोड़ दी। फिर 2017 से 2022 तक भाजपा में रहे और उत्तर प्रदेश सरकार में श्रम मंत्री रहे। उसके बाद मौर्या ने अखिलेश का दामन थामा और अब वो समाजवादी पार्टी से विधान परिषद के सदस्य हैं।

स्वामी प्रसाद मौर्या बताते हैं कि– मैं पहली बार नेताजी मुलायम सिंह यादव के संपर्क में 1980 में आया। मैंने भी अपने राजनीतिक कैरियर की शुरुआत लोकदल से ही की। उस समय माननीय चौधरी चरण सिंह जी राष्ट्रीय अध्यक्ष थे। नेताजी माननीय चौधरी चरण सिंह जी के बहुत क़रीबी थे। सोशलिस्ट मूवमेंट से निकलकर

उन्होंने उत्तर प्रदेश में विभिन्न पदों पर आसीन होते हुए राजनीति ऊँचाइयों को छुआ। यहाँ तक कि केंद्र में भी उन्हें रक्षा मंत्री होने का अवसर मिला।

कुल मिलाकर उनका जो व्यक्तित्व रहा है और जो उनकी पहचान रही है, वह एक संघर्षशील नेता की है। हमेशा चलते रहना, हर समय कार्यकर्ताओं से बात करते रहना, उनके सुख-दुख में सहभागी रहना आदि उनका मुख्य चरित्र रहा है।

संपर्क में आने के कुछ ही दिनों बाद मैं युवा मोर्चा का प्रदेश महासचिव बन गया। 1985 तक मैं महासचिव रहा। नेताजी उस समय प्रदेश अध्यक्ष हुआ करते थे। मैं उनके साथ प्रदेश में भी सचिव के पद पर रहा हूँ। जब वह क्रांति रथ लेकर चले तब भी उनके साथ रहा।

नेताजी संसद में हमेशा उपस्थित रहते थे। नए सांसदों को हमेशा सबक़ देते रहते थे कि अगर चुनकर आए हो तो अपनी ज़िम्मेदारियों का निर्वहन करना सीखो, जानो और अपने क्षेत्र की समस्याओं को मुखर होकर सदन के पटल पर रखो।

इस तरह की तमाम ख़ासियत है जो उनको तमाम नेताओं से अलग बनाती है। शुरुआत तो नेताजी की लोहिया मूवमेंट से हुई। सोशलिस्ट आंदोलन से निकले हुए नेताजी श्री मुलायम सिंह यादव संघर्ष के बलबूते आगे बढ़ते रहें। जिस रास्ते पर उन्होंने एक बार क़दम बढ़ा दिया फिर उस रास्ते पर पीछे मुड़कर नहीं देखे। लोहिया जी के बाद चौधरी चरण सिंह जी के नेतृत्व में, बहुगुणा जी के नेतृत्व में, बीकेडी, लोकदल, दलित मज़दूर किसान पार्टी से होते हुए कभी जनता पार्टी तो कभी जनता दल में उन्होंने अपनी अहम भूमिका निभाई।

1990 के बाद राजनीति दलित और पिछड़ों पर आधारित हो गई और दो चेहरे मुखर होकर आगे आए– पिछड़ों के चेहरे के रूप नेताजी और दलित चेहरे के रूप में मायावती जी।

एक बार एक सभा में रेवती रमन सिंह जी के साथ कई बड़े नेता पहुँचे थे और एक बहुत बड़ी सभा को संबोधित किया जा रहा था। वहाँ नेताजी भी पहुँचे। अपने कार्यकर्ताओं की हौसला अफ़ज़ाई के लिए ही नहीं बल्कि किसी भी परिस्थिति में अपने कार्यकर्ताओं के साथ खड़े रहने का जीवंत उदाहरण हैं नेताजी। किसी भी कार्यकर्ता के साथ जब कोई विशेष स्थिति बनती थी, चाहे वह सुख की हो या दुख की, उसमें वह हमेशा पहुँचने की कोशिश करते थे। और इसीलिए मुलायम सिंह जी कार्यकर्ताओं के बीच लोकप्रिय रहे और लोग उन्हें दिल से चाहते थे।

एक और घटना मुझे याद है, जब उत्तर प्रदेश में नेता-विरोधी दल का चुनाव

होना था। दो गुट हो गए थे– बहुगुणा गुट और अजीत गुट। उस समय नेताजी तो नेता बन ही चुके थे। लेकिन अजीत गुट ने सत्तपाल यादव जी को नेता विधानमंडल बनाकर नेता-विरोधी दल के रूप में स्थापित करने की कोशिश की। उस समय हम लोगों ने खुल्लम-खुल्ला नेताजी का साथ दिया था। और हालत यह हुई कि अजीत गुट के लोगों ने उस समय शक्ति परीक्षण के लिए विधानसभा अध्यक्ष के यहाँ जाने की तैयारी कर ली थी। लेकिन उनके लोग एकजुट ही नहीं हो पाए और फिर उन्हें वापस जाना पड़ा।

तो ऐसे कई मौक़े आए, जब उन्हें संघर्ष की ज़रूरत पड़ी। संघर्ष के मायने में भी उनका कोई जवाब नहीं था। बात जब सामाजिक दौरों और राजनीतिक दौरों की आती थी तो वह 24 घंटे, पूरा दिन लगातार चलने के बाद भी थकते नहीं थे।

बलिया के चिलकहर से भाजपा के विधायक रह चुके राम इक़बाल सिंह साल 2022 में समाजवादी पार्टी में चले गए थे। राम इक़बाल सिंह कहते हैं– नेताजी हमेशा ज़रूरत पर मदद करते हैं। एक बार हमारे एक मित्र जो कि समाजवादी पार्टी में एमएलसी थे, उनसे यूपी भवन में बात होने लगी तो उन्होंने बड़ा फ़ख़्र से कहा कि नेताजी की सरकार में 14 राजपूत मंत्री हैं और उन्होंने साथ के साथ नाम भी गिनाया। मैं उस बार भी बीजेपी से ही चुनाव लड़ा था। मैं 1993 से चुनाव लड़ रहा हूँ। लेकिन मेरा अपना मानना है कि 1993 से ही राजपूतों का आधा वोट नेताजी को जाता रहा है। 2012 में जब सरकार बनी और अखिलेश यादव जी मुख्यमंत्री बने, तब हम लोगों ने पूरे पूर्वांचल का अध्ययन किया और पाया कि राजपूतों का आधा वोट समाजवादी पार्टी को गया था।

अब सवाल ये कि मुझे भाजपा क्यों छोड़नी पड़ी। जब सरकार बनी तब यह कहा गया था कि कार्यकर्ताओं व नेताओं के ऊपर जो भी राजनीतिक मुकदमे हैं, इन सबको वापस ले लिया जाएगा। सरकार बनने के बाद मुख्यमंत्री जी ने अपने मुकदमे वापस ले लिए, उपमुख्यमंत्री के मुकदमे वापस ले लिए, लेकिन कार्यकर्ताओं और अन्य नेताओं के मुकदमे वापस नहीं लिए गए। मेरे ऊपर भी कई राजनीतिक मुकदमे थे, जिनके लिए मुझे दर्जनों बार कोर्ट के चक्कर काटने पड़े थे।

अभी लाठी भी नहीं चली थी कि हमारी गिरफ़्तारी हो गई। 302 में उसी समय हम लोगों का चालान हो गया। हम लोग आज़मगढ़ जेल में रखे गए थे। मैं बताना चाहूँगा कि नेताजी एक डेमोक्रेट व्यक्ति हैं। जेलर ने नेताजी से बात कराई तो

नेताजी ने कहा कि अधिकारियों ने ग़लती कर दी है। हम मुकदमा वापस ले लेंगे। मैंने बड़े विनम्रतापूर्वक उनसे कहा कि आप मुकदमा वापस न लें, नहीं तो हमारी पार्टी वाले लोग कहेंगे कि हम आपके साथ मिल गए। इससे मेरा करियर प्रभावित होगा। यह सुनकर नेताजी मुस्कुराने लगे। फिर दो बार, दो-चार दिनों बाद नेताजी ने फ़ोन किया। मैं तीन महीने जेल में ही रह गया। फिर जब मैं छूटकर आया तो सदन में ही मैने नेताजी को धन्यवाद किया और कहा कि आप ने कम-से-कम आपने मेरा हाल-चाल तो पूछा। अधिकारियों ने ग़लती की लेकिन आप ने मेरी जीत पर मुहर लगा दी। यह मेरी नैतिक जीत है। डेमोक्रेटिक जीत है।

ज़िंदगी बड़े ही ऊबड़-खाबड़ रास्तों से चलकर यहाँ तक आई। आते-आते कुछ ऐसी परिस्थिति बनी कि मुझे भारतीय जनता पार्टी छोड़नी पड़ी। विद्यार्थी परिषद से लेकर बीजेपी तक में मैंने 45 साल तक काम किया।

हर राजनीतिक कार्यकर्ता संगठन में आगे बढ़ने के लिए राजनीतिक लॉबिंग में संलग्न होता है। हालाँकि, प्रभात कुमार सक्सेना जैसे कुछ सिद्धांतवादी खिलाड़ी हैं जिन्होंने सत्ता की राजनीति के लिए ईमानदारी और प्रतिबद्धता को महत्त्व दिया है। झाँसी स्थित इस समाजवादी की कहानी राजनीतिक जगत में सबके लिए सबक़ है। एक बार जब वह समाजवादी आंदोलन में शामिल हो गए, तो उन्होंने अंतर्धाराओं पर कड़ी नज़र रखने, सफल रैलियों का आयोजन करने और अपनी पार्टी और नेता के संदेश को हर दरवाज़े तक पहुँचाने के लिए प्रशंसा हासिल की।

बुंदेलखंड का प्रवेश द्वार, झाँसी उत्तर प्रदेश के चरम दक्षिण में एक लोकप्रिय विरासत शहर है। शहर पहुज और बेतवा नदी के किनारे पर हवाएँ चला रहा है। आज, यह उत्तर मध्य रेलवे क्षेत्र का केंद्र है और यह इतना महत्त्वपूर्ण है कि पहली शताब्दी एक्सप्रेस को राष्ट्रीय राजधानी से झाँसी तक चलने के लिए चुना गया था। ब्रिटिश भारत सरकार ने झाँसी को एक सैन्य उड्डयन बेस में बदल दिया। द्वितीय विश्व युद्ध में लड़ने के लिए उठाया गया पहला बख़्तरबंद डिवीज़न यहाँ बबीना में झाँसी छावनी में स्थित था। इसे अब 31वाँ भारतीय बख़्तरबंद डिवीज़न कहा जाता है। 2012 में 1 से 30 मार्च तक सिंगापुर की सेना के साथ एक संयुक्त अभ्यास किया गया था। तत्कालीन राष्ट्रपति प्रतिभा पाटिल विशिष्ट अतिथि थीं।

ब्रिटिश काल में झाँसी की किटी में और अधिक ग़ौरव था जब एमी जॉनसन, एक अग्रणी अँग्रेज़ी पायलट, जो लंदन से ऑस्ट्रेलिया के लिए अकेले उड़ान

भरने वाली पहली महिला थी, 1932 में झाँसी सैन्य हवाई अड्डे पर उतरीं। रानी लक्ष्मीबाई की पौराणिक कथाओं के अलावा और दुनिया भर में खेल प्रेमी के लिए उनकी निम्न जाति योद्धा रानी झलकारी बाई, झाँसी हॉकी के जादूगर या जादूगर मेजर ध्यानचंद का पर्याय है। झाँसी, ध्यानचंद कुशवाहा का गृहनगर है, जिनका जन्म यहाँ 29 अगस्त 1905 को हुआ था। उनका जन्मदिन आज राष्ट्रीय खेल दिवस के रूप में मनाया जाता है।

बीबीसी ने ध्यानचंद को 'हॉकी के मोहम्मद अली' के रूप में सम्मानित किया। 1936 के म्यूनिख ओलंपिक खेलों के दौरान अपने असाधारण गेंद नियंत्रण और गोल स्कोरिंग कारनामों के साथ नाजी तानाशाह एडॉल्फ़ हिटलर को प्रभावित करने वाले डीसी ने 185 मैचों में लगभग 570 गोल किए और 1928, 1932 और 1936 के ओलंपिक खेलों के दौरान तीन ओलंपिक स्वर्ण पदक जीते। पंडित जवाहरलाल नेहरू के नेतृत्व वाली भारत सरकार ने उन्हें तीसरा सर्वोच्च नागरिक सम्मान पदम भूषण प्रदान किया।

हालाँकि, उनके समर्थकों ने देश के सर्वोच्च नागरिक पुरस्कार, भारत रत्न से सम्मानित करने के लिए केंद्र सरकार पर दबाव बनाने के लिए एक राष्ट्रव्यापी अभियान शुरू किया। दुर्भाग्य से, कम नश्वर लोगों को सर्वोच्च सम्मान मिला है, लेकिन ध्यानचंद को उनके निम्न जाति के जन्म के कारण सम्मान से वंचित कर दिया गया था। ख़ासकर ध्यानचंद कुशवाहा को भारत रत्न देने की माँग को लेकर समाजवादी समर्थक काफ़ी मुखर रहे थे। मुलायम सिंह यादव ने भी अभियान के लिए अपना समर्थन दिया लेकिन उनका अनुरोध अनसुना कर दिया गया।

इतिहास की पौराणिक कथाओं की मानें तो यह प्राचीन काल में चंदेल राजपूत राजाओं का गढ़ था। चंदेल वंश के पतन के साथ, 11वीं शताब्दी के अंत तक इसकी महिमा धूमिल हो गई। लेकिन इसके भाग्य में छह शताब्दी बाद 17वीं शताब्दी में एक और उछाल आया जब ओरछा राज्य के राजाबीर सिंह देव ने 1613 में झाँसी किले का निर्माण किया। 1729 में, तत्कालीन महाराजा छत्रसाल द्वारा झाँसी और कुछ अन्य को सौंपे जाने के बाद मराठा साम्राज्य ने झाँसी पर अधिकार कर लिया। फ़र्रूख़ाबाद के नवाब मुहम्मद खान बंगश को हराने में उनकी मदद करने के लिए कृतज्ञता के निशान के रूप में पेशवा बाजी राव प्रथम को राज्य के कुछ हिस्सों मिले। मराठों के प्रभाव में आने वाले शहर के परिणामस्वरूप, क्षेत्र का सामाजिक, सांस्कृतिक और आर्थिक प्रक्षेपवक्र अधिक

विविध और समृद्ध हो गया। झाँसी, वास्तव में, झाँसी की रियासत बनने से पहले मराठा प्रांत की राजधानी बन गया और 1804 से 1858 तक एक तूफ़ानी यात्रा में ब्रिटिश भारत के चंगुल में पड़ गया।

यह झाँसी में था कि एक युवा समाजवादी प्रभात कुमार सक्सेना समाजवाद के समुद्र में अंतिम डुबकी लगाने से पहले अपनी भावी दुल्हन, एक मराठी लड़की, सरला, से मिलेंगे। 1949 में जन्मे प्रभात को भारतीय समाजवाद का मिडनाइट चाइल्ड कहा जा सकता है क्योंकि वे आज़ादी के बाद के तूफ़ानी दिनों में बड़े हुए थे, जब लोहिया और नेहरू के बीच संसद और सड़कों पर संघर्ष समाजवादी की कहानी को आकार दे रहा था। वह शहर के काफ़ी संपन्न परिवार से ताल्लुक़ रखते थे और शायद वह क्षेत्र के मुलायम सिंह की पार्टी में चार पहिया वाहन रखने वाले एकमात्र व्यक्ति थे।

मुलायम सिंह यादव के साथ उनकी मुलाक़ात 1980 के दशक के अंत में उद्घाटन क्रांति रथ यात्रा के दौरान हुई। उस समय कॉन्ग्रेस विरोधी रंग में रंगी झाँसी की राजनीति में मुख्य रूप से हरगोविंद कुशवाहा, धनी राम प्रसाद यादव और राम नरेश कुशवाहा का दबदबा था। प्रभात इन स्थानीय प्रचारकों के साये में अपनी जगह बनाने का प्रयास कर रहा था और उसका समय जल्द ही आने वाला था। चंद्रपाल यादव जो 90 के दशक में समाजवादी आंदोलन का एक भारी चेहरा बनकर उभरे थे। उन दिनों एक ग्रीन हॉर्न थे।

मुलायम सिंह यादव अपने क्रांति रथ में झाँसी और बुंदेलखंड के अन्य क्षेत्रों के विभिन्न इलाक़ों में घूम रहे थे। जब उनका रथ गुरसराय में रुका, तो उन्हें रिसीव करने और सुनने के लिए मौजूद भारी भीड़ से वे अभिभूत हो गए। जब उन्होंने स्थानीय कार्यकर्ता से पूछा कि इतनी हार्दिक भीड़ जुटाने के लिए कौन ज़िम्मेदार है, तो सभी ने प्रभात सक्सेना को प्रभावशाली आयोजक के रूप में पेश किया। तब से, मुलायम सिंह ने प्रभात की क्षमता को पहचाना और झाँसी के ज़िलाध्यक्ष के लिए उनकी उम्मीदवारी का समर्थन किया। 1967 से 1987 तक पिछले दो दशकों में मुलायम सिंह की यात्रा पूरे प्रांत में लोककथाओं का विषय बन गई थी। प्रभात बेशक मुलायम के चुंबकीय आकर्षण से बहुत प्रभावित थे। बीकेडी, चौधरी चरण सिंह के भारतीय क्रांति दल से लेकर हेमवंती नंदन बहुगुणा के लोकदल और अजीत सिंह के नेतृत्व वाले गुट और बाद में जनता दल को एकजुट करने के लिए प्रभात अपनी गति से समाजवादी राजनीति की खोज में

अपने धैर्य का आंकलन कर रहे थे।

एक सामाजिक जनसांख्यिकी के रूप में झाँसी में ब्राह्मण और कुशवाहा मतदाताओं की अधिक उपस्थिति का प्रभुत्व था। कायस्थ होना काफ़ी चुनौतीपूर्ण था क्योंकि समुदाय मुख्य रूप से शहर के केंद्र में केंद्रित है और इसमें पर्याप्त संख्या में ताक़त नहीं है। बहरहाल, अपनी खोज के लिए प्रभात का जुनून उन्हें राजनीतिक दबाव के रास्ते पर ले जाने के लिए काफ़ी शक्तिशाली था। उन्होंने अपने नेता मुलायम सिंह से किसी भी चुनावी उपहार की माँग नहीं की, जब उन्हें ऐसा करने का अवसर मिला, क्योंकि वे किसी भी विधानसभा क्षेत्र के लिए टिकट जीत सकते थे और सीट जीत सकते थे। वह स्थानीय राजनीति के एक संतुष्ट व्यक्ति थे।

1989 में जब मुलायम सिंह पहली बार मुख्यमंत्री बने, तो नियति ने प्रभात को और अधिक हरियाली वाले चारागाहों के साथ आगे बढ़ने के लिए नाराज़ कर दिया। फिर भी, वह अपने नेता के वफ़ादार कार्यकर्ता होने के कारण ख़ुश थे। महान क्षण की अपनी कहानी साझा करते हुए, उन्होंने याद दिलाया– "मुलायम सिंह ने अपने कार्यकर्ताओं के साथ अपने परिवार के सदस्य की तरह व्यवहार किया। एक बार मैं उन्हें एक समाजवादी कार्यकर्ता को तत्काल राहत के लिए एक दरोगा, एसएचओ का नंबर डायल करते हुए देखकर चकित रह गया। एक कार्यकर्ता के लिए उनकी चिंता की कल्पना कीजिए! उत्तर प्रदेश के एक मुख्यमंत्री एक दरोगा का फ़ोन नंबर डायल कर त्वरित कार्रवाई का दबाव बना रहे थे। 21वीं सदी के नेताओं के जीवन में ऐसी कार्रवाइयाँ नहीं पाई जाती हैं।"

प्रभात अपने नेता के छोटे-से-छोटे कार्यकर्ता के प्रति स्नेह की क़सम खाता है। लगभग हर हफ़्ते मुलायम सिंह कॉन्ग्रेस पार्टी और बाद में भारतीय जनता पार्टी के ख़िलाफ़ आंदोलन आयोजित करने का आदेश जारी करते थे। मुलायम में अपने कार्यकर्ताओं की क्षमता, विश्वास, आचरण और कार्य को पहचानने की एक असाधारण प्रतिभा थी। सैकड़ों की भीड़ के बावजूद वह जब भी और जहाँ भी मिलते, प्रभात को उनके नाम से संबोधित करते थे।

जब 21वीं सदी के पहले दशक के मोड़ पर सत्ता का डंडा हाथ बदल रहा था, पिता से पुत्र के हाथ जा रहा था। प्रभात ने अपने होनहार बेटे राहुल सक्सेना को मुलायम सिंह यादव से मिलवाया, जिन्होंने बाद में उन्हें समाजवादी आंदोलन का मशाल ले जाने के लिए अखिलेश यादव को सौंप दिया। अखिलेश ने झाँसी में एक उपयुक्त राजनीतिक भूमिका के लिए प्रभात से अपने बेटे राहुल को अपने

छोटे भाई की तरह तैयार करने का वादा किया था। बाद में, राहुल समाजवादी पार्टी के मेयर के लिए एक उम्मीदवार हुए, लेकिन निहित स्वार्थों के एक वर्ग ने उनकी हार सुनिश्चित करने की साज़िश रची। फिर भी, राहुल समाजवादी आंदोलन की सेवा करने और अपने प्रिय नेता अखिलेश के हाथों को मज़बूत करने के अपने मिशन से विचलित नहीं हुए। 2022 के महत्त्वपूर्ण विधानसभा चुनावों में, राहुल ने उत्तर प्रदेश के कई ज़िलों में समर्थन आधार को मज़बूत करने के लिए एक अद्वितीय जन-संपर्क अभियान, अखिलेश क्रांति की शुरुआत की। अभियान एक बड़ी हिट थी और इसने मीडिया में अच्छी कवरेज हासिल की।

सिद्धार्थनगर के रहने वाले बदरे आलम एक प्रगतिशील मुस्लिम नेता हैं। वह मुलायम सिंह के बहुत करीबी थे। इनका मानना है कि नेताजी अपने कार्यकर्ताओं को नाम से पहचानते थे। बदरे आलम बताते हैं– साल 1987 की बात है। उप्र में लोकदल दो गुटों में बँट गया था एक गुट के नेता श्री अजीत सिंह, जिसको लोकदल (अ) कहा गया जबकि दूसरे गुट लोकदल (ब) के नेता मुलायम सिंह यादव हुए। उस समय जनता पार्टी के 'कुँवर रेवती रमण सिंह जी' उत्तर प्रदेश विधानसभा में विधानमंडल दल के नेता थे। मैं बाबु जगजीवन राम जी की पार्टी कॉन्ग्रेस (जे) में था, जिसके नेता गोरखपुर के 'श्री केदारनाथ सिंह' जी थे। इस प्रकार लोकदल (ब), जनता पार्टी, कॉन्ग्रेस (जे), एवं वामपंथी दलों को मिलाकर क्रांतिकारी मोर्चे का गठन किया गया था।

उत्तर प्रदेश में व्यापक जनसंपर्क के लिए 'कुँवर रेवती रमण सिंह जी' के सरकारी आवास '1 बटलर पैलेस' में बैठक हुई। उसी बैठक में कुँवर साहेब ने मेरा परिचय नेताजी मुलायम सिंह यादव से करवाया। नेताजी ने इटवा का नाम सुनते ही कहा, "बस्ती ज़िले के चारों विधायक श्री माता प्रसाद पांडे, कमाल यूसुफ़, दिवाकर विक्रम सिंह एवं सुखपाल पांडे मेरा साथ छोड़कर चले गए हैं आप इटवा में मेरी सभा करवा दीजिए।"

मैंने कहा, "स्वागत है।"

कार्यक्रम की रूपरेखा तैयार की गई और 17 सितंबर 1987 को नेताजी का वाया बलरामपुर, तुलसीपुर, बिसकोहर, इटवा आने का कार्यक्रम बना। कार्यक्रम को भव्य बनाने के लिए लोकदल (ब) के श्री बेचई यादव एवं स्वयंबर चौधरी जी के साथ मिलकर मैंने क्रांतिकारी मोर्चे की रैली सफल बनाने के लिए 20 दिनों

तक इटवा विधानसभा क्षेत्र के हर गाँव व बाज़ार में सघन अभियान चलाया।

17 सितंबर को क्रांति रथ पर सवार होकर कुँवर रवेती रवण जी और नेताजी इटवा पहुँचे और कार्यक्रम उम्मीदों से बढ़कर सफल रहा। नेताजी ने अपने भाषण में कहा– "मैं इटवा में नेता विरोधी दल और मंत्री दोनों हैसियत से आ चुका हूँ लेकिन यह विशाल सभा अपने आप में बेमिसाल और अभूतपूर्व है।"

याद रहे, उस ऐतिहासिक कार्यक्रम में बस्ती के श्रीराम प्रसाद चौधरी जी भी सैकड़ों वाहन के साथ आए थे। मैंने इटवा के उस सभास्थल का नाम 'क्रांति चौक' रखा था। विशाल सभा का संचालन बृजभूषण तिवारी जी ने किया था। सभा के बाद क्रांति रथ बांसी रवाना हुआ जहाँ का प्रबंधन श्री लाल जी यादव के ज़िम्मे था। रास्ते में मझौव्वा चौराहे पर श्री बेचई यादव जी ने चाय पान कराया।

उन दिनों उत्तर प्रदेश में श्री वीर बहादुर सिंह जी की सरकार थी। कुछ दिनों बाद सरकार के ख़िलाफ़ बेगम हज़रत पार्क लखनऊ में भी एक रैली का आयोजन था जिसे कामयाब बनाने के लिए मैं कॉन्ग्रेस (जे) के सैकड़ों कार्यकर्ताओं के साथ कई बसों का क़ाफ़िला लेकर लखनऊ रैली में शामिल हुआ था। रैली की समाप्ति के बाद विक्रमादित्य मार्ग स्थित नेताजी के आवास पर मैं उनसे मिला। रैली सफल बनाने के लिए नेताजी ने मेरा और साथियों का अभिवादन किया।

जनता दल के गठन के बाद नेताजी प्रदेश के मुख्यमंत्री बने। मुंबई 'आल इंडिया ख़िलाफ़त कमेटी' के चेयरमैन 'डॉक्टर रफ़ीक़ ज़करिया' ने 'हज़रत मोहम्मद साहेब' पर आयोजित ईद मीलादुन्नबी के इतिहासिक कार्यक्रम में शामिल होने के लिए मुंबई में नेताजी को आमंत्रित किया। ख़िलाफ़त कमेटी भायखला के उस सभागार में मैं भी सामने पहली पंक्ति में मौजूद था।

नेताजी ने अपने संबोधन में मेरा नाम लेते हुए कहा, "ख़ुशी की बात है हमारे सामने सिद्धार्थनगर के बदरे आलम बैठे हुए हैं।"

उसी सभा में नेताजी ने चंद्रशेखर को 'भारत का संत' कहा था।

डॉक्टर रफ़ीक़ ज़करिया का आभार व्यक्त करने के बाद नेताजी का क़ाफ़िला जुलूस की शक्ल में मुंबई के परंपरागत रास्तों से गुज़रा तो ऐसा लग रहा था मानो मुंबई की पूरी जनता नेताजी के स्वागत में सड़कों पर आ गई है।

दूसरे दिन के समाचार पत्रों ने लिखा– "हज़रत मोहम्मद साहेब की जयंती पर गाँधी जी के बाद इतना बड़ा समूह कल नेताजी के नेतृत्व में देखने को मिला है।'

नेताजी अपने ज़मीनी कार्यकर्ताओं को उनके नाम से पहचानने, समय पर

उनका साथ देने और सम्मान करने वाले एक बड़े नेता हैं। अपनी इन्हीं ख़ूबी के कारण नेताजी उत्तर प्रदेश जैसे बड़े राज्य के कई बार मुख्यमंत्री हुए।

बलरामपुर के सुरेंद्र चौधरी सोशलिस्ट मुलायम को पितातुल्य मानते हैं। एक पुरानी घटना को याद करते हुए चौधरी बताते हैं– दिन और तारीख़ तो याद नहीं लेकिन 1987 की बात है। सर्दियों के दिन थे, इतना मालूम हुआ कि हमारे गाँव से तीन किलोमीटर दूर हाईवे से मुलायम सिंह यादव जी क्रांति रथ से आज के सिद्धार्थनगर ज़िले की तरफ़ जाएँगे, फ़ोन की सुविधा तो थी नहीं उस वक़्त लेकिन एक दिन पहले ही सूचना मिल गई थी। अपने प्रिय नेता के आगमन की ख़बर मैंने अपने आदमियों के ज़रिए आस-पास के गाँवों में पहुँचा दी थी और लोगों को 9 बजे सुबह हाइवे पर इकट्ठा होने को कह दिया गया था। संयोग से आस-पास के गाँव, शंकरपुर, लक्ष्मीनगर, नारायनपुर, थुम्हवा, हरनहवा परसिया, बड़हरा चौधरियों (कुर्मियों) के गाँव थे जो प्रभावशाली एवं शिक्षित वर्ग में शुमार थे।

इन सभी के प्रयासों से खासी भीड़ जुट गई थी। मुख्य सड़क के किनारे गोचर का ख़ाली और साफ़-सुथरा मैदान था। हमारे सामने एक विकट समस्या यह थी कि सभास्थल के आस-पास कोई चाय पानी की दुकान नहीं थी और सबसे निकटतम गाँव लक्ष्मीनगर भी 500 मीटर दूर था। नेताजी और उनके अंगरक्षकों और साथियों को अगर हम एक कप चाय भी नहीं पिला सके तो जीवन भर के लिए पछतावा रहेगा। तभी मेरे एक क़रीबी याक़ूब (कुंजड़ा) आ गए, वो रोज़ 9 किमी दूर बढ़नी, कृष्णानगर (नेपाल) बाज़ार से साग-सब्ज़ी लाकर गाँवों में बेचते थे। उन्होंने मुझे चिंतित देखकर पूछा तो मैंने चाय-पानी वाली समस्या बताई, उन्होंने फ़ौरन कहा कि इस समय दुनिया का सबसे बेहतरीन संतरा बढ़नी में बिक रहा है। चाय-पानी में बड़ा बवाल है, पैसा दीजिए मैं आधे घंटे में संतरे ले आता हूँ। मैंने उन्हें 300 रुपये दिए और वह तुरंत पूरी रफ़्तार से साइकिल से निकले और पौन घंटे में ही दो बोरियों में भरे संतरे लेकर आ गए। याक़ूब भाई इतना तेज़ गए और वापस आ गए कि उनकी साँसें धौंकनी की तरह चल रही थीं।

ठीक 12 बजे दोपहर क्रांति रथ आता हुआ दिखाई दिया। हम लोग रोड को जाम करके नारेबाज़ी करने लगे। मुझे नेताजी पहचान गए, खिड़की से हाथ बाहर निकाल मुझे अपने पास बुलाया और पूछा– तुम्हारा घर कहाँ है ? तो मैंने बताया कि यहाँ से तीन किलोमीटर दूर है। फिर उन्होंने पूछा कि सड़क है ? तो मैंने कहा–

कच्ची सड़क है (शायद वह मेरे घर चलने का मन बना रहे थे)।

उन्होंने फिर कहा कि सड़क ख़ाली कर दो, मैदान में आ जाओ। अब तक ख़ासी भीड़ इकट्ठी हो गई थी। फिर वह क्रांति रथ की लिफ़्ट से किसी देवता की तरह रथ के ऊपर प्रकट हुए। वह ऐसा दृश्य था कि नारेबाज़ी और तालियों की गूँज दूर-दूर तक पहुँच रही थी। मुश्किल से 15 मिनट वह बोले फिर लिफ़्ट से बाहर निकल आए, अब पैर छूने की होड़ में धक्का-मुक्की होने लगी।

तब तक याक़ूब भाई ने संतरों से भरी दोनों बोरियाँ लाकर नेताजी के सामने रख दीं। उन्होंने चमकते बड़े-बड़े नारंगी संतरों में से एक उठाया और छिलका उतारकर खाने लगे। मुश्किल से दो फाँकें खाए होंगे कि बोले, क्या तुम्हारे यहाँ संतरों की खेती होती है? तो मैंने कहा कि नहीं, नेपाल से मँगवाया हूँ। उन्होंने दूसरी भरी हुई बोरी अपने क्रांति रथ में रखवा लिया और खुली हुई बोरी से चार-पाँच संतरे खा गए, बाक़ी संतरे उनके कमांडोज़ ने खाए। एक संतरे का छिलका उतारकर आधा मुझे दिया और आधा मेरे साथी रफ़ी अहमद ख़ान को दिया।

यह बात 91-92 की है। एक दिन मेरे ससुर जी बड़हरा मेरे आवास पर पधारे। उनके साथ एक पंडित जी और नौकर भी था। वह ऐसा दौर था जब मेरी पत्नी बाहर नहीं आ सकती थीं लेकिन अपने पिता से मिलने के लिए व्याकुल थीं। चाय-पानी के बाद हालचाल होता रहा लेकिन मैंने महसूस किया कि ससुर जी किसी बात को लेकर अंदर से बहुत बेचैन हैं।

थोड़ी देर बाद एक नौकरानी अंदर से बैठक में आई और ससुर जी से निवेदन किया कि मालकिन साहेब आपको बुला रही हैं। उस दौर में बेटियाँ अपने पिता, भाइयों, बहनों या अपने ख़ानदान के परिजनों से गले लगकर रोती थीं जिसे हमारे गाँव के भाषा में भेंटना कहा जाता था। क़रीब एक घंटे तक पिता-पुत्री एक-दूसरे का सुख दुख साझा करते रहे। फिर बैठक में आए और बैठ गए। मैं आशंकित था कि पत्नी ने मेरे राजनीतिक आंदोलनों में जेल जाने, पुलिस वालों से झगड़ जाने और देर रात घर लौटने को लेकर मेरी शिकायत अपने पिता से ज़रूर की होगी।

चार बजे चाय पानी के बाद ससुर जी वापस सिद्धार्थनगर स्थित अपने गाँव ढेकहरी (स्टेट) के लिए प्रस्थान कर गए। उनके चेहरे पर चिंता की लकीरों को मैंने पढ़ा था, लेकिन पूछने की हिम्मत नहीं हुई।

कोई दस मिनट बीते होंगे कि नौकरानी ने आकर बताया कि मालकिन आपको बुला रही हैं। पत्नी का ख़ूबसूरत गोरा चेहरा ग़ुस्से से लाल था। मुझे कमरे में

बुलाकर दरवाज़ा बंद कर दिया ताकि आवाज़ बाहर तक न जाने पाए और क्रुद्ध शेरनी की तरह मुझ पर बरसने लगी, "कौन-सी नेतागीरी करते हो आप? बड़े आदमी हो, पुलिस की लाठी खाते हो, जेल भी जाते हो किसके लिए? ख़ानदान की इज़्ज़त मिट्टी में मिला रहे हैं आप। हमारे पास इतनी बड़ी जायदाद है और आप नेताओं की चाकरी करते हो। क्या मिलता है आपको और जाने क्या-क्या? ई मुलयमा मुख्यमंत्री बना है..."

उसके इतना बोलते ही मैं उखड़ गया और बोला, "बस्स! ठीक से नाम लो, मुलायम सिंह हमारे नेता हैं। आख़िर बात क्या है? मुझे कुछ बताओ तो।" लेकिन वह बिना कुछ बोले ग़ुस्से में बर्तनों को पटकने लगी।

अपनी कचहरी बर्ख़ास्त कर मैं आधे घंटे बाद फिर घर के अंदर गया। पत्नी सिर झुकाए बैठी थी और आँचल से अपने आँसुओं को पोंछती जा रही थी।

मैंने उसके कंधों को पकड़, ज़ोर लगाकर खड़ा किया और नरमी से दुबारा पूछा, "मुझे बताओ तो क्या बात है और मुलायम सिंह ने क्या बिगाड़ दिया जो उनके ऊपर बिफरी हुई हो?"

उसने कहा कि अब बताने से कोई फ़ायदा नहीं, जो होना था वो हो गया। बार-बार पूछने पर उसने बताया, "ट्रैक्टर के क़र्ज़ का भुगतान न करने के कारण पिताजी की साठ बीघे ज़मीन नीलाम हो गई और बढ़नी बाज़ार का कोई बनिया नीलामी में ज़मीन ले लिया है।"

मैंने कहा, "नीलामी से पहले बकायेदार को नोटिस मिलती है। नोटिस मिलते ही चौधरी साहेब को सतर्क हो जाना चाहिए था और उसी वक़्त बताना था मुझे।"

पत्नी ने कहा, "मुझे ज़्यादा कुछ नहीं पता लेकिन पापा ने यही बताया कि ज़मीन बनिये के नाम हो गई है।"

मैं सारा मामला समझ गया। मैंने तुरंत कपड़े पहने, एक आदमी को पीछे बिठाया और कच्चे-पक्के रास्तों से गुज़रते हुए ससुराल पहुँच गया। ससुर जी भी थोड़ी देर पहले अपनी कोठी पर पहुँचे थे। मैंने उनसे कहा कि मुझे पूरी बात बताइए। पता लगा कि नोटिस तहसील से जारी तो हुई लेकिन उनके पास नहीं पहुँची। मैंने पूछा कि क्या मुनादी कराई गई, तो इसका भी जवाब न में मिला।

पत्नी चिंतित थी कि अब तो बवाल होना तय है लेकिन मेरे वापस होने पर थोड़ा निश्चिंत हुई। सुबह होते ही जितने आस-पास के गाँवों में मोटरसाइकिल वाले थे सबको संदेश भेजकर बुलवाया और अपने साथी लठैत यादव नौजवानों

को बुलवाया। तब लगभग हर यादव के हाथ में लाठी होती ही थी। चाय-पानी के बाद मैं आगे और पीछे दस मोटरसाइकिलों का क़ाफ़िला। हर मोटरसाइकिल पर कंधे पर लाठी रखे यदुवंशी साथी। धावा बोलकर हम थोड़ी ही देर में बढ़नी गुरु प्रसाद सेठ के दरवाज़े पर पहुँच गए। वह घर के बाहर चारपाई पर बैठा मिल गया। उसी से पूछा कि गुरु प्रसाद कौन है ? उसने कहा हमही हैं भैया का बात है ?

बस अब शुरू हो गया धाराप्रवाह गालियों और धमकियों का सिलसिला। उसके सारे पड़ोसी अपने घरों से बाहर निकल आए लेकिन किसी की हिम्मत नहीं हुई कि हम लोगों से कोई सवाल करे। आख़िरकार उसने हाथ जोड़कर कहा कि भैया हम ज़मीन के क़रीब नहीं जाएँगे लेकिन चालीस हज़ार रुपए में मैंने नीलामी ली है वह पैसा हमें वापस दिला दीजिए और मैं तहसील चलकर ज़मीन वापस करने का बयान कर दूँगा। मैंने गाली देकर कहा कि तुम्हें फूटी कौड़ी नहीं देंगे और जेल भी भिजवाएँगे।

दूसरे दिन बलरामपुर पहुँचे और डॉ डीएन शाही, डॉ एसपी यादव और संगमलाल शिल्पकार से मिले। तो तय हुआ कि रात में जो पैसेंजर ट्रेन चलती है उसी से सब लोग चलेंगे और सुबह बंगले पर ही मुख्यमंत्री जी से मिलकर बात रखी जाएगी। प्रार्थना पत्र मैंने तैयार किया और टाइप करवाकर चारों लोगों ने हस्ताक्षर कर दिए। सप्ताह में एक दिन माननीय नेताजी जनता दरबार लगवाते थे, संयोग से उस दिन जनता दरबार का कार्यक्रम था। स्वर्गीय एसआरएस यादव जी नेताजी के साथ जनता दरबार में जैसे ही आए वैसे ही दूर खड़े हम लोगों पर उनकी दृष्टि पड़ गई। बोले तुम लोग वहाँ पीछे क्यों खड़े हो आगे आओ।

इतना सुनते ही सारी भीड़ हम लोगों को देखने लगी और हमें रास्ता दिया। मैंने प्रार्थना पत्र उनके हाथ में दे दिया। लेकिन उन्होंने पढ़ा ही नहीं, मुझसे कहा पूरी बात थोड़े में बताओ। मैंने कहा मेरे ससुर जी की ज़मीन सिद्धार्थनगर के तहसील वालों ने मिली-भगत करके एक साहूकार के हाथों नीलाम कर दी, ट्रैक्टर का लोन था। आगे उन्होंने न कुछ पूछा और न कुछ सुना। मेरे प्रार्थना पत्र पर अपने हाथों से लिखा– 'मेरे स्टैंडिंग ऑर्डर्स हैं कि किसी भी किसान की ज़मीन किसी भी बक़ाए के तहत नीलाम नहीं की जा सकती है, अत: प्रशासन द्वारा की गई नीलामी शासन द्वारा निरस्त की जाती है।'

तब फ़ैक्स मशीन उनके आवास पर ही लगी थी। हम लोगों से कहा कि एक घंटे बाद बंगले पर जाकर निरस्तीकरण का आदेश ले लेना।

फिर अचानक उन्हें जैसे कुछ याद आया कि कौन डीएम है उसको तलब करो, उसके ख़िलाफ़ कार्रवाई करते हैं।

हम लोग दो घंटे बाद बंगले पर गए तो सीलबंद लिफ़ाफ़ा दिया गया और कहा गया कि डीएम को जाकर दे देना। हम लोगों का काम हो गया था।

मैं डीएम आवास पर पहुँच गया और बाहर खड़े चपरासी से कहा कि मुझे साहेब से तुरंत मिलना है। चपरासी ने मुझे घूरकर देखा और बोला कि अभी साहेब को तैयार होने में एक घंटा लगेगा। लेकिन मेरे हाथ में तो मेरे भगवान मुलायम सिंह का हुक्मनामा था। मैं कड़ककर बुलंद आवाज़ में बोला कि जाकर बता दो साहेब को कि मुख्यमंत्री जी ने मुझे भेजा है और मेरा नाम सुरेंद्र चौधरी है।

मेरी तेज़ आवाज़ शायद डीएम साहेब के कानों तक पहुँच चुकी थी, इधर से चपरासी अंदर गया और उधर से हड़बड़ाए हुए ज़िलाधिकारी महोदय लुंगी और बनियान पहने बाहर आए। उन्होंने मेरा हाथ पकड़ लिया और घसीटते हुए अपने बेडरूम में ले गए और बताया कि कल ही फ़ैक्स से निरस्तीकरण का आदेश भी आ गया है। और मैंने नीलामी की समस्त कार्यवाही को निरस्त कर दिया है।

डीएम साहेब कहने लगे कि आप लोगों को मुझसे पहले ही मिल लेना चाहिए था मैं भी बिरादरी का हूँ मैं कोई कार्रवाई होने ही नहीं देता। मैंने जवाब दिया कि आपके तहसीलदार ने बनिए से मिली-भगत करके करोड़ों की संपत्ति की नीलामी कौड़ियों के भाव कर दी। एक नोटिस तक नहीं दिया गया। मुझे चाय पानी और पूरी आवभगत करके एसडीएम की जीप मँगवाकर साठ किलोमीटर दूर मेरे घर तक भिजवाया। उसी दिन जो सीलबंद लिफ़ाफ़ा मेरे हाथ में था उसे डीएम ने लिया ही नहीं तो मैंने वह लिफ़ाफ़ा खोलकर पत्नी को निरस्तीकरण आदेश दिखाया तो उस दिन से पत्नी का रवैया मेरे प्रति बहुत बदल गया।

अखिलेश यादव के मुख्यमंत्रितत्व काल में उत्तर पद्रेश विधानसभा के सभापति रह चुके माता प्रसाद पांडेय पूर्वांचल के दिग्गज समाजवादी नेताओं में शुमार किए जाते हैं। लोहिया की विचारधारा को आगे बढ़ाने वाले नेताजी के बारे में माता प्रसाद कहते हैं कि– डॉ. लोहिया बहुत पहले चले गए थे। उनकी विचारधारा 'समाजवाद' पूरे हिंदुस्तान में धीरे-धीरे समाप्त हो रही थी। मुलायम सिंह की सबसे बड़ी देन यह है कि उन्होंने डॉ. लोहिया के विचारधारा को सिर्फ़ उत्तर प्रदेश में ही नहीं बल्कि पूरे देश में बढ़ाया और समाजवादी पार्टी की स्थापना

की। उनकी समाजवादी विचारधारा को देश के कोने-कोने तक पहुँचाया। पहले जो समाजवादी थे वह कॉन्ग्रेस से टूटकर आए थे। बूढ़े हो चुके थे। उसमें से भी ज़्यादातर लोग अब इस दुनिया में नहीं थे।

नेताजी की सोच थी कि समाजवादी विचारधारा से ग़रीबों का उद्धार हो सकता है। दूसरी कोई विचारधारा नहीं है, जिससे ग़रीबों का उद्धार हो सके। पूँजीवाद से ग़रीबों का भला नहीं हो सकता। इसलिए उन्होंने समाजवादी विचारधारा को आगे बढ़ाया, कभी समझौते से तो कभी दृढ़ संकल्प से।

चंद्रगुप्त मौर्य, सम्राट अशोक जैसे महान शासकों ने भी कभी इस देश को हिंदू राष्ट्र बनाने की कोशिश नहीं की, आज मुस्लिम यहाँ आए हैं। मुसलमानों से पहले यहाँ शक, हुण, यवन आक्रमणकारी के रूप में भारत आए और इसी में विलीन हो गए। यह हिंदुस्तान है। जहाँ हज़ारों जातियाँ हों, वह कभी हिंदू राष्ट्र नहीं बन सकता है। ज़बरदस्ती फ़ौज के दम पर आप कुछ भी करने की कोशिश करें लेकिन आप सफल नहीं हो पाएँगे। यह सच है कि यहाँ 80 प्रतिशत हिंदू हैं। छोटे क़स्बों में, गाँव में जाकर देखिए कहीं कोई तनाव नहीं है। यह तनाव भाजपा के लोग पैदा करते हैं और उसे जनता के बीच प्रचारित करते हैं, जनता में तनाव बढ़ाते हैं। यह लोग हिंदुओं के बीच संप्रदायिक भावनाएँ भड़काते हैं जिससे हिंदू गोलबंद होकर मुसलमानों के ख़िलाफ़ बोलते हैं और फिर यही काम उनकी तरफ़ से भी शुरू होता है। उत्तरी भारत में उनको राम के नाम पर, अयोध्या के नाम पर पुलिस सुरक्षा मिली हुई है। लेकिन यह बहुत ज़्यादा दिन तक नहीं चलेगा।

मुलायम सिंह यादव से मेरी मुलाक़ात बहुत पहले से थी। 1974 में मैं भी चुनाव लड़ा था। वह भी चुनाव लड़े थे। मेरी उनकी निकटता 1969 से पहले की थी। जब वह आए थे तो कोऑपरेटिव में उनकी बहुत अच्छी पकड़ थी, बहुत अच्छा दबदबा था। हम लोग कोऑपरेटिव के बारे में उनसे जाना करते थे।

जब हम लोगों को कोई समस्या होती थी तो उनके पास जाते थे और वह अपने स्तर से उसका समाधान करते थे।

जब आज़ादी की लड़ाई लड़ी जा रही थी, उस समय भी कॉन्ग्रेस में समाजवादी विचारधारा के बहुत लोग थे। और वे लोग चाहते थे कि देश को समाजवादी विचारधारा के रास्ते से आगे लेकर जाया जाए। उस वक़्त कॉन्ग्रेस बहुत बड़ा संगठन बन गया था। उसमें तमाम विचारों के लोग उस संगठन में आए। उस समय लोगों का उद्देश्य था भारत को आज़ाद कराना।

आज़ादी के बाद तमाम समाजवादी विचारधारा के लोग एकजुट रहे होते तो आज देश में समाजवाद की सरकार होती। जहाँ तक बात समाजवादी पार्टी के जातिवादी पार्टी होने के आरोप की है तो आपको बता दें कि अगर समाजवादी पार्टी जातिवादी पार्टी होती तो मैं ब्राह्मण होकर इस पार्टी का स्पीकर नहीं होता।

एक दिलचस्प क़िस्सा है, 1989 में पहली बार जब नेताजी मुख्यमंत्री बने और हम तो MLA थे ही। मैं बहुत मिलने-जुलने नहीं जाता था। और सरकार में मैं कुछ बना भी नहीं था, तो शायद उन्हें लगा कि मैं नाराज़ हूँ। एक दिन जैसे ही मैं सचिवालय से निकला और उनकी नज़र मेरे पर पड़ी उन्होंने गाड़ी रोककर मुझे अपनी गाड़ी में बैठा लिया और पूछने लगे कि क्या मैं उनसे नाराज़ हूँ। मैंने हँसकर जवाब दिया नाराज़ नहीं हूँ।

जनपद सुल्तानपुर के सिविल लाइन निवासी रामविलास यादव ग्राम विकास पदाधिकारी से सेवानिवृत हो चुके हैं। वरोसा ब्लॉक के कोल्हुआमऊ बेलहाए ग्राम के एक प्रभावशाली समाजवादी स्तंभ है। मुलायम सिंह के मुरीदों में उनका नाम बहुत आला दर्जे का माना जाता है। सत्तर के क़रीब उम्र होने पर भी उनकी फूर्ति एक युवा जैसी है। रामविलास भारतीय राजनीति के इतिहास पुरुष मुलायम सिंह से जुड़ा एक ख़ास संस्मरण सुनाते हुए भावुक हो जाते हैं– "बात 1987 की है। जब नेताजी ने क्रांति रथ निकाला था और मैं जनपद रायबरेली के सिंगपुर विकास हिरण्य में ग्राम विकास अधिकारी के पद पर कार्यरत था।

वह भारत के तत्कालीन प्रधानमंत्री राजीव गाँधी जी का क्षेत्र था–अमेठी। अमेठी कॉन्ग्रेसियों का गढ़ था। मैं नौकरी करता था तो मेरा सभी दलों के नेताओं और कार्यकर्ताओं से अच्छा संबंध था। जब क्रांति रथ का पहिया मेरे जनपद की तरफ़ घुमा तब मैं इस ऐतिहासिक यात्रा का स्वागत करने के लिए व्याकुल होने लगा। मेरे साथ चार और ग्राम विकास अधिकारी थे जिसमें एक ठाकुर थे, दो यादव थे और एक मुस्लिम थे। मेरे पास उस समय मोटरसाइकिल भी नहीं थी, हालाँकि में नौकरी कर रहा था। 25 नवंबर 1985 को मैंने नौकरी ज्वॉइन कर लिया था लेकिन मेरे पास मोटरसाइकिल नहीं थी। फिर भी दोस्तों से व्यवस्था हो गई।

नेताजी को मैंने सामाजिक चेतना का अग्रदूत माना और उसके दृष्टिगत नौकरी में थोड़ा रिस्क लेकर, मैं इन्हौना चौराहा तिलोई विधानसभा रायबरेली जनपद (अब वह अमेठी में है) में खड़ा होकर क्रांति रथ का इंतज़ार करने लगा।

वहाँ पर माननीय नेताजी का क्रांति रथ आना था। उसके पहले मैं पहुँचा तो उस समय के जो प्रमुख प्रतिद्वंद्वी थे उनका नाम था चौधरी अख़्तर हुसैन। वो वहाँ के ज़मींदार थे। उनसे मैंने कहा तो उन्होंने मुझे हँसते हुए कहा कि मैं कॉन्ग्रेस में हूँ और आप कॉन्ग्रेस के ख़िलाफ़ काम करेंगे। तो मैंने उनकी बात को नज़रअंदाज़ किया और कहा कि नेताजी एक बड़े नेता हैं, उनके मुद्दों पर उन्हें समर्थन मिलना चाहिए। इसलिए मैं नेताजी का स्वागत करूँगा चाहे मैं भले निलंबित हो जाऊँ।

तब चौधरी अख़्तर हुसैन जी मुस्कुराए और वहीं बग़ल में एक नाई की दुकान से एक तख़्त की व्यवस्था कराई और नाई से कहा कि 40-50 लोगों को यहाँ बुला दो। क्योंकि उस ज़माने में इन्हौना में चौधरी अख़्तर हुसैन की मर्ज़ी के बग़ैर एक पत्ता तक नहीं हिलता था।

जब मैंने नेताजी के क्रांति रथ का सायरन सुना तब मैं तख़्त पर चढ़कर वहाँ मौजूद 15-20 लोगों को इत्तला दी कि अब नेताजी का क्रांति रथ बहुत जल्द आपके बीच में पहुँचने वाला है। तब अगल-बग़ल के कुछ और लोग कौतूहल बस वहाँ जमा हो गए। तभी मैंने नेताजी का नारा लगाया। सभी लोगों ने मेरे साथ ज़िंदाबाद-ज़िंदाबाद कहा। नेताजी का क्रांति रथ पहुँचा लेकिन वहाँ रुका नहीं। ऊपर से ही वह हाथ हिलाए और रथ आगे निकल गया। तब मैं वहाँ से मोटरसाइकिल स्टार्ट करके फ़ौरन अगले भारत हैवी इलेक्ट्रिकल चौराहे पर पहुँच गया। भेल चौराहे पर भी मैंने ऐसा ही किया, फिर जगबीरपुर में किया, फिर मैंने वारिसगंज में किया, फिर मुसाफ़िरख़ाना में किया, बधुआ कला में, सुल्तानपुर के बेगीपुर पीगिया में किया, फिर मैं लमहुआ गया, और फिर मैंने चांदा में किया।

चांदा में एक हलवाई की दुकान थी। यह क्षेत्र भाजपा का गढ़ कहा जाता था और उस दुकान में भी उस समय श्री अनूप सिंह भाजपा के विधायक का भाई बैठा था। ज़ाहिर-सी बात है, जिसकी सत्ता होती है उसके चारों तरफ़ लोग होते हैं। यहाँ भी थे। लेकिन चांदा लोहिया के लोगों का गढ़ भी था। वहाँ मैंने उसी हलवाई की दुकान से एक तख़्त लिया और बग़ल से बैटरी वाला माइक 100 रुपये के किराए पर लेकर मैं तख़्त पर चढ़ गया और नारा लगाकर पब्लिक को बताने लगा कि मुलायम सिंह का क्रांति रथ आपके बीच में दस मिनट में पहुँचने वाला है। अब तक क़रीब मैं इन्हौना से 100 किलोमीटर की यात्रा, अपने चार मित्रों के साथ, दो मोटरसाइकिल पर चांदा तक कर चुका था। मेरा एनाउंसमेंट सुनते ही उस चौराहे पर क़रीब 40-50 लोग इकट्ठा हो गए।

उस ज़माने में समाजवादी पार्टी के पूर्व विधायक रईस भाई जो भी इस दुनिया में नहीं हैं, उनका मेरे घर आना-जाना था। उनके साथ मेरे अच्छे संबंध थे और कई मौक़ों पर उनकी मैंने मदद भी की थी। उस ज़माने में कॉन्ग्रेस का जलवा था लेकिन तब भी मैं किसी से डरता नहीं था। मैंने रईस भाई को चुनाव भी जितवाया।

अब यहाँ नेताजी का क्रांति रथ रुका। नेताजी नीचे भी उतरकर आए और फुर्तीली चाल में नेताजी, बाटा कंपनी का पीले रंग का सैंडल पहने हुए मेरे उस तख़्त पर पहुँचे। मैंने उनका पैर छुआ, उन्होंने मेरे हाथ से माइक ले लिया और मुझसे मेरा नाम पूछा। मैंने उन्हें अपना नाम बताया और कहा मैं ग्राम विकास अधिकारी हूँ। नेताजी ने मुझे कहा कि तुम बहुत तेज़ आदमी हो।

उनकी बातें सुनकर मुझे ऐसा लगा कि यह व्यक्ति कार्यकर्ताओं का दिल जीतने में माहिर है। तभी मुझे एहसास हो गया कि भारत की राजनीति में कॉन्ग्रेस को अगर कोई टक्कर दे सकता है, जनसंघ या भारतीय जनता पार्टी को अगर कोई टक्कर दे सकता है, उसे ध्वस्त कर सकता है, तो वह मुलायम सिंह यादव है। और बाद के दिनों में उन्होंने ऐसा करके भी दिखाया। वह तीन बार मुख्यमंत्री बने और अपने बेटे अखिलेश को भी उन्होंने ही मुख्यमंत्री बनाया।

नेताजी में कार्यकर्ताओं को अपने साथ जोड़ने की, अन्य पार्टी के नेताओं को व अन्य दलों को अपने साथ जोड़ने की अद्‌भुत कला थी। आज भाजपा सत्ता में है लेकिन आने वाले दिनों में अगर भाजपा को कोई टक्कर देगा तो वह माननीय अखिलेश यादव जी और पार्टी यानी समाजवादी पार्टी ही होगी।

पूर्वी उत्तर प्रदेश के ग़ाज़ीपुर ज़िले के ब्लॉक सादात के बहरियाबाद गाँव में 'नेताजी' के नाम से मशहूर 'सलीम अंसारी' माननीय मुलायम सिंह को बहुत बड़ा और ज़मीनी नेता मानते हैं। अपना संस्मरण सुनाते हुए सलीम अंसारी कहते हैं– "अस्सी के दशक में चुनाव प्रचार के लिए मुलायम सिंह जी ग़ाज़ीपुर के ब्लॉक सादात के हमारे छोटे-से गाँव बहरियाबाद में आए थे। उस समय सड़कें नहीं थीं, गाँव-गाँव में पगडंडियाँ ही थीं, फिर भी नेताजी अपने कुछ साथियों को लेकर दस मोटरसाइकिल और बुलेट के छोटे-से क़ाफ़िले के साथ चुनाव प्रचार करने आए थे। उस समय हमारे ग्राम प्रधान थे मरहूम हाफ़िज़ अब्दुल मन्नान अंसारी साहब जो लगभग पैंतीस साल से लगातार प्रधान चुने जा रहे थे। हाफ़िज़ अब्दुल मन्नान अंसारी के यहाँ अपनी नीतियों और पार्टी के प्रचार के लिए नेताजी पहुँचे थे। शाम

का वक़्त था। थोड़ा-सा जलपान करने के बाद पूरे गाँव में मैंने उन्हें घुमाया और लोगों से मिलवाया। उस समय मेरी उम्र महज़ ग्यारह साल थी। मुझे याद है कि किस तरह से मैंने गाँव की गली-गली में नेताजी के आगे-आगे लानटेन लेकर चलते हुए नेताजी का प्रचार किया और पूरी रात लोगों के घरों में नेताजी को ले जाकर सबसे मिलवाया और उन्हें वोट देने की सबसे अपील भी की। नेताजी रातभर गाँव के लोगों का दुख-सुख सुनते रहे और उनकी मदद करने का वादा करते रहे।

अगले दिन सुबह हम सबने मिलकर बहरियाबाद चौमुहानी पर एक लाउडस्पीकर की व्यवस्था की, जहाँ नेताजी ने लकड़ी की ट्रॉली पर चढ़कर भाषण दिया। वहीं पर मौजूद गाँव के प्रधान हाफ़िज़ अब्दुल मन्नान अंसारी ने मुलायम सिंह से पूछा– 'अगर आप मुख्यमंत्री बनेंगे तो बहरियाबाद को क्या देंगे?' तब मुलायम ने जवाब दिया– 'मैं देख रहा हूँ कि इस गाँव में बिजली और सड़क की व्यवस्था नहीं है और हमें रातों में लानटेन के ज़रिए प्रचार करना पड़ा है, इसलिए सबसे पहले मैं बहरियाबाद को पावरहाउस दूँगा।'

माननीय मुलायम सिंह ने इस बात को सही साबित भी किया। जब वो मुख्यमंत्री बने तो उन्होंने बहरियाबाद से सटे सलेमपुर बघाईं में एक डिग्री कॉलेज (किसान महाविद्यालय) का उद्‌घाटन करने के लिए आए और वहीं पर अपने वादे को याद करते हुए उन्होंने बहरियाबाद में पावरहाउस की घोषणा कर दी। आज बहरियाबाद के अंदर वही पावरहाउस है जिसकी बिजली आस-पास के कई गाँवों में सप्लाई होती है।"

सलीम आगे बताते हैं कि मुलायम ने अपने शुरुआती दौर में बहुत ज़्यादा मेहनत थे और गाँव-गाँव साइकिल एवं मोटरसाइकिल से घूमकर प्रचार करते थे। उस समय एक लमरेटा स्कूटर चला करती थी, उससे भी एक बार वो बहरियाबाद अपने साथियों के साथ आए थे। इतनी मेहनत करने के बाद ही वो इस मुकाम पर पहुँचे। उनकी शुरुआती राजनीतिक प्रचार-प्रसार में मैंने (बहरियाबाद के नेताजी) और ग्राम प्रधान मरहूम हाफ़िज़ अब्दुल मन्नान अंसारी ने अपना पूरा सहयोग दिया। उसी सहयोग को देखते हुए मुलायम सिंह के पुत्र अखिलेश यादव ने हाफ़िज़ अब्दुल मन्नान अंसारी साहब के सबसे छोटे पुत्र और उनकी राजनीतिक विरासत को आगे बढ़ा रहे अब्दुल वाजिद अंसारी को 'उत्तर प्रदेश अल्पसंख्यक सभा' का प्रदेश सचिव नामित किया है। यह बहरियाबाद के लिए बहुत ही गर्व की बात है।

बाँदा के युवा कार्यकर्ता मानस सिंह पटेल कहते हैं– आदरणीय नेताजी ने अपनी दूसरी सरकार में मंडल आयोग की रिपोर्ट के आधार पर ओबीसी आरक्षण को 15 फ़ीसदी से बढ़ाकर 27 फ़ीसदी किया था। उन्होंने त्रिस्तरीय पंचायत राज संस्थाओं में विभिन्न सामाजिक श्रेणियों (विशेषकर पिछड़ी जातियों) के लिए कोटा सुनिश्चित किया था, जिसके बाद उत्तर प्रदेश में प्रधान, ब्लॉक प्रमुख से लेकर ज़िला पंचायत अध्यक्ष पिछड़ी जातियों के लोग बनने लगे, जिससे थानेदार से लेकर ज़िलाधिकारी तक पिछड़ों की बात सुनने लगे और पिछड़ी जातियों में राजनीतिक चेतना जाग्रत हुई। राजनीतिक रूप से पिछड़े सशक्त हुए और जाति के आधार पर होने वाले भेदभाव में कमी आई, जैसा उत्तर प्रदेश आज हम देख रहे हैं जिसमे पिछड़ी जातियों के लोग राजनीतिक और आर्थिक आधार पर मज़बूत हुए हैं, नेताजी के पंचायतों में आरक्षण लागू करने की वजह से ही हो पाया है।

मैं एक साधारण से पिछड़ी जाति के एक साधारण परिवार का लड़का हूँ, मुझे लगता है, नेताजी की वजह से ही पिछड़ों के जीवन में राजनीतिक चेतना आई और पिछड़े अपने अधिकारों के लिए लड़ना सीखे और विशेषाधिकार प्राप्त जातियों के भेदभाव और असमानता के विरोध में खड़े हुए।

सेंट्रल वेस्ट उत्तर प्रदेश में इटावा जनपद मुलायम सिंह की बदौलत समाजवाद की नर्सरी बन चुका है। जैसे-जैसे मुलायम के सियासी सितारे बुलंद होते गए वैसे-वैसे पूरे इलाक़े में युवाओं के बीच उनका आकर्षण उरूज़ पर पहुँचने लगा। मुलायम के नेताजी बनने और एक कल्ट फ़िगर वाली दीवानगी को पब्लिक के बीच एक शख़्स क़रीब से देख रहा था। वो शख़्स है राम नरेश यादव जो समाजवादी पार्टी और पुरे प्रदेश में 'मिनी साहेब' के उपनाम से मशहूर हो गए। नेताजी के साये में मिनी ने न सिर्फ़ उनका दिल जीता बल्कि संगठन शक्ति को मज़बूती देने के लिए गाँव-गाँव, गली-मोहल्ले, खेत-खलिहानों और पगडंडियों से होते साइकिल चलाई। सरसठ की उम्र में भी उनकी वाक्पटुता व शारीरिक स्फूर्ति ग़ज़ब है।

राम नरेश यादव बताते हैं– "सैफ़ई से ही कुछ किलोमीटर दूर मेरा जन्म नगला कहरी में हुआ। मैं नेताजी के घर का सदस्य तो नहीं था लेकिन उनका सबसे मज़बूत समर्थक था। 1981 में नेताजी मेरे छात्र जीवन से ही मुझे राजनीति में उठाकर लाए। राजनीतिक जीवन से लेकर व्यावहारिक जीवन तक, विचारधारा से लेकर समाज तक मैंने उनसे बहुत कुछ सीखा। उनका स्नेह और प्यार मेरे

ऊपर हमेशा बना रहा। वह मेरे ऊपर बहुत विश्वास करते थे। उनके विश्वास का सबसे बड़ा कारण था कि मैं उस विचारधारा का पक्का समर्थक था, जिस विचारधारा पर नेताजी हम लोगों को संघर्ष करना सिखा रहे थे। वह हम लोगों को हमेशा सिखाते रहे कि हमें अन्याय के ख़िलाफ़ हमेशा खड़े रहना चाहिए। इस धरती पर याद वही लोग रखे जाते हैं जो दूसरों के लिए जीते हैं।

मैं नेताजी की कृपा से 2004 में इटावा का जिला अध्यक्ष बना और लंबे समय तक ज़िलाध्यक्ष रहा। पार्टी का प्रदेश में सेक्रेटरी भी रहा, और भी तमाम तरह की ज़िम्मेदारियाँ जैसे बुंदेलखंड चुनाव का प्रभारी आदि भी उसमें शामिल रही। नेताजी की कृपा से ज़िला अध्यक्ष बनना एमएलए, एमएलसी आदि बनना महत्त्वपूर्ण नहीं है। नेताजी ने हमारे जैसे लाखों लोगों को उस विचारधारा से जोड़ा, जो यह कहती है कि जहाँ पर भी समाज के शोषित वर्ग के साथ भेदभाव किया जाता है, उनका जहाँ पर भी सामाजिक तौर पर, आर्थिक तौर पर शोषण किया जाता है, जिन लोगों को हज़ारों सालों से शोषित रखा गया और जिन लोगों ने उन्हें शोषित रखा उनके ख़िलाफ़ हमे लड़ाई लड़ने के लिए हमेशा तैयार रहना चाहिए और आज हम उसी लड़ाई को लड़ रहे हैं।

चौधरी चरण सिंह ने अपनी राजनीतिक विरासत अपने बेटे अजित सिंह को नहीं सौंपा, मुलायम सिंह उर्फ़ लिटिल नेपोलियन को अपना उत्तराधिकारी बनाया। माया त्यागी कांड में नेताजी ने पुरे प्रदेश में संघर्ष का बिगुल फूँका था। हम लोगों ने जनता के बीच जाकर एक महिला के लिए न्याय की लड़ाई लड़ी थी।

जब विश्वनाथ प्रताप सिंह मुख्यमंत्री थे तब एटा के दबंग छबिराम यादव के ख़िलाफ़ एक मुहीम चली जिसके चलते बहुत सारे दलित, पिछड़े और अल्पसंख्यक समाज के निर्दोषों को भी अपराधी घोषित करके एनकाउंटर किया गया। हमारे नेताजी ने सड़क से विधानसभा तक वीपी सिंह सरकार की चूलें हिला दी थी। इंदिरा गाँधी को वीपी सिंह को मुख्यमंत्री पद से हटाना पड़ा था और गोरखपुर के कॉन्ग्रेसी नेता वीर बहादुर सिंह को मुख्यमंत्री बनाना पड़ा था।

जब नेताजी ने क्रांतिकारी मोर्चा बनाया और क्रांति रथ लेकर प्रदेश को मथने लगे तब उनके सामने सभी नतमस्तक होने लगे। जब वीपी सिंह ने बोफ़ोर्स घोटाला को लेकर कॉन्ग्रेस छोड़ दी तब नेताजी ने उनका साथ दिया। राष्ट्रीय मोर्चा बना और प्रदेश में मुलायम युग का उदय हुआ जब नेताजी विधायक दाल के पसंदीदा चेहरे के रूप में उभरे और सभी तरह के षड्यंत्रों को कुचलकर

मुख्यमंत्री के रूप में शपथ लिया।

नेताजी कभी-कभी जब साथ बैठते थे, तो कुछ घरेलू विषयों पर भी चर्चा कर लेते थे। अखिलेश जी साल 2000 ने कन्नौज से मेंबर ऑफ़ पार्लियामेंट हो गए थे। अखिलेश बड़ी ही विषम परिस्थितियों में चुनाव जीते थे। नेताजी उसी विषय पर चर्चा करते हुए मुझसे कहे, 'राम नरेश, आप तो हम लोगों के बारे में बहुत कुछ जानते हो। जिस कठिन संघर्ष से हम लोग गुज़रे हैं भविष्य में इस तरह के कठिन संघर्ष से अखिलेश को नहीं गुज़रना पड़ेगा।' मैंने अपने तौर पर उनकी बातों का अर्थ लगाया कि आज नेताजी को बहुत ही सुकून महसूस हो रहा है।

कोई कितना भी, कहीं भी भटक ले लेकिन सामाजिक न्याय कहीं नहीं मिलेगी। आख़िर में उसे समाजवाद के रास्ते पर ही आना पड़ेगा।

यह वाक़या उस वक़्त का है जब नेताजी भारत के रक्षा मंत्री बन चुके थे। मुझे उनसे मिलना था। मेरी टेलीफ़ोन पर बात हुई उन्होंने मुझ से कहा आ जाओ दिल्ली। मैं दिल्ली पहुँचा। वहाँ उनसे मिलने की क़तार में सुनील दत्त साहब भी बैठे थे। मैंने अपने नाम की पर्ची अंदर भेजवाई और उन्होंने तुरंत मुझे बुला लिया। जब मैं अंदर पहुँचा तो वहाँ उनके साथ उस वक़्त के डीआरडीओ के प्रेसिडेंट और 'मिसाइल मैन' अब्दुल कलाम जी बैठे थे। मैंने नेताजी से कहा बाहर सुनील दत्त साहब आपसे मिलने के लिए इंतज़ार कर रहे हैं। उन्होंने कहा रुको उन्हें भी अभी बुलवाते हैं। नेताजी स्वभाव के बहुत ही सरल थे।

नेताजी ने अब्दुल कलाम जी को हिंदी भाषा सीखने के लिए प्रेरित किया। उन्होंने कहा हिंदी हमारी मातृभाषा है और आप जैसा योग्य व्यक्ति बड़ी ही आसानी से सीख सकता है। कलाम जी ने उनकी बात मान हिंदी सीख भी ली।

सियाचिन जैसे दुर्लभ स्थान पर जहाँ का टेंपरेचर 40 डिग्री तक चला जाता है। वहाँ ड्यूटी करने वाले सैनिकों को तमाम तरह की परेशानियाँ झेलनी पड़ती थी। किसी की उँगलियाँ गल जाती थीं, किसी के वर्टिकल पार्ट गल जाते थे आदि तरह की समस्याएँ आ जाती थीं। वहाँ सैनिकों को सिर्फ़ तीन महीने के लिए ही ड्यूटी कराने का और सैनिकों के लिए एक्स्ट्रा वेतन की व्यवस्था नेताजी ने ही करवाई थी। आम जनमानस के हक़ में नेताजी ने इस तरह के अनेकों काम किए। चाहे वो रक्षा मंत्री रहे हों चाहे वह मुख्यमंत्री रहे हों।

कॉन्ग्रेस के ज़माने में एक ऐसा दौर था जब 20 प्रतिशत जनसंख्या शहरों में रहती थी और 80 प्रतिशत जनसंख्या गाँव में रहती थी। लेकिन बजट आता था 20

प्रतिशत वालों के लिए 80 प्रतिशत और 80 प्रतिशत वालों के लिए 20 प्रतिशत।

नेताजी ने स्मार्ट गाँव का सपना देखा था। नेताजी ने ही गाँव के लिए अधिक से अधिक आर्थिक बजट देने की व्यवस्था की उन्होंने कहा था कि जब तक हमारे गाँव विकसित नहीं होंगे तब तक देश विकसित नहीं होगा। वह कहते थे कि अगर किसान खेतों में अच्छी फ़सल नहीं पैदा करेंगे तो व्यापारी क्या बेचेगा।

नेताजी ने मैक्सिमम बजट गाँव को देने की व्यवस्था की। उन्होंने कहा– हमारे किसान, मज़दूर चाहे वह किसी भी वर्ग के हों, इनको मज़बूत करना ज़रूरी है।

इसी बजट के बाद उत्तर प्रदेश के गाँव-गाँव में सड़के बनना शुरू हो गई, स्कूल बनने शुरू हो गए। नहीं तो उसके पहले बस 10 किलोमीटर पर मिडिल स्कूल और पाँच-पाँच किलोमीटर दूरी पर प्राइमरी स्कूल हुआ करते थे।

नेताजी कहते थे कि जब तक हमारे गाँव के बच्चे शिक्षित नहीं होंगे, संविधान की अवधारणा को नहीं समझेंगे, तब तक वो ग़ुलाम बने रहेंगे। इनकी ग़ुलामी की ज़ंजीर को तोड़ने के लिए ही नेताजी ने गाँव-गाँव में स्कूल और हेल्थ सेंटर बनवाना शुरू किए थे। गाँव के बच्चों को शिक्षित करने के लिए ही नेताजी ने गाँव-गाँव में सड़के बनवाई, हैंडपंप की व्यवस्था करवाई। आज लोगों में जो जागरूकता आई है उसमें नेताजी का बहुत बड़ा संघर्ष है। सभी वर्गों से गड़रिया, तेली, तमोली, धोबी, पासी,चमार, महार, विश्वकर्मा, नाई, मौर्य, कुशवाहा, पटेल, निषाद, लोधी, काठी, भुर्जी, कुर्मी सभी जातियों के होनहार नौजवानों को उन्होंने नेता बनाने की कोशिश की। वो कहते थे कि जब तक इनके नेता नहीं पैदा होंगे तब तक यह लोग सच को समझेंगे नहीं और ग़ुलाम के ग़ुलाम बने रहेंगे। आज की भारतीय जनता पार्टी में मैक्सिमम प्रोडक्ट नेताजी के हैं या फिर कांशीराम जी के हैं।

देश में पहली सोशल इंजीनियरिंग नेताजी ने ही शुरू की थी।

आपको एक उदाहरण देकर बता देता हूँ कि आज के एसपी सिंह बघेल जो भारत सरकार में मंत्री हैं, वह नेताजी की सिक्योरिटी में हुआ करते थे। नेताजी ने देखा कि लड़का होनहार है और कुछ करना चाहता है। नेताजी ने मेरिट पर उन्हें प्रोफ़ेसर बनवाया और फिर बाद में उन्हें ऑर्गेनाइजेशन में यूथ ब्रिगेड का अध्यक्ष बनाया। उन्हें एमएलए का टिकट दिया, एमपी का टिकट दिया।

इस तरह के बहुत से उदाहरण हैं। नेताजी कास्ट या फिर उसके काम के हिसाब से कभी भेदभाव नहीं करते थे। नेताजी लिफ्टमैन के घर भी शादी में चले जाया करते थे। उनके घर में जो सफ़ाई वाला काम करता था, उसके घर भी

शादी में गए। उनके यहाँ जो खाना बनाता था उसकी शादी होनी थी। उसकी शादी में कोई गड़बड़ी न हो जाए, उसकी फ़िकर नेताजी को थी। नेताजी ने अपनी तनख़्वाह के पैसे से उसको पैसे भिजवाए।"

उत्तर प्रदेश समाजवादी पार्टी से आंबेडकर नगर में राज्य कार्य कारिणी पूर्व सदस्य डॉ अखिलेश पटेल लिखते हैं– हमारे गाँव के पास (डड़वा), महुवारी में स्थिति यादवों का गाँव है। आपसी झगड़े को लेकर वहाँ पंचायत चल रही थी, जिसमें नेताजी पँहुचे थे। जब हम छात्रों को पता चला कि नेताजी आए हैं, तो हम अपनी कक्षा छोड़ उनको देखने पहुँचे। नेताजी एक तख़्त पर बैठकर पंचायत के लोगों को समझा रहे थे। उनके समझाने का अंदाज़ ऐसा था कि जैसे कोई अपने परिवार को समझा रहा हो। उसी दिन मैंने संकल्प लिया कि नेताजी से फिर मिलना है।

जब मैं अपनी पढ़ाई करने के लिए लखनऊ पहुँचा तो उनसे मिलने का मौक़ा मिला और साल 2000 में नेताजी ने मुझे पार्टी की सक्रिय सदस्यता दिलाई। एक छोटे-से कार्यकर्ता को इतना सम्मान देकर नेताजी ने मेरे दिल-ओ-दिमाग़ में अपनी उस छाप को स्थापित कर दिया, जो वो हमेशा कहते थे– 'दुनिया का हर दुख-दर्द सिर्फ़ समाजवादी पार्टी व्यवस्था से ही ठीक हो सकता है।' फिर तो मैं नेताजी का सिर्फ़ दीवाना ही नहीं, बल्कि दीवानगी की उस हद तक पहुँच गया, जहाँ से वापसी कभी संभव ही नहीं हुई।

मुझे याद है, आगरा में राष्ट्रीय सम्मेलन चल रहा था। मैं नेताजी से मंच पर मिलने के लिए बहुत ही उतावला था। प्रोफ़ेसर साहब मंच संचालन कर रहे थे और मुझे मंच पर आने नहीं दे रहे थे। तभी नेताजी ने मुझे देख लिया और कहा कि पुराना कार्यकर्ता है आने दो। मैं जैसे ही मंच पर पहुँच उनका आशीर्वाद लिया, तो नेताजी ने पूछा– डॉक्टर हो, तो बताओ साँप काटने की दवा कहाँ होनी चाहिए? मैंने कहा– अस्पताल में। फिर नेताजी ने पूछा– किस अस्पताल में? इस प्रश्न पर मैं निरुत्तर हो गया। फिर नेताजी ने समझाते हुए कहा– गाँव के अस्पताल में, क्योंकि गाँव में रहने वाले को साँप काटता है। झुग्गी-झोपड़ी, खेतों में काम करने वालों को काटता है, शहर में बड़े-बड़े मकानों में रहने वालों को नहीं। उनके इन्हीं विचारों के कारण ही उन्हें जनता के बीच धारतीपुत्र एवं नेताजी के नाम से जाना जाता है।

नेताजी के प्रशंसक इंजीनियर जावेद इक़बाल ख़ान लिखते हैं– 'नेताजी मुस्लिम कौम के लिए एक मसीहा थे। इंसानियत का जो जज़्बा नेताजी के अंदर था वो देश के किसी नेता के अंदर नहीं रहा। नेताजी को मुस्लिम समाज से सच्चा प्रेम था। नेताजी के अंदर लोगों को जोड़ने की कला थी, जिसके बल पर उन्होंने समाजवादी पार्टी की स्थापना की और करोड़ों लोगों के दुख-दर्द में हमेशा खड़े रहे। इसी वजह से देश-विदेश में उनकी एक अलग पहचान बनी। नेताजी मुस्लिम समाज को शिक्षा के क्षेत्र में आगे बढ़ता देखना चाहते थे और मुस्लिम समाज के लिए उन्होंने अनेक कार्य किए जो क़ाबिल-ए-तारीफ़ है।'

'सबके लिए थे मुलायम।' इस वाक्य को बड़ी शिद्दत से कहने वाले बांदा निवासी (फ़िलवक़्त लखनऊ में रहते हैं) वरिष्ठ पत्रकार ज़ैद अहमद फ़ारूक़ी को उत्तर प्रदेश विधान परिषद और विधान परिषद की कार्यवाही पर रिपोर्टिंग करने में महारत हासिल है। ज़ैद बताते हैं कि– नेताजी के विरोधी और उनके चाहने वाले दोनों ही उनकी मौत पर आँसू बहा रहे थे। नेताजी में कुछ ख़ास बातें थीं– उन्होंने बालेश्वर यादव से लेकर लीलावती कुशवाहा तक को उत्तर प्रदेश के उच्च सदन में भेजा जो कभी चुनाव जीतकर सदन का सदस्य नहीं बन सकते थे।

कहा जाता है कि जवानी के दिनों में अगर मुलायम का हाथ अपने प्रतिद्वंद्वी की कमर तक पहुँच जाता था, तो चाहे वो कितना ही लंबा-तगड़ा क्यों न हो, मजाल नहीं थी कि वो ख़ुद को उनकी गिरफ़्त से छुड़ा ले। आज भी उनके गाँव के लोग उनके 'चर्खा दाँव' को नहीं भूले हैं, जब वो बिना अपने हाथों का इस्तेमाल किए ही पहलवान को चारों खाने चित कर देते थे। उत्तर प्रदेश की राजनीति पर नज़र रखने वाले कई विश्लेषकों का मानना है कि कुश्ती के इस गुर की वजह से ही मुलायम राजनीति के अखाड़े में भी उतने ही सफल रहे, जबकि उनकी कोई राजनीतिक पृष्ठभूमि नहीं थी।

मुलायम सिंह की प्रतिभा को सबसे पहले पहचाना था प्रजा सोशलिस्ट पार्टी के एक नेता नाथू सिंह ने, जिन्होंने 1967 के चुनाव में जसवंतनगर विधानसभा सीट का उन्हें टिकट दिलवाया था। उस समय मुलायम की उम्र सिर्फ़ 28 साल थी और वो प्रदेश के इतिहास में सबसे कम उम्र के विधायक बने थे। उन्होंने विधायक बनने के बाद अपनी एमए की पढ़ाई पूरी की थी।

5 दिसंबर, 1989 को उन्हें लखनऊ के बाबू केडी सिंह स्टेडियम में मुख्यमंत्री

पद की शपथ दिलाई गई और मुलायम ने रुँधे हुए गले से कहा था– 'लोहिया का ग़रीब के बेटे को मुख्यमंत्री बनाने का पुराना सपना साकार हो गया है।' मुख्यमंत्री बनते ही मुलायम सिंह ने उत्तर प्रदेश में तेज़ी से उभर रही भारतीय जनता पार्टी का मज़बूती से सामना करने का फ़ैसला किया। चार अक्तूबर, 1992 को उन्होंने समाजवादी पार्टी की स्थापना की, क्योंकि उन्हें लगा कि वो अकेले भारतीय जनता पार्टी के बढ़ते हुए ग्राफ़ को नहीं रोक पाएँगे।

मुलायम सिंह की सबसे बड़ी ख़ूबी यह थी कि वह अपने राजनीतिक विरोधियों को अपना निजी विरोधी नहीं मानते थे और उनके संकट के समय में काम आते थे। उनकी राजनीति में सबसे लंबा साथ मोहम्मद आज़म ख़ान का रहा है। आज़म के लिए ये किसी नेता नहीं बल्कि, 'सबसे क़रीबी दोस्त' की मौत थी। मुलायम की मौत पर ऐसे बिलख-बिलख रोने वाला कोई दूसरा नेता नहीं था। इससे इन दो नेताओं के बीच की नज़दीकियों का अंदाज़ा आसानी से लगाया जा सकता है।

नेताजी का तीन बार मुख्यमंत्री और केंद्रीय रक्षा मंत्री बनने का उदय कड़ी मेहनत और उनके राजनीतिक कौशल के कारण हुआ जो उन्होंने इस अवधि में विकसित किया था। समाजवादी पार्टी के लिए सामाजिक आधार का विस्तार करना अखिलेश यादव के लिए मुलायम की अनुपस्थिति में बहुत मुश्किल काम है। इसलिए यह देखना दिलचस्प होगा कि अखिलेश किस तरह से अपने पिता के संघर्षों से सीखते हुए आगे बढ़ते हैं।

इलाहाबाद विश्वविद्यालय छात्र संघ (एयूएसयू) के पूर्व अध्यक्ष अवनीश यादव लिखते हैं– नेताजी मानव नहीं महामानव थे। एक राजनीतिक परिवार होने की वजह मैं बचपन से ही नेताजी के बारे में अपने परिवार से सुना करता था। मेरी बुआ की शादी 1996 में पड़ी थी, उस समय मेरे गृह जनपद देवरिया से लखनऊ की यात्रा बहुत कठिन थी। बुआ की शादी का निमंत्रण लेकर मेरे पापाजी श्रद्धेय नेताजी को दे आए। शादी के दिन जब सुबह मेरे घर पर पुलिस प्रशासन के लोग आए और बताए कि नेताजी आपके घर आने वाले हैं, तो वो हमारे परिवार के लिए भावुक पल था। नेताजी आए और सभी परिवारजनों से मिले भी। तब मैं मात्र दो साल का था। उन्होंने मुझे गोद में खिलाया और मुझे आशीर्वाद दिया।

इलाहाबाद विश्वविद्यालय में पढ़ाई के साथ-साथ मैं छात्र राजनीति करने लगा। छात्र संघ 2017-18 का चुनाव था। समाजवादी पार्टी के छात्र संगठन

इकाई का मैं प्रत्याशी बना और चुनाव बड़े अंतराल से जीता। जीतने के बाद जब मैं अखिलेश यादव जी से मिलने पहुँचा तो मैंने इच्छा ज़ाहिर की कि एक बार मुझे नेताजी से मिलवा दीजिए। उन्होंने मुझे नेताजी से मिलवाया। जब मैंने अपना परिचय दिया और बताया कि मैं इलाहाबाद विश्वविद्यालय छात्र संघ का अध्यक्ष निर्वाचित हुआ हूँ, आपसे मिलने और आपसे आशीर्वाद लेने आया हूँ तब नेताजी ने मेरे बारे में मुझसे सब कुछ पूछा। जब मैंने नेताजी को बताया कि मैं आपकी गोद में खेला हुआ बच्चा हूँ, तब नेताजी ने तपाक से पूछा कि किसके लड़के हो। मैंने बताया कि मैं आपकी पार्टी के स्थापना काल से जुड़े कमला यादव जी का भतीजा हूँ। नेताजी ने तुरंत कहा कि मैं कमला की बहन की शादी में गया था, यानी आपकी बुआ की शादी में। फिर नेताजी ने आशीर्वाद देते हुए कहा कि आप जैसे नौजवान हमारी पार्टी में हैं, यह पार्टी कभी बूढ़ी नहीं होगी। इसके बाद उन्होंने सदैव संघर्ष करने के लिए प्रेरणा दी। ऐसे थे हमारे नेताजी।

समाजवादी लोहियावाहिनी, गौतम बुद्ध नगर, के ज़िलाध्यक्ष लखन यादव अपना संस्मरण सुनाते हैं कि– लोकसभा 2019 के चुनाव के समय लखनऊ में पार्टी कार्यालय पर मैं नेताजी से पहली बार मिला था। वो कहीं जा रहे थे। उत्साह में मैंने नेताजी से कहा कि मुझे आपके साथ सेल्फ़ी लेनी है। नेताजी फ़ौरन अपनी गाड़ी से उतरे और सुरक्षाकर्मियों से बोले कि वो पीछे हट जाएँ। सेल्फ़ी लेने के बाद उन्होंने कहा कि एक बार देख लो, ठीक न आया हो तो फिर से लो।

नेताजी से दूसरी मुलाक़ात दिल्ली में नेताजी की कोठी पर हुई थी। मुलाक़ातियों की भीड़ में गुलदस्ता लेकर मैं काफ़ी पीछे खड़ा था। नेताजी मुझे पहचान गए और सबसे पहले मेरे पास आकर गुलदस्ता लेकर मेरा हालचाल पूछा और आशीर्वाद भी दिया। ऐसे थे नेताजी जो अपने कार्यकर्ताओं को भीड़ में भी पहचान जाते थे।

अध्याय 31

जब-जब देखा, लोहा देखा

सेंटर फ़ॉर मीडिया स्टडीज़, स्कूल ऑफ़ सोशल साइंसेज़, जवाहरलाल नेहरू यूनिवर्सिटी, दिल्ली से डॉक्टोरल रिसर्च स्कॉलर जयंत जिज्ञासु नेताजी को 'रफ़ीक़-उल-मुल्क' मानते हैं। नेताजी के बारे में विस्तार से बताते हुए जयंत जिज्ञासु कहते हैं कि– भारतीय राजनीति में लगभग आधी सदी से अपना अहम योगदान देने वाले, भारत के सबसे बड़े सूबे के तीन-तीन बार मुख्यमंत्री रहे, देश के रक्षा मंत्री रहे, ज़मीन से जुड़े रफ़ीक़-उल-मुल्क माननीय मुलायम सिंह यादव जी का आज जन्मदिन है। और, यह हम सबके लिए बहुत फ़ख़्र की बात है कि इस देश के प्रतिष्ठित विश्वविद्यालयों में से एक जवाहरलाल नेहरू विश्वविद्यालय (जेएनयू) में इतिहास में पहली बार हम समाजवादी पृष्ठभूमि के एक सशक्त हस्ताक्षर, नेताजी का जन्मदिन मना रहे हैं। उनका बेमिसाल जीवन हम लोगों की रहनुमाई और हमारा मार्गदर्शन करता रहेगा!

जब बहुजनों की प्रतिभाओं का गला काटा जा रहा था, जब विभागवार रोस्टर हम सब पर लादा जा रहा था, बहुजन समाज के मेधावी लोगों को कॉलेज-यूनिवर्सिटी में प्रोफ़ेसर बनने से रोका जा रहा था, तब इस उम्र में भी संसद परिसर में एक प्लेकार्ड लेकर 200 प्वॉइंट रोस्टर लागू करने की बात मुलायम सिंह जी कह रहे थे। मतलब, उस उम्र में भी जब उनकी सेहत ठीक नहीं थी, वह लखनऊ के हॉस्पिटल में एडमिट थे; फिर भी उनके अंदर एक उत्कंठा थी कि इतने सारे ज्वलंत मुद्दे जब देश के सामने मुँह बाए खड़े हैं, तो उन्हें मुस्तैदी से उठाकर वह सदन के शीतकालीन सत्र में बेहतर तरीक़े से हस्तक्षेप करेंगे।

23 अक्टूबर और 30 अक्टूबर को इतिहास में क्रमश: लालू प्रसाद जी द्वारा आडवाणी की गिरफ़्तारी एवं मुलायम सिंह जी द्वारा कारसेवकों पर बलप्रयोग कर क़ाबू पाने व देश की धर्मनिरपेक्षता की हिफ़ाज़त के लिए याद किया जाएगा। इस

देश में जब सेक्युलरिज़्म को तार-तार किया जा रहा था, तब उन्मादी कारसेवकों पर क़ाबू पाकर, एक बहुत बड़ी आबादी जिनको अक़लियत कहते हैं, हालाँकि वह अक्सरियत के लोग हैं; उनका जो इस देश की मिट्टी में भरोसा था, जो दक्षिणपंथी फ़ासिस्ट ताक़तों की ज़्यादती व गुंडागर्दी के चलते धीरे-धीरे दरक रहा था, उसको फिर से रिस्टोर करने का काम नेताजी ने किया।

धरतीपुत्र की इस ऐतिहासिक तक़रीर को कभी भुलाया नहीं जा सकेगा– 'हमारी दृष्टि एक ही है जो बार-बार दोहराते हैं। चाहे हमें कोई मौलाना के नाम से देखता हो, चाहे मुल्ला के नाम से जानता हो, चाहे चौधरी के नाम से देखता हो, चाहे मुलायम सिंह के नाम से देखता हो, चाहे समाजवादी पार्टी के अध्यक्ष के नाम से जानता हो; हमें पता नहीं कि उनकी मानसिकता कैसी है, वे अपनी-अपनी मानसिकता के अनुसार अपनी-अपनी कसौटी पर हमको रख सकते हैं, लेकिन हम आपसे कहना चाहते हैं कि हमारा एक ही मक़सद है, हमारा एक ही लक्ष्य है– वो है इंसाफ़ और इंसानियत। हमारा साफ़ लक्ष्य है– इंसाफ़ और इंसानियत। इसके अलावा हमारा न कोई दूसरा धर्म है, और न दूसरा कोई हमारा नाम है। ये हम कहना चाहते हैं।'

इतिहास के पन्नों से हम समझते हैं कि पॉलिटिकल सिस्टम में जिस तरह से एक सेक्शन के लोगों का आधिपत्य था, उसे जब चुनौती मिलने लगी, तो यथास्थितिवादी लोग घबरा उठे। सन 1977 में जब राम नरेश यादव मुख्यमंत्री (उत्तर प्रदेश) थे, तो उन्होंने पिछड़ों को 15 प्रतिशत आरक्षण दिया, बिहार में कर्पूरी जी ने 26 प्रतिशत आरक्षण लागू किया, हरियाणा में ताऊ देवीलाल जी ने जो काम किया; उन कामों से जल-भुनकर संघियों ने इन तीनों के ख़िलाफ़ षड्यंत्र कर, इन तीनों की सरकार गिरा दी। उत्तर प्रदेश में बनारसी दास को आगे करके, हमारे यहाँ बिहार में रामसुंदर दास को आगे करके और हरियाणा में भजन लाल को आगे करके इस घिनौने काम को अंजाम दिया गया।

बहरहाल, उसी कड़ी को आगे बढ़ाते हुए यूपी में 15 प्रतिशत का जो आरक्षण था, 1990 के दशक में मंडल कमीशन लागू होने के बाद नेताजी की अगुवाई में उत्तर प्रदेश और लालूजी के नेतृत्व में बिहार– ये दोनों पहले राज्य थे जहाँ मंडल कमीशन के रेकमेंडेशन को लागू किया गया था।

और, नेताजी ने अपने मुख्यमंत्रित्व काल में प्राइवेट मेडिकल कॉलेजों में भी पीजी लेवल पर रिज़र्वेशन दिया, जिसको सत्ता में आते ही अजय सिंह बिष्ट

(योगी आदित्यनाथ) ने समाप्त कर दिया।

नेताजी की सियासत जब शिखर पर थी, तब उन्होंने एक नारा दिया था। वह नारा अलग-अलग राज्यों में भी बहुत गूँजता रहा:– 'रोटी कपड़ा सस्ती हो, दवा-पढ़ाई भी मुफ़्ती हो।'

आज हम सब भी इसी के लिए लड़ रहे हैं। नेताजी की जो विरासत है, नेताजी का जो संघर्ष है, वह हम सबको एक ताक़त देने का काम कर रहा है।

वह जब पहली बार देश के रक्षा मंत्री बने और प्रधानमंत्री बनते-बनते रह गए, तब उन्होंने रक्षा मंत्रालय में एक सराहनीय बदलाव किया। पहले जो शहीद होते थे, उनके पार्थिव शरीर को उनके परिजनों तक पहुँचाने की कोई बाध्यता नहीं थी। लेकिन, नेताजी ने इस प्रक्रिया को बदल दिया और शहीदों का पार्थिव शरीर सुदूर देहात व दुर्गम इलाक़े में भी सम्मान के साथ उनके परिजनों तक पहुँचाया जाने लगा। इस तरह का काम वही कर सकता है जिसका व्यक्तित्व ज़मीन से जुड़ा हो।

नेता तो बहुत हुए हैं, लेकिन सिर्फ़ मुलायम सिंह जी को ही धरतीपुत्र क्यों कहा जाता है ? क्योंकि उन्होंने उत्तर प्रदेश के एक-एक गाँव का दौरा किया। वह कभी हवा-हवाई बात नहीं करते और आज उनकी परंपरा को अखिलेश यादव जी भी आगे बढ़ा रहे हैं। अखिलेश यादव जी और तेजस्वी यादव जी ने हमारे आंदोलन का पुरज़ोर तरीक़े से समर्थन किया है।

मुलायम सिंह यादव जी, लालू प्रसाद यादव जी व शरद यादव जी पर न जाने किस-किस तरह के इल्ज़ाम लगाए गए। लेकिन इन तीनों नेताओं ने, जो-जो वे अपने सक्रिय राजनीतिक जीवन काल में देश की आम जनता की भलाई के लिए कर सकते थे, वो-वो उन्होंने किया भी। जिसने पूस की रात देखी है, वही हलकू का दर्द समझ सकता है। मुलायम जी, लालूजी व शरद जी इस मुल्क के हलकुओं के सर्वप्रमुख प्रतिनिधियों में शुमार रहे हैं। उन्होंने अपने सामर्थ्य के मुताबिक़ भारतीय राजनीति का व्याकरण बदलने की भरसक कोशिश की है।

डॉक्टर लोहिया ने ग्वालियर की महारानी विजयाराजे सिंधिया के ख़िलाफ़ सुक्खो रानी को चुनाव मैदान में उतारकर 'महारानी बनाम मेहतरानी' का डिबेट इस देश में खड़ा किया था। उस विमर्श को तीनों ने जिस तरह आगे बढ़ाया, उसकी कोई और मिसाल नहीं मिलती।

आबरू-ए-सियासत लालूजी ने लोहिया जी और उपेंद्र नाथ वर्मा जी की खोज भगवती देवी जी (1969 में पहली बार संसोपा के टिकट पर विधायक बनीं,

1977 में जनता पार्टी के टिकट पर दोबारा विधायक बनीं, 1995 में लालूजी ने जनता दल का टिकट दिया, तो तीसरी बार विधायक बनीं) को लोकसभा का टिकट देकर उसी रिवायत को बिहार में मज़बूती से आगे बढ़ाया। वह 1996 के लोकसभा चुनाव के ठीक पहले अगर जनता दल के राष्ट्रीय अध्यक्ष न हुए होते तो पत्थर तोड़ने वाली भगवती देवी शायद देश की सबसे बड़ी पंचायत में नहीं पहुँच पातीं। ठीक उसी 1996 के चुनाव में नेताजी ने पितृसत्ता, सामंतशाही व हैवानियत के ख़िलाफ़ अपने समय की सबसे प्रखर, निर्भीक व बुलंद आवाज़ बहन फूलन देवी को लोकसभा का टिकट दिया था। अन्याय झेलने वाले समाज के लोग उन्हें प्रतिरोध की एक सशक्त हस्ताक्षर के रूप में देखते हैं जिन्होंने अपने ऊपर हो रही ज़ुल्म की इंतहा की ज़बरदस्त मुख़ालफ़त की। फूलन देवी व भगवती देवी को लोकसभा चुनाव लड़ाने का नेताजी व लालूजी का फ़ैसला सियासी मरुथल में ओएसिस की मानिंद नज़र आता है। उस अनूठे, आवश्यक व प्रशंसनीय निर्णय के लिए आज भी मुलायम जी व लालूजी के प्रति हमारा मन आदर से भर जाता है। महिला आरक्षण के संदर्भ में भी कोटे में कोटे की पैरोकारी नेताजी, लालूजी व शरद जी इसलिए करते रहे हैं ताकि भगवती देवियों व फूलन देवियों की मौलिक आवाज़ सदन में गूँजती रहे!

शरद यादव जी ने कहा था, 'मौजूदा स्वरूप में अगर वीमेन रिज़र्वेशन लागू किया गया, तो मैं सुकरात की तरह ज़हर पी लूँगा।' वह आगे कहते हैं, 'महिला आरक्षण एकदम लागू होना चाहिए, 33 फ़ीसदी नहीं, बल्कि 66 फ़ीसदी, पर संशोधनों के साथ।' महिलाएँ पीड़ित रही हैं, पर उनमें भी वंचित वर्ग की महिलाएँ दोहरे शोषण की शिकार हैं। यह भी उतना ही बड़ा सच है।

तीनों नेताओं की छवि ख़राब करने के उद्देश्य से अँग्रेज़ी के एक बड़े अख़बार ने लिखा था– 'श्री यादवाज़ अपोज़्ड वीमेन रिज़र्वेशन बिल'। सवाल है कि लोहिया ने जो रानी बनाम मेहतरानी का राजनीतिक प्रयोग किया था, आज वो होते तो इन तीनों नेताओं की स्पिरिट को समझते। शरद यादव जी ने कोटे के अंदर कोटे के सवाल पर अपनी ही अध्यक्षता वाले जनता दल से आने वाले तत्कालीन प्रधानमंत्री इंद्र कुमार गुजराल जी तक को सदन में खरी-खोटी सुनाई, 'प्रधानमंत्री भगवान होता है क्या? किसी सूरत में बिना संशोधन के मौजूदा स्वरूप में महिला आरक्षण को हम लागू नहीं होने देंगे।' गुजराल साहेब को हाउस छोड़कर जाना पड़ा था। नेताजी, लालूजी व शरद जी को यह श्रेय जाता है कि आज से 24 वर्ष पहले 177 की संख्या

के आस-पास जो एक ही तबक़े की महिलाएँ संसद में पहुँचतीं, उस पर रोक लगी हुई है, और आस बँधी हुई है कि जब भी लागू होगा, तो उसमें पिछड़े-पसमांदा तबक़े की महिलाओं के सदन पहुँचने की गुंजाइश बची रहेगी।

इन तीनों नेताओं को अंबानी-अडानी के रहम-ओ-करम पर ज़िंदा रहने की बेबसी व लाचारगी से कभी दो-चार नहीं होना पड़ा है। ये अपने उसूल के बूते लोगों के दिलों पर राज करते रहे हैं। जनबल से धनबल की सियासत को परास्त करने की इनकी प्रतिबद्धता रही है।

पूर्व केंद्रीय मंत्री राजीव शुक्ला जी ने एक बार बतौर पत्रकार अपने कार्यक्रम 'रूबरू' में मुलायम जी से पूछा था, "सुना है, आप सपा का आलीशान कार्यालय बनवा रहे हैं?" तो नेताजी ने प्रत्युत्पन्नमति से जवाब दिया, "समाजवाद के माने गंदगी में रहना तो नहीं है। साफ़-सुथरा कार्यालय रहेगा तो उसमें ग़रीब लोग ही तो आके बैठेंगे-रहेंगे और अपनी समस्याओं को सुनाएँगे। इसलिए, उस कार्यालय से ग़रीबों के हितों का काम समाजवादी ढंग से होगा।"

सचमुच, समाजवाद के माने गंदगी और दरिद्रता नहीं है। सारी जद्दोजहद समता, संपन्नता और भाईचारा की ख़ातिर ही है। समाजवाद हमें उद्वेलित करता है कि यह यात्रा दीन-हीन-विचाराधीन की स्थायी स्थिति को प्राप्त करने की नहीं है, बल्कि उस दशा से निकलना, और आम-अवाम की दुश्वार राहों को हमवार करने की ईमानदार कोशिश करने का नाम समाजवाद है।

पूर्व प्रधानमंत्री श्री चंद्रशेखर द्वारा लोकसभा में दिए गए भाषण का एक अंश बहुत कुछ बयान करता है– 'किसी के चरित्र को गिरा देना आसान है, किसी के व्यक्तित्व को तोड़ देना आसान है। लेकिन, हममें और आपमें सामर्थ्य नहीं है कि एक दूसरा लालू प्रसाद या दूसरा मुलायम सिंह बना दें।'

नेताजी की इस तारीख़ी तक़रीर को मैं कभी भुला नहीं सकता, आज भी इसके एक-एक लफ़्ज़ मेरे अंदर भावुकता की हद तक रोमांच पैदा करते हैं- 'समाजवादी पार्टी बख़्शिश की राजनीति नहीं करती है, समाजवादी पार्टी परिवर्तन की राजनीति करती है। समाजवादी पार्टी ऐसा समाज बनाना चाहती है जो किसी की कृपा पर न रहे, अपने पैरों पर खड़ा हो, किसी के सामने उसको कभी हाथ न फैलाना पड़े, न सिर झुकाना पड़े; ये समाजवादी पार्टी चाहती है। समाजवादी पार्टी राजनीतिक दल नहीं है केवल, समाजवादी पार्टी एक आंदोलन है, समाजवादी पार्टी एक आँधी है, एक सैलाब है। हमारी भारत माता के विकास में कोई अवरोध

पैदा करेगा, तो जो उसको जड़-मूल से उखाड़कर फेंकने का प्रयास करेगी; उसका नाम ही समाजवादी पार्टी है।'

रफ़ीक़-उल-मुल्क, धरतीपुत्र मुलायम सिंह यादव ने अपने इन लफ़्ज़ों को जीने की कोशिश की है। रेटरिक जब अपने सर्वश्रेष्ठ रूप में होता है, तो रेटर का एक्सप्रेशन कुछ इसी तरह का असर ऑडियंस पर छोड़ता है जैसा कि मुझ पर इस संबोधन का प्रभाव बार-बार होता रहा है। और, रेटरिक की आमद जब निकृष्टतम सोच वाले आदमी की तक़रीरों में होती है, तो सुनने वाले के लिए वह कोफ़्त लेकर आता है। मुलायम सिंह अपने क़िस्म के अलहदा रेटर रहे हैं।

कार्यकर्ताओं व नेताओं के बीच जो ऑर्गेनिक सिंबायोटिक रिलेशन होना चाहिए, उस तादात्म्य संबंध के जीते-जागते उदाहरण नेताजी, लालूजी व शरद जी हैं। नेताजी हमेशा अपने कार्यकर्ताओं से पार्टी हित में कोई महत्त्वपूर्ण सुझाव लिखकर भेजने के लिए कहते हैं। नौजवानों और महिलाओं को समाज में समता और संपन्नता के लिए प्रेरित करते हैं। युवाओं से हमेशा कहते हैं कि 'यह पार्टी तुम्हारी है, तुम लोगों को ही इसे चलाना है।' अपने कार्यकर्ताओं को यह सेंस ऑफ़ बिलॉन्गिंग का अहसास कराना देखते बनता है!

केदारनाथ अग्रवाल की ये पंक्तियाँ नेताजी पर सटीक बैठती हैं:–

'मैंने उसको/ जब-जब देखा
लोहा देखा/ लोहे जैसा
तपते देखा/ गलते देखा/ ढलते देखा
मैंने उसको/ गोली जैसा चलते देखा!'

हमें इस बात की ख़ुशी व राहत है कि अखिलेश यादव और तेजस्वी यादव जी क्रमशः समाजवादी पार्टी व राष्ट्रीय जनता दल को बड़ी गरिमा के साथ उत्तर प्रदेश व बिहार के शोषितों-ग़रीबों-मज़लूमों की सबसे बड़ी ताक़त को बनाए रखने में कामयाब हैं।

मैं इन शब्दों के साथ धरतीपुत्र माननीय मुलायम सिंह को सलामी देता हूँ:–

धरती मैया का लाल
हरदम करता रहे धमाल
ज़िंदा रखता समाजवाद
धरतीपुत्र मुलायम सिंह
ज़िंदाबाद! ज़िंदाबाद!

अध्याय 32

ज़मीन से निकला मज़बूत समाजवादी

प्रोफ़ेसर आनंद कुमार मशहूर जवाहरलाल नेहरू यूनिवर्सिटी (जेएनयू) से समाजशास्त्र के रिटायर्ड प्रोफ़ेसर हैं और वह आम आदमी पार्टी के संस्थापकों में से एक हैं। मगर लोहिया की राजनीति के इस ब्राइट स्कॉलर स्टूडेंट और एक्टिविस्ट को अरविंद केजरीवाल ने बेइज़्ज़त करके पार्टी से बाहर कर दिया था। उनके साथ योगेंद्र यादव, अजित झा को भी बाहर किया गया था। आनंद कुमार मुलायम सिंह से महज 11 वर्ष छोटे हैं। भारतीय अकादमिक जगत में उनका नाम एक ज़मीन से जुड़े सोशियोलॉजिस्ट की तरह इज़्ज़त से लिया जाता है। यूनिवर्सिटी ऑफ़ शिकागो से डॉक्टर ऑफ़ फ़िलॉसफ़ी करने के बाद उनकी एक किताब 'अंडरस्टैंडिंग लोहिया पोलिटिकल सोशियोलॉजी' बेहद चर्चित हुई। कास्ट, क्लास, जेंडर और लैंग्वेज के एंटर-सेक्शनलिटी को प्रोफ़ेसर आनंद कुमार से बेहतर शायद ही कोई समझता होगा। उनका और मुलायम सिंह का रिश्ता लोहिया के गुज़र जाने के अगले साल से ही स्थापित हो गया था।

प्रोफ़ेसर आनंद ने मुझसे कहा, "1969 में मेरी पहली मुलाक़ात हुई थी नेताजी से। पचास साल का सिलसिला रहा। इमरजेंसी के दौरान और उसके बाद मैं मुलायम सिंह के काफ़ी क़रीब रहा। एक अलग तरह का आत्मीय रिश्ता था उनसे। हर साल हम लोग जनेश्वर मिश्रा का जन्मदिन मनाते थे। भाषणों का लंबा दौर चलता और मुलायम सिंह दिनभर बैठकर सुना करते। एक बार उन्नाव में एक गोष्ठी थी। रात-दिन हम लोग साथ रहे। लोहिया से लेकर वैश्वीकरण, उदारीकरण और निजीकरण पर लंबी बातचीत होती रही।

जब विहिप वाले बाबरी मस्जिद का आंदोलन चला रहे थे, तब मुलायम सिंह ने अपने मंत्री शत्रु सिंह को कहा कि एक बड़ा सम्मलेन करना चाहिए। हम लोग जेएनयू से लखनऊ आए। देर तक बातें हुईं। उसके बाद इलाहाबाद में भी एक

सम्मलेन नई आर्थिक नीति पर किया। मेरी हमेशा कोशिश रहती थी कि लोहिया साहित्य का टेबल ज़रूर रहना चाहिए। मुलायम ने भी अपने वर्कर को ख़ास हिदायत दे रखी थी। समाजवादी बुलेटिन में भी वह मुझे लेख लिखने के लिए कहते थे।

व्यावहारिक राजनीति की जो भी मजबूरियाँ हों उसके चलते नेताजी को कुछ समझौते करने पड़े। अब क्या कहा जाए, कम्पल्सन ऑफ़ कोएलिशन पॉलिटिक्स तो होती ही थी। मैं भी उनसे नहीं कहता था कि आप किसे चुनाव में टिकट दें या किसे नहीं दें। ये सब मुलायम सिंह से बेहतर कोई नहीं समझ सकता क्योंकि वह ज़मीन से जुड़े हुए नेता थे। सामाजिक समीकरण को वैसे ही समझते थे जैसा एक डॉक्टर शरीर के अंदर की पेचीदा बीमारियों को समझता है।

उस दौर में उन्हें 'मनी, मीडिया और मसल' के घातक कॉम्बिनेशन के दायरे में सियासत करनी पड़ती थी। हालाँकि बाद के दौर में धीरे-धीरे कुछ ऐसे लोगों ने संगठन में घुसपैठ कर लिया जो समाजवादी विचारों से दरिद्र थे लेकिन उनका जनता में प्रभाव था और वे चुनाव जीतने की कला में माहिर थे। शायद सत्ता पाने के लिए ऐसे लोगों को तरजीह देना भी उनकी एक मजबूरी थी।

आगे चलकर विश्वविद्यालयों के इंटेलेक्चुअल के नाम पर समाजवादी शिक्षक मंच जो बनाया गया उसमें कुछ ग़लत लोग आ गए थे। ख़ैर, मैंने मुलायम से कभी शिकायत नहीं की।

उन्होंने तीसरी बार मुख्यमंत्री बनने के बाद लखनऊ शहर के बीचोबीच लोहिया पार्क बनवाया। उस पार्क के उद्घाटन के मौक़े पर मुझे भी बुलाया। अमर सिंह ने सारा आयोजन किया था। मैंने कहा कि 1957-58 में लखनऊ जेल में लोहिया को कुर्सी से बाँधकर और पीटते हुए मजिस्ट्रेट के सामने पेश किया गया था। और वक़्त ऐसा बदला कि आज मुलायम सिंह ने लोहिया के नाम को ज़िंदा रखा है और इतना ख़ूबसूरत पार्क बनाया है। अगर कहीं देश भर में लोहिया को ज़िंदा रखा गया तो वो मुलायम सिंह ने उत्तर प्रदेश में करके दिखाया है। मुलायम के कई अच्छे कामों में लोहिया को ज़िंदा रखना सबसे बड़ा कामयाब काम है। बहुत हिम्मत की बात थी। अपनी मजबूरियों के बीच में नेताजी ने ऐसा कर दिखाया। हालाँकि कई मजबूरियों के चलते लोहिया की बहुत सारी नीतियाँ वह लागू नहीं कर सके। लेकिन कई नीतियाँ लोहिया की लागू भी कीं। लेकिन कोई बात नहीं। लोहिया के नाम को ज़िंदा रखने का काम बिहार में नहीं हो पाया, कर्नाटक में नहीं हो पाया। लेकिन उत्तर प्रदेश में मुलायम ने लोहिया को ज़िंदा

रखकर समाजवादी आंदोलन के लिए बेमिसाल मशाल जलाई।

कांशीराम और मायावती को राष्ट्रीय और प्रादेशिक मंच मुलायम सिंह ने ही दिया। कांशीराम के साथ जो सहयोग मुलायम ने किया उसे आज़ाद भारत की राजनीति का सबसे बड़ा प्रयोग कहा जाएगा। कांशीराम और मायावती के लिए लोकसभा का दरवाज़ा मुलायम सिंह के चलते ही खुला। समझौते उन्होंने बहुत लोगों से किए लेकिन यह यादगार रहेगा।

उस समय लोकसभा के स्पीकर थे रवि रे। उन्होंने मुझसे ख़ुद कहा कि मुलायम सिंह आकर बोले कि मायावती जी एक नई प्रतिभा हैं लोकसभा में, उनको बोलने का समय दीजिएगा। मायावती के उदय में भी मुलायम सिंह का ही योगदान है। ये दुखद है कि कांशीराम और मुलायम के बीच रिश्ता ज़्यादा नहीं चल सका। इसके लिए बीजेपी-आरएसएस से ज़्यादा कांशीराम को मैं ज़िम्मेदार मानता हूँ। एक बार मुलायम सिंह ने हँसते हुए मुझसे कहा था, "कांशीराम कुछ धनराशि चाहते थे। उस वक़्त मेरे पास उतने पैसे नहीं थे देने के लिए। आज वो माँगते तो मैं वो भी दे देता।"

पूरे देश की राजनीति की दिशा बदल गई जब मुलायम और कांशीराम अलग कर दिए गए। राजनीति धीरज का काम है। समाज आपको जाँचता-परखता है। मुलायम सिंह की सियासत संघर्ष से शुरू हुई थी। उनमें धीरज था। यही बात आज के युवा नेताओं के लिए नहीं कह सकते।

सारे समाजवादी पैदा हुए थे संघर्ष और सत्याग्रह से लेकिन बाद में सबने सांसदवाद और विधायकवाद को अपनी मंज़िल बना ली। आज समता के लिए कोई आग्रह नहीं, बल्कि संपन्नता के लिए ही आग्रह है। नई आर्थिक नीति के ख़िलाफ़ समाजवादी खड़ा नहीं हो सके, इसीलिए पूँजीवादी बीजेपी हावी हो गई।

समता तो एक भूख है जो ग़रीब, पसमांदा, दलित, पिछड़ों के मन में है लेकिन जो समाजवादी नव पूंजीवाद की राजनीति कर रहे है वे बीजेपी से नहीं लड़ सकते। अगर ये नया रास्ता, लोहियावादी सप्तक्रांति और समाजवादी अर्थव्यवस्था का मॉडल नहीं पकड़ेंगे तो बीजेपी से नूरा-कुश्ती करते रह जाएँगे। लोहिया के वारिस ही कहे जाएँगे मुलायम सिंह यादव। उनके राजनीतिक सफ़र में उन पर बीजेपी के प्रति थोड़ी नरमी दिखाने का भी आरोप लगता रहा। ख़ासकर आख़िरी दशक में जिस तरह उनके ज़िंदा रहते उत्तर प्रदेश 'हिंदुत्व का क़िला' बन गया, उससे समाजवादी पार्टी और आंदोलन को नुक़सान उठाना पड़ा है। साथ ही

उनकी शानदार राजनीतिक विरासत पर 'परिवारवाद का ग्रहण' जो लगा उससे वे बच सकते थे। फिर भी मुलायम सिंह ने सामजिक परिवर्तन के लिए ढेरों जोखिम लिया, जबरदस्त लड़ाई लड़ी। बहुत जीते और कुछ हारे भी।

मुलायम सिंह को नरेंद्र मोदी की हुकूमत ने मरणोपरांत पद्म विभूषण से नवाज़ा है। वैसे वो भारत रत्न के हक़दार हैं। मगर अभी तक लोहिया को भारत रत्न नहीं मिला, राजनारायण और मधु लिमये को नहीं मिला। लेकिन लोहिया इस तरह की पदवी के ख़िलाफ़ हुआ करते थे।

क़द्दावर समाजवादी नेता और 'मौर्या भूषण' स्वामी प्रसाद मौर्या ने भी मुलायम सिंह को भारत रत्न से नहीं नवाज़े जाने पर कुछ यूँ अफ़सोस जताया है– "भारत सरकार ने नेताजी श्री मुलायम सिंह यादव को मरणोपरांत पद्म विभूषण पुरस्कार देकर नेताजी के व्यक्तित्व, कृतित्व एवं राष्ट्र के प्रति किए गए योगदान का उपहास उड़ाया है। यदि नेताजी को सम्मान देना ही था तो भारत रत्न के सम्मान से सम्मानित करना चाहिए था।"

मुलायम सिंह यादव को राम मनोहर लोहिया का राजनीतिक वारिस भी कह सकते हैं क्योंकि यदि किसी ने लोहिया के समाजवाद को सत्ता तक पहुँचाया है तो वो मुलायम सिंह ही हैं। समाजवादियों की तीन धाराओं में लोग बहे और 1975 में जय प्रकाश नारायण की 'संपूर्ण क्रांति' से उपजी भ्रांति ने उत्तर भारत से कॉन्ग्रेस की हवा निकाल दी और जनता पार्टी में एक ऐसे वर्ग का स्थान आया जिसमें इंदिरा-विरोध के अलावा बहुत कुछ नहीं था। क्योंकि आपातकाल का विरोध कर जयप्रकाश समाजवादियों के एक धड़े के नायक बन गए थे लेकिन उनके पास समाजवादी-वैचारिकी के नाम पर भारत में व्याप्त जातिगत सामाजिक अन्याय के लिए कुछ नहीं था। समाजवादियों का जयप्रकाशी धड़ा संघ परिवार के नज़दीक आने में कोई परेशानी नहीं महसूस करता था। हालाँकि ग़ैर-कॉन्ग्रेसवाद से लोहिया भी ग्रस्त थे लेकिन हमें ये भी समझना होगा कि ये उस समय की ज़रूरत थी। किसी भी देश में कोई भी व्यक्ति या पार्टी लोकतांत्रिक संस्थानों से बड़ा नहीं हो सकता। जय प्रकाश नारायण के नेतृत्व में देश में पहली बार एक ग़ैर कॉन्ग्रेसी सरकार आई लेकिन इसके भी प्रमुख एक पूर्व कॉन्ग्रेसी बने जिनकी आर्थिक सामाजिक सोच पूँजी-परस्त थी। मोरारजी देसाई एक पूर्व कॉन्ग्रेसी थे, नेहरू और इंदिरा गाँधी की कैबिनेट के वित्त मंत्री, जिन्होंने इंदिरा गाँधी के बैंकों के राष्ट्रीयकरण का विरोध किया था।

हालाँकि मुलायम पहली बार विधानसभा के लिए जसवंत नगर से 1967 में चुने गए थे और राम मनोहर लोहिया ने उनको राजनीतिक शिक्षा दी। आपातकाल का विरोध करते हुए वह 19 महीने जेल में रहे। फिर 1977 में उनके राजनीतिक गुरु चरण सिंह ने राम नरेश यादव को मुख्यमंत्री का पद थमा दिया और मुलायम, जो उस समय तक तीन बार विधायक रह चुके थे, को कोऑपरेटिव और एनिमल हस्बंड्री मंत्रालय से संतोष करना पड़ा। ये वह दौर था जब भारतीय राजनीति में अभिजात्य ख़ासकर ब्राह्मण वर्चस्व बहुत ज़्यादा था। मुलायम भी चौधरी चरण सिंह, हेमवती नंदन बहुगुणा, और बाद में नारायण दत्त तिवारी के बहुत नज़दीक रहे। शायद वह जानते थे कि बिना ब्राह्मणों के बात बन नहीं पाएगी।

1980 में इंदिरा गाँधी के नेतृत्व में कॉन्ग्रेस पार्टी भारी बहुमत से सत्ता में आई। उत्तर प्रदेश में विश्वनाथ प्रताप सिंह मुख्यमंत्री बने। विपक्ष में लोकदल के प्रदेश अध्यक्ष के रूप में मुलायम सिंह यादव थे। चरण सिंह के नेतृत्व वाले लोकदल का विभाजन हुआ तो उन्होंने क्रांतिकारी मोर्चा बनाया। मुलायम सिंह यादव 1989 में जनता दल की सरकार के मुख्यमंत्री बने जब विश्वनाथ प्रताप सिंह देश के प्रधानमंत्री बने। जनता दल के गठन के समय से दोनों नेताओं के बीच में अविश्वास था और मुलायम अपने को चंद्रशेखर और हेमवती नंदन बहुगुणा के ज़्यादा नज़दीकी पाते। दरअसल, उत्तर प्रदेश में भी उनको मुख्यमंत्री पद आसानी से नहीं मिला और उनके गुरु चौधरी चरण सिंह के बेटे अजीत सिंह भी उत्तर प्रदेश का मुख्यमंत्री पद चाहते थे। अंत में विधानमंडल दल के नेताओं के बहुमत के आधार पर मुलायम सिंह मुख्यमंत्री बने।

मुलायम सिंह यादव की वैचारिकी के दो पक्ष बहुत मज़बूत है। पहला पक्ष है उनका सेक्युलर होना और ये गाँधी-लोहिया की परंपरा से निकला खाँटी देशी धर्मनिरपेक्षता है जहाँ आप एक-दूसरे की धार्मिक भावनाओं और अस्मिताओं का सम्मान करते हैं। मुलायम सिंह यादव का दूसरा मज़बूत पक्ष है दोस्ती को निभाना और साधारण कार्यकर्ता से सीधे संवाद। वह उस दौर के नेता रहे हैं जहाँ राजनीति में सफलता का कोई शॉर्टकट नहीं होता था। उन्होंने बहुत मेहनत की, जनता से संवाद रखा और जब विश्वनाथ प्रताप सिंह ने उत्तर प्रदेश में डकैती उन्मूलन अभियान चलाया था तो वह खुलकर उनके ख़िलाफ़ बोले थे क्योंकि उन्हें लगा था कि पुलिस पिछड़ी जाति के युवाओं विशेषकर यादवों का इनकाउंटर कर रही है। वैचारिकी की मज़बूती इतनी थी कि वह समाजवादी विचारधारा से अलग नहीं हुए। जो व्यक्ति

1967 से विधायक बन रहा हो, उसे मुख्यमंत्री बनने के लिए 1989 यानी पूरे 22 वर्ष लगे जो ये दिखाता है कि उस दौर में वैचारिकी बची हुई थी।

1989 में उनका कार्यकाल अच्छा चलता लेकिन उनके और वीपी सिंह के बीच के अविश्वास के चलते दोनों के बीच मतभेद भी होते चले गए। अयोध्या के मसले पर मुलायम सिंह इस बात पर क़ायम रहे कि बाबरी मस्जिद का कोई बाल भी बाँका नहीं कर सकता और इसके लिए उन्होंने प्रदेश भर में रैलिया कीं और पुलिस को सख़्त निर्देश था कि कोई भी तथाकथित कारसेवक यदि गड़बड़ करे तो उसे कोई ढिलाई न दी जाए और क़ानून अनुसार निपटा जाए। इसके चलते अयोध्या में गोली कांड हुआ, हालाँकि बाबरी मस्जिद बच गई। मुलायम और वीपी दोनों को अभिजात्यों ने ख़ूब गालियाँ दीं।

1989 में राष्ट्रीय मोर्चा और जनता दल से अलग हटकर चंद्रशेखर से हाथ मिलाना शायद मुलायम सिंह यादव का ग़लत निर्णय रहा लेकिन ये उस बात पर आधारित था कि जहाँ विश्वास नहीं, वहाँ नहीं रहना है। लेकिन मंडल के दौर में मंडल विरोधी शक्तियों के साथ खड़ा होना मुलायम सिंह जी की उत्तर प्रदेश की राजनीति के लिए नुक़सानदेह रहा। लेकिन मुलायम रिश्तों के लिए लड़ते थे, उन्होंने रिश्ते बनाए और उन्हें निभाया भी लेकिन उसके चलते उनकी वैचारिकी पर लोगों ने सवाल उठाए और अवसरवादी होने का नाम भी दे दिया।

1991 में आम चुनाव में उनकी पार्टी कुछ नहीं कर पाई क्योंकि तब जनता दल को मंडल की आँधी में उत्तर प्रदेश की पिछड़ी जातियों का समर्थन मिला। मुलायम की समझ में आ गया कि अब पिछड़ी जातियों का प्रश्न बहुत महत्त्वपूर्ण है और उनकी मुख्यधारा की राजनीति को बदलना पड़ेगा और दलितों के साथ संबंध बनाने पड़ेंगे। उन्हें समझ आ चुका था कि जयप्रकाशीय समाजवाद और मंडल विरोधी चंद्रशेखर के साथ अब उनकी राजनीति नहीं चल सकती और इसलिए उन्होंने एक बहुत बड़ा दाँव खेला, क्योंकि तभी जनता दल को चुनौती दी जा सकती थी, जिसमें वीपी, शरद और रामविलास जैसे लोग अभी भी मौजूद थे।

समाजवादी पार्टी के कार्यकर्ताओं से मुलायम के व्यक्तिगत संबंध थे। उनके सुख-दुख को वो समझते थे। उत्तर प्रदेश के मुसलमान भी जानते थे कि जब तक मुलायम हैं प्रदेश में उनका कोई कुछ नहीं बिगाड़ पाएगा। 2007 में सुश्री मायावती को पहली बार पूर्ण बहुमत मिला तो उनका दलित ब्राह्मण कार्ड सफल मान लिया गया। सर्वजन बहुजन पर हावी हो गया। 2012 में समाजवादी पार्टी

के हाथ में सत्ता आ गई और मुलायम ने अखिलेश यादव के सिर पर ताज रख दिया। ये शायद बहुत महत्त्वपूर्ण फ़ैसला था क्योंकि उस समय समाजवादी पार्टी का पूरा अभियान अखिलेश यादव ने सँभाला था और उनका समाजवादी रथ पूरे प्रदेश में घूमा था। 2012-2017 तक प्रदेश में बहुत से विकास के कार्य हुए, सड़कें बनीं, देश का सबसे बड़ा एक्सप्रेसवे–आगरा-लखनऊ एक्सप्रेसवे बने, युवाओं को लैपटॉप मिले, साइकिल मिली। पार्टी में सोशल मीडिया पर ऐक्टिव लोगों की भूमिका बढ़ रही थी और ग्रामीण कार्यकर्ता तक पार्टी नहीं पहुँची थी। अभिजात्यों के मोह में पार्टी ने दलित-पिछड़ों तक पहुँचने के कोई प्रयास नहीं किए और नतीजा ये हुआ कि पार्टी 2017 का चुनाव बुरी तरह से हार गई। 2017 में कॉन्ग्रेस से गठबंधन था और 2019 में बसपा से गठबंधन हुआ और दोनों में ही पार्टी बुरी तरह से हार गई। 2022 में पार्टी अपने दम पर चुनाव लड़ी लेकिन फिर चुनाव हार गई। ख़ैर हार-जीत तो लगी रहती है लेकिन समाजवादी पार्टी लोहिया और मुलायम सिंह के मूल सिद्धांतों से हटेगी तो उसे मुँहकी खानी पड़ेगी। यानी, सामाजिक न्याय का सवाल, मंडल का सवाल, दलितों के ज़मीन का प्रश्न, सांप्रदायिक सौहार्द, पिछड़ों-किसानों का प्रश्न, छात्रों की समस्याएँ आदि से हटकर मात्र 'विकास' को मुद्दा बनाकर चलेगी तो वो आगे नहीं बढ़ सकती।

मुलायम में समय पर निर्णय लेने की ताक़त थी। वह अपनी बात को बिना लाग-लपेट के कहते थे यानी घुमा-फिरा के, दिल में कुछ और, दिमाग़ में कुछ और, उनकी फितरत नहीं थी। राजनीति में कई बार तुरंत निर्णय होते हैं और बहुत बार उनमें देर लगती है लेकिन यह भी हक़ीक़त है कि अपने समय में मुलायम के पास वो प्रिविलेज नहीं था जो अन्य नेताओं के पास था और इसलिए उनका संघर्ष बहुत महत्त्वपूर्ण रहा है। ये ज़रूर है कि यदि समय पर उन्हें बहुजन आंदोलन और पिछड़े वर्ग के आंदोलन के विषय में अच्छे तरीक़े की जानकारी दी जाती तो शायद उत्तर प्रदेश में एक मज़बूत बहुजन आंदोलन होता। इसमें उनकी ग़लती उतनी नहीं है क्योंकि लोहिया, राजनारायण, चरण सिंह आदि सभी बड़े नेता थे, फिर भी उत्तर प्रदेश में सामाजिक न्याय की लड़ाई का मॉडल ललई सिंह यादव, रामस्वरूप वर्मा और अर्जक संघ जैसे संगठनों ने दिया था। राजनीति की उठापटक में नेताजी उन प्रश्नों को या उस प्रकार का आंदोलन नहीं खड़ा कर पाए। राजनीति में रिश्ते निभाना महत्त्वपूर्ण है और उसमें भी नेताजी उन नेताओं में होंगे जिन्होंने सभी रिश्तों को भरपूर निभाया, कार्यकर्ताओं को सम्मान दिया,

पत्रकारों को भी मौक़ा दिया, हालाँकि उनमें से ज़्यादा अभिजात्य पत्रकार ही थे लेकिन उन्होंने इस संदर्भ में जाति नहीं देखी। राजनीति में नेटवर्किंग ज़रूर चलती है लेकिन उसमें वैचारिकी की ज़रूरत भी होती है। उत्तर प्रदेश में पिछड़ी जातियों के आंदोलन को दलितों के साथ मिलाने की ज़रूरत है और इस लिहाज़ से आज अखिलेश यादव जो प्रयास कर रहे हैं वह सराहनीय है क्योंकि विभिन्न जातियों को प्रतिनिधित्व देना आवश्यक है लेकिन उसमें ज़रूरी है कि वे लोग जनता से जुड़ें और रिश्ता बनाकर रखें।

मुलायम की राजनीति ज़मीन की राजनीति है। वह गाँव, खेती, किसानों, मज़दूरों की समस्याओं को समझते थे और इसी कारण से उनका व्यक्तित्व पूरा सेक्युलर रहा है जिसके लिए उन्होंने सब कुछ दाँव पर लगाया। उन्हीं के समय कल्याण सिंह जैसे नेता भी हुए जो पिछड़े वर्ग को हिंदुत्व के पीछे ले जा रहे थे और अंत में भाजपा ने उनके साथ क्या बर्ताव किया ये जग ज़ाहिर है।

समाजवादी पार्टी में वैचारिक धार को मज़बूत करने की आवश्यकता है लेकिन उससे अधिक महत्त्वपूर्ण है जनता से जुड़ाव और ऐसे लोगों को मौक़ा देने की ज़रूरत है जो जनता से जुड़े हुए हों और वैचारिक स्तर पर समाजवादी धर्मनिरपेक्ष मूल्यों पर चलें। ये भी एक हक़ीक़त है कि आज दुनिया में जो भी बड़े परिवर्तन हो रहे हैं वो आम-जन की समाजवादी मूल्यों में चाहत का बढ़ना है क्योंकि पूँजीवादी तंत्र ने लोगों का गला घोंट दिया है और अपनी असफलताओं को छिपाने के लिए पूँजीवादी तंत्र दक्षिणपंथी शक्तियों पर निर्भर है।

भारत में हिंदुत्व विचार-तंत्र को पूँजीवादी लोग खुला समर्थन दे रहे हैं नतीजा ये हुआ है कि पूरा पूँजीवादी मीडिया इस समय जातिवादी मीडिया भी बन गया है। अपने समय में मुलायम ने बहुत से लेखकों, पत्रकारों, कवियों को मौक़ा दिया लेकिन बड़ी कमी ये रही कि अपना एक मुखपत्र नहीं निकाल पाए। आज ज़रूरत इस बात की है कि समाजवादी पार्टी अपना एक सांस्कृतिक और बौद्धिक विंग बनाए ताकि दलित, पिछड़े, मज़दूर, किसानों को इस पूँजीवादी जातिवादी मीडिया की सच्चाई का पता चल सके और तभी वे इन दोनों वर्गों के अंतर्विरोधों को भुनाने के जातिवादी तत्वों के कुत्सित प्रयासों को समझ पाएँगे।

डॉक्टर बीआर आंबेडकर से लेकर फुले, पेरियार, गाँधी, भगत सिंह, लोहिया, नरेंद्र देव सभी ने जनता से सीधे संवाद को ही अपना हथियार बनाया और उसके लिए विभिन्न पत्र-पत्रिकाएँ निकाली। आज इंटरनेट का युग है और आज के युवा

को समाजवाद और बहुजन आंदोलन का पता होना चाहिए ताकि वो व्हॉट्सप्प की गप्पबाज़ी में अपने महान इतिहास को न भूल जाए। मुलायम ने अपना काम बेहद संजीदगी से किया और अब अखिलेश पर समाजवादी पार्टी को नये विचारों की ओर ले जाने की ज़िम्मेदारी है ताकि देश में सच्चे मायनों में समाजवादी व्यवस्था आ सके जहाँ कोई ग़ैर-बराबरी न हो और कोई भूखा और बेरोज़गार न रहे, और सांप्रदायिक सौहार्द बना रहे, जिसके लिए नेताजी ज़िंदगी भर लड़ते रहे।

***

हीरालाल दुसाध (एचएल दुसाध) को 'डायवर्सिटी मैन ऑफ़ इंडिया' कहा जाता है। 'बहुजन डायवर्सिटी मिशन' की स्थापना करने वाले दुसाध लगभग 25 वर्षों से भारत के सामाजिक और राजनीतिक क्षेत्र में बहुजनों को जागरूक करने के साथ-साथ उनके लिए आर्थिक उन्नति का रास्ता बना रहे हैं। एचएल दुसाध ने 'डायवर्सिटी मेनीफ़ेस्टो' और 'यूनीवर्सल रिज़र्वेशन फ्रंट' के तहत दलित, पिछड़ों और आदिवासियों के संवैधानिक अधिकारों की लड़ाई लड़ी है और उन्हें सशक्त बनाया है। क़रीब 75 किताबों के लेखक एचएल दुसाध ने अपने साहित्य के ज़रिए हिंदुत्ववादी विचारधारा के काउंटर के साथ ही लोहियावाद और आंबेडकरवाद पर अपना दर्शन प्रस्तुत किया है। कार्ल मार्क्स जिस तरह से वर्ग संघर्ष की बात करते हैं उसी तरह दुसाध भी मानते हैं कि लोहियावादियों और आंबेडकरवादियों को भी वर्ग संघर्ष के ज़रिए ही संसाधनों के समुचित बँटवारे की लड़ाई लड़नी चाहिए, न कि ब्राह्मणवाद एवं मनुवाद का विरोध करके–यह व्यर्थ की लड़ाई है। इस तरह 'एचएल दुसाध भारत के कार्ल मार्क्स' बन जाते हैं।

मुलायम सिंह यादव से एचएल दुसाध की पहली और ख़ास मुलाक़ात साल 1991 की सर्दियों में 'सिटी ऑफ़ ज्वॉय' (कोलकाता) में हुई थी। मुलायम सिंह के बारे में दुसाध बताते हैं–

"नेताजी' के नाम से मशहूर मुलायम सिंह यादव भारतीय राजनीति के अद्‌भुत किरदार रहे। उनकी मिलनसारिता और राजनीतिक दूरदर्शिता लंबे समय तक हिंदी पट्टी के नेताओं को प्रेरित करती रहेगी। हिंदी पट्टी में जब-जब ज़मीनी स्तर से जुड़े नेताओं का ज़िक्र होगा, उनका नाम शायद शीर्ष पर होगा। ऐसे दुर्लभ चरित्र के स्वामी नेताजी से मुझे भी कोलकाता में मिलने का एक दुर्लभ अवसर सुलभ हुआ था। वह शायद 1991 के अक्टूबर या नवंबर का महीना था। उन दिनों मैं एक ख़ास कारण से उद्‌भ्रांत होकर नेताओं से संपर्क साध रहा था। वह कारण

यह था कि मैंने 1990 के अक्टूबर में डॉ. आंबेडकर पर 'क्रांतिकारी' नामक एक मेगा टीवी सीरियल का प्रोजेक्ट मंडी हाउस में डाला था। 1990 के सितंबर में मंडी हाउस से नोटिस जारी हुआ था कि जो लोग दूरदर्शन के लिए सीरियल या डॉक्यूमेंट्री बनाना चाहते हैं, वे अपना प्रोजेक्ट 31 अक्टूबर, 1990 तक मंडी हाउस जमा कर सकते हैं। तब लगभग 4000 लोगों ने अनुमोदन के लिए अपना प्रोजेक्ट मंडी हाउस में डाला था। क्रांतिकारी का स्क्रिप्ट तो मंडी हाउस में डाल दिया, पर दूरदर्शन में बैठे उच्च वर्ण के अधिकारी इसको अनुमोदन देंगे, इसे लेकर मन में भारी संशय था। ऐसे में उसको एप्रूव करवाने के लिए मुझे ढेरों नेताओं और आंबेडकरी संगठनों के शरण में जाने के लिए मजबूर होना पड़ा। जहाँ तक नेताओं का सवाल है मैं तब राजीव गांधी, एलके आडवाणी और साहेब कांशीराम को छोड़कर उन पचासों नेताओं से मिला, जिनका तत्कालीन राजनीति में प्रभाव था। इसके लिए बूटा सिंह, रामविलास पासवान, मायावती और रामधन जैसे दलित नेताओं से भी मिला था। किंतु इस सिलसिले में जितने नेताओं से मिला, उनमें मुलायम सिंह यादव उर्फ़ नेताजी का एटीट्यूड ही प्रभावित कर पाया।

नेताजी से मिलने के लिए जिन्हें मैंने माध्यम बनाया, वह आज़मगढ़ के अतरौलिया के विधायक बलराम सिंह यादव रहे, जिनसे कोलकाता के हमारे पड़ोसी मित्र से पारिवारिक संबंध थे। चूँकि बलराम ख़ुद ही इस प्रोजेक्ट से प्रभावित थे, इसलिए ख़ुशी-ख़ुशी नेताजी से मिलवाने का आश्वासन दे दिए और हमारी मुलाक़ात कोलकाता के उस ज़माने के टॉप के होटल 'ग्रेट ईस्टर्न होटल' में हुई थी। वह क्या मंज़र था! होटल के बड़े हॉल में सोफ़े पर आमने-सामने मैं और नेताजी। पाँच-सात मीटर दूर से दर्शक बनकर खड़े रहे जनेश्वर मिश्र, आज़म ख़ान, किरणमोय नंद, बलराम सिंह यादव व अन्य कई नेता और पत्रकार! लगभग 15 मिनट हमारी वार्ता चली। पूरी बात सुनने के बाद नेताजी ने मुझसे हाथ मिलाया और ज़ोर देकर कहा– '1993 में हम और कांशीराम यूपी की सत्ता में आ रहे हैं। सत्ता में आने के बाद आप ज़रूर मिलें, हम इसे यूपी विधानसभा में उठाएँगे और दिल्ली तक इस सीरियल के लिए लड़ाई लड़ेंगे!'

नेताजी से हुई उस मुलाक़ात को दो कारणों से नहीं भूल पाया हूँ। पहला, व्यक्तिगत रूप से उनके जैसी सज्जनता मैंने किसी और बड़े नेता में नहीं देखी। उन दिनों मेरी ख़ुद की कोई ख़ास पहचान नहीं थी, बावजूद इसके नेताजी मुझे वीआईपी ट्रीटमेंट देते हुए उतना समय दिए तो इसलिए क्योंकि वह भी दिल से चाहते थे कि

बाबा साहेब पर रामायण, महाभारत की तरह विशाल सीरियल बने तथा वंचित समाज के एक व्यक्ति का प्रयास सफल हो। दूसरा, मैं इस बात से आज भी विस्मित हूँ कि कैसे उन्होंने प्राय: डेढ़ साल पूर्व सपा-बसपा गठबंधन के सत्ता में आने का जो दावा किया था, वह मूर्त रूप ले लिया। बिना विराट दूरद्रष्टा हुए कोई डेढ़-दो साल पहले भरपूर आत्मविश्वास के साथ अपने गठबंधन के सत्ता में आने का दावा कर ही नहीं सकता! बहरहाल, नेताजी की भविष्यवाणी सही हुई और सपा-बसपा गठबंधन सत्ता में आया। नेताजी से उसके बाद मैं कभी नहीं मिला। साल 1993 तक मुझे इल्म हो गया था कि पंडित नरसिंह राव के सौजन्य से टीवी वर्ल्ड में निजी क्षेत्र के हिंदुओं अर्थात् सवर्णों का इतना दबदबा हो गया है कि इसमें हमारे जैसों के लिए कोई अवसर ही नहीं बचा है। फिर मैंने टीवी-फ़िल्म वर्ल्ड में कुछ कर गुज़रने की आकांक्षा पर विराम लगाकर क़लम से सामाजिक बदलाव की लड़ाई लड़ने का मन बना लिया और 1997 में क़लम थाम भी लिया!

***

पारसनाथ मौर्य के राजनीतिक सफ़र की शुरुआत जौनपुर से होती है। पहली बार उन्हें आरपीआई पार्टी से राज्य अध्यक्ष बनाया जाता है। बाद में चंद्रशेखर सिंह की अगुवाई वाली जनता दल में शामिल हो गए। यहाँ उन्हें उत्तर प्रदेश राज्य के राज्य महासचिव की ज़िम्मेदारी दी गई। उस वक़्त मुलायम इस पार्टी में यूपी इकाई के प्रमुख थे। मुलायम जब उत्तर प्रदेश के मुख्यमंत्री बने, तब उन्होंने पारसनाथ मौर्य को पोल्ट्री एवं लाइव स्टॉक कॉरपोरेशन का अध्यक्ष नियुक्त कर दिया।

14 अप्रैल 1990 को उत्तर प्रदेश के मुख्यमंत्री मुलायम सिंह को विधानसभा के सामने स्थित आंबेडकर महासभा में बुलाया गया। लंबे संघर्ष और प्रयास के बाद मुलायम ने 'आंबेडकर महासभा' की नींव रखी, जहाँ बीआर आंबेडकर की अस्थियाँ रखी गई हैं। उसी दिन मुलायम 10 हज़ार गाँवों को आंबेडकर ग्राम के तौर पर घोषित कर दिया। विधानसभा मार्ग का नाम बदलकर डॉक्टर आंबेडकर मार्ग कर दिया। बाद में नेताजी के समर्थन से उन्होंने पूर्व प्रधानमंत्री स्वर्गीय वीपी सिंह को आंबेडकर महासभा में बुलाया और मंडल आयोग की सिफ़ारिशों को लागू करने की घोषणा की और कुछ ही दिनों में इसे लागू भी कर दिया गया।

पारसनाथ मौर्य बाद में कांशीराम के सामने बहुजन समाज पार्टी में शामिल हो गए। वह 1998 में जौनपुर में सांसद का चुनाव लड़े। 1999 सोनिया गाँधी के ख़िलाफ़ अमेठी से एमपी का चुनाव भी लड़े। जब बसपा सत्ता में आई तब

इन्हें अल्पसंख्यक आयोग के सदस्य के तौर पर नियुक्त किया गया। विधानसभा चुनाव के दौरान एमपी और बिहार के प्रभारी नियुक्त किए गए। 2007 में यूपी पिछड़ा आयोग का अध्यक्ष नियुक्त किया गया और राज्यमंत्री के रूप में अपना 5 साल का कार्यकाल पूरा किया।

***

पेशे से जज अनिल कुमार यादव कहते हैं कि– ग़रीबों, दुखियों और असहायों के मसीहा माननीय नेताजी, अपार करुणा-प्रेम के सागर तथा दीन-दुखियों की मदद करने वाले युगपुरुष धरतीपुत्र मसीहा, किसी देव के अवतार हैं।

पहली बार बेरोज़गारी के समय आपको मुख्यमंत्री के रूप में इलाहाबाद उच्च न्यायालय में देखा। उस समय नेताजी मंच पर बैठे थे। मैंने नेताजी पर एक कविता लिखी थी, जिसे लेकर पीछे से मंच पर पहुँचकर उनको दिया। नेताजी ने पलटकर देखा तो उनकी आँखों में करुणा-दया और प्रेम का भाव था।

पहली मुलाक़ात में उन्होंने लखनऊ आकर मिलने को कहा। मैं जज बना तो मेरे ही परिवार के लोगों ने ईर्ष्यावश, स्वयं सुन्न का इंजेक्शन लगाकर, अपने शरीर पर चीरा मारकर ढेर सारा ख़ून कपड़े पर गिरा शाम 7-8 बजे सड़क पर कई लोग मिलकर चिल्लाने लगे कि अनिल हमें चाक़ू मारकर भाग गए। मैं उस समय इलाहाबाद में था।

घर जौनपुर ज़िला शाहगंज के बिशुनपुर गाँव की घटना है। ईश्वर मेरे साथ था। तत्कालीन इंस्पेक्टर इमानदारों में से एक थे। उन्होंने एसपी से लेकर अपने सभी उच्च अधिकारी को बताया कि घटना फ़र्ज़ी लग रही है। लड़के का पीसीएसजे 2000 बैच में सलेक्शन हो गया है। फँसाने के लिए ज़बरदस्ती पेशबंदी में अपराधी बनाया गया है। मैं सही जाँच कर घटना को खोलूँगा।

मैं नेताजी के पास अपनी कविता को सहारा बनाकर किसी तरह पहुँचा। मैं नर्वस था, नेताजी के सामने आते ही फफककर रो पड़ा। लगभग 20 लोगों के बीच जब अपनी बात बताई तो नेताजी ने अपने स्टाफ़ से इशारा किया, उन्होंने हमें ले जाकर पीछे कमरे में सोफ़े पर बैठा दिए।

नेताजी से हर उस व्यक्ति से मिलने की कोशिश करते थे, जो उनके दरवाज़े पर आया हो। मैंने महसूस किया कि उनका सभी से मिलने का तरीक़ा बिंदास था। घंटे-दो घंटे पर नेताजी लोगों से मिलने बाहर निकल आते थे। उस बीच आपका स्टाफ़ लोगों में से कुछ को गेट के अंदर लगभग सौ पचास तक को खड़ा करा

देते थे। कुछ को सामने कमरे में बैठा देते और खड़ा करा देते।

जिसको नेताजी इशारा करते उसे अलग बैठा देते थे। इसी क्रम में मेरे जज के रूप में चयनित होने को सुन मुझे गेट के अंदर खड़े लोगों में से निकालकर सामने कमरे में भेजा गया। वहाँ सोफ़े पर कुछ लोग बैठे थे, ज़्यादा लोग खड़े थे।

नेताजी भगवान की तरह पीछे के रूम से निकले, तो सब खड़े हो गए। 'सब बैठिए', बोलते हुए गेट के अंदर भीड़ में पहुँचे। लगभग 100 लोगों की समस्या सुन मुश्किल से 20-25 मिनट में अंदर कमरे में आ गए। मैंने रोते हुआ अपनी व्यथा सुनाई तो नेताजी सोफ़े से उठकर मेरी पीठ पर हाथ रख स्टाफ़ को इशारा किया, जो हमें अगले कमरे में ले गए। 10-15 मिनट में नेताजी आए। मैं खड़ा हुआ तो मेरा हाथ पकड़कर उन्होंने अपने बग़ल में बैठा लिया। मेरी बात सुनते रहे, इसी बीच स्टाफ़ फ़ोन लेकर आया नेताजी को दिया नेताजी ने पूछा घटना बताओ, उधर से जो भी जवाब आया हो। किंतु नेताजी ने तुरंत कहा इसे स्पंज करो। और हिदायत दी कि किसी तरह की गिरफ़्तारी नहीं होनी चाहिए, समझा दो दोनों पार्टी को। निश्चय ही वो कॉल कप्तान जौनपुर की थी। माननीय नेताजी पुनः हमें यहीं बैठने का आदेश देकर लोगों से मिलने चले गए। पुनः 30 मिनट बाद आए मुझे बहुत ढाढस दिया। फिर मिलने का कहकर पार्टी कार्यालय चले गए। उस समय मैं उनके देवत्व रूप को नज़दीक से देख रहा था। 10 मिनट पुनः टाइम देकर नेताजी पार्टी ऑफ़िस को निकले। स्टाफ़ सब दौड़ पड़े। नेताजी अंबेसडर कार में बैठे गेट से निकले। गेट पर गाड़ी धीमी हुई और नेताजी सबको हाथ हिलाते हुए बोले कि पार्टी कार्यालय आओ सभी। शायद जो नहीं मिल सके थे उनके लिए ये इशारा था। उस दिन यही लगा कि नेताजी की सेवा करने को मिले तो मैं जज की नौकरी छोड़कर पूरा जीवन उनको समर्पित कर दूँ। मैं जज की नौकरी छोड़ आपकी सेवा में ही लग जाऊँ। यह बात उस वक़्त की है जब नेताजी मुख्यमंत्री थे। शाम तक ही हमें पता चल गया कि तत्कालीन कप्तान साहेब, डीएम साहेब मुझसे मिलना चाहते हैं।

***

साल 2006 में झांसी से सटे मध्य प्रदेश के निवाड़ी ज़िले के पृथ्वीपुर नगर में मुलायम सिंह यादव की सभा थी। मंच पर दीपनारायण सिंह यादव, चंद्रपाल यादव समेत तमाम युवा और वरिष्ठ नेता मौजूद थे। लेकिन मुलायम के क़रीबी झांसी के पुराने समाजवादी नेता हरगोविंद कुशवाहा मंच के नीचे बैठे

थे। अचानक मुलायम की नज़र नीचे गई। तुरंत मंच संचालक को इशारा करके उन्होंने कुशवाहा को ऊपर बुलाया। नाराज़ चल रहे कुशवाहा ने नीचे से हाथ हिलाकर कहा कि वो नीचे ही बैठेंगे। लेकिन नेताजी नहीं माने। साथ ही मंच पर बैठे नेताओं को हिदायत दी कि– 'कुशवाहा भाषण अच्छा देते हैं इसलिए वो मंच पर आकर संबोधित करें।' ये सुनकर स्थानीय नेताओं को कुछ देर के लिए साँप सूँघ गया। कुशवाहा मंच पर गए और उन्होंने नेताजी की तरफ़ देखकर बोलना शुरू किया– 'नेताजी, आपको याद होगा जब हम कई किमी साइकिल चलाकर समाजवाद का प्रचार करने उरई के गाँव-गाँव जाते थे।'

तब नेताजी थोड़ा मुस्कुराते हुए हाथ हिलाकर बुदबुदाए– 'हाँ याद है...'

कुशवाहा फिर एक गाँव का नाम लेकर बोले– 'नेताजी फलाँ गाँव में कुएँ के चबूतरे पर बैठकर रोटी-सब्ज़ी खाकर चुनाव प्रचार करते थे।'

नेताजी फिर भावविभोर होते कुशवाहा की हाँ में हाँ मिलाया। फिर कुशवाहा तीखी आवाज़ में बोले– 'लेकिन नेताजी, अब अगर अपने आसपास आप नज़र दौड़ाएँगे तो न तो आपको साइकिल मिलेगी न समाजवादी विचारधारा।' फिर आसमान में उँगली उठाकर नेताजी की तरफ़ देखते हुए कुशवाहा बोले– 'समाजवादी पार्टी का चुनाव निशान अब साइकिल नहीं स्कॉर्पियों (वर्तमान में फ़ॉर्चूनर) होना चाहिए।' उनके ये बोलते ही सभा में सन्नाटा छा गया। लेकिन नेताजी बिना विचलित हुए कुशवाहा को देखते रहे।

भाषण ख़त्म होने के बाद कसकर उनका हाथ पकड़ा फिर अपने पास बैठा लिया। बग़ल बैठे दीपनारायण से बोले– 'परसों कुशवाहा जी को लखनऊ लाओ।'

बड़ी मुश्किल से दीपनारायण यादव कुशवाहा जी को लेकर लखनऊ गए। मुलायम सिंह से मुलाक़ात की और चार दिन बाद कुशवाहा को झांसी विकास प्राधिकरण का उपाध्यक्ष बना दिया। नाराज़ साथियों को कैसे वो अपने साथ रखते थे इसकी ये घटना बानगी भर थी। इसीलिए उनको धरतीपुत्र मुलायम कहा जाता है। सोचिए आज किसी बड़े नेता के सामने कोई स्थानीय नेता खुलेआम अपनी नाराज़गी ज़ाहिर कर दे तो उसके साथ क्या होगा ?

***

नेताजी हमेशा कहते थे– 'अमीरी-ग़रीबी के बीच का भेदभाव ख़त्म हो। धर्म के बीच का भेदभाव ख़त्म हो। ऊँच-नीच के बीच का भेदभाव ख़त्म हो। भाषा के

बीच का भेदभाव ख़त्म हो। क्षेत्रीयता के नाम पर जो भेदभाव होता है वह ख़त्म हो। क्योंकि संपन्नता और समानता से मिलकर ही समाजवाद बनता है।'

***

अजित पांडेय लखनऊ यूनिवर्सिटी में 2006 तक समाजशास्त्र के प्रोफ़ेसर रहे और उसके बाद वह बनारस हिंदू यूनिवर्सिटी चले गए और 2021 में रिटायर हुए। फिलहाल वह गिरी इंस्टिट्यूट ऑफ़ डेवलपमेंट में सोशियोलॉजी डिपार्टमेंट में डिस्टिंगुइशेड विज़िटिंग प्रोफ़ेसर हैं। अजित पांडेय को मुलायम सिंह और अखिलेश दोनों का सानिध्य ख़ूब मिला। उन्होंने मुझे बताया, "एक बार लखनऊ यूनिवर्सिटी टीचर्स एसोसिएशन का डेलीगेशन मेरी अगुवाई में नेताजी से मिलने गया। मुलायम तीसरी बार मुख्यमंत्री बने थे। उनके कार्यालय से लखनऊ यूनिवर्सिटी का नाम पूर्व मुख्यमंत्री चंद्रभानु गुप्ता के साथ जोड़ने का आदेश रिलीज़ हुआ था। नेताजी के फ़ैसले पर मेरे साथी टीचर ऐतराज़ जताने लगे। नेताजी नाराज़ हुए और ऑफ़िस वाल पर लगी एक तस्वीर की तरफ़ इशारा करते हुए बोले– 'आप लोग इनको जानते हैं, सीबी गुप्ता यही हैं। आप इनके बारे में बोल रहे हैं?' तब तक मैंने बात को पकड़ा और उसे ट्विस्ट करते हुए कहा– 'आपने पूरी बात सुनी नहीं, सर। लुटा (लखनऊ यूनिवर्सिटी टीचर्स एसोसिएशन) की एग्जीक्यूटिव बॉडी ने डिसाइड किया है किसका नाम यूनिवर्सिटी के साथ लगाया जाए।' नेताजी ने कहा– 'अच्छा ठीक है।' मिठाई खिलाकर हम लोगों को वहाँ से विदा कर दिया। नेताजी बहुत शार्प और इंटेलिजेंट थे। लोगों को वह चुटकी में पहचान जाते थे। उन्होंने कहा था कि– 'पांडेजी ने बात को ट्विस्ट कर दिया लेकिन ये सब आए ही थे मेरे डिसीज़न का विरोध करने के लिए।'

नेताजी का हमारे ऊपर जो प्रेम और विश्वास था वह कभी कम नहीं हुआ। नेताजी जनता के कल्याण के ख़िलाफ़ वाली विचारधारा का विरोध करते थे। चुगलख़ोरी उन्हें बेहद नापसंद थी। वह एक बहुत ही अलग व्यक्तित्व के इंसान थे। ज़मीन से उस ऊँचाई तक पहुँचना कोई आसान बात नहीं है। मैं ही एक ऐसा आदमी था जो उनको 'सर' कहता था। बाक़ी लोग उन्हें नेताजी ही कहते थे।

अध्याय 33

मुलायम बनाम लेनिन

ऑस्ट्रेलिया के कैनबरा में रहने वाले विवेक ग्लेनडेनिंग उमराव का मानना है कि जनता और मीडिया द्वारा जिस तरह रूस में लेनिन का मान-सम्मान किया जाता है, ठीक उसी तरह मुलायम सिंह को भी भारत में जनता और मीडिया द्वारा मान-सम्मान दिया जाना चाहिए था।

समाज में मुलायम सिंह यादव के अद्वितीय योगदान को समझना है तो भारतीय समाज में व्याप्त जाति-व्यवस्था रूपी सामाजिक दास-व्यवस्था को सूक्ष्मता से समझना होगा। बिना यह समझे हुए, मुलायम सिंह यादव के योगदान को समझ पाना असंभव है। जाति-व्यवस्था रूपी सामाजिक दास-व्यवस्था जैसा प्रायोजित किया जाता है वैसा न होकर, वह श्रम को तिरस्कृत करने वाली और सामाजिक दास-व्यवस्था को स्थापित व प्रतिष्ठित करने वाली व्यवस्था थी। वास्तव में जाति-व्यवस्था कर्म आधारित वर्ण-व्यवस्था हो ही नहीं सकती क्योंकि समाज की जड़ता, कुंठा, भ्रष्टाचार, भीड़तंत्र, सामाजिक दासत्व व परिश्रम को तिरस्कृत करने की मानसिकता का आधारभूत पोषक तत्व है। भारतीय जाति-व्यवस्था के नियम, विधियाँ व मान्यताएँ इत्यादि 'परिश्रम' को तिरस्कृत करने व दोयम मानने के आधार पर स्थापित रहे हैं, और वर्तमान में भी कमो-बेश वैसे ही हैं।

जाति-व्यवस्था में शारीरिक परिश्रम करने वाले लोगों को उपेक्षित व तिरस्कृत जातियों में रखा गया, सामाजिक संपत्तियों पर इनके अधिकार नगण्य रखे गए, व्यक्तिगत संपत्ति रखने के भी, और यहाँ तक शिक्षा प्राप्त करने के मूलभूत सामाजिक अधिकार तक नहीं थे। समाज की मुख्यधारा में मनुष्य के रूप में इनका कोई स्थान नहीं था, पशुओं से भी निम्न माने जाते थे, अब भी यह मानसिकता समाज के बड़े तबक़े में व्याप्त है। शारीरिक श्रम करने वाले, मुख्य सामाजिक व्यवस्था से अलग तिरस्कृत सामाजिक दास-व्यवस्था में रहने के लिए विवश

सामाजिक-ग़ुलाम थे। इस सामाजिक-दासत्व व्यवस्था को कर्म आधारित वर्ण व्यवस्था साबित करने का प्रोपगेंडा किया जाता रहा है, ताकि जाति-व्यवस्था को महिमामंडित किया जा सके। समाज के बहुसंख्यक 'शोषित जाति वर्ग' के पास संपत्ति, शिक्षा, ज्ञान व आत्मसम्मान के अधिकार नहीं थे, और बहुसंख्यक शोषित जाति वर्ग के परिश्रम के उत्पाद पर अल्पसंख्यक शोषक जातियों का अधिकार होता था। लालच व स्वार्थ के कारण शोषक जातियों ने जाति रूपी सामाजिक दास-व्यवस्था को और अधिक मज़बूत ही किया और इस सामाजिक दास-व्यवस्था को पूर्व-जन्म के कर्मों पर आधारित ईश्वरीय प्रयोजन व व्यवस्था के रूप में स्वीकृत व प्रमाणित होने के रूप में स्थापित कर दिया गया।

शोषित जाति वर्ग के लोगों का जन्म से ही जीवन-धर्म, ईश्वरीय प्रावधान के तहत, शोषक जाति वर्ग के लोगों की सेवा करना ही है, ऐसा नहीं होने पर शोषक जाति वर्ग के लोगों को शोषित जाति वर्ग के लोगों को तिरस्कृत करने, अपमानित करने, दंडित करने यहाँ तक कि मृत्युदंड भी देने के अधिकार ईश्वरीय विधान द्वारा दिए गए हैं। इस प्रकार की अवधारणा स्थापित व प्रतिष्ठित की गईं। शताब्दियों तक शोषक जातियों ने अपनी लगभग पूरी जीवनी/मानसिक/सामाजिक ऊर्जा समाज के बहुसंख्य को दास बनाए रखने में लगाया, शोषित करने में लगाया। पूरा समाज जड़ता का शिकार हो गया, शोषक जातियाँ भी और शोषित जातियाँ भी। बहुसंख्य शोषित वर्ग को अल्पसंख्यक शोषक वर्ग द्वारा आर्थिक, सामाजिक, भावनात्मक, आध्यात्मिक व चेतना स्तर पर ग़ुलाम बनाए रखा जा सके, इस प्रयोजन के लिए जन्मजात दासत्व को ईश्वरीय विधान प्रायोजित करने के लिए इतने झूठ, प्रपंच व कपट रचे गए कि समाज के शोषक जातियों की सारी ऊर्जा, सामाजिक दास-व्यवस्था को बनाए रखने के प्रयोजन में ही लगती रही। शोषित जातियों को तो सामाजिक अधिकार ही नहीं थे।

इन सब कपट व छद्मों के कारण शोषक जातियों व दमन के कारण शोषित जातियों, दोनों ही प्रकार के वर्गों के लोगों के अंदर वैज्ञानिक दृष्टिकोण व स्वतंत्र मौलिक मनोवृत्ति का विकास नहीं हो पाया, इस विकास की संभावना का भ्रूण तक भी अंकुरित नहीं हो पाया। आज भी लगभग वैसा ही है, मौलिकता का विकास करने के बजाय नक़ल करते हैं, फिर मनगढ़ंत कहानियाँ रचते हैं ताकि नक़ल को मौलिकता साबित किया जा सके। शोषक जातियों को बिना वास्तविक पुरुषार्थ के ही उपलब्ध समस्त विलासिताओं को भोगने की बड़ी भयंकर लिप्सा

हमेशा से रही है और आज भी है। और इसी लिप्सा-भोग प्राप्ति के लिए किए जाने वाले विभिन्न प्रायोजनों को हम सामाजिक परिवर्तन, समाज निर्माण व देश का विकास आदि के लुभावने नामों से प्रायोजित करते आए हैं। यह लिप्सा ही सामाजिक आरक्षण अर्थात् जाति-व्यवस्था का मूलभूत कारण रही और आज भी हमारे समाज की जड़ता के मूलभूत कारकों में से है। सुविधाओं के भोग, मौद्रिक लाभ व बाज़ार के उपभोक्ता होने को ही वैज्ञानिक दृष्टिकोण का होना मानते हैं। आज भी अपवादों को छोड़कर लोगों का दृष्टिकोण अवैज्ञानिक व मनोवृत्ति परतंत्र ही है। यदि मानवीयता व सामाजिकता के व्यापक संदर्भों को संज्ञान में लेते हुए सूक्ष्मता से देखा जाए तो जाति-व्यवस्था ने शोषक व शोषित दोनों ही वर्गों की जातियों को जड़ता व कुंठा के भयानक स्तर तक पहुँचाया है। किंतु शोषक जातियों के लोग अपने विद्रूप अहंकारों, स्व-केंद्रण, लोभ व स्वार्थ इत्यादि के कारण, अब भी यह स्वीकारने को तैयार नहीं हैं कि भारतीय समाज भीषण रूप से जड़ है, सड़ांध से भरपूर है। इस सड़ांध को पराकाष्ठा तक पहुँचाने, तथा समाज के लोगों की सोच, मानसिकता, मूल्यों व भावों को जड़ करने व जड़ता में ही बनाए रखने में केवल और केवल जाति-व्यवस्था ही एकमात्र कारण रही है।

भारतीय समाज में जाति-व्यवस्था के कारण योग्यता व प्रतिभा को कभी सहेजा ही नहीं जा सका। शोषक जाति वर्ग के लोगों में से अपवाद में यदि कोई तुलनात्मक रूप से कुछ बेहतर निकल गया, तो उसको सेफ्टीवॉल्व के लिए हीरो के रूप में प्रायोजित कर दिया गया और कमो-बेश यही सब आज भी हो रहा है। इससे समाज को अपूरणीय क्षति हुई, समाज सड़ गया। लोगों में वैज्ञानिक दृष्टिकोण के विकास के भ्रूण तक की संभावनाओं की हत्या होती रही। भारतीय समाज शताब्दियों की राजनीतिक व मानसिक दासता में फँस गया।

सामाजिक न्याय, राजनीतिक सत्ताः मुलायम सिंह यादव

लोकतंत्र केवल चुनाव में मतदान करने से नहीं आता है, यदि कोई समाज लोकतांत्रिक नहीं है, मूल चरित्र सामंती है, तो मतदान व चुनाव वाले तथाकथित लोकतंत्र का वास्तविक चरित्र लोकतांत्रिक होने के बजाय सामंती, तानाशाही व अधिनायकवादी होने की संभावना अधिक रखता है। कोई भी समाज लोकतांत्रिक केवल तभी हो पाता है जब समाज, परिवार व व्यक्ति का मूल चरित्र लोकतांत्रिक होता है। भारतीय समाज में बहुत ही अधिक मज़बूती व गहराई तक स्थापित जाति

रूपी सामाजिक दासव्यवस्था के कारण समाज, परिवार व व्यक्ति की मानसिकता व मूल चरित्र सामंती है। भारत में लोकतंत्र के भ्रूण का विकास हो पाता, इसके पहले ही लोकतंत्र को भारत के लोगों ने ही उपेक्षित करना प्रारंभ कर दिया। शोषक जातियों ने राजतंत्र व क़बीलाई राजनीतिक-तंत्र ख़त्म होते ही आज़ादी के बाद भरपेट मलाई खाने में ख़ुद को व्यस्त किया और भ्रष्टाचार की शुरुआत करके उसे नये आयाम, नई दिशाएँ व नई ऊँचाइयों पर पहुँचा दिया। यदि जाति-व्यवस्था नहीं होती तो भारत में भ्रष्टाचार की उत्पत्ति नहीं होती। जाति-व्यवस्था अपने आप में ही भ्रष्टाचार की जड़ है, जाति-व्यवस्था के कारण ही परंपरा में शोषण करना और शोषितों के पुरुषार्थ का फल शोषक जातियों द्वारा येन-केन-प्रकारेण अपने पास ही रखना सिखाया गया, ऐसा करना ही जाति-व्यवस्था का मूल चरित्र है।

जाति-व्यवस्था रूपी सामाजिक दास-व्यवस्था ही भारत की राजनीतिक आज़ादी के बाद भ्रष्टाचार का सबसे प्रमुख व आधारभूत कारक बना। राजनीतिक आज़ादी के बाद संवैधानिक-आरक्षण मिलने के कारण शोषित जातियाँ हज़ारों सालों के लगातार भीषण व घिनौने शोषण के बाद पहली बार ख़ुद को कुछ-कुछ मनुष्य जैसा समझने की प्रसन्नता में ही राजनीतिक आज़ादी के बाद के कई दशकों तक जीती रहीं। तब तक शोषक जातियों ने राजनीतिक, आर्थिक, धार्मिक व शैक्षणिक सत्ता की ख़ूब मलाई खाई, ख़ूब भ्रष्टाचार किया, जिसके परिणामस्वरूप लोकतंत्र के प्रति लोगों का विश्वास लगातार कमज़ोर हुआ।

1947 की राजनीतिक आज़ादी के बाद, शोषक जातियों ने शोषित जातियों को अपना पारंपरिक दास मानते हुए उनको राजनीतिक सत्ता से दूर रखा। संवैधानिक आरक्षण के कारण जब शोषित जातियों के लोग सरकारी तंत्र में प्रवेश करने लगे और राजनीतिक सत्ता के महत्त्व को समझने लगे तब शोषक जातियों ने शोषित जातियों को बरगलाकर अपना पिछलग्गू बनाकर राजनीतिक सत्ता की मलाई का भोग किया। मुलायम सिंह यादव जैसे युवा लोगों ने शोषित जातियों के लोगों को राजनीतिक सत्ता में अपनी दावेदारी पेश करने के लिए जागरूक करने के लिए बहुत संघर्ष किया। धीरे-धीरे शोषित जातियों को यह समझ आने लगा कि राजनीतिक सत्ता प्राप्त की जा सकती है। जब तक शोषित जातियाँ शोषक जातियों के लिए राजनीतिक सत्ता की प्राप्ति में पिछलग्गू रहीं, तब तक शोषक जातियों को असुविधा नहीं हुई। उनको समाज में, देश में, व्यवस्था तंत्र आदि में व्याप्त भ्रष्टाचार नहीं दिखा, या यूँ कहा जाए कि भयंकर रूप से हो रहे भ्रष्टाचार को

देखने की आवश्यकता नहीं महसूस हुई। किंतु समय के साथ-साथ ज्यों-ज्यों राजनीतिक समझ आने लगी और जब शोषित जातियों ने अपनी राजनीतिक ताक़त पहचानकर राजनीतिक सत्ताओं में अपनी सीधी व स्पष्ट दावेदारी पेश करनी शुरू की; त्यों-त्यों शोषक जातियों को व्यवस्था तंत्रों में व्याप्त भ्रष्टाचार दिखने लगा। शोषक जातियों को देश में सामाजिक परिवर्तन और ईमानदारी की आवश्यकता भीषण रूप से महसूस होने लग गई और समय के साथ राजनीतिक व सामाजिक क्रांति की भीषण आवश्यकता की बातें होने लगीं। सामाजिक परिवर्तन की लंबी-लंबी बातों की आवश्यकता पड़ने लगी।

जब तक शोषक जातियाँ आज़ाद भारत में राजनीतिक सत्ता की मलाई खाती रहीं, तब तक उन्हें भारतीय व्यवस्था तंत्रों में हज़ारों वर्षों से गहरे से व्याप्त न तो भ्रष्टाचार दिखा और न ही भारत की 1947 की राजनीतिक आज़ादी झूठी लगी। किंतु ज्यों-ज्यों शोषित जातियों ने राजनीतिक सत्ताओं में अपनी दावेदारी पेश करनी शुरू की और मलाई में अपने हिस्से की दावेदारी पेश करनी शुरू की; शोषक जातियों को भारत की आज़ादी झूठी लगने लगी और तंत्रों में व्याप्त भ्रष्टाचार दिखने लगा। भ्रष्टाचार को मुद्रा व बाज़ार के मौद्रिक लाभ और इन्हीं के ही इर्द-गिर्द घूमने वाले तत्वों इत्यादि की फ़र्ज़ी काग़ज़ी लिखा-पढ़ी वाली तथाकथित ईमानदारी तक जबरन लोगों के दिलो-दिमाग़ को संकुचित कर दिया गया। जबकि भ्रष्टाचार को मुद्रा व बाज़ार के मौद्रिक लाभ आदि तत्वों जैसे अति-संकुचित दायरे में रखकर बिलकुल भी नहीं समझा जा सकता। न ही इन तत्वों की शुद्धता के ढकोसलों से सामाजिक परिवर्तन ही किया जा सकता है और न ही इन ढकोसलों से भ्रष्टाचार ही समाप्त किया जा सकता है।

इस तरह के अभिशप्त समाज में समाजवाद का झंडा बुलंद करना, वह भी तब, जब चाहे नौकरशाही हो या राजनीति हो या शिक्षा हो या मीडिया हो या लेखन हो या चिंतन हो, सभी के सभी स्तरों पर शोषक जातियों का ही पूरी तरह से क़ब्ज़ा हो। विदेशी सहयोग नहीं हो, दुनिया में ऐसा वातावरण नहीं हो कि उसका बड़ा असर भारत में पड़ना हो जिसके कारण भारत का शोषक वर्ग कमज़ोर हो रहा हो, इस तरह की अनुकूल परिस्थितियों वाले अवसर नहीं थे। ऐसा भी नहीं था कि कोई बड़ा आंदोलन चल रहा हो, तो उसमें भाग लेकर पुलिस के कुछ लाठी-डंडे खाकर या कुछ महीनों की जेल जाने के बाद मुलायम सिंह यादव रातो-रात नेता बन गए हों। भयंकर रूप से विपरीत परिस्थितियों के

बावजूद एक तरह से सामाजिक चेतना स्तर के शून्य से बड़ा राजनीतिक सत्ता की धारा परिवर्तित कर देना। बिना सैन्य-विद्रोह, बिना हथियारों के संस्थागत प्रयोग किए, बिना संस्थागत-हिंसा का प्रयोग किए, राजनीतिक सत्ता तक पहुँचना और शोषित जातियों को मज़बूत करने के लिए काम करना। वह भी तब जब समाज शताब्दियों से भयंकर रूप से बँटा हुआ हो, भयंकर रूप से दमित हो, वहाँ राजनीतिक चेतना का विकास करके सत्ता परिवर्तन कर देना, वास्तविक सामाजिक-क्रांति है, जो मुलायम सिंह यादव ने किया।

व्लादिमीर इलिच उल्यानोव उर्फ़ व्लादिमीर लेनिन रूस के समाज में शताब्दियों पुरानी समाज के भीतर ही व्याप्त जाति जैसी दास-व्यवस्था नहीं थी। समाज के अंदर आम-आदमी द्वारा दूसरे आम-आदमी को जन्म के आधार पर अपना दास मानकर शोषण करने, अत्याचार करने, तिरस्कृत करने, जिसमें समाज का ही व्यक्ति उसी समाज के व्यक्ति का आजीवन दास रहे, वह भी केवल इसलिए कि वह अमुक जाति में पैदा हुआ है, जैसे सामाजिक अधिकार नहीं थे। इसके उलट रूस का समाज विज्ञान की समझ में आगे था। दुनिया में जो-जो देश विज्ञान व औद्योगिक क्रांति में आगे बढ़ रहे थे, वहाँ राजतंत्र का अर्थ ही ख़त्म होता जा रहा था, इसलिए दुनिया भर में राजतंत्र के ख़िलाफ़ विरोध हो रहे थे, सत्ता के चरित्र में परिवर्तन हो रहे थे। राजतंत्र से लोग ऊब रहे थे। योरप में, लोग तो कई शताब्दी पहले ही लोकतंत्र की अवधारणा पर प्रयोग करना शुरू कर चुके थे। व्यक्ति, परिवार व समाज लोकतांत्रिक होने की ओर बढ़ रहे थे। अब सत्ताओं को भी लोकतांत्रिक व्यवस्था में परिवर्तित करने की स्थिति आ चुकी थी।

रूस में भी प्रभाव पहुँच रहा था। रूस के लोग भी लोकतंत्र की ओर बढ़ रहे थे। लेकिन यदि रूस में लोकतंत्र आता तो लेनिन सत्ता तक कैसे पहुँचते, अधिनायक कैसे बनते, निरंकुश सत्ता का भोग कैसे करते! लेनिन की पार्टी तो चुनाव में पराजित हुई थी, बहुमत के दूर-दूर तक नज़दीक भी नहीं पहुँची थी। चूँकि प्रथम विश्व युद्ध चल रहा था, रूस की पराजय हो रही थी, जर्मनी के राजा ने लेनिन को जमकर आर्थिक व सैन्य-सामग्री सहयोग उपलब्ध कराया ताकि वह रूस की सत्ता को कमज़ोर कर सके। विश्व युद्ध के कारण रूस के अंदर बेरोज़गारी भयंकर तरीक़े से बढ़ रहा था। कई लाख सैनिक मारे जा चुके थे। युद्ध के कारण लोगों के वेतन घटकर आधे हो चुके थे, जबकि काम अधिक करना पड़ रहा था। महँगाई बढ़ रही थी। लोग इन परिस्थितियों से ऊब रहे थे,

विरोध में आ रहे थे। लेनिन इन परिस्थितियों का फ़ायदा उठाते हैं, जब रूस की प्रमुख सेनाएँ दूसरे देशों से युद्ध लड़ रही थीं, तब लेनिन ने रूस के अंदर जर्मनी के राजा के आर्थिक व अन्य सहयोगों से युद्ध छेड़ दिया। सत्ता पलट को अधकचरे मार्क्सवाद, मैनीपुलेटिव साम्यवाद का तड़का लगाकर समाजवादी क्रांति का नाम दे देते हैं। जबकि लेनिन ने रूस में अधिनायक-सत्ता की स्थापना की। चुनावों में लेनिन को जीत नहीं मिली थी। फिर भी हथियारों के दम पर सत्ता प्राप्त की। जब तक आम लोगों को समझ आता, तब तक लेनिन लोगों का प्रयोग करके सत्ता प्राप्त कर चुके थे, विरोध व असहमति को कुचलने के लिए सैकड़ों फोर्स्ड-लेबर-कैंप्स की स्थापना कर चुके थे। बोल्शेविक क्रांति मैनिपुलेशन व अवसरवादिता से भरपूर थी, यही कारण है कि सोवियत संघ में समाजवाद साम्यवाद के बजाय अधिनायकवाद की स्थापना हुई।

साम्यवाद बनाम समाजवाद

मुलायम बनाम लेनिन साम्यवाद हो या समाजवाद या इनका परिष्कृत रूप लोकतंत्र– इनका मूल तत्व 'सामाजिक न्याय' होता है। सामाजिक-न्याय प्राथमिक तत्व होता है, जबकि आर्थिक-समता द्वितीयक तत्व होता है जो सामाजिक-न्याय के घटित होने के बाद ही घटित हो पाता है। बिना सामाजिक-न्याय के आर्थिक-समता संभव ही नहीं हो पाती। सोवियत-संघ हो या चीन या क्यूबा या उत्तरी-कोरिया या कोई अन्य देश जिसने साम्यवादी व्यवस्था स्थापित करने का दावा किया, वहाँ भी दूर-दूर तक आर्थिक-समता नहीं है, उल्टे बहुत ही अधिक बुरी स्थिति है। दरअसल सामाजिक-न्याय समाज के अंदर व्यक्ति के स्वातंत्र्य, अधिकार, सहमति व अन्य मूल आधारों पर आगे बढ़ता है। सामाजिक-न्याय को ताक पर रखकर दुनिया में जितने भी राजनीतिक सत्ता परिवर्तन या तथाकथित क्रांतियाँ आर्थिक-समता के नाम पर हुई हैं, वे बिना अपवाद आर्थिक-समता की ओर बढ़ पाने के बजाय विपरीत दिशा में चले हैं और राजनीतिक सत्ताएँ तानाशाही या अधिनायकवाद ही बन पाईं।

इन सत्ताओं ने समाज के साहित्य, लेखन इत्यादि को नियंत्रित करके भले ही दुनिया के समक्ष स्वयं को साम्यवाद या समाजवाद के उदाहरण के रूप में प्रायोजित किया हो, लेकिन अपने वास्तविक चरित्र में ये सत्ताएँ तानाशाही या अधिकानयकवादी ही रहीं। लेनिन के लिए प्रथम विश्व युद्ध व जर्मनी इत्यादि के

कारण ऐसी अनेक अनुकूल परिस्थितियाँ बन गई थीं कि हथियारों के दम पर सत्ता हथिया लेना आसान हो गया था। लेकिन मुलायम सिंह यादव के लिए अनुकूल परिस्थितियाँ नहीं थीं। उनको समाज के ही अंदर विरोध झेलना था, समाज के अंदर से ही शोषण तिरस्कार झेलना था। जिनके लिए संघर्ष था, वे सामाजिक, आर्थिक, मानसिक, वैचारिक रूप से शताब्दियों से लगातार जन्म से ही पीढ़ी-दर-पीढ़ी कुचले गए लोग थे, भयंकर रूप से भयभीत लोग थे।

मुलायम सिंह यादव को किसी विदेशी सत्ता से भारत की सत्ता को उखाड़ फेंकने के लिए सहयोग नहीं प्राप्त था। मुलायम सिंह यादव ने सैन्य विद्रोह नहीं किया, हथियार नहीं उठाए। इस तरह से प्राप्त सत्ताएँ बिना अपवाद हमेशा तानाशाही या अधिनायकवाद की ही स्थापना करती हैं। जिस तरह की जाति-व्यवस्था भारतीय समाज में शताब्दियों से व्याप्त रही है। इसके कारण जिस तरह की वैयक्तिक, जातिगत व सामाजिक मनोवैज्ञानिक कंडीशनिंग लोगों के दिल-ओ-दिमाग़ में बहुत-बहुत गहरे भयंकर मज़बूती के साथ शताब्दियों से जमती आ रही है। यदि राजनीतिक सत्ता प्राप्त होती है तो ग़लतियाँ होना स्वाभाविक है। ऐसा नहीं है कि राजनीतिक सत्ता प्राप्त करने व सत्ता बनाए रखने की प्रक्रिया में ग़लतियाँ नहीं हुई हैं, बल्कि अनेक ग़लतियाँ हुई हैं। चूँकि कुछ शोषित जातियाँ तुलनात्मक रूप से अन्य शोषित जातियों की अपेक्षा थोड़ी मज़बूत रही हैं, इसलिए वे अपनी जागरूकता और सत्ता-प्राप्ति के पश्चात अर्जित संपत्ति का उपयोग करके राजनीतिक के क्षेत्र में अपनी दावेदारी अधिक मानने लगीं (यह भी तो शताब्दियों की जाति-व्यवस्था के ही ऋणात्मक मनोविज्ञान की ही देन तो है)। यही कारण रहा है कि राजनीतिक सत्ता सभी शोषित जाति समूहों के साथ व्यवस्थित तरीक़े से साझा नहीं हो पाई, और सामाजिक न्याय की दिशा में निरंतरता गति के साथ नहीं स्थापित हो पाई।

शोषक-जातियों का प्रभुत्व

राजनीतिक सत्ताओं के मुखिया भले ही शोषित जातियों से होने लगे हों, लेकिन शोषक-जातियों का प्रभुत्व अभी तक भी कम नहीं हुआ है। लेकिन समय के साथ जैसे अन्य शोषित जातियाँ भी सत्ता में अपनी हिस्सेदारी की ओर बढ़ने लगीं हैं, वैसे ही शोषक जातियों का प्रभुत्व भी कम होता जाएगा। वास्तविक सामाजिक क्रांति एक दीर्घकालीन व निरंतर प्रक्रिया होती है, सामाजिक क्रांति

सीखते हुए ग़लतियाँ करते हुए आगे बढ़ती है। लेकिन बड़ी से बड़ी ग़लतियों की तुलना में बहुत-बहुत बड़ी क्रांति यह हुई है कि शताब्दियों से भयंकर स्तर की दासता व दमन भोगने वाली शोषित जातियाँ राजनीतिक व आर्थिक सत्ताओं में अपनी हिस्सेदारी की ओर बढ़ने लगीं, उनमें आत्मविश्वास आने लगा, उन्हें लगने लगा कि वे कर सकती हैं। भारतीय समाज में सामाजिक-दासता कूट-कूटकर शताब्दियों से बहुत ही अधिक अत्याचार, शोषण व दमन इत्यादि की गहरी जड़ों के साथ व्याप्त रही है। भारतीय समाज में बिना हथियार, बिना सेना, बिना अनाप-शनाप विदेशी आर्थिक सहयोग के, केवल और केवल आम-लोगों को धीरे-धीरे जोड़ते हुए सत्ता परिवर्तन करने बनाम जर्मनी से अनाप-शनाप आर्थिक व सैन्य सहयोग लेकर, प्रथम विश्व युद्ध के कारण पनपी परिस्थिति-अवसर इत्यादि के कारण हथियार के बल पर सत्ता-परिवर्तन करने में ज़मीन-आसमान का अंतर है। एक में वास्तविक परिवर्तक है, वहीं दूसरा अवसरवादी है। समाजवाद साम्यवाद का रास्ता अहिंसा से होकर जाता है, जबकि अधिनायकवाद का रास्ता हिंसा से होकर जाता है। सोवियत संघ में जन्म से विघटन तक अंतिम के कुछ समय को छोड़कर हमेशा अधिनायकवाद ही रहा है। अधिनायकवाद को बनाए रखने के लिए बहुत कुछ गढ़ना पड़ता है।

सोवियत संघ ने सुचारु व्यवस्थित प्रोपगेंडा करके लेनिन जैसे लोगों को महान क्रांतिकारी के रूप में दुनिया भर में प्रायोजित किया। स्थितियाँ इतनी भयावह रहीं कि यदि लेनिन पर सवाल भी खड़ा कर दीजिए तो वेस्टर्न के प्रोपगेंडा से प्रभावित होना कह दिया जाता रहा है। लेकिन यदि सूक्ष्मता के साथ ऑब्जेक्टिव होकर विश्लेषण किया जाए तो यह बिलकुल स्पष्ट रहता है कि यदि लेनिन सामाजिक परिवर्तक थे तो मुलायम सिंह यादव बहुत-बहुत-बहुत अधिक बड़े सामाजिक परिवर्तक हैं। चूँकि भारत सोवियत संघ की तुलना में एक कमज़ोर राष्ट्र है, जैसा पहले बात हो चुकी है कि भारतीय समाज में जाति-व्यवस्था की जड़ें व कुप्रभाव इतने गहरे व्याप्त हैं कि दुनिया छोड़िए भारत में ही मुलायम सिंह यादव को सामाजिक परिवर्तक स्वीकारने में मनोवैज्ञानिक कुंठाएँ व कंडीशनिंग्स आड़े आ जाती हैं। लेनिन सामाजिक परिवर्तक के रूप में प्रोपगेंडा द्वारा प्रायोजित किए गए हैं। जबकि मुलायम सिंह यादव वास्तव में सामाजिक परिवर्तक रहे हैं। व्यापक स्तर पर किए गए प्रोपगेंडा के कारण स्थापित हुई कंडीशनिंग के कारण, बहुत ही कम लोग इस बात को देख पाते हैं कि लेनिन सामाजिक-राजनीतिक परिवर्तक

नहीं थे, जबकि मुलायम सिंह यादव सामाजिक-राजनीतिक परिवर्तक हैं। लेनिन में समाजवाद की समझ नहीं दीखती है, जबकि मुलायम सिंह यादव में समझ दीखती है। भारत में ब्रिटिश हुकूमत थी तो वे जाते-जाते लोकतंत्र दे गए, जाति-व्यवस्था रूपी सामाजिक दास-व्यवस्था को तोड़ने की नींव रख गए, इसलिए ब्रिटेन के प्रति भयंकर खुन्नस रही शोषक जातियों में। इसलिए देश के लोगों को लोकतंत्र को समझने, महसूस करने व जी पाने का अवसर ही नहीं दिया गया, देश के लोकतंत्र को परिष्कृत करने के बजाय उसे भोंडा बना दिया। लोकतंत्र शोषित जातियों की सत्ता में हिस्सेदारी व भागीदारी को मज़बूत करता है, इसलिए लोकतंत्र को बदनाम कर दिया गया। सोवियत संघ के भयंकर अधिनायकवाद को समाजवाद साम्यवाद के रूप में प्रतिष्ठित किया गया, महिमामंडित किया गया, जबकि समाजवाद साम्यवाद सोवियत संघ में अस्तित्व में कभी आया ही नहीं। सोवियत संघ में साम्यवाद समाजवाद के बजाय अधिनायकवाद है, यदि यह देख पाने की वस्तुनिष्ठ दृष्टि होती, यह स्वीकार कर पाने की सामाजिक ईमानदारी होती, तो भारतीय समाज में मुलायम सिंह यादव जैसे लोगों को सामाजिक परिवर्तक, समाजवादी क्रांतिकारी के रूप में प्रतिष्ठित करना पड़ता। यदि ऐसा होता तो भारतीय समाज में एक अलग ही तरह की सामाजिक परिचर्चाओं का प्रवाह चलता, विश्लेषण होते, विचारशीलता होती, सामाजिक समीकरण होते। लेकिन शोषक जातियों ने ऐसा नहीं होने दिया, समाज का नियंत्रण अपने हाथ में रखने के लिए, सोवियत संघ व चीन की तथाकथित साम्यवादी-क्रांतियों का महिमामंडन किया गया, सामाजिक-न्याय व सामाजिक समाधान के रूप में प्रायोजित किया गया।

मुलायम सिंह यादव को भारतीय समाज द्वारा जिस तरह से प्रतिष्ठित किया जाना चाहिए था, उसका शतांश भी नहीं हुआ। भारत के अंदर जो भी, जिस तरह के भी अधकचरिया बेहतर समझ के वामपंथी या साम्यवादी लोग हैं, उनको मुलायम सिंह यादव को लेनिन जैसों की तुलना में बहुत-बहुत अधिक प्रतिष्ठित करना चाहिए था, लेकिन वस्तुनिष्ठ दृष्टि नहीं होने तथा सामाजिक ईमानदारी नहीं होने के कारण ऐसा नहीं कर पाए, जबकि ऐसा करना मूल बात थी।

अध्याय 34

‘अब तीसरे मोर्चे की सरकार बनेगी’ –मुलायम सिंह यादव

साल 2012 में 25 अगस्त को समाजवादी पार्टी के राष्ट्रीय अध्यक्ष मुलायम सिंह यादव ने ‘इंडिया टुडे’ (हिंदी संस्करण) के तत्कालीन कार्यकारी संपादक दिलीप मंडल से देश के कई राजनीतिक, सामाजिक, आर्थिक समस्याओं एवं मुद्दों पर बात की थी। साल 2014 में नरेंद्र मोदी के उदय के पहले का यह एक दिलचस्प साक्षात्कार था क्योंकि उस समय देश और मीडिया दोनों ही मुलायम सिंह यादव को भावी प्रधानमंत्री के रूप में देख रहे थे।

मुलायम सिंह यादव राष्ट्रीय राजनीति में बलवान हो गए थे। सैफ़ई के पहलवान और स्कूल टीचर से लेकर मुख्यमंत्री और देश के रक्षामंत्री तक का सफ़र तय करने वाले इस नेता के दिल्ली स्थित अशोक रोड निवास के ड्रॉइंग रूम में हनुमान की आदमक़द मूर्ति उनके बदले तेवर को दर्शा रही थी। यूपी के चुनाव नतीजों के बाद इस नेता की नज़र प्रधानमंत्री की कुर्सी पर थी। उनकी मेज़ पर उन दलों की लिस्ट थी, जो लोकसभा चुनाव के बाद उनके संभावित साझीदार हो सकते थे। साथ में तीसरे मोर्चे का संभावित स्वरूप, जिसे लोहिया की संकलित रचनाओं के संपादक डॉक्टर मस्तराम कपूर ने तैयार किया था। अब उन्हें इंतज़ार था कि सरकार गिरे और फिर वह समय आए जिसका उन्हें 1997 की अप्रैल से इंतज़ार था। एच.डी. देवेगौड़ा के प्रधानमंत्री पद से हटने के बाद तीसरे मोर्चे में जब प्रधानमंत्री के कैंडिडेट की खोज शुरू हुई तो लेफ़्ट के सपोर्ट से मुलायम सिंह प्रधानमंत्री पद के बेहद नज़दीक पहुँच गए थे। समाजवादी नेताओं की यादवी लड़ाई में मुलायम उस समय पीएम बनते-बनते रह गए और आई.के. गुजराल पीएम बन गए। 15 साल बाद 2012 में नेताजी यह भाँप रहे थे कि समय फिर उनके अनुकूल है।

उत्तर प्रदेश का चुनाव जीतने के बाद आपने कहा था कि अब सारी शक्ति लोकसभा चुनाव के लिए लगाएँगे। इसके लिए आप क्या लक्ष्य लेकर चल रहे हैं?

अभी तो चुनाव की घोषणा हुई नहीं है। लेकिन यह तय किया है कि समाजवादी पार्टी उत्तर प्रदेश में सभी 80 सीटों पर चुनाव लड़ेगी। लोकसभा चुनाव में किसी तरह के तालमेल का सवाल नहीं है। हम अपने दम पर लड़ेंगे और लक्ष्य होगा कि ज़्यादा-से-ज़्यादा सीटों पर जीत हासिल करें।

केंद्र में अगली सरकार की कैसी सूरत आप देखते हैं? लालकृष्ण आडवाणी के ब्लॉग से कुछ लोगों ने यह मतलब निकाल लिया है कि वे कह रहे हैं कि अगली सरकार ग़ैर-कॉन्ग्रेस, ग़ैर-भाजपा दलों की बनेगी।

उत्तर प्रदेश में विधानसभा चुनाव के जो नतीजे आए हैं उससे साबित हो गया है कि कॉन्ग्रेस और भाजपा, इन दोनों को स्पष्ट बहुमत नहीं आ रहा है। न तो कॉन्ग्रेस न बीजेपी–यह तो जनता में आम राय है। फिर तीसरा मोर्चा अपने आप सरकार बनाएगा। अब ऐसा कैसे होगा यह तो उसी समय देखा जाएगा।

आप ख़ुद को चरण सिंह का राजनीतिक उत्तराधिकारी और लोहिया की विरासत का नेता मानते हैं। चरण सिंह यह कहते थे कि हर आदमी जो राजनीति में आता है, वह प्रधानमंत्री बनने की इच्छा रखता है। इससे मुकरना पाखंड है। लोहिया भी कहते थे कि जिसे सत्ता प्राप्ति की इच्छा न हो, उसे राजनीति छोड़ देनी चाहिए। आप ख़ुद को प्रधानमंत्री पद का दावेदार मानते हैं?

मैं प्रधानमंत्री पद का उम्मीदवार नहीं हूँ। समाजवादी आंदोलन मज़बूत हो, इसकी तैयारी में हूँ। समाजवादी आंदोलन से ही आम जनता का कल्याण है। ख़ासकर जो ग़रीब-उपेक्षित समाज है। इसका कल्याण तो इसी आंदोलन में है। उनके लिए नीतियाँ स्पष्ट हैं समाजवादी पार्टी की।

1997 में संयुक्त मोर्चा के दौर में आप प्रधानमंत्री की कुर्सी के बिलकुल क़रीब थे। लेकिन ऐसा मुमकिन नहीं हो पाया। क्या इस बार वही इतिहास दोहराया जाएगा या आप प्रधानमंत्री पद के लिए दावेदारी पेश करेंगे? ख़ासकर ऐसी स्थिति में जब तीसरा मोर्चा एक ताक़त के रूप में उभर सकता है।

(लंबी चुप्पी) समाजवादी पार्टी को मज़बूत बनाना है। ज़्यादा-से-ज़्यादा

लोकसभा की सीटें जीतना, यही लक्ष्य समाजवादी पार्टी का है।

कॉन्ग्रेस का साथ दिया, उससे लेफ़्ट के साथ आपके रिश्तों में ठहराव आ गया था। अब लेफ़्ट के साथ आपके संबंध कैसे हैं?

वामपंथी दलों के साथ मेरा हमेशा अच्छा संबंध रहा है। वह अच्छा संबंध आगे भी रहेगा। हम अपनी ओर से इसके लिए पूरी कोशिश करेंगे।

रिटेल में एफ़डीआई ऐसा मुद्दा है जो आपके और वामपंथी दलों के बीच एकता का बिंदु हो सकता है। ख़ुदरा व्यापार में विदेशी निवेश पर आपकी क्या नीति होगी?

नीति तो हमारी एक ही है– एंटी-बीजेपी और एंटी-कॉन्ग्रेस। यह नीति साफ़ है। चुनाव के नतीजे आने के बाद परिस्थितियाँ क्या होंगी, उसकी कल्पना अभी से नहीं की जा सकती।

एक बार फिर मैं लोहिया के हवाले से कहूँगा कि इतिहास में अपने आप कुछ नहीं होता। संभावना को सत्य में बदलने के लिए मानव प्रयास की आवश्यकता होती है। क्या तीसरा मोर्चा बनाने के लिए आप अपनी ओर से कोई पहल कर रहे हैं?

मैंने पहले ही बता दिया कि समाजवादी आंदोलन को मज़बूत करने की पूरी तैयारी है। हमारे कार्यकर्ता और सारे नेता इस काम में जुटे हैं। हम लोग तीसरे मोर्चे के लिए भी प्रयास करेंगे।

क्या इस बार भी कोई साझा न्यूनतम कार्यक्रम बनाएँगे, जैसा संयुक्त मोर्चा के दौरान हुआ था। इसके लिए आपकी प्राथमिकता क्या होगी?

हमारी प्राथमिकता तो स्पष्ट है। हमारी पहली प्राथमिकता किसानों की है। सभी वर्गों के लिए नीतियाँ बनाएँगे। इसके लिए चुनाव घोषणा पत्र तैयार हो रहा है। उसमें हम पार्टी की नीतियों की घोषणा करेंगे।

परिस्थितियों ने अगर आपको प्रधानमंत्री बना दिया, तो आपके सपनों का देश कैसा होगा?

(हँसते हुए) अभी प्रधानमंत्री बनने की बात कहाँ है, अभी यह सवाल नहीं

है। जब चुनाव होंगे उसके बाद कैसी परिस्थितियाँ होंगी, किसकी कितनी ताक़त होगी, इससे बातें तय होंगी। अभी तो टिकट भी तय नहीं किए हैं। जब टिकट तय कर लेंगे तब हम अपना लक्ष्य बताएँगे कि हम कितनी सीटें जीत सकते हैं।

समाजवादी पार्टी उत्तर प्रदेश की पार्टी मानी जाती है। इस बार उत्तर प्रदेश के चुनाव के बाद क्या आप पार्टी के बाक़ी राज्यों में विस्तार की कोई योजना बना रहे हैं?

समाजवादी पार्टी आने वाले तमाम चुनाव में मध्य प्रदेश, बिहार, राजस्थान, उत्तराखंड, गुजरात और झारखंड समेत कई राज्यों में लड़ेगी। महाराष्ट्र और पश्चिम बंगाल में तो हम चुनाव लड़ते रहे हैं।

प्रमोशन में आरक्षण का मुद्दा आजकल चर्चा में है। उस पर आपकी राय क्या है?

इस बारे में पार्टी अपनी राय सर्वदलीय बैठक में रख चुकी है। पार्टी नेता रामगोपाल यादव ने इस बारे में जो कहा है, वही सपा की राय है।

एक और सवाल जो पिछले दिनों काफ़ी चर्चा में रहा वह है जातिवार जनगणना का। समाजवादी पार्टी इस मुद्दे को उठाने में संसद में काफ़ी आगे रही। सरकार ने जाति जनगणना का आश्वासन भी दिया था। अभी इसकी स्थिति से क्या आप संतुष्ट हैं।

सरकार ने जाति जनगणना के साथ बहुत ग़लत किया। संसद में इस मुद्दे पर आम राय बन गई थी। एक भी पार्टी इसके ख़िलाफ़ नहीं थी। सबने समर्थन किया। प्रधानमंत्री ने संसद में आश्वासन दिया कि जाति जनगणना कराएँगे। लेकिन इतना समय हो गया आर कुछ नहीं हो रहा है। हम आगे भी इस मुद्दे को उठाते रहेंगे।

लोकसभा चुनाव कब तक होंगे। आपका क्या आकलन है? सरकार कब तक चलेगी?

इस सरकार का इक़बाल ख़त्म हो गया है। यूपीए सरकार के होने और न होने का कोई फ़र्क़ नहीं रह गया है। सरकार जा रही है, इसे हम गिराना नहीं चाहते। इसके कामकाज में कोई अड़चन भी नहीं खड़ी करेंगे। लोग कहेंगे कि देखो सरकार गिरा दी। बिना वजह सहानुभूति मिल जाएगी। इसकी ज़रूरत भी नहीं है।

अध्याय 35

जब मुलायम से मिले मोदी

'जाति भारतीय जीवन में सबसे भारी कारक है। जो लोग इसे सिद्धांत रूप में अस्वीकार करते हैं वे इसे व्यवहार में स्वीकार करते हैं। सुसंस्कृत पुरुष जाति-व्यवस्था के ख़िलाफ़ नरम स्वर में बोलते हैं, जबकि कार्रवाई में इसकी अस्वीकृति उनके लिए नहीं होती है।' –डॉ. राम मनोहर लोहिया

24 जनवरी 2014 का दिन था। मुलायम बनारस में एक विशाल रैली को संबोधित कर रहे थे। उनका भाषण गुजरात के तत्कालीन मुख्यमंत्री नरेंद्र मोदी के लिए खुली चुनौती थी। अप्रैल-मई में आम चुनावों से पहले, भारत के प्रधानमंत्री की दावेदारी और अपनी अंतिम महत्त्वाकांक्षा के लिए सार्वजनिक रूप से एक पिच बनाने के लिए वह उत्तर प्रदेश के विभिन्न हिस्सों का दौरा कर रहे थे। मुलायम ने कहा था– "मोदीजी, मैं आपको उत्तर प्रदेश को गुजरात नहीं बनने दूँगा।"

नरेंद्र मोदी ने मुलायम को उकसाने के लिए 'गुजरात जाइब' (Gujarat Jibe) का ताना मारा था, जो अगली सुबह स्थानीय और राष्ट्रीय दैनिकों में बैनर हेडलाइन बन गया था। पूर्वी शहर गोरखपुर में भाजपा समर्थकों की एक सभा को संबोधित करते हुए मोदी ने मज़ाक़ उड़ाया– "नेताजी, आपकी हैसियत नहीं है कि आप यूपी को गुजरात बना दें। आप इसे नहीं कर सकते। आप में यूपी को गुजरात बनाने की हिम्मत नहीं है। ऐसा करने के लिए 56 इंच का सीना चाहिए और आपके पास छप्पन इंच का सीना नहीं है।"

रैली गोरखपुर के मानबेला इलाक़े में हुई, जो मुस्लिम बहुल गाँवों से घिरा हुआ है। भीड़ की व्यवस्था के लिए योगी आदित्यनाथ काफ़ी हद तक ज़िम्मेदार थे और वह बड़ी संख्या में भीड़ की उपस्थिति से काफ़ी संतुष्ट थे।

दरअसल, आदित्यनाथ को उनकी भीड़ व्यवस्था के लिए राजनाथ सिंह के

बोलने के बाद कुछ मिनट के भाषण के साथ पुरस्कृत किया गया था। तीन साल पहले योगी आदित्यनाथ अचानक अपने सांप्रदायिक अतीत की भूतिया छाया से बाहर आकर उत्तर प्रदेश के मुख्यमंत्री बनने के लिए मुलायम के मुख्यमंत्री बेटे अखिलेश यादव को बेदख़ल करने की कोशिश कर रहे थे और इसमें योगी कामयाब भी हुए।

कहने की ज़रूरत नहीं है कि दर्शकों ने '56 इंच का सीना' के उल्लेख पर मोदी का उत्साहपूर्वक उत्साहवर्धन किया। 'भक्त समर्थकों' को निचले स्तर के संवाद पसंद हैं जो वे अक्सर बॉलीवुड के सी या डी ग्रेड की फ़िल्में देखकर सीखते हैं। मोदी ने राजनीति की गली में एक चतुर जादूगर होने के नाते गाँव के औषधालय के एक अनुभवी डॉक्टर की तरह जनता की नब्ज़ पकड़ ली थी। जब वह अपने मज़ाक़िया उपदेश दे रहे थे, तो गोरखपुर रैली की विनम्र भीड़ से सीटी बजाते हुए उनकी भौंहें एक तितली की तरह मचल रही थीं।

उन्होंने आगे कहा, "नेताजी, यूपी को 'गुजरात मॉडल' बनाने का मतलब है बिजली की कटौती नहीं, हर शहर-गाँव में 365 दिनों के लिए 24 घंटे बिजली। गुजरात बनने का मतलब है लगातार 10 साल तक कृषि विकास में 10 फ़ीसदी की बढ़ोतरी, न कि यूपी की कृषि वृद्धि जो घटकर महज़ 3 से 4 फ़ीसदी रह गई है।"

नरेंद्र मोदी ने अपने किशोरावस्था और युवा दिनों में एक चायवाला, चाय बेचने वाले और ग़रीब माता-पिता के बेटे के रूप में प्रचार अभियान की शुरुआत की थी। उनके विज्ञापन प्रबंधकों ने भारत के ग़रीब लोगों को सम्मोहित करने के लिए अपने 'चायवाला' बचपन की हरकतों को बेचने के लिए एक आक्रामक अभियान चलाया। मॉनीकर, चायवाला ने जनता के साथ तुरंत तालमेल बिठा लिया और कॉन्ग्रेस-मुक्त भारत की बात देश भर में मोदी के 2014 के अभियान का केंद्रीय बिंदु बन गई। हालाँकि, उत्तर प्रदेश पर एक युवा अखिलेश का शासन था, जिन्होंने यह कहकर कि– मोदी (Modi- Model of diving India) भारत को बाँटने का मॉडल हैं– धूमधाम से 'गुजरात मॉडल' की आलोचना की थी।

हालाँकि, उत्तर भारत के लोग यूपीए-2 नीतियों से परेशान थे और उन पर बढ़ती मुद्रास्फीति एवं बेरोज़गारी की मार पड़ रही थी। इसके अलावा, मुज़फ़्फ़रनगर दंगों ने मुसलमानों और धर्मनिरपेक्ष लोकाचार के लोगों की नज़र में समाजवादी पार्टी की स्वच्छ छवि पर दाग़ लगा दिया था। हवा में एक बड़ा सवालिया निशान लटका हुआ था जिसका मोदी ने भरपूर फ़ायदा उठाया ताकि

लोग गुजरात के मुस्लिम विरोधी नरसंहार (गोधरा नरसंहार) के दुःस्वप्न को भूल सकें और मुज़फ़्फ़रनगर नरसंहार के बारे में बात कर सकें।

उसी समय समाजवादी पार्टी और कॉन्ग्रेस पर हमला करते हुए मोदी ने कहा था, "वे मेरा मज़ाक़ उड़ाते हैं क्योंकि मैं एक ग़रीब माँ का बेटा था और मुझे जीने के लिए चाय बेचनी पड़ी थी। मैं लंबे समय से सोच रहा हूँ कि पिछले कई दशकों से कॉन्ग्रेस, सपा, बसपा को ग़रीब वोट देने के बावजूद ग़रीबी क्यों नहीं मिटाई गई। मेरे पास जवाब है। कॉन्ग्रेस, सपा और बसपा का राजनीतिक भविष्य ग़रीबों को और ग़रीब रखने में है। कॉन्ग्रेस का ग़रीबी दूर करने का कोई इरादा नहीं है क्योंकि उन्हें ग़रीबों से राजनीतिक लाभ मिलता है। वे केवल ग़रीब और ग़रीबी की बात करते हैं। कॉन्ग्रेस की ग़रीब विरोधी मानसिकता के कारण ही वे एक चाय बेचने वाले को बर्दाश्त नहीं कर पा रहे हैं।"

मई महीने के पहले सप्ताह की चिलचिलाती गर्मी में बलिया में एक रैली को संबोधित करते हुए मुलायम ने एक कथित अभद्र भाषा पर आज़म ख़ान का बचाव किया, जिसके लिए चुनाव आयोग ने समाजवादी पार्टी के प्रमुख मुस्लिम चेहरे आज़म पर प्रतिबंध लगा दिया, जबकि अमित शाह को उनकी उग्र सांप्रदायिक भाषण के लिए कोई कार्रवाई नहीं की थी। मुलायम ने दहाड़ते हुए कहा, "आज़म ख़ान को प्रतिबंधित कर दिया गया क्योंकि उन्होंने मुसलमानों के पक्ष में बात की थी। मैं भी उनके पक्ष में रोज़ बोलता हूँ। अगर चुनाव आयोग में हिम्मत है, तो मुझे भी प्रतिबंधित कर दे। अगर मुसलमानों के लिए बोलना अपराध है, तो मैं अपराधी बनने के लिए तैयार हूँ।"

उस समय मोदी सत्ता पर क़ाबिज़ होने के लिए चरम पर थे। तीन राउंड का मतदान संपन्न हो चुका था। मोदी की आक्रामकता बढ़ती जा रही थी। वह न केवल कड़े प्रतिद्वंद्वी मुलायम और सोनिया गाँधी-राहुल गाँधी पर, बल्कि चुनाव आयोग पर भी अधिक लाभ उठाने के लिए तीर चला रहे थे। लेकिन मुलायम सिंह यादव तब भी मोदी की आक्रामकता से नहीं डरे। बलिया की इसी रैली में मुलायम ने कहा, "मोदी मुझसे असहज महसूस कर रहे हैं क्योंकि मैं उनके झूठ को उजागर कर रहा हूँ। गुजरात के मुख्यमंत्री, विपक्ष के नेता और उनकी वास्तविकता जानने के लिए मेरे पास स्रोत हैं।"

राजनीति में लव और हेट का मंज़र वैसे ही हाज़िर होता रहा है जैसे मोहब्बत में। लेकिन एक वक़्त ऐसा भी आया जब लोकसभा में मुलायम ने पीएम नरेंद्र

मोदी की जमकर तारीफ़ की। लोकसभा के सदस्य तब घनघोर आश्चर्य में पड़ गए। वह 14 फ़रवरी 2019 का दिन था। लोकसभा अगले आम चुनाव के लिए भंग होने ही वाली थी।

राजनीतिक शिष्टाचार को नेताजी ने हमेशा तरजीह दिया और अपने घोर विपक्षी प्रतिद्वंद्वियों को उन्होंने ख़ूब इज़्ज़त बख़्शी। मुलायम ने लोकसभा में हंगामा खड़ा कर दिया था जब उन्होंने पीएम मोदी की 'सबका साथ सबका विकास' नारा की प्रशंसा की और उम्मीद जताई थी।

2019 के आम चुनाव से पहले लोकसभा में अपने संबोधन के दौरान मुलायम ने कहा, "मैं पीएम मोदी को बधाई देना चाहता हूँ क्योंकि उन्होंने संसद को अच्छी तरह से प्रबंधित किया है और सभी के कल्याण के लिए काम किया है। उन्होंने सबको साथ लेकर चलने का पूरा प्रयास किया है जो बहुत मुश्किल है। कोई भी उनके ख़िलाफ़ उँगली नहीं उठा सकता। मैंने अनुभव किया है कि जब भी मैं उनसे मिला, उन्होंने तुरंत मेरा काम कर दिया।"

मुलायम ने मोदी की तरफ़ देखते हुए कहा, "मैं वास्तव में आपके काम की सराहना और सम्मान करता हूँ। और मुझे उम्मीद है कि संसद के साथ-साथ आप और सभी सांसद फिर से जीतेंगे। यही मेरी इच्छा है। हम चाहते हैं कि आप एक बार फिर प्रधानमंत्री बनें।"

यह सुनते ही पीएम मोदी ने नेताजी को धन्यवाद देने के लिए हाथ जोड़ लिया, और बीजेपी तथा सहयोगी एनडीए के सदस्यों ने मुलायम के अप्रत्याशित बयान का स्वागत करने के लिए टेबल थपथपाया। नेताजी की भविष्यवाणी सच साबित हुई। साल 2019 में नरेंद्र मोदी दुबारा प्रधानमंत्री बनने में कामयाब हो गए।

नरेंद्र मोदी ने भी मुलायम सिंह को बेहद सम्मान के साथ याद किया जब उन्हें नेताजी के देहांत की ख़बर हुई। उस समय मोदी गुजरात में एक सभा को संबोधित कर रहे थे। मोदी ने मुलायम को खिराजे अक़ीदत पेश करते हुए लाइव टेलीविज़न पर कहा, "मुलायम सिंह लोकतंत्र के सोल्जर थे। इमरजेंसी के दौर में उन्होंने डेमोक्रेसी को बचाने के लिए उन्नीस महीने इटावा जेल में बिताए। उन्होंने घोर विरोधी होकर भी मेरा हौसला कई मौक़ों पर बढ़ाया। मैं उनका ऋणी रहूँगा।"

अध्याय 36

'आज पहली बार लगा, बिन सूरज के उगा सवेरा'

यही 9 शब्दों का ट्वीट नेताजी के इकलौते वारिस और उत्तर प्रदेश के पूर्व मुख्यमंत्री अखिलेश यादव ने 12 अक्टूबर की सुबह अपने पॉपुलर ट्विटर अकाउंट से किया। उनके ट्वीट को देश और विदेश के क़रीब एक करोड़ अस्सी लाख फ़ॉलोवर्स नोटिस करते हैं, रिट्वीट और चर्चा करते हैं। सैफ़ई की सरज़मीं से किए गए इस ट्वीट के अड़तालीस घंटे पहले राजधानी दिल्ली से सटे गुड़गाँव के मेदांता हॉस्पिटल में मुलायम सिंह यादव ने आठ बजकर सोलह मिनट पर आख़िरी साँस ली थी। समाजवाद का सूरज 10 अक्टूबर की सुबह में डूब गया।

2 अक्टूबर को गाँधी जयंती की दोपहर खिलखिलाती धूप से सराबोर थी। अखिलेश यादव लखनऊ के सिटी सेंटर, हज़रतगंज में गाँधी चरखा पर हाथ फेर रहे थे, तभी दिल्ली से ख़बर आई कि नेताजी को मेदांता हॉस्पिटल ले जाया जा रहा है। वह फ़ौरन गुड़गाँव के लिए रवाना हुए। रात होते-होते मुलायम सिंह की क्रिटिकल कंडीशन की तपिश देश-दुनिया में महसूस की जाने लगी। प्रधानमंत्री नरेंद्र मोदी ने अखिलेश से फ़ोन पर बात की। गृहमंत्री अमित शाह और रक्षामंत्री राजनाथ सिंह हॉस्पिटल पहुँचे। देश और प्रदेश में लोग प्रार्थना कर मुलायम सिंह के जल्द स्वस्थ्य होने की कामना करने लगे। क़रीब आठ रातों तक नेताजी आईसीयू में ज़िंदगी और मौत के बीच संघर्ष करते रहे। दूसरी तरफ़ दिल्ली और आस-पास के प्रदेशों के आसमान से सूरज भी ग़ायब हो चला था। हर रोज़ घनघोर बारिश का मंज़र था। धरतीपुत्र के लिए आसमान भी सीना फाड़कर रो रहा था।

किसी भी नेता की महानता उसके अंतिम दर्शन के लिए उमड़े हुजूम से पता चलती है। सैफ़ई की धरती पर देश भर से क़रीब दस लाख ग़मज़दा लोगों का

कारवाँ दिखा। आज़ाद भारत में पंडित नेहरू के बाद ऐसी भावभीनी श्रद्धांजलि मुलायम सिंह यादव को मिली।

11 अक्टूबर की सुबह, दोपहर और ढलते सूरज की छाया में मैंने देखा– लाखों बिलखते चेहरों को। सैफ़ई एयरस्ट्रिप से क्लॉक-टावर तक भारत के गणमान्य व्यक्तियों की आवाजाही कौतुहल का विषय बनी रही। उसी जनसैलाब में मेरी मुलाक़ात बिहार के मधेपुरा से आए लोहिया और मंडल साहित्य और विचार के स्कॉलर इंजीनियर संतोष से हुई। नेताजी मुलायम सिंह के पार्थिव शरीर के पंचतत्व में विलीन होते-होते हम उनकी विरासत पर बात करते रहे।

उतर भारत की राजनीति को भारत के जिन नेताओं ने कॉन्ग्रेस की सामंती वर्चस्व और भाजपा के हिंदुत्व उन्मादित चंक से मुक्त करने में अपना अहम योगदान दिया, उसमें मुलायम सिंह एक महत्त्वपूर्ण शख़्सियत के रूप में सामने आते हैं। उनकी पूरी राजनीति डॉक्टर राममनोहर लोहिया की समाजवादी राजनीति को ही आगे बढ़ाती हुई एक समतामूलक समाज के निर्माण की ओर अग्रसर रही। नब्बे का दशक भारत की राजनीति का एक ऐसा दौर है जब मंडल और कमंडल के दो ध्रुवों के बीच इस देश की पूरी राजनीति फ़ोकस होती है। यह दौर उतर प्रदेश के लिए बेहद नाज़ुक दौर था, जब भाजपा राममंदिर आंदोलन के सहारे हिंदुओं का ध्रुवीकरण करने में लगी थी। मुलायम सिंह इस दौर में अगर नहीं हुए होते तो कारसेवक उसी समय मस्जिद को तोड़कर भारत को हिंदू-मुस्लिम दंगे के 1947 वाले दौर में पहुँचा चुके होते। मुख्यमंत्री के रूप में मुलायम सिंह ने न सिर्फ़ कारसेवकों पर गोली चलाने का आदेश दिया, अपितु इसके नियामक रहे द्वारिका पीठ के शंकराचार्य स्वरूपानंद सरस्वती की गिरफ़्तारी भी करवाई और यह स्वीकार किया कि– 'अगर हमें देश और संविधान की रक्षा के लिए और गोलियाँ चलानी पड़ती तो मैं वह भी करता लेकिन इस देश की साझा संस्कृति को नष्ट होते नहीं देख सकता था।' जिस तरह रोम में पोप को गिरफ़्तार करने की बात सोच में भी नहीं लाई जा सकती उसी तरह भारत में धर्म के इन प्रभुत्वशाली शंकराचार्यों की गिरफ़्तारी का साहस भी अपने तरह का विरल साहस था। इसे मुलायम सिंह जैसे समाजवादी ही अंजाम दे सकते थे।

लोकतंत्र और संविधान बचाने के लिए इस तरह का साहसिक निर्णय लोकतंत्र के इतिहास में मिलना विरल है। यह अकारण नहीं कि संघी मानसिकता के हिंदू पत्रकारों ने उन्हें मुल्ला मुलायम, बाबर की औलाद जैसे विशेषण से नवाजा। और

हर मौक़े पर उनकी छवि धूमिल करते रहे। आगे चलकर उत्तर प्रदेश में बीजेपी सरकार के मुख्यमंत्री आदित्यनाथ भी नेताजी को पब्लिक रैली में अब्बाजान कहकर चिढ़ाते रहे और अखिलेश को औरंगज़ेब कहकर जनता के दिल और दिमाग़ पर डर्टी कम्युनल पॉलिटिक्स का वायरस फैलाते रहे।

मुलायम सिंह एक सच्चे समाजवादी नेता के तौर पर संसद में भी अपने दायित्वों का निर्वहन करते रहे। उनकी पूरी राजनीति कॉन्ग्रेस और भाजपा दोनों से लड़ते हुए उनके विपरीत आम आदमी, किसान और नौजवान के सवाल को केंद्र बनाकर विकसित हुई। उन्होंने हिंदी भाषा के उन्नयन के लिए समाजवाद का जो एजेंडा था उसे सच्चे तौर पर साबित किया। जया बच्चन को संसद में हिंदी बोलने की सलाह देने का अवसर हो, या दक्षिण भारत का हिंदी विरोधी माहौल इन मामलों पर उन्होंने हिंदी को लेकर जो पक्षधरता दिखलाई वह डॉक्टर राम मनोहर लोहिया और समाजवादी राजनीति की भाषा नीति का ही विस्तार है। एक बार उन्होंने संसद में कहा था जो लोग संसद में आकर अँग्रेज़ी बोलते हैं उनको वोट भी अँग्रेज़ी में माँगनी चाहिए।

लोहिया की भाषा नीति अँग्रेज़ी हटाने की थी, अँग्रेज़ी मिटाने की नहीं। मुलायम सिंह ने इसी नीति को लेकर समाजवादी राजनीति को पहचान दी। मगर अँग्रेज़ी स्पीकिंग शहरी इलीट क्लास ने नेताजी को ग़लत नज़रिये से देखा।

नेताजी का यह नारा 'अँग्रेज़ी हटाना है, मिटाना नहीं है', एक स्पष्ट हस्तक्षेप कहा जाएगा भारतीय भाषाओं के पक्ष में।

3 जून 1996 को मुलायम सिंह ने देश के रक्षा मंत्री का पदभार सँभाला। पहले दिन से ही मंत्रालय में कामकाज हिंदी में शुरू हो चुका था। शपथ के कुछ दिन पहले से ही हिंदी के पत्रकारों की खोज शुरू हो गई थी। उन दिनों जॉर्ज फर्नांडिस रक्षा मंत्रालय से विदा ले रहे थे।

अरविंद कुमार सिंह उन दिनों अमर उजाला अख़बार के लिए डिफेंस बीट कवर किया करते थे। मुलायम सिंह के साथ अरविंद ने बहुत यात्राएँ भी कीं। उनका कहना है, "मुलायम सिंह ने हिंदी को सम्मानजनक स्थान दिया और अन्य प्रादेशिक भाषाओं की इज़्ज़त में भी बढ़ोतरी की। तीनों सेनाओं के अध्यक्ष यानी भारत के राष्ट्रपति और तब के वैज्ञानिक सलाहकार एपीजे अब्दुल कलाम हिंदी बोलने लगे और काम भी हिंदी में करने लगे।

आज ये सच्चाई सबको माननी चाहिए यूपी के मुख्यमंत्री रहते मुलायम सिंह

ने जो हिंदी नीति बनाई थी उसे तब के बीजेपी शासित मध्य प्रदेश के मुख्यमंत्री सुंदरलाल पटवा और राजस्थान के भैरो सिंह शेखावत ने भी लागू किया था।

एक और क्रांतिकारी क़दम था– उत्तर प्रदेश लोक सेवा आयोग की परीक्षा से अँग्रेज़ी की अनिवार्यता ख़त्म करना। हिंदी के पेपर में भी एक अँग्रेज़ी ट्रांसलेशन का सवाल होता था। उसे भी ख़त्म करने के आदेश दिए। इस फ़ैसले ने हिंदी माध्यम से पढ़ाई कर रहे गाँव के ग़रीब विद्यार्थियों के लिए अधिकारी बनने के रास्ते खोल दिए। मुलायम सिंह ने लोहिया के समाजवादी सिद्धांतों को ज़मीन पर उतार दिया था।

इससे ज़ाहिर था, मुलायम सिंह को अँग्रेज़ी अख़बारों में घोर आलोचना झेलनी पड़ी। प्रशासन पर भी अंग्रेज़ीदाँ इलीट क्लास का प्रभुत्व था और उन सब अधिकारियों में बिलबिलाहट साफ़ नज़र आ रही थी।

भोपाल में उन दिनों सुंदरलाल पटवा ने हिंदी सम्मलेन का आयोजन किया था। बाबरी मस्जिद बचाने के चलते मुलायम की छवि बीजेपी समर्थकों में विलेन जैसी बनाई थी सांप्रदायिक मीडिया ने। फिर भी भोपाल सम्मलेन में मुलायम सिंह ने शिरकत करके सबको अपने संबोधन से सम्मोहित कर दिया।

मुलायम सिंह ने हिंदी के प्रमोशन के लिए जितना कुछ किया उतना शायद कोई भारतीय राजनेता नहीं कर पाया। नेताजी का हिंदी-प्रेम धरती-प्रेम के जैसा रहा।

उनकी शख़्सियत का एक बहुत ही मज़बूत और साहसिक पक्ष है एक 'रेप सर्वाइवर' फूलन देवी को सांसद बनाकर संसद में लाना।

दुनिया में सबसे बड़े समाजवादी तथागत बुद्ध थे। उन्होंने ज्ञान प्राप्ति के उपरांत एक दिन प्रसेनजित राजा के राज्य के जंगलों में रहने वाले खूँखार डाकू अँगुलीमाल को बिना किसी हथियार के धम्म के शरण में ला दिया।

2500 वर्ष बीतने के बाद मुलायम ने बुद्ध के द्वारा किए कार्य की पुनरावृत्ति तब कर दी जब अदम्य साहस का परिचय देते हुए पिछड़े समाज से आने वाली फूलन देवी को बीहड़ से उठाकर भारतीय संसद में लोकसभा सदस्य के रूप में स्थापित कर दिया।

नेताजी और आज़म ख़ान की दोस्ती मशहूर थी। कभी आज़म ख़ान ने कतिपय कारणों से नेताजी से अलग रहने के बाद जब पुनः मिलन समारोह में मिले तो उन्होंने नेताजी के लिए शेर पढ़ा था–

'कभी ख़ुशी से ख़ुशी की तरफ़ नहीं देखा
तुम्हारे बाद किसी की तरफ़ नहीं देखा
ये सोचकर कि तेरा इंतज़ार लाज़िम है
तमाम उम्र घड़ी की तरफ़ नहीं देखा'

मुलायम सिंह की राजनीतिक उपलब्धियों की फ़ेहरिस्त बहुत लंबी है। उनके रक्षा मंत्री बनने के पहले ऑफ़िसर्स और सेना के मरने के बाद दी जानेवाली सुविधाएँ अलग-अलग थीं। शहीद जवानों का पार्थिव शरीर घर पहुँचाने का आदेश मुलायम सिंह यादव के रक्षामंत्री बनने के बाद लागू किया गया। इससे पहले ऑफ़िसर और सेना के लिए अलग-अलग नियम थे। जब भी सेना का कोई जवान शहीद होता था, तो उसका पार्थिव शरीर उसके घर नहीं पहुँचाया जाता था। शरीर का अंतिम संस्कार सेना के जवान ख़ुद करते थे और आख़िर में जवान के घर उसकी एक टोपी भेज दी जाती थी। मुलायम सिंह ने रक्षामंत्री बनने के बाद सबसे पहले इसी को लेकर फ़ैसला लिया। उन्होंने कानून बनाया कि जब भी कोई जवान शहीद होगा तो उसका पार्थिव शरीर पूरे सम्मान के साथ उसके घर ले जाया जाएगा। डीएम और एसपी शहीद जवान के पार्थिव शरीर के साथ उसके घर जाएँगे। अपने ही देश में मर मिटने वाले अलग-अलग लोगों के लिए दो तरह की अर्हताएँ– यह है न बैचैनी पैदा करनेवाली बात?

मुलायम सिंह इसी कुलीनतावाद को ख़त्म कर देश में समाजवाद की बुनियाद डालना चाहते थे। यह पहल उनकी पूरी राजनीति में हर मोड़ पर हमें नज़र आता है।

मुलायम सिंह देश के पहले रक्षा मंत्री थे जो सियाचिन ग्लेशियर पर गए थे। फ़्रीजिंग तापमान में भी उन्होंने धोती ही पहनी थी।

चीन को लेकर मुलायम हमेशा सख़्त ही नज़र आए। वह कहते थे कि भारत के लिए पाकिस्तान से बड़ा दुश्मन चीन है। हमें चीन के मुक़ाबले तैयार होने की ज़रूरत है। मुलायम ने हमेशा भारत के लिए पाकिस्तान से बड़ा दुश्मन चीन को ही बताया। खुले मंच से वह चीन का विरोध करते रहे। उन्होंने कहा कि अगर भारत को आगे बढ़ना है तो उसे चीन के मुक़ाबले मज़बूत होना पड़ेगा। पाकिस्तान असल में भारत का दुश्मन नहीं है। पाकिस्तान को राजनीतिक दुश्मन और चीन को असली मिलिट्री एनिमी कहते और समझाते रहे मुलायम ताउम्र। इसी नीति के तहत रक्षामंत्री रहते हुए उन्होंने काम भी किया। कहा जाता है कि

मुलायम के रक्षामंत्री रहते हुए बॉर्डर पर भारतीय सेना ने चीन को चार किलोमीटर पीछे ढकेल दिया था।

ऐसा माना जाता है कि मुलायम ने सियासत के लिए कुश्ती भले छोड़ दी हो लेकिन वो अपने उस कौशल और दाँव-पेंच का इस्तेमाल राजनीति में भी मनचाहे तरीक़े से करते रहे। बीबीसी नई दिल्ली के विचारवान पत्रकार प्रदीप कुमार ने नेताजी के इंतक़ाल के बाद वरिष्ठ पत्रकार वीरेंद्र सेंगर का एक संस्मरण साझा किया जो कुछ इस तरह है कि कहा जाता है कि मुलायम सिंह का कुश्ती में पसंदीदा दाँव 'चरखा दाँव' था और इसका इस्तेमाल वो राजनीति में भी अपने प्रतिद्वंद्वी को मात देने के लिए करते थे।

आपातकाल के दौरान 19 महीने इटावा जेल में गुज़ारने के उपरांत 1977 में जब जनता पार्टी पहली ग़ैर-कॉन्ग्रेसी सरकार के रूप में सरकार में आई, तब मुलायम सहकारिता राज्य मंत्री बने। यह मुलायम के राजनीतिक जीवन का एक बड़ा क्षण था और इसने उनके राजनीतिक जीवन को बदल दिया। राज्य मंत्री के रूप में, उन्होंने सहकारी संस्थाओं में ओबीसी और अनुसूचित जातियों के लिए सीटें आरक्षित कीं। इस ऐतिहासिक क़दम ने उन्हें पिछड़ी जाति समुदायों का मसीहा बना दिया और उन्होंने अपनी राजनीतिक आकांक्षाओं को पूरा करने के लिए इसका इस्तेमाल भी किया। सहकारिता के ग्रामीण और कृषि प्रधान उत्तर प्रदेश में फैले नेटवर्क के महत्त्व को जितना मुलायम ने समझा उतना कोई और राजनेता नहीं समझ पाया था। नब्बे के प्रारंभ में समाजवादी पार्टी अपने पैरों पर अगर खड़ी हुई और सरपट दौड़ने लगी तो इसके पीछे मुलायम सिंह और शिवपाल सिंह यादव की सहकारिता क्षेत्र में हासिल कुशलता और तजुर्बे का बड़ा रोल था। इस राजनीति को आज बीजेपी के चाणक्य कहे जाने वाले अमित शाह बख़ूबी समझते हैं तभी तो उनके लिए नरेंद्र मोदी ने देश भर की सहकारिता विभाग की कमान के लिए एक अलग मंत्रालय– मिनिस्ट्री ऑफ़ कोऑपरेशन बनाकर उन्हें उसका कप्तान बनाया। आप सोचिए कि मुलायम कितने दूरदर्शी थे। जब एक राजेनता मंत्री बनकर मालदार विभाग के लिए लॉबी करता है तब वो सहकारिता जैसे उपेक्षित विभाग के लिए लालायित थे और बेमिसाल छाप छोड़कर सबको अचंभित कर दिया। जितना महत्त्व गृह मंत्रालय का है उतना ही सहकारिता विभाग का भी है– ये साबित किया नेताजी ने।

क़रीब तीन साल पहले उनके साथ लंबी बैठकी हुई थी। जब मैंने कई मुद्दों पर कुरेदा, तो वह भावुक भी हुए। उन्होंने स्वीकार किया था कि कई बार वोट बैंक के चक्कर में उनसे भी बड़ी भूलें हुई हैं। उन्हें अमर सिंह से ज़्यादा क़रीबी होने का रंज था। यह भी स्वीकार किया कि इसी दोस्ती के चलते कुनबे में मन-भेद भी हुए। जब मोदी से जुड़ी चर्चा चली तो वह बोले, "ये नेता देश की एकता के लिए हानिकारक है।" जब मैंने पूछा कि आप भी डरते हैं? इस पर नेताजी भावुक हो गए। बोले, "उसके पास बड़ी कॉर्पोरेट लॉबी है। इसी लॉबी ने आडवाणी जी और शिवराज चौहान का पत्ता कटवा दिया था। इसी के चलते राजनाथ सिंह कभी पीएम नहीं बन सकते। वर्ना, बीजेपी में इस पद के लायक़ राजनाथ जी ही हैं।

जब मैंने पूछा, "मोदी राज कितना लंबा हो सकता है?" इस पर वो कुछ देर तक ख़ामोश रहे। फिर बोले, "ये शख़्स बे-मुरव्वत है। मुझे भी बुढ़ापे में अंदर कर सकता है। इसी से मोदी पर सीधी आलोचना से बचता हूँ। लेकिन अखिलेश नहीं मानता।"

मुझसे पारिवारिक हाल लेने के बाद उन्होंने कहा, "वीरेंद्र, अब हम लोगों का दौर गया। तीखी पत्रकारिता करोगे तो ये मोदी युग है, समझ लो। ठीक नहीं होगा।"

मैंने मज़ा लिया, "आप तो सिखाते हो कभी झुकना नहीं चाहिए।"

इस पर वो हँस पड़े, फिर बोले, "अब क्या कहें? मैं बड़े के नाते समझा रहा हूँ। बड़ों-बड़ों को कभी-कभी रणनीति बदली पड़ती है। साल 2024 के बाद असली पत्रकारिता कर लेना।"

"आपकी भविष्यवाणी मानूँ?"

"नहीं, अनुभव से कह रहा हूँ।"

मैंने ख़ुश करने के लिए कहा, "तो नेताजी, आप का मौक़ा भी आ सकता है?"

नेताजी ने प्यार से थाप लगाई। बोले, "लगते भोले हो, लेकिन मेरी भी चुटकी लेते हो।"

आगे की रणनीति पर बात चली तो उनका सवाल था, "क्या हम 24 तक बचेंगे?"

मैंने कहा, "आप को कुछ नहीं होना।"

वो बोले, "वीरेंद्र, अब मैं थक रहा हूँ। तमन्ना तो है कि मोदी-मुक्त देश देखकर अलविदा लूँ। ख़ैर, आते रहना जब तक हूँ, अंतिम विदाई में भले न आना।" मैं चुप रहा, तो वो हँस पड़े, "अरे वीरेंद्र, तब मैं शिकायत करने थोड़े लौट आऊँगा!"

एक बार मैंने मुलायम सिंह से पूछा था, "आप यादवों को इतना महत्त्व क्यों देते हो? आप पर जातिवादी होने का कितना आरोप है! पता है?"

उन्होंने कहा, "हमारी पार्टी में किसी यादव को जनेश्वर मिश्रा, अमर सिंह, रेवतीरमण, बेनीबाबू, आज़म ख़ान, नरेश अग्रवाल जितना महत्त्व नहीं है। हमें पता है ये सब यादव नेताओं को कैसे देखते हैं, पर हम कभी टोकते नहीं। हम यादवों को जोड़ के रखते हैं क्योंकि देश में किसी धर्म या जाति के लोग किसी नेता या पार्टी के साथ 100 फ़ीसदी नहीं जुड़े हैं। हमारे साथ सौ नहीं तो सौ से कुछ ही कम यादव साथ हैं। हम जितना उनके लिए करते उससे ज़्यादा वो हमारे लिए करते हैं। क्या करें पार्टी चलानी है, सबको साथ लेकर चलना होगा। उच्च कही जाने वाली जातियाँ पहले से शिक्षित और विकसित हैं। बैकवर्डों में यादवों के साथ-साथ कुर्मी, कुशवाहा, कुम्हार, लोहार, राजभर, निषाद और सभी को मुख्यधारा में लाने के लिए कोशिश करनी है।"

हर बात का सीधा जवाब देते थे नेताजी। फिर मैंने पूछा, "अपराधियों को क्यों टिकट देते हैं?"

वो बोले, "वे जीतते हैं तो देता हूँ। लेकिन उन्हें जनता ही चुनती है। वे हमारे साथ आ जाते हैं तो तुम अपराधी कहते हो। वहीं दूसरी पार्टी में जब जाते हैं तब वो नारा देती है कि– चढ़ गुंडों की छाती पर... और मुख़्तार को लोकसभा टिकट देती है। हम राजनीति कर रहे हैं, हमें सीट चाहिए, सरकार बनाने के लिए। संत क्या सियासत करेगा? जो ये बोलता है वो झूठ बोलता है, सबको जीत चाहिए और हमारी सरकार बने तो हमारे कार्यकर्ता का हर काम होना चाहिए, नहीं तो सरकार का क्या मतलब! पचपन साल से हम संसद और विधानसभा में हैं। पंद्रह साल सरकार में रहे, चालीस साल विपक्ष में, लेकिन जितना और जब मौक़ा मिला हमने अपने लोगों को मज़बूत किया। फिर मौक़ा लगा फिर करेंगे। कार्यकर्ता घर छोड़कर धूप-धूल में घूमता है, सरकार बनेगी तो पहला हक़ उसका है। हमें विरासत में न पार्टी मिली है न परिवार। इन्हीं लोगों ने

यहाँ तक पहुँचाया है। हम भी इन्हें पहुँचाकर रहेंगे। बड़ा नेता वो नहीं है

जो नेता पैदा करता है। बड़ा नेता वो है जिसका अदना कार्यकर्ता उसका हाथ पकड़कर काम करवा ले, हम ऐसे ही हैं और ऐसे ही रहेंगे।"

अब मैं सोचता हूँ कि इतनी बेबाक़ी से बोलने वाला नेता कब दूसरा मिलेगा! शायद कभी नहीं!

जौनपुर के अजित सिंह जो समाज कल्याण विभाग में अधिकारी के तौर पर कार्यरत रहे हैं। वो मुलायम सिंह के सान्निध्य में बिताए हुए कुछ पलों को यूँ याद करते हैं।

अजित की नौकरी की शुरुआत ही इटावा की सरज़मीं से हुई। यूँ तो इटावा और चंबल के नाम से उनके मन में भय का समंदर उमड़ पड़ा था लेकिन नौकरी छोड़ी नहीं जा सकती थी। मगर वहाँ जाकर जो अजित ने देखा और अनुभव किया उससे उनके होश उड़ गए और उनके अंदर समाज और मीडिया द्वारा मुलायम सिंह की पैतृक भूमि की गढ़ी गई नेगेटिव छवि पर हमेशा के लिए परिवर्तनकारी सोच ने घेर कर लिया।

अजित बताते हैं– शुरुआत में हम ज़िला पंचायत में रहते थे। तब अध्यक्ष थे पूर्व सांसद प्रेम दास कठेरिया। वहीं एक बुड्ढा आदमी लाठी लेकर आता था, उसका नाम नहीं याद है। फटे कपड़े, हाथ में लाठी, अक्सर पैर में बिना चप्पल के आता। उसके आते ही अध्यक्ष से लेकर विधायक जी तक वहाँ जो भी रहते थे, उसके सम्मान में खड़े हो जाते थे। जल्दी-जल्दी कुर्सी आगे कर दी जाती।

कभी कभी किसी बात पर वो बिगड़ जाते कि जल्दी कुछ मँगा के खिलाओ। तुरंत मँगाया जाता।

गर्मी रहती और जब उनका मन करता तो ज़िला पंचायत अध्यक्ष के आवास में घुस जाते बाथरूम में और नंगे नहाते, फिर अपना कपड़ा पहन लेते। बोलते कि यहाँ कौन परिवार रहता है, आदमी साले क्या देखेंगे, उनका बाप हूँ।

एक दिन हमने अध्यक्ष जी से पूछा, "अरे सर इनका बहुत जलवा है। हैं कौन? देखने में तो चिरकुट लगते हैं।"

"अरे नेताजी का दोस्त है। उनके साथ कुश्ती लड़ा है, बहुत मानते हैं। एक बार हेलीकॉप्टर से किसी जनसभा में आए थे नेताजी। ये भी वहीं थे। नारा लगाते हुए पहुँच गए। नेताजी ने हाल-चाल लिया। नेताजी उस समय मुख्यमंत्री थे। उन्होंने पूछा, "बताओ जो कुछ मन में है, क्या दूँ तुम्हें?"

"नेताजी, हमहू हेलीकॉप्टर पे बैठेंगे।" उसने कहा।

"अच्छा, ठीक है।" फिर नेताजी ने अपने पायलट को कहा कि इनको बैठा के उड़ा दो। सुनते ही दादा कूदकर हेलीकॉप्टर में बैठ गए लाठी के साथ। पायलट ने कहा कि लाठी नहीं जाएगी। तब वो बोले, "बिना लाठी के हम स्वर्ग ना जाएँ, हेलीकॉप्टर की क्या बात, हम तो लाठी लेकर उड़ेगे।"

बात नेताजी को बताई गई जो दूर से खड़े होकर उनको देख रहे थे। नेताजी ने कहा, "लाठी लेकर जाने दो, मारेगा नहीं, दोस्त है बिना लाठी के नहीं चलता।"

फिर उनको लेकर हेलीकॉप्टर उड़ा और कुछ देर चक्कर काटकर नीचे आया। यह काम अपने सुदामा दोस्त के लिए सिर्फ़ मुलायम सिंह कर सकते थे। हम लोगों के रहते फिर उनके बारे में हज़ारों क़िस्से पता चले जो विश्वास करने लायक़ नहीं होते थे कि इतना बड़ा आदमी अपने शुरुआती साथियों को इतना कैसे याद रख सकता है!

जब बसपा सरकार गिरने के बाद मुख्यमंत्री बने तब हम लोग वहीं तैनात थे। किसी अपने पुराने साथी की बीमारी का सुने तो उसके घर देखने पहुँच गए। पता चला कि इलाज में लापरवाही कर रहे थे। बस उन्होंने अपने सभी पुराने साथियों को खोजना शुरू कर दिया और सबको इलाज के लिए पकड़-पकड़ के पीजीआई, लखनऊ भेजा जाने लगा।

लोग मना करने लगे कि नहीं नेताजी पिता जी एकदम फिट हैं, क्योंकि नेताजी के थोड़ा-सा कहते ही ज़िलाधिकारी, सीएमओ से कहकर एंबुलेंस से भिजवा देते थे।

मुख्यमंत्री रहते हम लोगों की ड्यूटी उनको देने लिए आए आवेदनपत्रों को जुटाने की होती थी फिर उनके हेलीकॉप्टर पर रख दिया जाता था। लखनऊ जाकर उस पर निर्णय होता था। एक बार हम लोग जुटाते-जुटाते थक गए तो आवेदनपत्रों का गट्ठर अपने चपरासी अनिल यादव को देकर उस गेस्ट हाउस में भेज दिया जिसमें मुख्यमंत्री जी रुके थे कि सिक्योरिटी वालों को दे देना।

मेरा चपरासी अनिल सैफ़ई गाँव का ही था, उनके बग़ल का। वह लेकर पहुँच गया। उसी समय मुलायम सिंह जी अपने प्रमुख सचिव के साथ बात करते हुए लॉन में टहलने लगे। अनिल किसी को काग़ज़ देकर लपककर उनके पास पहुँच गया और पैर छूकर खड़ा हो गया।

"क्या है? क्या है? कौन हो? यहाँ कैसे आ गए?"

"नेताजी, उनका लड़का हूँ। (अपने पिताजी का नाम बताया) बेरोज़गार हूँ,

कोई काम नहीं है कुछ करिए।" झूठ बोलते हुए कहा।

"अच्छा, एप्लिकेशन है कोई दो तुरंत।" इतना कहकर अपने प्रमुख सचिव से बोले, "इसको नोट करो, लगवाओ कहीं। इसके पिताजी हमारी बहुत सेवा करते थे। मेरे साथ भैंस चराते थे। हम लोग कहीं बिजी हो जाते थे तो वही सब देखते थे। हमारे पुराने साथी हैं, उनके बच्चे बेरोज़गार रहेंगे तो अच्छा नहीं लगेगा।"

अनिल यादव बहुत ही चालाक था। हमेशा एक एप्लिकेशन किसी विभाग का रखता था। इस बार उसने अपने भाई का पकड़ा दिया। कुछ दिनों में वह भी चपरासी हो गया।

हम लोगों के सामने कितने पुराने साथी या उनके लड़के नेताजी के सामने आते और प्यार में झगड़ा कर लेते, सबका काम तुरंत करते नेताजी और उनसे जुड़ा कोई-न-कोई क़िस्सा भी सुनाते।

एक बार कचहरी में एसएसपी ने नेताजी के बहुत नज़दीक आए लोगों को रोक दिया तो बुजुर्ग लोग भड़क गए, एसएसपी पर चिल्लाने लगे कि अब नेताजी से नहीं मिलने दोगे हम लोगों को?

उस समय मुलायम सिंह गाड़ी में बैठ रहे थे। सुन लिए, उतरकर आए और लोगों को डाँटा, "ये लोग हमारी सुरक्षा में लगे हैं इनसे लड़ रहे हो! रोज़ तो आता हूँ, बाद में मिल लेना।"

सब चिल्लाने लगे, "नहीं नेताजी, सुन के जाइए।"

हँसते हुए एसएसपी से बोले, "मिलने दो भाई, संकट के साथी हैं सब।"

नेताजी का बड़प्पन इतना था के मुख्यमंत्री से हटने के बाद की बात है, एक दिन उनके आवास के सामने मैं और साथी अधिकारी अनुज यादव टहल रहे थे। रात आठ बजे की बात होगी। पता चला नेताजी आए हैं। भीड़ कम थी। हम लोग भी सोचे कि चलो मिला जाए। तो पहुँचकर पर्ची पर नाम लिख दिया गया। नेताजी तुरंत बुला लिए, और जब हम लोग उनके कमरे में पहुचे तो नेताजी अपने सोफे से खड़े होकर हम लोगों का स्वागत किए, मैं और अनुज भौचक एक दूसरे को देख रहे थे कि तीन बार का मुख्यमंत्री, पूर्व रक्षामंत्री, इतना बड़ा नेता खड़ा हो गया। मेरी आवाज़ ही बंद-सी हो गई। थोड़ी देर बाद निकली। वहाँ फिर देर तक बैठाए रहे।

डीएम साहेब बताते हैं, "सैफ़ई महोत्सव में मुख्यमंत्री रहते जब अपने घर हम लोगों को खाना खिलाते हैं तो ख़ुद खड़े होकर परोसते हैं कि ये खाओ वो खाओ। संकोच करने पर कहते कि खाओ-खाओ, यहाँ मेहमान हो, डीएम नहीं।"

एक बार हम लोगों का क्रिकेट मैच हो रहा था सैफ़ई में। पता चला मुख्यमंत्री जी का हेलीकॉप्टर टेक ऑफ़ होने वाला है और अचानक सैफ़ई आ रहे हैं। डीएम साहेब क्रिकेट किट में ही हेलीपैड की तरफ़ भागे। मुख्यमंत्री नेताजी उतरे, देखते ही बोले, "डीएम साहेब, ये क्या पहने हो? खेल रहे थे क्या?"

"जी सर, क्रिकेट मैच हो रहा था, अचानक सुना तो भाग के आया, कपड़े नहीं बदल पाए।"

"अच्छा जाओ, जाओ खेलो।"

"अरे सर, अब आप को छोड़कर कहाँ..."

"नहीं जाओ, जाओ, किसी एसडीएम को साथ कर दो। खेलने के बाद मिलना, बताना कौन जीता मैच में। क्रिकेट क्या खेलते हो, और कुछ खेला करो।"

तो ऐसे थे हम सबके प्यार-दुलारे और चहेते नेताजी।

अध्याय 37

यूनिटी फ़्लैग

(पोस्ट मुलायम एरा)

मैनपुरी भारत के उत्तर प्रदेश राज्य के मैनपुरी जिले का एक शहर है। यह मैनपुरी जिले का प्रशासनिक मुख्यालय है और आगरा के उत्तर-पूर्व में स्थित है और नई दिल्ली से 270 किमी दूर है। मैनपुरी भगवान कृष्ण की ब्रज भूमि के प्राचीन पौराणिक क्षेत्र का हिस्सा है। नेताजी का मैनपुरी से भावनात्मक जुड़ाव था। श्रद्धेय नेताजी के जाने के बाद मैनपुरी लोकसभा सीट के लिए उपचुनाव की घोषणा होनी ही थी। गुजरात और हिमाचल प्रदेश के विधानसभा के साथ ही मैनपुरी लोकसभा और रामपुर विधानसभा उपचुनाव के मतदान के लिए चुनाव आयोग ने 5 दिसंबर की तारीख़ तय किया।

समाजवादी पार्टी के राष्ट्रीय अध्यक्ष और नेताजी मुलायम सिंह के राजनीतिक वारिस अखिलेश यादव ने अपनी धर्मपत्नी और इत्र नगरी कन्नौज से दो बार की पूर्व सांसद डिंपल यादव को मैनपुरी उपचुनाव में प्रत्याशी बनाने का फैसला लिया। इस फैसले पर मोहर चाचा शिवपाल सिंह यादव ने भी लगाया। जसवंतनगर विधानसभा से शिवपाल विधायक हैं। अखिलेश करहल असेंबली सीट से विधायक हैं। दोनों विधानसभाएँ मैनपुरी लोकसभा क्षेत्र में ही आती हैं।

शिवपाल ने पिछले कुछ वर्षों से सुलग रहे 'फ़ैमिली फिउड' का लगभग अंत ही कर दिया है। नेताजी की स्मृति में उन्होंने अखिलेश यादव को 'छोटे नेताजी' कहकर से संबोधित करना शुरू किया और मैनपुरी की जनता से भी गुज़ारिश किया कि अब श्रद्धेय मुलायम सिंह यादव की छवि को अखिलेश यादव में ही देखना होगा। क़रीब तीन हफ़्ते चले चुनाव प्रचार में शिवपाल सिंह यादव ने कई बार भतीजे अखिलेश और बहू डिंपल के साथ मंच साझा किया। उनके भाषणों में नेताजी के

लिए स्नेह और आदर का ज़बरदस्त प्रभाव था। अखिलेश और डिंपल ने भी मैनपुरी की जनता से नेताजी के लिए श्रद्धांजलि स्वरूप वोट करने की अपील की।

सैफ़ई समाजवादी परिवार के गढ़ में 'सिम्पथी वेव' का असर बढ़ता गया। परिवार के हर सदस्य, चाहे वो पूर्व बदायूँ सांसद धर्मेंद्र यादव हों या पूर्व मैनपुरी सांसद तेज प्रताप या फिर आदित्य उर्फ़ अंकुर या इटावा ज़िला पंचायत अध्यक्ष अंशुल हों, सभी ने ब्लॉक, तहसील, क़स्बे, शहर और गाँव-गाँव जाकर धुरंधर प्रचार किया। इतना गहन प्रचार लोहिया के ज़माने में कभी हुआ करता था। ऐसा लग रहा था जैसे ग्राम प्रधान का चुनाव हो रहा है।

बीजेपी के उम्मीदवार रघुराज शाक्य को उत्तर प्रदेश की बीजेपी सरकार से ही उम्मीद थी क्योंकि मैनपुरी की जनता जाति और धर्म के बंधन से आज़ाद होकर मुलायम सिंह यादव की याद में भावुक हो गई थी।

आठ दिसंबर की दोपहर चुनाव परिणाम जब आया तो डिंपल यादव इतिहास रच चुकी थीं। मैनपुरी संसदीय क्षेत्र के उपचुनाव में डिंपल यादव ने बीजेपी उम्मीदवार रघुराज सिंह शाक्या को 2 लाख 88 हज़ार 461 वोटों से पटकनी दी। नेताजी की समाजवादी विरासत को इससे बेहतर श्रद्धांजलि और क्या हो सकती थी?

दिसंबर की दोपहरी का सूरज जैसे ही ढला, वैसे ही समाजवादी पार्टी में शिवपाल सिंह यादव ने अपनी प्रगतिशील समाजवादी पार्टी का विलय कर दिया। अखिलेश यादव ने ख़ुद अपने हाथों से अपने चाचा की गाड़ी के बोनट पर समाजवादी पार्टी का झंडा लगाकर एक 'यूनिटी फ़्लैग' का मुजाहिरा किया।

अध्याय 38

श्रद्धांजलि कविता

धरतीपुत्र मुलायम सिंह यादव को मरणोपरांत पद्म विभूषण सम्मान मिलने पर उनके गुरु उदय प्रताप सिंह ने यह एक छोटी-सी कविता लिखी थी–

जल्दी चले गए

अनगिनत दीनदुखियों का उद्धार कर गए
सपना समाजवाद का साकार कर गए

यह पद्म विभूषण तो मिला बाद में पहले
कीर्ति के सब कीर्तिमान पार कर गए

वंचित, श्रमिक, किसान को हक़ माँगने का ढंग
सिखला गए, कितना बड़ा उपकार कर गए

आदत थी तेज़ चलने की, जल्दी चले गए
जाने से पहले सबके नाम प्यार कर गए

***

अखिलेशजी तो छोटे नेताजी हैं यारों

ग़ाज़ीपुर, पूर्वांचल, के बिरहा लोकगायक काशीनाथ ने मुलायम सिंह यादव के मरणोपरांत एक पाँच मिनट का वीडियो गीत रिकॉर्ड किया। इस लोकगीत का टाइटल था– आरती। श्रद्धेय नेताजी की स्मृति में लिखे इस गाने के बोल

में मुलायम को भगवान/ख़ुदा का दर्जा दिया गया है और उनकी तुलना भगवान ब्रह्मा, भगवान विष्णु और भगवान राम से भी की गई है। काशीनाथ जी मुलायम सिंह का मंदिर भी बनाने की राह पर हैं। इस 'आरती' के बोल देखें–

जय हो नेताजी की जय!
भागे डर और भय,
जय हो नेताजी की जय!
ब्रह्मा से आगे, विष्णु जस पालन में लागे
रण में शिव सा प्रलय!
गीता तुम और तुम रामायण
राम कृष्णा तुम, तुम ही नारायण!
जय हो नेताजी की जय!

काशीनाथ के इस 'सेलूटरी सॉन्ग' की चर्चा ख़ूब हुई। काशीनाथ को समाजवादी पार्टी की तरफ़ से विधान परिषद का सदस्य मुलायम सिंह यादव ने ही बनाया था। समाजवादी पार्टी के सांस्कृतिक प्रकोष्ठ के प्रेसिडेंट के तौर पर काशीनाथ जनता के दिलों में जगह बनाने के लिए गाने लिखते और गाते हैं। उन्होंने वर्तमान नेतृत्व अखिलेश के गुणगान में भी एक गाना लिखा और वीडियो को अखिलेश यादव द्वारा लंदन के हाईड पार्क की तर्ज़ पर लखनऊ के दिल में बनवाए गए जनेश्वर मिश्रा पार्क में शूट कराया। काशीनाथ ने अखिलेश की तुलना महाभारत के पौराणिक पात्रों– भीष्म और कर्ण से की है और इस पूर्व मुख्यमंत्री को 'दिव्यदेश प्रेमी' (डिवाइन पेट्रियट) कहकर उनकी आरती उतारी है–

अखिलेशजी तो छोटे नेताजी हैं यारों
अभी तुमने जी भर के देखा नहीं है
नेताजी-सा चेहरा इनका, देखो तस्वीर को
लोहिया-सी सोच, देख ग़रीबी के पीर को
जले अग्निज्वाला-सा विजेता हैं यारों
अखिलेशजी तो छोटे नेताजी हैं यारों